世界帝王事典

新紀元社

緒　言

　帝王とは、君主国の元首である皇帝と国王のことをいう。帝国の君主が皇帝で、王国の君主が国王である。国王は一国の君主であるが、皇帝は「諸王の王」あるいは「王の中の王」として、複数の王国を支配する存在だった。ただし、王国の君主であっても、国内に対しては皇帝を自称し、国外に向けては国王の称号を用いている場合もある。そういう意味からすると、皇帝と国王の区別というのは、あまり厳密なものではない。

　封建社会の頂点に立つ帝王は、さぞ権力があって、贅沢な暮らしをしていたと思いがちである。確かに、贅沢な暮らしをしていた部分もあるかもしれないが、だからといっても幸せだったとは限らない。権力を持っているがために、権力を狙われる危険性が常につきまとっていたからである。帝王自身が暗殺される場合もあったし、廃位させられて追放されることもあった。また、帝王の子も、継承争いを避けるため、即位しなかった兄弟は、目をつぶされるのはまだいいほうで、殺されたりすることも珍しいことではない。それに、どんな王朝であっても、時代がくだれば必ずや衰退し、反乱によって滅亡している。そのとき、帝王の一族は、新たな支配者によって殺されてしまうのである。

　古今東西、あまたの王朝が勃興しては滅亡した。本書では、世界の歴史に影響を与えた89の王朝を取り上げ、そのすべての皇帝・国王を紹介している。ちなみに、皇帝・国王は、正式に即位した場合もあれば、対立君主として擁立されたり、僭称したりしている場合なども含まれている。即位順に解説し、系図もつけているので、最初から通して読んでいただければ、王朝の歴史も理解していただけるのではないかと思う。

小和田泰経

目次

第I章 中東

- バビロニア王国 ……………… 8
- エジプト王国 ……………… 12
- ヒッタイト王国 ……………… 22
- アッシリア王国 ……………… 26
- イスラエル王国 ……………… 38
- ユダ王国 ……………… 44
- アケメネス朝ペルシア …… 50
- アルケサス朝
  - パルティア ……………… 56
- サーサーン朝ペルシア … 68
- ウマイヤ朝 ……………… 80
- アッバース朝 ……………… 84
- ファーティマ朝 ……………… 94
- セルジューク朝 ……………… 98
- アイユーブ朝 ……………… 102
- ティムール朝 ……………… 106
- サファビー朝 ……………… 110
- オスマン帝国 ……………… 114

第II章 ギリシア・ローマ

- スパルタ王国 ……………… 126
- マケドニア王国 ……………… 134
- セレウコス朝シリア … 144
- プトレマイオス朝
  - エジプト ……………… 152
- ローマ帝国 ……………… 160
- ビザンツ帝国 ……………… 184

第III章 西ヨーロッパ

- フランク王国 ……………… 210
- フランス王国 ……………… 224
- フランス帝国 ……………… 236
- 神聖ローマ帝国 ……………… 238
- プロイセン王国・
  - ドイツ帝国 ……………… 254
- オーストリア＝
  - ハンガリー帝国 ……… 258

第IV章 イベリア半島

- アラゴン王国 ……………… 262
- カスティーリャ王国 … 270
- スペイン王国 ……………… 276
- ポルトガル王国 ……………… 280

第V章 スカンディナビア半島

- ノルウェー王国 ……………… 292
- スウェーデン王国 ……… 302
- デンマーク王国 ……………… 310

第VI章 ブリテン諸島

スコットランド王国 …… 326
イングランド王国 …… 338
グレートブリテン
連合王国 …… 352

第VII章 東ヨーロッパ

ブルガリア帝国 …… 358
ポーランド王国 …… 370
ハンガリー王国 …… 384
ボヘミア王国 …… 396
クロアチア王国 …… 402
セルビア王国 …… 406
ボスニア王国 …… 410
ロシア帝国 …… 414

第VIII章 インド

マウリア朝 …… 424
クシャナ朝 …… 428
グプタ朝 …… 432
ムガール帝国 …… 436

第IX章 東アジア

秦 …… 444
漢 …… 446
魏 …… 454
呉 …… 456
蜀 …… 458
晋 …… 460
隋 …… 464
唐 …… 466
渤海 …… 474
遼 …… 478
宋 …… 482
金 …… 488
元 …… 492
明 …… 504
清 …… 510

第X章 朝鮮半島

高句麗 …… 516
百済 …… 524
新羅 …… 530
高麗 …… 540
朝鮮 …… 550

第XI章 琉球列島

琉球王国 ……… 560

第XII章 東南アジア

李朝大越 ……… 570
陳朝大越 ……… 574
黎朝大越 ……… 578
阮朝越南 ……… 586
アンコール朝 ……… 590
スコタイ朝 ……… 598
アユタヤ朝 ……… 602
チャクリー朝 ……… 612
パガン朝 ……… 616
タウングー朝 ……… 620
コンバウン朝 ……… 624
シンガサリ王国 ……… 628
マジャパヒト王国 ……… 630
マラッカ王国 ……… 634

第XIII章 ラテンアメリカ

アステカ帝国 ……… 638
インカ帝国 ……… 642

国別索引 ……… 646

参考文献 ……… 648

著者略歴 ……… 654

凡例
生没・在位については、異説も多い。
複数の説がある場合は/で区切っている。

第Ⅰ章

中東

バビロニア王国

B.C.1894年～B.C1595年

　メソポタミア南部、チグリス・ユーフラテス川中流域に存在する都市バビロンを中心として栄えた王国。セム系アムル人（古代ヘブライ文化を起源とし、シリア地方ビシュリ山周辺の遊牧民を祖とする）が興した。第6代国王ハンムラビが即位するまでは、地方で独立した都市国家の一つに過ぎなかったが、ハンムラビ王の時代に勢力を拡大し、北のアッシリアまで支配地域を広げ、メソポタミア地方を統一した。バビロニアはシュメール文化を継承し、都市バビロンの守護神であるマルドゥーク神を主神としたが、他都市の守護神である女神イシュタルの神殿を造営するなど、文化的な融合も推進した。また、ハンムラビ王治世末期に「ハンムラビの法典」を制定し、法による支配体制を確立させた。

　ハンムラビ王が亡くなると各地の王が相次いで離反、衰退の一途を辿る。第11代サムス・ディダナの時代に、北で興ったヒッタイト王国がバビロニアへと侵攻し、都市バビロンは陥落。王も処刑され、バビロニアは滅亡した。

B.C.1894年	セム系アムル人のスム・アブムがメソポタミア南部の都市バビロンで王位につき、バビロニアを興す
B.C.1880年	スム・ラ・エルがバビロニアの第2代国王となる
B.C.1844年	サビウムがバビロニアの第3代国王となる。バビロンの主神マルドゥークの神殿を造営
B.C.1830年	アピル・シンがバビロニアの第4代国王となる
B.C.1812年	シン・ムバリトがバビロニアの第5代国王となる
B.C.1792年	ハンムラビがバビロニアの第6代国王となる
B.C.1764年	ハンムラビ王、ラルサの王リム・シン1世を破ってラルサを征服
B.C.1761年	ハンムラビ王、西の強国マリを征服
B.C.1755年	アッシリアの王イシュメ・ダガン1世を破って、メソポタミア地方を統一
B.C.1749年	サムス・イルナがバビロニアの第7代国王となる。各地でバビロニアからの離反が相次ぐ
B.C.1711年	アビ・エシェフがバビロニアの第8代国王となる
B.C.1683年	アンミ・ディタナがバビロニアの第9国王となる
B.C.1646年	アンミ・サドゥカがバビロニアの第10代国王となる
B.C.1625年	サムス・ディタナがバビロニアの第11代国王となる
B.C.1595年	ヒッタイト王国のムルシリ1世がバビロニアに侵攻し、都市バビロンを陥落させる。バビロニアの王サムス・ディダナは処刑され、バビロニアは滅亡

バビロニア王国

スム・アブム

生没 不詳
在位 B.C.1894年～B.C.1881年

　セム系アムル人でバビロン第1王朝の初代国王。古代メソポタミア中部の都市バビロンを支配し、新たな王朝を築いた。この頃、メソポタミアには中南部を支配する二つの大きな王朝が存在し、バビロン王朝は小さな独立都市国家の一つに過ぎなかった。王は城壁や神殿などの建築に力を入れ、さらに周辺の都市国家を戦いで破って領土を拡大した。この話はバビロン神話「エヌマエリッシュ（天地無名時代）」の話のもとになっていると言われている。

スム・ラ・エル

生没 不詳
在位 B.C.1880年～B.C.1845年

　先王スム・アブムの子。バビロン第1王朝の第2代国王。初代国王死去後、バビロニアに属していた幾つかの都市国家が離反した。そのため、王は離反した都市国家を再び支配下に治め、さらに周辺地域へと侵攻。最終的にはシッパルからマラドまで、メソポタミア北西部を支配下に治めた。ハンムラビ法典では「スム・ラ・エルの後裔シン・ムバリトの強大なる嗣子王朝の永久の礎、強大なる王…」とあり、実質的には初代国王とされている。

サビウム

生没 不詳
在位 B.C.1844年～B.C.1831年

　先王スム・ラ・エルの子。バビロン第1王朝の第3代国王。都市バビロンの主神マルドゥークの神殿を造営した。

アピル・シン

生没 不詳
在位 B.C.1830年～B.C.1813年

　先王サビウムの子。バビロン第1王朝の第4代国王。都市バビロンの城壁を強化し、南の大国ラルサと同盟を結んだ。

シン・ムバリト

生没 不詳
在位 B.C.1812年～B.C.1793年

　先王アピル・シンの子。バビロン第1王朝の第5代国王。南の大国ラルサとの同盟を破棄し、イシン、ウルクと反ラルサ同盟を結成。バビロニアは都市バビロン周辺に住む部族と同盟関係にあり、大きな戦力を有していた。そのことはウルク王から王に宛てた手紙からも推察することができる。しかしその頃、ラルサ王国は最盛期を迎えていた。ラルサの王リム・シン1世率いる軍に反ラルサ同盟は惨敗。イシン、ウルクはラルサ王国に併合された。

I 中東

ハンムラビ

生没 B.C.1810年～
　　 B.C.1750年
在位 B.C.1792年～
　　 B.C.1750年

　先王シン・ムバリトの子。バビロン第1王朝の第6代国王。先王の時代、南の大国ラルサに大敗し、バビロニアはラルサの支配こそ免れたものの、北にアッシリア、東にエシュヌンナ、西にマリと強国に取り込まれている状況であった。ハンムラビは王として即位すると、北のアッシリア王、シャムシド・アダド1世に臣従し、アッシリアの庇護の元、バビロニアの内政に力を入れる。次第にハンムラビは王として才覚を発揮し、バビロニアはラルサ王国やマリ王国と並ぶほどの強国へと成長。B.C.1764年には宿敵であるラルサの王、リム・シン1世を破ってラルサ王国を滅亡させた。翌年には西の強国マリへと侵攻し、B.C.1759年にマリを征服。「全アムルの地の王」と称した。B.C.1755年にはアッシリアを征服。メソポタミア地方の統一を果たした。これを期に王は「全アムルの地の王」と共に「シュメールとアッカドの地の王」と称するようになった。治世末期には「ハンムラビの法典」を制定し、法による支配体制を確立させた。

サムス・イルナ

生没 不詳
在位 B.C.1749年～B.C.1712年

　先王ハンムラビの子。バビロン第1王朝の第7代国王。サムス・イルナは王に即位すると徳政令を発布するなど、治世の維持に努めようとした。しかし、先代の偉大な王ハンムラビの死の影響は大きく、B.C.1739年には各都市の王が反旗を翻した。王は反乱の鎮圧に奔走するが、異民族カッシート人の流入などが重なり、幾つかの都市の独立を許すことになった。治世末期には都市バビロン周辺だけが支配地域となった。

アビ・エシュフ

生没 不詳
在位 B.C.1711年～B.C.1684年

　先王サムス・イルナの子。バビロン第1王朝の第8代国王。王はバビロニアを再建すべく、バビロニア南部で独立していた「海の民」と戦いを繰り広げる。異民族のカッシート人とも敵対していたが、マリ王国でカッシート人のカシュティリアシュ王が支配するハナ王国が繁栄すると、政策を転換し、友好関係を築いた。王が努力したことは記録にも残されているが、バビロニアは衰退の一途を辿ることになった。

バビロニア王国

アンミ・ディタナ

生没 不詳
在位 B.C.1683年～B.C.1647年

先王アビ・エシュフの子。バビロン第1王朝の第9代国王。アンミ・ディタナは王に即位すると内政を重視し、バビロニアの国力回復に努めた。国力が回復すると、かつてのバビロニアの支配地域を取り戻すべく、バビロニア南部で独立していた「海の民」が住む地域へと侵攻し、勝利した。その時、「海の民」に属していた都市国家ドゥールを陥落させ、城壁ごと破壊してバビロニアの力を誇示した。

アンミ・サドゥカ

生没 不詳
在位 B.C.1646年～B.C.1626年

先王アンミ・ディタナの子。バビロン第1王朝第10代国王。アンミ・サドゥカは王に即位すると、徳政令を発布し、国内の掌握に努める。先王同様、バビロニア南部を取り戻すべく、「海の民」へと侵攻する。王はユーフラテス川の河口付近まで軍を進め、そこに要塞を建設。「海の民」を圧迫した。バビロニア再興の兆しはあったが、国内の情勢不安や北方のヒッタイト王国の台頭など、懸念材料も多く、「海の民」を滅ぼすまでには至らなかった。

サムス・ディタナ

生没 不詳
在位 B.C.1625年～B.C.1595年

先王アンミ・サドゥカの子。バビロン第1王朝第11代国王。北方で勢力を拡大していたヒッタイト王国の王ムルシリ1世が突如、軍を率いてバビロニアに侵攻。バビロニアに防ぐ力はなく、都のバビロンは陥落。王はヒッタイト軍に捕まり、処刑された。そして、バビロン第1王朝は滅亡した。ヒッタイト王国がバビロニアに侵攻してきた理由ははっきりしていない。敵対していたヤムハド王国に、王が支援したからという説がある。

I 中東

スム・アブム ─ スム・ラ・エル ─ サビウム ─ アピル・シン ─
└ シン・ムバリト ─ ハンムラビ ─ サムス・イルナ ─ アビ・エシェフ ─
└ アンミ・ディタナ ─ アンミ・サドゥカ ─ サムス・ディタナ

エジプト王国

B.C.3000年頃～B.C.332年

　B.C.5000年頃から、下流のナイル渓谷と上流のデルタ地帯に上下エジプトが成立した。ナルメル王によって全土が統一されたのは、B.C.3000年のことである。これが約3000年にもわたって続くことになる30もの古代エジプト王朝のはじまりであった。王による中央集権の礎ができ、多くのピラミッドが建築された「古王国時代」は古代エジプトの黄金期となっている。ところが、豊富だったナイル川の水が乏しくなるにつれ人々は飢餓に苦しみ、政権の調和も崩れていった。

　再び下エジプトと上エジプトに生まれた勢力が統一されたのは、B.C.2040年頃のことである。上エジプトのテーベ侯メンチュヘテプ2世の第11王朝によってはじまった「中王国時代」は、以前のように王の権威を高められないままであった。上下エジプトは再び分立し、ヒクソス（異国の支配者）の占拠によって王国の統一が崩れた。その後、深い痛手を負いながらもヒクソスを追放し、B.C.1565年頃、ファラオの時代を取り戻したのが第18王朝のイアフメス1世である。王の権力とエジプトの領土、共に絶頂期を迎えたことが後世に伝わる「新王朝時代」である。

B.C.5300年頃	ナイル川に沿って人々が住む。やがて下流・上流に王朝が育つ
B.C.3000年頃	エジプト全土を統一したナルメル王が第1王朝樹立
B.C.2686年頃	第3王朝ジョセル王の宰相が階段ピラミッドを考案、建設
B.C.2125年頃	上エジプトを支配したテーベ侯、第11王朝樹立
B.C.2055年頃	テーベ侯出身のメンチュヘテプ2世がエジプト全土を統一する
B.C.1650年頃	西アジア系ヒクソスが下エジプトを支配、第15王朝樹立
B.C.1550年頃	イアフメス1世、ヒクソスの追放を成し遂げ、第18王朝樹立
B.C.1470年頃	第18王朝トトメス3世のときに、エジプトの領土は最大に
B.C.1400年頃	第18王朝アメンヘテプ3世、王朝は絶頂期を迎えることに
B.C.1295年頃	ラメセス1世が第19王朝を樹立する
B.C.1274年頃	ラメセス2世、ヒッタイト王国と戦う（カデシュの戦い）
B.C.1186年頃	第20王朝ラムセス3世、「海の民」を撃退するも王権衰退の兆し
B.C.1185年頃	セトナクトが西アジアの反乱を平定し、第20王朝樹立
B.C.1069年頃	スメンデス王がタニスに第21王朝を樹立
B.C.525年	アケメネス朝ペルシアがエジプトを支配、第27王朝樹立
B.C.332年	アレクサンドロス3世（大王）がエジプトを征服し、マケドニア朝樹立
B.C.305年	大王没後、将軍プトレマイオスが即位。プトレマイオス朝樹立
B.C.30年	クレオパトラ7世のエジプト復興が失敗。ローマ帝国の支配下へ

エジプト王国

イアフメス1世

生没 不詳
在位 B.C.1570年～B.C.1546年頃

　第17王朝の第5代国王カーメスの弟であり、先々王タア2世の息子である。ヒクソスとの戦で父と兄を亡くし、幼くして第18王朝初代ファラオとなる。母イアフテプに助けられながら政治を行い、その治世の半分もの時を費やしてヒクソスの追放を成し遂げた。異民族による支配の時代に終止符を打ち、エジプト全土を再統一したのである。ネフェルタリとネブタの姉妹を妻に迎えた。没後、正妃ネフェルタリとの息子、アメンヘテプ1世に王位が継承された。

アメンヘテプ1世

生没 不詳
在位 B.C.1551年～B.C.1524年頃

　先王イアフメス1世の子。父が没したときはまだ幼く、母ネフェルタリとの共同統治によって政治が行われた。姉妹の一人メリトアメンを妃にしたが、子どもに恵まれないまま若くして亡くなった。新しい妃を迎える気持ちにはならず、母が妃の役目もこなしたので、治世のほとんどが共同で行われたのである。トトメス1世を養子に迎え、後継者とした。平定したヌビアの地にはアメン神を祀る神殿を建て、初の王墓職人の町となるデール・アル＝マディーナを創った。

トトメス1世

生没 不詳
在位 B.C.1524年～B.C.1518年頃

　先王アメンヘテプ1世に子どもがいなかったため、養子となり王位を継いだ。先々王イアフメス1世の娘と結婚し、ハトシェプストとネフゥルウラーの2人の娘が生まれた。長女ハトシェプストは、のちに王の才を発揮することとなる。軍人としての能力を買われていた王は、シリアやヌビアへの遠征の際、自らが軍を指揮した。即位するとすぐに行った軍事政策で、その力を知らしめたのである。ヒクソスの占拠に苦しんだ歴史に学び、「攻めるエジプト」を実践した結果、王国の領土は最大となった。王は遠征先に勝利記念の石碑を建て、このような言葉を遺している。「私はエジプト国境を、太陽がめぐるかぎりまで遠く広げた」。宗教政策でも外征同様に卓越した能力を発揮した。先王アメンヘテプ1世の代から王家の後ろ盾となっていたアメン神官団と良好な関係を保ち、アメン大神殿の造営を行った。以降、アメン神官団の力は王国内で飛躍的に大きくなっていく。ルクソール西岸の墓所、「王家の谷」に初めて墓を造ったのも、この王であった。国王になる前の妻ムトネフェルトとの間には4人の息子がおり、三男に王位が継承された。彼が次王トトメス2世である。

```
イアフメス1世 ── アメンヘテプ1世 ═ トトメス1世 ┬ トトメス2世
                                              │      ═
                                              └ ハトシェプスト
        ┌ トトメス3世 ── アメンヘテプ2世 ── トトメス4世
        │
        └ アメンヘテプ3世 ── アメンヘテプ4世
```

トトメス2世

生没 不詳
在位 B.C.1518年～B.C.1504年頃

　先王トトメス1世と下妃ムトネフェルトの子。正妃との間に王子がおらず、2人の兄は早逝したため、三男のトトメス3世が位を継承することになったのである。先王と正妃イアフメスとの長女、つまり異母妹ハトシェプストと結婚し、すべての治世をこの第1王妃と共同で統治する。治世1年目にヌビアの反乱を鎮圧すると、父の積極的な外征を受け継ぐことを表明。第1王妃との間に男子は誕生せず、後宮の側室イシスとの息子に王位を継承することを、生前より宣言したのであった。

ハトシェプスト

生没 不詳
在位 B.C.1498年～B.C.1483年頃

　先王トトメス2世の正妃であり、異母妹。先々王トトメス1世の長女でもある。男子に恵まれず、先王の意志によって後宮の側室イシスの息子トトメス3世が王となった。しかし幼い王との共同統治2年目には、彼の王位を廃してしまい、王妃の称号を得て自ら実権を掌握した。ハトシェプストの野心的な性格を見抜いていた先王は、それゆえに生前から王位継承をトトメス3世に託すなどの策を練ったというが、奇しくもその予感は的中したことになる。軍事遠征に出陣したことがあるほど男勝りな性格で、体格や服装も男性のようになった女王は、ヒゲまでたくわえていたともいわれる。信頼を置いた執事センエンムトを娘ネフェルウラーの養育係にし、最終的には葬祭殿の総指揮を任せた。女王は東アフリカのプントや、地中海東岸のビブロスに、交易を目的とした遠征隊を派遣する政策を行った。そして香木、象牙、トルコ石などこれまでのエジプト人が見たことのないような華やかで珍しい物をもたらしたのである。約20年の治世は、豊かな平和に満ちた。女王が没すると、トトメス3世が王位を取り戻した。その後、何者かによって女王の名は王名表から削除されている。

エジプト王国

I 中東

トトメス3世

- 生没 不詳
- 在位 BC1504年～B.C.1450年頃

トトメス2世の子。ハトシェプスト女王の没後、本来の王位を取り戻した。治世の前半は女王との共同統治に終わったため、たいへん優れた資質を持ちながらも生かすことができなかったという評価もある。国内情勢を重視してきた女王の政策の間に、ミタンニ王国はエジプトにとって脅威的存在となり、王はアジアやヌビアなどに17回もの遠征を行っている。結果、近東全域の諸国は後々のファラオの代まで、エジプトに忠誠を誓った。これは王が軍事の才のみならず、政治的手腕を持ち合わせていた証でもあろう。その手法は、遠征した国の王子を人質として宮廷に預かり、エジプトの教育を授けさせるというものだった。帰国した彼らは、すっかりエジプトに同化し、忠実な下僕となったのである。また異国の妻を受け入れる政略結婚も積極的に行い、それらの国から貢物が届き、王国は豊かであった。晩年、王はナイル川東岸のカルナク神殿やルクソール宮殿などの大規模な増改築を行い、建築活動にいそしんだ。60年の生涯で、共同統治時代が長くはあったが、54年もの歳月を統治した。一生をファラオとして生きたのである。

アメンヘテプ2世

- 生没 不詳
- 在位 B.C.1453年～B.C.1419年頃

先王トトメス3世の子。若くして、父王没後の王位についたが、父の第1王妃であった母メリエトラーの補佐を受け反乱を起こした都市をすべて鎮圧した。資質に恵まれ、馬術、弓の腕前が並外れてすぐれていたという王は、一目置かれる存在となったのである。自らを戦士として定め、家臣には彼の幼な馴染みや戦友を起用する方針であった。王は捕虜を根棒で撲殺するなど、残酷さを極める軍事姿勢に徹したことで、王国に平穏な時代をもたらしたともいえよう。

トトメス4世

- 生没 不詳
- 在位 B.C.1419年～B.C.1386年頃

先王アメンヘテプ2世の子。即位にまつわるエピソードは、「夢の碑文」に遺されている。まだ王子だった頃、狩りの途中にスフィンクスの陰でうたた寝をした。夢の中でスフィンクスが「我の体から砂を出してくれ。さすればそなたをファラオにしてやろう」と言うので、掘り出したところ、即位が叶ったという逸話もある。10年余りの治世で、王はアジア情勢に大きな変化をもたらした。宿敵ミタンニと平和条約を結び、共にヒクソスと戦うことを誓う仲になったのである。

アメンヘテプ3世

生没 不詳
在位 B.C.1386年～B.C.1349年頃

　先王トトメス4世の子。第4王妃ムトエムウィアとの息子である。12歳前後で王位につき、数年間は母が摂政した。曾祖父トトメス3世の徹底的な遠征の効果で、一度も遠征を行う必要はなかった。繁栄を極めた王国は、建設や工芸に力を入れ、芸術の時代となったのである。王は民間出身のティイを第1王妃として、誰よりも愛した。諸外国に配った新聞『スカラベ』には王の運動能力の高さや勇敢さはもちろん、優雅な生活の様子も記されたのであった。

アメンヘテプ4世

生没 不詳
在位 B.C.1350年～B.C.1334年頃

　先王アメンヘテプ3世の子。兄が早逝のため、王位を継ぐ。王は大胆な宗教改革を行う方針を明らかにし、治世5年ほどでアクエンアテンに改名をした。アメン信仰の都テーベを捨てた王は、「アテンの地平線」を意味するアケトアテンへと強引に都を移した。国家神だったアメン神の信仰を禁じ、アテン神を崇拝した。王国の混乱は、すぐにヒッタイト王国が侵入する隙を与えることになり、国内外の情勢が不安定な中、失意の王は生涯を閉じたのである。

スメンク・カ・ラー

生没 不詳
在位 B.C.1336年～B.C.1334年頃

　先々王アメンヘテプ3世の子、先王アメンヘテプ4世の子、など諸説ある。先王の長女トリトアメンと結婚して王位についたが、その治世は先王との共同統治が行われた2年のみとなる。先王の没後、数か月以内に王も逝去したと考えられているが、その死にも謎が多くある。男性でありながら、遺体は片腕を胸に置き、もう片方の腕を体に沿って下げられる女性の埋葬法で発見されていた。

　子は確認されておらず、幼い弟ツタンカーメンが王位を継承した。

ツタンカーメン

生没 不詳
在位 B.C.1334年～B.C.1325年頃

　先々王アメンヘテプ4世の子、もしくはアメンヘテプ3世の子という説もある。治世2年には、「アテン神の生きる姿」を意味する誕生名トゥト・アンク・アテンを、「アテン神の生きる姿」を意味するトゥト・アンク・アメン（ツタンカーメン）に変えた。王国にアメン神信仰を復活させたことの、大きな証である。9歳で即位したため、宰相アイと総軍司令官ホルエムヘブが摂政した。10代で早逝する短い生涯ではあったが、妻にアンケセンアメンを迎え、子も生まれている。

エジプト王国

アイ

生没 不詳
在位 B.C.1327年～B.C.1323年頃

　エジプト因縁の敵国ミタンニにルーツを持つ軍人。アメンヘテプ3世の代から忠実に仕え、若き先王ツタンカーメンの養育係を務めながら摂政にあたった。早逝となった先王の没後、王妃であったアンケセンアメンと結婚し、急遽王位についたと考えられている。そのとき既に60歳を超える高齢であり、没するまでわずか4年の治世となった。先王を殺害したのはアイであるという説や、最後まで忠実な家臣だったという説などがある。

ホルエムヘブ

生没 不詳
在位 B.C.1321年～B.C.1293年頃

　古くから王家の家臣として仕えてきた軍人。アメンヘテプ4世の正妃ネフェルティティの妹ムトノメジットと結婚して、第18王朝最後の王となったのである。ツタンカーメンの代から行われたアメン神を復活させる改革を引き継いだ。さらに役人には遠征先での略奪、賄賂、職権濫用や着服などを厳しく禁じることで、国内の乱れを引き締めようと努めた。治世15年頃、王に後継者を授けるため高齢出産をした妻が、母子ともに命を落とすと、王朝は終焉を迎えたのである。

ラメセス1世

生没 不詳
在位 B.C.BC1293年～B.C.1291年頃

　軍人の出身。先王ホルエムヘブの腹心の部下であり親友でもあった。やがて宰相を務め、王の代理を担った後、第19王朝最初の王として即位したのであった。このとき既に結婚していた兵士の娘サトラーとの間には息子がいたことも、後継者に恵まれなかった先王から王位を譲り受けた大きな理由となったようである。王は即位した時点で、50代であったと考えられている。約2年という短い治世の後に、王位は速やかに次王となるセティ1世へと継承されたのである。

セティ1世

生没 不詳
在位 B.C.1291年～B.C.1278年頃

　先王ラメセス1世の子。しばらく崩れていた、父から子へと王位を継承する伝統が復活して即位した王である。「古代エジプトのナポレオン」と称されるトトメス3世の戦略に習い、王は盛んに遠征を行った。領土を回復することによって、王国の再生に努めたのである。約10年の治世中に計画された建築物の多くは、息子ラメセス2世に託されることとなった。その類まれな精巧さは、美術的な魅力に溢れるものばかりであり、王墓は「王家の谷」で最大の規模を誇る。

Ⅰ 中東

ラメセス2世

生没 不詳
在位 B.C.BC1279年～
B.C.1212年頃

　先王セティ1世の子。10歳の頃から王位継承者として育てられた。その名を継いだ祖父ラメセス1世の若かりし頃を彷彿とさせる、魅力に溢れた王子であったという。父王の遠征に同行して、早くから国家経営術を学び、王となる日に備えた。その治世中に多くの偉業を成し遂げたことは、「ラメセス大王」という通称からもうかがい知れる。小アジアの敵国であるヒッタイトへの対策においては、特にその手腕を発揮した。またカデシュの戦いでは軍の先頭に立ち、たった一人敵軍の中に取り残されても突き進むなど、驚くほどの勇敢さも見せつけたとされる。治世21年にして、王はヒッタイト王国と平和条約を結んだ。ヒッタイト王女を妻に迎えるまでとなった新たな関係は、長きにわたってその侵入に悩まされた歴史において、格別なことであった。エジプト人、異国人を問わず多くの妻を迎えた王は、たくさんの子孫を残した。治世67年、90歳を超える長寿を全うするまでに、100人以上の子に恵まれて、孫の顔も見たという。神殿の壁画には、伝統を無視して、身分の隔たりなく妻や子どもたちの姿を描いたのであった。

メルエンプタハ

生没 不詳
在位 B.C.1212年～B.C.1202年頃

　先王ラメセス2世の子。父王の没後、60歳を過ぎてから即位した。長寿であった父王は優秀な継承者候補たちに先立たれて、13番目の子が継いだのである。その治世中、王国は最初の「海の民」の襲撃を受けた。トゥルシュ人、シャカラシュ人、イカワシュ人など多くの「海の民」が侵入し、シリアも反乱を起こした。なんとかすべてを抑えた王は、諸外国に王国の力を改めて知らしめたのである。ヒクソスとの平和条約も守り、援軍を送る、そんな10年の治世であった。

ラメセス1世 ── セティ1世 ── ラメセス2世 ── メルエンプタハ ── セティ2世
　　　　　　　　　　　　　　　　　　　　　　　　　　　　　　　　　＝
　　　　　　　　　　　　　　　　　　　　　　　　　　　　　　　タウセレト

エジプト王国

アメンメセス

生没 不詳
在位 B.C.1202年～B.C.1199年

　出自は不明。先王メルエンプタハの庶子という説が有力。父と共同統治を行ってきた先王の子セティ2世をさし置いて、王位についた。

セティ2世

生没 不詳
在位 B.C.1199年～1193年頃

　先々王メルエンプタハの子。父王の代に共同統治を行ったが、先王となったアメンメセスによって上エジプトへ追われた。彼の没後に戻り、全土を治めたのである。

サプタハ

生没 不詳
在位 B.C.1192年～B.C.1187年

　セティ2世の子という説もあるが出生不明。小児麻痺であった。若く病弱な王の代わりに、先王の王妃タウセレトと先王に仕えた役人バイが摂政した。20歳で早逝。

タウセレト

生没 不詳
在位 B.C.1187年～1185年頃

　先々王セティ2世の第2夫人であり、先王サプタハの継母。病弱だった先王が早逝して、王家の男子が途絶えたため、第19王朝最後の王となったのである。

セトナクト

生没 不詳
在位 B.C.1185年～B.C.1182年頃

　出生不明。ラメセス2世の息子か孫、タウセレト女王の墓を略奪した者、女王の没後に王座についたアジア人の男を追放し王になった者など、諸説がある。アジア人の男が誰なのかも不詳である。タウセレト女王と共同統治を行った高官バイともいわれるが、バイはそれ以前に処刑されており別の男という話もある。情報の不確かさが、何よりも王国の混乱を物語る。第20王朝最初の王となったセトナクトの3年の治世は、次王となる息子ラメセス3世との共同統治であった。

ラメセス3世

生没 不詳
在位 B.C.1182年～B.C.1511年頃

　先王セトナクトの子。ラメセス2世にあやかった名だが、血縁関係にはない。「海の民」やリビア人などの侵入が絶えず、諸外国との戦争に治世の前半を費やした。その結果、王国は経済的にも困窮を極めたのである。晩年は、墓職人たちへの給料が滞り、何度もストライキが発生した。さらに王の暗殺未遂事件も起こったのである。大事には至らず、王は、陰謀に関わった身内や身近な人々を裁判にかけたが、裁き終えぬうちに没したのであった。

ラメセス4世

生没 不詳
在位 B.C.1511〜B.C.1451年頃

　先王ラメセス3世の子。治世4年の石碑には「私に（前王ラメセス3世のように）多くの年齢と長い治世を賜りますように」という願いが託されている。その願いも虚しく、6年の治世だった。
　当時、兵士たちの仕事は、侵入してくる敵から王国を守るよりも、労働者の取り締まりなどに重きを置くものとなっていた。また、足りなくなった建築用の石を手に入れるために遠征隊を派遣した。それほどまで経済が衰退した王国の領土は、確実に北へと追いやられていった。

ラメセス5世

生没 不詳
在位 B.C.1145年〜B.C.1141年頃

　先王ラメセス4世の子。ヘヌウトウァテイとタウェレトチェンルの2人の王妃を迎えたが、子どもには恵まれなかった。4年という短い治世の間に、内乱が起こる。盗賊の出没、役人の横領などで乱れきった王国では生活することも容易ではなかった。墓職人は身の危険を感じて怯え、仕事にも出られなかったという。発見された王のミイラによると、鼠蹊（そけい）ヘルニアを患っていたことが判明した。また顔に残ったあばたから、若くして天然痘で亡くなったものとみられている。

ラメセス6世

生没 不詳
在位 B.C.1141年〜B.C.1133年頃

　ラメセス3世の子。ラメセス5世と共同統治をしていたという説もあるが、定かではない。8年間の治世である。近東においてのエジプトの威光は衰退し、パレスチナやシナイ半島を失った。国土は後退し、諸外国との交易においてもすっかり権威を失っていたのであった。ラメセス4世の頃に100人以上いた墓職人たちは、半分以下となっていた。永久の家であると信じられていた墓は、王にとって何より大切なものであったが、その墓造りすらできなった時代である。

ラメセス7世

生没 不詳
在位 B.C.1133年〜B.C.1126年頃

　先王ラメセス6世の子。その7年の治世の様子は、墓職人の村ディル・アル＝メディーナから出土した記録からうかがい知ることができる。「経済が不安定で生活が苦しかった」という言葉が、実に生々しく遺されていたのである。治世中、経済的に不安定となった王国の物価は急上昇したようだ。穀物の価格も上がり、庶民は食べるものにすら困る生活を送っていたらしい。そのような社会不安への対応策を見つけられないまま、王は没した。

エジプト王国

ラメセス8世

生没 不詳
在位 B.C.1133年～B.C.1126年頃

　ラメセス3世の子といわれるものの、出自は不明。王の系譜も残されていないほど、王権が失墜していたことを示唆している。諸外国に対するエジプトの威光もまた地に落ちていた。かつて、王が欲しがるものは貢物として差し出された。しかし、この王の治世中には、神殿の建設に使う材料を調達に行ったビブロスで、代金を支払わなければならなかった。治安も悪く、使者は旅の途中でその金を盗まれてしまったことが記録されている。

ラメセス9世

生没 不詳
在位 BC1126年～B.C.1108年頃

　出自不明。ラメセス3世の子であるモンテューハークホプシェフの子ともいわれる。第20王朝のファラオにしては長い約18年の治世を保った。しかし墓泥棒が頻発し、決して安定した状態ではなかった。墓泥棒は王の権力の衰退、王国の統制力の弱体化を顕す。罪人の裁判は行われたが、行政そのものに崩壊も見られた。役人の中には無罪の人を自供させ、賄賂（わいろ）を受け取って罪人を釈放する者がいたという。役人たちの勢力争いもまた激しくなっていった。

ラメセス10世

生没 不詳
在位 B.C.1108年～B.C.1098年頃

　出自不明。先王ラメセス9世の子ではないかという説もあるが、定かではない。治世期間も3～9年とはっきりしていないが、短命だったことは確かである。そして墓泥棒が増えるに従い、職人たちは無気力になった。この時代の日記に、泥棒は「砂漠の住人の集団」と記されている。彼らは古代リビアの遊牧民族集団の一派であったと考えられている。パレスチナやシリアなど北東方面の領土は縮小したが、この王の代まで、ヌビアへの支配権は保たれていたようである。

ラメセス11世

生没 不詳
在位 B.C.1098年～B.C.1070年頃

　出生不明。第20王朝最後の王。その治世は、権力の分割を受け入れることで保たれた。王とは名ばかりで、ラメセス11世は統治者の一人にすぎなかったようだ。上エジプトはアメン神官団の大司祭ヘリホルが、メンフィスと中部エジプトはラメセス11世が、タニスから下エジプトの大半はスメンデスが支配した。王の没後、スメンデスが第21王朝を樹立した。エジプトはテーベを都とする上エジプトと、タニスを都とする下エジプトの分裂時代へと突入するのであった。

ヒッタイト王国

B.C.1430年～B.C.1190年

　B.C.1430年～B.C1190年まで、地中海、黒海、エーゲ海に囲まれたアナトリア半島に築かれた王国。都市ハットゥシャを中心として栄えた。インド・ヨーロッパ語系の民族ヒッタイト人によって、B.C1680年頃に興された。ヒッタイトの先住民、ハッティ族から製鉄の技術を継承し、強固な軍隊を有した。

　古王国時代（B.C1680年～B.C.1500年）、中王国時代（B.C.1500年～B.C.1430年）を経て、トゥドハリヤ1世によって新王国が興される。第5代国王シュッピルリウマ1世の時代になると、周辺の諸王国と積極的に婚姻関係を結んで同盟を締結し、勢力を拡大する。南東のミタンニ王国へと侵攻し、首都を陥落させた。この戦果によりヒッタイト王国はシリア、メソポタミア地方にまで勢力を拡大し、古代オリエント地方においてエジプト王国に次ぐ、第二位の大国となった。しかし、シュッピルリウマ1世が死去すると、疫病の蔓延や属国の離反などが相次ぎ、王国は衰退。第13代国王シュッピルリウマ2世を最後に、ヒッタイト王の記録は途絶える。

B.C.1430年	トゥドハリヤ1世がヒッタイト新王国の初代国王となる
B.C.1400年	トゥドハリヤ1世の娘婿アルヌワンダ1世がヒッタイト新王国の第2代国王となる。各地で反乱が相次ぎ、ヒッタイト新王国は弱体化
B.C.1375年	トゥドハリヤ2世がヒッタイト新王国第3代国王となる
B.C.1355年	シュッピルリウマ1世がヒッタイト新王国第5代国王となる。周辺諸国との同盟関係を結んで勢力を拡大し、シリアのミタンニ王国へと侵攻し属国とする
B.C.1320年	アルヌワンダ2世がヒッタイト新王国第6代国王となる。各地で反乱が相次ぐ
B.C.1322年	ムルシリ2世がヒッタイト新王国第7代国王となる
B.C.1290年	ムワタリ2世がヒッタイト新王国第8代国王となる
B.C.1270年	ムルシリ3世がヒッタイト新王国第9代国王となる。ムルシリ3世が先王の庶子であることから、叔父のハットゥシリ3世と対立し、ハットゥシリ3世が反乱を起こしてムルシリ3世を追放する
B.C.1266年	ハットゥシリ3世がヒッタイト新王国第10代国王となる
B.C.1240年	トゥドハリヤ4世がヒッタイト新王国第11代国王となる
B.C.1215年	アルヌワンダ3世がヒッタイト新王国第12代国王となる。首都のハットゥシャで反乱が起こる
B.C.1215年	シュッピルリウマ2世がヒッタイト新王国第13代国王となる。シュッピルリウマ2世以降、ヒッタイト新王国に記録されている王の名前は存在しない

ヒッタイト王国

トゥドハリヤ1世

- 生没 不詳
- 在位 B.C.1430年頃～B.C.1410年頃

衰退していたヒッタイト王国を中興させ、新王国時代の祖されている。在位期間や王が複数いたのではないかという説もあり、不明な点が多い。

アルヌワンダ1世

- 生没 不詳
- 在位 B.C.1400年頃？～B.C.1375年頃

先王トゥドハリヤ1世の婿養子。ヒッタイト新王朝の第2代国王。王が即位すると各地で反乱が相次ぎ、ヒッタイト王国は衰退する。

トゥドハリヤ2世

- 生没 不詳
- 在位 B.C.1375年頃？～B.C.1355年頃

先王の跡を継いで、ヒッタイト新王朝の第3代国王に即位した。先王の子かどうかは不明。異民族に首都ハットゥシャを破壊され、王宮を東方のサムハに移転した。

トゥドハリヤ3世

- 生没 不詳
- 在位 不詳

先王トゥドハリヤ2世の子。ヒッタイト新王朝の第4代国王。王の事績は明らかになっておらず、在位期間も不明。

シュッピルリウマ1世

- 生没 B.C.1358年？～B.C.1323年
- 在位 B.C.1355年～B.C.1320年

先王トゥドハリヤ3世の子。ヒッタイト新王朝の第5代国王。第3代国王トゥドハリヤ2世の子で、トゥドハリヤ3世の弟であり、兄王を殺害して王位についたという記録も存在する。

先王の時代に将軍として異民族カシュカ族や東方のハヤサ王国と戦った。カシュカ族に破壊された旧都ハットゥシャにヒッタイトの王宮を戻すことに成功し、頭角を現す。王に即位すると、東方のハヤサ王国に妹、西方のミラ王国に娘を嫁がせ、従属させる。

続いて、南東のミタンニ王国へと侵攻するが失敗。そこでミタンニ王国の背後に位置するバビロニアのカッシュ王朝へと娘を嫁がせ、同盟を結んで、再びミタンニ王国へ侵攻。主要都市の制圧に成功する。

その後、南東のイシュワ王国を属国とするなど、ミタンニ王国を圧迫。ついには首都ワスガンナを急襲して陥落させた。

これにより、ヒッタイト王国はエジプト王国に次ぐ、第二の大国となった。王はエジプト王朝と友好な関係を保っていたが、王子とツタンカーメン（トゥト・アンク・アメン）の寡婦との婚姻話の際に息子が暗殺され、エジプト侵攻を決意。しかし、その途中で王は病没した。

アルヌワンダ2世

生没 不詳
在位 B.C.1320年～B.C.1318年

　先王シュッピルリウマ1世の子。ヒッタイト新王朝の第6代国王。先王の時代、シリア遠征で功績をあげ将軍として頭角を現す。エジプトへ侵攻時には、アムカやカナンを攻撃し、陥落させた。先王が疫病にかかって死去した為、王に即位する。しかしその時、多くの属国がヒッタイトから離反した。王もまた先王と同じ疫病を患い、離反した国を討伐することなく、志半ばで死去した。

ムルシリ2世

生没 ?～B.C.1285年
在位 B.C1322年～B.C.1295年

　先々王シュッピルリウマ1世の子で、先王の弟。ヒッタイト新王朝の第7代国王。先王が疫病により死去し、その息子も早世していたため、王として即位する。ヒッタイトに大流行していた疫病退散を祈願するなど、国内の安定に力を注いだ。その後、先々王が死去した時に離反した国々への侵攻や、属国のアムル王国にエジプトからの影響力を排除するなど、ヒッタイトの復興に尽力した。

ムワタリ2世

生没 不詳
在位 B.C.1290年～B.C.1272年

　先王ムルシリ2世の子。ヒッタイト新王朝の第8代国王。エジプト王国とシリアを巡って戦い、シリアの大半を勢力下に置いた。

ムルシリ3世

生没 ?～B.C.1244以後
在位 B.C.1270年～B.C.1264年

　先王ムワタリ2世の子。ヒッタイト新王朝の第9代国王。庶子であったため、叔父と対立。わずか7年で王位の座を追われることになる。

ハットゥシリ3世

生没 不詳
在位 B.C.1266年～B.C.1236年

　第7代国王ムルシリ2世の末子でムワタリ2世の弟。ヒッタイト新王朝の第10代国王。先王の庶子であるムルシリ3世が王に即位したため、政治的混乱が起こる。そこでムルシリ3世を国外へ追放し、自らが王に即位した。勢力を拡大させていた東の隣国、アッシリアに備えるため、対立関係にあったエジプト王国と平和条約を締結するなど、二方面での対立を避けた。

ヒッタイト王国

トゥドハリヤ4世

- 生没 ?〜B.C1220年
- 在位 B.C.1240年〜B.C.1215年

先王ハットゥシリ3世の子。ヒッタイト新王朝の第11代国王。東の隣国アッシリアの勢力拡大を防ぎきれず、ヒッタイトの領土を狭めてしまう。

クルンタ

- 生没 不詳
- 在位 B.C.13世紀後半

第8代国王ムワタリ2世の子で、ムルシリ3世の弟。トゥドハリヤ4世と王位を争った。一時期、王に即位していた記録が存在する。

アルヌワンダ3世

- 生没 不詳
- 在位 ?〜B.C.1214年

第11代国王トゥドハリヤ4世の子。ヒッタイト新王朝の第12代国王。在位は一年余りしかなく、王の即位後、反乱が起きたと記録に残されている。

シュッピルリウマ2世

- 生没 不詳
- 在位 B.C.1215年〜B.C.1190年

第11代国王トゥドハリヤ4世の子。ヒッタイト新王朝の第13代国王。勢力回復に努めるが衰退の一途を辿る。記録に残るヒッタイト王国の最後の王。

```
トゥドハリヤ1世 ══ アルヌワンダ1世 ‥‥‥ トゥドハリヤ2世 ┐
┌─────────────────────────────────────────────────────┘
└ トゥドハリヤ3世 ─ シュッピルリウマ1世 ─ アルヌワンダ2世 ┐
┌─────────────────────────────────────────────────────┘
└ ムルシリ2世 ┬ ムワタリ2世 ──────── ムルシリ3世 ┐
              └ ハットゥシリ3世 ┐       └ クルンタ
┌──────────────────────────────┘
└ トゥドハリヤ4世 ─ アルヌワンダ3世
                  └ シュッピルリウマ2世
```

I 中東

アッシリア王国

B.C.3000年頃～B.C.609年

メソポタミア地方北部、ティグリス川・ユーフラテス川上流域に築かれた王国。都市アッシュール、後に都市ニネヴェを中心として栄え、セム系アッシリア人（古代ヘブライ文化を起源とし、アッカド語の北方方言、アッシリア語を使う民族）が興した。初期アッシリア時代（B.C3000年半ば頃）、アッシリア古王国時代（B.C2000年頃）を経て、第69代国王アッシュール・ウバリト1世によって、アッシリア中王国時代（B.C.1365年～B.C.934年）が始まり、第98代国王アダド・ニラリ2世によって、アッシリア新王国時代（B.C.911年～B.C.609年）へと移っていく。

アッシリアは伝統的にアールムと呼ばれた市民による議会によって国家運営の重要事項を審議、決定し、アールムはリンム（議長）によって進行された。やがて王権の拡大と共に王がリンムを兼任することもあったが、この制度自体はアッシリアが滅亡する新王国時代まで維持された。アッシリアは栄枯盛衰を繰り返しながら約1400年間続き、王名表には117人の名前が刻まれている（欠損などによる不明も含む）。

B.C.1365年	アッシュール・ウバリト1世が第69代国王となる。アッシリア中王国時代の始まり
B.C.1340年頃	ヒッタイトがミタンニへと侵攻し、首都を陥落させる。ミタンニの属国であったアッシリアは独立を果たす
B.C1235年頃	第74代国王トゥクルティ・ニヌルタ1世がバビロニアに侵攻。バビロニア王を捕らえる。トゥクルティ・ニヌルタ英雄叙事詩の編纂
B.C.1115年	ティグラト・ピレセル1世が第83代国王となる。アッシリア周辺地域を平定し、地中海まで勢力を拡大。アッシリア法典の編纂。大飢饉の発生とアラム人の侵入により、国内が混乱し、衰退していく
B.C.934年	アッシュール・ダン2世が即位。中王国時代の終わり
B.C.911年	アダド・ニラリ2世が第98代国王となる。アッシリア新王国時代の始まり
B.C.681年	アッシュールバニパルがアッシリア第113代国王となる。エジプト王朝を滅亡させ、バビロニア、エラムを制圧して、アッシリアは古代オリエントにおいて一大王国となる。ニネヴァ図書館の建設
B.C.612年	新バビロニア・メディア連合軍がアッシリアに侵攻し、首都ニネヴェが陥落。この時、第116代国王シン・シャル・イシュクンも戦死
B.C.609年	ハラン陥落。第117代国王アッシュール・ウバリト2世も死亡し、アッシリアは滅亡

アッシリア王国

エリバ・アダド1世

生没 不詳
在位 B.C1392年～B.C.1366年

先々王アッシュール・ベル・ニシェシュの子。甥である先王アッシュール・ナディン・アヘ2世の後を継いで、アッシリア王朝の第68代国王に即位した。しかし、その経緯は不明。当時、アッシリアはミタンニ王国の属国であったが、王はバビロニア（第3王朝）と同盟を結ぶなど、アッシリア独立に向けて尽力した。子のアッシュール・ウバリト1世の時代にアッシリアは独立するため、中期アッシリア王国の礎を築いた王とされている。

アッシュール・ウバリト1世

生没 不詳
在位 B.C1365年～B.C.1330年

先王エリバ・アダド1世の子。アッシリア王朝の第69代国王。B.C.1340年頃、ヒッタイト王国がミタンニ王国へと侵攻した時期に合わせて、王も侵攻し、首都を陥落させる。これにより、先王の代よりの念願であったアッシリア独立を果たす。その後、エジプト王国よりヒッタイトやミタンニと同格の扱いを受けるなど、着実に勢力を伸ばしていく。先王の時代より同盟国であったバビロニアの王に曾孫が即位し、他国への影響力も強めた。

エンリル・ニラリ

生没 不詳
在位 B.C.1330年～B.C.1319年

先王アッシュール・ウバリト1世の子。アッシリア王朝の第70代国王。隣国、バビロニアには先王の政治工作によって、曾孫のクリガルズ2世が王位についていたが、アッシリアに従わず、国境を巡って激しく対立した。バビロニアは城壁を作って防御を固めるが、それを突破し、勝利する。莫大な戦利品とバビロニア領の一部をアッシリアにもたらした。また、アッシリア史上初めて、リンム職（政治議会の議長）に就任し、王の権力を強化して支配体制を強めた。

アリク・デン・イリ

生没 不詳
在位 B.C.1319年～B.C.1308年

先王エンリル・ニラの子。アッシリア王朝の第71代国王。先王の死去に伴い、王に即位した。王の治世に関する記録はほとんど残っていない。バビロニア（第3王朝）の王ナジ・マルタッシュと国境を巡って、激しく戦うが一進一退で、決着はつかなかった。この頃、シリアより遊牧民族のアラム人や他の異民族もアッシリアへ流入するようになっていたため、それらの対応に追われた。

Ⅰ 中東

アダド・ニラリ1世

生没 不詳
在位 B.C1307年～B.C.1275年

　先王アリク・デン・イリの子。アッシリア王朝の第72代国王。王は即位すると、先々王の時代より国境を巡って争っていたバビロニア（第3王朝）へと侵攻。勝利を治めると、ハビロニア領の一部をアッシリア領とした。ミタンニ王国の分裂後に出来たハニガルバド王国へも侵攻し、ハニガルバド軍を破ってアッシリアの属国とする。その後、ハニガルバドはヒッタイトの支援を受けて反乱を起こすが、王が再び軍を率いて侵攻し、反乱を鎮圧した。

シャルマネセル1世

生没 不詳
在位 B.C1274年～B.C.1245年

　先王アダド・ニラリ1世の子。アッシリア王朝の第73代国王。王が即位すると、属国であったハニガルバドがヒッタイトの支援を受けて反乱を起こした。王はすぐに鎮圧へと向かい、ハニガルバド、ヒッタイトの同盟軍を撃破。ハニガルバド領全域を支配下に治めた。さらに王はユーフラテス川を渡って、ヒッタイト領の北シリアへと侵攻。ここでも勝利し、勢力を拡大した。翌年、北東のウラルトゥで反乱が起きるも、アララト山の要塞まで反乱軍を追い詰め、鎮圧した。

トゥクルティ・ニヌルタ1世

生没 不詳
在位 B.C.1244年～B.C.1208年

　先王シャルマネセル1世の子。アッシリア王朝の第74代国王。王が即位するとヒッタイトが侵攻してきたが、ヒッタイトの王が死去し、代わって即位したトゥドハリヤ4世は、平和条約を締結して軍を撤退させた。そこで、王は逆に北方を攻略する。対立関係にあったバビロニア（第3王朝）が領内に侵攻してきた時、王はこれを撃退。追撃してバビロニア王を捕らえ、バビロニアを征服した。しかし本国に帰還後、内乱が起きて、子の一人に暗殺された。

アッシュール・ナデン・アプリ

生没 不詳
在位 B.C.1200年頃～？

　先王トゥクルティ・ニヌルタ1世の子。アッシリア王朝の第75代国王。先王が暗殺されたことにより、王に即位した。先王がバビロニア統治に失敗し、アッシリアで王家の権威が失墜させたことが引き金となって、アッシュール・ナデン・アプリが暗殺したという説も存在する。王が即位後も、政治的混乱が収まることはなく、アッシリアは低迷期へ突入。王位にいたのはわずか三年であり、甥のアッシュール・ニラリ3世が王位を継いだ。

アッシリア王国

アッシュール・ニラリ3世

生没 不詳
在位 B.C.1193年～B.C.1187年

先々王トゥクルティ・ニヌルタ1世の子アッシュールナツィルパルの子で、先王の甥にあたる。アッシリア王朝の第76代国王。先王の暗殺に、父アッシュールナツィルパルが関わっていたのではないかという説が存在する。王が即位した時、アッシリアは政治的な混乱状態にあり、王の事績などもはっきり判っていない。アッシリアが弱体化していた事は間違いなく、少なくとも、バビロニアに対する影響は、完全に失われていた。

エンリル・クドゥリ・ウツル

生没 不詳
在位 B.C.1187年～B.C.1182年

第74代王トゥクルティ・ニヌルタ1世の子で、先王アッシュール・ニラリ3世の叔父にあたる。ニヌルタ・アピル・エクルによって王位を奪われた。

ニヌルタ・アピル・エクル

生没 不詳
在位 B.C.1192年？～B.C.1182年？

第72代国王アダト・ニラリ1世の曾孫にあたる。先王エンリル・クドゥリ・ウツルから王位を奪った。王の在位期間についても、はっきりとしていない。

アッシュール・ダン1世

生没 不詳
在位 B.C.1179年～B.C.1134年

先王ニヌルタ・アピル・エクルの子。アッシリア王朝の第79代国王。王は即位すると、北東のウラルトゥへ侵攻し、旧領土を回復。その後、東のエラム（キディヌ朝）と同盟を結んでバビロニア（第3王朝）へと侵攻。勝利して旧領土の一部を回復させた。エラムはバビロニア（第3王朝）を滅ぼすが、バビロニアでは新たな王が即位し、逆にエラム軍をバビロニアから追い出した。バビロニア（第4王朝）は続いて、アッシリアにも侵攻してきたが、王はそれを撃退した。

ニヌルタ・トゥクルティ・アッシュール

生没 不詳
在位 B.C.1133年

先王アッシュール・ダンの子。アッシリア王朝の第80代国王。先王の死後、王は兄弟のムタッキル・ヌスクと王位を争って対立したが、バビロニア（第4王朝）の王イティ・マルドゥク・バラからの支持を受けて、王に即位する。しかし、わずか半年でムタッキル・ヌスクによって王位を奪われ、殺害された。王は即位すると、バビロニアに侵攻して大敗したという記録も存在するため、バビロニアの王がムタッキル・ヌスクを支持する方針に変えた可能性も存在している。

ムタッキル・ヌスク

生没 不詳
在位 B.C.1133年

　先々王アッシュール・ダン1世の子で、先王ニヌルタ・トゥクルティ・アッシュールの兄弟。アッシリア王朝の第81代国王。先王のニヌルタ・トゥクティ・アッシュールと王位を争ったが、一度は王位を譲ることになる。しかし、わずか半年ほどで先王を殺害し、王位を奪った。王の統治も半年ほどしかなく、事績などはわかっていないが、王が即位している間、バビロニアと争ったという記録は存在していない。

アッシュール・レシュ・イシ1世

生没 不詳
在位 B.C.1133年～B.C.1116年

　先王ムタッキル・ヌスクの子。アッシリア王朝の第82代国王。王に即位すると、まずは東のルルミ、グディへ侵攻し、旧領を回復する。その後、エラム（シュトルク朝）を滅ぼしたバビロニア（第4王朝）がルルミを襲い、アッシリア南部にまで侵攻、国境の町を包囲した。王は援軍を出してそれに対抗し、バビロニアを撃退。バビロニアは再度、アッシリアに侵攻してきたが、戦車40台を失わせるという大損害を与え、敗退させた。

ティグラト・ピレセル1世

生没 不詳
在位 B.C.1115年～B.C.1076年

　先王アッシュール・レシュ・イシ1世の子。アッシリア王朝の第83代国王。即位すると、わずか5年でアッシリア周辺地域の制圧し、旧ミタンニの諸都市を征服。さらに西へと遠征し、地中海まで勢力を拡大した。数年後、バビロニア（第4王朝）が領内に侵攻してきたため、これを撃退。さらに追撃して、バビロン市まで侵攻し、バビロニア北部を手に入れた。法典の編纂など内政にも力を入れるが、アラム人の流入や大飢饉が重なり、国力は低下。暗殺された。

アシャレド・アピル・エクル

生没 不詳
在位 B.C.1076年～B.C.1074年

　先王ティグラト・ピレセル1世の子。アッシリア王朝の第84代国王。先王が暗殺されるという状況の中で王に即位した。アッシリア国内は大飢饉に加え、アラム人の侵入により、混乱状態であった。王は国内の混乱に対応したと考えられるが、王が統治した期間はわずかであったため、記録が残されなかった。ゆえに、王位継承の経緯や事績についても何もわかっていない。わずかな統治期間の後、弟のアッシュール・ベル・カラが王位を継いだ。

アッシリア王国

アッシュール・ベル・カラ

生没 不詳
在位 B.C.1074年～B.C.1056年

先々王ティグラト・ピレセル1世の子で、先王アシャレド・アピル・エクルの弟。アッシリア王朝の第85代国王。王は即位すると、北のウラルトゥへと遠征し、勝利を収めて多くの戦利品を得た。その後はアッシリア内へ侵入してきたアラム人との戦いに費やし、多くの勝利をもたらした。しかし、先々王の時代に得た領土の統合、統治は適わず、アッシリアの混乱を収束させることはできなかった。

エリバ・アダド2世

生没 不詳
在位 B.C.1056年～B.C.1054年

先王アッシュール・ベル・カラの子。即位後まもなくして、シャムシ・アダド4世によって王位を奪われ、おそらくこの時に殺害された。

シャムシ・アダド4世

生没 不詳
在位 B.C.1054年～B.C.1050年

先々王アッシュール・ベル・カラの弟で、先王エリバ・アダド2世の叔父。エリバ・アダド2世から王位を奪って即位。詳しい記録は残されていない。

アッシュールナツィルパル1世

生没 不詳
在位 B.C.1050年～B.C.1031年

先王シャムシ・アダド4世の子。アッシリア王朝の第89代国王。アラム人との戦いに敗北し、西方の領土を一部失ってしまった。

シャルマネセル2世

生没 不詳
在位 B.C.1031年～B.C.1019年

先王アッシュールナツィルパルの子。アッシリア王朝の第90代国王。事績などは何も判っていない。遺跡から王名が刻まれた石碑が見つかっている。

アッシュール・ニラリ4世

生没 不詳
在位 B.C.1019年～B.C.1013年

先王シャルマネセル2世の子。アッシリア王朝の第91代国王。事績などは何も判っておらず、王位継承が叔父に回ったこともわかっていない。

アッシュール・ラビ2世

生没 不詳
在位 B.C.1013年～B.C.972年

第89代王アッシュールナツィルパル1世の子。アッシリア王朝第92代目の国王。最も在位期間が長い王の一人だが、その治世はほとんどわかっていない。

Ⅰ 中東

アッシュール・レシュ・イシ2世

生没 不詳
在位 B.C.972年～B.C.967年

　先王アッシュール・ラビ2世の子。アッシリア王朝の第95代国王。記録が残っていないため、事績についてはよくわかっていない。

アシュール・ダン2世

生没 不詳
在位 B.C.934年～B.C.912年

　先王ティグラト・ピレセル2世の子。アッシリア王朝の第97代国王。王は即位すると、アッシリアを悩ませ続けていたアラム人を制圧し、アッシリアの国境を

アダド・ニラリ2世

生没 不詳
在位 B.C.911年～B.C.891年

　先王アッシュール・ダン2世の子。アッシリア王朝の第98代国王。王以降の治世をアッシリア新王国時代と区分している。王は即位すると、先王の路線を引き

トゥクルティ・ニヌルタ2世

生没 不詳
在位 B.C.891年～B.C.883年

　先王アダド・ニラリ2世の子。アッシリア王朝の第99代国王。王が即位すると、先王の時代に制圧したティグリス川西部の諸都市が反乱を起こした。そこで

ティグラト・ピレセル2世

生没 不詳
在位 B.C.967年～B.C.935年

　先王アッシュール・レシュ・イシ2世の子。アッシリア王朝の第96代国王。記録が残っていないため、事績についてはよくわかっていない。

安定させた。その後は疲弊しきったアッシリアの国力を回復させるべく内政に尽力。州行政を整え、農地拡大を推進して食料生産を向上させた。この政策によって、アッシリアは再び勢力を盛り返していくことになり、アッシリア新王国時代の基礎を築いた。

継ぎ、アラム人勢力を抑えながら、アッシリア周辺諸国へ侵攻し、北方を制圧、北西の旧ハニガルバド領（旧ミタンニ）の統一を果たした。また、バビロニア（第4王朝）との国境問題が再燃。王はバビロニアからの侵入を排除すると、南の国境を固めると共に、バビロニアと条約を締結した。

王は遠征を行い、これを鎮圧した。また、北方の領土回復を目指して、ウラルトゥ、クトゥハム、ウルエミ湖へ遠征を行い、一定の成果を上げる。B.C.885年には、ティグリス川の水源に到達し、記念碑を建てている。こうして王は、アッシリアの領土を固めに奔走した。

アッシリア王国

I 中東

アッシュールナツィルパル2世

生没 不詳
在位 B.C.883年~B.C.859年

　先王トゥクルティ・ニヌルタ2世の子。アッシリア王朝の第100代国王。王は即位すると、積極的に遠征を繰り返し、アッシリアの勢力範囲を拡大していく。王は即位してから17年間に14回も遠征を行い、西のシリア東部やカルケミシュ、東のザクロス山脈方面にまで遠征した。王は制圧した地に現地の王に貢納を課すのではなく、アッシリアの総督を派遣する方法を積極的に用いた。また王は、アッシリアの首都をニネヴェからカルフ（ニムルド）に遷都した。

シャルマネセル3世

生没 不詳
在位 B.C.858年~B.C.824年

　先王アッシュールナツィルパル2世の子。アッシリア王朝の第101代国王。先王の意志を継ぎ、アッシリアの勢力拡大のために遠征を繰り返した。イスラエルとシリア地方の諸国は大規模な反アッシリア同盟を結んで抵抗するが、巧みな戦術でこれを撃破し、反アッシリア同盟軍を撃破した。勢力範囲は拡大したものの、諸国の完全制圧までには至らなかった。晩年、子が反乱を起こし、その鎮圧ができないまま、死去した。

シャムシ・アダド5世

生没 不詳
在位 B.C.823年~B.C.811年

　先王シャルマネセル3世の子。アッシリア王朝の第102代国王。先王の時代、兄弟（長男）が反乱を起こし、先王はシャムシ・アダド5世を後継者に指名して、反乱を鎮圧しようとするが、アッシリア主要都市が反乱側に付き、内乱状態となった。その途中で、先王が死去し、父王の宣言通り、シャムシ・アダド5世が即位した。反乱はB.C.820年頃に鎮圧した。その後、王はバビロニア（第8、9王朝）に二度侵攻し、二度とも王を捕らえることに成功した。

アダド・ニラリ3世

生没 不詳
在位 B.C.810年~B.C.783年

　先王シャムシ・アダド5世の子。アッシリア王朝の第104代国王（王名表に103代目王シャミラム名がある）。王に即位した時、王は幼く、母であるサンムラマートが摂政となった。王の時代、地中海沿岸諸国への遠征を行い、ダマスカスやイスラエルの一部を制圧した。また、北方へと侵攻し、カスピ海に至っている。バビロニア（第9王朝）へも侵攻し、バビロニアを制圧。王は「バビロニア王」と僭称（せんしょう）するようになった。

シャルマネセル4世

生没 不詳
在位 B.C.783年～B.C.772年

　先王アダド・ニラリ3世の子。アッシリア王朝の第105代国王。先王の時代、宦官勢力や側近の勢力が増したため、王権は弱体化していた。中でも先王の時代に軍の総司令官であったシャムシ・イルが権力を増大させており、政治的な影響力は強かった。そのため、王の事績については、宦官等が王の名前で立てた記念碑で、わずかな情報が得られるのみである。北方のウラルトゥへの侵攻と西のシリアへの遠征が記録としては残されている。

アッシュール・ダン3世

生没 不詳
在位 B.C.772年～B.C.755年

　先々王アダド・ニラリ3世の子で、先王シャルマネセル4世の弟。アッシリア王朝の第106代国王。王が即位した時、先王に引き続いて、軍総司令官シャムシ・イルが大きな勢力を振るっており、宦官たちの勢力も依然として強力であった。王としての権限はかなり制限されていた状況であり、地方長官の自立傾向が目立っている。そのため、目立った業績はないが、シリアへの遠征や反乱の鎮圧などが、記録として残されている。

アッシュール・ニラリ5世

生没 不詳
在位 B.C.754年～B.C.745年

　第98代国王アダド・ニラリ3世の子で、先々王シャルマネセル4世、先王アッシュール・ダン3世の弟。アッシリア王朝の第107代国王。王が即位した時、軍総司令官シャムシ・イルと宦官たちが強い勢力を誇っていた。王はB.C.753年頃に西方のシリア北部アルパドへ遠征し、制圧に成功している。後に、北方のウラルトゥへも遠征するがそちらは失敗に終わる。その後、各地で反乱が続発し、王はティグラト・ピレセル3世に王位を奪われ、おそらく殺害された。

ティグラト・ピレセル3世

生没 不詳
在位 B.C.744年～B.C.727年

　先王アッシュール・ニラリ5世に代わって、王に即位した。アッシリア王朝の第108代国王。王の出自は不明。簒奪者ではないかという説も存在する。地方行政を改革し、地方長官の権限を縮小。逆に弱体化していた王権を強化し、国王直属の軍隊も創設した。積極的に遠征を行い、ウラルトゥ、イスラエル、ユダを制圧。また、バビロニア（第9王朝）を滅ぼし、バビロニア王（バビロニア第10王朝）となって、アッシリアの支配国とした。

アッシリア王国

シャルマネセル5世

生没 不詳
在位 B.C.727年～B.C.722年

　先王ティグラト・ピレセル3世の子。アッシリア王朝の第109代国王。先王の時代にはジミッラ州の長官を務めていた。王に即位すると、イスラエルがエジプトの支援を受けて反乱を起こしたため、イスラエルに遠征し、イスラエル王を捕らえることに成功。しかし、イスラエルの都サマリアで抵抗運動が起きたため、2年間の包囲後、陥落させてイスラエル王朝を滅亡させた。王は遠征の帰還途中に死去。そのため、暗殺説も存在している。

サルゴン2世

生没 不詳
在位 B.C.722年～B.C.705年

　先々王ティグラト・ピレセル3世の子。アッシリア王朝の第110代国王。王に即位すると、東方のエラムの支援を受けてバビロニアが離反。さらにシリア諸国、イスラエルも離反した為、王はバビロニアの王位を認め、イスラエル、シリア諸国討伐に乗り出した。B.C.721年にイスラエルを制圧し、翌年には東方のエラムとも戦った。同年、離反していたシリア諸国を完全に制圧。B.C.710年にはバビロニアへ侵攻し、翌年にはバビロン市を陥落させて、バビロニアの王を宣言した。

センナケリブ

生没 不詳
在位 B.C.705年～B.C.681年

　先王サルゴン2世の子。アッシリア王朝の第111代国王。王に即位すると、シリアのユダに遠征するが失敗に終わる。その後、バビロニアがエラムの支援を受けて離反した為、バビロニアへと侵攻し、反乱を鎮圧した。新たな王を即位させるが、その王も離反し、長男を王とした。三度バビロニアが離反し、その時に長男は消息不明（殺害）。B.C.689年、王はバビロニアへと侵攻し、勝利を収めて統治下に置いた。王は後継者を末子としたため、他の子どもたちに暗殺された。

エサルハドン

生没 不詳
在位 B.C.681年～B.C.669年

　先王センナケリブの子。アッシリア王朝の第112代国王。母の尽力によって後継者に指名されるが、他の兄たちと対立。先王が暗殺されると、兄たちの軍を破って王に即位した。バビロン市を再建し、キンメリア人勢力を討伐、エラム、ウラルトゥとも戦った。B.C.671年、ユダがエジプトと同盟を組み離反した為、遠征軍を起こしてユダ・エジプト同盟軍を撃破し、エジプトのメンフィスを占領した。エジプトはその後離反し、王は鎮圧に向かう途中で陣没した。

アッシュールバニパル

生没 不詳
在位 B.C.668年～B.C.627年

先王エサルハドンの子。アッシリア王朝の第113代国王。生前の取り決めにより、アッシュールバニパルはアッシリア王に即位し、兄のシャマシュ・シュム・ウキンはバビロニア王に即位した。王は先王からの政策であるエジプト遠征を継続し、B.C.667年にメンフィスを再び陥落させた。その後、アナトリア半島のリュディアにキンメリア人の侵入を伝え、支援してキンメリア人を撃退する。しかし、リュディアはエジプトと同盟を結び、反攻してきたため、王は遊牧民族キンメリア人と同盟し、リュディア王を殺害して、その子を王位につけ従属させた。さらにエジプトへも遠征軍を送り、反乱を鎮圧。B.C.663年にはエジプトの都テーベを陥落させ、エジプト王朝を滅亡させた。B.C.652年、今度はバビロニアの王である兄がエラムなどの支援を受けて、反乱を起こす。王はすぐに鎮圧に乗り出し、B.C.650までにバビロニアの大半を制圧、2年後にはバビロンを陥落させた。その時、兄も戦死した。続いて、エラムへと侵攻し、首都スサを陥落させた。王はまた、アッシリア全土に書記を派遣し、文書を収集させて複写させ、ニネヴェ図書館を建設してそこに保管させた。

アッシュール・エティル・イラニ

生没 不詳
在位 B.C.627年～B.C.623年

先王アッシュールバニパルの子。アッシリア王朝の第114代国王。王碑文が残されていないため、王位継承争いがあったと推定こそされているが、詳しい経緯などはわかっていない。王が有力者の宦官であるシン・シュム・リシルの後ろ盾を得ていたことはわかっている。しかし、その宦官のシン・シュム・リシルに王座を奪われ、その後、亡くなっている。殺害された可能性が高い。以後、アッシリアは内乱状態となり、急速に衰退していく。

シン・シャル・イシュクン

生没 不詳
在位 B.C.623年～B.C.612年

先々王アッシュールバニパルの子。アッシリア王朝の第116代国王（第115代国王にはシン・シュム・リシルの名が記されている）。先王から王位を奪い、おそらく殺害した宦官のシン・シャム・リシルを倒し、王に即位した。しかし、アッシリアの衰退を止めることは適わず、バビロニア南部で新バビロニア王国が興り、東方のメディアと連合してアッシリアに侵攻。王は防戦するが首都ニネヴェは陥落、王自身も戦死した。

アッシリア王国

アッシュール・ウバリト2世

生没 不詳
在位 B.C.612年～B.C.609年

アッシリアの王族の一人。アッシリア王朝の第117代国王。B.C.612年、アッシリアの首都ニネヴェが新バビロニア・メディア連合軍の前に陥落し、先王が戦死したため、王に即位した。王は残党を従え、アッシリアの西方の都市ハランに逃れた。アッシリアを再興するべくエジプトに援軍を求め、ハランで対抗を試みるが、援軍の到着が遅れ、B.C.609年ハランは新バビロニア軍によって陥落。王もこの時死亡し、アッシリアは滅亡した。

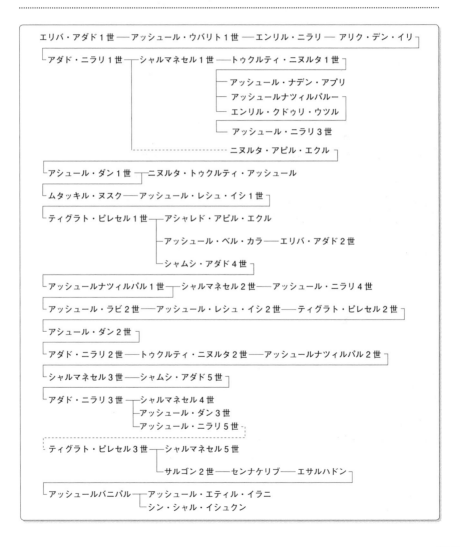

イスラエル王国

B.C.1047年頃～B.C.721年

『旧約聖書』の記述に基づけば、イスラエル人は民族の始祖であるアブラハムに率いられて、現在のイラク南部にあたるウルから、パレスチナ近辺に移住したとされる。さらに古代エジプトへと移り住むが、エジプトでは奴隷身分として扱われた。しかし、エジプト新王国時代に、指導者モーセの導きでパレスチナへと帰還。B.C.10世紀頃にイスラエル王国が建国されている。当初は新興国に過ぎなかったイスラエル王国だが、当時の国際情勢はイスラエルに味方した。ヒッタイト王国の崩壊、エジプトの勢力縮小により、中東に空白地帯が生じたのだ。ダビデ王、ソロモン王の時代には、周辺国との関係構築、交易による経済発展を遂げ、ここにイスラエル王国は最盛期の繁栄を享受する。だが、強大化を目指すための重税・賦役に対する不満、信仰の自由を認めたことに起因する文化的価値観の多様化は、王国の統一性を奪ってしまった。結果、ソロモン王の死後、北のイスラエル王国、南のユダ王国へと分裂することになる。その後も、イスラエル王国内では部族対立が相次ぎ、クーデターによる王朝交代が頻発。衰退したイスラエル王国は、勢力を伸張していたアッシリア帝国の攻撃を受けて終焉を迎えた。

B.C.11世紀後半	出エジプトを遂げたイスラエル民族がパレスチナ定住
B.C.1047年頃	サウルが初代国王となり、イスラエル王国の原型が成立する
B.C.995年頃	ダビデ王が12部族をまとめ、エルサレムを都に王国を統一
B.C.963年頃	イスラエル王国の最盛期を築くソロモン王が王位継承
B.C.960年頃	ソロモン王がエルサレム神殿を建立
B.C.931年	統一王国最後の王であるレハブヤム王が王位継承
〃	北部10部族が、ヤロブアム王のもとでイスラエル王国として分離
〃	レハブヤム王の統治下に残った南部2部族はユダ王国となる
B.C.878年	オムリ王が都をサマリアに遷都
B.C.874年	分裂後の北イスラエル王国最盛期を築くアハブ王が王位継承
B.C.853年	カルカルの戦いで、アッシリア帝国軍の侵攻を阻止
B.C.852年	アラム人の王国ダマスカスとの戦争で、アハブ王戦死
B.C.736年	反アッシリア同盟を締結したことで、シリア・エフライム戦争勃発
B.C.732年	シリア・エフライム戦争で、アッシリア・ユダ連合軍に敗戦
B.C.731年	最後の王であるホシェア、アッシリアの臣王として即位
B.C.727年	アッシリア王ティグラト・ピレセル3世死去に伴い貢納を停止
B.C.725年	アッシリア王シャルマネセル5世に首都サマリアを包囲される
B.C.721年	イスラエル王国がアッシリアに降伏し、滅亡する

イスラエル王国

サウル

生没 ?～B.C.1007年?
在位 B.C.1047年?～B.C.1007年?

　『旧約聖書』「サムエル記」によれば、B.C.1080年頃のイスラエル人は、パレスチナに住み着いていたペリシテ人との戦いの中にあった。軍事的指導者としての国王を求める声が高まり、当時の預言者サムエルはサウルを王に選んだという。だが、後に命に背いたことでサムエルと対立。サムエルはダビデを次の王とする意向だったが、サウルはその後も軍事的指導者として実質的な王位に留まる。最終的にギルボア山におけるペリシテ人との戦いで戦死するまで、事実上の指導者であった。

イシュ・ボシェテ

生没 B.C.1047年?～B.C.1005年?
在位 B.C.1007年?～B.C.1005年?

　先王サウルの子。『旧約聖書』によれば、サウルと三人の兄弟が戦死し、唯一生き残ったのがイシュ・ボシェテだったとされる。そこで、軍司令官であったアブネルは、イシュ・ボシェテを次のイスラエル王として擁立。イスラエル12部族のうち11部族はイシュ・ボシェテを王と認めたが、ユダ族は預言者サムエルが神の命に従って王に選んだと言われるダビデに従った。戦局はダビデ側に傾き、後ろ盾のアブネルが離反。混乱の中、アブネル、イシュ・ボシェテとも暗殺されたという。

ダビデ

生没 B.C.1040年?～B.C.970年?
在位 B.C.1002年?～B.C.970年?

　先王イシュ・ボシェテとは血縁関係にない。羊飼いの子だったが、預言者サムエルによって国王になるべき人物として見い出されたという。初代国王サウルが率いる軍の中で頭角を現し、『旧約聖書』「サムエル記」に登場するペリシテ人最強の戦士ゴリアテを討ち取ったとされる。大きな戦果をもたらしたことで人心を集め、これを妬んだサウルから殺害を企図された。無事に生き延びたダビデは、サウルの死後、ユダ族の支持を受けてユダ族の王となる。その後、サウルの後継者として他の11部族を率いたイシュ・ボシェテの勢力と戦争状態に入るが、ダビデはこの戦いを優位に進めた。最終的にB.C.1005年、イシュ・ボシェテが暗殺されたことで戦争は終結。ダビデはイスラエルの12部族をまとめあげ、統一イスラエルの国王となった。王国の都がエルサレムに定められたのは、この時である。ダビデは国家の中央集権化、傭兵軍の組織、徴税制度の整備を進め、国の強大化に尽力した。ただ、優秀な王とされる一方、家臣の妻バト・シェバを妊娠させ、発覚を恐れて家臣を最前線に送り込んで戦死させた上、バト・シェバを自身の妃にしたというエピソードも残っている。

ソロモン

生没 B.C.1011年?～B.C.931年?
在位 B.C.970年?～B.C.931年?

　先王ダビデの子。バト・シェバとの間に生まれた子で、『旧約聖書』「列王記上」によれば、異母兄アドニヤとの勢力争いを制してイスラエル王に即位したという。ソロモンは政略結婚によって安全保障を確立して王国の最盛期を築いたほか、エルサレム神殿、王宮を建造したことでも知られる。ただ、こうした事業を進めるために重税・賦役を課し、民衆の離反を招いたのも事実である。『旧約聖書』の中においてさえ、ソロモンに批判的な記述が見られるのは、そのためであろう。

レハブヤム

生没 B.C.973年?～B.C.915年?
在位 B.C.931年?

　先王ソロモンの子。『旧約聖書』「列王記上」の記述によると、父ソロモンが課した重税・賦役を軽減して欲しいという部族長らの嘆願を無視し、さらに苛烈な労苦を強要したとされる。また、レハブヤムは祖父ダビデの出身である南部のユダ族を優遇したことから、北部の離反を招いた。結局、北部10部族は分離独立し、レハブヤムは南部2部族の王となる。ここに統一イスラエル王国の歴史は幕を閉じ、北のイスラエル王国と南のユダ王国に分裂したのである。

ヤロブアム1世

生没 不詳
在位 B.C.931年?～?

　先王レハブヤムとは血縁関係にない。預言者アヒヤに「あなたは10部族の王になる」と告げられたことを発端としてソロモン王に命を狙われ、エジプトに逃れたといわれている。その後、ソロモンの代からの中央集権体制下における重税・賦役に耐えかねた北部10部族がレハブヤム王に反旗を翻すと、パレスチナに帰還したヤロブアム1世は10部族の王として擁立された。こうして北イスラエルの王となるが、かつて庇護を受けたエジプトに侵攻され、その国力は大幅に衰退した。

ナダブ

生没 ?～B.C.900年?
在位 ?～B.C.900年?

　先王ヤロブアム1世の子。現存史料は乏しく、「列王記上」に先王と同様の罪を犯したとあるのみ。偶像崇拝を指すと思われる。クーデターにより暗殺された。

バシャ

生没 ?～B.C.877年?
在位 B.C.900年?～B.C.877年?

　先王ナダブとは血縁関係にない。ナダブを暗殺して即位。ヤロブアム1世の一族すべてを殺害し、ユダ王国とも争った。生涯、戦いに身を投じ、その中で戦死。

イスラエル王国

エラ

- 生没 ?〜B.C.876年?
- 在位 B.C.877年?〜B.C.876年?

先王バシャの子。『旧約聖書』「列王記上」に数行の記述があるばかりで、詳細は不明である。酒に酔った際、家臣である兵車隊司令官のジムリに殺害されたという。

ジムリ

- 生没 ?〜B.C.876年?
- 在位 B.C.876年?

先王エラとは血縁関係にない。エラを殺害して王位につき、バシャ一族を滅ぼした。謀反を知った軍司令官オムリに包囲され自害したため、統治期間はわずか7日間。

オムリ

- 生没 ?〜B.C.869年?
- 在位 B.C.876年?〜B.C.869年?

先王ジムリとは血縁関係にない。ジムリを滅ぼして王に即位するが、オムリに臣従したのは民の約半数だったという。残る半数がテブニという人物を王に推し、4年間の内乱が勃発するも、オムリがこれを制した。聖書以外に記録が残る最古の王で、アッシリアの年代記などに業績が刻まれている。聖書では宗教的観点から邪悪な王として書かれているが、諸外国に名声が轟いていることから、政治手腕は高かったと思われる。首都をサマリアに遷都し、難攻不落の拠点とした。

アハブ

- 生没 ?〜B.C.850年?
- 在位 B.C.869年?〜B.C.850年?

先王オムリの子。シリアのダマスカスなど周辺国と同盟し、カルカルの戦いでアッシリアの侵攻を防いだ。この事実から、アハブ治世下のイスラエルは地域屈指の強国であったと考えられる。聖書では史上最悪の王として描かれているが、これは政略結婚で異民族フェニキア人の王女イゼベルを娶り、異教の信仰を奨励したことが理由だろう。史実においては北イスラエルの最盛期を築いた王と考えるのが自然。アッシリア撃退後に関係悪化したダマスカスとの戦いで戦死した。

アハズヤ

- 生没 ?〜B.C.849年?
- 在位 B.C.850年?〜B.C.849年?

先王アハブの長男。現存する史料に乏しいが、かつて分裂した南のユダ王国のヨシャファト王と同盟を結んだとされる。宮殿欄干からの落下事故がもとで死亡した。

ヨラム

- 生没 ?〜B.C.842年?
- 在位 B.C.849年?〜B.C.842年?

先王アハズヤの弟。現ヨルダンに位置するモアブの反逆で領土喪失。さらにシリアに首都サマリアを包囲されたという。軍司令官イエフのクーデターで殺害された。

I 中東

イエフ

- 生没 ?～B.C.815年?
- 在位 B.C.842年?～B.C.815年?

先王ヨラムとは血縁関係にない。ヨラムを殺害して王位についた。『旧約聖書』「列王記下」では、預言者たちと結んで王となり、異教を排除してヤハウェ信仰を重視したことから肯定的に描かれている。実際は異教徒排除のため、フェニキア人国家のシドン出身で、アハブ王の妃であったイゼベルを殺害し、シドンとの同盟を破綻させた張本人。さらに周辺国を牽制するためアッシリアに朝貢した。イスラエルの国力を低下させ、アッシリアの地域侵入を促した暗君といえる。

ヨアハズ

- 生没 ?～B.C.801年?
- 在位 B.C.815年?～B.C.801年?

先王イエフの子。ヨアハズの治世、シリアのダマスカスから攻撃を受け、さらに南のユダ王国とも緊張状態にあったため、イスラエル王国は衰退の一途を辿った。

ヨアシュ

- 生没 ?～B.C.786年?
- 在位 B.C.801年?～B.C.786年?

先王ヨアハズの子。軍事力の回復に務め、シリアのダマスカスと戦って失った領土の一部を回復。さらにユダ王国の攻撃を迎え撃ち、これを打ち破ったという。

ヤロブアム2世

- 生没 ?～B.C.746年?
- 在位 B.C.786年?～B.C.746年?

先王ヨアシュの子。王位についたのはB.C.786年頃だが、それ以前にも先王ヨアシュの摂政として事実上の共同統治を行っていたという説も存在する。シリアのダマスカスと戦って勝利し、統一王国時代にソロモンが築いた版図をほぼ回復した。一方、『旧約聖書』「アモス書」では民の信仰心が欠如したこと、富める者ばかりが繁栄していることを糾弾されている。国を再興し、経済的に栄えたとされるヤロブアム2世の治世だが、こうした格差や不正が蔓延ったことも事実の一部ではあろう。

ゼカルヤ

- 生没 ?～B.C.745年?
- 在位 B.C.746年?～B.C.745年?

先王ヤロブアム2世の子。父王の死去に伴い王位を継承するが、即位から半年で軍司令官のシャルムに殺害された。ゼカルヤ以降、王国は混迷の時代を迎える。

シャルム

- 生没 ?～B.C.745年?
- 在位 B.C.745年?

先王ゼカルヤとは血縁関係にない。ゼカルヤを殺害して王位についたが、即位からわずか1か月後、メナヘムに暗殺されて死去。王国はさらなる混乱に陥った。

イスラエル王国

メナヘム

生没 ?〜B.C.738年?
在位 B.C.745年?〜B.C.738年?

先王シャルムとは血縁関係にない。ゼカルヤ王の軍司令官であったメナヘムは、ゼカルヤを暗殺して王に即位したシャルムを殺害し、自身が王となった。イスラエルがメナヘムの治世下にあったB.C.745年頃、ティグラト・ピレセル3世がアッシリアの王に即位。この頃からアッシリアは急激に勢力を伸張させて、イスラエルを脅かした。メナヘムは自身の王権を維持するため、アッシリアへの朝貢を開始。銀を朝貢するために富裕層から銀50シェケルを徴収するなどし、人心を失った。

ペカフヤ

生没 ?〜B.C.737年?
在位 B.C.738年?〜B.C.737年?

先王メナヘムの子。メナヘムの死去に伴って即位し、親アッシリア路線を引き継いだ。しかし、父であるメナヘムがアッシリアへの朝貢を続けるために富裕層から銀を徴収していたこと、反乱に対して武力での鎮圧を行ったことから、親アッシリアの政策はイスラエル国内で大きな反感を買っていた。その結果、即位から2年で反アッシリア派の侍従ペカに暗殺される。事実上、アッシリアの属州になりつつあったイスラエルは一転、独立維持へと舵を切ることになった。

ペカ

生没 ?〜B.C.732年?
在位 B.C.737年?〜B.C.732年?

先王ペカフヤとは血縁関係にない。親アッシリア政策への反発から、ペカフヤを暗殺して王となった。ペカはシリアのダマスカスと反アッシリア同盟を結成。その後、イスラエル・ダマスカス連合はユダ王国を攻撃する。これは強制的に同盟へ引き入れようとしたという見方が有力。しかし、ユダ王国はアッシリアに庇護を求め、アッシリア・ユダ連合軍との戦いになる。敗北したイスラエルは領土の大半を喪失。この大敗で人心を失ったペカは、廃位の末に暗殺された。

ホシェア

生没 ?〜B.C.721年?
在位 B.C.732年?〜B.C.721年?

先王ペカとは血縁関係にない。アッシリアとの戦争に大敗した際の混乱に乗じてペカを殺害。ホシェアはアッシリアに従属、朝貢する臣王としてイスラエル王の地位についた。しかし、後にアッシリア王ティグラト・ピレセル3世が死去すると、次王シャルマナサル5世の力量を低く見積もったホシェアは朝貢を停止した。結果、アッシリアの侵攻を受けてB.C.723年頃から3年間、首都サマリアが包囲される。結局、B.C.721年にイスラエル王国は降伏し、200年の歴史は終焉を迎えた。

ユダ王国

B.C.931年～B.C.586年

　B.C.995頃、ダビデ王のもとで統一されたイスラエル王国だが、続くソロモン王、レハブヤム王は民に重税・賦役を課し、さらに出身である南部のユダ族を優遇する政策を採っていた。結果、北部10部族はレハブヤム王に反旗を翻し、北イスラエル王国として分離独立したのである。レハブヤム王のもとには南部のユダ族、ベニヤミン族の2部族だけが残り、ユダ王国が成立した。当初、ユダは武力をもって北イスラエル制圧を試みたが、60年ほど経過すると、シリアのアラム人国家ダマスカスなど、共通の敵と戦ったため両国の関係は良好になる。だが、アッシリアの勢力伸長が著しくなると両国関係に変化が生じた。ユダはアッシリアに臣従したが、北イスラエルはダマスカスと結んでアッシリアに対抗したのである。結果、アッシリア・ユダとイスラエル・ダマスカスの間で戦争が勃発。勝利したユダは存続、北イスラエルは滅亡。その後、ユダはアッシリア、次いでエジプトに服属しながらも王国を維持するが、B.C.597年、急成長を遂げた新バビロニア王国の都エルサレム包囲の前に降伏。その後、エジプトと結んで新バビロニアに対抗を試みるも失敗。エルサレムを再包囲されて滅亡した。

B.C.931年	統一イスラエル王国が分裂し、南部にユダ王国が成立
B.C.885年	シリアのダマスカスと結び、北イスラエルを攻撃
B.C.736年	親アッシリア政策を採り、イスラエル・ダマスカスと争う
B.C.732年	アッシリアの援軍を受け、イスラエル・ダマスカスに勝利
B.C.705年	ヒゼキヤ王が反アッシリア路線へ転じる
B.C.701年	アッシリアの遠征を受け、ラキシュ陥落、エルサレム包囲
〃	ユダ王ヒゼキヤがアッシリアへの朝貢を開始
B.C.620年頃	ヨシヤ王がヤハウェ信仰を強化する申命記改革を開始
B.C.609年	メギトの戦いでエジプトに大敗、エジプトの属国となる
B.C.605年頃	衰退したエジプトに代わり、新バビロニアの属国となる
B.C.597年	新バビロニアに反逆、首都エルサレムを占領される
〃	ユダ王国最後の王ゼデキヤ、新バビロニアの臣王として即位
B.C.589年	主戦派の意見に屈し、ゼデキヤが新バビロニアに反乱
B.C.587年	新バビロニアの攻撃で首都エルサレムが陥落
B.C.586年	エルサレム神殿が破壊され、ユダ王国は滅亡
〃	大半のユダヤ人がバビロンに強制移住となる（バビロン捕囚）
B.C.539年	アケメネス朝ペルシアの攻撃で、新バビロニア滅亡
〃	ペルシア王キュロス2世が、バビロンのユダヤ人を解放

ユダ王国

レハブヤム

生没 B.C.973年?～B.C.915年?
在位 B.C.931年?～B.C.915年?

統一イスラエル国王ソロモンの子。統一イスラエルの第4代国王として即位するも、北部10部族の離反を招いた。レハブヤムの統治下に残った南部2部族の王国はユダ王国と呼ばれる。『旧約聖書』「列王記上」「歴代誌下」の記述によれば、エジプト王シェションク1世によるエルサレム攻撃を受けたとのことだが、エルサレムが直接攻撃を受けた可能性は低い。エジプトの圧力を受け、貢納を余儀なくされたというのが実情であろう。彼の治世で、領土の2/3と多くの富が失われた。

アビヤム

生没 ?～B.C.911年?
在位 B.C.913年?～B.C.911年?

先王レハブヤムの子。『旧約聖書』の「列王記上」「歴代誌下」によれば、北イスラエル王ヤロブアム1世との戦いにあけくれた王とされる。アビヤムはこの戦いを優位に進め、北イスラエルからベテル、エフロンなどの都市を奪い、国境線を拡大したという。ただ、「列王記上」ではアビヤムとなっている名前が「歴代誌下」ではアビヤと書かれていることをはじめ記述に混乱が多く、聖書の記述が史実に基づいているか否かは不明である。現存史料に乏しいため、実情は定かでない。

アサ

生没 ?～B.C.870年?
在位 B.C.911年?～B.C.870年?

先王アビヤムの子。『旧約聖書』の「列王記上」「歴代誌下」にアサに関する記述があるが、双方の内容には矛盾がある。ただ、北イスラエル王バシャと争ったことと、その戦いを優位に進めるためにシリアのダマスカス王ベン・ハダドに貢ぎ物を贈り、見返りに北イスラエルを攻撃させたことについては、ほぼ確かな出来事と考えられている。晩年は足の病気に罹患し、そのまま病没したという。聖書では、男娼追放や礼拝浄化などの宗教改革を行った王として好意的に記述されている。

ヨシャファト

生没 B.C.909年?～B.C.849年?
在位 B.C.872年?～B.C.849年?

先王アサの子。アサの治世晩年、2年ほど摂政として共同統治したという説もある。『旧約聖書』によれば、ヨシャファトは北イスラエル王アハブの娘を息子の妃とすることで分裂以来、初めての和平を実現したとされる。アハブと共にアラム人国家ダマスカスと争い、ラモテ・ギルアテの戦いに赴くが敗走したという。ただ、この時期の北イスラエルは小国ながら高い軍事力を持っていたとされ、ヨシャファト治世下のユダ王国は北イスラエルの属国だったと考える研究者もいる。

ヨラム

生没 B.C.881年?～B.C.842年?
在位 B.C.849年?～B.C.842年?

　先王ヨシャファトの子とされるが、聖書の記述には著しい混乱がある。「歴代誌下」では異民族の侵攻により末子ヨアハズを除く息子全員が捕虜として奪われたとあるが、次の行では、末子アハズヤが王位を継いだと書かれている。また、王に即位した際、6人の兄弟とイスラエル高官を殺害したという記述もある。さらに同時期、北イスラエル王だったのは同名のヨラムである。以上から、2人は同一人物で、北のヨラム王がユダ王位を簒奪し、兼ねていたという説も存在する。

アハズヤ

生没 B.C.864年?～B.C.842年?
在位 B.C.842年?

　先王ヨラムの末子とされるが、定かではない。聖書では、北イスラエルのヨラム王と共にシリアのアラム人と戦うが、ヨラムが敗走し、ヨラムの臣下イエフによる謀反が発生、負傷したヨラムの見舞に訪れていたアハズヤも巻き込まれ殺害されたとある。ただし、細かい記述は「列王記上」「歴代誌下」で矛盾する。在位が1年だったこと、先王ヨラムが、本項で触れた北イスラエル王ヨラムと同一人物という説があることから、アハズヤの存在自体を疑問視する研究者もいる。

アタルヤ

生没 ?～B.C.837年?
在位 B.C.842年?～B.C.837年?

　先王アハズヤの母、先々王ヨラムの妻とされる。北イスラエル国王であったアハブの娘であり、ユダ王国史上唯一の女王。先王の死を受けて、強引に即位を宣言、反抗するユダ王族を次々に殺害したという。次第に民心を失い、ユダ王族の生き残りであるヨアシュを擁立した大祭司らのクーデターによって処刑されたとされる。北イスラエル出身のアタルヤがユダ女王となった事実は、一時期のユダが北イスラエルの属国となっていた説を後押しするものと言えるだろう。

ヨアシュ

生没 B.C.844年?～B.C.800年?
在位 B.C.837年?～B.C.800年?

　先王アタルヤの孫、先々王アズハヤの子とされる。ユダ王族を根絶やしにしようと画策したアタルヤに対するクーデターが発生した際、王族唯一の生き残りとなったヨアシュが7歳で王に擁立されたという。当初、クーデターの中心となった大祭司エホヤダの助言を受けて善政を行ったが、エホヤダの死後は西アジアの神を崇め、偶像崇拝を行うなど、ユダヤ教の宗教観から見れば悪政を行ったとされる。晩年は支持を失い、病床に伏していた際、臣下の謀反で殺害された。

ユダ王国

アマツヤ

生没 B.C.825年?～B.C.783年?
在位 B.C.800年?～B.C.783年?

　先王ヨアシュの子。父王の死を受けて、王に即位した。パレスチナに居住していたセム系異民族エドム人を破り、ユダ王国の国境を南に拡大させたという。さらに、アマツヤは北イスラエル王国に戦いを挑むが、ベテ・シェメシュの戦いで大敗し、捕虜となった。その後、大量の金品と引き換えに解放されて統治を続けたという説と、子のウジヤが擁立され、名目上は共同統治だが実質的には統治者でなくなったという説が存在する。最後は謀反により、都を追われて暗殺された。

ウジヤ

生没 B.C.799年?～B.C.742年?
在位 B.C.783年?～B.C.742年?

　先王アマツヤの子。『旧約聖書』によれば16歳で王に即位し、52年間にわたってユダ王国を統治したとされるが、52年の単独統治を行ったと仮定すると、歴代王の統治期間合計が王国の存続年数と一致しない。そのため、在位は52年に満たないと考える研究者が大半。先王が捕虜になった際、共同統治を行ったという説もあるが、これも定かではない。北イスラエルとの関係修復に尽力し、この時期、北イスラエル、ユダ両王国とも、勢力拡大に成功。晩年は重い皮膚病に罹患した。

ヨタム

生没 B.C.767年?～B.C.735年?
在位 B.C.742年?～B.C.735年?

　先王ウジヤの子。父王が皮膚病に冒されて隔離された際に摂政として共同統治を行ったという説もあるが、確証はない。「列王記上」「歴代誌下」によれば、エルサレム神殿の上の門を建設したという。また、「歴代誌下」には神殿の門のほか、各地に城砦を建設、さらにアモン人との戦いに勝利し、3年にわたって大麦、小麦、銀を貢納させたと書かれている。これらの記述が事実であれば、ヨタムの治世下でユダ王国の中央集権化が進んだことになるが、真偽のほどは不明。

アハズ

生没 B.C.755年?～B.C.715年?
在位 B.C.735年?～B.C.715年?

　先王ヨタムの子。当時の北イスラエルは、シリアのダマスカスと反アッシリア同盟を締結しており、アハズにも参加を求めた。しかし、アハズは親アッシリア路線を採り、これと対立。結果、イスラエル・ダマスカス連合軍に首都エルサレムを包囲された。アハズはアッシリアのティグラト・ピレセル3世に援軍を要請し、シリア・エフライム戦争が勃発。アッシリア・ユダ連合軍は戦いに勝利したが、ユダ王国はアッシリアへの朝貢を開始し、事実上、臣従することになった。

ヒゼキヤ

生没 B.C.740年?～B.C.687年?
在位 B.C.715年?～B.C.687年?

　先王アハズの子。B.C.729年から14年間、父王の摂政として共同統治を行っていたという説もあるが、定かではない。ヒゼキヤの治世、反アッシリア路線を採っていた北イスラエルが滅亡。北からの難民流入で人的資源を得たユダ王国は北の文化を取り入れて発展を遂げた。即位した頃は実質的にアッシリアの属国だったが、後にエジプトと結んで反アッシリアを打ち出すと、攻撃を受けた。多くの領土を失い、貢ぎ物を差し出したとされるが、エルサレム包囲戦では首都を守り切った。

マナセ

生没 B.C.709年?～B.C.642年?
在位 B.C.687年?～B.C.642年?

　先王ヒゼキヤの子。アッシリアの都ニネヴェ建設のために資材提供し、さらに朝貢した。聖書では邪悪な王とされるが、情勢を鑑みれば自然な執政といえよう。

アモン

生没 B.C.664年?～B.C.640年
在位 B.C.642年?～B.C.640年

　先王マナセの子。即位2年で家臣に殺害された。母がアッシリア領北イスラエル出身のため、当時のユダが北部に一定の影響力を有した根拠と見る向きもある。

ヨシヤ

生没 B.C.648年～B.C.609年
在位 B.C.640年～B.C.609年

　先王アモンの子。ヤハウェ信仰以外の宗教を弾圧し、偶像を破壊する申命記改革を行ったことから、聖書では好意的に記述されている。当時、アッシリアが急速に衰退し、エジプトが独立を回復、さらに新バビロニアがアッシリアから独立して急速に勢力を拡大していた。新バビロニアの急成長を危惧したエジプト王ネコ2世はアッシリアに援軍を派遣するためユダ領の通過を願い出るが、ヨシヤはエジプト軍を攻撃。メギトの戦いが勃発し、ヨシヤは戦死、ユダ王国は大敗した。

ヨアハズ

生没 B.C.632年?～?
在位 B.C.609年

　先王ヨシヤの子。メギトの戦いでエジプトに敗れた父王の戦死を受けて、23歳で即位した。しかし、エジプト王ネコ2世は現在のシリア・リビア国境に位置するリブラの地にヨアハズを幽閉し、在位期間わずか3か月で退位させた。結局、故国に戻ることは叶わず、エジプト領リブラで死去。これにより、ヨアハズは統一イスラエル時代を含め、初めて国外で死去した国王となる。父王ヨシヤの敗北、ヨアハズの廃位を経て、ユダ王国の独立は失われ、エジプトの属国となった。

ユダ王国

エホヤキム

生没 B.C.635年～B.C.598年
在位 B.C.609年～B.C.598年

先王ヨアハズの異母兄弟であり、先々王ヨシヤの次男。エジプト王ネコ2世が、先王に代えてユダ王とした。エジプトが多くの貢納を要求したため、民に重税を課したという。しかしB.C.605年、エジプトがカルケミシュの戦いで新バビロニアに大敗すると、エホヤキムは新バビロニアに臣従した。だが、B.C.601年、新バビロニアがエジプト攻略に失敗すると、エホヤキムはバビロニアに反旗を翻した。結果、B.C.597年にバビロニアの侵攻を受け、エホヤキムはエルサレムの陥落前に死去した。

エホヤキン

生没 B.C.605年?～?
在位 B.C.598年～B.C.597年

先王エホヤキムの子。新バビロニア王ネブカドネザル2世によるエルサレム侵攻の最中に父王が没し、エホヤキンがユダ王となった。エホヤキンは新バビロニアに降伏し、高官らと共にバビロニアの都バビロンに連行される。その後、エホヤキンは36年間を牢獄で過ごすが、B.C.562年にネブカドネザル2世が死去し、次王エビロ・メロダクが即位すると解放された。以降は、バビロニア王に生活を保障され、王の面前で食事を摂ることを許されるなど、比較的恵まれた余生を送った。

ゼデキヤ

生没 B.C.618年?～?
在位 B.C.597年?～B.C.586年

先王エホヤキンの叔父であり、3代前の王ヨアハズの同母弟。先王であるエホヤキンがバビロンに連行された後、新バビロニアのネブカドネザル2世がゼデキヤをユダ王とした。当初、臣王としてバビロニアに服属したが、B.C.589年頃、国内の主戦派の意見に屈してバビロニアに反乱。結果、バビロニアの攻撃を受け、B.C.586年にはエルサレム神殿が破壊され、ユダ王国は滅亡した。捕らえられたゼデキヤは子を殺害された上、両目を抉られ、生涯を鎖に繋がれたまま過ごしたという。

```
レハブヤム ── アビヤム ── アサ ── ヨシャファト …… ヨラム
                                          ├── アハズヤ ── ヨアシュ
                                          └ アタルヤ
       ├── アマツヤ ── ウジャ ── ヨタム ── アハズ ── ヒゼキヤ ── マナセ ── アモン
       └── ヨシヤ ─┬── ヨアハズ
                  ├── エホヤキム ── エホヤキン
                  └── ゼデキヤ
```

アケメネス朝ペルシア

B.C.550年～B.C.330年

　B.C.6世紀頃のオリエント世界は、エジプト、イランのメディア、小アジア（現トルコ）のリディア、そして新バビロニアの四王国分立時代であった。しかし、メディアの属国だったアンシャン王国の王キュロス2世がメディアを滅ぼしてアケメネス朝ペルシアを成立させると、そのまま急速に版図を拡大。カンビュセス2世の治世にはエジプトを併合して全オリエントを版図とした。その後、王国はダレイオス1世の治世に最盛期を迎えた。ダレイオス1世は法による統治を行い、各州にサトラップ（総督）を配置、サトラップの統治を監視する監察官「王の目、王の耳」を派遣するなど、ペルシアの政治機構を整備したことでも知られている。また、道路、港湾の建設、金融業の創設、度量衡の統一、さらには貨幣の導入など先進的な経済機構を整えたという。ただ、強大な王国もギリシア遠征の失敗で、戦費がかさんだことなどから、徐々に衰退。その後、アルタクセルクセス2世の時代には対立王として推されたキュロスの反乱、マケドニアの勢力伸張など内憂外患に苦しんだ。結局、度重なる国王の暗殺で混乱、弱体化したアケメネス朝は、マケドニア王アレクサンドロス3世に敗れ、歴史から姿を消した。

B.C.559年	キュロス2世、メディア王国の属国アンシャンの王に即位
B.C.550年	キュロス2世がメディア王国を滅ぼし、アケメネス朝成立
B.C.547年	リディア王国を征服、支配下に置く
B.C.539年	新バビロニア王国を征服し、バビロンに無血入城
〃	アケメネス朝ペルシアがメソポタミアを統一
B.C.538年	キュロス2世がバビロンに捕囚されていたユダヤ人を解放
B.C.525年	カンビュセス2世が上下エジプトを併合する
〃	アケメネス朝ペルシアがオリエント世界を統一
B.C.522年	王国の最盛期を築くダレイオス1世が即位
B.C.520年	ダレイオス1世が新都ペルセポリスの建設を開始
B.C.492年	ダレイオス1世のギリシア遠征（ペルシア戦争の勃発）
B.C.479年	クセルクセス1世のギリシア侵攻が失敗に終わる
B.C.449年	アルタクセルクセス1世がギリシアと和平
B.C.401年	キュロスの反乱、以後、アケメネス朝は徐々に衰退
B.C.336年	アケメネス朝最後の王、ダレイオス3世が即位
B.C.333年	イッソスの戦いでアレクサンドロス3世に敗れる
B.C.331年	アルベラの戦いで大敗し、ダレイオス3世が逃亡
B.C.330年	ダレイオス3世が逃亡先で暗殺され、アケメネス朝滅亡

アケメネス朝ペルシア

キュロス2世

- 生没 B.C.600年?～B.C.530年?
- 在位 B.C.550年～B.C.530年?

　イラン東部の小国アンシャンの王家に生まれた。アケメネス朝の初代国王でありながらキュロス2世と呼ばれているのは、先々代のアンシャン王がキュロス1世だからである。当時のアンシャン王国はイラン北西部のメディア王国に従属しており、アンシャン王家の立場は臣王に過ぎなかった。しかし、B.C.559年にアンシャン王となったキュロス2世はメディアに反乱を起こす。圧倒的な不利が予想される戦いであったが、当時のメディア王アステュアゲスに子を殺されていた将軍ハルパゴスが謀反を起こし、キュロス2世に加勢。勝利したキュロス2世はメディアの都エクバタナに入城し、B.C.550年にアケメネス朝ペルシアを建国した。その後、メディアの同盟国であった小アジア（現トルコ）のリディア王国の攻撃を受けるも、これを撃破して支配下に置き、版図を拡大。さらに新バビロニア王国を征服し、古代メソポタミアを統一した。キュロス2世は生涯にわたって残存する反ペルシア勢力との戦いに身を投じ、その中で戦死している。メソポタミアの統一、支配体制を確立する戦いに奔走した生涯であり、内政的にはほぼメディアの体制を引き継いだとされる。

カンビュセス2世

- 生没 ?～B.C.522年
- 在位 B.C.530年?～B.C.522年

　先王キュロス2世の子。父王が計画していたエジプト遠征を成功させ、B.C.525年にエジプト王位を奪取。これにより、アケメネス朝ペルシアは全オリエントを支配下に置いた。歴史家ヘロドトスはカンビュセス2世を極悪非道な王として記述したが、これは事実ではないとされる。ヘロドトスはエジプト神官からの情報を元に記述しており、征服されたエジプト側に偏った記述をした可能性が高い。彼の死因は不明だが、次々王ダレイオス1世に暗殺されたという説も存在している。

スメルディス

- 生没 ?～B.C.522年
- 在位 B.C.522年

　先王カンビュセス2世の弟。カンビュセス2世が遠征後も長くエジプトに留まったことを受け、バビロンで王位についたという。これが事実であれば僭称の可能性もあるが定かではない。また、次王ダレイオス1世の業績を刻んだベヒストゥーン碑文では、本物のスメルディスはカンビュセス2世に暗殺されており、瓜二つの神官がスメルディスに成り代わって王位を簒奪、それが露見して殺害されたと記されている。ただ、この記述については正確性が疑問視されている。

ダレイオス1世

- 生没 B.C.558年?～B.C.486年
- 在位 B.C.522年～B.C.486年

　先王スメルディスの直系ではない。出自はアケメネス家だが、血縁的には遠く、本来なら王位継承権を持たない立場とされる。ダレイオス1世の業績を記したベヒストゥーン碑文によれば、先王スメルディスは本物ではなく、瓜二つの神官がスメルディスを名乗って王位を簒奪していたという。そのため、その正統性を疑った者たちが殺害し、協議の結果、ダレイオス1世が王に推挙されたという。しかし、この記述内容は極めて疑わしい。スメルディスは本当に先々王の弟であったが、ダレイオス1世がこれを謀殺して王位を簒奪したという可能性が高い。この場合、碑文の内容は、ダレイオス1世の正統性を主張するためのプロパガンダといえる。ダレイオス1世の即位後、王国各地で王位継承権を主張する者の反乱が起きたことも、この説を後押しするといえよう。ただ、内政への寄与は大きく、各地にサトラップ（総督）を配置する政治体制の確立、王の道と呼ばれる道路網の整備、新都ペルセポリスの建設を行った。しかし、南ロシアのスキタイ遠征には失敗。さらに小アジア（現トルコ）西部のギリシア人植民市の反乱に端を発するギリシアとの戦いにも敗れた。

クセルクセス1世

- 生没 B.C.519年～B.C.465年
- 在位 B.C.486年～B.C.465年

　先王ダレイオス1世の子。父王との共同統治期間があったという説もあるが、定かではない。新都ペルセポリスの建造を引き継ぎ、さらにアテネをはじめとするギリシア諸ポリスとの戦い（ペルシア戦争）を続行するなど、父王の政策に忠実な国王であった。ペルシア戦争においては、艦隊の乗員を含めて50万人ともいわれる史上空前の大軍を率いてギリシアへと攻め込んだ。しかし、テルモピュライの戦いではスパルタを中心とするギリシア連合軍を破ったものの、サラミスの海戦で大敗を喫すると、流れは一気にギリシア側に傾いてしまう。さらに、続くプラタイアの戦いでは、約30万の大軍を差し向けたにもかかわらず、ギリシア連合軍11万に大敗。一説によれば、ギリシア連合軍の戦死者159名に対し、ペルシア軍は約20万7000の戦死者を出したとも言われる。こうして、クセルクセス1世のギリシア遠征は失敗に終わった。ただ、バビロンの反乱を鎮圧していることや、ペルシア戦争での敗戦を受けても国内統治が安定していたことから、クセルクセス1世は決して無能な国王ではなかったと考えられる。晩年は皇太子との関係が悪化し、息子であるダレイオスに暗殺された。

アケメネス朝ペルシア

アルタクセルクセス1世

生没 ?～B.C.424年
在位 B.C.464年～B.C.424年

　先王クセルクセス1世の子。父王暗殺を主導した兄ダレイオスを謀殺して王位を継承。アテネの支援を受けたエジプトの反乱が発生するが、鎮圧に成功した。その後、アテネを中心とするギリシア諸ポリスの連合（デロス同盟）と戦う。ギリシアに一定の打撃は与えたが、最終的には敗退した。交渉の末、B.C.449年にカリアスの和約を締結し、ペルシア戦争を正式に終結させたともいわれる。ただし、他の史料に言及が見られないことから、和約の存在について疑問視する声も多い。

クセルクセス2世

生没 ?～B.C.424年
在位 B.C.424年

　先王アルタクセルクセス1世の子。現存資料に乏しく、後の国王アルタクセルクセス2世の医師クテシアスの記述によって知られるのみである。ペルシア戦争の戦費による財政悪化に伴い、当時のペルシアは混乱期にあった。王権も揺らいでおり、二人の異母弟ソグディアノス、ダレイオス2世も王位継承権を主張していた。クセルクセス2世を国王として承認していたのは、イラン周辺の地域だけであったともいわれる。在位45日で、ソグディアノスに暗殺されたという。

ソグディアノス

生没 ?～B.C.423年
在位 B.C.424年～B.C.423年

　先王クセルクセス2世の異母弟。先王と同様、史料に乏しく、後の国王アルタクセルクセス2世の医師クテシアスが残した記述によって知られるのみである。先々王アルタクセルクセス1世が死去した後、正式な王位継承者であるクセルクセス2世に対し、自身の継承権を主張したという。クセルクセス2世を暗殺して王位につくも、ソグディアノスを正式な国王と認めたのはエラム地域（イラン高原南西部）のみだったとされる。異母弟のダレイオス2世によって謀殺された。

ダレイオス2世

生没 ?～B.C.404年
在位 B.C.423年～B.C.404年

　先王ソグディアノスの異母弟。彼の治世にはペルシア人有力者による反乱が相次いだ。ダレイオス2世の母、王妃の母がともにバビロニア人であり、ペルシア人の血統を軽視したことが一因ともいわれる。また、当時のペルシアは均等相続であり、封建的有力者は相続時の分割が繰り返されて貧困化していたという。そのため、傭兵がペルシア軍の主力となり、国の財政を圧迫した。ギリシアのペロポネソス戦争に介入し、ギリシア諸ポリスの弱体化を図ったことでも知られる。

Ⅰ 中東

アルタクセルクセス2世

- 生没 B.C.435年?〜B.C.358年
- 在位 B.C.404年〜B.C.358年

　先王ダレイオス2世の長男。母パリュサティスは弟のキュロスを溺愛しており、キュロスを国王に即位させようと画策していた。父王の死後、キュロス率いる反乱軍が小アジア（現トルコ）で蜂起。アルタクセルクセス2世は戦意も低く終始劣勢だったとされるが、キュロスが戦死したことで状況は一変、目的を失った反乱軍は降伏した。アルタクセルクセス2世は平和的な性格だったのか、エジプトが反乱を起こした際、それを鎮圧せずに放置している。また、当時のギリシアではペロポネソス戦争に勝利したスパルタが覇権を握っており、反スパルタのアテネ等とコリント戦争を戦っていた。戦局はスパルタ優位であったが、アルタクセルクセス2世は反スパルタ同盟に与して、スパルタと争った。スパルタが度々、ペルシア領の小アジアに侵入していたためである。しかし、アテネはエジプトの反乱を支援するなど、反ペルシア的な政策も多い。アテネの勢力伸長を誘発するのは得策でないと考えたアルタクセルクセス2世は最終的にスパルタとの和平を選択。コリント戦争を終戦に導いた。また、アルタクセルクセス2世は共通語として国内にアラム語を普及させたことでも知られている。

アルタクセルクセス3世

- 生没 B.C.425年〜B.C.338年
- 在位 B.C.358年〜B.C.338年

　先王アルタクセルクセス2世の三男。次子を謀殺して王に即位した。長子はすでに反乱を起こして死刑になっていた。他にも正式な王位継承権を持たない異母兄弟が約80人いたが、アルタクセルクセス3世は王権強化のために、そのすべてを殺害。さらにサトラップ（総督）の権力を削減し、ペルシアの中央集権化を図った。最盛期であったダレイオス1世の治世を再現するべく尽力し、B.C.343年にはエジプトの再征服にも成功したが、臣下の宦官バゴアスに毒殺された。

アルタクセルクセス4世

- 生没 ?〜B.C.336年
- 在位 B.C.338年〜B.C.336年

　先王アルタウセルクセス3世の子。宦官バゴアスの謀反によって父王とその子が殺害されたが、アルタクセルクセス4世だけが生き残った。とはいえ、バゴアス自身が実権を掌握するために擁立された国王であり、事実上、バゴアスの傀儡であった。即位から2年後、十全な統治権を獲得するためにバゴアスの殺害を企てるが、逆に殺されてしまう。また、彼の治世でマケドニアのフィリッポス2世と交戦状態に入っており、アケネメス朝ペルシアは内憂外患に苦しんでいた。

アケメネス朝ペルシア

ダレイオス3世

生没 B.C.380年?〜B.C.330年
在位 B.C.336年〜B.C.330年

先王アルタクセルクセス4世の遠戚であり、ダレイオス2世の曾孫とされる。アルタクセルクセス4世を殺害した宦官バゴアスにより擁立された。即位後はバゴアスを殺害し、反乱を起こしたエジプトを平定するなど、王国再興を目指した。しかし、B.C.330年、イッソスの戦いにおいて、ペルシアに侵攻してきたマケドニアのアレクサンドロス3世に大敗してしまう。逃亡したダレイオス3世は味方の裏切りで殺害され、アケメネス朝は滅亡した。

アルタクセルクセス5世

生没 ?〜B.C.329年
在位 B.C.329年

先王ダレイオス3世の直系ではない。出自はアケネメス家だが、王位継承権のない遠戚であったとされる。中央アジアのバクトリアでサトラップ（総督）になっていたが、マケドニアに敗れて逃亡した先王を殺害して国王となった。しかし、既にペルシアの大部分はマケドニアに征服されており、彼はまだ征服されていない一部地域の反マケドニア同盟を率いたにすぎない。そのため、一般に正式な王とはみなされない。アレクサンドロス3世に抵抗するも、捕らえられて処刑された。

```
キュロス2世 ─┬─ カンビュセス2世
             │
             └─ スメルディス ┈┈ ダレイオス1世 ── クセルクセス1世 ─┐
┌────────────────────────────────────────────────────────────────┘
└─ アルタクセルクセス1世 ─┬─ クセルクセス2世
                          ├─ ソグディアノス
                          └─ ダレイオス2世 ── アルタクセルクセス2世 ─┐
┌──────────────────────────────────────────────────────────────────┘
└─ アルタクセルクセス3世 ── アルタクセルクセス4世 ── ダレイオス3世 ┐
┌──────────────────────────────────────────────────────────────────┘
└┈ アルタクセルクセス5世
```

I 中東

アルサケス朝パルティア

B.C.247年頃～224年

　B.C.3世紀半ばにセレウコス朝シリアが衰退し始めると、まずはギリシア系バクトリアが独立。次いで、遊牧民族のパルニ氏族が独立の動きを見せる。この動きの中で、アルサケス1世と弟ティリダテス1世が指導者として台頭し、B.C.247頃にアルサケス朝パルティアが成立した。当初はセレウコス朝と争い、中央アジアの一角で独立を維持する勢力に過ぎなかったが、ミトラダテス1世の時代に勢力拡大、メディア、バビロニアを掌握するに至る。セレウコス朝に対する優位が決定した後は遊牧民族の侵入に悩まされるが、ミトラダテス2世の時代に東方の遊牧民族サカ人を支配下に置くことに成功。さらには衰退したセレウコス朝から北メソポタミアを奪取し、西はメソポタミア、東はインダス川までを支配する大国へと成長する。この時代がパルティアの最盛期であった。しかし、その後はローマとの戦いが頻発。オロデス2世の時代にはカルラエの戦いで大勝するが、徐々にローマとの力関係は逆転。パルティア国内でも王位をめぐる争いが発生し、情勢は不安定になった。2世紀頃にはローマ帝国に次々と領土を奪われ、国内での反乱も頻発。最終的にパルティアから独立したサーサーン朝の攻撃で滅亡した。

B.C.248年	パルティアの総督アンドラゴラスがセレウコス朝から独立
B.C.247年	アルサケス1世がアンドラゴラスを破り、アルサケス朝が成立
B.C.209年頃	セレウコス朝の攻撃を受け、都へカトンピュロス陥落
〃	アルサケス2世がセレウコス朝に降伏 再び服属国となる
B.C.148年頃	ミトラダテス1世がメディアを掌握
B.C.141年頃	ミトラダテス1世がセレウキアを占領してバビロニア掌握
B.C.140年頃	セレウコス朝のデメトリオス2世を捕縛 パルティアの優位が確立
B.C.123年	パルティアの最盛期を築くミトラダテス2世が即位
B.C.92年	共和政ローマの将軍スラと会談 ユーフラテス川を国境とする
B.C.53年	カルラエの戦いでローマに大勝 将軍クラッススを戦死させる
B.C.40年頃	ローマからシリアを奪うが、すぐに奪還される
113年	ローマ皇帝トラヤヌスの攻撃を受け、アルメニア、メソポタミア喪失
115年	トラヤヌス帝により都クテシフォンが陥落
117年	オスロエス1世がクテシフォンを奪還
164年	マルクス・アウレリウス・アントニヌス治世下のローマ帝国に敗戦
217年	ローマ帝国カラカッラ帝の侵攻を受けるが、これを退ける
220年	サーサーン朝アルダシール1世に敗戦 メソポタミア諸都市が離反
224年	アルタバヌス4世、サーサーン朝に敗戦 アルサケル朝パルティア滅亡

アルサケス朝パルティア

アルサケス1世

生没 ?〜B.C.211年?
在位 B.C.247年?〜B.C.211年?

　アルサケス1世は、セレウコス朝シリアに従属していたスキタイ系パルニ族の首長だったとされる。B.C.248年頃、パルティアにおいてセレウコス朝のサトラップ（総督）だったアンドラゴラスが独立したが、アルサケス1世がこれを破ってパルティアの都市アサークで国王に即位した。B.C.231年にはセレウコス朝のセレウコス2世率いる遠征軍を撃退。他の業績は明らかでなく実在を疑う声もあったが、後に発掘された陶片にアルサケス1世の名があることから、実在の可能性が高くなった。

ティリダテス1世

生没 ?〜B.C.211年?
在位 ?〜B.C.211年?

　先王アルサケス1世の弟とされるが、詳細は不明。ティリダス1世が国王となってアルケサスを名乗ったという先王との同一人物説もあるが、後に発掘された陶片に記されていた内容から、その可能性は低くなった。単独の国王ではなく先王との共同統治者であった可能性、先王を暗殺して王位を簒奪した可能性など、様々な憶測を呼んでいる。ティリダス1世の業績として、新都市ダラの建設、砦の建設、軍隊の増強などが知られており、有力者であったことは間違いない。

アルサケス2世

生没 ?〜B.C.191年?
在位 B.C.211年〜B.C.191年?

　先王ティリダス1世の子とも、初代国王アルサケス1世の子ともいわれるが、現在ではアルサケス1世の子という説がやや有力。史料によってはアルタバヌス1世と呼ばれることもある。当初はメディアのエクバタナを占領するなど版図拡大に成功。しかし、セレウコス朝の国王アンティオコス3世の遠征により、都ヘカトンピュロスを落とされ、セレウコス朝の宗主権を認めた。そのため、パルティアは一時的にセレウコス朝に服属する臣王国へと逆戻りしたことになる。

フリアパティウス

生没 ?〜B.C.176年?
在位 B.C.185年?〜B.C.176年?

　先王アルサケス2世の血統が判然としないため、先王との関係は明確でない。ただ、ニサで発見された陶片には、フリアパティウスがアルサケス1世の甥の子であると記されている。そのため、ティリダス1世の孫と考えるのが自然。彼の治世に関する現存史料は乏しく、詳細は不明である。しかし、フリアパティウスの治世が、セレウコス朝アンティオコス3世の侵攻を受け、パルティアが服属国となっていた時期に相当することは、間違いなさそうだ。

フラーテス1世

生没 ?～B.C.171年?
在位 B.C.176年～B.C.171年?

　先王フリアパティウスの子。セレウコス朝の王セレウコス4世は、アンティオコス3世の代にローマとの戦いで大きな打撃を受けていたことから、あまり活発な動きを見せていなかった。そのため、フラーテス1世の治世で、パルティアは再び独立性を回復していたものと思われる。彼は、山岳民族マルド人の征服、イラン高原北西部のメディア征服に生涯を費やしたが、メディア攻略戦の際に受けた矢の傷が元で死亡したという。死に際して、弟を後継者に指名した。

ミトラダテス1世

生没 B.C.195年?～B.C.132年?
在位 B.C.171年?～B.C.132年?

　先王フラーテス1世の弟で、先々王フリアパティウスの子。パルティアと同じくセレウコス朝から独立したギリシア系王朝バクトリアと争って領土を奪い、パルティアの優位を確固たるものにした。また、セレウコス朝の支配下にあったメディアを攻略し、B.C.148頃にエクバタナを陥落させている。B.C.141年にはバビロニアも征服。さらにB.C.139年には、メディア、バビロニア奪回のために攻撃してきたセレウコス朝軍を撃破し、国王デメトリウス2世を捕虜とした。この時、ミトラダテス1世は、自身の娘であるロドグネをデメトリウス2世に嫁がせている。このミトラダテス1世の時代に、パルティアはイラン周辺を版図とする一大王国へと成長、最初の繁栄期を迎えた。一方のセレウコス朝シリアはパルティアとローマの台頭によって、シリアの地方勢力へと転落していった。また、彼の治世では独自通貨の発行も行われており、内政的にも大きな進展を見たことが窺える。かつて、ミトラダテス1世はセレウキアにおけるセレウコス朝との戦争でB.C.138年に戦死したと考えられていた。だが、最近の研究ではB.C.138年頃から病に伏せるも、B.C.132年に病死するまで存命だったと考えられている。

フラーテス2世

生没 ?～B.C.126年
在位 B.C.132年～B.C.126年

　先王ミトラダテス1世の子。即位した時は幼年だったため、母のリンヌが摂政として共同統治を行った。セレウコス朝のアンティオコス7世にメディア、バビロニアを奪回され、領土割譲と貢納を要求されるが、フラーテス2世は拒否する。アンティオコス7世が征服地に圧政を敷いたことで地域の兵士たちがパルティアに寝返り、フラーテス2世は反撃に成功。アンティオコス7世を戦死させ、領土を奪還した。その後、フラーテス2世は東方サカ族との戦いで戦死した。

アルサケス朝パルティア

アルタバヌス1世

- 生没 ?～B.C.122年
- 在位 B.C.126年～B.C.122年

先王フラーテス2世の叔父で、4代前の王フリアパティウスの子。ただ、最近ではフラーテス2世の死後、B.C.126年に同じくフリアパティウスの子であるバカシスが王位を継承し、その後、すぐにアルタバヌス1世が王位についたという説も有力になっている。ローマの歴史家ポンペイウス・トログスの『ピリッポス記』によれば、アルタバヌス1世はフラーテス2世の晩年と同様、東方異民族との戦いに明け暮れ、遊牧民族トカロイとの戦いで負傷し、死亡したという。

ミトラダテス2世

- 生没 不詳
- 在位 B.C.122年～B.C.88年?

先王アルタバヌス1世の子とされるが、詳細は不明。近年、貨幣に刻まれた内容を根拠にした異説が出ている。アルタバヌス1世の死後に即位した子は別の王で、ミトラダテス2世はその後継にあたるという説である。この説によれば、ミトラダテス2世はフリアパティウスの子で、ミトラダテス1世、アルタバヌス2世の弟とされる。ミトラダテス2世は東方遊牧民族サカ人に領地を与え、従属王国とすることで事実上の同盟に成功。これにより、フラーテス2世の治世から続いていた東方遊牧民族との戦いを終わらせた。また、アルメニアへ介入し、王子ティグラネス2世を人質とした。後にミトラダテス2世は、ティグラネス2世をアルメニア王とし、その娘をめとることで姻戚関係を構築している。さらに、ローマの将軍スラと交渉し、ユーフラテス川を両国の国境と定めた。この時代にパルティアは最大版図を築き、最盛期を迎える。そのほか、ミトラダテス2世はクテシフォンに遷都し、これ以降、王国の中心が西方へ移行。パルティア王「諸王の中の王」を意味する称号「バシレウス・バシレイオン」を名乗るようになったのも、ミトラダテス2世の時代からである。

ゴタルゼス1世

- 生没 ?～B.C.87年?
- 在位 ?～B.C.87年?

先王ミトラダテス2世の直系ではない。フリアパティウスの孫。先王の治世末期、広大な領土を維持できなくなり、内戦が勃発する中で台頭したという。

オロデス1世

- 生没 ?～B.C.80年?
- 在位 B.C.87年?～B.C.80年?

先王ゴタルゼス1世の直系ではない。先々王ミトラダテス2世の子とされる。先王を打倒して即位した。彼の治世、アルメニアにメディアを奪われた。

シナトルケス

生没 B.C.157年～B.C.70年
在位 B.C.77年?～B.C.70年

　先王オロデス1世の叔父で、ミトラダテス2世の兄弟。内戦の中で、王座は不安定になり、間には名称不明の王が複数いた。束の間の安定期を築いた。

ミトラダテス3世

生没 ?～B.C.54年
在位 B.C.57年～B.C.54年

　先王フラーテス3世の子。兄弟であるオロデス2世と共に父王を暗殺し、共同統治者となった。厳密にはミトラダテス3世がメディアを治め、オロデス2世がパ

オロデス2世

生没 ?～B.C.37年
在位 B.C.57年～B.C.37年

　先王ミトラダテス3世の兄弟で、先々王フラーテス3世の子。当初は共同統治を行ったミトラダテス3世との後継者争いを制し、これを処刑して単独の国王と

パコルス1世

生没 B.C.63年～B.C.38年
在位 B.C.39年～B.C.38年

　先王オロデス2世の子。単独の王としては即位しておらず、2年間にわたり父王と共同統治をしていた。B.C.53年、カルラエの戦いでローマを破った後、シリア

フラーテス3世

生没 ?～B.C.57年
在位 B.C.70年～B.C.57年

　先王シナトルケスの子とされる。彼の治世でアルメニアに奪われていた領土を奪回している。2人の子、オロデス2世とミトラダテス3世に暗殺された。

ルティア本国を治めていたようである。その後、オロデス2世に追われてシリアへと亡命するが、B.C.55年にオロデス2世を追放して王位を奪還、バビロンにて単独の統治者として君臨。しかし、B.C.54年にオロデス2世の将軍スレナスの攻撃を受けてバビロンを包囲され、降伏。結局、オロデス2世によって処刑された。

なった。B.C.53年にはローマとの間でカルラエの戦いが勃発。パルティア軍は大勝を収め、当時、ローマでカエサル、ポンペイウスと共に三頭政治を行っていた総督クラッススを戦死させている。しかし、後にローマの反撃を受けて大敗したことで、オロデス1世の権威は失墜。最後は子のフラーテス4世に暗殺された。

に進撃してパルティアの版図を大きく拡大させた。しかし、B.C.39年以降、ローマの反撃によりシリアは失われた。シリアの再征服を目指してアンティオキア攻略戦に臨むが、ギンダロスの戦いで戦死。オロデス2世の後継として最有力だったパコルス1世の死により、パルティアは後継者問題に大きく揺れることになる。

アルサケス朝パルティア

フラーテス4世

- 生没 ?～B.C.2年
- 在位 B.C.37年～B.C.2年

先王オロデス2世の子。父王を暗殺して即位。王となるや否や、自身の王位を脅かす兄弟を殺害し、その支持者を追放。国を追われた反フラーテス4世派はローマに支援を求め、これに応じた将軍アントニウスはパルティアを攻めたが、戦果はあがらず撤退した。その後、王族のティリダテス2世が反乱を起こし、一旦は敗れるも、遊牧民族スキタイの助勢を得て復位。ローマ元首アウグストゥスと講和した際に贈られた女奴隷ムサを妃とするが、そのムサに毒殺された。

ティリダテス2世

- 生没 不詳
- 在位 B.C.31年?～B.C.26年?

先王フラーテス4世との直系ではないが、王族の1人とされる。フラーテス4世に反旗を翻し、王国の西半分を掌握。一時は王位に就くが、反撃されて敗れた。

ムサ

- 生没 ?～4年?
- 在位 B.C.2年～4年

先王フラーテス4世の妃。夫を毒殺し、子フラーテス5世を擁立、子の妃になり共同統治を行った。貴族らに受け入れられず、統治者の座を追われた。

フラーテス5世

- 生没 ?～4年
- 在位 B.C.2年～4年

先王フラーテス4世の子。父王を殺害した母ムサに擁立されて国王となった。アルメニアに介入して影響力を取り戻そうとするが、アルメニアを勢力範囲としていたローマが執政官ガイウス・カエサルを派遣して圧力をかけた。結局、フラーテス5世が折れ、アルメニアへの影響力を回復することは出来なかった。この一件でフラーテス5世の権威は失墜する。さらに母ムサを王妃にしたことで、パルティアの貴族らは猛反発。人心を失ったフラーテス5世は暗殺された。

オロデス3世

- 生没 ?～6年
- 在位 4年～6年

先王フラーテス5世の子との血縁関係は不明。フラーテス5世とムサに反発する貴族らによって国王に擁立されたが、その治世は短かった。現存する史料に乏しく、オロデス3世に関してはほとんど何も知られていないに等しいが、ローマの著述家フラウィウス・ヨセフスによれば、非常に残虐な王だったために即位から間もなく殺害されたという。反オロデス3世の勢力はバビロニアで蜂起し、ローマの人質となっていたヴォノネス1世を帰還させ、王として擁立した。

ヴォノネス1世

生没 ?～19年
在位 6年～12年

　先王オロデス3世との血縁関係は不明。先々王フラーテス5世の異母兄弟。ムサを寵愛した父フラーテス4世が、ムサとの間に生まれたフラーテス5世を後継者とするため、ローマと講和する際の人質としてアウグストゥスの下に送られていた。オロデス3世に代わる王として貴族らに擁立され、パルティアに帰還して即位。しかし、親ローマ政策のために貴族の反発を受ける。貴族、東方遊牧民の支持を受けたアルタバヌス2世に敗れ、ローマ領シリアに逃れるも囚人となる。

アルタバヌス2世

生没 ?～38年
在位 10年～35年、36年～38年

　先王ヴォノネス1世の直系ではない。パルティアの王族とされ、従属王国であったアトロパテネ（現アゼルバイジャン）の王であった。ヴォノネス1世が親ローマ政策を採って貴族の反発を招き、新たな王として擁立される。アルタバヌス2世はヴォノネス1世を打倒して王国の統一に成功するが、強大化したことで貴族に警戒され、さらには親ローマ的なパルティア王を望むローマの策謀もあり廃位された。1年後に復位するが、復位からわずか2年で死去している。

ティリダテス3世

生没 不詳
在位 35年～36年

　先王アルタバヌス2世の直系ではない。ヴォノネス1世の甥にあたり、幼少期から人質としてローマで過ごしていた人物。アルタバヌス2世が支持を失った際、ローマの支援を受けてパルティアに進軍、国王として即位した。しかし、ローマの傀儡（かいらい）ともいえるほど親ローマ的だったティリダテス3世は貴族らの猛反発を受ける。結局、勢力を回復したアルタバヌス2世の攻撃を受けて、王位を追われた。ローマ領シリアに逃れた後、二度とパルティアの地を踏むことはなかった。

キンナムス

生没 12年～38年
在位 37年

　先々王アルタバヌス2世の子。ティリダテス3世を追放して復位したアルタバヌス2世であったが、その王権は不安定だった。国力が不足していたこともあり、アルタバヌス2世はローマ有利の協定を結んで国境を安定させたが、これが理由で貴族と対立。再び退位させられ、キンナムスが擁立されたという。しかし、アルタバヌス2世らの説得を受け、王位を父に返還した。ただ、これはローマの著述家フラウィウス・ヨセフスの手によるエピソードであり、真偽は定かでない。

アルサケス朝パルティア

ゴタルゼス2世

生没 ?〜51年
在位 38年〜51年

　先王アルタバヌス2世との血縁関係は不明。ギューという人物の子とされており、恐らくは王族と考えられている。アルタバヌス1世の子たちを殺害して王位につくが、ヴァルダネス1世を討ち漏らしてしまい、39年にヴァルダネス1世の攻撃を受ける。いったんは敗れたが、勢力を回復してパルティア東部を治めることに成功。一時は講和してパルティアを分割統治するが、43年に再び争い、勢力減退。だが、47年にヴァルダネス1世が暗殺されると、単独の王となった。

ヴァルダネス1世

生没 ?〜47年
在位 39年〜47年

　先王ゴタルゼス2世との血縁関係は明らかでない。先々王アルタバヌス2世の子。ゴタルゼス2世がアルタバヌス2世の子らを殺害して国王となるが、逃げ延び、39年に反ゴタルゼス2世の貴族から支持を受け、ゴタルゼス2世を追放、国王となった。だが、ゴタルゼス2世は東方で勢力を回復し、分割統治をする2人の王が並び立った。42年、セレウキアの反乱を鎮圧した後、再びゴタルゼス2世と争い、ほぼパルティア全土の掌握に成功するも、暗殺されてしまった。

メヘルダテス

生没 不詳
在位 49年

　先王ゴタルゼス2世との血縁関係は不明。ヴォノネス1世の子とも言われるが、判然としない。ヴァルダネス1世が暗殺された後、単独の王となったゴタルゼス2世は残虐な統治を行ったとされ、反ゴタルゼス2世派の貴族らが、ローマ皇帝クラウディウスの下にいたメヘルダテスを呼び寄せて擁立した。49年、ゴタルゼス2世に反旗を翻したが敗れ、投獄される。その際に両耳を切り落とされたという。その後の生死は不明。正式な王と扱うべきか判断の分かれる存在である。

サナバレス

生没 不詳
在位 50年?〜65年?

　先王ゴタルゼス2世との血縁関係は不明。パルティア王として貨幣を発行したことが知られている。正式な王ではなく、対立王、あるいは僭称の可能性が高い。

ヴォノネス2世

生没 ?〜51年
在位 51年

　先王ゴタルゼス2世の直系ではない。ヴォノネス1世の王女から生まれた王族とされる。現存史料に乏しく、ヴォノネス2世の治世については明らかでない。

ヴォロガセス1世

生没 ?〜76年
在位 51年〜76年

　先王ヴォノネス2世の子。弟ティリダテスをアルメニア王に封じたところ、アルメニアを直轄化しようと考えていたローマ皇帝ネロと対立する。結局、ローマに敗れ、ティリダスはアルメニア王に留まったものの、ローマの宗主権を認めて臣従の儀式を行うことになった。ヴォロガネス1世はイランの伝統を重視したことでも知られ、貨幣のデザインをイラン風に改めた上、ゾロアスター教を復興、さらに都クテシフォンの近隣に新都市ヴォロゲソケルタを建設した。

ヴァルダネス2世

生没 ?〜58年
在位 55年〜58年

　先王ヴォロガセス1世の子。父王に反逆し、メディアのエクバタナを占領。そこでパルティア王として硬貨を発行したが、鎮圧された。正式な国王ではない。

ヴォロガセス2世

生没 ?〜78年?
在位 76年?〜78年?

　先王ヴォロガセス1世の子。母方がギリシア系だったこと以外、彼に関する情報はほとんど残っていない。叔父のパコルス2世に敗れて死んだとされる。

パコルス2世

生没 ?〜105年
在位 78年〜105年

　先王ヴォロガセス2世の叔父。ヴォロガセス1世の治世ではアトロパテネの王に封じられていたが、イラン系遊牧民族アラン人の侵入を受けて王位を失った。甥のヴォロガセス2世が即位すると、パルティア王位をめぐって争い、これを破ってパルティア王となる。その後も王位を主張するアルタバヌス3世と争うが、この戦いにも勝利して再び単独の国王となった。しかし、逝去する直前には東部でヴォロガセス3世が王を名乗るなど、その治世下は常に情勢が不安定だった。

アルタバヌス3世

生没 ?〜90年?
在位 80年?〜90年?

　先王パコルス2世の兄弟とされるが定かではない。パコルス2世に対抗してメソポタミアで挙兵し、パルティア王位を争った。パルティア西部で10年にわたって勢力を維持したが、最終的に敗れている。そのため、アルタバヌス3世は対立王であり、一般的に正式な国王としては扱わない。アルタバヌス3世の発行した貨幣がアルタバヌス2世の治世で発行された貨幣と類似していることから、アルタバヌス2世の子ではないかと考える研究者もいるが、これも確証はない。

アルサケス朝パルティア

ヴォロガセス3世

生没 ?～147年
在位 105年～147年

　先王パコルス2世との血縁関係は不明である。パコルス2世の治世晩年、パルティア東部で即位を宣言。パコルス2世の後継者であり、西部を統治していたオスロエス1世と争った。イラン系の遊牧騎馬民族アラン人に侵入され、その対応に追われる。ただ、西部を統治するオスロエス1世、ミトラダテス4世もローマ帝国の侵入に苦しんでいた。140年、ミトラダテス4世がローマとの戦いで戦死すると、ヴォロガセス3世はようやくパルティアの大部分を掌握することができた。

オスロエス1世

生没 ?～129年
在位 109年～116年、116年～129年

　先王パコルス2世の弟。パルティア西部を統治してヴォロガセス3世と争った。116年にはローマ皇帝トラヤヌスの攻撃で都クテシフォンを落とされている。

パルタマスパテス

生没 不詳
在位 116年

　先王オスロエス1世の子。ローマの傀儡として王位につくが、ローマ皇帝ハドリアヌスがパルティアから撤退したため、父に王位を奪還され、ローマに逃げた。

ミトラダテス4世

生没 ?～140年
在位 129年～140年

　先王オスロエス1世の弟。兄王と共にパルティア西部で勢力を振るい、東部を支配するヴォロガセス3世と争った。しかし、ローマ皇帝トラヤヌスの侵攻でバビロニア全域を奪われ、都クテシフォンも落とされる。いったんは甥のパルタマスパテスがローマの傀儡（かいらい）王となるが、次期ローマ皇帝ハドリアヌスがパルティアから撤退したことでオスロエス1世が復位し、ミトラダテス1世はその地位を継いだ。だが、ローマとの戦いで勢力を削がれ、ミトラダテス4世も戦没する。

シナトロケス2世

生没 ?～140年?
在位 不詳

　先王ミトラダテス4世の子。後継に指名されたが、父王より早くローマとの戦いで没した。王位を継承し、5年間在位したとする史料もあるが、定かではない。

オスロエス2世

生没 ?～190年?
在位 190年?

　先王ミトラダテス4世との血縁関係は不明。ヴォロガセス4世に反逆したが、後に鎮圧された。貨幣を発行していることから王位を主張したと思われる。

ヴォロガセス4世

生没 ?〜192年
在位 147年〜191年

　先王ヴォロガセス3世との血縁関係は不明。ミトラダテス4世の子。父王は西部を統治し、東部を支配するヴォロガセス3世と対立していたが、勝者となったヴォロガセス3世から王位を継承している。なぜ、敗者の子が後継者となったのかは判然としない。マルクス・アウレリウス・アントニヌス治世下のローマ帝国を攻撃するが、後に反撃されて都クテシフォンを落とされる。だが、天然痘の流行でローマ軍は撤退。最終的に、西メソポタミアを割譲して講和した。

ヴォロガセス5世

生没 ?〜208年
在位 191年〜208年

　先王ヴォロガセス4世の直系ではない。アルメニア王の王子で、パルティア王族の1人だったとされる。王位についた経緯は明らかになっていない。ローマ帝国で複数の皇帝が並び立ち内乱が発生したことを受け、攻撃をしかける。しかし、セプティミウス・セウェルスの攻撃を受け、劣勢に立たされた。補給部隊を攻撃して何とかローマ軍を撤退させるが、今度は従属王国のペルシス王パーパクの反乱が発生。鎮圧には成功したものの、パーパクの廃位には至らなかった。

ヴォロガセス6世

生没 ?〜227年?
在位 208年〜227年?

　先王ヴォロガセス5世の子。弟のアルタバヌス4世が王位を主張して反乱を起こし、ヴォロガセス6世は劣勢に追い込まれる。結局、ヴォロガセス6世の統治はバビロニアだけに限定されることになった。しかし、217年にローマ帝国のカラカッラ帝がアルタバヌスの拠点メディアを攻撃したことで、ヴォロガセス6世の王権は安定し、全土に支配権が及びこそしないものの、王位には留まった。死因は定かでないが、新興勢力サーサーン朝との戦いで戦死したとも言われる。

アルタバヌス4世

生没 ?〜224年
在位 216年〜224年

　先王ヴォロガセス6世の弟。ヴォロガセス6世の即位を不服として、反乱を起こした。バビロニアを除くパルティア領を掌握するが、ローマ帝国の侵攻を受けてヴォロガセス6世を廃位するには至らなかった。後にローマ皇帝マクリヌスの軍を撃退するが、従属王国であったペルシス王アルダシール1世との戦いに敗れて殺害される。これによりアルサケス朝パルティアは滅亡し、イランではサーサーン朝ペルシアが勢力を拡大。娘の1人はアルダシール1世の妻となった。

アルサケス朝パルティア

```
アルサケス1世 ───ティリダテス1世
                └─アルサケス2世
フリアパティウス ─┬─フラーテス1世
                 ├─ミトラダテス1世 ── フラーテス2世
                 └─アルタバヌス1世 ─┬─ミトラダテス2世 ─┬─ゴタルゼス1世
                                                      └─オロデス1世
                                    └─シナトルケス ── フラーテス3世

ミトラダテス3世
オロデス2世 ─┬─パコルス1世
             └─フラーテス4世 ┄┄ ティリダテス2世
                ‖────────┬─ フラーテス5世 ┄┄ オロデス3世 ┄┄ ヴォノネス1世
                ムサ

アルタバヌス2世 ─┬─ティリダテス3世
                 ├─キンナムス
                 ├─ゴタルゼス2世
                 └─アルタバヌス3世

ヴァルダネス1世
メヘルダテス
サナバレス
ヴォノネス2世 ─┬─ヴォロガセス1世 ─┬─ヴァルダネス2世
                                   └─ヴォロガセス2世
                ├─パコルス2世 ── ヴォロガセス3世 ── ヴォロガセス4世
                ├─オスロエス1世 ── パルタマスパテス
                └─ミトラダテス4世 ── シナトロケス2世 ┄┄ オスロエス2世

ヴォロガセス5世 ─┬─ヴォロガセス6世
                  └─アルタバヌス4世
```

I=中東

サーサーン朝ペルシア

226年～651年

　イラン南部のパールス地方において、アルダシール1世がアルサケス朝パルティア宗主下の国王として即位したのがサーサーン朝のルーツである。アルダシール1世はパルティア王との戦いを制し、230年にはメソポタミア全土を支配下に置く。こうして、サーサーン朝ペルシア帝国が勃興。この後、内政ではゾロアスター教の国教化、外征ではローマ帝国との競合が主軸となる。シャープール1世の治世ではローマ帝国の皇帝を戦死させるなど圧倒的な戦果を上げて強大化。その後、後継者争いを経て停滞期に入るが、シャープール2世の時代に都市の再建、要塞建設、ゾロアスター教の協会制度を整備するなどして最盛期を迎えた。シャープール2世亡き後は遊牧民族エフタルへの対応に苦慮する。しかし、ホスロー1世の治世で社会秩序の回復、貴族の影響排除がなされると共に、学問が振興され、さらにエフタルの排除に成功。サーサーン朝は繁栄期を迎えた。だが、その後は度重なる後継者争い、貴族間の派閥抗争が生じ、サーサーン朝は急激に衰退する。結局、642年、新興のイスラム勢力とのニハーヴァンドの戦いに敗れた後、最後の王ヤズデギルド3世の暗殺をもってサーサーン朝の歴史は幕を閉じた。

208年	パーパクがパールス地方を支配下に置き、サーサーン朝の基礎を成す
226年	アルダシール1世がパルティアを打倒、サーサーン朝が成立
230年	アルダシール1世、全メソポタミアを掌握
260年	シャープール1世、エデッサの戦いでローマ皇帝ウァレリアヌスを捕縛
309年	サーサーン朝の最盛期を築くシャープール2世が即位
363年	シャープール2世、メソポタミアに侵攻したローマ皇帝ユリアヌスを討つ
409年	ヤズデギルド1世、ビザンツ帝国との間に平和条約を締結
〃	ヤズデギルド1世がビザンツ皇帝テオドシウス2世の後見人となる
484年	ペーローズ1世、エフタルとの戦いで戦死
531年	サーサーン朝の中興期を築くホスロー1世が即位
567年	ホスロー1世、遊牧民族エフタルを滅亡させる
616年	ホスロー2世、ビザンツ帝国からシリア、エジプト、西メソポタミアを奪う
627年	ビザンツ皇帝ヘラクレイオスのクテシフォン侵攻を受ける
628年	カワード2世、ビザンツ皇帝ヘラクレイオスと和睦
637年	イスラムとのカーディシーヤの戦いに敗北、都クテシフォンを占領される
642年	ニハーヴァンドの戦いでイスラムに敗北し、サーサーン朝は急激に衰退
651年	逃亡先のホラサーンでヤズデギルド3世が暗殺される
	国王暗殺をもって、サーサーン朝ペルシアが滅亡

サーサーン朝ペルシア

アルダシール1世

生没 ?～241年
在位 220年?～240年

　父パーパクはアルサケス朝パルティアから事実上の独立を果たすも、パルティア王ヴォロガセス5世との戦いに敗れ、パルティアの宗主権下に置かれた。アルダシール1世の代になって、パルティア王アルタバヌス4世を破り、後にクテシフォンでサーサーン朝を成立させた。230年には全メソポタミアを掌握。以降、ローマ軍と対峙し、シリア、カッパドキア、隊商都市ハトラを占領した。アルダシール1世をパーパクの孫、娘婿と考える研究者もいるが、実情は定かでない。

シャープール1世

生没 ?～272年
在位 240年～272年?

　先王アルダシール1世の長男。父王の在位中に共同統治者であったという説もあるが、時期など詳細は不明。単独の王となってからは「王の中の王」を自称し、イラン人以外の民族に対しても支配者であろうと務めた。実際、シャープール1世はサーサーン朝の強大化に成功し、244年、マッシケの戦いでローマ帝国軍を撃破、ゴルディアヌス3世を戦死させる。さらに、260年にはエデッサの戦いで時のローマ皇帝ヴァレリアヌス帝を捕虜とし、サーサーン朝の優位を確立した。

ホルミズド1世

生没 ?～273年
在位 272年?～273年

　先王シャープール1世の長男。有能な王子として知られ、父王の治世でアルメニア王に封じられている。また、ローマ帝国との戦争時には、アンティオキア攻略において重要な役割を果たしたことで、ローマ側の記録『ローマ皇帝群像』にもその名が記されている。さらに、アッバース朝の歴史家タバリーの手による『諸使徒と諸王の歴史』では父王の征服事業がホルミズド1世の業績であると誤記されている。実際には即位から1年と10日で急死し、その治世は短かった。

バハラーム1世

生没 ?～276年
在位 273年～276年

　先王ホルミズド1世の異母弟。母の身分が低く冷遇を受けた。父王が健在だった頃には、ギーラーンという戦略的重要性に欠ける領地に封ぜられた。しかし、彼は敬虔なゾロアスター教徒として知られたため、兄王が急逝した際、ゾロアスター教団の支援を受けて即位。ゾロアスター教と対立していたマニ教を弾圧し、ゾロアスター教の国教化を進めた。中東のパルミラ帝国にローマ軍が侵攻した際、その救援に失敗するなど、軍事的指導力に欠けていた面がある。

I 中東

バハラーム2世

- 生没 ?～293年
- 在位 276年～293年

　先王バハラーム1世の子。父王が在位3年で逝去したことを受け、10代で即位。後に国王となる叔父ナルセ1世は、自身が王となれないことに反発し、アルメニアで自分の肖像が刻印された貨幣を発行するなど事実上の独立を図ったが、これを討つだけの安定した王権はなかった。ゾロアスター教の聖職者カルティールの支援を受けて政権安定に努めたが、東方ではアフガニスタンで反乱が発生、西方からはローマ帝国の侵攻を受けて領土を奪われるなど内憂外患に苦しんだ。

バハラーム3世

- 生没 ?～293年
- 在位 293年

　先王バハラーム2世の子。父王の逝去に伴い即位する。父王の治世では、東方のサカ王に封じられていた。パイクリ碑文に記された内容によれば、ワフナームという貴族の傀儡にされたというが、その実態については史料に乏しく判然としない。即位から数か月後、大叔父にあたるナルセ1世らに討たれた。一説によれば、若く、一部貴族の傀儡となっていた脆弱な王のもとではローマ帝国の圧力に対応できないと見なされ、ナルセ1世を待望する声が高まっていたという。

ナルセ1世

- 生没 不詳
- 在位 293年～302年

　先王バハラーム3世の大叔父。シャープール1世の息子でありながら、権力争いに敗れて王位につけずにいたが、先王バハラーム3世が一部貴族の傀儡となる中、その治世に不満を抱いていた他の貴族からナルセ1世の待望論が巻き起こる。結果、先王を討ってクーデターにより即位を果たした。ローマ帝国に奪われたメソポタミア、アルメニア奪回を目指すが、当初こそローマ軍を退却に追い込んだものの、最終的には首都陥落の惨敗を喫して講和を請うことになった。

ホルミズド2世

- 生没 ?～309年
- 在位 302年～309年

　先王ナルセ1世の子。父王がローマ帝国に大敗を喫して退位したことを受け、王に即位した。父王が健在だった頃はクシャーン王に封じられている。クシャーン族はサーサーン朝の支配下にあったが勢力は強く、幾度も独立の動きを見せていた。即位前からクシャーン族長の娘を妃として迎え、国内の融和政策を進めていた。即位後、シリアのガッサーン王を討ち取るが、その残党に暗殺されたという。死に際、妊娠中の妃が王子を生んだら跡継ぎにせよと言い残したとされる。

サーサーン朝ペルシア

I 中東

アードゥルナルセ

- 生没 ?～309年
- 在位 309年

先王ホルミズド2世の長子。弟のホルミズドを即位前から13年間獄中に監禁するなど、残虐な性格であったといわれる。弟ホルミズドの一族は後にローマ帝国に亡命し、ローマ皇帝ユリアヌスが行ったサーサーン朝への遠征に従軍した。この時期、王権が不安定になっていたため、一部貴族とゾロアスター教団が権力を掌握しようと目論んでいた。アードゥルナルセは彼らによって暗殺され、その治世は数ヶ月で終わった。そのため、彼を正式な国王に数えない書物も多い。

シャープール2世

- 生没 309年～379年
- 在位 309年～379年

先王アードゥルナルセの弟。先々代の父王が死に際に「妊娠中の妃が王子を産んだらシャープールと名付けて後継者にせよ」と言い残した逸話が残っているが、その王子がシャープール2世である。兄のアードゥルナルセが数か月で死去したことで、結局、母の胎内にいながら即位が決まり"生まれながらの王"となった。ただ、この即位には、当時、王権の不安定性を利用して実権を得ようとしていた貴族、ゾロアスター教聖職者らの意向が働いた可能性も否定できない。幼年の王は傀儡（かいらい）とするのに最適だからだ。しかし、シャープール2世は幼年期こそ貴族に実権を握られていたものの、成人すると自ら実権を掌握することに成功。東方のクシャーン族を平定してシルクロードを押さえ、交易路を確保、サーサーン朝の繁栄をもたらした。また、スサで反乱が発生した際は象を放って都市を破壊するなど、反乱の芽を徹底的に摘んでいる。対ローマ帝国の戦いも優位に進め、363年、クテシフォンでローマ軍を迎え撃ち、これを撃退。この時、皇帝ユリアヌスを戦死させている。メソポタミア、アルメニアの奪回に成功して版図を拡大した一方、戦争で受けた被害も大きかった。

アルダシール2世

- 生没 不詳
- 在位 379年～383年

先王シャープール2世の弟。ムスリム文献家サアーリビーの『ペルシアの諸王の歴史』、ペルシア詩人フィルドゥシーの『シャー・ナーメ』によれば、先王シャープール2世は、次王に弟アルダシール2世を指名し、シャープール2世の息子が成人した際に譲位するよう遺言したという。強大化した貴族を抑えようとするも失敗し、即位から4年で退位させられた。在位中、アルメニアでローマ派とペルシア派の対立が発生するが、混乱を避けるためにローマと和平を結んだ。

シャープール3世

生没 ?～388年
在位 383年～388年

　先王アルダシール2世の甥で、先々王シャープール2世の子とされるが、記録には同名の人物も多く、定かではない。先王の廃位を受けて即位。先王の治世に発生したアルメニアの混乱に関して、アルメニアを分割統治することで合意。これはローマ、サーサーン朝とも当時は遊牧民の侵入を抑えることが優先で、内乱を行う余裕がなかったため。先王と同じく、貴族の影響力拡大を抑えようとして失敗し、天幕の下敷きにするという方法で暗殺されたといわれる。

バハラーム4世

生没 ?～399年
在位 388年～399年

　先王シャープール3世の弟。圧政を行ったとも言われており、最後は自軍の裏切りに遭い、弓矢で殺害されたという記録も残っている。

ヤズデギルド1世

生没 ?～420年
在位 399年～420年

　先王バハラーム4世の甥で、先々王シャープール3世の子。宗教的に寛容な政策を採り、キリスト教への迫害を止め、ゾロアスター教との融和に努めた。

シャープール4世

生没 ?～420年
在位 420年

　先王ヤズデギルド1世の子。父王の治世ではアルメニア王に封じられていた。父王の暗殺により即位するが、反対する貴族により暗殺されてしまう。

ホスロー

生没 不詳
在位 420年

　先王シャープール4世の直系ではなく、バハラーム4世の子。シャープール4世が暗殺された後、貴族の後ろ盾を得て、事実上の傀儡王として即位した。

バハラーム5世

生没 406年～438年
在位 420年～438年

　先王ホスローの直系ではない。3代前の国王ヤズデギルド1世の子。父王と異なり、キリスト教徒への迫害を行ったため、キリスト教徒の引き渡しを要求したビザンツ帝国と戦争状態になる。軍事的に優位にあったとはいえない状況だったが、政治力により、412年に和平条約を締結。国内でのキリスト教信仰の自由を認める代償として、サーサーン朝が北方遊牧民から国を守るために設置したダルバンド防壁の防衛費用をビザンツ帝国が負担するという条件を認めさせた。

サーサーン朝ペルシア

ヤズデギルド2世

- 生没 ?〜457年
- 在位 439年〜457年

先王バハラーム5世の子。治世初期にビザンツ帝国と戦争状態に入るが、サーサーン朝、ビザンツ帝国のいずれにとっても戦果は乏しかった。戦線の拡大を避けたいビザンツ皇帝テオドシウス2世の思惑もあり、両国ともメソポタミアに新規要塞を建設しないという事実上の不可侵条約を締結した。ただ、ビザンツ帝国との和平には成功したものの、先王バハラーム5世の時代に打倒した東方の遊牧民族エフタルが再び強大化し、治世の晩年は東方遊牧民族への対応に追われた。

ホルミズド3世

- 生没 不詳
- 在位 457年〜459年

先王ヤズデギルド2世の子。父王の逝去に伴い、弟であるペーローズ1世との後継者争いが勃発するが、ホルミズド3世は都クテシフォン近郊に勢力を有していたことで、王位につくことができた。ペーローズ1世は父王によりシースタン王に封じられており都から離れていたため、不利だったのである。しかし、ペーローズは遊牧民族エフタルの支持を得て、ホルミズド3世を攻撃。結果、即位から3年で王位を奪われた。その後の生死については分かっていない。

ペーローズ1世

- 生没 ?〜484年
- 在位 459年〜484年

先王ホルミズド3世の弟で、先々王ヤズデギルド2世の子。兄王が即位した際、東方の遊牧民族エフタルの王アフシュワルの支援を受け、兄王を追放して王位に就いた。その際、エフタルとの国境を侵さないことを約束したが、王となった10年後、約束を反故にして、エフタル領トハリスタンを占領。結果、エフタルの反撃を受けて捕虜となり、息子カワード1世を人質とする代わりに釈放された。その後、エフタルへの貢納金がかさんだことで、再度侵攻した際に戦死した。

バラーシュ1世

- 生没 不詳
- 在位 484年〜488年

先王ペーローズ1世の弟で、3代前の国王ヤズデギルド2世の子。2人の兄王亡き後、貴族に擁立されて国王となる。兄王ペーローズ1世を戦死に追い込んだエフタルに対しては、毎年の貢納を行う約束で和平した。また、アルメニアで起きた反乱に際しても、反乱軍の指導者を知事に任命することで和解に持ち込んでいる。アルメニアにおけるキリスト教の信仰を保証し、内外の融和政策に努めた。しかし、甥のカワード1世がエフタルの支持を受けて反逆、王位を追われる。

Ⅰ 中東

カワード1世

生没 473年～531年
在位 488年～496年、498年～531年

　先王バラーシュ1世の甥で、先々王ペーローズ1世の子。父王がエフタルの捕虜となった際に、身代わりの人質となる。叔父王が即位した後、エフタルの支援を受けて挙兵、王位を奪取。宰相を殺害し、貴族の専横を抑える政策を採るが、逆に貴族らに幽閉され、弟ジャーマースプが王位につく。しかし、カワード1世はエフタルへ逃れ、再び彼らの助勢を得て国王に復位。エフタルへの貢納金を捻出するため、ビザンツに攻め入り、費用を肩代わりさせることに成功した。

ジャーマースプ

生没 ?～530年?
在位 496年～498年

　先王カワード1世の弟で、3代前の国王ペーローズ1世の子。兄カワード1世の政策に不満を持った貴族らに擁立されて新国王となった。だが、兄王カワード1世は貴族に幽閉された後、脱獄してエフタルの支援を受け、都に帰還する。カワード1世の帰還を受け、ジャーマースプは即位から2年で退位した。治世に関する資料は乏しいが、貧農を救うために税を減らしたともいわれ、おおむね善政だったようである。また、国教ゾロアスター教を積極的に保護したともいわれる。

ホスロー1世

生没 496年～579年
在位 531年～579年

　先王カワード1世の子。父王と同様に大貴族の専横を抑え、中央集権化を推進した。また、これまで出来高払いとなっていた税制度を定額税制に改め、さらに銀納することを認めて安定財源を確保。また、分割相続によって中小貴族の土地が細分化され、困窮していたことが社会不安の一因になっていたため、軍務に就く際の武具、馬を旧来の自費調達から支給制へと改めた。さらに、軍務についた期間は俸給を支払い、中小貴族の生活安定化を図っている。ホスロー1世は学問を振興したことでも知られ、閉鎖されたギリシアの研究機関アカデメイアに属していた学者をグンデシャープールという都市に集め、そこに高等教育機関を開設した。ホスロー1世の治世では軍事的にも強大化し、ビザンツ皇帝ユスティニアヌス1世が旧西ローマ帝国の領域を統治するために苦心している機会を狙い、和平と引き替えに貢納金を要求。さらにシリア、アンティオキアを陥落させて賠償金を得た。561年にビザンツとは50年間の平和条約を結び、その後は遊牧民族エフタルを滅亡に追い込む。こうしてホスロー1世は内政、外征ともに成功を収め、王朝の繁栄期を築き上げたのである。

サーサーン朝ペルシア

ホルミズド4世

生没 540年～590年
在位 579年～590年

先王ホスロー1世の子。即位後、ビザンツ皇帝ティベリウス2世の攻撃を受けた。さらにビザンツと共謀したテュルク系民族の侵入を受けるが、ホルミズド4世は将軍バハラーム・チョービーンにこれを撃退させた。しかし、ホルミズド4世は、この功績で人心を獲得したバハラーム・チョービーンに嫉妬して解任してしまう。結果、バハラーム・チョービーンに反旗を翻された。さらに590年には異母兄弟ヴィスタム、ベンドイの共謀によって目をつぶされた末に、処刑された。

ホスロー2世

生没 570年～628年
在位 590年、591年～628年

先王ホルミズド4世の子。父王が謀殺された後、叔父ヴィスタムの助力で即位。将軍バハラーム・チョービーンによって王位を奪われたが、ビザンツ皇帝マウリキウス帝の支援を受けて復位する。後にビザンツの内紛でマウリキウス帝が殺されると、盟友の仇討ちを大義名分としてビザンツに侵攻。各地を占領し、聖地エルサレムも陥落させた。しかし、後にビザンツ皇帝ヘラクレイオスのメソポタミア侵攻を受け、都クテシフォンで反乱が発生。息子カワード2世に処刑された。

バハラーム6世

生没 ?～591年
在位 590年～591年

先王ホスロー2世とは血縁関係にない。サーサーン朝の貴族出身で将軍のバハラーム・チョービーンが謀反によって王位を簒奪し、バハラーム6世となった。ホルミズド4世の治世に、ビザンツ帝国やテュルク族を撃退、また、アラブ人の一斉蜂起鎮圧にも功をなした。ホルミズド4世に疎まれ、将軍職を追われた後、国王に反旗を翻したバハラームは国王の謀殺に加担した。さらに、続くホスロー2世から王位を簒奪するも、ビザンツの援助を受けたホスロー2世に討たれる。

ヴィスタム

生没 ?～596年?
在位 590年?～596年?

先王バハラーム6世とは血縁関係にない。ホスロー2世の叔父。兄弟であるベンドイと共にホルミズド4世を謀殺し、ホスロー2世を王とした。バハラーム6世による王位簒奪後、ホスロー2世の復位にも尽力。ホスロー2世の治世当初、ベンドイと共に厚遇されたが、後にホスロー2世は、自身を父王謀殺の責任と切り離すために、首謀者であるヴィスタム、ベンドイの処刑を決断。ベンドイは処刑されたが、ヴィスタムは国王を僭称して対抗。596年、ホスロー2世に討たれた。

カワード2世

- 生没 590年～628年
- 在位 628年

　先王ホスロー2世の子。父王がビザンツ皇帝ヘラクレイオスにより首都近郊まで攻め込まれると、都クテシフォンでの反乱に乗じて父王を投獄し、さらに処刑する。王権を確固たるものにするため、自身の兄弟らも殺害している。即位後はビザンツ帝国との関係改善に尽力し、エジプト、シリア・西メソポタミアから撤退。さらに捕虜を解放し、キリスト教の聖地エルサレムから奪った「真の十字架」を返還した。しかし、疫病に罹患し、わずか半年間の在位で没している。

アルダシール3世

- 生没 621年～629年
- 在位 628年～629年

　先王カワード2世の子。父王の病死に伴い、7歳で即位する。父王カワード2世が自身の兄弟を殺害しており、王位継承者がアルダシール3世だけだったからだ。幼王であったため、国の実権は摂政を務めた高官マフ・アドハル・ガシュナスプに掌握された。さらにはガシュナスプの兄弟ナルシが強大化し、サーサーン朝では強力な高官らによる派閥政治が繰り広げられる。そうした混乱の中、将軍シャフラバラーズが都クテシフォンを占領、アルダシール3世は殺害された。

シャフラバラーズ

- 生没 ?～629年
- 在位 629年

　先王アルダシール3世とは血縁関係にない。ホスロー2世の時代にビザンツ帝国との戦いで多くの戦果をあげた将軍だが、出自の詳細は不明。先々王カワード2世が病没し、幼王アルダシール3世が擁立されると、反旗を翻した。ビザンツ皇帝ヘラクレイオス1世の支援を受け、6000の兵を率いて都を占領、アルダシール3世、摂政ガシュナスプらを処刑して王位を簒奪。即位から40日で死亡。死因は諸説あるが、貴族ファールーク・ホルミズドに殺害されたとも言われる。

ホスロー3世

- 生没 ?～629年
- 在位 629年

　先王シャフラバラーズとは血縁関係にない。ホスロー2世の甥とされるが、現存する史料に乏しく判然としない。そもそも、ホスロー3世は正統な王とは認識されておらず、シャフラバラーズがクテシフォンを占領してサーサーン朝の王位に就いていた期間、北部のホラサーンで一時的に即位を主張した人物にすぎない。そのため、良くて対立王、さもなければ僭称(せんしょう)と見なされ、正式な国王に数えられることはない。短期間の治世の後、州知事によって暗殺されたという。

サーサーン朝ペルシア

ボーラーン

生没 590年～632年
在位 629年～630年、631年～632年

　先王シャフラバラーズとは血縁関係にない。6代前の王ホスロー2世の娘。先王を殺害した貴族ファールーク・ホルミズドに女王として擁立される。ボーラーンはインフラの再建、減税、貨幣鋳造などを実施し、サーサーン朝の安定化を試みた。間もなく失脚し、次から次へと王位が移動し、複数の対立王が出現する1年間の大混乱期に突入。後に復位し、対立するペルシア派閥とパフレヴ派閥の融和を図るが、ペルシア派閥の将軍ピルズ・ホスローによって絞殺された。

シャープール5世

生没 不詳
在位 630年

　先王ボーラーンの甥。先々王シャフラバラーズの子で、母はホスロー2世の姉妹。ボーラーンの失脚後、王として擁立され、ほどなく退位させられた。

ペーローズ2世

生没 ?～630年
在位 630年

　先王シャープール5世の遠戚で、ホスロー1世の曾孫とされる。本人に王位につく気はなかったが、ボーラーンによって擁立されたという。

アーザールメードゥフト

生没 ?～631年
在位 630年～631年

　先王シャープール5世の従姉妹。8代前の王ホスロー2世の王女で、先々王ボーラーンの姉妹にあたる。王位についた経緯は定かでないが、ペルシア派閥の将軍ピルズ・ホスローが先王を退位させる際に賛意を示したとも言われ、ペルシア派閥に近い人物だった可能性もある。ピルズ・ホスローと敵対していた貴族ファールーク・ホルミズドがアーザールメードゥフトに求婚するが、これを拒絶するため、別の貴族の手を借りて謀殺。そのため、ファールークの子に殺害された。

ホルミズド5世

生没 ?～631年
在位 630年～631年

　先王アーザールメードゥフトの遠戚で、9代前の王ホスロー2世の従兄弟。サーサーン朝の貴族で、名前はファールーク・ホルミズドという。国王シャフラバラーズを殺害してボーラーンを擁立するなど、サーサーン朝の王位をめぐる勢力争いに関わった。後に対立派閥のピルズ・ホスローが先王アーザールメードゥフトを擁立すると、自身の領地でホルミズド5世の名の下に硬貨を鋳造、王を僭称した。アーザールメードゥフトに求婚して正統な王位を狙うも謀殺された。

ホルミズド6世

生没 不詳
在位 630年〜631年

　先王ホルミズド5世の遠戚で、ホスロー2世の孫ともいわれるが、出自は定かでない。小アジア（現トルコ）南部のニシビスで蜂起し、自らをサーサーン朝の国王と名乗ったという。都クテシフォンには登らず、ニシビスで中央の動向を窺っていた。一般には正式な国王として扱われてはおらず、ホスロー2世が死去した後の混乱期に現れた僭称者の一人と考えられている。ニシビスでの勢力は2年ほど維持され、ヤズデギルド3世が即位した頃になっても健在であった。

ホスロー4世

生没 ?〜631年
在位 631年

　先王ホルミズド5世の遠戚で、ホスロー1世の曾孫。ベーローズ2世の兄弟に相当し、アルダシール3世の摂政を務めたマフ・アドハル・ガシュナスプの子であり、ホスロー1世の母系の曾孫でもある。一般に正式な国王とは見なされず、ホルミズド6世らと同様、サーサーン朝内の特定地域を統治していただけでありながら、国王を僭称した人物である。現存史料に乏しく、詳しいことはわかっていないが、国王を名乗ってからわずか数日で何者かに殺害されたといわれる。

ファッロフザード・ホスロー

生没 ?〜631年
在位 631年

　先王ホスロー4世の遠戚で、ホスロー2世の子。兄カワード2世の殺害から逃れた王子である。とはいえ、父王ホスロー2世は3000人もの妾を持っていたとされ、母が明らかでないファッロフザード・ホスローは、本来、王位を継承できる立場にはないと思われる。別名をホスロー5世。ホスロー2世が殺害された後、ニシビスに逃れた。王がめまぐるしく交代する混乱の中、ザーディーという貴族によって王位につくが、1か月後に殺害された。一般には正式な王に数えない。

ヤズデギルド3世

生没 624年〜651年
在位 632年〜651年

　先王ボーラーンの甥で、ホスロー2世の孫にあたる。隠れ住んでいたイスタフルで即位し、サーサーン朝の再興を図る。しかし、当時の中東ではアラビア半島でイスラーム勢力が勃興しており、シリア、エジプトを支配下に収めていた。度重なる内乱で疲弊したサーサーン朝は、カーディシーヤの戦いでイスラーム勢力に大敗。642年、ニハーヴァンドの戦いでも敗れ、サーサーン朝は急速に衰退した。ヤズデギルド3世はホラサーンで再起を図るが、部下に裏切られ殺害された。

サーサーン朝ペルシア

ペーローズ3世

生没 636年～679年
在位 ——

先王ヤズデギルド3世の子。サーサーン朝の滅亡後、中国の唐に亡命。679年、唐の護衛のもとペルシア帰還を目指した後、死亡したという。

ナルセ

生没 不詳
在位 ——

先王ペーローズ3世の子。サーサーン朝の復興は実現せず、サーサーン朝を脱出したサーサーン王家の関係者と共に唐の西部で暮らし、生涯を唐で過ごした。

I 中東

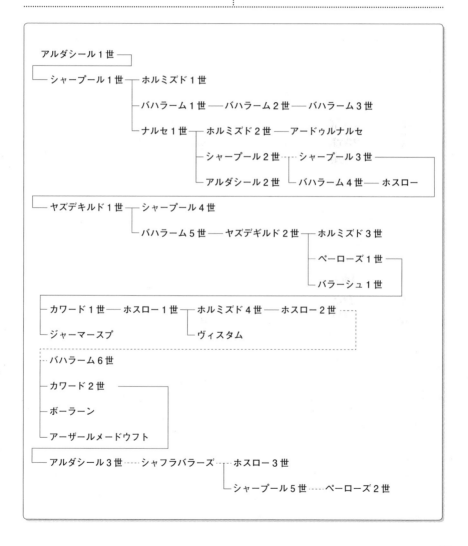

ウマイヤ朝

661年～750年

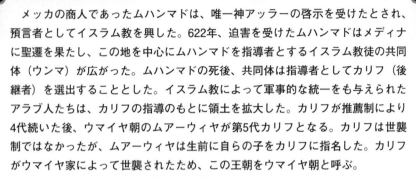

　メッカの商人であったムハンマドは、唯一神アッラーの啓示を受けたとされ、預言者としてイスラム教を興した。622年、迫害を受けたムハンマドはメディナに聖遷を果たし、この地を中心にムハンマドを指導者とするイスラム教徒の共同体（ウンマ）が広がった。ムハンマドの死後、共同体は指導者としてカリフ（後継者）を選出することとした。イスラム教によって軍事的な統一をも与えられたアラブ人たちは、カリフの指導のもとに領土を拡大した。カリフが推薦制により4代続いた後、ウマイヤ朝のムアーウィヤが第5代カリフとなる。カリフは世襲制ではなかったが、ムアーウィヤは生前に自らの子をカリフに指名した。カリフがウマイヤ家によって世襲されたため、この王朝をウマイヤ朝と呼ぶ。

　ウマイヤ朝は、アラブ人が被征服民族を支配する構造で成り立っていた。別名をアラブ帝国とも呼ぶ。厳しい支配と租税制度（ジズヤ＝人頭税とハラージュ＝土地税）は、被征服民族がイスラムに改宗し、マワーリーと呼ばれる存在となっても続いていく。ウマイヤ朝は、14代続いた後、アッバース朝に滅ぼされる。アッバース革命を逃れたウマイヤ朝の残存勢力は、イベリア半島で後ウマイヤ朝を建てた。

661年	アリーがハワーリジュ派（アリーの和平への妥協がイスラムの教えに背くとする一族）の一人に殺害される
661年	5人目のカリフであるムアーウィヤ、ウマイヤ朝初代カリフとなる。都はシリアのダマスカス
673年～687年	東ローマ帝国の首都コンスタンティノポリスを包囲したが支配に失敗
692年	メッカでカリフを宣言していたイブン・アッズバイル（初代カリフ、アブー・バクルの長女の子）を、第5代カリフのアブドゥル・マリクが討伐
695年	アブドゥル・マリクがアラブ式貨幣を発行。また公文書をアラビア語に統一した
697年	東ローマ帝国からカルタゴを奪う。北アフリカを支配に加える
711年	イベリア半島のゲルマン人国家西ゴート王国を滅ぼす（グアダレーテの戦い）。
717年	東ローマ帝国の首都コンスタンティノポリスを大規模艦隊と陸軍で包囲する。翌718年、戦いに敗れ、遠征軍は壊滅
732年	フランク王国とのトゥール・ポワティエ間の戦いに敗北
750年	ザーブ河畔の戦いに勝利したアブー・アルアッバースがアッバース革命を起こし、ウマイヤ朝は滅亡

ウマイヤ朝

ムアーウィヤ1世

生没 603年頃~680年
在位 661年~680年

　第4代正統カリフのアリーが暗殺されたのに乗じ、当時シリア総督だったムアーウィヤは661年ダマスカスにウマイヤ朝を開く。カリフの権力強化とイスラムの国家化の礎を築いたのだ。その一つがディーワーン制度と呼ばれる政治制度の拡充だった。また彼はカリフを世襲にすべく、生前から後継者を実子に定めていたという。なお、イスラム教徒のなかには第4代正統カリフのアリーの子孫だけが指導者であるとするシーア派がおり、現在もイスラム教徒の約1割を占めている。

ヤズィード1世

生没 645年~683年
在位 680年~683年

　ムアーウィヤ1世の子。合議制で選ばれてきたカリフ（＝イスラムの最高指導者）だが、ヤズィードは世襲によってカリフ位についた。これ以降、ウマイヤ朝でのカリフは世襲されることとなる。第4代正統カリフ・アリーの次男フサインが反乱を起こそうとしたことを察知し、フサイン軍を大軍にて破る。シーア派の反乱を阻止したことで、スンニ派の支配をさらに強めることとなった。683年にメッカで反ウマイヤ勢力が蜂起したが、これを鎮圧できないまま他界する。

ムアーウィヤ2世

生没 683年~684年
在位 683年

　父ヤズィード1世の跡を継いで第3代カリフとなる。しかしメッカではイブン・アッズバイルがカリフを称し独立。ムアーウィヤ2世は在位20日ほどで急死。

マルワーン1世

生没 621年~685年
在位 684年~685年

　ムアーウィヤ1世の傍流。ムアーウィヤ2世の急死をうけ、ウマイヤ家の長老マルワーン1世が即位。イブン・アッズバイルに対処できず、685年に他界。

アブドゥル・マリク

生没 647年~705年
在位 685年~705年

　マルワーン1世の子。685年、父の死去をうけ、カリフに即位。まずはシリアのアラブ軍を再編成して、その兵力で反乱がおきていたイラクを再征服。また反乱を起こしていたイブン・アッズバイルを滅ぼしてメッカを回復し、ウマイヤ朝の再統一を実現した。東ローマ帝国と戦って領土を拡大したうえ、東はソグディアナから西北インドのシンド地方まで、西はモロッコ西部まで版図を拡大。内政でもアラブ式貨幣を発行し、公文書をアラビア語に統一するなど功績を残す。

ワリード1世

生没 674年～715年
在位 705年～715年

　アブドゥル・マリクの子。705年、父の死後に跡を継いでカリフとなる。軍事面に優れていた彼は、父の行っていた征服戦を引き継ぎ、版図をさらに拡大。ウマイヤ朝の版図は、西はイベリア半島から東は中央アジアにまで及んだ。内政面でも、学校や病院を多数建設して充実を図った。さらにメディナやメッカなどにもモスクを建設。ダマスカスにある洗礼者ヨハネの教会を没収し、これをウマイヤ・モスクとして増改築した。715年、42歳で他界する。

スライマーン

生没 674年～717年
在位 715年～717年

　アブドゥル・マリクの子で、ワリード1世の弟。ワリード1世は自分の子を次代のカリフにしたいと願い、イラク総督などの賛同を得て、その根回しを進めていた。だが根回しは成立をみないまま、ワリード1世は没する。まもなくイラク総督は病死したが、スライマーンは彼の部下たちも粛清した。スライマーンの弟はコンスタンティノポリスを包囲したが、東ローマ皇帝レオーン3世によって撃退される。新カリフにウマル2世が即位し、その命によって兵士たちは撤退した。

ウマル2世

生没 682年～720年
在位 717年～720年

　第2代正統カリフ、ウマル1世の曾孫。ウマイヤ朝は、一大勢力圏を築き上げていたが、被征服民族に対し、アラブ人が有利であることは明白だった。アラブ人でない者は、たとえイスラム教に改宗してもジズヤ（人頭税）を納め続けなければならなかったのだ。イスラムに改宗した被征服民（マワーリー）のなかには、差別に不満を持つ者も多かった。敬虔なイスラム教徒であったウマル2世はジズヤを廃止しようとしたが、改革は失敗に終わった。

ヤズィード2世

生没 687年～724年
在位 720年～724年

　ウマイヤ朝の第5代カリフであるアブドゥル・マリクの子。先王のウマル2世はマワーリーの不満増大を危惧して税制改革を断行するも、アラブ人の反発を招き失敗。これを受けヤズィード2世はジズヤを復活させた。この結果、北アフリカで大規模な反乱が起こる。ヤズィード2世はこれを鎮圧できず、北アフリカの総督は反乱軍に殺害された。北アフリカの総督には、反乱軍の推す人物が就任。即位からわずか4年目に結核で他界し、弟のヒシャームがカリフを継承した。

ウマイヤ朝

Ⅰ 中東

ヒシャーム

- 生没 691年～743年
- 在位 724年～743年

ウマイヤ朝の第5代カリフのアブドゥル・マリクの子で、ヤズィード2世の弟。ヒシャームの治世下でウマイヤ朝は、スペインを占領してフランスまで進出し、最大版図を獲得。懸案となっていた、北アフリカでの反乱をも鎮圧する。軍事力でウマイヤ朝の安定を築く。ヒシャームは19年の長きにわたって在位。しかし、北アフリカの反乱の原因であった税制問題は解決できなかった。これ以降、ウマイヤ朝は徐々に没落していくこととなる。743年に54歳で他界した。

ワリード2世

- 生没 ?～744年
- 在位 743年～744年

ウマイヤ朝第9代カリフのヤズィード2世の子。ヒシャームの甥にあたる。ヒシャームの死後に跡を継ぐが、744年、従兄弟のヤズィード3世の反乱で廃位。

ヤズィード3世

- 生没 ?～744年
- 在位 744年

ウマイヤ朝の第6代カリフ・ワリード1世の子。ワリード2世に対して反乱を起こし、王位を奪う。諸改革で王朝を再建しようとしたが、10数日で病死する。

イブラーヒーム

- 生没 不詳
- 在位 744年

ウマイヤ朝の第6代カリフ・ワリード1世の子。ヤズィード3世の弟。マルワーン1世の孫でイラク総督のマルワーン2世の反乱に敗れ、パルミラに逃亡した。

マルワーン2世

- 生没 688年～750年
- 在位 744年～750年

マルワーン1世の子孫。イブラーヒームに反乱して王位を奪う。ウマイヤ朝再建のため反乱を鎮圧するも、アブー・アルアッバースに追討され、殺害された。

```
ムアーウィヤ1世 ── ヤズィード1世 ── ムアーウィヤ2世 ┄┄ マルワーン1世 ─┐
   ┌─────────────────────────────────────────────────────────────────┘
   └─ アブドゥル・マリク ─┬─ ワリード1世 ─┬─ ヤズィード3世
                          │                └─ イブラーヒーム
                          ├─ スライマーン ┄┄ ウマル2世
                          ├─ ヤズィード2世 ── ワリード2世
                          └─ ヒシャーム
```

アッバース朝

750年〜1258年

　イスラム教の経典であり、アッラーからムハンマドへの啓示の記録である『コーラン』には、信者の平等が唱えられていた。ウマイヤ朝の理念がイスラムの教えに反するとの考えが広まり、アッバース革命を後押しした。こうしてムハンマドの叔父につながるアブー・アルアッバースがウマイヤ朝を滅ぼしてクーファで即位、アッバース朝をひらいた。第2代カリフのマンスール以後、バグダードを首都とし、東西文明を融合してイスラム文化の黄金時代を作り出した。狭義には、ムスリム（イスラム教徒）間の平等が制度化され、イスラム法の理念が実現したことでイスラム帝国と称される。非アラブ人もイスラム教に改宗すればジズヤ（人頭税）を免除された。ハラージュ（土地税）においては、土地所有者であればアラブ人・非アラブ人問わず課せられた。特に初期の100年間は全盛を極め、アラビア語とイスラム教による独自の文化が開花。交通の要衝として商業も栄えた。しかし10世紀前半には衰え、945年にはブワイフ朝がバグダードに入城したことで実質的な権力を失った。1055年にはブワイフ朝を滅ぼしたセルジューク朝の庇護下に入るが1258年フレグの率いるモンゴル軍に滅ぼされた。

750年	ザーブ河畔の戦いでアッバース軍がウマイヤ軍を破り、アッバース朝を建国。アッバース革命を行う
751年	タラス河畔の戦いで高仙芝が率いる3万人の唐軍を破る。シルクロードを支配下に置く
762年	第2代カリフのマンスールがバグダードに新都を造営
786年	第5代カリフのハールーン・アッラシードが即位。最盛期を迎える
811年	先王の弟アミーンを兄マアムーンが処刑し、第7代カリフに即位する
830年	マアムーンが知恵の館（図書館）を設立
868年	エジプトがトゥールーン朝の下で事実上独立
869年	イラクの南部で黒人奴隷がザンジュの乱を起こす
945年	西北イランに成立したシーア派のブワイフ朝がバグダードを占領。アッバース朝の支配は政治的・宗教的な形式上のものとなる
1055年	スンニ派セルジューク朝がバグダードを占領してブワイフ朝を倒す。カリフからスルタンの称号を得て、イラク・イランの支配権を握る
1258年	モンゴル帝国のフレグがアッバース朝を滅ぼす
1261年	最後のカリフの叔父ムスタンスィルをマムルーク朝が保護し、カイロにてカリフとして擁立。しかしアッバース朝の血筋は1543年に完全に消滅した

アッバース朝

I 中東

アブー・アルアッバース

生没 723年～754年
在位 749/750年～754年

　預言者ムハンマドの叔父アッバースの子孫。ウマイヤ朝末期には反乱が相次いでいた。そんな中、747年、ホラーサーンでアッバース家を奉じた反乱軍が蜂起、イラクまで制圧。しかし中心人物であった家長のイブラーヒームがウマイヤ朝のマルワーン2世に処刑されてしまう。こうしてイブラーヒームの一番下の弟アブー・アルアッバースがカリフに推戴された。カリフに即位後の750年ザーブ河畔の戦いでウマイヤ朝軍を撃破するなど、大規模な遠征を行った。天然痘にて他界。

マンスール

生没 712年～775年
在位 754年～775年

　先王アブー・アルアッバースの異母兄。アブー・アルアッバースがカリフに推戴され、アッバース朝の創始者となったのは、マンスールの生母が奴隷だったためという説もある。754年にアブー・アルアッバースが死ぬと、叔父や創業の功臣らを殺害して第2代カリフとして即位。ウマイヤ朝の制度を踏襲・整備し、新都バグダードを造営。マンスールの治世にアッバース朝の支配体制が確立されたため、王朝の実質的な創始者と見なす声も大きい。メッカ巡礼の途中で病死。

マフディー

生没 744年/745年～785年
在位 775年～785年

　先王マンスールの子。マフディーとは「救世主」の意。大変に敬虔な人物だったと伝えられており、1日5回の礼拝の折には、その度ごとに人々と共に列席したという。父マンスールと同じく、反アッバース勢力の鎮圧を行った。バグダードに都を置いたことで、マニ教徒などの宗教勢力とも接することとなり、これらの勢力を異端として処刑した。ビザンツ帝国にも派兵し、国内の安定に努めた。ギリシア古典哲学の作品をアラビア語に翻訳した功績もある。

ハーディー

生没 ?～786年
在位 785年～786年

　先王マフディーの子。母は、マフディーの王妃ハイズラーンで、もともとはイエメン出身のベルベル人奴隷だった。785年に父マフディーが他界したため、24歳にして即位。政治の実権を握ろうとする母ハイズラーンとも、マフディー亡き後の次期後継者として指名されていた弟のハールーンとも不和だったという。権力を分担させることを拒み、自らの子を次期後継者にしようと策略した。在位は2年と続かず、786年に急死。ハイズラーンに暗殺されたという説も。

ハールーン・アッラシード

生没 766年〜809年
在位 786年〜809年

第3代マフディーの子。ハーディーの同母弟。ハールーンは『千夜一夜物語』などで全盛期のアッバース朝に君臨した偉大なる帝王として語り継がれている。ペルシア人官僚ヤフヤーの後見を受け、父マフディー治世下では、若くしてビザンツ帝国との戦いに参加。兄ハーディーが急死したため、20歳の若さで即位。即位後はヤフヤーをワズィール（宰相）とし、ヤフヤーの家系バルマク家の補佐を受ける。797年、803年、806年と3度にわたって行われたビザンツ帝国に対する親征でいずれも勝利を収めた。この間、803年には権力を握りすぎたバルマク家の追放を決意し、カリフ自身による直接統治（親政）を開始した。文化の面では学芸を奨励し、イスラム文化黄金時代の礎を築いた。アッバース朝は政治面、経済面、文化面すべてにおいて全盛期を迎え、世界屈指の帝国を築いた。インド王やフランク王カール大帝と使節や贈物を交換したとも伝えられる。首都バグダードは人口が200万に膨れ上がったという。だが、晩年にはカリフの側近の軍人たちが実権を握り始め、地方で反乱が起こるなど、カリフの権力にも陰りがみえるようになった。

アミーン

生没 787年〜813年
在位 809年〜813年

先王ハールーン・アッラシードの子。母はハールーンの正妃ズバイダ。異母兄にマームーンがいた。アミーンの母は第2代マンスールの孫であったのに対し、マームーンの母はペルシア人の奴隷出身であったことから、アミーンが兄を差し置いて後継となる。この際、アミーンのあとをマームーンが継ぐ協定が定められた。しかしアミーンは即位後に、王子のムーサーを後継者に指名。これが内乱を招き813年、兵を挙げたマームーンに殺害された。

マームーン

生没 786年〜833年
在位 813年〜833年

第5代ハールーン・アッラシードの子。弟アミーンを殺害した後も、マームーンはバグダードに入らずマルウに留まった。その後シーア派のアリー家のアッリダーを後継者に指名。各地で反乱が相次ぎ、マームーンは西へ向かう。しかしこの道中にアッリダーは他界。マームーンは即位6年目にしてバグダードに入った。学問を愛し、バグダードに知恵の館を建設。ここでギリシア語文献をアラビア語に翻訳する事業を展開。833年、マームーンは、タルスス付近の宿営地で他界した。

アッバース朝

I 中東

ムウタスィム

- 生没 794年～842年
- 在位 833年～842年

先王マームーンの弟。833年にマームーンの王子を抑えて即位。即位後は、各地で相次いでいた反乱を鎮圧。836年に都をバグダードからサーマッラーに遷す。これは側近として重用していた、トルコ人奴隷の軍マムルークを守るためであったとの説も。しかしカリフがマムルークを頼るようになり、王朝の衰退を招くことに。838年に親征し、テオフィロス率いるビザンツ帝国軍を破ってアンカラとアンムーリヤを奪取した。

ワースィク

- 生没 不明
- 在位 842年～847年

先王ムウタスィムの子。母はビザンツ帝国からの側室。第5代ハールーンと同じく、権力を持ちすぎた官僚を処罰した。844年から45年にかけて、ワースィクはアラビアの無法状態を打開すべく、トルコ軍人カヴィールを派遣。アラビアの秩序を取り戻すことに成功した。846年には、ビザンツ帝国と捕虜を交換することを提案し、4362人のイスラム教徒が釈放されたという。ワースィクは学者たちに資金を与えると同時に、自らも多くの曲を作り、音楽家としても名を馳せた。

ムタワッキル

- 生没 822年?～861年
- 在位 847年～861年

第8代ムウタスィムの子。兄は第9代カリフの先王ワースィク。王権回復に全力を上げ、カリフ位を神格化。自らを「現世における神の影」とまで称した。以前は容認されていた分離派を弾圧し、キリスト教などへの差別を強化、トルコ人軍閥を抑圧したため、各地で反乱が勃発。ビザンツ帝国もこれに乗じて侵攻。これらを平定したトルコ系軍人の力がさらに強まることとなり、カリフ位は形骸化していく。長男ムンタスィルと謀ったトルコ系軍人に40歳にして暗殺された。

ムンタスィル

- 生没 不詳
- 在位 861年～862年

先王ムタワッキルの子。先王は弟のムウタッズを偏愛しており、ムンタスィルは父が自分に敵対するのではと考えた。彼は父をトルコ軍人に殺害させ王位につく。トルコ軍側は復讐を恐れ、ムンタスィルの2人の弟を王位から除外するよう求めた。弟を退位させムンタスィルの子を次期カリフとすることで合意。しかしムンタスィルの治世は半年も持たず、翌年6月に他界。死因には陰謀説も。彼の墓はアッバース朝のカリフの墓として現時点で最も古い墓として知られる。

87

ムスタイーン

生没 836年～866年
在位 862年～866年

　第8代ムウタスィムの孫。先王は後継者を指名していなかったため、トルコ軍の上層部はムウタスィムの孫を後継者に選んだ。これに対し、バグダードではアラブ陣営とトルコ軍との間に争いが勃発。ムスタイーンは市民に服従を促し、ムンタスィルの弟ムウタッズたちを監禁した。863年にはキリスト教徒の粛清が行われた。バグダードは刑務所が壊され橋が焼かれるなど荒廃してゆく。トルコ軍はムウタッズに寝返り、866年ムスタイーンはムウタッズに殺害された。

ムウタッズ

生没 847年～869年
在位 866年～869年

　第10代ムタワッキルの次男。事実上の首都であったサーマッラーが無政府状態にある中、19歳で即位。トルコ軍の傀儡(かいらい)であった。サーマッラーは西方からの外憂を抱え、バグダードではアラブ人と改宗したペルシア人が対立していた。弟も死に追いやったが国の財政は緊迫し、軍への支払いも滞るようになった。それによって軍は反乱を起こし、ムウタッズは彼らに暴行されたうえ、灼熱の部屋に閉じ込められた。3日後に彼は他界したという。

ムフタディー

生没 832年？～870年
在位 869年～870年

　第9代カリフのワースィクの子。ムウタッズの死後、トルコ軍は従兄弟のムフタディーをカリフに選んだ。彼は敬虔な宗教家で徳のある人物だった。ムフタディーの治世下で、議会は大きな変化を遂げた。音楽家たちや侍っていた女性は解雇され、平穏が取り戻された。彼はウマイヤ朝のウマル2世をモデルとし、改革を推し進めた。しかし一大勢力となったトルコ軍側は、ムフタディーに陰謀を仕掛け、殺害。高潔なカリフであったために38歳での早逝は惜しまれたという。

ムウタミド

生没 842年？～892年
在位 870年～892年

　第10代ムタワッキルの子。ムフタディーの時代にはムウタミドは投獄されていた。黒人奴隷ザンジュの乱（869～883）を鎮圧させるためムウタミドは弟のムワファークを呼び寄せた。実質的な支配権は弟とその王子ムウタディドに移る。ムウタミドはムワファークの死の前年に、自分の王子ではなくムウタディドを後継として指名せざるを得なくなった。また裁判所をバグダードに移し、トルコ軍の力をこの地でも増大させてしまう。50歳で病死した。

アッバース朝

ムウタディド

生没 854年/861年〜902年
在位 892年〜902年

　先王ムウタミドの弟、ムワファークの子。先王の治世下、父ムワファークと共に政治の実権を握った。ザンジュの乱を平定するなど、軍事面に秀でた強いカリフであった。アッバース朝のカリフの中でも最も盛んに軍事活動を行った王である。失った支配地を回復したため、歳入も良くなり軍が潤った。また後の史家は彼が巧妙に拷問器具を罪人に使用したと記している。アッバース朝の復興に力を注いだが、成功は個人的な性格によるところが大きく、次の代には引き継がれなかった。

ムクタフィー

生没 877年/878年〜908年
在位 902年〜908年

　先王ムウタディドの子。ムクタフィーの治世下で、帝国は様々な脅威に直面していた。交戦状態にあったビザンツ帝国のギリシア人は、カリフの弱体化につけ込み、艦隊を派遣しアッバース朝方の3000人の船員の首をはねた。エジプト人はカリフに反逆し、トゥールーン朝のタルスス長に、錨につないであったイスラム教徒の50の船を焼かせた。こうして彼らは王朝の地中海海岸を制圧することに成功する。ムクタフィーは王子に王位継承権を与え、33歳の若さで他界した。

ムクタディル

生没 895年〜932年
在位 908年〜932年

　先々王ムウタディドの子。トルコ人の宰相に頼り、裁判所にまで女性を侍らせる快楽主義者だったため、王朝は没落してゆく。科学や文学などの分野の著名人もこの時期に多く他界した。幸運なことに、ビザンツ帝国は外憂に苦しみ、アッバース朝との停戦を求めてきた。王朝はこれを受け入れたが混乱が増し、人々はカリフを非難した。またカリフを退位させる陰謀も起きたが、軍の後ろ盾がなかったため失敗に終わる。この後、財政が危機的状況に陥りムクタディルは殺害された。

カーヒル

生没 899年〜950年
在位 932年〜934年

　ムウタディドの子で、先王ムクタディルの弟。ムクタディルは自分の王子が反乱を企てると考え、弟をカリフに指名した。カーヒルは過剰に冷酷であり、暴利をむさぼったという。ムクタディルの母や息子たちさえも拷問にかけ、富を搾り取った。次期カリフとなる甥を幽閉するなど暴政を行い、宮殿で宰相に襲われた。934年、カーヒルは退位を強いられて投獄され、11年後に釈放されたものの、困窮のなかでその生涯を終えている。

ラーディー

生没 907年～940年
在位 934年～940年

　第18代ムクタディルの子。敬虔な人物だったが、時の宰相の駒となった。宰相が敵に投獄された際には、司令官イブン・ラーイクを頼り、政治的実権をもつ「アミール・アルウマラー」の称号を与える。この頃はスンニ派が力を持ち、シーア派は弾圧を受けた。ラーディーは説法を行った最後のカリフとして知られる。また、貧しい人々に施した。しかし王家に蓄えはほとんどなく、支配地も限られたものだった。

ムッタキー

生没 908年～968年
在位 940年～944年

　第18代ムクタディルの子。先王ラーディーの弟。時のアミール・アルウマラーが他界しバグダードは再び無政府状態に。イブン・ラーイクはムッタキーを避難させた。カリフはシーア派のブワイフ朝に受け入れられたがイブン・レイクは暗殺される。王朝はバグダード支配を目論むが、トルコ軍らの固い守りで失敗。その後トルコ人将軍トゥーザーンがバグダードに侵攻。ムッタキーはトルコ軍に投降する。トルコ軍にはムッタキーを退位させて失明させると、その従兄弟を即位させた。

ムスタクフィー

生没 905年～949年
在位 944年～946年

　先王ムッタキーの従兄弟。トゥーザーンと共にシーア派ブワイフ朝の進軍を止める。シーア派ハムダニド王からの貢物が保留となり、こちらにも進軍するが和解。バグダードは物資の供給を断たれ、窮地に立たされる。跡を継いだジャファールは事態に対処できず、ハムダニド王に救援を求めた。この頃、ワーシトの統治者がブワイフ朝に降伏し、共にバグダードに進軍。ブワイフ王はカリフのアミール・アルウマラーとなる。王はトルコ軍を恐れ、カリフを退位させ失明させた。

ムティーウ

生没 914年～974年
在位 946年～974年

　第18代ムクタディルの子。945年、ブワイフ朝がバグダードに入った際にムティーウは姿を現し新しい宮殿を作った。だがカリフの地位からは尊厳が取り去れた。フセインの逝去を悼み、アリーを優位とする聖典を享受する式典が開催された。過去のカリフたちを侮辱する紙がモスクに貼られた。この後、ブワイフ朝のバグダード支配は100年以上続いてゆく。カリフの実質的地位は低下したが精神面でのカリフ制度への支持は、スンニ派の居住地で根強かった。

アッバース朝

ターイウ

- 生没 932年～1003年
- 在位 974年～991年

先王ムティーウの子。991年、ブワイフ朝によって退位させられてしまう。ターイウは、ブワイフ朝に幽閉された囚人のようであったという。

カーディル

- 生没 947年～1031年
- 在位 991年～1031年

第18代ムクタディルの孫。先王ターイウの従兄弟。バグダードに呼び戻されて念願のカリフに即位した。そのカリフ位は40年にわたり続いている。

カーイム

- 生没 1001年～1075年
- 在位 1031年～1075年

先王カーディルの子。治世の前半には、混乱が続いた。ブワイフ朝の統治者は度々バグダードから逃げ出した。セルジューク朝の影響力が強まり、統治者の一人シャグリ・ベイは娘をカーイムと結婚させた。セルジューク朝の王トゥグリルはシリアとアルメニアを侵略。トゥグリルはメッカ巡礼を装い、従属の姿勢を取りながらカリフにバグダードに入る許可を求めた。トルコ軍とブワイフ朝は賛成しなかったが、トゥグリルにスルタンの称号を与えた。

ムクタディー

- 生没 1056年～1094年
- 在位 1075年～1094年

先王カーイムの孫。セルジューク朝第3代スルタンのマリク・シャーと良好な関係を築く。セルジューク朝の支配地拡大に応じ、カリフの支配地も拡大。アラビアも、ファーティマ朝から取り戻され、アッバース朝の権力下に。セルジューク朝はムクタディーと娘を結婚させ、王子が生まれた。しかし王妃は王子を連れてイランの宮殿に逃亡。この後、セルジューク朝はアッバース朝に批判的になり、隠居の命を下すが、その後すぐに他界してしまう。

ムスタズヒル

- 生没 1078年～1118年
- 在位 1094年～1118年

先王ムクタディーの子。政治面には関わらなかった。領内では民衆が争い、シリアには第1回十字軍が現れた。1099年にはエルサレムに十字軍が侵攻し、住民らが大虐殺された。伝道師らはこの悲劇を伝え、異教に対抗しようと訴えたが内紛を抱え、聖地に向かう余裕はなかった。追放された人々は都バグダードに救いを求め、十字軍に対抗しようとした。アレッポの裁判官に率いられた暴動も起きたがスルタンもカリフも、これに軍を派兵しなかった。

I 中東

ムスタルシド

生没 1092年～1135年
在位 1118年～1135年

　先王ムスタズヒルの子。宰相を投獄したが、セルジューク朝のマフムードによって新たな宰相をあてがわれた。宰相の支配から逃れるため反乱を起こすが敗退。後にマフムードが他界すると、セルジューク朝の西方で市民戦争が勃発。カリフとアレッポの太守ザンギーはモースルを包囲。カリフが軍事力を取り戻す第一歩となる。カリフはバグダードの支配権を奪った西セルジュークのスルタンに対しても派兵。だが軍に見捨てられ投獄されて密偵に殺害されたという。

ラーシド

生没 ?～1136年
在位 1135年～1136年

　先王ムスタルシドの子。先王と同様、セルジューク軍からの独立を目論み失敗。カイロ・アッバース朝第2代カリフのハーキム1世の祖先となった。

ムクタフィー

生没 不詳
在位 1136年～1160年

　先王ラーシドの叔父。セルジューク軍にバグダードを包囲されたが耐え抜く。これによりカリフの権威を強め、ムスタンジドを後継者に指名した。

ムスタンジド

生没 ?～1170年
在位 1160年～1170年

　先王ムクタフィーの子。二人の宰相の知恵を借り、税の軽減と悪法の無効化を行った。1170年に難病にかかると、クーデターにより風呂場で絞殺された。

ムスタディー

生没 1142年～1180年
在位 1170年～1180年

　先王ムスタンジドの子。父と敵対していた人物を宰相に迎える。アイユーブ朝のサラーフ・アッディーンにスルタンとしての承認を求められ、了承した。

ナースィル

生没 1158年～1225年
在位 1180年～1225年

　先王ムスタディーの子。歴代カリフで最も長い治世を誇り、弱体化したカリフの権力と全ムスリムからの宗教的権威の回復に努めた。十字軍の打ち立てたエルサレム王国打倒のため、協力を仰いでいたアイユーブ朝の要請に応じてジハード宣言を下す。1194年にはホラズム・シャー朝に誘いかけ、弱体化していたセルジューク朝トゥグリル3世を攻め滅ぼした。イラン、イラク地域からの侵攻やモンゴル帝国の侵攻には対抗ができなかったが、外交政策で難局を乗り切った。

アッバース朝

ザーヒル

生没 1175年～1226年
在位 1225年～1226年

先王ナースィルの子。父の死後に即位するが、わずか9か月後に没した。ティグリス川にかかる橋の建設と火事で焼失した聖廟の再建を実施した。

ムスタンスィル

生没 1192年～1242年
在位 1226年～1242年

先王ザーヒルの子。宿泊施設を多く建設して交易を促進。敬虔なカリフであり、モスクや宗教教育機関としてマドラサを多く建設した。

ムスタアスィム

生没 1213年～1258年
在位 1242年～1258年

先王ムスタンスィルの子。信仰心に篤い温厚な人柄だった。しかし国政は平民から取り立てた側近たちに一任して、自らは娯楽に耽っていた。モンゴル帝国のフレグ進軍の報告も気にかけず、ハマダンまで進軍したフレグからの降伏勧告にも従わなかった。1258年バグダードはモンゴル軍に包囲され、2月10日に降伏した。ムスタアスィムと息子たちは処刑された。ムスタアスィムの叔父はマムルーク朝に落ち延びてムスタンスィル2世としてカリフに即位した。

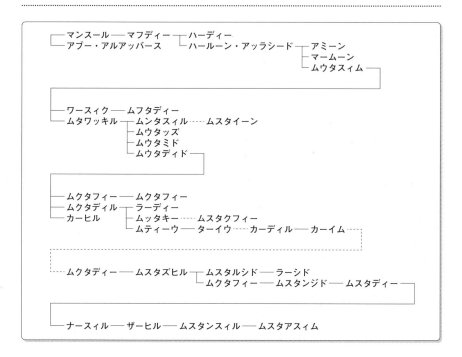

ファーティマ朝

909年〜1171年

　アフリカ北岸のマグリブ地方では、アッバース朝の最盛期だったハールーン・アッラシードの時代から、領内に独立王朝が建国された。800年にはイフリーキヤ（チュニジア）にアグラブ朝が成立し、アッバース朝から独立。この地で教宣していたウバイドゥッラーが909年アグラブ朝を倒して成立したのがファーティマ朝である。ファーティマ朝の源は、シーア派の過激な一派イスマーイール派にある。8世紀後半にイマーム派の第6代イマーム（最高指導者）ジャアファル・サーディクが亡くなった時、その長子イスマーイールのイマーム位継承を支持したグループが形成した一派だ。イスマーイールの子孫が途絶えた後は、その子ムハンマドが現世から姿を消している隠れイマームであり、救世主（マフディー）として世に現れるとの思想を布教した。熱心な教宣活動をしていたウバイドゥッラーは自らがそのマフディーであるとして「カリフ」を称し、スンニ派のアッバース朝に公然と敵対した。969年、第4代カリフのムイッズはエジプトを支配下に置き、新首都カイロを建設。シリアからモロッコ、地中海を勢力圏とするが、やがて11世紀以降セルジューク朝や十字軍の攻撃により衰え、1171年に宰相に支配権を渡して滅亡する。

909年	イフリーキヤを中心に北アフリカ中部を支配するアグラブ朝を滅ぼす
944年〜946年	カーイムの治世下、武装勢力による反乱が起きる。ファーティマ朝がこれに勝利
969年	第4代カリフのムイッズがエジプトのイフシード朝を倒し、新首都カイロを建設
978年	ムイッズの建設したアズハル・モスクにイスマーイール派の最高教育機関となるアズハル学院が開講される
983年	ファーティマ朝からマグリブ・トリポリタニア（現リビア）方面の統治を委ねられていたズィール朝が独立。エジプト以西の領土を失う
1021年	第6代カリフのハーキムが謎の失踪。以後、宰相が実権を握る
1096年	シリア、エルサレム方面にセルジューク朝と第1回十字軍が侵入。シリア地方のほとんどの領土を失う
1163年	ファーティマ朝の有力者同士の宰相位を巡る争いに際し、一方の要請を受けたザンギー朝はシールクーフをエジプトに派遣
1171年	シールクーフの甥サラーフッディーンは、エジプトがアッバース朝カリフの宗主権を承認する宣言を行い、ファーティマ朝は滅亡。この後、サラーフ・アッディーンによるスンニ派王朝、アイユーブ朝がエジプトを支配し、やがてシリアへと勢力を広げてゆく

ファーティマ朝

ウバイドゥッラー

生没 873年～934年
在位 909年～934年

　ファーティマ朝の創始者にして初代カリフ。シーア派の一分派イスマーイール派の指導者だった。899年、従来の教理を改めて自らが最高指導者にして救世主であると宣言、活動を先鋭化。自らがムハンマドの娘ファーティマと第4代カリフ・アリーとの子孫であると自称したのだ。北アフリカで活動していた教宣員のアブー・アブドゥッラーが909年アグラブ朝を滅ぼすと、カリフとして迎えられ、チュニジアの地にファーティマ朝を建国。アブー・アブドゥッラーは粛清された。

カーイム

生没 893年～946年
在位 934年～946年

　先王ウバイドゥッラーの子。912年に王位継承権を与えられ、各地の反乱の鎮圧にあたる。だがエジプトでの教宣活動は、アッバース朝の抵抗にあって出鼻をくじかれる。即位後はマフディア（チュニジア東部）から首都を移さなかったが、ファーティマ朝は地中海で重要な勢力となった。しかし944年、ベルベル人の軍をうまく統率したアブー・ヤズイードの反乱が勃発。カーイムはマフディアの地を守ったが、反乱を鎮圧できぬまま、946年に他界した。

マンスール

生没 913年～953年
在位 946年～952年

　先王カーイムの子。反乱を鎮めて戦いに明け暮れる父の姿を見て育つ。アブー・ヤズイードの反乱で、ファーティマ朝は危機に陥った。しかし反乱軍の結束に陰りが見え始めていたため、マンスールは反乱の鎮圧に成功。この後に「マンスール」と呼ばれるようになり、カイルアンの近くに新たな都市を作る。マンスールはファーティマ朝の組織化に努め、後ウマイヤ朝の首都コルドバへの侵攻を再開し、シチリア島を再び占領した。

ムイッズ

生没 932年～975年
在位 952年～975年

　先王マンスールの子。ファーティマ朝は、ムイッズの時代にベルベル人やシチリア人などを軍隊に編入し、チュニジアだけでなく地中海南岸の全域へと版図を拡大させた。また969年、ムイッズはエジプトを支配するイフシード朝の内部崩壊に乗じ、シチリア出身の将軍ジャウハル率いる遠征軍を派遣した。ジャウハルは難なくエジプトを支配下に収め、エジプトの首府フスタートの北隣に新都カイロを建設した。エジプトのスンニ派住民に対しては融和政策を採った。

アズィーズ

- 生没 955年～996年
- 在位 975年～996年

　先王ムイッズの子。兄が早逝したため、ジャウハルの助けのもと即位。アズィーズの時代にファーティマ朝はパレスティナやシリアまで版図を拡大。メッカやメディナまでも領土と見なされるようになる。彼はビザンツ帝国が支配する北シリアまで派兵し、この戦いは次王ハーキムの治世まで続いた。トルコ人奴隷やマムルークを軍に起用し、キリスト教徒やユダヤ教徒も要職に起用。版図の拡大により経済的にも潤い、大学がカイロに設立されるなど、隆盛をみせた。

ハーキム

- 生没 985年～1021年
- 在位 996年～1021年

　先王アズィーズの子。ハーキムはスラヴ人の宦官バルジャワーンの後見を受けたが、バルジャワーンは後見人の立場を利用して宰相に就任。成長したハーキムは、16歳の時バルジャワーンを刺殺し、実権を握る。彼はイスマーイール派を強調し、カイロにハーキム・モスクなどが建設された。またカイロに「知恵の館」と名づけられた教育・研究機関を創立。一方、厳しい禁令や異教徒に対する抑圧を行ったことでも知られる。ハーキムはある日散歩に出かけたまま失踪した。

ザーヒル

- 生没 1005年～1036年
- 在位 1021年～1036年

　先王ハーキムの子。ハーキムの失踪後、彼の妹ムルクが実権を握る。1023年にムルクが死去してからは彼女に近しい一派が実権を握った。1023年から1025年、エジプトを飢饉と疫病が襲い、無政府状態の危機に晒された。一方でシリアとパレスティナでは反乱が起きた。だが反乱軍らは連携に失敗。1028年にはジャルジャライが宰相の座につき、ビザンツ帝国と良好な関係を築く。キリスト教国家とも友好な関係を保つため、ハーキムが壊した教会を再建築した。

アル・ムスタンスィル・ビッラー

- 生没 1029年～1094年
- 在位 1036年～1094年

　先王ザーヒルの子。6歳で跡を継ぎ、初期は彼の母が実権を握る。60年にわたる治世は、イスラム国家の中で最長。飢饉や外憂もあったが、側近らに助けられた。

アル・ムスタアリー・ビッラー

- 生没 1074年～1101年
- 在位 1094年～1101年

　先王ムスタンスィルの王子。兄ニザールとの間の内乱でニザールは投獄され他界。エルサレム王国が建国され、ファーティマ朝の権力に陰りもみえた。

ファーティマ朝

アーミル

生没 1096年～1130年
在位 1101年～1130年

先王ムスタアリーの子。初期は摂政に支配されるが、摂政の死後実権を握る。十字軍と政権内の派閥争いに悩まされ、最終的にアーミルは暗殺された。

ハーフィズ

生没 1076年～1149年
在位 1130年～1149年

先王アーミルの従兄弟。継承者の指名がなくアーミルの王子を正統とする派閥ができる。一時的に摂政に実権を渡したが、後に暗殺し、権力を取り戻す。

ザーフィル

生没 1133年～1154年
在位 1149年～1154年

先王ハーフィズの子。兄ユースフに勝ち王位に。この頃には王朝はエジプトを支配しているにすぎなくなった。宰相の座を巡り、軍人の争いが激化した。

ファーイズ

生没 1149年～1160年
在位 1154年～1160年

先王ザーフィルの子。幼少にして王位につき、摂政タリが実権を握った。タリは十字軍の独立を認めようとした。ファーイズは権力を行使せずに11歳で他界。

アーディド

生没 1150年～1171年
在位 1160年～1171年

第11代カリフであるハーフィズの孫。国内では、宰相シャーワルが敵対勢力と争い、国外では十字軍やイスラム王朝がエジプトを狙う。シャーワルはザンギー朝に救援を要請。このため、ザンギー朝の勢力が強まる。さらにシャーワルは、エルサレム王国軍もファーティマ朝に誘因。やがて宰相シャーワルは殺害され、ザンギー朝の権力者がアーディドの宰相となる。アーディドの死によってファーティマ朝は滅亡し、ザンギー朝のサラーフ・アッディーンがアイユーブ朝を建国する。

```
ウバイドゥッラー ── カーイム ── マンスール ── ムイッズ ── アズィーズ ── ハーキム
  └─ ザーヒル ── アル・ムスタンスィル・ビッラー ── アル・ムスタアリー・ビッラー ─┘
  └─ アーミル ‥‥ ハーフィズ ── ザーフィル ── ファーイズ ‥‥ アーディド
```

セルジューク朝

1038年～1157年

　アッバース朝で軍人として大きな権力を握ったテュルク系民族は、セルジューク族の登場によって決定的な役割を担うようになった。始祖はテュルク系遊牧民オグズの指導者セルジューク。中央アジアのシル川流域で遊牧生活を送っていたが、族長トゥグリル・ベグの時にガズナ朝の衰えに乗じて南下。さらに1038年カラハン朝を破り、イラン東部にセルジューク朝を開く。南下の際にイスラム教に改宗していたセルジューク＝トルコ族はスンニ派を奉じる。1055年にはバグダードでアッバース朝を実質的に支配していたブワイフ朝を倒し、アッバース朝のカリフからスルタンの称号を与えられた。

　ビザンツ帝国をも脅かしたセルジューク朝は、第3代マリク・シャーの時代に全盛期を迎える。セルジューク朝は、軍人にアター（棒給）の代わりとして土地の徴税権を与えるイクター制を導入した。だが、11世紀末に中央政権が弱体化すると、土地を直接支配する者も現れ、軍人領主が割拠する時代となる。十字軍の侵攻や、カラハン朝を倒したカラ＝キタイ、さらにはアム川下流に独立したホラズム朝の攻撃により衰え、1157年に大セルジューク朝は滅亡する。しかしイラク・セルジューク朝やルーム・セルジューク朝は細々と命脈を保った。

1038年	セルジュークを祖としトゥグリル・ベグをリーダーとするセルジューク軍が、ニーシャープール（現イラン東北部）に無血入城。セルジューク朝を建国
1040年	ガズナ朝のマスウード1世の軍をダンダーナカーンの戦いで破り、ホラーサーンを支配下に置く
1042年	アム川下流のホラズム（現ウズベキスタン西部）を占領
1050年	イラン高原に進みイスファハーンを取り、イランの大部分を手中にする
1055年	トゥグリル・ベグ、アッバース朝を攻めてバグダードに入城。アッバース朝のカリフから正式にスルタンの称号を授与される
1071年	第2代アルプ・アルスラーンがマラズギルトの戦いでビザンツ帝国に勝利。皇帝ロマノス4世ディオゲネスを捕虜とする
1072年	アルプ・アルスラーンの子マリク・シャーが第3代スルタンととして即位。版図は最大に
1077年	スライマーンがアナトニアに送り込まれ、ここでニカイアを首都としてルーム・セルジューク朝（1077年～1308年）が建国される
1099年	十字軍がシリアに到来してエルサレムを奪う
1141年	アフマド・サンジャルがカトワーンの戦いで敗れる
1157年	アフマド・サンジャルが病死し、大セルジューク朝が滅亡
1308年	モンゴルの支配下に置かれていたルーム・セルジューク朝が滅亡

セルジューク朝

トゥグリル・ベグ

生没 990年/993年〜1063年
在位 1038年〜1063年

　テュルク系遊牧民の指導者セルジュークの孫。名前のトゥグリル・ベグとは「鷹の君主」の意。遊牧生活を守りながらムスリムとなったテュルク系遊牧部族、すなわちトゥルクマーン集団を率いた。1035年、西方へ進出。1038年にニーシャープール（現イラン北東部）に入って王朝を開く。1040年、ダンダーナカーンの戦でガズナ朝軍を破り、アフガニスタンに駆逐。1055年にはバグダードに入り、アッバース朝カリフのカーイムよりスルタンの称号を授けられた。1063年、71歳で死去。

アルプ・アルスラーン

生没 1029年〜1072年
在位 1063年〜1072年

　先王トゥグリル・ベクの甥。先王と共にセルジューク朝の草創に寄与した兄弟チャグリー・ベクの子。即位前は、ホラーサーンの総督を務める。トゥグリル・ベグは王位を指名していなかったため、トゥグリル・ベグの従兄弟にあたるクタルミシュなどと争い、勝利する。1064年の即位後は、ビザンツ帝国に侵入。1071年にはマラーズギルドの戦いでビザンツ皇帝ロマノス4世を捕らえたが、和平を約束したうえ、護衛の兵をつけて釈放。遠征の途中に陣没。

マリク・シャー1世

生没 1054年/1055年〜1092年
在位 1072年〜1092年

　先王アルプ・アルスラーンの子。17歳で即位。反乱を起こした伯父カーヴルド・ベクを破って処刑すると、カーヴルド・ベクの子らにはアミール位を与えてケルマーン支配を黙認。宰相ニザームル・ムルクの補佐を得て内政を整えた。中央集権化による官僚制を確立し、イスファハーンを都とする。東は中央アジアから西は地中海岸に及ぶ西アジア全域を支配。帝国は最盛期を迎えた。だが治世末期にはニザームルが妃に暗殺され、自身も陣没。

スライマーン・イブン・クタルミシュ

生没 不詳
在位 ──

　トゥグリル・ベグの甥の子。アナトニアのルーム・セルジューク朝の祖となる。トゥグリル・ベグが子孫を残さずに病死すると、スライマーンの父はアルプ・アルスラーンと敵対するも殺害された。第3代マリク・シャーはアナトリア方面のトゥルクマーン統制のため、スライマーンを送り込む。スライマーンはビザンツ帝国領であったニカエアを占領し、東方にも進出してマリク・シャーと対立。アレッポの支配権をめぐって戦い、敗死した。

I
中東

カーヴルト・ベグ

生没 ？～1073年
在位 1041年～1073年

ケルマーン・セルジューク朝の祖。初代トゥグリル・ベグの甥にあたる。伯父のトゥグリル・ベグが死去したときに後釜を狙うも、弟アルプ・アルスラーンが跡を継ぎ、カーヴルトは弟と争いスルタンを自称した。弟が死去し、先王マリク・シャー1世が跡を継ぐとカーヴルトはマリク・シャーに反乱を起こすも処刑される。子らはケルマーンの支配を認められたが、大セルジューク朝に従うことになった。孫の時代にケルマーン・セルジューク朝は全盛期を迎えた。

マフムード1世

生没 1089年～1094年
在位 1092年～1094年

先々王大セルジューク朝第3代マリク・シャー1世の子。母は、カラハン朝の王イブラーヒーム1世の王女テルケン・ハトゥン。1092年にマリク・シャー1世が38歳で急死したとき、第一継承者は異母兄のバルキヤールクだった。だがマフムード1世の母テルケン・ハトゥンは生前のマリク・シャー1世に寵愛されており、宮中で権勢をふるっていた。ハトゥンは宰相のニザームルをも暗殺。マフムード1世がわずか4歳で即位した。しかし2年後、天然痘のため病死した。

バルキヤールク

生没 1080年/1081年～1104年
在位 1092年～1104年

マリク・シャー1世の子で、先王マフムード1世の兄にあたる。母はマリク・シャーの従姉妹。父マリク・シャーが死去したとき、第一王位継承候補者だった。ところがマリク・シャー1世の寵妃が実子のマフムード1世を即位させた。バルキヤールクは、テルケン・ハトゥンに暗殺された宰相ニザームルの一派を味方にして抵抗。1094年にマフムードが早逝したため、単独のスルタンとなった。スルタン位は保つことができたが、各地で王族が自立。わずか11か月後に25歳の若さで病死。

トゥトゥシュ

生没 ？～1095年
在位 在位年不明

マリク・シャー1世の弟でシリア・セルジューク朝の祖。大セルジューク朝の第2代アルプ・アルスラーンの子である。マリク・シャー1世により派遣され、北シリアに入った。1086年にルーム・セルジューク朝を立てたスライマーン・シャーがアレッポに侵攻してきたが、これを破る。ファーティマ朝とも戦いを続けた。マリク・シャー1世が没し王朝に後継者争いが起こると、北シリアの勢力圏を回復することに成功。1095年に甥バルキヤールクと戦い、敗死。

セルジューク朝

マリク・シャー2世

生没 1105年
在位 1104年～1105年

先々王バルキヤールクの子。セルジューク朝では、バルキヤールクとムハンマドが版図を分けた。25歳で早世した父の跡を継ぐが、翌年に自身もまた早世した。

ムハンマド・タパル

生没 ?～1118年
在位 1105年～1118年

マリク・シャー1世の子。バルキヤールクの異母弟。マリク・シャー2世が早世しスルタンに。死後、大スルタン位を同母弟が、イラク方面を長男が継ぐ。

アフマド・サンジャル

生没 1086年～1157年
在位 1118年～1157年

マリク・シャーの子。先王ムハンマド・タパルの同母弟で、即位後、イラン東部の支配権を与えられた。ムハンマド・タパルの死後、王子マフムード2世がイラク領（イラク・セルジューク朝）を継ぎ、アフマド・サンジャルがセルジューク朝のスルタンに。だがサンジャルは甥のマフムード2世を撃破し、実質的に支配下に置く。カラハン朝、ガズナ朝、ホラズム・シャー朝も征圧。大セルジューク朝を一時再興した。サンジャルに子はなく、死後スルタン位を巡って各地が分裂する。

マフムード2世

生没 不詳
在位 不詳

ムハンマド・タパルの子。イラク・セルジューク朝の祖。叔父のアフマドの侵攻を受けて屈服、その支配下に置かれた。マフムード2世が死去すると、再度アフマドの介入でトゥグリル2世が立てられるも1年余で死去。その後の政権もアフマドの介入を受けた。アフマドが1157年に死去して大セルジューク朝が断絶すると、イラクの政情はさらに混乱。後にトゥグリル3世により安定するが、1194年、トゥグリル3世はホラズム・シャー朝と争い、敗死してイラク・セルジューク朝は滅亡した。

```
トゥグリル・ベグ ─── アルプ・アルスラーン ─── スライマーン・イブン＝クタルミシュ
                                          ├─ マリク・シャー
                                          └─ トゥトゥシュ

              ├─ カーヴルト・ベグ
              ├─ マフムード1世
              ├─ バルキヤールク ─── マリク・シャー2世
              ├─ ムハンマド・タパル ─── マフムード2世
              └─ アフマド・サンジャル
```

アイユーブ朝
1169年～1250年

　ファーティマ朝に代わって権力を握ったのは、シリアのザンギー朝に仕えたクルド系軍人のサラーフ・アッディーン（サラディン）の打ちたてたアイユーブ朝であった。1169年にエジプトを支配するファーティマ朝の宰相に就任したサラーフ・アッディーンは、ザンギー朝から事実上独立した政権を樹立。ファーティマ朝のシーア派に代わり、スンニ派を奉じた。そして、アッバース朝カリフの権威を認め、支配の正統性を主張してマリク（王）と称した。やがてシリアやメソポタミアにも勢力を伸ばし、1187年には十字軍の立てたエルサレム王国を滅ぼした。この後、1189年に第3回十字軍が起こされたが、善戦し、和議を結んで撤退させた。

　サラーフ・アッディーンの死後、国家の領土は各地の王族たちによって分割され、各地に半独立の地方政権が成立した。アル・アーディル、アル・カーミル、アル・サーリフら有力な君主の時代には一時的に統一がなされ、彼らはカイロで政務をとる。だがアイユーブ朝は次第に衰え、軍事力の中心となっていたマムルーク勢力によるクーデターで1250年に滅ぼされた。シリアに残った地方政権も1250年代後半から中東に進出したモンゴル帝国との抗争の過程で消滅した。

1169年	サラーフ・アッディーンがファーティマ朝の宰相に就任。アイユーブ朝を開く
1174年	サラーフ・アッディーンが、ダマスカスに入城。その兄トゥーラーン・シャーがイエメンを征服
1187年	サラーフ・アッディーンがエルサレム王ギー率いる十字軍を破り（ヒッティーンの戦い）、エルサレムを奪回
1191年	第3回十字軍によってアッカーが占領される
1192年	サラーフ・アッディーンとイングランド王リチャード1世との間で和議が成立する
1229年	アイユーブ朝のカーミルと第5回十字軍の司令官フリードリヒ2世の間で10年間の休戦協定が結ばれる。エルサレムが十字軍に返還されることになる
1244年	サーリフの支配するホラズム・シャー朝残党軍がラ・フォルビの戦いで十字軍に勝利する
1249年	将軍バイバルスが率いるバフリー・マムルーク軍団がマンスーラの戦いで第7回十字軍に勝利
1250年	アイユーブ朝の王トゥーラーン・シャーが先王妃シャジャル・アッドゥッルとバフリー・マムルークにより暗殺され、エジプトのアイユーブ家の政権は滅亡

アイユーブ朝

サラーフ・アッディーン

生没 1137年／1138年～1193年
在位 1169年／1171年～1193年

イラク北部出身のクルド人。セルジューク朝から独立したシリアのザンギー朝君主ヌール・アッディーンに仕えていた。1164年、ヌール・アッディーンの命を受けて弱体化したファーティマ朝を攻撃。1169年ファーティマ朝の宰相に就任してエジプト全土を掌握。この年がアイユーブ朝創設の年とされる。1171年、ファーティマ朝のカリフ、アーディドが死去。1174年にヌール・アッディーンが没すると、シリアからジャジーラ（イラク北部）へと領域を拡大した。この頃、十字軍はエルサレムを都とするエルサレム王国などの国家を樹立していた。1187年にはヒッティーンの戦いでにエルサレム王国軍を破りエルサレムの奪回をなしとげた。1189年イングランド王リチャード1世率いる第3回十字軍と戦う。一時アッカー（イスラエル北部）を奪われて窮地に追い込まれたが、猛攻に耐え、1192年、十字軍と休戦条約を結ぶことに成功。翌年ダマスカスにて病死した。若年時から文武ともに誉れが高く、捕虜を殺さないで助けるなど、寛大で徳のある人物だったという。現在まで英雄として語り継がれている。

アル・アジーズ

生没 ?～1198年
在位 1193年～1198年

先王サラーフ・アッディーンの子。サラーフ・アッディーンが病死すると、アイユーブ朝の領土はサラーフ・アッディーンの王子によって分割された。エルサレム・ダマスカスを中心とするパレスチナは長男のアル・アフダル、カイロを中心とするエジプトは次男のアル・アジーズ、アレッポを中心とするシリアは三男のアッザーヒル・ガーズィーが相続。アル・アフダルがスルタン位を得ようとするが、アッバース朝から賛同はない。アル・アジーズがスルタンに選ばれる。

アル・マンスール

生没 1189年～1216年以降
在位 1198年～1200年

先王アル・アジーズの子。12歳にして第3代スルタンに即位。サラーフ・アッディーンの17人の息子たちは、アル・マンスールの摂政になろうとした。サラーフ・アッディーンの弟アル・アーディルとアル・アフダルが摂政の座を巡り戦う。アル・アフダルには、エジプトのカイロを抑えているという利点があり、シリアのアル・アーディルを先制攻撃したが敗北。アル・アーディルがカイロに入る。すぐにアル・マンスールはアレッポに追放された。その後の消息は不明。

アル・アフダル

- 生没 1169年頃/1170年～1196年/1225年
- 在位 1193年～1196年

　初代サラーフ・アッディーンの子。父王の在世中は、十字軍との戦いで活躍。1193年に父王がダマスカスで死去すると、その遺領のうちダマスカス、エルサレムなどを相続。しかし、スルタン位をアッバース朝から認められず、父王の代からの重臣の支持を集めた弟アル・アジーズがスルタンになる。1196年にアル・アーディルによってダマスカスを奪われ、南方の都市サルハドに追放される。

アル・アーディル

- 生没 1145年～1218年
- 在位 1202年～1218年

　初代サラーフ・アッディーンの弟。先王アル・アフダルの弟。第3回十字軍の総司令官イングランド王リチャード1世と交渉して、和睦を成立させた。兄サラーフ・アッディーンの死後、遺児たちによる権力闘争が始まると、巧みに介入し、兄の長男であるアル・アフダルを追放。1202年にスルタンとして即位した。西欧諸国との融和や十字軍との休戦協定の延長などに尽力する。1218年、第5回十字軍の侵攻でアイユーブ軍の敗報を聞いたショックから心臓発作を起こし死

アル・カーミル

- 生没 1180年～1238年
- 在位 1218年～1238年

　先王アル・アーディルの子。父の跡を継いでスルタンとして即位。第5回十字軍によって一時は危機に陥ったが、反攻に転じて十字軍を破った。その後、カーミルの即位に不満を持つ一族らが反乱。さらに1228年には神聖ローマ皇帝フリードリヒ2世が第6回十字軍を率いて侵攻を開始。カーミルは、フリードリヒ2世と停戦に向けて交渉。聖地エルサレムを十字軍に返還する条件で、10年間の休戦に合意。この後、国内の反乱に集中したがその9年後に他界。

アル・アーディル2世

- 生没 1221年頃～1248年
- 在位 1238年～1240年

　先王アル・カーミルの子。アル・アーディルの孫にあたる。父カーミルの死を受け、第6代スルタンとして即位。実質的にはアル・サーリフとアル・アーディル2世の兄弟によって国土が分割されていた。父カーミルは、聖地エルサレムを十字軍に返還し和平を得た。だがキリスト教徒にエルサレムを返還したことを快く思わないイスラム教徒が不穏な動きをみせる。そうした中、1240年、異母兄のアル・サーリフが挙兵。アル・アーディル2世は捕らえられ、8年後に獄死した。

アイユーブ朝

アル・サーリフ

- 生没 1201年～1249年
- 在位 1240年～1249年

先々王アル・カーミルの子。庶子であったため、カーミルの死去に際して兄で先王のアル・アーディル2世が跡を継いだ。1240年、エルサレムを十字軍に返還したことの不満から起きた政治的な混乱を背景に挙兵。アル・アーディル2世を牢獄に送り、自らがスルタンとして即位。アイユーブ朝の軍隊を再編し、1244年にはエルサレムを奪還した。1249年、仏王ルイ9世率いる第7回十字軍がエジプトに侵攻するもルイ9世を捕虜として撃退した。戦いの最中、サーリフは病没。

トゥーラーン・シャー

- 生没 ？～1250年
- 在位 1249年～1250年

先王アル・サーリフの子。父が十字軍との対陣中に病没したため、即位。アル・サーリフの王妃シャジャル・アッドゥッルは、アル・サーリフが生きているように見せかけ、戦いを終結させたという。先王妃シャジャル・アッドゥッルは軍人集団マムルークと結び、政治の実権を握る。これに反発したトゥーラーン・シャーは、先王妃を政権から排除しようとするが、逆に1250年、先王妃にけしかけられたマムルークの反乱で殺害された。

アル・アシュラフ・ムーサー

- 生没 1245年～？
- 在位 1250年～1254年

先王トゥーラーン・シャーの従弟にあたる。アル・カーミルの王子マスウードの子。トゥーラーン・シャーを殺害したシャジャル・アッドゥッルは、マムルークを主体としたマムルーク朝を開き、スルタンとして即位。

だがアイユーブ朝の王族がマムルーク朝に抵抗。アル・アシュラフ・ムーサーがスルタンとして擁立された。もちろん、傀儡(かいらい)にすぎず、1254年、アイユーブ朝の残存勢力がマムルーク朝によって駆逐されると幽閉された。

```
サラーフ・アッディーン ┬ アル・アジーズ ── アル・マンスール
                      └ アル・アフダル
┌ アル・アーディル ── アル・カーミル ┬ アル・アーディル2世
                                    ├ アル・サーリフ ── トゥーラーン・シャー
                                    └ マスウード ── アル・アシュラフ・ムーサー
```

ティムール朝
1370年～1507年

　中央アジアはセルジューク朝の滅亡後、モンゴル帝国を形成するいくつかの王国が支配した。帝国が崩壊すると、14世紀前半に王国の一つチャガタイ・ハン国が東西に分裂。各地に土豪が割拠する時代となる。こうした土豪の中から現れたのが、ティムールだ。自らをチンギス・ハンの子孫と自称し、西チャガタイ・ハンにおこり1370年にサマルカンドを占領。ついで東西のチャガタイ・ハン国を統一し、西方のイル・ハン国や北インドにも侵入して、大帝国を作り出した。小アジアに入り1402年オスマン帝国を破ったことでも有名。ティムールはトルコ語を話すモンゴル軍人で、イスラム教徒であった。彼の部下たちはトルコ人が多数だったという。大征服の背景に、東西交通路を確保せんとするイスラム系オアシス商人の支持があったという。ティムールは明討伐の遠征中に病死した。

　ティムールの死後、王子たちによって帝国は分割されたため急速に分裂・縮小し、15世紀後半にはサマルカンドとヘラートの2政権が残った。いずれも1500年ウズベクのシャイバーン朝に征服されるが、王族の一人バーブルはインドに入り、19世紀まで続くムガール帝国を建国した。

1370年	ティムールが西チャガタイ・ハンの覇権を確立。「ハン家の婿婿」としてチャガタイ人の統帥権を握り、ティムール朝が成立
1380年	ティムールがホラーサーン（イラン東部）を征服
1388年～1393年	イランの全域を服属させ、アルメニア、グルジアからアナトリア東部までを勢力下に置く。ムザッファル朝を征服
1398年	インドに侵攻。デリー・スルタン朝の都デリーを制圧
1405年	モンゴル帝国の大ハン直轄領の復元を目指して明に向かう途中、ティムールは病死する
1409年	第3代シャー・ルフが即位。この時代に明との外交関係が成立。明の永楽帝の使者が3度にわたり訪れた
1449年	第4代ウルグ・ベクが自らの長男によって殺害される
1451年	シャー・ルフの兄アブー・サイードはイスラム神秘主義教団のひとつナクシュバンディー教団の支持を獲得してその宗教的権威のもとに勢力を固める
1469年	白羊朝主ウズン・ハサンの軍にアブー・サイードが大敗。サマルカンド政権とヘラート政権の分立の時代へ
1500年	サマルカンドはシャイバーン朝によって征服される
1507年	ヘラート政権も南下してきたシャイバーン朝に征服される
1526年	バーブルがデリーのローディー朝を破り、インドにムガール帝国を建国

ティムール朝

I 中東

ティムール

生没 1336年～1405年
在位 1370年～1405年

　中央アジアのモンゴル＝テュルク系軍事指導者で、ティムール朝の建国者。シャフリ・サブズ近郊のホージャ・イルガルに、トルコ化・イスラム化したモンゴル族（チャガタイ・トルコ族）の一つ、バルラス部族の一員として生まれる。盗賊団の首領として過ごした青年時代に、右手・右足に終世の傷を受けていた。チンギス・ハンの子孫の娘を娶ったとして、チンギス・ハンの子孫を自称した。中世アジアを代表する軍事的天才と評価され、中央アジアから西アジアにかけてかつてのモンゴル帝国の半分に匹敵する帝国を建設する。征服した都市で大規模な破壊と虐殺を行う一方、首都のサマルカンドと故郷のキシュで建設事業を行う二面性を持ち合わせた。イラン全域、インド北部にまで支配地を広げ、一代にして大版図を実現。1402年、アンカラの戦いではオスマン帝国軍にまでも勝利し、バヤズィト1世と彼の皇子ムーサーを捕虜とした。だが1403年に後継者と考えていた孫のムハンマド・スルタンが夭折。有能な後継者を失った悲しみは大きかったようだ。元の時代のモンゴル帝国の直轄領回復を目指して、元を倒した明に遠征するも、1405年に途上で病死した。

ハリール・スルタン

生没 1384年～1411年
在位 1405年～1409年

　先王ティムールの三男ミーラーン・シャーの子。ティムールは、1405年、早世した嫡男ジャハーンギールの子ピール・ムハンマドを後継者に指名して死去。しかし、ハリール・スルタンはいちはやく都のサマルカンドを征圧し、自ら即位した。彼は王妃シャーディ・ムルクを寵愛して、政治介入を許した。これに対し、ヘラート太守を務めていた叔父のシャー・ルフが反乱し、ハリールは捕われた。ハリール・スルタンは、王妃の助命を条件に退位し、ライの総督に任じられた。

シャー・ルフ

生没 1377年～1447年
在位 1409年～1447年

　初代ティムールの四男。ヘラートを中心とするホラーサーン地方を領地として与えられていた。ティムールの死後、一族で内紛が続く。1409年、任地ヘラートにあったシャー・ルフは機をみて兵を挙げ、サマルカンドに入り即位した。サマルカンドではなく、ヘラートを都とし、王子のウルグ・ベクをサマルカンドの総督に。内乱に乗じて周辺諸国が領内に侵入。1447年、イラン高原で反乱を起こした孫を討伐するために遠征した際、ライで陣没。

ウルグ・ベク

- 生没 1394年～1449年
- 在位 1447年～1449年

　先王シャー・ルフの長男。父の即位後はサマルカンドの総督としてアムダリヤ以北のトランスオクシアナ、シルダリヤ北部の西トルキスタンを領地とする。学芸を愛好し、王としてより学者として名が通る。王子時代からサマルカンドに学校・天文台を建設、自らも「天文表」を編纂。父シャー・ルフが死去すると跡を継いで即位。行政の中心をヘラートからサマルカンドに移そうとすると、長男のアブドゥッラティーフが反旗を翻す。これと戦うが敗れ、斬首された。

アブドゥッラティーフ

- 生没 ?～1450年
- 在位 1449年～1450年

　先王ウルグ・ベクの長男。母は、ウルグ・ベクの側室。ウルグ・ベクの即位に反対して挙兵した従兄弟のアラー・ウッダウラを破り、追放。しかし、ウルグ・ベクが国政の中心をヘラートではなくサマルカンドに据えたことを不服として反乱を起こす。父ウルグ・ベクが守るサマルカンドを攻撃して、倒す。一度は助命を認めたものの、斬首。これにより即位した。敬虔なムスリムだったが将校の多くは彼に服さなかった。即位して1年で、ウルグ・ベクの遺臣に暗殺された。

アラー・ウッダウラ

- 生没 不詳
- 在位 ──

　第3代シャー・ルフの孫で、ウルグ・ベクの甥。シャー・ルフの王妃の支援により反乱。ウルグ・ベクの命を受けたアブドゥッラティーフに敗れ、追放された。

アブドゥッラー

- 生没 ?～1451年
- 在位 1450年～1451年

　第3代シャー・ルフの王子イブラヒムの子。アブドゥッラティーフに投獄されたが1450年に即位。1年後に反乱を起こしたアブー・サイードに処刑された。

アブー・サイード

- 生没 1424年～1469年
- 在位 1451年～1469年

　第3代シャー・ルフの兄ミーラーン・シャーの孫。シャー・ルフの死後、王位をめぐって争う中、サマルカンドに侵攻しシャー・ルフの孫アブドゥッラーを処刑。即位後は、反乱の鎮圧など外政だけでなく、税制改革や灌漑など内政面でもティムール朝の立て直しを図る。シャー・ルフの没後、自立していたヘラートを征服。サマルカンド政権とヘラート政権に分割されていたティムール朝を再統合。1469年、西方に遠征したとき、白羊朝と対峙して大敗を喫し、処刑された。

ティムール朝

スルタン・アフマド

- 生没 ?～1494年
- 在位 1469/1470年～1494年

　先王アブー・サイードの長男。父アブー・サイードが処刑されたため、跡を継いだ。即位の時点でスルタン・アフマドの支配が及んだのは、すでにサマルカンド周辺だけだった。ホラーサーン地方はヘラートを本拠地とする王族のフサイン・バイカラの支配下にあった。スルタン・アフマドは、これを統一できなかった。ティムール朝はサマルカンド政権とヘラート政権に分裂した。スルタン・アフマドはティムール朝サマルカンド政権の初代君主となった。

フサイン・バイカラ

- 生没 1438年～1506年
- 在位 1469年/1470年～1506年

　ティムールの王子ウマル・シャイフの曾孫。ティムール朝が衰退するなか、ホラズム周辺で勢力を拡大。アブー・サイードが領有するホラーサーンにしばしば侵入した。1469年、アブー・サイードが白羊朝に処刑されると、ヘラートを占領。白羊朝はシャー・ルフ家のヤードガール・ムハンマドを後継に据えようとした。フサイン・バイカラがヤードガール・ムハンマドを破る。ヘラート政権を打ち立て、サマルカンドに政権を建てたアブー・サイードの一族と友好を保った。

バディー・ウッザマーン

- 生没 ?～1517年
- 在位 1506年～1507年（共同統治）

　フサイン・バイカラの長男。ヘラート政権を引き継ぐ。弟と共同統治した。シャイバーニー朝軍に敗れ、オスマン帝国に逃れイスタンブールで生涯を終えた。

ムザッファル・フサイン

- 生没 不詳
- 在位 1506年～1507年（共同統治）

　バディー・ウッザマーンの弟。兄との仲は悪く、アミールたちの権力争いも絶えなかった。ムザッファルはヘラートを捨てて逃亡し、ティムール朝は滅亡した。

```
ティムール ─┬─ ハリール・スルタン
            └─ シャー・ルフ ─┬─ ウルグ・ベク ──── アブドゥッラティーフ
                             └─ イブラヒム ── アブドゥッラー ────

    アブー・サイード ── スルタン・アフマド

    フサイン・バイカラ ─┬─ バディー・ウッザマーン
                        └─ ムザッファル・フサイン
```

サファヴィー朝

1501年～1736年

　サファヴィー朝の遠源は、13世紀末～14世紀初頭頃のイルハン朝期のペルシアに生きた、サフィー・ウッディーンが興したイスラム神秘主義サファヴィー教団にある。サファヴィーとは、サフィーに従う者達という意味。もとはスンニ派に近い教義を唱えていたが、のちにシーア派の中でも過激な思想を唱え、シャーマニズムに近づきテュルク系遊牧民族を信者に取り込んで政治権力化した。教団を継いだイスマーイール1世は、1499年12歳の時、白羊朝の混乱に乗じて兵をあげた。1501年、ついに白羊朝を破ってその都タブリーズを占領した。ササン朝以来の本格的なイラン民族国家であったことから、帝号はシャーとされた。イスマーイール1世は詩人としても頭角を現していたという。オスマン帝国と激しく対立して領土を奪われたが、アッバース1世が多くの失地を回復。ウズベキ族を討って最盛期を迎える。新首都イスファハンは繁栄を極め、イラン=イスラム文化が隆盛した。アッバース1世の死後次第に衰退し、1722年頃アフガン人の攻撃を受け事実上滅亡。摂政ナーディルが一時期国内を統一するが、自らがシャーを名乗り、傀儡の王位にあったアッバース3世を退位させた。ここに王朝は名実ともに滅亡する。

1501年	イスマーイール1世が白羊朝を破ってその都タブリーズを占領。サファヴィー朝を建国
1510年	ヘラートに存続していたティムール朝最後の政権を滅ぼす。シャイバーン朝の軍と、サファヴィー朝のイスマーイール1世の軍がホラーサーンのメルヴで衝突。サファヴィー朝が圧勝する
1514年	チャルディラーンの戦いでイスマーイール1世はオスマン帝国のセリム1世に敗れる
1524年	戦いの後、政治への興味を失ったイスマーイール1世は酒に溺れ他界
1532年～1555年	第一次オスマン・サファヴィー戦争で第2代タフマースブ1世はスレイマン1世の攻勢を退け、勝利する
1578年～1590年	第二次オスマン・サファヴィー戦争でタブリーズを含むアゼルバイジャンとホラーサーンの大部分が失われた
1590年	アッバース1世がオスマン帝国及びシャイバーニー朝と和平を結ぶ
1603年～1618年	第三次オスマン・サファヴィー戦争で失地を回復。1624年にはアッバース1世が創建時の支配地を回復する
1623年～1639年	第四次オスマン・サファヴィー戦争でイラクを失う
1722年	グルナーバードの戦いにて敗れる。事実上王朝は滅亡
1736年	摂政ナーディルがアッバース3世を退位させ、王朝は名実ともに滅亡

サファヴィー朝

イスマーイール1世

- 生没 1487年～1524年
- 在位 1501年～1524年

イスラム教シーア派のサファヴィー教団を創設したサフィー・ウッディーンの6代目の子孫。サファヴィー教団は白羊朝に反攻し、首都であるタブリーズに入城。イスマーイール1世はシャーの称号を名乗って即位し1501年サファヴィー朝が成立。分裂状態にあった白羊朝の勢力を撃破し、イラン西部とメソポタミアの大部分を支配下に置く。サファヴィー朝は、オスマン帝国セリム1世とも対立。1514年チャルディラーンの戦いに敗れる。1524年に失意の中、イスマーイールは他界。

タフマースブ1世

- 生没 1514年～1576年
- 在位 1524年～1576年

先王イスマーイール1世の子。先王がオスマン帝国に大敗したことで国内は混乱していた。ウズベク人のシャイバーニー朝の侵攻を防ぐ。1533年、セリム1世の跡を継いだオスマン帝国のスレイマン1世が侵攻。都タブリーズを落とされるもゲリラ戦で抵抗。1555年にオスマン帝国との間にアマシヤ条約を結ぶ。オスマン帝国はイラクを領有し、サファヴィー朝はタブリーズを確保。タブリーズから南東のガズヴィーンへ遷都。以後オスマン帝国との間に20年以上平和が続く。

イスマーイール2世

- 生没 1533年/1534年～1577年
- 在位 1576年～1577年

先王タフマースブ1世の次男。タフマースブ1世の在世中は、オスマン帝国の戦争に従軍していたが父の勘気を被り20年程幽閉されていた。父が死去した際には、異母弟ハイダルが擁立されそうになった。だが宮廷の実権を握る異母妹のパーリー・ハーン・ハーヌムが王宮を占拠してハイダルを処刑。パーリー・ハーン・ハーヌムによってイスマーイール2世がシャーとなる。即位したイスマーイール2世は兄弟を粛清。即位してわずか1年あまりで急死。暗殺説もある。

ムハンマド・ホダーバンデ

- 生没 1532年～1595年
- 在位 1577年～1588年

第2代タフマースブ1世の長男。イスマーイール2世の同母兄。弱視で王位継承者から外されていた。同母弟の即位で多くの王族が殺害されたが、彼は免除された。異母妹パーリー・ハーン・ハーヌに推され即位。やがて王妃マフディ・ウリヤと異母妹が対立し王妃が異母妹を暗殺。宮中は混乱し、オスマン帝国とシャイバーニー朝の侵攻に対処できなかった。混乱の中、アッバース1世が蜂起し、ムハンマドは退位する。その後は幽閉され死去。

アッバース1世

生没 1571年～1629年
在位 1588年～1629年

先王ムハンマド・ホダーバンデの子。父は傀儡(かいらい)で政治的な実権はなく、サファヴィー朝は衰退。このころ、オスマン帝国はスレイマン1世のもとに勢力を拡大し、アゼルバイジャンやイラクを獲得していた。1587年、アッバース1世は兵を挙げて首都ガズヴィーンを征圧。父を退位させた。翌1588年、アッバース1世がシャーの地位を継ぐ。即位したアッバース1世は、ガズヴィーンからイスファハーンに遷都し内政を改革。王朝創建以来、権力を牛耳っていた貴族を政権中枢から外し、奴隷身分であっても優れた人材を多く登用。地方長官にも家柄ではなく能力が重んじられ、奴隷階級出身者が数多く地方長官に任じられている。直属の親衛軍を新たに編成するなど軍制も改革。東ではウズベク族シャイバーニー朝の侵入を食止め、ホラーサーン地方を奪ったことで北西方面の国境が安定。西ではオスマン帝国に勝利してアゼルバイジャンやイラクの地を奪還。またイングランドやフランスと同盟して、オスマン帝国を牽制。サファヴィー朝の版図を回復し、最盛期をもたらした。都のイスファハーンの人口は50万人に達した。

サフィー1世

生没 1610年?～1642年
在位 1629年～1642年

先王アッバース1世の長男ムハンマド・バーキール・ミールザーの子。アッバース1世の孫。父は讒言によりアッバース1世に暗殺されていたため、先王が死去した際に即位。彼は対立する王族をことごとく処刑。王族の粛清で、国内は混乱し、反乱が相次ぐ。そうした中、オスマン帝国のスルタン、ムラト4世の親征でイラクを奪われ、東部のカンダハールもムガール帝国に奪われた。1642年、サフィー1世はカンダハールへの遠征途中で熱病にかかり死去。

アッバース2世

生没 1632年～1666年
在位 1642年～1666年

先王サフィー1世の子。即位した時は幼少のため、サフィー1世の母でアッバース2世にとっては祖母にあたるディルラム・ハーヌムと、宰相サルー・タキが政治の実権を握る。1645年にサルー・タキが反対派に暗殺されると親政を開始。1648年に祖母を殺害して後見を排斥した。このころサファヴィー朝は、宮廷の浪費と貿易の不調で財政難。それでも、1648年にムガル帝国からカンダハールを奪還、サファヴィー朝の衰退に歯止めをかけた。1666年、33歳で急死。

サファヴィー朝

サフィー2世

生没 1647年〜1694年
在位 1666年〜1694年

先王アッバース2世の子。即位後は、疫病・飢餓・地震と災害が続き、北のコサック侵入、東のウズベク再襲撃にも見舞われた。シャー自身も病に倒れた。これらが即位式の日取りに問題があったためとされ、1668年に改めて即位式が挙行されスライマーンと改名。だが宦官達がシャーの信頼を楯に政治に介入、浪費したため宮廷の費用は増大し領民は重税に苦しむ。ホラーサーンに侵攻するウズベクに成す術が無くサファヴィー朝は衰退に向かう。1694年脳卒中で死去。

スルターン・フサイン

生没 1668年〜1726年
在位 1694年〜1722年

先王サフィー2世の子。即位後は、シーア派神学者の政策に従う。他宗派への弾圧と、離宮を建てるなどの建設事業により、民意が離れる。1709年、カンダハールでアフガン人の部族が反乱を起こし、首領ミール・ワイスはその地を占拠。シャーはミール・ワイスを摂政に任命して懐柔。だが摂政の死後、跡を継いだ摂政の子が軍を率いて反乱を起こす。1722年、グルナバードの戦いで王朝軍は大敗。フサインは、マフムードに降伏し退位した。王朝は事実上滅亡。

タフマースブ2世

生没 ?〜1739年/1740年
在位 1722年〜1732年

先王スルターン・フサインの子。旧都ガズヴィーンで正統な後継者として即位。イスファハーンではミール・マフムードが即位したが、甥のアシュラーフに王位を奪われ暗殺された。シャーはギルザイ部族に対抗するため、ホラーサーンで勢力を拡大していたアフシャール部族と結ぶ。部族を率いるナーディル・クリー・ベグとともに、アシュラーフを破りイスファハーンを奪還。だが王朝の実権はナーディルの手に渡り、彼がイスファハーンを制圧。シャーは退位後、牢獄へ。

アッバース3世

生没 1732年?〜1739年/1740年
在位 1732年〜1736年

先王タフマースブ2世の子。即位時わずか生後8か月の幼児だった。ナーディル・クリー・ベグが国王の代理である摂政に就任し、傀儡政権が誕生した。1736年3月にアッバース3世は退位させられ、ナーディルが即位。サファヴィー朝は滅亡し、アフシャール朝が建国された。アッバース3世は、ホラーサーンのサブゼヴァールの牢獄にいる父のタフマースブ2世の許に送られた。タフマースブ2世とアッバース3世父子は、アフシャール朝によって処刑された。

オスマン帝国
1299年～1922年

　アナトリア（小アジア）では12世紀頃、ルーム・セルジューク朝が命脈を保っていたが、やがて衰えて臣下の諸侯が分立。オスマン1世もそうした諸侯の一人だった。オスマン朝はビザンツ帝国領の一部を奪い、やがてバルカン半島に進出。バヤズィト1世がハンガリーを攻略し、小アジアに転じたが1402年にティムールに大敗。一時中絶したオスマン朝だったが、まもなく領土を回復。1453年にはメフメト2世のもと、コンスタンティノポリス（後のイスタンブール）を攻略。ビザンツ帝国を滅ぼし、ここを都とした。セリム1世はサファヴィー朝の首都を奪い、1517年にはマムルーク朝を滅ぼす。カイロに亡命していたアッバース朝の後裔からカリフの座を譲り受けたと称したともいう。第10代スレイマン1世のもとで全盛となり、東方では北アフリカを、西方では1538年にスペインらの連合艦隊をプレヴェザの海戦で破り、地中海の制海権を押さえた。オスマン帝国はイクター（徴税権）制のもと、独特の封建制度を敷いた。スルタンの直属軍としてイェニチェリ軍団も組織。だが諸民族が次第に独立の動きを強め、軍の堕落で軍事力も低下。一方の欧州諸国は、絶対主義を確立し国力を強め、攻勢をかけた。第一次大戦での敗戦を建て直せずに1922年滅亡。

1299年	オスマン1世が小アジア西北部に勢力を確立し新政権の王位につく
1396年	第4代バヤズィト1世がハンガリー王率いる欧州諸国連合軍を破る（ニコポリスの戦い）
1402年	バヤズィト1世、アンカラの戦いでティムールに大敗
1453年	第7代メフメト2世がコンスタンティノポリス（後のイスタンブール）を攻略。ビザンツ帝国を滅ぼす
1517年	第9代セリム1世がサファヴィー朝の首都タブリーズを奪う。マムルーク朝も滅ぼす
1538年	第10代スレイマン1世がスペイン、ジェノヴァ、ローマ教皇の連合艦隊を破る（プレヴェザの海戦）
1571年	スペイン艦隊に敗れる（レパントの海戦）
1699年	オーストリア、ロシアの連合軍に敗れ、カルロヴィッツ条約でハンガリーを失う
1768年～1787年	露土戦争で敗北、黒海の北岸とクリミア半島を失う
1806年～1841年	ギリシア、エジプトが独立
1914年	第一次世界大戦に同盟国側として参加
1922年	トルコ革命。スルタンとカリフは分離し、帝政を廃止。メフメト6世は廃位後にマルタへ亡命し、オスマン帝国は滅亡

オスマン帝国

オスマン1世

- 生没 1258年～1326年
- 在位 1299年～1326年

　もともとは、アナトリア（小アジア）北西部サカルヤ川流域に牧地をもつ遊牧民族の首長。支配地は、ビザンツ帝国と接していた。隣接するビザンツ帝国領土を攻略して領土を拡大。1299年頃アナトリア・セルジューク朝から独立して新国家を建てた。この年がオスマン帝国建国の年となる。1301年、オスマン1世はビザンツ帝国をコユンヒサルの戦いで破り、帝国の基礎を築き上げた。1326年、ビザンツ帝国領のブルサへ進撃したオスマン1世は、陣中にて69歳で死去。

オルハン

- 生没 1281年/1288年～1359年から1362年の間
- 在位 1324年/1326年～1359年から1362年の間

　先帝オスマン1世の子。父の遺志であるブルサ攻略を継続。1326年、ビザンツ帝国領のブルサを征圧、首都に定めた。さらに、ビザンツ帝国のニカイア周辺を包囲。ビザンツ帝国軍が救援に来たが、皇帝アンドロニコス3世率いるビザンツ軍を撃破。オスマン帝国とビザンツ帝国は同盟する。アンドロニコス3世没後、ビザンツ帝国では帝位をめぐる内紛が起こる。オルハンは、ヨハネス6世に味方して即位させ、彼の娘を皇妃とした。バルカン半島に進出。

ムラト1世

- 生没 1319年/1326年～1389年
- 在位 1360年頃～1389年

　先帝オルハンの長男。父の政策を継承し、バルカン半島での勢力の拡大を進めた。首都をブルサからアドリアノープルに移し、エディルネと改名した。ローマ教皇ウルバヌス5世は全キリスト教徒に反オスマンの十字軍を呼びかけた。1364年、オスマン帝国軍は、エディルネに集結した連合軍を撃破。またブルガリアを破り、臣従させた。オスマン帝国の君主の中で、初めてスルタンの称号を用いた人物。セルビア親征中にセルビア貴族に暗殺された。

バヤズィト1世

- 生没 1360年～1403年
- 在位 1389年～1402年

　先帝ムラト1世の子。セルビアを破る。バルカン諸民族がハンガリー王のもとに対トルコ十字軍を編制。バルカン半島でのオスマン帝国の勢力拡大に対して、不安を覚えた西欧も王族らが十字軍への参加を表明した。1396年十字軍はブダに集結。同年、ニコポリスを包囲する十字軍に対し、バヤズィトは勝利する。オスマン帝国は、勢力を拡大したティムール朝とも対立。だが1402年、アンカラの戦いに敗北。捕虜にされたバヤズィト1世は、移送される途中に死没。

I＝中東

メフメト1世

生没 ?～1421年
在位 1413年～1421年

　先帝バヤズィト1世の子。アンカラの戦いにメフメト1世も従軍していたが、辛うじて戦場を脱出。この後、オスマン帝国に併合された国がティムール朝によって自立。オスマン帝国の領域は祖父以前の規模に縮小。この領域にバヤズィトの皇子たちが割拠。兄弟間で君主の地位をめぐる闘争が起きた。メフメト1世が勝利をおさめ、スルタンとして即位。メフメト1世は、ビザンツ帝国の支援を受けて即位に成功したため、即位後も帝国と良好な関係を保つ。国家を再統一した。

ムラト2世

生没 1404年～1451年
在位 1421年～1444年、1446年～1451年

　先帝メフメト1世の子。ビザンツ帝国では、アンカラの戦いで死んだとされていたムラト2世の兄弟ムスタファをスルタンに擁立。ムラト2世はムスタファを征討したあと、ビザンツ帝国との同盟を破棄。1423年ビザンツ帝国の首都を包囲したが失敗。自国に有利な和睦条約を結んで撤退する。1444年、欧州連合軍が侵入するがこれに勝利し、セルビア、ボスニアを取り戻した。この年、皇子のメフメト2世に一時帝位を譲る。だが1446年自ら復位。1451年に死去。

メフメト2世

生没 1430年/1432年～1481年
在位 1444年～1446年、1451年～1481年

　先帝ムラト2世の子。ムラト2世の治世下では、マニサに知事として赴任していた。1444年、父ムラト2世は一時メフメト2世をスルタン位につけて隠退した。しかし、若いスルタンに廷臣が従わないため、復位。1451年、ムラト2世の死去にともない、再び即位した。即位後のメフメト2世は、ハンガリーと3年の休戦協定を結び、初期はビザンツ帝国にも友好的な態度を示した。1453年コンスタンティノポリスを攻略して、ビザンツ帝国を滅ぼし、コンスタンティノポリスに遷都してイスタンブールと改称。コンスタンティノポリスの陥落はヨーロッパに強い衝撃を与え、オスマン帝国にとっての歴史的な転換点ともなった。その後も、オスマン帝国の版図を大幅に広げる。30年以上に渡る征服事業から、「ファーティヒ（征服者）」と呼ばれた。イェニチェリに代表されるカプクル（宮廷奴隷）を重用し、専制君主を戴く官僚制国家の体制を確立した。トルコ貴族の勢力を弱め、スルタンの権力を増大させた。メフメトはイスラーム以外にヨーロッパの文化にも理解を示し、宮廷には国際的な空気が流れていたという。1481年、遠征の途上で陣没。死因は病死、あるいは毒殺という。

オスマン帝国

I 中東

バヤズィト2世

- 生没 1447年～1512年
- 在位 1481年～1512年

先帝メフメト2世の長男。父が陣没したことにより、末弟ジェムと帝位を争う。イスタンブールに先に入ったバヤズィト2世が即位。ジェムはエジプトのマムルーク朝に亡命。バヤズィトはエジプトに遠征して、マムルーク朝と争う。マムルーク朝との戦いは、1491年に和議が結ばれるまで続いた。後継者には、第2皇子のアフメトを考えていたがサファヴィー朝に煽られた反乱が起きる。セリム1世がクーデターを起こし廃位された。隠棲先に向かう途中に急死。毒殺説も。

セリム1世

- 生没 1465年～1520年
- 在位 1512年～1520年

先帝バヤズィト2世の子。反乱の鎮圧に兄弟が苦戦する中、イェニチェリの支持を受けてクーデターにより即位。即位後は、西アジアに進出するためハンガリーと和睦。サファヴィー朝のイスマーイール1世を破った。1517年にはマムルーク朝の首都カイロを落として滅亡に追い込み、シリア、エジプト、パレスティナを併合。アッバース朝のムタワッキル3世を保護するも1543年に獄死させ、アッバース朝を滅亡させた。即位から9年目にして54歳で病死。

スレイマン1世

- 生没 1494年～1566年
- 在位 1520年～1566年

先帝セリム1世の子。名前のスレイマンとは、イスラエル国王ソロモンの意。即位後1年で国内の反乱を鎮圧。翌年からは対外遠征へ。1521年にはハンガリー王国からベオグラードを奪取。1522年のロードス包囲戦で聖ヨハネ騎士団からロードス島を奪う。1526年には、モハーチの戦いでハンガリー王ラヨシュ2世を討ち取りハンガリー中央部を平定。ハンガリーをめぐってハプスブルク家出身の神聖ローマ皇帝カール5世と対立。1529年にウィーンを包囲。ウィーン攻略には失敗したが、有利な条件で和睦。欧州に衝撃を与える。1566年に神聖ローマ皇帝マクシミリアン2世が和睦を破りハンガリーを攻撃すると、報復のためハンガリー遠征を敢行、9月6日にセゲド包囲中に陣中で没した。スレイマンは、46年の長期にわたる在位の中で13回もの対外遠征を行う。東はイラン国境、西はウィーン近くまで領土を拡大、北アフリカのアルジェリア、南アラビアのイエメンを含む大帝国となった。軍事的成功を収めたが、帝国の財政は厳しくなった。奴隷身分だったヒュッレム・スルタンを正妻に迎えたが、後宮の女性たちの政治介入を許し、後の後継者争いの火種となる。

セリム2世

生没 1524年〜1574年
在位 1566年〜1574年

先帝スレイマン1世の子。母は寵妃ヒュッレム。王位継承権を巡り、セリム2世とバヤズィトの同母兄弟が残る。母が没したのち争いが勃発。バヤズィトは左遷を不満とし挙兵。敗北してサファヴィー朝に亡命したが処刑された。父の死後、セリム2世が即位。1571年にはキプロス島を征圧。キリスト教世界に衝撃を与えた。ローマ教皇の提案で連合軍が結成される。1571年、オスマン帝国軍は、レパントの海戦で連合軍に敗北。セリム2世は遠征を計画するが、事故で死去。

ムラト3世

生没 1546年〜1595年
在位 1574年〜1595年

先帝セリム2世の子。即位時オスマン朝の実権を握っていたのは、大宰相のソコルル・メフメト・パシャで、スレイマン1世の時代から大宰相だった。即位後は、ソコルル・メフメト・パシャの補佐を受けてサファヴィー朝と対峙。1578年、サファヴィー朝ペルシアに侵攻。翌年、ソコルル・メフメト・パシャがサファヴィー朝によって暗殺される。その後もサファヴィー朝を追い詰め、1590年にグルジアやアゼルバイジャンを併合。12年間に及ぶ戦争で勝利するも財政は悪化。

メフメト3世

生没 1566年〜1603年
在位 1595年〜1603年

先帝ムラト3世の子。母はムラト3世の寵妃サーフィエ・スルタン。即位時、ムラト3世の兄弟19人はすべて絞殺された。即位後は、母サーフィエ・スルタンが実権を握る。1596年トランシルヴァニアに遠征。その後ハンガリー方面でハプスブルク家と抗争が続く。アナトリアでの反乱、財政悪化、疫病の流行で政治は混乱し、オスマン帝国の衰退が進んだ。銀の流入によるインフレーションや領土維持のための費用の増大で、財政もさらに悪化。メフメト3世は暴飲暴食により死去。

アフメト1世

生没 1590年〜1617年
在位 1603年〜1617年

先帝メフメト3世の子。ムスタファ1世の兄。1603年、38歳で死去した父メフメト3世の跡を継ぎ、14歳で即位。オスマン帝国では、スルタンの即位にともない兄弟を殺害するのが慣例であったが、アフメト1世は弟ムスタファ1世の処刑を認めず、「黄金の鳥籠」と呼ばれる皇帝に即位できなかった皇子達の監禁所に幽閉するに留めた。ハプスブルク家との抗争は、1606年の和議で終結。1610年には、サファヴィー朝との戦争も終結。チフスがもとで27歳の若さで死去。

オスマン帝国

ムスタファ1世

生没 1592年～1639年
在位 1617年～1618年、1622年～1623年

先々帝メフメト3世の子。アフメト1世の弟。兄のアフメト1世即位の際、兄弟を殺害する慣例に反して命は助けられたが、14年もの間幽閉された。1617年に兄が亡くなったため即位したが、精神を患っていたらしく、翌年にはクーデターにより退位させられてしまう。しかし、1622年、次に即位した甥のオスマン2世がイェニチェリの反乱で殺害されたため再び帝位に。だが翌年にオスマン2世の弟ムラト4世が即位し、廃位される。幽閉生活を送り47歳で死去。

オスマン2世

生没 1604年～1622年
在位 1618年～1622年

先々帝アフメト1世の子。ムスタファ1世の甥。ムスタファ1世がクーデターにより退位したことを受け、14歳の若さで即位。この頃帝国内では、スルタンの権威は失墜し、イェニチェリの権力が強まっていた。オスマン2世は、イェニチェリの横暴を抑えるべく軍制改革を志す。しかし、1621年のポーランド親征に失敗して孤立。1622年、イェニチェリによる反乱が起きる。大宰相らを処刑するというイェニチェリの要求を拒んだため、捕らわれる。イスタンブールで絞殺された。

ムラト4世

生没 1612年～1640年
在位 1623年～1640年

第14代アフメト1世の子。母は妃キョセム・スルタン。オスマン2世の弟、イブラヒムの兄。1623年、叔父のムスタファ1世の退位で即位。即位当初は、宮中の実権を握っていた母キョセムが政治を行う。やがて親政を開始。1624年にサファヴィー朝のアッバース1世にバグダッドを含むイラクが奪われた。しかし、1638年にはバグダッドに遠征し、カフカースやイラクを回復。1639年イラク領有を確定させた。翌1640年に27歳で病死し、イブラヒムが跡を継いだ。

イブラヒム

生没 1615年～1648年
在位 1640年～1648年

第14代アフメト1世の子。母はキョセム・スルタン。オスマン2世、ムラト4世の弟。兄で先帝のムラト4世が即位したときから、宮廷内で幽閉されていたため、精神的な安定を失っていたという。兄の死後即位するが、常軌を逸した奇行が相次いだ。イブラヒムは、クレタ島の制圧を目指してヴェネチアと開戦。この結果、オスマン帝国はヴェネチアによってダーダネルス海峡を封鎖され、首都イスタンブールは混乱。1648年、廃位されて大宰相ともども殺された。

メフメト4世

- 生没 1642年〜1693年
- 在位 1648年〜1687年

　先帝イブラヒムの子。スレイマン2世、アフメト2世の兄。即位後は、アフメト1世の妃キョセム・スルタンが実権を握る。だがキョセムは1651年に謀殺され、政治的に混乱。1656年に宰相キョプリュリュ・メフメト・パシャが実権を握って政治は安定。帝国の再建を果たそうとして、1683年、欧州に侵攻。ウィーンを大軍で包囲したが失敗。逆にオスマン帝国に対抗するために欧州諸国が同盟を結び大トルコ戦争が起こる。国内でも反乱が起こり、イェニチェリの圧力で退位。

スレイマン2世

- 生没 1642年〜1691年
- 在位 1687年〜1691年

　先々帝イブラヒムの子。メフメト4世の弟、アフメト2世の兄。先帝で兄のメフメト4世の治世の間、幽閉されていた。兄が大トルコ戦争の劣勢の責任を取り退位。帝位を譲られ即位。信仰心が篤く、正義感が強かった。キョプリュリュ・ムスタファ・パシャを大宰相に登用して改革を進めた。廷臣の綱紀粛正を図り、キリスト教徒のジズヤ（人頭税）を軽減。内政の立て直しに成功。1690年、ベオグラードを再征服し、オーストリアにも優位に立った。

アフメト2世

- 生没 1643年〜1695年
- 在位 1691年〜1695年

　第18代イブラヒムの子。メフメト4世、先帝スレイマン2世の弟。兄のメフメト4世とスレイマン2世の在世中、トプカプ宮殿内に幽閉されていた。トプカプ宮殿内には、帝位を継承しない皇子たちの幽閉所があり、黄金の鳥籠とよばれた。スレイマン2世の病没により、エディルネで即位。この年、大宰相キョプリュリュ・ムスタファ・パシャが神聖ローマ帝国との戦いに敗れ、戦死。その後は大宰相が頻繁に交代。アフメト2世が実権を握ることはなかった。在位4年で死去。

ムスタファ2世

- 生没 1664年〜1703年
- 在位 1695年〜1703年

　第19代メフメト4世の子。先帝アフメト2世の甥。即位後は、ハンガリーの再征服に乗り出すが失敗。1699年のカルロヴィッツ条約でオーストリアとヴェネツィアとポーランドに領地を割譲した。1700年にロシアとも条約を締結、黒海沿岸を割譲。戦乱に終止符を打つ。のち大宰相のキョプリュリュ・ヒュセイン・パシャが改革に乗り出すが、フェイズッラー・エフェンディらの抵抗で頓挫。イェニチェリの反乱がおこる。フェイズッラーは殺害され、ムスタファ2世は退位した。

オスマン帝国

アフメト3世

- 生没 1673年〜1736年
- 在位 1703年〜1730年

　第19代メフメト4世の子。先帝ムスタファ2世の弟。即位時アフメト3世は、エディルネに移していた宮廷をイスタンブールに戻す。大宰相イブラヒム・パシャの補佐を受けたアフメト3世は、欧州諸国との関係を修復。当時流行していたチューリップ栽培をオスマン帝国に持ち込み、チューリップ時代と呼ばれる一時代を生んだ。だがサファヴィー朝との戦いは長期間にわたり、財政が悪化。そんな中、イェニチェリの反乱でイブラヒム・パシャは殺害され、アフメト3世も退位した。

マフムト1世

- 生没 1696年〜1754年
- 在位 1730年〜1754年

　第22代ムスタファ2世の子。先帝アフメト3世の甥にあたる。1730年に即位、前年からのイェニチェリの反乱を鎮圧して政治の実権を握る。マフムト1世は、アフメト3世が進めた西欧化の改革を進めた。それとともに、軍制改革を行い、対外戦争を再開。前代からの懸念であったサファヴィー朝との戦争も続行。1736年にサファヴィー朝がアフシャール朝に滅ぼされると、現状維持を条件に和平条約が締結された。1754年心臓発作のため58歳で死亡。

オスマン3世

- 生没 1699年〜1757年
- 在位 1754年〜1757年

　第22代ムスタファ2世の子。先帝マフムト1世の弟。1754年、兄マフムト1世の死去により帝位を継ぐ。治世中の1755年と1756年に帝都イスタンブールで大火があった。マフムト1世が着工したヌルオスマニイェ・モスクは、オスマン3世の治世下で完成。在位期間がわずか3年のため目立った事績はない。このころ地方では、徴税請負制を背景に地方の徴税権を掌握したアーヤーンと呼ばれる地方名士が台頭して、緩やかな経済発展が進む。従弟ムスタファ3世が跡を継ぐ。

ムスタファ3世

- 生没 1717年〜1774年
- 在位 1757年〜1774年

　第23代アフメト3世の子。先帝オスマン3世の従弟。1730年の父アフメト3世の廃位に伴い、27年間を宮中の幽閉下で過ごしていた。1757年に従兄オスマン3世が嗣子なく死去したため即位。治世前半は名宰相ラグプ・パシャに補佐されて財政・軍事改革を進めた。だが保守派のイェニチェリやイマームの抵抗により頓挫。このころロシアが南下。ムスタファ3世は、1768年ロシアに宣戦布告し、オーストリアと同盟を結んだ。ロシアの侵攻を防ぎ得ず、敗戦続きの中、没した。

Ⅰ　中東

アブデュルハミト1世

- 生没 1725年～1789年
- 在位 1774年～1789年

　第23代アフメト3世の子。先帝ムスタファ3世の弟。ロシアとの戦争は、オスマン帝国の敗北が決定的となっていた。アブデュルハミト1世は、即位した年、キュチュク・カイナルジ条約を締結。ドン、ドニエプル両河口、アゾフ海沿岸地帯をロシアに割譲し、ロシアの黒海における自由航行を承認せざるを得なくなった。1784年、ロシアに敗れてクリミアを奪われた。1787年からは再びロシアと開戦。このロシアとの戦争でも戦況不利の最中、64歳で死去した。

セリム3世

- 生没 1761年～1808年
- 在位 1789年～1807年

　第26代ムスタファ3世の子。先帝アブデュルハミト1世の甥。1787年からのロシアとの戦争は、オスマン帝国の敗北で終結。1792年、ロシアとの講和条約を結び、クリミアとグルジアにおける領土を割譲。こうしたなか、軍事改革を中心とした一連の西欧化政策を行なった。1807年、イェニチェリを廃して西洋式の軍制に改めようとしたため、イェニチェリの反乱によりセリム3世は廃位される。従弟のムスタファ4世が即位した。セリム3世はムスタファ4世に殺害された。

ムスタファ4世

- 生没 1779年～1808年
- 在位 1807年～1808年

　先々帝アブデュルハミト1世の子。先帝セリム3世の従弟。従兄セリム3世の廃位を受け即位。だがセリム3世を支持するアレムダル・ムスタファ・パシャがセリム3世の復位を掲げて挙兵。ムスタファ4世は、幽閉中のセリム3世を殺害した。イスタンブールに入ったアレムダルは、ムスタファ4世を幽閉し、異母弟マフムト2世を即位させた。アレムダル・ムスタファ・パシャは大宰相となったが、イェニチェリに暗殺される。ムスタファ4世はマフムト2世によって殺害された。

マフムト2世

- 生没 1785年～1839年
- 在位 1808年～1839年

　第27代アブデュルハミト1世の子。先帝ムスタファ4世の異母弟。実権を握るアレムダル・ムスタファ・パシャはすぐに暗殺されたため、マフムト2世はムスタファ4世を処刑。マフムト2世は、イェニチェリ軍団を解体し、西欧式軍隊に編制するなど内政改革に成功した。18世紀以来失われていたスルタンの中央集権支配力を回復した。しかし対外的にはギリシアの独立を許し、エジプトのムハンマド・アリーの進出に悩まされた。エジプトとの戦争中、結核で死去。

オスマン帝国

アブドゥル・メジト1世

生没 1823年〜1861年
在位 1839年〜1861年

先帝マフムト2世の子。1840年ムハンマド・アリーと和睦し、エジプトの世襲権を認めた。対外的な安定を得たアブドゥル・メジト1世は、外務大臣ムスタファ・レシト・パシャの補佐により、ギュルハネ勅令を出す。これは近代化改革(タンジマート)の実施を約束した宣言だった。ロシア帝国とのクリミア戦争には、グレートブリテン連合王国やフランス帝国の支援を受けて勝利。皇帝はキリスト教にも寛容だったが、イスラム教徒による暴動が起こる。39歳で死去。

アブドゥル・アジーズ

生没 1830年〜1876年
在位 1861年〜1876年

先々帝マフムト2世の子。先帝アブドゥル・メジト1世の弟。即位したアブドゥル・アジーズは、アブドゥル・メジト1世が始めたタンジマートとよばれる近代化政策を進めた。軍制の近代化を推進。しかし、スルタンの権力に制限を加えることになる憲法や議会の創設には否定的。やがて専制政治への傾向を示す。1876年、立憲制の樹立をめざすミドハト・パシャのクーデターによって廃位され、甥のムラト5世が即位した。アブドゥル・アジーズは幽閉され、同年に死去。

ムラト5世

生没 1840年〜1904年
在位 1876年〜1876年

先々帝アブドゥル・メジト1世の長男。先帝アブドゥル・アジーズの甥にあたる。アブドゥル・アジーズの治世下で、ヨーロッパ旅行に随行したこともあり、立憲政治への理解もあった。そのため、アブドゥル・アジーズからは警戒され、精神を病むまでになっていたという。1876年、叔父アブドゥル・アジーズが、立憲派のミドハト・パシャに廃位されたため、スルタンに即位。だが精神的な病気は治癒せず、在位93日で退位。弟のアブデュルハミト2世がその跡を継いだ。

アブデュルハミト2世

生没 1842年〜1918年
在位 1876年〜1909年

先帝ムラト5世の弟。即位してすぐ憲法を発布し、議会を開設。憲法ではムスリムと非ムスリムの平等が定められ、勅選の上院と民選の下院からなる議会も開設。だが翌年、ロシアとの戦争に敗北し、批判が向けられる。憲法を停止し、下院も閉鎖。以後30年間、専制政治が続く。1908年立憲政治の復活を求める青年トルコ党が蜂起し、アブデュルハミト2世は憲法の復活を宣言した。だが反革命クーデターで関与が疑われ、議会で廃位が決められた。

メフメト5世

- 生没 1844年～1918年
- 在位 1909年～1918年

　第31代アブドゥル・メジト1世の子。ムラト5世・先帝アブデュルハミト2世の弟。即位時に政治的実権は青年トルコ党にあった。メフメト5世は傀儡(かいらい)。1911年にはイタリアとの戦争に敗北してリビアを失い、1912年にはギリシア・セルビア・ブルガリア・モンテネグロのバルカン4国と戦って敗北。ドイツと同盟して対応する。1914年に、第一次世界大戦がおこり、三国同盟と三国協商が戦争になると、オスマン帝国は同盟国ドイツに味方。同盟側の形勢が不利になる中、73歳で死去。

メフメト6世

- 生没 1861年～1926年
- 在位 1918年～1922年

　第31代アブドゥル・メジト1世の子。ムラト5世・アブデュルハミト2世・先帝メフメト5世の弟。1918年、第一次世界大戦中に即位。オスマン帝国は立憲制に移行しており、スルタン位も形式的なもの。第一次世界大戦は、同盟国側が敗北して終結。オスマン帝国は分割の危機に直面する。これに対しムスタファ・ケマル・パシャがアンカラに政権を樹立して抗戦。1922年、帝政の廃止を宣言する。廃帝となったメフメト6世は、マルタへ亡命。623年間続いた帝国は滅亡した。

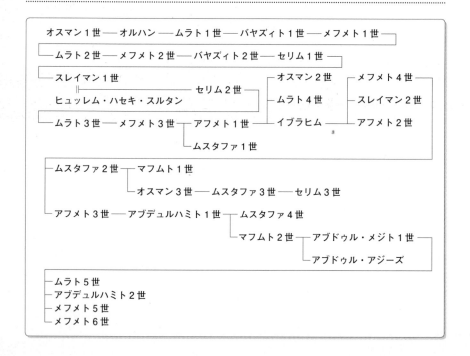

第 II 章
ギリシア・ローマ

スパルタ王国

B.C.520年～B.C.146年

　スパルタ王国は二人の王の共同治世と、市民から選出された監督官によって成り立ってきた。王が並立する歴史は、ペロポネソス半島のスパルタを支配したアリストデーモスの子どもが、双子であったことに始まる。父の死後、エウリュステネスはアギス朝を、プロクレスはエウリュポン朝を創始した。両者の仲が悪かったことから、2つの王家は末代まで1つにならなかったという説がある。歴代の王たちは対立する心を隠しながらも共治し、共に王国を脅かす敵と戦った。

　王にとってペロポネソス同盟を率いることは最も名誉ある権限とされた。また、伝統的な軍事制度「スパルタ教育」にも誇りを持ち、ペルシア戦争など多くの戦いにおいて、王自らがその厳格な教えを実践してきたのである。王国はギリシアでの覇権を守って、強国ペルシアに抗うことを貫いたが、レウクトラの戦いからナビス戦争までの時代に、滅亡までの坂を転がり落ちていった。B.C.192年に独立国家ではなくなり、B.C.146年にローマの属州となることで、幕を閉じたかのように見えたスパルタの歴史。近代になって再建を実現したことは、古来より培われ、脈々と受け継がれてきた粘り強い精神力の賜物といえる。

B.C.10C頃	ギリシア北方からペロポネソス半島に侵入し、先住民を奴隷にする
B.C.8C～7C	伝説的立法者リュクルゴスがスパルタの秩序を成立する
B.C.743年	第一次メッセニア戦争で隣国メッセニアを征服。ギリシアの強国に
B.C.685年	第二次メッセニア戦争に勝利し、ヘイロタイへの締め付けを強化
B.C.6C末	アギス朝の王クレオメネス1世がペロポネソス同盟を結成
B.C.499年～B.C.449年	ペルシア戦争。ペルシアによる3度に渡るギリシア遠征
B.C.480年	テルモピュライの戦い。アケメネス朝ペルシアを相手に全滅する
B.C.460年～BC445年	第一次ペロポネソス戦争。デロス同盟と戦い、勝利する
B.C.395年	コリントス戦争。アケメネス朝ペルシアと講和条約を結ぶ
B.C.371年	レウクトラの戦い。テバイ軍に敗れ、ギリシアでの覇権を失う
B.C.331年	メガロポリスの戦い。マケドニアに反乱を起こすが鎮圧される
B.C.227年	クレオメネス3世のクーデターで5人中4人の監督官が殺害される
B.C.222年	セッラシアの戦い。決定的な敗北により、国家制度は崩壊へ
BC195年	ナビス戦争
B.C.192年	ナビス王が没すると、独立国家としての地位を失う
B.C.146年	ギリシア全土がローマの属州となる

スパルタ王国

クレオメネス1世

生没 ?～B.C.489年、
在位 B.C.520年～B.C.489年

　アギス朝のスパルタ王。デマラトスと共同統治を行う。ペロポネソス同盟の盟主としてペロポネソス半島の統合に努める。諸ポリスへの影響力を意識し、アテナイの政権に干渉した。アテナイの独裁者ヒッピアスを追放した後、勃発したイサゴラスとクレイステネスの対立においては、イサゴラスを援助した。晩年、デマラトス王を廃位へと追い込み、王族レオテュキデスを即位させる。この謀略が露見すると亡命し、帰国後は精神を病んで、自害した。

デマラトス

生没 不詳
在位 B.C.515年～B.C.491年

　エウリュポン朝のスパルタ王。当時最大級の競技会「オリュンピア祭」では、戦車競走で優勝した実力の持ち主である。共治王クレオメネス1世とは、治世の終わりまで相容れなかった。
　クレオメネス1世がイサゴラスを支援するためにアテナイに侵攻したとき、デマラトスは戦線を離脱して遠征を失敗させた。その結果、クレオメネス1世によって廃位され、亡命したのである。ペルシア王ダレイオス1世のもとに身を寄せて、よき相談相手として手腕を発揮した。

レオニダス1世

生没 ?～B.C.480年
在位 B.C.489年～B.C.480年?

　アギス朝のスパルタ王。先王クレオメネス1世の異母弟。B.C.489年、先王の自害に伴って、即位。その際、先王の一人娘ゴルゴーを妻とした。ペルシアによるギリシア侵攻が火種となり、ペルシア戦争の勃発を予感した治世のはじまりとなる。「王が死ぬか、国が滅びるか」という過酷な現実が、突きつけられていた。B.C.480年のテルモピュライの戦いに赴くとき、王は自らの死を覚悟し、出陣の前、妻にこのように遺言した。「よき夫と結婚し、よき子供を生め」。王は他の都市からの援軍を返し、300人ほどのわずかな兵を率いて、200万人以上といわれたペルシアの軍勢に立ち向かったのである。スパルタの重装歩兵は、槍が折れると剣で、剣が折れると素手や歯を使って戦ったが、遠距離からの矢の雨に倒れた。軍勢がどれほど不利であろうとも、「決して撤退せぬ」というスパルタの掟を、王は身をもって守り抜き、命を落とした。さらし首となった壮絶な最期は、スパルタ随一の英雄として語り継がれている。レオニダス1世の死後、王位は子のプレイスタルコスが継承した。

レオテュキデス

生没 B.C.545年～B.C.469年
在位 B.C.491年～B.C.476年

エウリュポン朝のスパルタ王。王家の庶流にあたり、先王デマラトスとは直接の血縁関係にはない。アギス朝のクレオメネス1世と結託し、デマラトスが王の血統を引いていないと糾弾して廃位に追い込み、自ら即位した。以前、デマトラス王に婚約者を奪われた恨みが、クレオメネス1世と通じた理由であった。B.C.476年、敵ペルシアに味方したギリシアのテッサリア遠征を指揮する。勝ち目の大きな戦にも関わらず、敵に買収されて退却したことが露見し、廃位され、亡命先にて生涯を閉じた。

プレイスタルコス

生没 ?～B.C.458年
在位 B.C.480年～B.C.458年

アギス朝のスパルタ王。先王レオニダス1世の子。母はレオニダス1世の異母兄クレオメネス1世の娘ゴルゴー。B.C.480年、父王がテルモピュライの戦いでペルシアに敗れた。幼い王に代わって、叔父のクレオンブロトスが摂政を務めた。叔父の死後は、その子パウサニアスへと摂政役が受け継がれたのである。パウサニアスは、B.C.479年、ペルシアによるギリシア侵略を阻止。スパルタを守った功績が大きく、パウサニアスの子プレイストアナクスが次の王となった。

アルキダモス2世

生没 ?～B.C.427年
在位 B.C.476年～B.C.427年

エウリュポン朝のスパルタ王。エウリュポン朝の先王レオテュキデスの孫。祖父王が敵国から賄賂(わいろ)を受けたことが発覚して廃位されたとき、父ゼウクシデモスは死去しており、王位についた。治世中、スパルタを盟主とするペロポネソス同盟と、アテナイが中心となるデロス同盟の覇権争いが生じた。戦争回避に努めた王の願いは叶わず、B.C.431年、ペロポネソス戦争が勃発してしまう。B.C.427年、もしくはB.C.426年の夏前、戦争中に死去した。

プレイストアナクス

生没 不詳
在位 B.C.458年～B.C.445年、B.C.428年～B.C.409年

アギス朝のスパルタ王。先王プレイスタルコスの摂政をつとめていた将軍パウサニアスの子である。王家の血をひくため、先王の死後、幼くして跡を継いだ。ペロポネソス同盟とデロス同盟が対立する中、王はペロポネソス軍を率いて戦っていた。しかしB.C.446年、利敵行為をした疑惑で裁判にかけられ、一時的に追放の身となるのであった。B.C.428年に復位を果たしてから戦死するまでの間、ペロポネソス軍の勝利に貢献した。息子パウサニアスが王位を継ぐ。

スパルタ王国

パウサニアス

生没 不詳
在位 B.C.445年～B.C.428年、B.C.409年～B.C.394年

アギス朝のスパルタ王。先王プレイストアナクスの子である。B.C.445年、対立していたデロス同盟への利敵行為が原因で追放された父に代わり、王位につく。叔父クレオメネスが後見となった。B.C.428年に父王が復位し、B.C.409年に死去するまでは空白となる。父王の没後、再び王となり、アギス2世と共同統治を行う。王国の拡大を警戒する諸国との間に勃発したコリントス戦争において、利敵行為を働いたとして死刑宣告を受けると、執行前に亡命した。

アギス2世

生没 ?～B.C.401年/B.C.400年
在位 B.C.427年～B.C.401年/B.C.400年

エウリュポン朝のスパルタ王。先王アルキダモス2世の長男。アギス朝のパウサニアスと共同統治を行い、ペロポネソス戦争の指導にあたった。この戦争中に父王が死去し、王位を継いだ。B.C.404年、スパルタ王国を盟主とするペロポネソス同盟軍は、デロス同盟の盟主アテナイを降伏させた。30年近くにわたるペロポネソス戦争の終結である。B.C.400年に没するまで、交戦中にスパルタ王国への敵対行為をした諸国を平定することに努めたのであった。

アゲシラオス2世

生没 B.C.444年～B.C.360年
在位 B.C.401年/B.C.400年～B.C.360年

エウリュポン朝のスパルタ王。先々王エウリュポン朝のアルキダモス2世の子であり、先王アギス2世の異母弟。先王が没すると、その子レオテュキデスと王位を争ったが敗北。ペロポネソス戦争で活躍した将軍リュサンドロスに擁立される。コリントス・テーバイを中心に反スパルタ同盟が結ばれ、王国が苦境に立たされる中、コリントス戦争を有利な形で終結させた。質素な生活を維持し、スパルタの再建に尽力した王は、財政を立て直した旅の途中で、臨終した。

アゲシポリス1世

生没 ?～B.C.380年
在位 B.C.394年～B.C.380年

アギス朝のスパルタ王。アギス朝の先王パウサニアスの子。利敵行為を裁かれ、死刑宣告を受けた父王パウサニアスが亡命したため、即位する。未成年であったため、近親のアリストデモスが後見人となった。反スパルタ勢力と戦ったコリントス戦争は、エウリュポン朝の王アゲシラオス2世と共に、有利な形で終結させた。その後、マケドニア王国のアミュンタス3世から支援の要請を受ける。B.C.380年、援軍を率いて遠征する中、熱病により陣没した。

Ⅱ＝ギリシア・ローマ

クレオンブロトス1世

- 生没 ?～B.C.371年
- 在位 B.C.380年～B.C.371年

　アギス朝のスパルタ王。アギス朝のパウサニアスの子であり、先王アゲシポリス1世の弟。兄王の没後、王位を継いだ。スパルタの覇権に危機感を抱いた古代ギリシア都市国家のひとつテーバイとの対立が激しくなった頃のことである。B.C.379年、王はペロポネソス同盟軍を率いてテーバイの遠征を行う。しかし、テーバイの将軍エパメイノンダスに阻まれ、レウクトラの戦いで敗死する。スパルタ王国は、この敗北によってギリシアの覇権を失った。

アゲシポリス2世

- 生没 ?～B.C.369年
- 在位 B.C.371年～B.C.369年

　アギス朝のスパルタ王。先王クレオンブロトス1世の子。テーバイとのレウクトラの戦いで父王が敗死し、即位した。短い治世の後、弟に継承された。

クレオメネス2世

- 生没 ?～B.C.309年
- 在位 B.C.369年～B.C.309年

　アギス朝のスパルタ王。先々王クレオンブロトス1世の子であり、先王アゲシポリス2世の弟。国力は下降線をたどり、マケドニアの覇権確立は深刻であった。

アルキダモス3世

- 生没 ?～B.C.338年
- 在位 B.C.360年～B.C.338年

　エウリュポン朝のスパルタ王。エウリュポン朝の先王アゲシラオス2世の子。レウクトラの戦いで大敗後、病に伏していた父王に代わり、軍の指揮を執る。B.C.362年、スパルタ王国に侵入したテーバイ軍を破った。父王のもとでテーバイとの講和を締結させ、父の没後、王位を継承。南イタリアにあった王国植民都市ターレス（現在のターラント）から、イタリア人との戦いにおける援軍を求められ、そのマンドゥーリアの戦いで敗死した。

アギス3世

- 生没 ?～B.C.331年
- 在位 B.C.338年～B.C.331年

　エウリュポン朝のスパルタ王。エウリュポン朝の先王アルキダモス3世の子。南イタリア遠征にて父王が敗死し、即位する。カイロネイアの戦い以降、マケドニア王国は支配力を増し、アレクサンドロス3世の代には覇権を手にしていた。B.C.333年、反乱を決意した王は、敵を同じくするアケメネス朝ペルシアに援軍を取り付けた。しかし、反マケドニア同盟軍を率いたスパルタ王国は、メガロポリスの戦いで大敗した。王は最期まで戦地に残り、戦ったという。

スパルタ王国

エウダミダス1世

生没 不詳
在位 B.C.330年～B.C.300年

　エウリュポン朝のスパルタ王。エウリュポン朝のアルキダモス3世の子であり、先王アギス3世の弟。B.C.331年、兄王はメガロポリスの戦いでマケドニアの将軍アンティパトロスに敗れ、死す。兄に子がいなかったため、王位を継承した。マケドニア王国への反乱が敗北に終わったことで、スパルタ王国の勢力は、終局に近づいた。しかし、この王の治世中は平和であり、アルキダモスとアゲシトラタの2人の王位継承者にも恵まれたのである。

アレウス1世

生没 ?～B.C.265年
在位 B.C.309年～B.C.265年

　アギス朝のスパルタ王。アギス朝の前王クレオメネス2世の嫡孫。クレオメネス2世が没したとき、父のアクロタトスはすでに死去しており、アレウス1世は叔父クレオニュモスと王位を争ったうえで即位する。アレウス1世は、テーバイによって解散されていたペロポネソス同盟を再結成した。ギリシア諸国やエジプトのプトレマイオス朝と手を結び、マケドニアのアンティゴノス2世に対峙するが、B.C.265年、マケドニアとの戦闘で敗死した。

アルキダモス4世

生没 ?～B.C.275年
在位 B.C.305年～B.C.275年

　エウリュポン朝のスパルタ王。エウリュポン朝の先王エウダミダス1世の子。ペロポネソスに侵攻したマケドニア王国に敗れながらも、王国の危機を守った。

エウダミダス2世

生没 不詳
在位 B.C.275年～B.C.245年

　エウリュポン朝のスパルタ王。エウリュポン朝の先王アルキダモス4世の子。2人の後継者アギス4世とアルキダモス5世に恵まれたが、治世の詳細は不明である。

アクロタトス

生没 不詳
在位 B.C.265年～B.C.262年

　アギス朝のスパルタ王。アギス朝の先王アレウス1世の子。父の叔父クレオニュモスの妻ケリドニスを寝取った。子アウレス2世は王の死後誕生した。

アレウス2世

生没 不詳
在位 B.C.262年～B.C.254年

　アギス朝のスパルタ王。アギス朝の先王アクロタトスの子。父王の死後に誕生する。幼くして即位し、親族のレオニダスの後見を受けたが、8歳で病死した。

レオニダス2世

生没 B.C.315年～B.C.235年
在位 B.C.254年～B.C.243年、B.C.240年～B.C.235年

　アギス朝のスパルタ王。クレオメネス2世の孫。父クレオニュモスが王位につくことはなかった。幼くして即位した先王アレウス2世の後見役を務める。先王が病死すると、高齢で王位を継ぐ。共同統治者であったエウリュポン朝のスパルタ王アギス4世と対立し、B.C.243年、スパルタを追放されてしまう。その後、王位についたのは娘婿クレオンブロトス2世であった。B.C.241年、クーデターを起こして復位を果たすと、アギス4世を処刑し、娘婿王は追放した。

アギス4世

生没 B.C.265年～B.C.241年
在位 B.C.245年～B.C.241年

　エウリュポン朝のスパルタ王。レオニダス2世と共同統治を行う。レオニダス2世を国外に追放し、クレオンブロトス2世を共治王にしたとき、王国は大きな苦境に立たされていた。一部の貴族が極端に豊かな生活を送り、国民の大多数は貧困にあえいでいたのである。王は人々の負債を免除し、土地の再分配をする改革を推し進めようと努めたが、実現できなかった。民衆から呼び戻される形でレオニダス2世が復位すると、富裕層と一般市民の板挟みとなっていた王は、処刑されたのである。

クレオンブロトス2世

生没 不詳
在位 B.C.243年～B.C.240年

　アギス朝のスパルタ王。レオニダス2世の娘婿。レオニダス2世がアギス4世に追放され即位したが、レオニダス2世の復位によって廃位され、亡命した。

エウダミダス3世

生没 不詳
在位 B.C.241年～B.C.228年

　エウリュポン朝のスパルタ王。エウリュポン朝の先王アギス4世の子。父王が処刑され王となる。アギス朝のクレオメネス3世と監督官が共謀し、毒殺された。

クレオメネス3世

生没 B.C.260年～B.C.219年
在位 B.C.235年～B.C.222年

　アギス朝のスパルタ王。アギス朝レオニダス2世の子。父王は対立するエウリュポン朝のアギス4世を処刑した。遺産を狙うために、父王に、未亡人となった王妃アギアティスと結婚させられる。次第に、妻が語る亡き王の内政改革に惹かれるようになり、人々に土地の再分配行った。外征では巨大都市を占領したが、翌年のクレオメネス戦争でマケドニア・アカイア同盟連合軍に敗退する。亡命生活の後、最期は自害した。一族も処刑され、アギス家は終焉を迎えたのである。

スパルタ王国

アルキダモス5世

生没 不詳
在位 B.C.228年〜B.C.227年

エウリュポン朝のスパルタ王。エウリュポン朝の王エウダミダス2世の子であり、アギス4世の弟。B.C.241年、兄王が処刑されると、王国から脱出する。エウリュポン朝の王は空位のままとなった。B.C.228年、アギス朝の王クレオメネス3世に呼び戻されて共同統治を始めるが、在位2年目に暗殺された。犯人はアギス4世を殺害した改革反対派や、クレオメネス3世との見方がある。アルキダモス5世はエウリュポン朝の祖プロクレスの血をひく最後の王であった。

エウクレイダス

生没 不詳
在位 B.C.227年〜B.C.222年

エウリュポン朝のスパルタ王。エピクレイダスとも呼ばれる。アギス朝の王レオニダス2世の子で、クレオメネス3世の弟にあたる。エウリュポン朝の王アルキダモス5世が暗殺され、兄クレオメネス王の共同統治者として王位を継承する。王国は、ペロポネソス半島の北半分を支配するアカイア同盟と対立していた。兄王と共にスパルタ軍を率いて、セラシアの戦いに参加し、戦死した。この敗北が、王国滅亡のきっかけになったとされる。

```
┌クレオメネス1世
└レオニダス1世──プレイスタルコス……プレイストアナクス……パウサニアス┐
 ┌アゲシポリス1世    アゲシポリス2世                              │
 └クレオンブロトス1世──クレオメネス2世─ ─ ─ ─ ─ ─ ─ ─ ─ ─ ─ ─ ─ ─ ┘
 ┌アレウス1世──アクロタトス──アレウス2世
 └クレオニュモス──レオニダス2世──クレオンブロトス2世
                  ├クレオメネス3世
                  └エウクレイダス
```

```
デマラトス……レオテュキデス……アルキダモス2世┬アギス2世
                                          └アゲシラオス2世──アルキダモス3世
┌アギス3世                                              ┌エウダミダス3世
└エウダミダス1世──アルキダモス4世──エウダミダス2世┬アギス4世
                                                  └アルキダモス5世
```

マケドニア王国

B.C.700年〜B.C.146年

　始祖はギリシア神話に記される伝説の王カラノスまで遡る。B.C.700年、アルガイオス1世によるアルゲアス朝の建国から、王国の歴史は動き出した。ピリッポス2世のとき上マケドニア全ての国を支配下に治め、次のアレクサンドロス3世が強国テーバイを倒す。翌年には、スパルタを除く全ギリシアを統一して、「コリントス同盟」を結成したのである。ガウガメラの戦いで、これまで臣従していたアケメネス朝ペルシアに勝利し、領土が最大となった。しかし、広大な領土を治める術が未構築の段階で、大王が急逝したのである。直系の子孫に王位を継がせることは難しいと悟った大王は、「"力のある者"に帝国を託す」と遺言した。

　次々に名乗りをあげた将軍たちによってディアドコイ戦争（後継者戦争）が勃発した末、遺領にはアンティゴノス朝マケドニア（B.C.276年〜B.C.168年）、プトレマイオス朝エジプト（B.C.306年〜B.C.30年）、セレウコス朝シリア（B.C.312年〜B.C.63年）が残った。3つの王国はときに激しく争いながら歩みを進めたが、ローマの勢力に飲み込まれていく。B.C.168年にアンティゴノス朝マケドニアが滅亡し、B.C.146年にはローマの属州となった。

B.C.808年	アルアゲス朝始祖カラノス王が即位したとされる
B.C.700年	アルガイオス1世によって、アルゲアス朝が立てられる
B.C.338年	カイロネイアの戦い。アレクサンドロス3世、テーバイに勝利
B.C.337年	アレクサンドロス3世、コリントス同盟を結成する
B.C.331年	ガウガメラの戦い。アレクサンドロス3世、ペルシアに勝利
B.C.323年	アレクサンドロス3世、急逝
B.C.312年	セレウコス1世、セレウコス朝シリアを建国
B.C.310年	アレクサンドロス4世が没し、アルアゲス朝滅亡
B.C.305年	カッサンドロス、カッサンドロス朝マケドニアを建国
〃	プトレマイオス1世、プトレマイオス朝エジプトを建国
B.C.294年	カッサンドロス朝マケドニア滅亡
B.C.276年	デメトリオス1世、アンティゴノス朝マケドニアを建国
B.C.214年	第一次マケドニア戦争（〜B.C.205年）
B.C.200年	第二次マケドニア戦争（〜B.C.196年）
B.C.171年	第三次マケドニア戦争（〜B.C.168年）
B.C.168年	ピュドナの戦い。ペルセウスが没し、アンティゴノス朝滅亡
B.C.148年	第四次マケドニア戦争
B.C.146年	ローマの属州となる

マケドニア王国

アミュンタス1世

生没 不詳
在位 B.C.547年～BC498年

　アルケタス1世の子。他国と初めて国交を結んだ王である。背景には、猛威を奮うアケメネス朝ペルシアの存在があった。王国に服従を求める使者が来た宴で、ペルシア人たちはマケドニアの女性たちに暴行を重ねた。王は怒りを飲み込んだが、王子アレクサンドロスはその者たちを殺すという毅然とした姿勢を見せつけた。アテナイの独裁者ヒッピアスと同盟を結んだものの、彼が追放の身となったため強国への対抗策は迷走したままであった。

アレクサンドロス1世

生没 不詳
在位 B.C.498年～B.C.454年

　先王アミュンタス1世の子。古代オリンピア競技に、初めて参加したマケドニア人としても伝えられている。アテナイを中心とするギリシア諸国とペルシアとの対立が決定的となるB.C.490年、ペルシア戦争が勃発した。当初、王はペルシアに服属する動きを見せたが、節々でペルシアへの反発姿勢を強固に見せ、ギリシア連合軍に味方をした。これまで異国人扱いをされてきたマケドニア人が、ギリシア人として認められる礎をつくった。

アルケタス2世

生没 ?～B.C.448年
在位 B.C.454年～B.C.448年

　先王アレクサンドロス1世の長男。父王が没して王位につく。即位の4年後には弟ペルディッカス2世に王位を奪われたが、これは不幸の序章にすぎなかったのである。王は「弟から王位を奪い返す」という名目で、ペルディッカス2世の子、アルケラオス1世に誘い出された。しかし、アルケラオス1世との酒の席で、子のアレクサンドロスともども暗殺されてしまう。王位略奪の連鎖の幕開けであった。

ペルディッカス2世

生没 ?～B.C.413年
在位 B.C.448年～B.C.413年

　アレクサンドロス1世の子。先王アルケタス2世の弟にあたる。兄から王位を奪って即位する。しかし、この王位継承に対し、アテナイに支持された弟のピリッポスが反乱を起こしたのである。B.C.432年、王はアテナイと対立関係にあったコリントスの支援を受ける。アテナイとは、エーゲ海沿岸の材木資源をめぐって勢力のバランスが崩れつつあったためだ。B.C.418年、王はスパルタとも同盟を結び、諸国の支援を巧みに乗りこなし、最期まで王として生きた。

アルケラオス1世

生没 不詳
在位 B.C.413年～B.C.399年

　先王ペルディッカス2世の子。B.C.448年、父王が叔父のアルケタス2世から王位を奪ったとき、加担し、アルケタス2世とその子アレクサンドロスを殺害。B.C.413年に父王が死去すると、即位した。マケドニアの王位継承問題に介入してきたアテナイとは、一時、対立していた。王は船舶用の材木を輸出する対策を講じて、アテナイとの関係の改善を試み、安定させたのである。

クラテロス

生没 ?～B.C.399年
在位 B.C.399年

　王族の出身ではなく、先王アルケラオス1世を殺害して王位についた。殺害の経緯については、王位欲しさという説の他に、いくつかの憶測がある。狩りのときに偶然先王を射殺してしまったという説や、先王と望まない恋人関係にあったという説、娘を与えるという約束を守らなかった先王に腹を立てたという説など、真相は不明。いずれにせよ、3、4日ほどの短い在位の後、すぐに何者かによって謀殺された。

オレステス

生没 ?～B.C.396年
在位 B.C.399年～B.C.396年

　アルケラオス1世の子。B.C.399年、父王が将軍クラテロスによって殺害された後、王位につく。B.C.396年、後見人であった叔父アエロポス2世に殺害された。

アルケラオス2世

生没 不詳
在位 B.C.396年?

　アルケラオス1世の子で、先王オレステスの兄。ギリシアの歴史家ディオドロによれば、叔父アエロポス2世が弟王を殺害した後、アルケラオス2世が擁立された。

アエロポス2世

生没 ?～B.C.393年
在位 B.C.396年～B.C.393年

　ペルディッカス2世の子で、アルケラオス1世の弟。共同統治者となった兄王の遺児オレステスとアルケラオス2世を殺害して、単独王の座を手にした。

パウサニアス

生没 ?～B.C.393年
在位 B.C.393年

　先王アエロポス2世の子。父王の病死により即位するが、1年後、アミュンタス3世に暗殺された。アルケラオス1世の死後10年続いた混乱の終焉である。

マケドニア王国

アミュンタス3世

生没 ?～B.C.370年
在位 B.C.393年、B.C.392年～B.C.370年

　父は大王アレクサンドロス3世に仕えた将軍アリダイオス。アルケラオス1世が将軍クラテロスに殺害されてから10年続いた混乱に終止符を打つ。しかし即位すると、王国の混乱に乗じて侵入していたイリュリア王国によって王位を追われた。翌年、復位を果たした王は、アテナイ率いるデロス同盟から離反したギリシアのカルキディケ連盟の攻撃を退けるべく、スパルタと手を組んだのである。高齢により没するまで、王国の生き残りを懸けて尽力した。

アルガイオス2世

生没 不詳
在位 B.C.393年～B.C.392年

　B.C.393年、アミュンタス3世がイリュリア王国によって王位を追われたとき即位するが、2年が経った頃、アミュンタス3世が戻ってきた。B.C.360年、アテナイの支援をうけて王位を奪還しようと企てたが、失敗に終わる。アミュンタス3世の子であるピリッポス2世によって、アテナイ軍が撃破されたためである。その後、アルガイオス2世は消息不明となっている。アルガイオス2世をマケドニア王のひとりとして認めるか、単なる王位請求者とするかは物議を醸す。

アレクサンドロス2世

生没 生年不詳～B.C.368年
在位 B.C.370年／B.C.371年～B.C.368年

　先王アミュンタス3世の子。即位時は成人に達していたものの、若年であった。そのため多くの外敵に狙われた王は、当初、アテナイの将軍イフィクラテースの助力を得て、王国の平和を保っていた。さらに、イリュリア王国を撃退した後、テーバイが覇権を握るギリシアにまで進出。アテナイとの同盟を破棄し、弟ピリッポス2世らをテーバイに人質として差し出したにも関わらず、テーバイが支援した義兄弟プトレマイオスの扇動で、アレクサンドロス2世は暗殺された。

ペルディッカス3世

生没 ?～B.C.359年
在位 B.C.368年～B.C.359年

　アミュンタス3世の次男であり、先王アレクサンドロス2世の弟。テーバイの支援をうけたプトレマイオスによって兄王が暗殺され、王位を継承する。即位当初は未成年であったため、実権はプトレマイオスに握られていた。成長した王はプトレマイオスを殺害し、王権を取り戻した。その後、ギリシアへの進出を果たし、アテナイとは戦いの末に講和するなど手腕を発揮した。イリュリア王国との戦いに敗れて死すと息子アミュンタス4世が王維を継いだ。

アミュンタス4世

生没 ?～B.C.336年
在位 B.C.359年～B.C.356年

先王ペルディッカス3世の子。父王がイリュリア王国との戦いに敗れて没し、王位につく。即位当時は幼少につき、叔父ピリッポス2世が摂政となり、国政を担う。叔父が王位を主張することはなかったが、イリュリア王国とアテナイによる攻撃が深刻さを増すにつれ、王国内には切迫した空気が流れた。民衆に推挙される形で叔父が即位し、アミュンタス4世は廃位となったのである。B.C.336年、従兄弟アレクサンドロス3世の命を狙う陰謀を企てたが、実行する前に処刑される。

ピリッポス2世

生没 B.C.382年～B.C.336年
在位 B.C.359年/B.C.356年～B.C.336年

アミュンタス3世の三男。アレクサンドロス2世、ペルディッカス3世の弟である。マケドニアが服属したテーバイに人質として送られ、幼少期を過ごした。兄ペルディッカス3世がイリュリア王国との戦いで敗死後、帰国する。王位を継いだ甥のアミュンタス4世の摂政となった。しかし、対外的な危機感が高まるにつれ、民衆に推挙されて王となる。治世中は軍制の改革に取り組み、B.C.337年にコリントス同盟を結成したのである。ペルシア遠征の志半ばで、暗殺された。

アレクサンドロス3世

生没 B.C.356年～B.C.323年
在位 B.C.336年～B.C.323年

先王ピリッポス世の次男。ヘーラクレスとアレキウスを祖に持つ、ギリシアにおける最高の家系に生まれた。少年期は、父王が招いた哲学者アリストテレスを家庭教師として学ぶ。「ピリッポス2世から生を受けたが、高貴に生きることはアリステレスから学んだ」という言葉を遺すほど、師を尊敬していた。B.C.336年、父王がペルシアへの遠征直前に暗殺され、王位に就く。即位すると、父王が結成したコリントス同盟の盟主として、ギリシアにおける反乱を鎮圧した。また、亡き父の遺志を受継ぎ、ペルシア遠征を計画した2年後には、小アジア遠征の途についた。その翌年、ガウガメラの戦いではアケメネス朝ペルシア帝国を滅ぼす。エジプトおよび西アジアからインド西部を股にかけた大帝国を統治する体制は未完成のまま、バビロンにて病没をしたのは、B.C.323年のことである。「最強の者が帝国を継承せよ」という遺言通り、その死後、覇権争いが繰り広げられた。エジプトのファラオを兼任し、遠征地にギリシア風の都市を建設してヘレニズム文化を広めた才気溢れる王は、アレクサンダー大王の名で後世に語り継がれている。

マケドニア王国

ピリッポス3世

- 生没 B.C.359年～B.C.317年
- 在位 B.C.323年～B.C.317年

　ピリッポス2世の子であり、先王アレクサンドロス3世の異母兄。征服したバビロンで先王が病死すると、一次的に即位した。しかし、先王の正妃ロクサネはすでに妊娠中であり、嫡男アレクサンドロス4世が生まれると共同統治者となった。偉大な先王の亡き後、王国の政治は後継者争いで混乱した。臣下の実権争いだけでなく、ピリッポス3世の王妃エウリュディケと先王の祖母も対立したのである。ピリッポス3世は先王の祖母によって捕えられ、処刑された。

アレクサンドロス4世

- 生没 B.C.323年～B.C.309年
- 在位 B.C.323年～B.C.309年

　大王アレクサンドロス3世の子。父王が没した時点では、まだ誕生していなかった。隊長ペルディッカスは、「大王の王妃クロサネの妊娠している子が男子である可能性に望みを託すべき」と主張した。
　生まれたアレクサンドロス4世は、異母兄ピリッポス3世の共治王とされたのである。治世下、軍の内乱や王位継承に関わる争いが絶えることはなかった。14歳のアレクサンドロス4世はその母クロサネと共に毒殺され、大王アレクサンドロス3世の直系子孫は根絶する。

カッサンドロス

- 生没 B.C.350年～B.C.297年
- 在位 B.C.305年～B.C.297年

　王族出身ではく、マケドニア王国の摂政アンティパトロスの子である。先王アレクサンドロス4世を暗殺した説が真実ならば、アルゲアデス朝を途絶えさせ、カッサンドロス朝初代のマケドニア王となる。大王アレクサンドロス3世の没後、王宮内では骨肉の争いが繰り広げられ、軍隊の中でも王位継承をめぐる勢力争いが続いた。カッサンドロスは大王の異母妹テッサロニカを妻にして、王位継承権を手にする。名実共に王国の支配者となった後、浮腫の症状で死亡した。

ピリッポス4世

- 生没 ？～B.C.297年
- 在位 B.C.297年

　先王カッサンドロスの子であり、大王アレクサンドロス3世の甥。父王は王族の出身ではなかったが、母は大王アレクサンドロス3世の異母妹テッサロニカである。父が病に倒れると、王位を継ぐ。即位して1年も経たないうちに、病死した。共同で王位を継いだ2人の弟たち、アンティパトロス2世とアレクサンドロス5世は単独統治を奪い合う。この争いは大王の亡き後より王位継承権を狙っていた部下たちにつけ入る隙を与え、カッサンドロス朝の滅亡を招いた。

Ⅱ　ギリシア・ローマ

アンティパトロス2世

- 生没 ?～B.C.294年
- 在位 B.C.297年～B.C.294年

　カッサンドロスの二男。同母弟アレクサンドロス5世と共に即位。彼らは単独統治を望み、骨肉の王位継承争いとなった。アンティパトロス2世は、実母テッサロニケまでも弟に味方したことを理由に殺害している。王位を狙う者たちが参入し、アンティパトス2世は元将軍リュシマコスに、弟王は元将軍デメトリオス1世の支援を受けた。最期はリュシマコスに殺害されている。

アレクサンドロス5世

- 生没 ?～B.C.294年
- 在位 B.C.297年～B.C.294年

　カッサンドロス王の三男であり、ピリッポス4世、アンティパトロス2世の同母弟。ピリッポス4世の没後、兄アンティパトロス2世と共に即位するが、単独統治をめぐった勢力争いとなり、母は兄王によって殺害された。元将軍リュシマコスに支援を受け、実権を握った兄王に対抗すべく、王は元将軍デメトリオス1世に助けを求めたのである。一時、兄王の追放に成功する。しかし、兄弟王の最期は、共に手を組んだ将軍に暗殺されるものであった。

デメトリオス1世

- 生没 B.C.337年～B.C.283年
- 在位 B.C.294年～B.C.288年

　大王アレクサンドロス3世の遺領をめぐり、シリアのセレウコス1世、エジプトのプトレマイオス1世と覇権を競った将軍アンティゴノス1世の子である。カッサンドロス王の死後、その息子たちは単独統治を求めて争った。アンティパトロス2世を追放するなど、アレクサンドロス5世に味方した後、彼を殺害して自らが即位する。しかし、妻の弟エペイロス王ピュロスらに王国を追われてアナトリアに逃れた。シリア王セレウコス1世に監禁され、獄死する。

ピュロス

- 生没 B.C.319年～ B.C.272年
- 在位 B.C.286年～B.C.284年、B.C.273年～B.C.272年

　エピロス王の子。ディアドコイ戦争に出た父王の留守中、国民が反乱を起こし、イリュア王国へ脱出したのは2歳のときである。10年後、イリュア王の支援を受けてエピロス王に即位する。17歳のとき、再び反乱が起こり、義兄であったマケドニア王子デメトリオス1世を頼った。ディアドコイ戦争に敗れた義兄によって、人質としてプトレマイオス1世に差し出された後、その娘と結婚。王の支援を受けてエピロス王に返り咲き、義兄からマケドニアの王座をも奪った。

マケドニア王国

リュシマコス

- 生没 B.C.360年～B.C.281年
- 在位 B.C.306年～B.C.281年

　父は宮廷お抱えの道化師である。アレクサンドロス大王の東征の際、護衛官として参加した後、将軍となる。大王の没後、遺領の統一支配を目指して、ディアドコイ戦争に参戦した。カッサンドロス、アンティゴノス1世、プトレマイオス1世、セレウコス1世と覇権争いを繰り返す。大王の怒りを買うことも恐れなかった勇敢さや、ライオンを素手で倒したとも言われる。後継者争いに明け暮れた人生は、クルペディオンの戦いでセレウコス1世に敗れて幕を閉じる。

プトレマイオス・ケラウノス

- 生没 ？～B.C.279年
- 在位 B.C.281年～B.C.279年

　エジプト王プトレマイオス1世の長男。父王と対立して追放され、マケドニア王国に亡命する。異母姉妹がマケドニア王リュシマコスの王妃だったからである。リュシマコスに関わったことから、大王アレクサンドロス3世の遺領をめぐる覇権争いにその身を投じる。B.C.281年、リュシマコスがセレウコス1世に敗死した。その復讐と称してセレウコス1世を暗殺し、自らがマケドニア王となった。B.C.279年、マケドニアとギリシアに侵攻したガリア人との戦いで敗死する。

メレアグロス

- 生没 不詳
- 在位 B.C.279年

　エジプト王プトレマイオス1世の子で、先王プトレマイオス・ケラウノスの弟。兄王の敗死により即位するが、アンティパトロス・エテシアスに廃位される。

アンティパトロス・エテシアス

- 生没 不詳
- 在位 B.C.279年

　ピリッポス4世の子で、カッサンドロスの甥。先王メレアグロスを追放して王位についたが、45日後、親族の将軍ソステネスによって王位を奪われた。

ソステネス

- 生没 ？～B.C.277年
- 在位 B.C.279年～B.C.277年

　先王アンティパトロスの従兄弟。トラキア王リュシマコスに仕えた将軍でもある。プトレマイオス・ケラウノス王を戦死させたガリア人を破り、マケドニア王国を彼らの略奪から守った。この活躍によって、民衆に支持された。B.C.279年、従兄弟アンティパトロスを追放し、自らがマケドニア王に即位する。しかし、再び侵入してきたガリア人に敗れると殺害された。ソステネスの死は、カッサンドロス朝の終焉を意味する。没後、アンティゴノス2世が王となった。

アンティゴノス2世

- 生没 B.C.319年～B.C.239年
- 在位 B.C.277年～B.C.274年、B.C.272年～B.C.239年

　デメトリオス1世の子であり、アンティゴノス1世の孫。父王が小アジアやマケドニアで戦争を行う中、ギリシアでの地位を確立することに努めてきた。ソステネス王を殺害して王位につき、父王の代で断絶していたアンティゴノス朝マケドニアの復活を成し遂げたのである。B.C.274年にエピロス王ピュロスによって王位を追われるが、ピュロスが没すると復位した。甥アレクサンドロスの反乱や、アカイア同盟に苦戦した治世であるが、詩や歴史などにも興味を示した。

デメトリオス2世

- 生没 ?～B.C.229年
- 在位 B.C.239年～B.C.229年

　先王アンティゴノス2世の子。父王の在位中、アレクサンドロス2世を破り、マケドニアの存続を守るなどの活躍を続けてきた。父王が没すると、即位する。治世中、多くの年月を、アカイア同盟やアイトリア同盟との対峙に費やしたが、巧みな駆け引きによって成果を出した。また、イリュリア人のダルダニ族をはじめとする他民族の撃退にも追われるなど、外敵は多かった。B.C.229年に没すると、王位は幼少の息子ピリッポス5世に託されたのである。

アンティゴノス3世

- 生没 B.C.263年～B.C.221年
- 在位 B.C.227年～B.C.221年

　アンティゴノス2世の異母弟であるデメトリオスの子。先王デメトリオス2世の従兄弟にあたる。先王が没したとき、その子ピリッポス5世は幼少であった。先王の王妃クリュセイスを娶り、ピリッポス5世の摂政を経て、自らが王となる。治世中、アカイア同盟の盟主であったシキュオンを支援し、アイトリア同盟の盟主スパルタに対抗した。B.C.222年、セラシアの戦いでスパルタに勝利を果たし、王国を占領。イリュリアの諸都市との戦闘中に死去した。

ピリッポス5世

- 生没 B.C.238年～B.C.179年
- 在位 B.C.221年～B.C.179年

　デメトリオス2世の子。B.C.229年に父王が没したときは、幼少であった。従兄アンティゴノス3世が摂政となり、王の政務を担う。B.C.221年、アンティゴノス3世が陣没し、17歳で即位。このとき王国はスパルタをはじめギリシア諸国において確固たる地位を築いていた。一方で、2度にわたるマケドニア戦争の敗北によって、西方領土は苦境に立たされることになる。人質として共和政ローマに送った息子デメトリオスの処刑を余儀なくされ、自らも1年後に世を去った。

マケドニア王国

ペルセウス

生没 不詳
在位 B.C.179年～B.C.168年

先王ピリッポス5世の長男。父王が共和政ローマに敗北し、弟デメトリオスは人質となる。ローマの支援を受けた弟がマケドニア王の座を手に入れようとしたとき、父王に処刑させた。自責の念に堪えかねた父は体調を崩し、翌年に死去する。こうして王位についたが、ローマとの関係はすでに冷えきっていた。B.C.171年の第三次マケドニア戦争においての敗北は、アンティゴノス朝マケドニア王国の滅亡となり、王国はローマの属州となったのである。

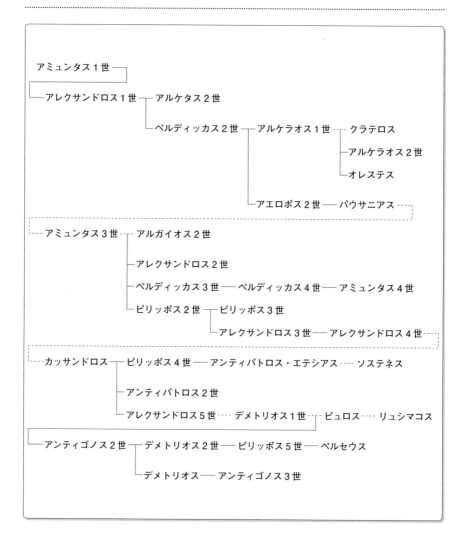

セレウコス朝シリア

B.C.305年～B.C.63年

　マケドニア王国の領土を最大にしたアレクサンドロス3世が急逝すると、その遺領をめぐって将軍たちがディアドゴイ（後継者）の名乗りをあげた。セレウコス朝シリアを建国したのは、マケドニアの貴族出身のセレウコス1世であった。

　コルペディオンの戦い以降、プトレマイオス朝エジプトとの争いは半世紀続き、国力が西部に集中した隙に東部の属国では離反の動きが見られはじめた。ペルガモンやバクトリア、つづいてパルティアが独立し、みるみる領土は縮小したのである。失った領土を取り戻す東方遠征を成功させ、さらには第五次シリア戦争において宿敵エジプトに勝利したのは、アンティオコス3世であった。

　しかし脅威を感じたギリシア諸国がローマに援軍を要請したことから介入がはじまり、低迷の一途をたどる。マグナシアの戦いでローマに完敗し、やがて東方の領土を全て失った。収まらない内紛の中、B.C.95年には王が乱立する異常事態となった。ローマによって王が擁立、追放、暗殺されるようになり、250年に及ぶ歴史はその属州となることで幕を閉じたのである。

B.C.323年	マケドニア王国アレクサンドロス3世急逝。ディアドコイ戦争開勃発
B.C.305年	セレウコス1世、セレウコス朝シリアを建国
B.C.301年	イプソスの戦い。マケドニアのアンティゴノス1世に勝利
B.C.281年	コルペディオンの戦い。小アジアの大半の領土を獲得
B.C.278年	マケドニア王国と和解
B.C.274年	第一次シリア戦争（～B.C.271年）。アンティオコス1世領土縮小
B.C.260年	第二次シリア戦争（～B.C.253年）。アンティオコス2世領土奪還
B.C.246年	第三次シリア戦争（～B.C.241年）。セレウコス2世エジプトに敗北
B.C.219年	第四次シリア戦争（～B.C.217年）。共和政ローマと対立
B.C.202年	第五次シリア戦争（～B.C.195年）。アンティオコス3世、エジプトに勝利
B.C.190年	マグナシアの戦い。アンティオコス3世、ローマに敗北
B.C.170年	第六次シリア戦争（～B.C.168年）。アンティオコス4世、エジプトに勝利
B.C.140年	マカバイ戦争。デメトリオス1世敗北、ユダヤ人の独立を承認
B.C.129年	パルティアの急襲。アンティオコス4世が没し、以降内紛となる
B.C.83年	アルメニア王ティグラネス2世が侵攻、アンティオコス10世が敗北
B.C.69年	ローマの軍人ポンペイウスがシリア奪還、アンティオコス13世王位
B.C.65年	ポンペイウスがアンティオコス13世追放、フィリッポス2世擁立
B.C.63年	フィリッポス2世、殺害される。ローマの属州となり滅亡

セレウコス朝シリア

セレウコス1世

生没 B.C.358年～B.C.281年
在位 B.C.305年～B.C.281年

　マケドニアの貴族アンティオコスの子。アレクサンドロス3世の東方遠征に従い、B.C.323年、アレクサンドロス3世が病没するとシリアで王位を宣言した。正式に即位したのはB.C.305年頃とも伝えられる。アケメネス朝ペルシアの領土の大半を引き継ぎ、創始したセレウコス朝はすでに全盛期を迎えていた。インドに侵攻し、シリア北部とアナトリアの中部を獲得し、故国マケドニアへの進軍中、マケドニア王位を狙うプトレマイオス・ケラウノスに暗殺され、野望は幕を閉じたのである。

アンティオコス1世

生没 B.C.323年～B.C.261年
在位 B.C.281年～B.C.261年

　先王セレウコス1世の子。父王の代より、ユーフラテス川東方諸州の王として共同統治者を務める。父王が暗殺されたB.C.281年、正式に王位を継承する。治世中、広大な領土の管理・都市建設に努める一方で、シリアと北アナトリアの反乱を鎮圧した。ガリア人の軍隊を撃破したことで、小アジアのイオニア人諸都市からは「救済王」と称される。父の遺志を継ぐ政策を行った王は、後年、エジプトやペルガモン王国との戦いに敗れて多くの領土を失った末、病死した。

アンティオコス2世

生没 B.C.286年～B.C.246年
在位 B.C.261年～B.C.246年

　先王アンティオコス1世の子。父王の病没により、即位する。父の代よりセレウコス朝の分裂が始まっており、バクトリア・パルティアなどが独立した。父王がプトレマイオス朝エジプトに奪われた領土を取り戻そうと努め、第二次シリア戦争に挑んだ。その結果、エジプトから小アジアのミレトス、エフェソスやフェニキア沿岸地域などの奪回を果たす。講和の末、エジプト王プトレマイオス2世の娘ベレニケと結婚したことが引き金となり、前妻によって毒殺された。

セレウコス2世

生没 B.C.265年?～B.C.226年
在位 B.C.246年～B.C.226年

　先王アンティオコス2世の子。母は先王の正妃ラオディケ1世である。プトレマイオス朝エジプトとの和約のため、父王は母と離婚し、エジプト王プトレマイオス2世の娘ベレニケを王妃に迎える。プトレマイオス2世が没すると、母ラオディケ1世は復縁を果たすが、2人の女性の対立は続いた。母はベレニケとその子、先王をも手にかけ、我が子を王位につけたのである。エジプトとの関係は悪化し、第三次シリア戦争が勃発。セレウコス朝シリアは大敗した。

セレウコス3世

- 生没 B.C.243年〜B.C.223年
- 在位 B.C.226年〜B.C.223年

　先王セレウコス2世の長男。父王が急死し、若年ながら王位に就く。このころ、シリアの領土のほとんどはペルガモン王アッタロス1世に奪われていた。即位した王は、アッタロス1世を小アジアから追放して領土を回復しようと努める。しかし、従兄弟のアカイオスと共に向かった遠征の途中で、軍資金は底を尽きてしまい、軍には不満や動揺が広がった。さらに王は部下に毒殺された。危機から抜け出すことができないまま、セレウコス朝は弟に継承されるのであった。

アンティオコス3世

- 生没 B.C.241年〜B.C.187年
- 在位 B.C.223年〜B.C.187年

　セレウコス2世の子であり、先王セレウコス3世の弟。兄王が暗殺され、王位を継ぐ。即位当時、セレウコス朝シリアは危機に瀕していた。パルティア王国やグレコ・バクトリア王国が分離し、アナトリアでも離反の動きが続いていたのである。さらにプトレマイオス朝エジプトとの戦争は続いており、セレウコス1世が征服した領土の大半はすでに失われていたのであった。治世中、縮小の一途を辿っていた領土を拡大し、東方はインドまで遠征したことから、大王と称されている。B.C.212年より東方遠征を開始した王は、アルメニア王クセルクセス、パルティア王アルサケス2世、グレコ・バクトリア王エウテュデモス1世を服属させ、パレスチナ方面にも進出を果たしたのである。さらなる勢力の拡大を狙い、王はギリシアにも進出した。ギリシア諸国は共和政ローマに支援を求め、セレウコス朝シリアはローマ軍に決定的な敗北を喫する。国の弱体化をみたパルティアやバクトリアにも離反の動きが強まっていた。アナトリア方面の領土も失った王は、ローマに対する賠償金の支払いに困窮しながら暗殺される。

セレウコス4世

- 生没 B.C.218年?〜B.C.175年
- 在位 B.C.187年/B.C.186年〜B.C.175年

　先王アンティオコス3世の子。父王の治世下で政治に関わってきた王子は、その没後、王位を継承した。当時のセレウコス朝シリアはローマとの戦いに敗れ、アパメア和約によって莫大な賠償金を課せられていた。王は支払いに苦しみ、エルサレム神殿の財宝を略奪しようと財務長官ヘロドトスを派遣する。しかしそのヘロドトスに、王は暗殺された。国力の弱体化が進むなか、マケドニア、エジプトなどと良好な関係を継続することに尽力した治世であった。

セレウコス朝シリア

アンティオコス4世

- 生没 B.C.215年?～B.C.164年/B.C.163年
- 在位 B.C.175年～B.C.164年/B.C.163年

先々王アンティオコス3世の三男であり、先王セレウコス4世の弟。父王がローマに敗北し、アパメア和約によってローマの人質となったのはB.C.190年、もしくはB.C.189年のことである。B.C.176年、正統な後継者であった兄セレウコス4世の子デメトリオス1世と交換され、シリアに帰国。翌年に兄を暗殺した仇をとり、自らが即位した。治世中、プトレマイオス朝エジプトに勝利しても征服には至らず、支配下のユダヤ人が反乱を起こした。病気により急死した。

アンティオコス5世

- 生没 B.C.172年～B.C.162年/B.C.161年
- 在位 B.C.163年/B.C.164年～B.C.162年

アンティオコス4世の子。父王が病気により急死し、即位。正統な後継者であった兄セレウコス4世の子デメトリオス1世は、アパメア和約によってローマで人質になっていた。デメトリオス1世の解放を求めたが拒絶されたため、摂政リュシアスに擁立された。わずか9歳であった王の実権は、摂政リュシアスが握る。ユダヤ人によるマカベアの反乱を押さえようと試みたが力及ばず、ローマから逃れたデメトリオス1世によってリュシアスと共に殺害された。

デメトリオス1世

- 生没 B.C.185年～B.C.150年
- 在位 B.C.162年～B.C.150年

セレウコス4世の次男であり、アンティオコス3世の孫。祖父王がローマに降伏した当時、叔父アンティオコス4世が人質となる。B.C.176年、正当な後継者のデメトリオス1世が代わって人質となるよう要求され、ローマに送られた。B.C.163年頃にアンティオコス4世が没し、その幼い子アンテシオコス5世が王に擁立される。ローマから脱出したデメトリオス1世は、アンティオコス5世を殺害し、ローマから支持をうけていた将軍ティマルコスも制圧して正式な王に追認された。

アレクサンドロス1世

- 生没 不詳
- 在位 B.C.150年～B.C.146年/B.C.145年

アンティオコス4世の子。兄王アンティオコス5世を殺害して即位した、先王デメトリオス1世に反旗を翻す。先王と対立した周辺諸国やローマを味方につけ、さらにエジプト王プトレマイオス6世の娘クレオパトラ・テアと結婚し、確かな戦力を得た末の王位獲得であった。その後、勢力を拡大しようとプトレマイオス6世の殺害を企てたことからエジプトとの関係は崩れ、先王の息子デメトリオス2世と手を組まれてしまった。彼らとの戦いで、陣没する。

デメトリオス2世

生没 不詳
在位 B.C.145年~B.C.139年/B.C.138年、B.C.129年~B.C.125年

先々王デメトリオス1世の子。父王によってローマの人質となる。帰還すると、父王を殺して王位を手にした先王アレクサンドロス1世に対抗する。先王と険悪になったエジプト王プトレマイオス6世の支持を得て王位を奪い、アレクサンドロス1世の王妃であったクレオパトラ・テアと結婚。東方パルティアへの遠征中に捕虜となり、復位を図ったものの、反乱は続いた。デメトリオス2世は王座をねらうアレクサンドロス2世に敗れると、クレオパトラ・テアの命令で殺害された。

アンティオコス6世

生没 不詳
在位 B.C.145年~B.C.142年/B.C.141年

アレクサンドロス1世の子。母は、エジプト王プトレマイオス6世の王女クレオパトラ・テア。父王は、先王デメトリオス2世に敗れたものの、先王に反旗を翻した将軍ディオドトス・トリュフォンによって擁立された。デメトリオス2世を追放し、アンティオコス6世が王位についたが、政治の実権はディオドトス・トリュフォンに握られていた。B.C.142年頃に早世。死因については不明ながら、ディオドトス・トリュフォンによって暗殺されたとみられている。

ディオドトス・トリュフォン

生没 B.C.140年?~B.C.138年
在位 B.C.142年~B.C.138年/B.C.137年

デメトリオス2世から王位を奪おうとした、セレウコス朝シリアの将軍。デメトリオス2世に対する人々の不満が高まり、政治が混乱した状況を見計らって、アレクサンドロス1世の子アンティオコス6世を擁立した後、B.C.142年頃に彼を暗殺して王位を手にしたとされる。しかし、各地で反乱が続発し、デメトリオス2世の後継者であったアンティオコス7世と争う。逃亡したがまもなく捕えられ、処刑された。自殺したとも伝えられている。

アンティオコス7世

生没 B.C.159年?~B.C.129年
在位 B.C.139年/B.C.138年~B.C.129年

デメトリオス1世の子であり、デメトリオス2世の弟にあたる。B.C.139年頃、兄デメトリオス2世がパルティアの捕虜となると、兄嫁であったクレオパトラ・テアと結婚して王となった。王位を奪ったディオドトス・トリュフォンを滅ぼす。治世中、ハスモン朝イスラエルを攻略し、パルティア遠征などの成果をあげる。しかしパルティア側も内乱を狙って、兄デメトリオス2世を釈放し、奇襲を仕掛けた。王は敗死し、東方の領土を失った。

セレウコス朝シリア

アレクサンドロス2世

- 生没 不詳
- 在位 B.C.129年/B.C.128年～B.C.123年

　アレクサンドロス1世の子。先王アンティオコス7世の没後、セレウコス朝シリアでは度重なる内乱が起こる。デメトリオス2世と対立するエジプト王プトレマイオス8世によって擁立された。B.C.128年、デメトリオス2世を殺害して王座を奪い取ったのである。アレクサンドロス1世の養子と自称したようであるが、アンティオコス7世の婚外子であったと考えられる。プトレマイオス8世の後ろ盾を失ったのち、アンティオコス8世によって排除された。

セレウコス5世

- 生没 ?～B.C.125年
- 在位 B.C.125年

　デメトリオス2世の長子。母は、アレクサンドロス1世と離婚したのち、デメトリオス2世と再婚したクレオパトラ・テアである。セレウコス5世の通称「フィロメトル」は、「愛母」の意味。B.C.125年に父王が殺害されると、王位についたが、ほどなく、実母のクレオパトラ・テアによって殺害された。その理由は、母の意向を無視して王位を要求したためであるとも、父王の報復をすることをクレオパトラ・テアが恐れたためと推察されている。

クレオパトラ・テア

- 生没 B.C.164年?～B.C.121年
- 在位 B.C.125年～B.C.121年/B.C.120年

　エジプト王プトレマイオス6世の娘。政略結婚に翻弄された一方で、王の権力を手中に収める画策も行った。シリアへの対抗策として、アレクサンドロス1世と最初に結婚させられ、次に父王が手を組んだデメトリオス2世と再婚。デメトリオス2世が捕われの身になると、その弟アンティオコス7世と再々婚したのである。後年、成長した息子たちを擁立したが、思い通りにならない長男を殺害。次男も毒殺しようとしたところ、逆に暗殺された。

アンティオコス8世

- 生没 不詳
- 在位 B.C.125年～B.C.96年

　デメトリオス2世の子。父王と敵対したエジプトが、アレクサンドロス2世の支持をとりやめたのを機に、アレクサンドロス2世を排除して即位した。

アンティオコス9世

- 生没 不詳
- 在位 B.C.113年～B.C.95年

　アンティオコス7世の子。異父兄アンティオコス8世に反乱を起こし、沿岸部を領有する。さらに、東方をも狙うが、甥のセレウコス6世によって殺害された。

セレウコス6世

生没 不詳
在位 B.C.96年～B.C.95年

アンティオコス8世の子。伯父アンティオコス9世を殺害して即位するが、伯父の子アンティオコス10世に殺害される。相続争いの幕開けであった。

デメトリオス3世

生没 不詳
在位 B.C.95年～B.C.88年

アンティオコス8世の子であり、セレウコス6世の兄弟。対抗した従兄アンティオコス10世はパルティアとの戦いで没し、自身は捕われの身となる。

フィリッポス1世

生没 不詳
在位 B.C.95年/B.C.93～B.C.83年

アンティオコス8世の子。兄弟セレウコス6世とアンティオコス11世を、アンティオコス10世に殺される。王位継承争いとなった残る2人の兄弟も没した。

ティグラネス1世

生没 不詳
在位 B.C.83年～B.C.69年

人質となっていたパルティア王ミトラダテス2世の後押しにより即位。ローマと敵対するパルティアと同盟したことで、ローマとの戦争に巻き込まれる。

アンティオコス10世

生没 不詳
在位 B.C.95年～B.C.83年/B.C.82年

アンティオコス9世の子。父王を殺したセレウコス6世に報復し、即位。セレウコス6世の家系との王位争奪に身を投じ、パルティアに殺害された。

アンティオコス11世

生没 不詳
在位 B.C.95年?～B.C.92年?

アンティオコス8世の子。兄弟フィリッポス1世と共に、兄弟セレウコス6世を殺害したアンティオコス10世に報復を試みる。しかし、自身も殺害された。

アンティオコス12世

生没 不詳
在位 B.C.87年～B.C.84年

アンティオコス8世の子。王位継承争いにおいて、5人兄弟の中でフィリッポス1世と共に最後まで残る。しかし、ナバタイア人との戦いで戦死したのである。

セレウコス7世

生没 不詳
在位 B.C.83年～B.C.69年

アンティオコス10世の子とされる。エジプトのベレニケ4世との結婚のためエジプトに赴いたところ、ベレニケ4世によって殺されたという。

セレウコス朝シリア

アンティオコス13世

生没 ?～B.C.64年
在位 B.C.69年～B.C.64年/B.C.63年

アンティオコス10世の長子であり、セレウコス朝シリア最後の王。父王がパルティアとの戦いで敗死し、母クレオパトラ・セレネ1世は息子の即位を望んだ。しかし、弱体化したシリアはアルメニア王ティグラネス2世の支配下にあった。母はティグラネス2世に殺害されている。しかし、彼もローマの軍人グナエウス・ポンペイウスによって倒された。ポンペイウスに王位を与えられたアンティオコス13世であるが、ポンペイウスの手で廃位、殺害された。

フィリッポス2世

生没 不明
在位 B.C.69年/B.C.67～B.C.66年/B.C.63年

フィリッポス1世の子。通称の「フィロロマエオス」は、「ローマの友人」の意である。父王が没すると、シリアはアルメニア王ティグラネス1世が実質的に支配をすることとなり、フィリッポス2世は、従兄弟にあたるアンティオコス13世と王位継承を争った。アンティオコス13世がローマの軍人グナエウス・ポンペイウスによって廃位されたあと、王位についたものの、ローマの傀儡であった。最終的に、フィリッポス2世も間もなく廃位され、シリアはローマの属州となった。

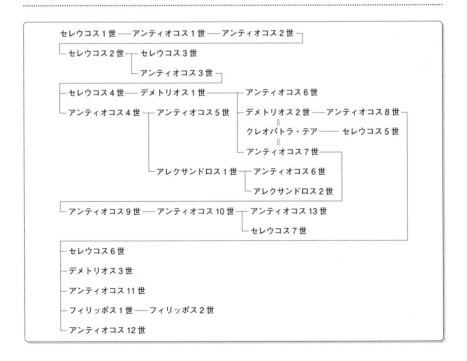

プトレマイオス朝
エジプト

B.C.305年〜B.C.30年

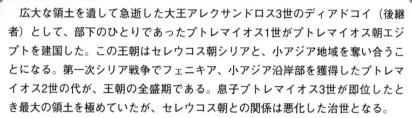

広大な領土を遺して急逝した大王アレクサンドロス3世のディアドコイ（後継者）として、部下のひとりであったプトレマイオス1世がプトレマイオス朝エジプトを建国した。この王朝はセレウコス朝シリアと、小アジア地域を奪い合うことになる。第一次シリア戦争でフェニキア、小アジア沿岸部を獲得したプトレマイオス2世の代が、王朝の全盛期である。息子プトレマイオス3世が即位したとき最大の領土を極めていたが、セレウコス朝との関係は悪化した治世となる。

第五次シリア戦争が終わると、プトレマイオス5世がシリア王アンテシオコス3世の娘クレオパトラ1世を妃に迎えることで、和平は成立したかのようにみえた。しかしこの選択によって、王妃が大きな力を持ち、その権力を巡って王が擁立される時代を招いたのである。第六次シリア戦争以降にローマの介入も加わると、王位の争奪は激化。さらに「絶世の美女」と称されたクレオパトラ7世が、ローマの軍人ユリウス・カエサルやマルクス・アントニウスたちの心を動かしたことで、権力は複雑化した。恋と権力の絡み合いの後に女王が自死すると、300年続いたプトレマイオス朝の歴史にも幕が降りた。以降、ローマの属州となる。

B.C.323年	マケドニア王国アレクサンドロス3世急逝、ディアドコイ戦争勃発
B.C.274年	第一次シリア戦争（〜B.C.271年）。プトレマイオス2世シリア侵攻
B.C.260年	第二次シリア戦争（〜B.C.253年）。プトレマイオス2世、休戦協定
B.C.246年	第三次シリア戦争（〜B.C.241年）。プトレマイオス3世の報復
B.C.219年	第四次シリア戦争（〜B.C.217年）。フェニキア諸都市を攻略される
B.C.202年	第五次シリア戦争（〜B.C.195年）。コイレシリアを喪失
B.C.195年	プトレマイオス5世、シリア王の娘クレオパトラ1世を妃にする
B.C.170年	第六次シリア戦争（〜B.C.168年）。プトレマイオス6世捕虜となる
B.C.164年	プトレマイオス6世が8世に追放され、ローマに亡命する
B.C.131年	クレオパトラ2世、プトレマイオス8世に対してクーデターをおこす
B.C.51年	クレオパトラ7世が王妃となる
B.C.48年	クレオパトラ7世、トレマイオス13世の側近にシリアへ追放される。クレオパトラ7世とローマのカエサル、アレクサンドリア宮廷で出会う
B.C.47年	アレクサンドリア戦争。プトレマイオス13世、カエサルに敗れる
B.C.41年	クレオパトラ7世、ローマのカエサルと出会う
B.C.37年	クレオパトラ7世、アントニウスと結婚
B.C.31年	アクティウムの海戦。エジプト軍、オクタウィアヌスに敗れる
B.C.30年	クレオパトラ7世、オクタウィアヌスに降伏して自害する

プトレマイオス朝エジプト

プトレマイオス1世

生没 B.C.367年～B.C.282年
在位 B.C.305年～B.C.282年

　大王と呼ばれたマケドニア王アレクサンドロス3世の将軍であった。大王に仕えて東方遠征に従軍し、その没後、後継者のひとりとなり、プトレマイオス朝エジプトの初代ファラオとなったのである。ディアドコイ戦争に生涯を投じたが、多くの後継者が暗殺や戦死など非業の死を遂げる中で、天寿をまっとうした。対立した長男プトレマイオス・ケラウノは、エジプトから追放している。B.C.288年より、次男のプトレマイオス2世を後継者として、共同治世を行っている。

ベレニケ1世

生没 B.C.340年～B.C.279年からB.C.268年
在位 ?～B.C.285年

　マケドニアの貴族出身。B.C.325年、軍人ピリッポスと最初の結婚をする。夫との死別後、プトレマイオス1世と結婚し、プトレマイオス朝エジプトで最初の女王となったのは、B.C.317年のことである。王との間には、アルシノエ2世とフィロテラという2人の娘、次期王となる息子プトレマイオス2世をもうけた。その死後、紅海に建てられた港は「ベレニケ」と名づけられるなど、神格化されたことが伝えられている。

プトレマイオス2世

生没 B.C.308～B.C.246年
在位 BC285年/B.C.282～B.C.246年

　プトレマイオス1世の子。母はベレニケ1世。異母兄のプトレマイオス・ケラウノスが父と対立して追放され、王位継承者となる。B.C.288年より、父王と共同統治をはじめる。B.C.285年に父王が没すると、単独統治となった。マケドニア王シュリマコスと結婚したが、未亡人となっていた姉アルシノエ2世と再婚。そのため、姉弟愛を意味する「ピラデルポス」の異名でも知られている。第一次・第二次シリア戦争により領土を拡大し、王朝の国富が最大となった。

アルシノエ1世

生没 B.C.305～B.C.248年以後
在位 B.C.284年?～B.C.274年

　マケドニア王リュシマコスの娘。B.C.282年頃、トラキアとエジプトの対シリア同盟のために、エジプトのプトレマイオス2世フィラデルフォスと結婚。しかし、翌年、リュシマコスがシリア王セレウコス1世に敗北し、死去。これによって、リュシマコスに嫁いでいたプトレマイオス2世の実姉アルシノエ2世がエジプトに戻ると、アルシノエ1世は3人の子とともに追放された。その後、プトレマイオス2世は実姉アルシノエ2世と結婚している。

アルシノエ2世

生没 ?〜B.C.260年
在位 B.C.316年〜B.C.270年

　プトレマイオス1世の娘。母はベレニケ1世である。15歳のとき、40歳以上年上のマケドニア王リュシマコスと結婚。B.C.281年に王が没すると、異母弟プトレマイオス・ケラウノスと再婚する。プトレマイオス・ケラウノスは父王の前妃エウリュディケの子である。ケラウノスは父王と折り合いが悪く王位継承候補から外されていた。リュシマコスの遺領マケドニアやトリキアを狙ったこの再婚が破綻した後、実弟プトレマイオス2世の妃となる。最後まで権力の座についたのである。

プトレマイオス3世

生没 ?〜B.C.222年
在位 B.C.246年〜B.C.222年

　プトレマイオス2世の子。母はアルシノエ1世である。父王の没後、即位する。王朝の全盛期を築き、「恩恵王」と称される。キュレネ王マガスの娘ベレニケ2世と結婚し、その地域との関係を強化した。セレウコス朝シリアに嫁いだ王妹ベレニケ・フェルノフォラスが、夫の前妻ラディオケ1世に殺害されたことがきっかけとなり、第三次シリア戦争が勃発。シリアの首都アンティオキアを占領し、メソポタミアのセレウキアにまで到達する領土を手にしたのである。

ベレニケ2世

生没 B.C.267年/B.C.266年〜B.C.221年
在位 B.C.244年〜B.C.221年

　リビアのキュレネ王マガスの娘。エジプトとリビアの結びつきを強める政略結婚で、プトレマイオス3世に嫁ぐ。B.C.250年頃、キュレネ王デメトリオスと一度目の結婚をした。しかし、母アパマ2世と愛人関係になった夫に激怒し、夫を殺害する。プトレマイオス3世がシリアに遠征した際には、夫が無事に戻ると自らの髪の毛を神殿に捧げた。献身的に王朝の全盛期を支えた王妃は、夫の死後、実子プトレマイオス4世たちに殺害された。

プトレマイオス4世

生没 BC224年〜BC205年?
在位 B.C.222年/B.C.221年〜B.C.205年頃

　プトレマイオス3世の子。母はベレニケ2世。姉アルシノエ3世と結婚する。廷臣にそそのかされ、母や弟を殺害。国力の衰えに伴い、廷臣たちが力をつけた。

アルシノエ3世

生没 B.C.246年/B.C.245年〜B.C.204年
在位 B.C.220年〜B.C.204年

　プトレマイオス3世の娘。母はベレニケ2世。同母弟プトレマイオス4世と結婚。政治や外交、軍隊に参加した女王を脅威に感じた廷臣らによって暗殺された。

プトレマイオス朝エジプト

プトレマイオス5世

- 生没　B.C.210年～B.C.181年
- 在位　B.C.204年～B.C.181年

　プトレマイオス4世の子。母はアルシノエ3世。父王が急死し、母も暗殺された後、廷臣ソシビオスらに擁立されて王位に就く。わずか5歳であった。実権を握ったのは、もちろん廷臣たちである。クレオパトラ1世との結婚を機にシリアの干渉を受ける。国力の低下が進み、困窮に苦しむ農民たちがエジプト全域で反乱を起こす。父王の代から、上エジプトのテーベでは独立した政権が樹立されており、B.C.187年頃に反乱が鎮圧されるまで王朝の支配が及ばなかった。

クレオパトラ1世

- 生没　B.C.204年頃～B.C.176年
- 在位　B.C.193年～B.C.176年

　シリア王アンティオコス3世の娘。プトレマイオス5世と結婚し、女王となる。夫が死去すると、幼王プトレマイオス6世の摂政となりシリアとの和解に努めた。

プトレマイオス6世

- 生没　B.C.186年頃～B.C.145年
- 在位　B.C.181年頃～B.C.164年、B.C.163年～B.C.145年

　プトレマイオス5世の子。幼少で即位すると母クレオパトラ1世が摂政し、妹クレオパトラ2世が妃となる。廷臣が擁立した弟プトレマイオス8世と対立した。治者となったのはB.C.163年である。B.C.145年に夫が没すると、同母弟プトレマイオス8世と結婚した。しかし、プトレマイオス8世が娘クレオパトラ3世を王妃にしたことから、20年近く関係がこじれてしまう。B.C.124年に和解が成立すると、プトレマイオス8世・クレオパトラ3世との三頭体制が行われた。

クレオパトラ2世

- 生没　B.C.185年頃～B.C.116年
- 在位　B.C.173年～B.C.164年、B.C.163年～B.C.127年、B.C.124年～B.C.116年

　プトレマイオス5世の娘。母はクレオパトラ1世。実兄プトレマイオス6世と結婚し、女王となる。共治者であった弟プトレマイオス8世と対立し、夫が単独統

プトレマイオス7世

- 生没　？～B.C.145年
- 在位　B.C.145年

　プトレマイオス6世の子。母はクレオパトラ2世。この王の治世については未だに議論が続いており、没後になって王位が与えられたという説がある。父王の没後、王位は息子プトレマイオス7世が継ぐはずであった。しかし、リビアのキュレネ王を務めていた叔父プトレマイオス8世が帰還した。母はプトレマイオス7世の権利を保障するという条件のもと、叔父と再婚したのである。しかし、その約束は守られることなく、叔父によって殺害されたらしい。

プトレマイオス8世

生没 B.C.182年頃〜B.C.116年
在位 B.C.170年〜B.C.163年、B.C.145年〜B.C.131年、B.C.127〜B.C.116

プトレマイオス5世の子であり、プトレマイオス6世の弟。B.C.170年、侵攻してきたシリアのアンティオコス4世が、兄を王に就けた。不満を抱いた廷臣に擁立されて兄王との共治がはじまる。B.C.163年にローマが介入すると、兄王の単独統治となり、プトレマイオス8世はリビアのキュレネ王を務めたのである。B.C.145年に兄王が没するとエジプト王となるが、B.C.131年には追放の身となった。しかし、B.C.129年にエジプトへと攻め入り王座に返り咲いたのである。

クレオパトラ3世

生没 B.C.161年〜B.C.101年
在位 B.C.142年〜B.C.131年、B.C.127年〜B.C.101年

プトレマイオス6世の子。母はクレオパトラ2世。プトレマイオス8世の姪であり、妃。父王の没後、叔父プトレマイオス8世と母が結婚する。のちに自身も叔父の王妃となったため母は怒り、夫と共にキプロスに追放されたのであった。B.C.124年に和解が成立し、母と夫との三頭体制になる。しかし、夫が没すると「クレオパトラ3世の指名する者を後継者とする」という遺言が王位継承争いを勃発させた。次男プトレマイオス10世に暗殺される最期を迎えたのである。

プトレマイオス9世

生没 B.C.143〜B.C.81年
在位 B.C.116年〜B.C.110年、B.C.109年〜B.C.107年、B.C.88年〜B.C.81年

プトレマイオス8世の子。父の没後、王位継承争いが起こる。当初、母クレオパトラ3世は弟プトレマイオス10世を推していた。それに対抗する形で、廷臣によって擁立され、即位したのである。B.C.110年、暗殺を謀っているとして、母に廃位されて追放となった。即位した弟は、翌年に母と対立して廃位されたため、自身が復位するが、B.C.107年には廃位されてしまう。母に翻弄された兄弟争いは、弟が母を暗殺して終止符を打ち、和解したのであった。

クレオパトラ4世

生没 ?〜B.C.112年
在位 B.C.116年〜B.C.112年

プトレマイオス8世の子。母はクレオパトラ3世。実兄プトレマイオス9世と結婚し、女王となる。母の共治者となったものの、翌年には追放される。プトレマイオス9世の新たな王妃には、実姉妹クレオパトラ5世が擁立されたのである。母に反旗を翻したクレオパトラ4世は、シリアで王位継承を争っていたアンティオコス9世と結婚し、シリア王女となる。しかし、夫がアンティオコス8世に敗れると、自身も処刑された。姉妹クレオパトラ5世の要求であったと伝えられている。

プトレマイオス朝エジプト

クレオパトラ5世

生没 不詳
在位 B.C.115年〜B.C.107年

　プトレマイオス8世の子。母はクレオパトラ3世。実兄プトレマイオス9世と結婚し、王妃となる。彼と結婚していた実姉妹のクレオパトラ4世が、母によって追放された後のことであった。母と対立したプトレマイオス9世は追放の身となったため、離婚する。次はシリア王アンティオコス9世の王妃に、死別するとアンティオコス10世の王妃となり、後年までエジプトの王位継承に干渉する姿勢を見せたのである。アルメニア王ティグラネス2世によって捕えられ、処刑された。

プトレマイオス10世

生没 ?〜B.C.88年
在位 B.C.110年〜B.C.109年、B.C.107年〜B.C.88年

　プトレマイオス8世の子。ベレニケ3世と結婚する。兄プトレマイオス9世と王位継承争いは続いたが、母クレオパトラ3世を殺害することで終止符を打った。

ベレニケ3世

生没 B.C.120年〜B.C.80年
在位 B.C.101年〜B.C.80年

　プトレマイオス9世の子。叔父プトレマイオス10世と結婚する。後年、単独統治者となる。権力を狙ったプトレマイオス11世と結婚した19日後、暗殺された。

プトレマイオス11世

生没 BC115年頃〜B.C.80年
在位 B.C.80年

　プトレマイオス10世の子。ローマと対立するポントス王ミトリダテス6世の捕虜となる。ローマに支援され帰還した後、結婚したベレニケ3世を暗殺する。

プトレマイオス12世

生没 B.C.117年〜B.C.51年
在位 B.C.80年〜B.C.58、B.C.55年〜B.C.51年

　プトレマイオス9世の婚外子。即位したが、正統な後継者でなかったことから実権を掌握できず、亡命する。B.C.55年、ローマの支援を受けて復位したのである。

クレオパトラ6世

生没 B.C.95年頃〜B.C.57年?
在位 B.C.79年〜B.C.57年?

　プトレマイオス9世の婚外子。兄弟のプトレマイオス12世の王妃となる。夫が追放され、ベレニケ4世と共治したようであるが公式文書から名が消えている。

ベレニケ4世

生没 B.C.77年〜B.C.55年
在位 B.C.58年〜 B.C.55年

　プトレマイオス12世の娘。父王がローマに亡命中、擁立されて王女となる。母クレオパトラ6世との共治後、単独の女王となった。後年、2度の結婚をする。

クレオパトラ7世

- 生没 B.C.70年/B.C.69年～B.C.30年
- 在位 B.C.51年～B.C.30年

プトレマイオス12世の娘。母はクレオパトラ6世であり、ベレニケ4世とアルシノエ4世を姉に、プトレマイオス13世と14世を弟に持つ。一般的に「クレオパトラ」として知られるのは、このクレオパトラ7世のことである。「絶世の美女」と称されるほど、男性を虜にする魅力に溢れた女王であった。このころのエジプトでは、権力を巡る骨肉の争いが常となり、姉ベレニケ4世はローマの支援を得た父王に処刑されてしまう。B.C.51年に父王が没すると、遺言に従って弟プトレマイオス13世と結婚し、共同で王位に就いたのは18歳のときであった。しかし、弟夫とはローマをめぐる考えが合わずに対立。B.C.47年、彼がローマのユリウス・カエサルとのナイルの戦いで破れると、もう1人の弟プトレマイオス14世と結婚した。そのとき共同統治とは名ばかりで、ユリウス・カエサルの庇護を受けたクレオパトラ7世の単独統治であった。B.C.47年にユリウス・カエサルの子となるカエサリオンを生むと、B.C.44年にはカエサルが暗殺され、直後に弟夫が没している。あまりにタイミングがよく我が子の共治者となったため、毒殺したことが疑われる。ローマの覇権争いに巻き込まれ、最期は自害した。

プトレマイオス13世

- 生没 B.C.63年/B.C.61年～B.C.47年
- 在位 B.C.51年～B.C.47年

プトレマイオス12世の子。父王が没すると、その遺言に従い姉クレオパトラ7世と結婚して、王位に就く。共同統治者となったのである。幼少の王は、ローマと距離をおきたいと考える廷臣の言いなりとなって姉を追放し、エジプトを統治すべく内戦を起こした。しかし、ローマの将軍グナエウス・ポンペイウスを殺害したことで、結果的に、ローマが介入するきっかけを招いたのである。B.C.47年のナイルの戦いで、姉を支持するユリウス・カエサルに殺害された。

アルシノエ4世

- 生没 B.C.63～B.C.41年
- 在位 BC68年/B.C.67年～B.C.44年/B.C.41年

プトレマイオス12世の娘。父王の没後、弟プトレマイオス13世と姉クレオパトラ7世は結婚して共治を行っていた。しかし、王位継承争いが激化した末、弟はB.C.47年のナイルの戦いで没した。このときアルシノエ4世は捕虜となり、ローマ市内を引き回されている。命は奪われなかったが、姉クレオパトラ7世の脅威にならないようにトルコ西部のエフェソスに幽閉されてしまう。姉の恋人がローマのカエサルから、マルクス・アントニウスに変わると、殺害されたと伝えられる。

プトレマイオス朝エジプト

プトレマイオス14世

生没 B.C.60年～B.C.44年
在位 B.C.47年～B.C.44

　プトレマイオス12世の末子。「絶世の美女」と称される姉クレオパトラ7世と結婚し、共同統治を行う。それ以前、姉と兄プトレマイオス13世も結婚しており、共治していた。兄帝が没すると、ローマ皇帝カエサルによって王とされ、姉妻が実権を握ったのである。B.C.47年、姉妻はカエサルとの間に息子カエサリオンをもうける。カエサルが暗殺されると、王も謎の死を遂げた。その後、幼い息子と共同統治を始めたクレオパトラ7世の毒殺疑惑はぬぐえない。

プトレマイオス15世

生没 B.C.47年～B.C.30年
在位 B.C.44年～B.C.30年

　父は共和政ローマの将軍ユリウス・カエサルとされる。即位前の名は、カエサリオン。母とエジプトを共同統治した叔父プトレマイオス14世が没し、王となる。母はカエサルが死去すると、ローマのマルクス・アントニウスと親密になった。そして、アントニウスがカエサルの養子オクタウィアヌスに敗れたときに、母も自害したのである。まだ若かったプトレマイオス15世は、オクタウィアヌスに殺害され、このときプトレマイオス朝は滅亡した。

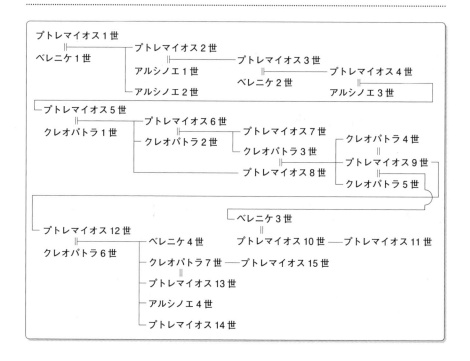

ローマ帝国

B.C.27年～476年

　B.C.509年、最後の王タルクィニウスの追放が、共和政の第一歩となる。有力市民で構成された元老院議員の中から最高行政官「コンスル執行官」を選出する方法など、紀元前は政治のあり方が模索された。権力争いの中、1人の男が頭角を現し、伝統ある共和政に「皇帝」の役職が設けられたのはB.C.27年のことである。皇帝には「アウグストゥス（尊厳なるもの）」「カエサル（確実な後継者）」など幾つもの称号が与えられ、これが一目でわかる権力と名誉の象徴となっている。

　皇帝たちは、軍隊、元老院議員、市民、それぞれの立場から精査された。血のつながりよりも実力重視の帝位継承が目立ち、力のない皇帝は側近や部下に容赦なく裏切られる運命を辿った。常に外敵からも悩まされ皇帝たちは、広大な領土を東西に分割したり、副帝を立てるなど、あらゆる策を講じたのである。やがて、ゲルマン民族の大移動がきっかけとなり、帝国内には多くの異民族が流入する。395年に東西に分裂したローマ帝国は、476年に西ローマ帝国が滅亡。東ローマ帝国はビザンツ帝国として存続したが、これも1453年に滅亡している。

B.C.753年	王政期のはじまり
B.C.509年	共和制のはじまり
B.C.27年	共和制に「皇帝」という役職が設けられる
116年	トラヤヌス帝時代、ローマの国境が最大となる
235年	「軍人皇帝時代」のはじまり
271年	ユトゥンギ族とマルコマンニ族が北イタリアへ侵入
274年	アウレリウス帝によるローマ帝国統一
284年	ディオクレティアヌス帝による四分割統治のはじまる
337年	コンスタンティヌス帝没後、15年権力闘争、帝国は三分割
353年	コンスタンティウス帝によるローマ帝国統一
376年	ゲルマン人西ゴートがドナウ川を渡ってくる、民族大移動の開始
378年	東部皇帝ウァレンスがゴートに敗れて死す
394年	テオドシウス帝によるローマ帝国統一
395年	テオドシウス帝没後、帝国は東西に分裂
410年	西ゴート族に西ローマを占領される
450年	最後の皇帝ロルムス・アウグストゥスが退位する
476年	西ローマ帝国滅亡
1453年	ビザンツ帝国滅亡

ローマ帝国

アウグストゥス

生没 B.C.63年～14年
在位 B.C.27年～14年

父は元老院議員であったガイウス・オクタウィウス。B.C.46年より叔父カエサルのもとで働き、B.C.44年に計画されていたパルティア遠征では、18歳で高位の司令官を任されるはずであった。しかしその準備の最中に、カエサルが暗殺される。遺言によって彼の養子となり、ガイウス・ユリウス・カエサル・オクタウィウスの名を与えられた。叔父の仇、ブルトゥスを討った後、戦勝を重ねたB.C.27年、最高権力「アウグストゥス（尊厳なるもの）」の称号を贈られる。初代ローマ皇帝の誕生であった。アウグストゥスの治世は、元老院に毅然とした態度を示しながらも、敬意を持って接していた姿勢が評価されている。また、賭けごとを楽しんだり、仕事をテキパキとこなすことを「アスパラガスを料理するよりすばやく仕事を片付ける」と例えるような表現を好み、ユーモアある人柄も慕われた。たぐいまれな美男子にも関わらず、外見を飾ることに無頓着だったところも好感を持たれ、「生涯を通じて、優雅このうえなかった」と称された。内乱に終止符を打ち、知力の限りを尽くして帝国政府の基盤を築きあげたアウグストゥスは、その死後、神格化された。

ティベリウス

生没 B.C.42年～37年
在位 14年～37年

父は名門クラウディウス家の一員、ティベリウス・クラウディウス・ネロ。先帝アウグストゥスの養子となり即位する。友人や社交の輪に溶け込めない性格は「人嫌い」と噂され、政治に必要以上の干渉をしなければ「偽善者」と非難された。元老院議員と協力しあう政権運営を望む彼の本意は、理解され難かった。人生最後の10年は、人が容易に近寄ることができないカプリ島の険しい岩山に別荘を建て、占星術、文学、神話の研究にふける隠居生活を送った。

```
アウグストゥス ── ユリア ─────── アグリッピナ ── カリグラ
      ‖                              ‖         アグリッピナ ── ネロ
   リヴィア ── ドルスス ─── ゲルマニクス
      ‖         └── ティベリウス ── クラウディウス
ティベリウス・クラウディウス・ネロ
```

カリグラ

生没 12年～41年
在位 37年～41年

　先帝ティベリウスの甥の子。父は19歳で不審な死を迎えたが、英雄と呼ばれた男である。母や兄も非業の死を遂げている。18歳のとき、先帝の付き添いで、カプリ島へ行き、奴隷のように尽くしたことがきっかけで、有力な後継者となる。それまで感情を見せなかった彼だが、即位するとすぐに母と兄の遺灰をアウグストゥス廟に安置した。前期は善政を敷いたが、後期は情緒が不安定であった。部下を安易に殺害し、女装するなどしたため、「狂気の帝王」と言われるようになる。

クラウディウス

生没 B.C.10年～54年
在位 41年～54年

　先帝カリグラの叔父。先帝が暗殺されたことを知って宮殿内に隠れていた。即位後、直ちに行ったのは、先帝の暗殺に関わった者たちの処刑と、先帝が没収した金品の返還である。子どもの頃から難病を患い、母に愛されずに育った皇帝は飲酒や賭け事、女遊び、歴史研究で心の隙間を埋めるようになった。治世下では多くの元老院議員や市民を処刑している。不貞をはたらいた3人目の妻を処刑し、4人目の妻であった姪の小アグリッピナに毒殺されて、最期を迎えた。

ネロ

生没 37年～68年
在位 54年～68年

　先帝クラウディウスの甥。クラウディウスの毒殺から4ヶ月後、クラウディウスの子も毒殺され、ネロが即位した。即位後、母の小アグリッピナを部下に暗殺させている。離宮の建設地を確保するために街に火を放ち、燃えるローマを眺めて歌を唄っていたとも、奇行が伝えられる。また、憧れの地ギリシャの大祭においては、自らが堅琴を演奏するために開催年度を早めさせるなどの迷惑行為のほうが歴史に残る。市民の反感を買った皇帝は、逃亡の末、奴隷に自身を殺させた。

ガルバ

生没 B.C.3年～69年
在位 54～68年

　先帝ネロの死後、混乱に紛れて皇帝についたのは、スペインの属州総督ガルバである。このとき、すでに70歳であった。その治世は、先帝の浪費により窮乏した帝国の財政を立て直すことに費している。「強欲」だと噂され、市民の評価は辛辣だったが、本当に腐敗していたのは役人たちであったようだ。皇帝の即位を助けた者の多くは見返りを要求し、苦労が水の泡となるほど巨額な財政の横領が行われた。仲間に裏切られ、後継者として養子に迎えたピソと共に、殺害された。

ローマ帝国

オト

生没 32年〜69年
在位 69年

　先々帝ネロの親しい友人、もしくは恋人。貴族階級の出身ではなく、歴代皇帝に仕え、地位を高めていった一族の一人。即位すると、ネロの彫像を修復し、彼の側近だった部下を復職させた。内乱を避けるため、次帝となるウィテリウスに政権の共有を提案し、彼の娘との結婚を申し出たが断られた。やがて、ウィテリウスの軍に敗れ、自室で胸を突いて人生の幕を下ろした。3か月の統治であったが、家族や友人想いの人柄と、潔い死が彼を英雄にした。

ウィテリウス

生没 12年/15年〜69年
在位 69年

　先帝オトを討ったクレモナの戦いは、軍勢がウィテリウス側に寝返るという幸運に恵まれた。先々帝ガルバの代からくすぶっていた軍の不満が追い風となったのである。勝利の知らせを聞きつけ、血生臭さの残る戦場に駆けつけた彼の発言である「敵の死骸の匂いも甘いが、同胞の市民のそれはもっと甘い」は、早々に、皇帝の資質の欠落を明確にしていた。東部属州の駐留軍に擁立されて即位したが、次帝となるウェスパシアヌスによって、公共の広場で虐殺された。

ウェスパシアヌス

生没 9年〜79年
在位 69年〜79年

　中流階級の出身で、属州や軍隊で幅広い経験を積む。ネロ帝のもと着実に戦勝を増やしていたが、彼の自殺によって、一度は道が閉ざされた。内乱を鎮め、帝国に安定をもたらすと、やっとこれまでの多彩な経験を十二分に生かした。自らには厳しく、他人には誠実で寛容だった皇帝としても、評価が高い。体調不良をおして行った国事の席にて、崩れ落ちるように逝去。「皇帝は立って死ぬべきだ」という名言と、2人の息子を遺す。充実した治政のまま終わらせた。

ティトゥス

生没 39年〜81年
在位 79年〜81年

　先帝ウェスパシアヌスの長男。ブリタニア征服戦争などで活躍を見せた父の恩恵を受け、クラウディウス帝のもとで「宮廷教育」を受けてきた。後継者として扱われた彼は、帝位を継ぐまでに、7回もの執政官を父帝と共有している。父帝の最も忠実な助手であり、実務経験を積んだ申し分ない皇帝となった。ある日突然、発熱に見舞われ最期を迎えた。早すぎる別れを惜しみ、ローマの人々は、まるで家族のことのように嘆き悲しんだという。

ドミティアヌス

生没 51年～96年
在位 81年～96年

　先帝ティトゥスの弟。先帝には子がおらず、帝位に就いた。後継者として育てられた兄は「宮廷教育」を受けたが、彼はその機会に恵まれなかった。しかし兄が重病になると、隠し持っていた野心があらわになる。まだ兄の息があるうちに兵士を集め、自らを新しい皇帝とすることを宣言させたのである。治世中は、公衆道徳の水準を高めようと努めた。猜疑心が強く、怖がりの性格が、晩年の彼を極端な恐怖政治へと暴走させたのだといわれている。

ネルウァ

生没 35年～98年
在位 96年～98年

　ネロの代から頭角をあらわし、ウェスパシアヌスの代で執政官に抜擢され、先帝ドミティアヌスに同僚執政官として選ばれた。篤い信頼のあった人物といえる。

　暴君だった先帝が暗殺されると、元老院に認められて即位する。貧困層に情け深く、道路や水道などの公共事業に着手したため市民や元老院に慕われた。

　しかし軍人出身の前帝への忠誠心を守る軍部には、受け入れ難かった。病弱な皇帝の心労は日増しに大きくなり、16か月の治世で息を引き取ったのである。

トラヤヌス

生没 53年～117年
在位 98年～117年

　ウェスパシアヌス帝の代理人や総督を務めた父の背中を追って、順調に軍部で出世し、先帝ネルウァの代で総督に任命された。子どもがおらず、頼るところのなかった先帝には、軍部と民衆の双方に支持される養子が必要だったのである。トラヤヌスは軍事的な成功を収め、すぐれた政府の確立にも努めた結果、ローマの領土を最大にした。軍部にはもちろん、庶民や元老院にも愛され、尊敬されたこの皇帝の政治は「パターナリズム（温情）」主義と呼ばれている。

　治世中、近隣諸国からの脅威は多くなかったが19年間に3度もの戦争が行われた。そのうち2度はダキアとの戦いである。そして、最終的にはダキア王家の財宝をローマへ運び出し、ローマの属州に吸収した。戦利品は帝国の財政回復に役立てられた。トラヤヌス広場・トラヤヌス市場・トラヤヌス浴場・トラヤヌス水道橋をはじめ、港や都市、名声を刻んだ碑文がたてられた。すぐれた建築者としても、その名は後世に語り継がれている。晩年まで帝国の東の辺境で戦いに明け暮れた皇帝の最期は、何者かによって毒殺されたのではないかと伝えられている。

ローマ帝国

ハドリアヌス

- 生没　76年〜138年
- 在位　117年〜138年

　先帝トラヤヌスの従兄弟を父に持つ。10歳のときに父を亡くすと、まだ皇帝になる前のトラヤヌスが後見人となった。先帝崩御の知らせが届いたとき、ハドリアヌスはシリア属州の総督であった。彼が後継者となった経緯は不明だが、即位するとすぐに、先帝が最後に征服した東方の領土を放棄したと伝えられている。これは国境の守りを固めながら、可能な限り戦争を避ける治世の象徴である。多くの時間を旅に費やした皇帝の晩年は、病にもがき、苦しむ日々となった。

アントニヌス・ピウス

- 生没　86年〜161年
- 在位　138年〜161年

　祖父と父は執政官を務めた人物である。幼くして父を亡くし、父方の祖父や母方の祖母に育てられた。双方から財産を相続し、ローマで有名な資産家となった彼は、元老院議員から財務官、法務官、執政官、総督へと階段を昇り、ついに先帝ハドリアヌスの養子となったのである。奴隷たちを守る法律を制定した。旅好きな皇帝が多かった中で、ほとんどローマを離れずに見守った。肝心なときは断固とした姿勢を見せ、普段は公正で思いやり深い人柄が慕われたという。

マルクス・アウレリウス

- 生没　121年〜180年
- 在位　161年〜180年

　先帝アントニヌス・ピウスの養子。その根回をしたのは先々帝ハドリアヌスであることから、先々帝が帝国を託すことを望んだ人物であったと推察される。先々帝のもとで教育を受け、6歳のときに騎士階級となる。幼い頃からおごそかだった彼は、長い年月をかけて、皇帝になる見習い期間を歩んだといえる。同時に先帝の養子となった、義弟ルキウス・ウェルスとの共治帝は、彼が亡くなるまでの8年続いた。治世中、帝国は疫病に襲われ、戦争が絶え間なかった。

```
┌─ マルクス・トラヤヌス ══ トラヤヌス
│
└─ ウルピア ── アエリウス・ハドリアヌス ── ハドリアヌス
   │                                              ║
   └─ アントニヌス・ピウス ══ マルクス・アウレリウス ── コンモドゥス
      └─ ルキウス・ウェルス
```

ルキウス・ウェルス

- 生没 130年〜169年
- 在位 161年〜169年

マルクス・アウレリウスと共に先帝アントニヌス・ピウスの養子となったのち、共治帝となる。義兄マルクスよりも9歳若いが、わずか8年の統治で脳卒中により死去。治世中は、最大のライバルでもあった義兄を常にたて、洪水と飢餓、さらに深刻な国境紛争と戦った。しかしその内心は複雑であったと推察される。早い昇進に恵まれた義兄の評価は高く、常に劣等感がつきまとっていた。そのうえ若き日の婚約者は、義父が決めたこととはいえ、義兄と結婚した。

コンモドゥス

- 生没 161年〜192年
- 在位 180年〜192年

先帝マルクス・アウレリウスの子。父が帝位にある間に、次期皇帝として生まれた最初のローマ皇帝であった。14人いた先帝の10番目の子。双子の兄は4歳のときに亡くなり、帝位継承する頃に生きていた息子は、彼だけとなる。12か月の月の名称を変えて権力を誇示し、自らを神と考える皇帝は、元老院から認められず、何度も命を狙われた。根深い猜疑心から、側近や多くの部下を殺した治世の終止符は、「明日は我が身」と怯える部下と、愛妾が打った。

ペルティナクス

- 生没 126年〜193年
- 在位 193年

父は奴隷であったが羊毛の取引で成功し、ペルティナクスは教育を受けることができた。教師から軍人になり、先帝コンモドゥスが暗殺されたときは首都長官となっていた。コンモドゥス帝の死後、元老院によって皇帝に推されたが、たった2世代で、奴隷から皇帝へとのしあがったことになる。元老院との和解に努めたものの、綱紀粛正の政策を進めたため、親衛隊からの反感を買ってしまう。即位後わずか87日間にして、親衛隊によって殺害された。

ディディウス・ユリアヌス

- 生没 133年〜193年
- 在位 193年

先帝ペルティナクスを殺した親衛隊の兵士たちは、帝位を「公開競売」にかけた。競りによって即位した皇帝は市民に人気がなく、元老院にも好かれなかった。約束した給料を払えなかったため、親衛隊の支持をも失ったのである。身の危険を感じた皇帝は、軍人のセプティミウス・セウェルスとの共同統治を元老院に申し出た。しかし、セプティミウス・セウェルスにはもはや政権を分け合う必要がなく、元老院に死刑を判決された。孤独な最期であった。

ペスケンニウス・ニゲル

- 生没 140年〜194年
- 在位 193年

　ペルティナクス帝が殺害された後、競売にかけられた帝位に名乗りをあげた一人であった。シリア総督であったため、シリアの軍団より支持を受けたのである。

クロディウス・アルビヌス

- 生没 150年〜197年
- 在位 193年

　ペルティナクス帝が殺害された後、ブリタニアとヒスパニアの軍団に支持され、皇帝に名乗りをあげた。帝位を競り落としたディディウス・ユリアヌスは、2か月で殺結局、帝位を競り落としたのは、ディディウス・ユリアヌスであった。ほかにもブリタニア総督のクロディウス・アルビヌスと、パンノニア総督のセプティミウス・セウェルスが名乗りをあげていた。ユリアヌス帝の死後、ライン川およびドナウ川全域の軍隊に支持されたセプティミウス・セウェルスが玉座を手にした。

され、パンノニア総督のセプティミウス・セウェルスとシリア総督のペスケンニウス・ニゲルが帝位を争って戦う。こうしたなか、クロディウス・アルビヌスは、セプティミウス・セウェルスの共同執政官となったが、やがて対立。197年のルグドゥムスの戦いで、セウェルスに敗れ、自死した。その後、妻と子も処刑された。

セプティミウス・セウェルス

- 生没 145年/146年〜211年
- 在位 193年〜211年

　北アフリカの出身。父の従兄弟2人が執政官であったが、属州の家庭で育った。
　18歳の誕生日後まもなくローマに出てきて、マルクス・アウレリウス帝によって元老院議員に抜擢された。コモンドゥス帝に続き、ペルティナクス帝も崩御したため帝位獲得の戦いに参加した。
　小柄だが、強い精神力で帝位争いを勝ち抜いた。手段を選ばず、狡猾で無慈悲なやり方が畏れられたのも事実である。

カラカッラ

- 生没 186年/188年〜217年
- 在位 211年〜217年

　先帝セプティミウス・セウェルスの長男。弟は共治帝のゲタ。「互いに仲良くせよ。兵士たちに金を与えよ。そしてその他のことは無視せよ」という父の遺言だけでは、弟とのライバル関係を改善できなかった。宮殿や玄関を分け、通路をふさぐなどの措置がとられ、帝国を分割する案が浮上したほどである。共同統治は、わずか10か月で終止符が打たれた。カラカッラ帝が自らの手で弟帝を殺害したためである。晩年は、罪の意識で精神を病み、幻覚に苦しんだという。

ゲタ

- 生没 189年～211年
- 在位 211年

　先帝セプティミウス・セウェルスの次男。兄は共治帝のカラカッラ。兄弟仲の悪さは有名だったので、厳重な護衛をつけられていたが、最悪の結果となった。

わずか10か月の統治で、若くして兄帝に殺害されてしまったのである。ゲタ帝を支持していた元老院議員、親衛隊長、属州総督、宮廷の召使い、兵卒、洗車の御者、友人たちまでもが処刑された。この粛清はカラカッラ帝を批判した者や、ゲタ帝のために泣いた者にまで及び、2万人にも達した。

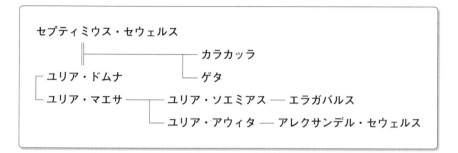

マクリヌス

- 生没 164年/165年～218年
- 在位 217年～218年

　先帝カラカッラを暗殺した首謀者。中流階級で育ち、法律家の教育を受けた。転機は、セプティミウス・セウェルス帝の時代に親衛隊長として力があったプラウティヌスに引きたてられたことであった。元老院議員を経験せずに、皇帝となる。強敵となったパルティアの攻撃に苦戦し、莫大な金を支払って解決に持ち込んだことが、兵士たちからの尊厳を奪うことになる。皇帝と兵士たちとの溝が深まる中、次帝エラガバルスが擁立され、治世は終わりを告げた。

ディアドゥメニアヌス

- 生没 208年～218年
- 在位 217年～218年（共治）

　マクリヌス帝の子。父が皇帝になると、「カエサル」の称号を得て帝位継承者となった。幼いながらに父の共治帝として歴史に名を遺しているが、手腕を発揮する運命には恵まれなかった。218年にエラガバルス帝が擁立され、父帝が反乱軍に敗れると、たった9歳の皇子の人生も閉じられたからであった。反乱軍が優勢になったとき、父帝は息子の安全を護るためにパルテシアに送ったが、願いは叶わず、シリア国境のゼウグマで捕えられ、殺害された。

エラガバルス

生没 203年/204年〜222年
在位 218年〜222年

シリア人の父は、カラカッラ帝のもとで元老院議員を務める。マクリヌス帝の軍隊に勝利した反乱者たちが、彼を皇帝に祭りあげられたときは、若干14歳であった。女装や異常な性行動を繰り返したという。皇帝の家族や支持者たちでさえ、その振る舞いにはついてゆけなかったという。周囲に説得されて、221年に皇帝が養子を受け入れると、誰もが新皇帝の誕生を望んだ。殺害された遺体は、犯罪者のごとく扱われた。

アレクサンデル・セウェルス

生没 208年〜235年
在位 222年〜235年

先帝エラガバルスの従弟。13歳のとき、養子縁組をされて即位。乱れた秩序と安定を取り戻すために即位したが、幼い皇帝の実権は彼の母や祖母に握られ、軍隊を統率する術を持たなかった。東はペルシア帝国、西はゲルマン人の侵入が深刻となり、軍隊経験のない皇帝への不満が兵士たちに広まる中、給与が削減されるという噂は極めつけであった。軍人マクシミヌスが新皇帝に担ぎ上げられた時、皇帝は27歳。震えていたという。

マクシミヌス・トラクス

生没 172年/173年〜238年
在位 235年〜238年

一介の兵士から出世の階段を昇った。先帝エラガバルスへの不満を募らせた兵士たちに担ぎ上げられた。軍事的才能は、一目置かれていたのである。3年の治世の間、以前と変わらず軍隊と寝食を共にして、一度もローマを訪れなかった。彼が元老院や市民を敵に回した理由は、身分が低かったことだけではない。資産階級から財産を没収し、軍事資金を得た。貧困者の基金から金を引き出す皇帝に、市民は見切りをつけて、強引に新皇帝を押し立てたのである。

ゴルディアヌス1世

生没 158年/159年〜238年
在位 238年

先帝マクシミヌス・トラクス帝の軍事中心の治世に不満を抱く貴族や市民に、皇帝に押し立てられる。属州総督であった彼が玉座についたのは、80歳の高齢である。トラヤヌス帝の血縁との噂があり、元老院議員や執政官の実績を持つため、名実共に適すると判断された。46歳になる息子にも「アウグストゥス（尊厳なるもの）」の称号が与えられ、共治帝が誕生。しかしたった20日間の統治は、息子の死で幕を閉じた。ゴルディアヌス1世は自らも命を断ったのである。

ゴルディアヌス2世

生没 192年～238年
在位 238年

属州総督であった父ゴルディアヌス1世は、マクシミヌス・トラクス帝による軍事中心の治世に嫌気がさした貴族や市民から支持された。80歳の父、46歳の息子ゴルディアヌス2世が共治帝となる。
　元老院に歓迎されたゴルディアヌス1世と2世の即位であったが、総督の中にはこの父子に憎悪を抱く者もいた。市民軍はマクシミヌス帝の召集した軍に敗れ、ゴルディアヌス2世も命を落とす。悲報を聞いた父は自ら命を断ち、わずか20日の統治は幕を閉じた。

プピエヌス・マクシムス

生没 164年/178年～238年
在位 238年

元老院や市民が支持したゴルディアヌス1世と2世が敗れ、マクシミヌス帝がローマに到着する前に新たな皇帝を選ぶことを迫られたのである。そして70歳代の執政官プピエヌス・マクシムスとバルビヌスが、共治帝となった。イタリア国境に達した敵軍を相手に、プピエヌス率いる軍は包囲戦を繰り広げた。そんな中、マクシミヌス皇帝が殺害されると、共通の敵を失ったバルビヌス帝とははは険悪になってしまう。結局、ともに親衛隊に殺害され、統治はわずか99日間で終わりを告げた。

バルビヌス

生没 ?～238年
在位 238年

執政官であったプピエヌス・マクシムスと共に、70歳代にて共治帝となる。しかし共通の敵であるマクシミヌス・トラクスが消えると、雲行きが怪しくなった。バルビヌス帝は、素性も経歴も上である自分こそが皇帝にふさわしいと感じていた。敵軍を食い止めたプピエヌス・マクシムス帝にも、自負があった。しかし、仲たがいをしている間に、新体制に反対する親衛隊兵士の一団が、宮廷を襲撃。2人の老皇帝の統治は、99日間で幕を閉じた。

ゴルディアヌス3世

生没 225年～244年
在位 238年～244年

元老院がプピエヌス・マクシムスとバルビヌスを共治帝に祀りあげた頃、市民たちは、亡きゴルディアヌス1世帝の娘の子、つまり孫に帝国の未来を託したいと願った。貧困層から熱烈な支持を集めたのである。2人の共治帝を殺害した親衛隊は、13歳になるこのゴルディアヌス3世を皇帝に擁した。しかし若すぎた皇帝の治世は多難で、内政を担っていた義父が病に倒れると、さらに困難を極めた。玉座を追いやられた皇帝は、わずか19歳の生涯を閉じたのである。

ローマ帝国

```
ゴルディアヌス1世 ─┬─ ゴルディアヌス2世
                   │
                   └─ アントニア・ゴルディアナ ─── ゴルディアヌス3世
```

II ギリシア・ローマ

フィリップス1世

生没 204年～249年
在位 244年～249年

　フィリップス・アラブスともよばれる。シリアで生まれ、先帝ゴルディアヌス3世の時代に、一兵卒から親衛隊長になった。幼い先帝を陥れ、最終的には軍隊が自分を皇帝として選ぶように仕向けた。即位と同時に息子を後継者とし、247年には共同統治を開始。治世中は、ローマ建国千年祭が祝われ、大規模な競技会や見世物が開催された。249年、兵士たちに擁立されたデキウスとの戦いに敗れ、殺害される。

フィリップス2世

生没 238年～249年
在位 247年～249年

　先帝フィリップス1世の子である。正式名はマルクス・ユリウス・フィリップス。244年、父が皇帝となる。このとき「カエサル」の称号を与えられ、正式な後継者となった。247年に「アウグストゥス」に昇格し、共治帝となる。カルピ族に勝利すると、凱旋式が行われた。軍の中での不満は徐々に高まり、249年、父は次帝となるデキウスの軍隊に敗れて殺害された。デキウスへの敗戦がローマに伝えられると、息子フィリップス2世も、親衛隊によって殺害された。

デキウス

生没 190年/201年～251年
在位 249年～251年

　元老院議員、執政官、総督を務め、先帝フィリップス1世の治世でローマ首都長官にまで出世を果たした。兵士たちに擁立され、先帝フィリップス1世を討つ。しかしローマの秩序の忠実な支持者であった彼は、積極的に即位したのではなかった。治世中は、ローマの神々に参拝することを義務づけ、キリスト教を抑圧するような政策が行われた。251年、即位前からの強敵ゲルマン人のゴート族との戦いで命を落とす。

171

ヘレンニウス・エトルスクス

生没 227年頃～251年
在位 251年（共治）

　先帝デキウスの長男。青年期より父の傍らに務め、軍事経験を重ねた。フィリップス1世の時代、反乱を起こしたパカティアヌスを討ち取ることを命じられて勝利を収めるが、フィリップス1世に反旗を翻す。249年に父が帝位につくと、後継者に指名された。251年、「アウグストゥス」の称号を与えられて、共治帝となる。同年、ゲルマン人の一派ゴート族との戦いで、父と共に命を落とす。外敵によって戦死した、初めてのローマ皇帝である。

ホスティリアヌス

生没 230年?～251年
在位 251年

　先々帝デキウスの次男。249年、父がフィリップス1世を倒して、即位する。兄のエトルスクスは後継者となる中、ホスティリアヌスは兄の後任の立場となった。251年、ゲルマン人の一派ゴート族との戦いで父と兄が命を落とす。遺児となった彼は、次帝トレボニアヌス・ガッルスに養子として迎えられた。波乱に満ちた帝国は、ゴート族やペルシア人の外敵、疫病に悩まされていた。ホスティリアヌスもまた疫病に倒れ、その生涯を閉じる運命となったのである。

トレボニアヌス・ガッルス

生没 206年～253年
在位 251年～253年

　元老院議員、執政官、総督を務め、先帝デキウス時代、ゲルマン人の部族ゴートとの戦いで指導的な立場を担った。養子にした先帝の次男ホスティリアヌスが疫病に倒れると、実子ウォルシアヌスを共治帝にしたのである。疫病で死んだ人々を埋葬するために心をくだく一方で、ペルシアの侵略、ゴート族の協定破棄に追い打ちをかけられた治世であった。そうしたなか、上モエシア総督のアエミリウス・アエミリアヌスが新皇帝を擁し、父子帝による2年の統治は幕を閉じた。

ウォルシアヌス

生没 ?～253年
在位 251年～253年（共治）

　先帝トレボニアヌス・ガッルスの子。皇帝デキウスとその長男ヘレンニウス・エトルスクスがゲルマン人の一派ゴート族との戦いで戦死したあと、父トレボニアヌスが玉座に就くことを宣言。一時はデキウスの次男ホスティリアヌスが後継者とされたが、病に倒れたため、父帝との共同統治が行われた。しかし、上モエシアの総督アエミリウス・アエミリアヌスが皇帝と称しローマに進軍。迎え撃とうとしたところ、兵士の反乱が起こり父と共に殺害された。

アエミリアヌス

生没 207年～253年
在位 253年

　チュニジアのジェルバ島の出身で、「きわめて卑賤な家」に生まれたとされる。先々帝トレボニアヌス・ガッルスとほぼ同年代で、元老院議員で執行官を務めたが身分が邪魔をしたためか、元老院の支持を得ることは難しかった。先帝とその息子ウォルシアヌスを討ち、皇帝となるが、軍隊の支持を得ることも至難の業であった。新たなライバル、ウァレリアヌスが皇帝を宣したのである。その後、ウァレリアヌスにではなく、自らの部下に殺されてしまう。88日間の治世だった。

ウァレリアヌス

生没 195年/200年～260年
在位 253～260年

　エトルリアの名門リキニア家の家系に生まれる。230年頃から執政官を務め、ゴルディアヌス帝以降の皇帝たちのもとで、高い官位に抜擢されていた。トレボニアヌス・ガッルス帝に主力軍の指揮を任されていたウァレリアヌスは、皇帝が殺害されたことを知ると、自らが皇帝となることを宣言した。アエミリウス帝を倒して即位を果たした治世は、戦争と飢餓、疫病などに見舞われ続けたが、さらに悲惨な出来事は人生の終わりに訪れた。ペルシア軍の捕虜となり、帰らぬ人となったのである。

ガッリエヌス

生没 213年頃～268年
在位 253年～268年

　先帝ウァレリアヌスの子。父がペルシアの捕虜になるという屈辱的な出来事に揺れ、崩壊の危機にさらされた帝国を、新皇帝は守ろうとした。秩序の回復に努め、芸術を守っただけでなく、父帝が行ったキリスト教禁止令を廃止して、その後40年以上も続く信仰の自由をもたらしたのである。ガッリエヌスは、詩や文学、美術を慈しむ心を忘れなかったが、部下たちの陰謀によってその治世を閉じられた。

クラウディウス・ゴティクス

生没 213年/214年～270年
在位 268年～270年

　出自については不明。クラウディウス帝の曾孫と称されたコンタンティヌス帝の血縁ともいわれる。ファレリウス帝および先帝ガッリエヌス帝のもと、軍の有能な指揮官として働いていた。しかし、268年、ガッリエヌス帝が暗殺されると、軍の支持をうけ、皇帝として即位したのである。クラウディウス・ゴティクス自身が、ガッリエヌス帝の暗殺に関わっていた可能性が高いとみられている。2年の統治は、志半ばで疫病に倒れて終わった。

ローマ帝国

Ⅱ ギリシア・ローマ

クィンティッルス

生没 216年?〜270年
在位 270年

　先帝クラウディウス・ゴティクスの弟。先帝の治世中、兄がゲルマン人の一派ゴートと戦っているとき、北イタリアの防衛にあたっていた。民が兄の死を悼む中、即位する。軍隊や、元老院、ローマ市民からも支持された兄帝と比べ、クィンティッルスは自らに皇帝の資質がないことを自覚していたのであろうか。騎兵隊司令官のアウレリヌスを皇帝にする声が高まっても、出撃する意思すら見せなかったのである。医者を呼び、自らを殺させ、静かに人生の幕を閉じた。

アウレリアヌス

生没 214年〜275年
在位 270年〜275年

　ガッリエヌス帝が最も信頼していた将軍の1人。ガッリエヌス帝を暗殺して即位したとされるクラウディウス・ゴティクス帝が疫病で死んだとき、その弟クィンティッルスの即位を認める動きを阻み、後継者となった。ユトゥンギ族とマルコマンニ族の侵入を食い止め、手つかずであった城壁づくりに着工した。帝国の領土をすべて取り戻し、274年には15年ぶりの再統一を果たした。だが、無念にもその翌年、個人秘書と親衛隊の兵士に殺害されてしまった。

タキトゥス

生没 200年頃〜276年
在位 275年〜276年

　先帝アウレリウスが殺害された際、兵士たちは「ふさわしい人物を皇帝に指名してほしい」と元老院に手紙を送った。白羽の矢が立ったのは、すでに70代も半ばに達していたタキトゥスである。軍部が裏で糸を引き、すでに引退していた老齢の元将軍を擁立したとの見方もある。6か月の治世で殺された理由は、皇帝の親族が人々に金品を差し出すことを強要し、不満が生じたためという。皇帝自身はつつましやかで、見栄をはらない性格であったと伝えられている。

フロリアヌス

生没 216年?〜276年
在位 276年

　先帝タキトゥスの異父弟という説がある。先帝の亡き後、親衛隊朝として実権を握っていた彼は、元老院や大多数の属州から皇帝として認められた。しかし、エジプトとシリアや東部の属州がプロブス帝の擁立をしたことで、2か月と20日間の皇帝に終わったのである。フロリアス帝は対抗できるだけの大軍を所持していたが、夏の暑さと疫病の猛威を味方につけることはできなかった。
　1年以内で殺された皇帝はこれで3人目という、危機的な状況が続いていた。

プロブス

生没 232年～282年
在位 276年～282年

　先帝フロリアヌスのライバルであった。エジプトとシリア、東部属州から支持されて皇帝となった。有名なアウレリアヌス帝を彷彿とさせる優れた軍人といわれ、軍隊内で大きな信望を集めていったのである。即位すると、北のフランク族、中部と南部のゲルマン人などの侵略者たちを撃破した。諸外国の反乱も鎮圧した治世は、地方の再建に熱心に取り組んだ頃から雲行きが怪しくなっていく。
　皇帝の名乗りをあげる兵士たちの反乱に悩み、側近に裏切られて最期を迎える。

カルス

生没 224年/230年/234年～283年
在位 282年～283年

　軍隊が強い地域ではない、地中海沿岸にある小さな街、ナルボの出身である。58歳のとき玉座を勝ち取ると、2人の息子を伴ってローマへと赴く。息子たちには早々に「カエサル」の称号を与え、正統な後継者となる手配が行われたのである。皇帝は、執政官の職を共有した長男に西部の防衛を任せた。次男とともに、東部の防衛とペルシア遠征に心血を注いだが、志半ばで陣没。「雷に打たれた」という説があるが、親衛隊長か皇帝護衛隊長などの側近による殺害かと思われる。

カリヌス

生没 ?～285年
在位 283年～285年

　先帝カルスの長男。283年1月、「アウグストゥス」の称号を与えられ、父と共に執行官となる。父が不審な死を遂げたのは、7月か8月頃であった。284年1月、弟ヌメリアヌスと共に2度目の執政官職に就くが、8月か9月頃に弟帝を亡くす。皇帝は青少年を汚し、男女両性と節度のない淫行を繰り返した。執拗に妻を口説かれ、犯された将校たちの恨みは、皇帝の命を奪うほどに大きくふくらんでいた。

ヌメリアヌス

生没 253年?～284年
在位 283年～284年

　カルス帝の次男であり、カリヌス帝の弟。志半ばで不審な死を遂げた父の遺志を継ぎ、ペルシア遠征の指揮をとるが、治世は兄との共同統治のみで終わる。遠征中に眼病を患い、半ば盲目となり、旅の途中で、親族で親衛隊長だったアペルの手にかけられた。犯行が明るみとなり、アペルは皇帝護衛隊長であり新皇帝となるディオクレティアヌスによって処刑された。しかし、一連の陰謀は、ディオクレティアヌスが新皇帝となるために仕組まれたものだったという説もある。

ディオクレティアヌス

生没 244年/245年〜311年
在位 284年〜311年

　もともとは身分の低い家に生まれた皇帝護衛隊長。ヌメリアヌス帝を殺害した疑いでアペルを処刑し、帝位につく。そのため、裏で皇帝の殺害に関わったのではないかとも疑われている。長い内乱によって疲弊した帝国を維持するため、帝国を東西に2分割すると、それぞれにアウグストゥスを称号とする「正帝」とカエサルを称号とする「副帝」をおき、4人の皇帝が支配する体制を築く。亡くなるまで、20年以上も続いた治世が、政策の成功を物語っている。

ガレリウス

生没 260年〜311年
在位 305年〜311年

　牧夫から軍人となる。293年、ディオクレアヌス帝に副帝の地位を授けられ、その娘ウァレリアを妻とした。「テトラルキア」とよばれる四分割統治制のはじまりである。305年、ディオクレアヌス帝とマクシミアウス帝の退位に伴い、同じく副帝であったコンスタンティウスとともに正帝の座につく。このとき、たった一人の帝国の支配者となる日を夢見て、副帝には娘婿と長年の親友をつけたが、野望は叶わなかった。キリスト教を激しく弾圧した皇帝は、病に苦しむ最期を迎えている。

マクシミヌス・ダイア

生没 270年〜313年
在位 310年〜313年

　先帝ガレリウス帝の甥。家畜番をしていたところを拾われ、衛兵となり、ついに皇帝となる。ディオクレティアヌス帝とマクシミアヌス帝の退位に伴い、ガレリウス帝とコンスタンティウス帝が正帝となったとき、セウェルスとともに副帝となり、帝国の東部を治めた。金に執着があったという。

　また皇帝の許可無く妻を娶ることができないという法律により、許可を得にきた女性が餌食になってしまったともいわれている。

```
ディオクレティアヌス ── ウァレリア
                ┌─ ガレリウス
                └┄┄┄┄┄ マクシミヌス・ダイア
```

ローマ帝国

リキニウス

生没 250年/263年/265年～324年/325年
在位 308年～324年

農家に生まれる。将校から皇帝にのぼりつめる。ガレリウス帝とは親友であった。308年に西部の正帝に就くと、ライバルのコンスタンティヌスが副帝となる。

リキニウスは、キリスト教を容認しつつも、異教徒とも交流を持っていた。一方のコンスタンティヌス帝はキリスト教を庇護した。そのため、リキニウスの軍にいるキリスト教徒たちも、コンスタンティヌスに通じていると疑い始めたのである。以前の共治帝マルティニアヌスとともに処刑に追い込まれた。

ウァレリウス・ウァレンス

生没 不詳
在位 316年～317年

コンスタンティヌス1世と対立するリキニウスから共治帝に任命される。317年、リキウスとコンスタンティヌス1世が和睦したのち処刑された。

マルティニアヌス

生没 不詳
在位 324年

324年、コンスタンティヌス1世との戦いを再開したリキウスによって共治帝に任命される。しかし、コンスタンティヌス1世に敗れ、処刑された。

マクシミアヌス

生没 250年～310年
在位 286年～305年、306年～308年、310年

アウレリアヌス帝とプロブス帝に仕えた。ディオクレティアヌス帝によって副帝に選ばれた翌286年、正帝となる。305年には、ディオクレティアヌス帝が、共に引退することを勝手に宣言したため退く。306年、実の息子マクセンティウスが西ローマ帝国を手にして再び正帝となるが、308年にはマクセンティウスに反乱を起こすも敗れてしまう。310年、再び帝位についたが、コンスタンティヌス帝暗殺の企てが露呈し、死に追いやられた。

コンスタンティウス1世

生没 250年頃～306年
在位 306年

のちに皇帝となるコンスタンティヌス1世の父。西側の正帝マクシミアヌスのもと、副帝を務めた。305年、2人の正帝ディオクレティアヌス帝とマクシミアヌス帝が退位すると、ガレリウス帝が東の、コンスタンティウス1世が西の正帝となる。反キリスト教の勅令から、管轄する属州の信者を保護した皇帝であった。野心家な息子コンスタンティヌスを後継者にしなかったことで、その死後しばらく、帝位を巡って不穏な空気が流れた。

フラウィウス・ウァレリウス・セウェルス

- 生没 ?〜307年
- 在位 306年〜307年

一軍人から、ガレリウス帝に引き上げられて、305年に副帝となる。翌年にコンスタンティウス1世が没すると正帝に就き、帝国西部の皇帝となったのである。コンスタンティウス1世とマクシミアヌス帝が息子を後継者に選ばなかったことで、彼らが帝位を主張し、反乱が起きた。誰が新皇帝となるかが見えないまま、軍団は帝位争いに振り回されたのである。マクシミアヌス帝が息子マクセンティウスに寝返ったことで、劣勢となったセウェルス帝は幽閉の身となり殺害された。

マクセンティウス

- 生没 278年/282年/283年〜312年
- 在位 306年〜312年

マクシミアヌス帝の子。ガレリウス帝の娘と結婚し、義理の息子となる。父帝がディオクレティアヌス帝に共治帝として選ばれると、次期皇帝を意識するが、歓迎されなかった。退位を迫られても、6年座につい続けた。粘り強く野心家なところと、女癖の悪さまでもが父帝譲りであったと伝えられている。元老院たちも敵に回した皇帝は、312年にミルウィウス橋の戦いで川に落ちて溺れ死んだ。その亡骸は引き揚げられ、引き回されたと伝えられる。

コンスタンティヌス1世

- 生没 272年〜337年
- 在位 312年〜337年

コンスタンティウス1世の子。306年、父帝が没すると権力争いが勃発する。最終的にリキニウス帝との共治制を約束したものの、316年にはそれを破った。帝国全土を我が物にし、テトラルキア（四分割統治）を崩壊させたのは、324年のことである。単独統治に戻すと、役人を3つのランクに分ける「コミテス（仲間）」という組織をつくり、皇帝を脅かす存在でもあった「プラエトリアニ（親衛隊）」を解体。改革のメスは、軍事や税金、法律、宗教などほとんどの分野に及び、かつ大胆に繰り広げられたのである。都市市民に対する税の取り立ては厳しく、異常に細かい勅令の多くは、キリスト教の習慣や倫理を反映した。とくに性犯罪に関しては執拗であり、加害者側はもちろんのこと、被害者までが咎められた。最大の目標であったペルシア遠征の前に病に倒れ、存命中にキリスト教徒の洗礼を受ける。皇帝はローマ市民を棄てて、新都コンスタンティノスに建てた「聖12使徒教会堂」で永眠したのである。自らが壊した分割統治を後継者たちには望み、領土と帝位は3人の息子と、2人の甥に分け与えられた。その願いは叶わず、没後、15年に及ぶ権力闘争が幕を開けた。

ローマ帝国

コンスタンティヌス2世

生没 316年〜340年
在位 337年〜340年

　先帝コンスタンティヌス1世の長男。337年に父帝が死去すると、2人の弟と共に正帝となる。次弟はコンスタンス1世、末弟はコンスタンティウス2世。従兄弟のデルマティウスとハンニバリアヌスにも副帝の地位が与えられたが、早々に政権争いの反乱で殺害された。父からブリタンニアなどを割り当てられて統治するが、次弟に与えられた北アフリカの領土を要求。これを拒まれると、次弟の領土へと攻め込み、北イタリアに侵攻したところで敗北した。

コンスタンティウス2世

生没 317年〜361年
在位 337年〜361年

　先々帝コンスタンティヌス1世の次男。父の没後、兄コンスタンティヌス2世、弟コンスタンス1世と共に正帝となる。当初は、3分割された帝国の領土で、東方を統治していた。しかし、コンスタンティヌス2世はコンスタンス1世に敗れて殺害され、そのコンスタンス1世も10年後に反乱で殺された。唯一の皇帝となったコンスタンティウス2世は再統一を試みるも、力及ばず。又従弟ユリアヌスを共治帝にすることも考えたが、彼の才覚に対する脅威の方が勝った。討伐の兵を挙げるなか、病没。

コンスタンス1世

生没 323年〜350年
在位 337年〜350年

　コンスタンティヌス1世の三男。337年に父が没すると、2人の兄とともに正帝となる。3分割された帝国の領土の中の、ヨーロッパなどの統治を行っていた。コンスタンティヌス2世に領土の譲渡を迫られたが、これを討ち破る。その結果、兄帝が治めていたブリタニアなども統治することになり、実質的には帝国の全権を手に入れたのであった。しかし、350年に配下の将軍マグネンティウスが謀反を起こす。敗れた皇帝は捕られ、殺害された。

ウェトラニオ

生没 ?〜356年?
在位 350年

　コンスタンス1世に仕えた軍司令官。コンスタンティヌス帝の没後しばらくして、その長男コンスタンティヌス2世は三男コンスタンス1世の領土を奪おうとした結果、敗れ去った。全土を手にしたコンスタンス1世に対し、将軍マグネンティウスが謀反を起こした。ひとり残った次男コンスタンティウス2世から、マグネンティウスを倒すべく皇帝に擁立されたのがウェトラニオである。役割を終えると、コンスタンス2世から年金をもらって、静かな余生を送った。

マグネンティアウス

生没 303年〜353年
在位 350年〜353年

　コンスタンス1世が統治していた地域の将軍であった。コンスタンス1世がヨーロッパ全土の支配権を握ると、反旗を翻し、帝国西部の統治権を手にする。しかし、マグネンティアウスの帝位を、東部の皇帝であったコンスタンティウス2世は決して認めず、支配下で軍の司令官をしていたウェトラニオを対立皇帝として擁立。351年、マグネンティアウスムルサの戦いでコンスタンティウス2世に敗れ、353年にリヨンで自殺した。

ユリアヌス

生没 331年/332年〜363年
在位 360年〜363年

　コンスタンティヌス1世の甥。コンスタンティウス2世にとっては、又従弟。兄帝たちが没し、単独統治となったコンスタンティウス2世は、共治帝の必要を感じて、ユリアヌスを候補にと考えた。しかし、政治の手腕があり、軍隊と市民からも人気を集めたユリアヌスを、コンスタンティヌス2世は畏れ、手のひらを返す。軍から正帝に擁立されたユリアヌスはコンスタンティヌス2世を討ち、新皇帝となった。キリスト教が優遇された時代の流れとは逆に、伝統宗教の復活を試みる治世を行った。

ヨウィアヌス

生没 331年〜364年
在位 363年〜364年

　父も将軍である。入隊した後、軍司令官を経て、執政官となる。メソポタミアで大規模な侵略を開始していたユリアヌス帝のもとでは、司令官についていた。サーサン朝との戦いの最中、ユリアヌス帝が襲われ死に至る。襲ったのは治世に不満を持つキリスト教徒であったと伝えられている。後継者を指名していなかったユリアヌス帝亡き後、軍隊から選ばれたのがヨウィアヌスである。新皇帝はペルシア軍と講和を結び撤退した帰り道で、不慮の死を遂げた。

```
コンスタンティウス1世 ─┬─ コンスタンティヌス1世 ─┬─ コンスタンティヌス2世
                      │                        │
                      │                        ├─ コンスタンティウス2世
                      │                        │
                      │                        └─ コンスタンス1世
                      │
                      └─ ユリウス・コンスタンティウス ── ユリアヌス
```

ローマ帝国

ウァレンティニアヌス1世

- 生没 321年～375年
- 在位 364年～375年

パンノニア人の士官。ヨウィアヌス帝の死後、帝国には相応しい後継者が見当たらなかった。秘密会議を開いた軍人と文官たちが白羽の矢を立てたのが、ウァレンティニアヌス1世であった。新皇帝となってから1か月が経つ頃、彼は実の弟ウァレンスを共治帝に任命した。こうして、兄帝はイリュリクムと西部諸州を、弟帝はバルカン半島の残りと東部を治めることになったのである。

キリスト教に傾倒した兄弟帝は、知識人を嫌った。兄弟帝は昔からの貴族階級を無視して、将校や大臣には同郷のヒスパニア人を選んでいたという。

ウァレンティニアヌス1世は、その治世のほとんどをライン川上流でアレマンニ族と戦って過ごした。375年に侵攻してきたクアディ族とサルマタイ人を迎え討ったとき敵の死者を引見中に、憤激して脳卒中を起こして命を落とした。共治帝ウァレンスの長男グラティアヌスが即位したものの、皇帝に向いているとはいえなかった。兵士たちの支持が失われる一方で、新たな皇帝が生まれるのは時間の問題であった。弟帝ウァレンスは、378年、ゴート族との戦で戦死している。

ウァレンス

- 生没 328年～378年
- 在位 364年～378年

ウァレンティニアヌス帝の同母弟。ユリアヌス帝に次ぎヨウィアヌス帝も死去すると、ふさわしい後継者が見当たらず、軍人と文官たちは秘密会議を開いた。新皇帝にはウァレンティニアヌス1世が選ばれ、西部皇帝となった。兄は実弟ファレンスを東部皇帝に選んだのである。キリスト教に傾倒した兄弟帝の治世、帝国は多くの外敵に狙われていた。アレマンニ族、クアディ族、サルマタイ人などとの戦が続き、ウァレンス帝はゴート族との戦いで戦死したのである。

```
┌ ウァレンティニアヌス1世 ┬ グラティアヌス
│
└ ウァレンス              └ ウァレンティニアヌス2世
```

グラティアヌス

[生没] 359年～383年
[在位] 367年～383年

　ウァレンティニアヌス1世の長男。7歳で帝国西方の正帝となり、16歳のときに父帝が没すると、弟ウァレンティニアヌス2世を副帝とし、ともに西方を治めた。378年に叔父ウァレンス帝が死去すると、テオドシウス1世を帝国東方の共治帝に任命。テオドシウス1世を日陰者に追いやったのは、その父を刑に処したグラティアヌス自身であったので、名誉回復を約束して協力を要請した。最期は、歩兵長官の裏切りにより、殺害された。

ウァレンティニアヌス2世

[生没] 371年～392年
[在位] 375年～392年

　ウァレンティニアヌス1世の子。先帝グラティアヌス帝は異母兄となる。375年に父帝が没すると、4歳で兄の副帝となり、ともに帝国西部を統治した。387年、イタリア侵攻に敗れた兄帝は、その翌年に殺害されてしまう。ウァレンティニアヌス2世は、ブリタニア軍に擁立された皇帝マグヌス・マクシムスに攻撃されると、帝国東部の共治帝テオドシウス1世のもとに逃れた。しかし、兄帝と同じく最期は殺害され、ウァレンティニアヌス家は滅亡したのである。

テオドシウス1世

[生没] 347年～395年
[在位] 379年～395年

　父は上級将校である大テオドシウス。368年に発生したブリタニアでの反乱に際して、父とともに鎮圧し、374年には軍司令官となった。375年、反乱の疑いをかけられた父が処刑されると、軍を退役し、生まれ故郷のカウアへと戻る。語られざる真相は不明であるが、尊敬する父の死と、自らが軍司令官を解任された時期とが重なり、転機になったのではないかと考えられる。

　364年から兄帝ウァレンティニアヌス1世と弟帝ウァレンスによって統治されてきた帝国は、375年に兄帝が死去したことで代替わりを余儀なくされた。ウァレンティニアヌス1世の2人の息子、グラティアヌスが正帝に、ウァレンティニアヌス2世が副帝となり、帝国西部を継ぐ。378年にウァレンス帝も死去すると、帝国東部の統治を任せられる者は見当たらず、テオドシウス1世は、グラティアヌス帝に協力を要請される形で共治帝となる。その手腕は「大王」と称されるほどで、民事・軍事の両面において優れ、立法者やキリスト教を熱心に擁護した。史上最後となる帝国の単独皇帝は、ミラノで死去。東部は17歳の長男アルカディウスへ、西部は10歳の次男ホノリウスへ託された。

ローマ帝国

アルカディウス

生没 377年〜408年
在位 395年〜408年

　テオドシウス1世の長男。395年に父帝が死去すると、弟ホノリウスの共治帝として、ローマ帝国の東部を統治することになった。

ホノリウス

生没 384年〜423年
在位 395年〜423年

　テオドシウス1世の次男。395年に父帝が死去すると、兄アルカディウスの共治帝になり、ローマ帝国の西部を受け継いだ。

コンスタンティウス3世

生没 ?〜421年
在位 421年

　政治家であり将軍。421年の7か月間、西ローマの皇帝となる。義理の兄弟であったホノリウス帝の共治帝として、ガリアおよびブリタニアの統治にあたる。

ヨハネス

生没 ?〜425年
在位 423年〜425年

　西ローマの皇帝ホノリウスの死後に政権を奪うが、ビザンツ皇帝テオドシウス2世に殺された。ホノリウス帝の甥、6歳のウァレンティニアヌス3世が就く。

ウァレンティニアヌス3世

生没 419年〜455年
在位 425年〜455年

　先帝ホノリウスの甥。ホノリウス帝が没すると、ヨハネスに帝位を奪われる。帝位を取り戻したビザンツ皇帝テオドシウス2世は、帝国全土を支配したいという野望を持ちながらも、6歳のウァレンティニアヌス3世を西の皇帝に立てた。幼い皇帝の母プラキディアは、将軍アエティウスと共に帝位を要求し、実権を握る。母と将軍は帝国に秩序を取り戻すため尽力したが、成長した皇帝は実権を握りつづける将軍を呼び出し、処刑したのである。将軍の部下によって暗殺された。

```
テオドシウス1世 ─┬─ アルカディウス
                │
                ├─ ホノリウス
                │
                └─ ガラ・プラキディア ── ウァレンティニアヌス3世
                   ‖
                   コンスタンティウス3世
```

ビザンツ帝国

395年〜1453年

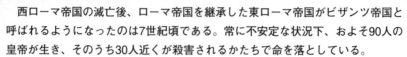

　西ローマ帝国の滅亡後、ローマ帝国を継承した東ローマ帝国がビザンツ帝国と呼ばれるようになったのは7世紀頃である。常に不安定な状況下、およそ90人の皇帝が生き、そのうち30人近くが殺害されるかたちで命を落としている。

　ヘラクレイオス朝までの帝国を守ったのは、実力ある軍人皇帝である。彼らは軍事権と行政権が一体化した「テマ制」を実施した。衰退の色が濃くなるマケドニア朝後半からは、軍事貴族出身の皇帝が必要とされた。軍事に協力した報酬に徴税の権利を得る「プロイア制度」を用い、皇帝に次ぐ爵位「専制公」の称号を設けることで、帝国の軍事力と財力が保たれる政策に努めたのである。

　諸外国からの侵攻がしだいに深刻さを増すと、窮地に立たされたときの選択の誤りが、帝国の未来を滅亡へと導いたことは否めない。セルジューク朝を討つためにローマ教皇の援護を求めたことで、十字軍が攻撃するきっかけを与え、帝位継承争いにオスマン帝国を介入させたことで、皇帝が外国に擁立されるきっかけをつくったのである。1453年、オスマン帝国メフメト2世によって都コンスタンティノポリス（後のイスタンブール）が陥落し、ビザンツ帝国は滅亡した。

330年	コンスタンティヌス帝が首都コンスタンティノポリスを建設
379年	テオドシウス1世がテオドシウス朝（〜455年）を樹立
395年	テオドシウス1世が没し、息子たちによる東西分割統治がはじまる
457年	レオ1世がレオ朝（〜518年）を樹立
476年	西ローマ帝国滅亡、ビザンツ帝国が唯一のローマ帝国となる
518年	ユスティニアヌス1世がユスティニアヌス朝（〜602年）を樹立
610年	ヘラクレイオスがヘラクレイオス朝（〜711年）を樹立
711年	レオーン3世がイサウリア朝（〜802年）を樹立
820年	ミカエル2世がアモリア朝（〜867年）を樹立
867年	バレイオス1世がマケドニア朝（〜1057年）を樹立
1059年	コンスタンティノス10世がドゥーカス朝（〜1081年）を樹立
1081年	アレクシオネス1世がコムネス朝（〜1185年）を樹立
1185年	イサキオス2世がアンゲロス朝（〜1204年）を樹立
1025年	テオドロス1世がニカイア帝国[=ラスカリス朝]（〜1261年）を樹立
1204年	十字軍によるラテン帝国（〜1261年）の建国
1261年	ミカエル8世がパレオロゴス朝（〜1453年）を樹立
1354年	オスマン帝国の属州となる
1453年	オスマン帝国により首都コンスタンティノポリス陥落、ビザンツ帝国滅亡

ビザンツ帝国

アルカディウス

- 生没 337年～408年
- 在位 395年～408年

　テオドシウス朝の初代皇帝。テオドシウス1世帝の長男。395年、父帝からローマ帝国の東半分を継ぐ。ちなみに、次男ホノリウスは西半分を継いでいた。テオドシウス1世は兄弟の皇位争いを避け、激化するゲルマン民族の大移動に対抗できる国力を保とうと考えたのである。アルカディウスは聖人として名高いコンスタンティノポリス大主教ヨハネス・クリュソストモスを追放。政治への関心が低く、統治力に欠けていたという。実際に政務を取り仕切ったのは、有力者アンテミウスなどであった。

テオドシウス2世

- 生没 401年～450年
- 在位 408年～450年

　先帝アウカディウスの子。402年から408年までは父帝を補佐する副帝に就き、父が没するとテオドシウス朝を継いだ。通称の「カリグララフォス」は「能書家」の意。皇帝は書の教養を持ち、神学や学問に熱中するあまり政治を顧みず、実際に政務を行ったのは重臣たちである。難攻不落の大城壁建造を取り入れた「テオドシウスの城壁」を建築し、首都コンスタンティノポリスの防衛を強化した。フン族が侵入し、サーサーン朝ヤズデギルド2世と相互不可侵条約を結ぶ。

マルキアヌス

- 生没 396年～457年
- 在位 450年～457年

　先帝テオドシウス2世の没後、先帝の姉アエリア・グルケリアと結婚してテオドシウス朝を継ぐ。当初は形式だけの即位であったが、次第に実質的な皇帝へと成長を遂げる。先帝が行ってきたフン族王アッティラへの貢納を停止するなど、外交にも積極的に取り組んだ。しかし、このことはフン族がローマ帝国へ侵攻するきっかけとなり、西の皇帝ウァレンティニアヌス3世が崩御すると、ローマ市が占領された。マルキアヌス帝は自国の保護だけに努めた後、在位7年で病死する。

レオ1世

- 生没 400年～474年
- 在位 457年～474年

　テオドシウス朝に次ぐレオ朝の初代皇帝。もともとはトラキア生まれの帝国軍人であった。先帝マルキアヌが後継者に恵まれず、ゲルマン人軍事長官アスパルに支持されて即位。治世前期の皇帝はアスパルとその息子アルダブリウスの傀儡にすぎなかったのである。後の皇帝ゼノンとなるイサウリア人のタラシコデッサの力を借り、アスパル父子を打倒したのは、471年のことであった。残りの治世は、確固たる皇帝の地位を得たのである。

レオ2世

生没 467年?～474年
在位 474年

　先帝レオ1世の外孫。父はアナトリア半島の少数民族イサウリア人の族長タラシコデッサである。レオ1世の代に実権を握っていたゲルマン人のアスパル父子を倒した功績で、父は皇女アリアドネと結婚してゼノンという名となる。この母アリアドネは先帝レオ1世の娘であった。先帝の没後、レオ朝を継いだときはわずか7歳である。父ゼノンが後継人として共同皇帝となり、政治を執り行ったが、同年のうちに病のため夭折した。没後、父が正帝として即位したのである。

ゼノン

生没 426年～491年
在位 474年～475年、476年～491年

　先帝レオ2世の父。アナトリア半島の少数民族イサウリア人の族長であった。もとの名はタラシコデッサ。先々帝レオ1世の代、実権を握っていたゲルマン人のアスパル父子を倒した功績を買われて、皇女アリアドネと結婚。7歳で即位した息子レオ2世の後見人となって共同治世をはじめたが、すぐに息子は夭折。自らが皇帝となると、反乱を起こしたバシリスクスに帝位を追われる。1年後、返り咲いた皇帝は数々の謀反の陰謀にも屈せず、生涯帝位についたのである。

バシリスクス

生没 ?～476年
在位 475年～476年

　ゼノン帝の義理の叔父にあたる対立皇帝。レオ2世が夭折すると、即位したのはその実父ゼノンであった。ゼノンは惰弱な人物であったと伝えられている。そのため帝位を狙う者が後を絶たなかった。ゼノンの即位から1年足らずで反乱を起こし、玉座を手にしたバジリスクもその一人である。しかし、皇帝としての能力にも人望にも恵まれなかった。翌年には、小アジアのイサウリアに追放していたゼノンが首都コンスタンティノポリスに進軍してきて、帝位を奪い返されている。

アナスタシウス1世

生没 431年～518年
在位 491年～518年

　ビザンツ帝国の枢密院警護長であった。先帝ゼノンは後継者を指名せずに没したため、その皇后アリアドネと結婚することでレオ朝を継ぐ。即位直後、アナスタシウス1世はイサウリア人の反乱を鎮圧し、ブルガール人の侵攻防ぐなど帝国の防備にあたった。またこの頃、帝国の財政は破綻寸前にあり、優れた経済政策を採用することで財政再建を導いた。治世中に多くの功績を残し、熱心なキリスト教徒でもあったアナスタシウス1世は88歳まで生きた。

ビザンツ帝国

ユスティヌス1世

- 生没 450年～527年
- 在位 518年～527年

レオ朝につぐユスティニアヌス朝の初代皇帝。農村の出身から軍に入った叩き上げの将軍である。子のいなかった先帝アナスタシウス1世が後継者を指名せず没したため、元老院の協議の末、83歳の老将軍ユスティヌス1世が選出されたのである。即位すると、甥のユスティニアヌス1世を養子に迎え、後継者として養育。治世中は、アンティオキア（現シリア）の大地震にみまわれたうえ、サーサーン朝ペルシア帝国からの侵攻に遭うなど多難を極めた。

ユスティニアヌス1世

- 生没 438年～565年
- 在位 527年～565年

先帝ユスティヌス1世の甥。農民の子として生まれた。高齢の叔父が、元老院によって皇帝に選出された際に養子となり、ユスティニアヌス朝の後継者となる準備が進められた。その治世は、後世に「大帝」と呼ばれるほど画期的な時代となる。ユスティニアヌス1世は、ローマ帝国の領土を部分的に回復することに成功し、領土を押し広げた。しかし、後には、黒死病やペストなどの流行によって勢力を奪われていく。やがて縮小した領土は、9世紀まで回復しなかったことから、「帝国の再建は失敗に終わった」との見方もある。

功績のひとつに、ローマ法を統合して書き直した『ローマ法大全』が挙げられる。これは多くの現代国家における基礎であり続けている。また、ハギア・ソフィア大聖堂のような建築事業は、800年以上にわたり東方正教会の中心となった。初期ビザンティン文化に影響を与えるほどの偉業は「聖者」ととして高い評価を受けた。その一方で、宮廷でのスキャンダラスな行動には問題があったという声もあり、「残忍で強欲、そして無能な統治者」など辛辣な評価もある。

ユスティヌス2世

- 生没 520年～578年
- 在位 565年～578年

先帝ユスティニアヌス1世の甥。子のいなかった先帝が没すると、ユスティヌス朝を継承。即位時、ビザンツ帝国の領土はかつてのローマ帝国に匹敵するほど回復していたが、遠征のために財政は破綻した。領土の維持は困難であった。軍務経験のほとんどない皇帝は、西ゴート族やランゴバルド族の侵入を許し、さらにサーサーン朝にも敗戦した頃から精神に異常をきたしたのである。幼い時からの知り合いであった将軍ティベリウス2世に実権を譲ると、自ら引退した。

ティベリウス2世

- 生没 520年〜582年
- 在位 578年〜582年

　先帝ユスティヌス2世の娘婿にあたる。574年に義父帝がサーサーン朝に敗北し、精神に異常をきたすと、副帝として実権を譲られた。578年、先帝が没し、正式にユスティヌス朝を継承したのである。即位当時、西方のイタリア半島やバルカン半島は多民族の侵入に悩まされていた。すべての戦線で対応する余力がなかったことから、西方の領土を諦め、東の敵サーサーン朝との戦いに力を注ぐ覚悟をしたにもかかわらず、在位わずか4年にして、その命が尽きた。

マウリキウス

- 生没 539年〜602年
- 在位 582年〜602年

　先帝ティベリウス2世の婿。没した先帝には男児がおらず、その娘コンスタンティナと結婚してユスティヌス朝を継ぐ。治世中は対外政策に尽力する。西のランゴバルド族の侵攻を防ぐために総督府を設置、東のサーサーン朝ペルシア帝国との和睦にも成功するが、ユスティニアヌス1世の頃よりかさんだ戦費で、財政は火の車であった。国費削減を余儀なくされると、たちまち兵士たちの反乱が起こり、マウリキウス帝は息子たち共々殺される悲惨な最期を迎えることになった。

フォカス

- 生没 547年〜610年
- 在位 602年〜610年

　帝国軍の歩兵100人を指揮する下士官「百人隊長」であった。602年、国費削減のためにマウリキウス帝より、ドナウ北岸での越冬命令が出されると、軍隊が反乱を起こす。逃亡しようとしたマウリウス帝は捕えられて、処刑された。このとき皇帝に担ぎ上げられたのが、フォカスであった。先帝に援助を受けて即位したサーサーン朝ペルシアのホスロー2世が、報復を名目として対ビザンツ遠征軍を起こすなど、その治世は落ち着かないままヘラクレイオス1世に殺された。

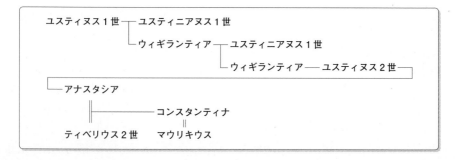

ビザンツ帝国

ヘラクレイオス1世

- 生没 575年～641年
- 在位 610年～641年

ユスティアヌス朝につぐヘラクレイオス朝の初代皇帝。先帝フォカスを倒して即位したときは、アンティオキア大地震、ペストの大流行による人口減少、相次ぐ遠征や建築事業などによって帝国は滅亡の危機に瀕していた。6年にわたるサーサーン朝ペルシアとの戦いに勝利し、奪われた領土を回復したが、636年、ヤルムークの戦いでイスラム勢力に敗れ、再び領土を失ってしまう。イスラムに対抗すべく、軍事権と行政権が一体化した「テマ制」を始めるなど尽力した。

コンスタンティノス3世

- 生没 612年～641年
- 在位 641年

先帝ヘラクレイオスの長男。父の没後、ヘラクレイオス朝を継ぐ。その遺言により、義母マルティナの子ヘラクロナスとの共同統治が行われた。マルティナは父の姪であり後妻でもある。しかし、すぐに宮廷内ではコンスタンティノス3世派とヘラクロナス派との抗争が起こり、コンスタンティノス3世は命を落としてしまう。マルティナによる毒殺説も噂される。マルティナはヘラクロナスの後見人となり帝位に就くことを狙っていたが、宮廷内での反対にあい、その野望は叶わなかった。

ヘラクロナス

- 生没 626年～641年
- 在位 641年

先々帝ヘラクレイオス1世の子。母は、ヘラクレイオス1世の姪であり後妻でもあったマルティナである。父帝の没後、異母兄コンスタンティノス3世の共同皇帝として、ヘラクレイオス朝を継ぐ。これは母マルティナの希望であった。即位してすぐにコンスタンティノス3世が没し、単独統治者となる。しかし、母子がコンスタンティヌス3世帝を暗殺したとする疑惑が浮上。内乱が勃発し、母マルティナは舌を切り落とされ、ヘラクロナスは鼻を削がれて帝位を追われる身となった。

コンスタンス2世

- 生没 630年～668年
- 在位 641年～668年

先々帝コンスタンティノス3世の子。641年、帝位を継いだ父帝はその年のうちに没した。暗殺の疑惑は父の共同皇帝であった叔父ヘラクロナスとその母マルティナに向けられたのである。内乱が起こり、ヘラクロナスが帝位を追われた後、ヘラクレイオス朝を継いだ。即位時は幼少であったため、側近が摂政したと考えられている。その後も帝位を狙う対立皇帝の出現や、内乱、戦争などで安定しなかった。668年に暗殺されるまで、戦いに明け暮れた治世となる。

II ギリシア・ローマ

コンスタンティノス4世

生没 650年～685年
在位 668年～685年

先帝コンスタンス2世の長男。654年、父帝によって共同皇帝に任じられる。668年に父帝が暗殺され、シチリア島にてミジジオスが皇帝の名乗りをあげたとき、自ら艦隊を率いて反乱を鎮圧。長官サボリオスの反乱も鎮圧し、名実共にヘラクレイオス朝の皇帝となった。681年には共同皇帝であった2人の弟から地位を剥奪し、後継者となるユスティニアノス2世を含む2人の息子さえも共同皇帝にせず、685年に没するまで、ただ一人の皇帝として君臨した。

ユスティニアノス2世

生没 668年？～711年
在位 685年～695年、705年～711年

先帝コンスタンティノス4世の長男。父が没し、ヘラクレイオス朝を継ぐ。建築や戦争の費用を調達するため強いた重税への不満が募った695年、軍人レオンティオスがクーデターを起こす。これにより、ユスティニアノス2世は鼻を削がれ、追放されてたが、黄金の付け鼻をつけて復位への野望と執着を表明しつづけたのである。705年に復位を果たし、ユスティニアノス2世は、息子ティベリオスを共同皇帝とした。しかし息子ともども殺害され、ヘラクレイオス朝最後の皇帝となった。

レオンティオス

生没 ？～706年
在位 695年～698年

アナトリア半島のイサウリア地方出身。コンスタンティノス4世時代から仕えたテマ・ヘラス長官の子である。695年、クーデターをおこしてユスティニアノス2世を追放し、帝位に就く。皇帝時代は、レオーンと名乗った。北アフリカ支配の拠点カルタゴをめぐってウマイヤ朝と戦い、698年のカルタゴの戦いで敗戦。これによって廃位、投獄される。705年に復位したユスティニアノス2世によって、同じく帝位を簒奪したティベリオス3世と共に、処刑された。

ティベリオス3世

生没 ？～706年
在位 698年～705年

海軍の軍人で、もとの名はアプシマロスという。698年のカルタゴの戦いでウマイヤ朝に敗れたレオンティオスを廃位、投獄して帝位に就く。反乱軍の指揮官から帝位に昇ったという経緯から、皇帝に数えない考え方もある。いずれにせよ、ユスティニアヌス2世の代よりしだいに激化した、小アジア半島におけるウマイヤ朝との戦いで、領土の防衛に成功した功績は大きい。705年、復位したユスティニアノス2世によって捕らえられ、レオンティオスと共に処刑された。

ビザンツ帝国

フィリピコス・バルダネス

生没 ？～714年
在位 711年～713年

　ペルガモンの出身で、もともとの名はバルダネスという。ティベリオス3世によって追放されたが、ユスティニアノス2世によって召喚され、711年には再び追放されるといった浮き沈みの多い人生の末、帝位を手にする。キリスト教の第3回コンスタンティノポリス公会議の決議を破棄したこと、ウマイヤ朝や第一次ブルガリア帝国などの侵入軍への対応が及ばなかったことが、治世の失敗を招く。後の皇帝アナスタシオス2世となるアルテミオスらの陰謀によって幽閉され、盲目にされた。

アナスタシオス2世

生没 ？～719年
在位 713年～715年

　もともとの名はアルテミオスという。先帝フィリピコス・バルダネスの代には書記局長官を務めた。先帝に対する不満の高まりに乗じて、他の高官たちと諮って先帝の幽閉に成功すると、その翌日に皇帝となる。多くの有能な人物を抜擢したが、その中には、後の皇帝レオーン3世となる長官レオーンもいた。715年、ウマイヤ朝の侵攻に乗じて、テオドシオス3世を擁したオプシキオンに反旗を翻され、内戦は半年に及ぶ。降伏した後も再起を謀るが、陰謀がばれて処刑された。

テオドシオス3世

生没 ？～754年？
在位 715年～717年

　アドラミュティオン（トルコ）の徴税役人であった。時の皇帝アナスタシオス2世に対してオプシキオンが反乱を起こして成功させたとき、対立皇帝として担ぎ上げられる。傀儡として即位したという経緯だけでなく、軍事的才能にも恵まれず、皇帝としての支持を完全に得ることはできなかった。717年、ウマイヤ朝に侵攻されるなか、コンスタンティノポリス総主教のゲルマノス1世らに退位を迫られる。身の安全を保障するという条件のもとで、修道士になったという。

```
ヘラクレイオス1世 ─┬─ コンスタンティノス3世 ─── コンスタンス2世 ──┐
                 └─ ヘラクロナス                                │
                                                              │
       ┌──────────────────────────────────────────────────────┘
       └─ コンスタンティノス4世 ─── ユスティニアノス2世 ─── ティベリオス3世
```

Ⅱ＝ギリシア・ローマ

レオーン3世

生没 685年〜741年
在位 717年〜741年

　ヘラクレイオス朝に次ぐイサウリア朝の初代皇帝。もともとの名はコノンという。アナスタシオス2世によってテマ・アナトリコンの長官に命じられていた。717年、コンスタンティノポリス総主教のゲルマノス1世らによってテオドシオス3世を退位させられると、即位。すぐに都のコンスタンティノポリスを包囲するウマイヤ朝軍を撤退させることに成功したのである。イコン崇敬を異端であると見なして、726年にイコン崇敬の禁止令を出し、聖像破壊運動（イコノクラスム）を開始した。

コンスタンティノス5世

生没 718年〜775年
在位 741年〜775年

　先帝レオーン3世の子。父帝が没し、イサウリア朝を継ぐ。即位の翌年、義理の兄弟となるアルタヴァストスに反乱を起こされ、一時皇位を追われた。しかし、アルタヴァストスは人々の支持を失い、翌年にはコンスタンティノス5世が復位した。父の始めた聖像破壊運動を推し進めた皇帝は、反対派の聖職者たちを容赦なく弾圧・処刑したため、恨みを買った。「糞」を意味する「エプロニュモス」という不名誉な通称でよばれたのは、そのためである。

レオーン4世

生没 750年〜780年
在位 775年〜780年

　先帝コンスタンティノス5世の子。父帝がブルガリア遠征中に没すると、イサウリア朝を継ぐ。「ハザロス」という通称は、母イレーネーが遊牧民ハザール出身だったことにちなんでいる。宗教的に崇められるような肖像や画像を破壊する運動である「イコノクラスム」に対して、寛容な皇帝であったことが伝えられる。30歳という若さで死去したとき、遺された子コンスタンティノス6世はまだ幼かったため、皇后エイレーネーが実権を掌握することになる。

コンスタンティノス6世

生没 771年〜797年
在位 780年〜797年

　先帝レオーン4世の子。父帝が没したときは、11歳であった。摂政した母エイレーネーは聖像を破壊する「イコノクラスム」に否定的であったため、それを支持する一派はコンスタンティノス6世を支持したのである。母子の対立は激しくなり、797年に皇帝は母によって目をくりぬかれて追放された。母がローマ帝国初の女帝となる。娘のエウフロシュネーに危害は及ばず、後にアモリア朝初代皇帝のミカエル2世と結婚して皇后となるのであった。

ビザンツ帝国

エイレーネー

生没 752年〜803年
在位 797年〜802年

　先々帝レオーン4世の皇后であり、先帝コンスタンティノス6世の母。幼少であった息子コンスタンティノス6世が即位すると、実権を握り、さらには息子帝の目をくりぬいて追放。ローマ帝国史上初の女帝となった。人望を得るために、大幅な減税政策を行ったことが財政の破綻を招き、さらに帝国の領土を失ってしまう。このような失政の末、財務長官のニケフォロスが宮廷でクーデターを起こすと、エイレーネーは廃位され、事実上、イサウリア朝は断絶した。

ニケフォロス1世

生没 760年?〜811年
在位 802年〜811年

　もともとは帝国の財務官僚。クーデターの中心人物となり、先帝エイレーネーを退位に追い込んだ後、名目的にイサウリア朝の皇帝として即位する。ただし、実質的には820年に始まるアモリア朝の始祖である。官僚時代の経験を活かし、先帝の失政によって危機的状態に陥っていた帝国の財政再建に着手。また、軍事遠征や派遣などの対外政策にも取り組んだ。811年にブルガリア領内の首都プリスカを制圧・焼き打ちした直後、ブルガリア軍に襲われて戦死したと伝わる。

スタウラキオス

生没 ?〜812年
在位 811年

　先帝ニケフォロス1世の子。803年に父帝の共同皇帝となった後、エイレーネー帝の一族であったテオファノと結婚した。811年、第一次ブルガリア帝国の討伐に出陣した際、父が戦死したため単独で即位する。辛うじて首都コンスタンティノポリスに帰還したが、自身も瀕死の重傷を負っていたことから政務を執れる状態にはなく、後継者をめぐる対立が起きてしまう。自ら退位したスタウラキオスは、義弟ミカエル1世にイサウリア朝の帝位を譲った後、修道院に隠退した。

```
レオーン3世 ── コンスタンティノス5世 ── レオーン4世
                                              ├── コンスタンティノス6世 ─┐
                                        エイレーネー                      │
        ┌─────────────────────────────────────────────────────────────────┘
        └── エウフロシュネー
              ‖
              ミカエル2世 ── テオフィロス ── ミカエル3世
```

II ギリシア・ローマ

ミカエル1世

生没 ?〜844年
在位 811年〜813年

　先々帝ニケフォロス1世の娘プロコピアと結婚し、婿となる。先帝スタウラキオスの義弟にあたる。811年に義父帝が戦死し、義兄は重症を負って政務が困難となった。そのため、同年のうちに帝位を譲られたのである。このとき息子テオフュラクトスを共同皇帝とする。即位時、帝国は危機的な状況であり、政権基盤の強化に努めた。813年、ブルガリアのクルムへの敗北は、長官レオーンの策略とみられている。ミカエル1世はレオーンへの譲位を余儀なくされた。

レオーン5世

生没 ?〜820年
在位 813年〜820年

　爵位を持つバルダスなる人物の子。先帝ミカエル1世がブルガリアのクルムに敗戦した後、帝位を継ぐ。翌年、クルムが急死すると、跡を継いだオムルタグと30年間の和約を結んだ。レオーン5世は旧友であったミカエルを取り立てたが、次第に対立するようになる。820年にミカエルの処刑を決意したのであるが、たった1日の延期で未来は覆った。レオーン5世はミカエルの支持者たちに暗殺されてしまったのである。ミカエルは次の皇帝ミカエル2世となった。

ミカエル2世

生没 770年〜829年
在位 820年〜829年

　イサウリア朝に次ぐアモリア朝の初代皇帝。先帝レオーン5世とは親友であり、引き立てられてきたが、対立関係になると、逮捕されて処刑を言い渡される。しかし、処刑が1日延びたことにより、支持者がレオーン5世を暗殺し、即位する奇跡が起こったのである。即位直後に起きたスラブ人トマスの反乱は鎮圧したが、被った損害は大きかった。諸外国の侵略が進むなか、イサウリア朝コンスタンティノス6世の娘エウフロシュネと再婚するなどして権威の保持に努めた。

テオフィロス

生没 813年〜842年
在位 829年〜842年

　先帝ミカエル2世の子。821年から父帝と共同治世をはじめ、829年に父帝が没するとアモリア朝を継ぐ。通称の「テオフィロス」はギリシア語で「神に愛され し者」の意であり、公平を好んだ人柄が伺える。皇帝は自ら街へ出て、市民の意見を直接取り入れる努力をした。父帝は親友であった先々帝レオーン5世に処刑されそうになったものの、支持者たちによってレオーン5世が暗殺される形で危機を免れる。父帝が没すると、レオーン5世を裏切った者たちを処刑した。

ビザンツ帝国

ミカエル3世

生没 840年～867年
在位 842年～867年

　先帝テオフィロスの子。2歳のときに父帝が没し、アモリア朝を継ぐ。母テオドラと宦官テオクティストスが実権を握ったが、成人しても傀儡の身であることを不満に感じ、実力者の叔父バルダスらと協力して母を修道院に追放したのである。晩年は、重用する側近バシレイオスがバルダスを暗殺して咎めるどころか、その1か月後に、バシレイオスを共同皇帝に就けた。しかし翌年、バシレイオスと対立関係となり、バシレイオスによって暗殺された。

バシレイオス1世

生没 ？～886年
在位 867年～886年

　アモリア朝に次ぐマケドニア朝の初代皇帝。もともとは農民の出身であったと伝えられる、先帝ミカエル3世によって警護役に取り立てられ、865年には寝室管理長官となった。急速な出世を果たしたあと、ミカエル3世の叔父であり帝国の実力者でもあったバルダスを暗殺し、さらにはミカエル3世をも暗殺するに至ったのである。単独皇帝として対外政策にも取り組み、カイヌルギオン宮殿やネア・エクレシアなど数多くの建築物を造営・修復している。

レオーン6世

生没 866年～912年
在位 886年～912年

　先帝バシレイオス1世の子。母はエウドキア。父帝は先々帝ミカエル3世の妃だったエウドキアと愛人関係にあった。父がミカエル3世を暗殺したのは867年であり、前年に生まれたレオーン6世は、ミカエル3世の子である可能性も否めない。870年に共同皇帝となるが、後継者の兄コンスタンティノスや母の死に翻弄された。886年に父帝が没すると、ようやくマケドニア朝を継承。4番目の妻ゾエとの間に、待望の後継者コンスタンティノス7世を遺す。

アレクサンドロス

生没 870年～913年
在位 912年～913年

　先々帝バシレイオス1世の子であり、先帝レオーン6世の弟。父帝の代から共同皇帝となる。兄のレオーン6世が没した時、その子コンスタンティノス7世はまだ幼かったため、マケドニア朝を継ぐ。権力を握ると、兄帝に追放されていた者たちを呼び戻し、兄帝が結んだ第一次ブルガリア帝国との和約を破棄するなど、大胆な政策の変更を行った。結果、ブルガリアのシメオン1世に侵攻するきっかけを与えたのである。解決できないまま、在位わずか1年で病死した。

コンスタンティノス7世

生没 905年？～959年
在位 913年～959年

　先々帝レオーン6世と4番目の妻ゾエ・カルボノプシナとの間にようやく生まれた子。父が没したときは幼く、叔父アレクサンドロスが帝位についた。叔父帝が早逝し、マケドニア朝を継ぐ。幼い皇帝の権力を狙った母や、家臣たちの争いが絶えなかった国内は長らく乱れた末、海軍の司令長官であったロマノスが実権を握った。皇帝はロマノスに統治を任せ、読書や学術研究に没頭したという。実権を掌握できたのは、40代になってからであった。

ロマノス1世

生没 870年～948年
在位 920年～944年

　アルメニアの農民で、海軍の司令長官であった。919年にコンスタンティノス7世帝の母ゾエの権力が失速すると、クーデターを起こし、その翌年、マケドニア朝の帝位を手にした。即位後は、婚姻策を実施して貴族との結びつきを強め、帝位の世襲化を目指す。しかし、931年に後継者として期待した長男クリストフォロスに先立たれると、世襲化の夢を諦めた。そして、コンスタンティノス7世を帝位継承者として指名した後、修道士として最期を迎えている。

ロマノス2世

生没 939年～963年
在位 959年～963年

　先々帝コンスタンティノス7世の子。先帝ロマノス1世の娘ヘレネが母である。父帝が没すると、マケドニア王国を継ぐ。宴会が好きなロマノス2世は、政治や軍事に関心を示さなかったという。また曽祖父バシレイオス1世のような勇敢さに恵まれず、祖父レオーン6世や父コンスタンティノス7世のように学問への興味もなかった。治世中、国事を司ることはなく、すべて臣下に任せていた。狩猟に出かけて道のない山奥へと入り、落馬して命を落としたと伝えられる。

ニケフォロス2世

生没 913年～969年
在位 963年～969年

　カッパドキアの軍事貴族フォカス家の出身。先帝ロマノス2世が没したとき、2人の息子が幼かったため、権力争いが起こる。その後、ロマノス2世の妃テオファノと結婚して正統を継ぎ、皇子の義父という立場を手に入れることで、マケドニア朝の実権を握った。治世中は積極的な対外政策を推し進め、強力な重装騎兵軍団と共にイスラム勢力を相手に戦い、帝国領の拡大に成功。しかし、若くて美しい妻とその恋人によって暗殺され、最期を迎えた。

ビザンツ帝国

ヨハネス1世

- 生没 925年～976年
- 在位 969年～976年

　先帝ニケフォロス2世の甥。ニケフォロス2世のもとで将軍として活躍したが、冷遇されていた。そのため、ニケフォロス2世をその妃テオファノと共に暗殺し、自ら即位したのである。ちなみに、ヨハネス1世とテオファノは、愛人関係にあったという。しかし、即位を果たすと、テオファノにニケフォロス2世殺害の汚名をかぶせて追放した後、自らはコンスタンティノス7世の娘テオドラと結婚。マケドニア朝と縁戚関係を結び、帝位の正統性を確保したのである。

バシレイオス2世

- 生没 958年～1025年
- 在位 976年～1025年

　ロマノス2世の長男。父帝が若くして急死した後、母テオファノが軍事貴族出身のニケフォロス2世と再婚する。先々帝ニケフォロス2世と先帝ヨハネス1世の下で、肩書だけの共同皇帝時代を過ごしたが、ヨハネス1世が没すると、マケドニア朝の正帝となる。バシレイオス2世は、度重なる遠征によって領土を広げながら、国家財政も潤すことに成功。財政支出を抑制した結果、宮殿の倉庫は財宝で埋め尽くされ、拡張されたほどであったという。

コンスタンティノス8世

- 生没 960年～1028年
- 在位 1025年～1028年

　ロマノス2世の次男であり、先帝バシレイオス2世の弟。兄帝との長い共治時代には、政治に関与しなかった。兄が子を残さずに没し、マケドニア朝の正帝となる。即位時には60歳を過ぎており、経験がないことを理由に政治は宦官に任せきりで、自らは宴会や戦車競走などの娯楽に耽った。そのため先帝が残した莫大な国家財産は浪費し、帝国は衰退していったのである。東方や北方で反乱や異民族の侵入の兆候があったにもかかわらず、対策をとることはなかった。

ロマノス3世

- 生没 968年～1034年
- 在位 1028年～1034年

　もともとは名門文官貴族の元老院議員・首都長官。先帝コンスタンティノス8世が没したとき、40歳を過ぎた娘が3人いたが、跡継ぎとなる息子はいなかった。このとき、既に60歳を過ぎていたロマノス3世が次女ゾエと結婚し、マケドニア朝を継いだのである。多くの修道院を建設するなど文化的な貢献を果す。莫大な費用を費やした。財政難を補うために地方に対してかけた重税は、役人に横領されたのである。支配層の腐敗・堕落が進み、内紛が勃発した。

ミカエル4世

- 生没 1010年〜1041年
- 在位 1034年〜1041年

　小アジア北西部パフラゴニア地方の農民の子、あるいは両替商の息子とも伝えられる。先帝ロマノス3世の皇后だったゾエと出会い、その愛人となった。ロマノス3世が不慮の死を遂げた後、ゾエと結婚してマケドニア朝を手にした。しかし、即位するやいなやゾエを幽閉したのである。すべては宦官のヨハネスが、ミカエル4世を擁立するために仕組んだ筋書であったらしい。後年、てんかんの発作に悩んだミカエル4世は、ヨハネスに政治の実権を譲って引退した。

ミカエル5世

- 生没 1015年〜1042年
- 在位 1041年〜1042年

　先帝ミカエル4世の甥、もしくは従弟と伝えられる。先帝には男子がおらず、養子として迎えられた。先帝が没すると、弟であり宦官であったヨハネスに擁立されてマケドニア朝を継ぐ。しかし、ミカエル5世は自ら政務を執ることを望み、ヨハネスを追放する。さらに皇太后ゾエも追放しようと図ったところ、マケドニア朝の血をひくゾエを崇敬するコンスタンティノポリスの市民たちに反乱を起こされたのである。盲目にされたうえで廃位となり、追放されてしまった。

ゾエ

- 生没 978年〜1050年
- 在位 1028年〜1050年

　コンスタンティノス8世帝の次女。父帝に息子がいなかったため、50歳代になってからロマヌス3世と結婚した。父の没後、30歳以上年下の愛人ミカエル4世と共謀して、夫を殺害した疑惑がある。しかし、即位したミカエル4世に幽閉されたあげく、次帝ミカエル5世に追放されかかる。逆にミカエル5世を追放して女帝となったが、17歳年下の妹テオドラとの共治は2か月で終わる。コンスタンティヌス9世と三度目の結婚をしたのは、60代半ばであった。

コンスタンティノス9世

- 生没 1000年〜1055年
- 在位 1042年〜1055年

　皇帝ロマノス3世の縁戚で元老院議員であった。コンスタンティノス8世の次女ゾエと結婚し、マケドニア朝を継ぐ。ゾエにとってはロマノス3世、ミカエル4世につづく三度目の結婚となった。
　治世中は宮廷を中心に文学や法学・哲学が栄えたものの、その政策は軍事貴族出身の貴族たちには受け入れられず、各地で反乱が起こってしまう。反乱は鎮めたが、キリスト教会の東西分裂が起こるなど、深刻な問題は山積みであった。国力が混迷を極めるなかで病死している。

ビザンツ帝国

テオドラ

- 生没 995年～1056年
- 在位 1042年、1055年～1056年

コンスタンティノス8世の三女で、ゾエの妹である。姉とともにマケドニア朝の女帝として即位するがうまくいかず、わずか2か月で退位した。再び即位したのは、コンスタンティノス9世と姉が相次いで没した後のことである。しかし、その翌年にテオドラ自身も病没。夫も子もいなかったため、マケドニア朝の血筋は断絶した。テオドラはマケドニア朝最後の皇帝となったのである。遺言により、養子で元老院議員であったミカエル6世が帝位を継ぐことになった。

ミカエル6世

- 生没 ？～1059年
- 在位 1056年～1057年

先帝テオドラが没したことで、マケドニア朝の血縁は途絶えた。遺言により、テオドラの養子で、元老院議員であったミカエル6世が即位する。皇帝は、文学を優遇して軍事を軽視する文治政治を採用したため、帝国軍人の反感を買った。即位の翌年に反乱が起こったのである。懸命の抗戦も虚しく、のちの皇帝イサキオス1世となるイサキオス・コムネノス率いる反乱軍に敗北。軍勢が首都コンスタンティノポリスに迫ると、皇帝はイサキオスに譲位した。

イサキオス1世

- 生没 1005年～1061年
- 在位 1057年～1059年

多くの所有領地を持つ軍事貴族コムネノス家の出身。先帝ミカエル6世の行った文学中心の文治政治に対し、反乱を起こした将軍のひとり。先帝を退位させ、マケドニア朝の皇帝となる。コンスタンティノス9世の失政以来、内紛が相次ぐなか、財政は極度に悪化し、軍事力も低下していた。イサキオス1世は財政の再建や軍備の増強に尽力するなか、病に倒れたのである。一命を取り留めると、自らの意思で、元老院議員のコンスタンティノス10世に譲位した。

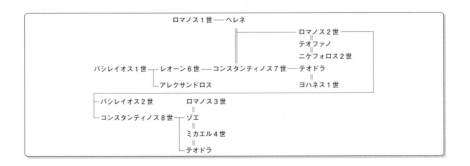

コンスタンティノス10世

- 生没 1006年～1067年
- 在位 1059年～1067年

　元老院議員出身。父はレオ6世の部下アンドロニコス・ドゥーカス。先帝イサキオス1世に譲位されて即位し、ドゥーカス朝の初代皇帝となる。軍事を軽視した治世中、東方からはセルジューク朝、北方からはペチェネグ、西方からはノルマン人の侵攻を受け、帝国の領土は侵食されていった。財政難を補うために官職売買制度を導入した。しかし、元老院議員の数が増えたことで、かえって中央政府の地方に対する行政能力を低下させる結果となる。

エウドキア・マクレンボリティサ

- 生没 1021年～1096年
- 在位 1067年～1068年

　先帝コンスタンティノス10世の皇后であった。先帝の没後、ドゥーカス朝の女帝となるが、民衆や貴族は強力な軍事政権の樹立を望んだ。そのため、カッパドキアの将軍ロマノス・ディオゲネスを夫に迎え、ロマノス4世として即位させたのである。1071年、夫ロマノス4世はマンズィケルトの戦いでセルジューク朝に大敗して捕虜となる。エウドキア・マクレンボリティサは、ロマノス4世を廃位し、コンスタンティノス10世との間の息子ミカエル7世を即位させた。

ロマノス4世

- 生没 ?～1072年
- 在位 1068年～1071年

　カッパドキアの将軍を務めた。先帝コンスタンティノス10世の没後、その皇后エウドキア・マクレンボリティサが女帝となるが、軍事政権の樹立を望んだ人々には受け入れられなかった。そのため、エウドキアと結婚し、ドゥーカス朝の皇帝となる。北方から侵攻してきた遊牧民族ペチェネグなどと和睦してセルジューク朝と戦ったが、敗北。セルジューク朝の捕虜になった皇帝は、妻エウドキアによって廃位され、盲目にされたのちに追放されたのである。

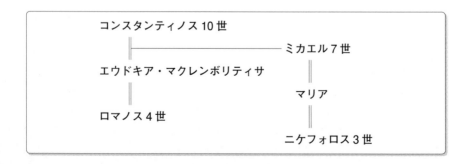

ビザンツ帝国

ミカエル7世

- 生没 1050年～1090年？
- 在位 1071年～1078年

　コンスタンティノス10世の子。1067年に父帝が没したときは幼く、母エウドキアが女帝となる。母と結婚した皇帝ロマノス4世は、セルジューク朝に大敗して捕虜になると廃位された。母は息子にドゥーカス朝を継がせ、たのである。この時、和議を反故にしたためセルジューク朝との関係が悪化する。帝国は小アジアを失い、ノルマン人によって南イタリアも失ったのである。困窮した民衆は、ノルマン人傭兵隊長のひとりニケフォロスを皇帝に擁立した。

ニケフォロス3世

- 生没 1002年～1081年
- 在位 1078年～1081年

　アナトリコン・テマの長官であった。帝国領土の喪失や財政破綻、帝位争いに乗じて小アジアで反乱を起こす。先帝ミカエル7世が退位すると、ドゥーカス朝の皇帝となり、その皇后マリアと結婚。子どもには恵まれなかった。ミカエル7世とマリアとの間にいた息子コンスタンティノスが後継者となるが、その決定に不満を抱く貴族に反乱を起こされてる。1081年、のちに皇帝アレクシオス1世となるアレクシオス・コムネノスが都へ進軍してくると、退位を余儀なくされた。

アレクシオス1世

- 生没 1048年～1118年
- 在位 1081年～1118年

　マケドニア朝の断絶後に皇帝となったイサキオス1世帝の甥にあたる。24歳で将軍となり、1081年に反乱を起こす。先帝ニケフォロス3世を退位させて自ら即位したのである。こうして、ドゥーカス朝に次ぐコムネノス朝の初代皇帝となった。治世中、帝国西部の領土の回復に成功。しかし、東方のセルジューク朝を討つためにローマ教皇ウルバヌス2世に傭兵の提供を要請したことがきっかけとなり、第1回十字軍の遠征に悩まされるのであった。

ヨハネス2世

- 生没 1087年～1143年
- 在位 1118年～1143年

　先帝アレクシオアス1世の子。1092年より父帝のもとで共同統治を行い、父が没するとコムネノス朝を継ぐ。姉アンナ・コムネナは夫を帝位につけよう企てたが、姉に対して寛大な処置を取った。通称の「カロ・ヨハネス」は、「心美しきヨハネス」の意。その名の通り、賢明で思慮深く、誠実かつ勇敢な皇帝であった。無駄な支出を抑制しつつ軍事力の強化に努める対外政策に取り組み、帝国の再興に尽力した。税金を安くしたことで、民衆からも尊敬される。

マヌエル1世

生没 1118年～1180年
在位 1143年～1180年

先帝ヨハネス2世とハンガリー王女エイレーネーの子。長兄アレクシオスと次兄アンドロニコスは早世し、三兄イサキオスは皇帝に適した人材ではないと判断された。そのため、四男でありながら後継者となり、父帝が没すると、コムネノス朝を継ぐことになる。マヌエル1世は積極的に軍事政策に取り組んだ。力は及ばず、イタリアの遠征には失敗し、ムール・セルジューク朝には惨敗するなど、順調にはいかなかった。その後も粘り強い外交戦略は続けられ、神聖ローマ同盟への対抗策としてフランスと手を組み、ハンガリーのベーラ3世を婿嫁に迎えた政略結婚をしたのである。

皇帝は宮殿や教会などの建築業に着手し、豪華な祭礼や外交使節への歓迎行事を行うなど、首都コンスタンティノポリスの栄華を演出した。好奇心が旺盛な性格でもあったようで、西欧の騎士道の風習を取り入れてみたり、臣下に多くの西欧人を起用したりと、宮廷に新たな風を吹かせたことが伝えられている。しかしながら、享楽的かつ派手なことを好む傾向があり、倹約家だった父帝が構築した財源を喰いつぶした治世は、ビザンツ帝国を急速に衰退させる大きな要因となった。

アレクシオス2世

生没 1169年～1183年
在位 1180年～1183年

先帝マヌエル1世と2番目の皇后マリアの子。長く皇子に恵まれなかった先帝にとって待望の男子で、父が没するとコムネノス朝をわずか12歳で継ぐ。そうしたなか、先帝の従弟アンドロニコス1世が、政務を代行するマリアに対して不満を抱く国民層の支持を集め、反旗を翻す。結局、マリアは殺害され、政治の実権は、アレクシオス2世の共治帝となったアンドロニコス1世に奪われてしまう。アレクシオス2世は、共治からわずか2か月後に殺害された。

アンドロニコス1世

生没 1123年～1185年
在位 1183年～1185年

アレクシオス1世と皇后エイレーネーの三男イサキオスの子。父が継承者から外され、弟マヌエル1世が即位した経緯がある。1180年にマヌエル1世が没すると、12歳の先帝アレクシオス2世に代わってその母マリアが摂政した。アンドロニコス1世は、マリアを殺害した後、アレクシオス2世も殺害して帝位に就く。官職売買の禁止、汚職の摘発、課税の減免、貧民の保護などに尽力したが、次帝イサキオス2世を擁立した民衆に殺害された。コムネノス朝最後の皇帝である。

ビザンツ帝国

イサキオス2世

生没 1156年〜1204年
在位 1185年〜1195年、1203年

　アレクシオス1世の曾孫にあたる。先帝アンドロニコス1世の暴虐的な治世に怒った民衆に擁立されて即位。コムネノス朝につぐアンゲロス朝の初代皇帝となった。1195年、3度目のブルガリア遠征を計画するも、反対する弟アレクシオス3世によって廃位・幽閉され、帝位を奪われたのである。1203年、アレクシオス3世が失脚したことにより子のアレクシオス4世の共治帝として復位するが、その翌年には、アレクシオス5世の反乱によってアレクシオス4世と共に殺害された。

アレクシオス3世

生没 1156年〜1211年
在位 1195年〜1203年

　先帝イサキオス2世の弟。宰相として兄を補佐したが、次第に対立関係となり、1195年にクーデタを起こして自らがアンゲロス朝の皇帝となった。イサキオス2世の時代から対立していた神聖ローマ皇帝ハインリヒ6世に屈し、膨大な献納金を納めるために歴代皇帝の墓所を暴くなど、悪政が目立つ。1203年、神聖ローマ帝国に亡命していた兄の息子アレクシオス4世が、第4回十字軍を引き連れて都に侵攻してくると、帝位を奪われて追放されたのである。

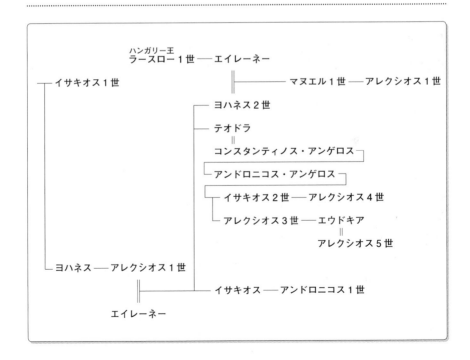

アレクシオス4世

- 生没 1182年～1204年
- 在位 1203年～1204年

　先々帝イサキオス2世の子。1195年、父が叔父アレクシオス3世によって廃位され、逃亡の身となる。その後、アレクシオス3世を追放してアンゲロス朝の皇帝に即位を果たすと、幽閉の身であった父を助け出し、共治帝とした。治世中、第4回十字軍の遠征資金を負担しようと国民や貴族に重税を課したことで反感を招いた。このことに便乗した先帝アレクシオス3世の娘婿アレクシオス5世に反乱を起こされ、父イサキオス2世と共に殺害されたのである。

アレクシオス5世

- 生没 ?～1204年
- 在位 1204年

　先々帝アレクシオス3世の娘エウドキアと結婚しており、アレクシオス3世の娘婿ということになる。1204年、先帝のアレクシオス4世とその父イサキオス2世を殺害し、アンゲロス朝の皇帝となった。先帝に対する国民や貴族たちの不満に乗じたのである。即位後、十字軍に対する献納金を破棄したことは、国民の支持を得た。しかし、このことがきっかけとなり、帝国は第4回十字軍に攻撃される。首都コンスタンティノポリスの防衛に失敗した皇帝は、逃亡し、殺害された。

コンスタンティノス・ラスカリス

- 生没 ?～1211年
- 在位 1204年

　先帝アレクシオス5世が第4回十字軍の攻撃を受けて逃亡した後、都コンスタンティノポリス防衛にあたった功績を称えられ、皇帝に選ばれる。しかし、在位わずか1日にして都が陥落し、弟テオドロスと共に逃亡の身となった。「一夜皇帝」とのあだ名もあり、皇帝として見なさない考えもある。逃亡先のニカイアで、帝位と称号を弟に譲った。弟は次帝テオドロス1世として即位し、ビザンツ系亡命政権のひとつであるラスカリス朝（ニカイア帝国）を樹立している。

テオドロス1世

- 生没 1175年～1222年
- 在位 1205年～1222年

　先帝コンスタンティノス・ラスカリスの弟で、都コンスタンティノポリスの大貴族の出身。第4回十字軍に都のコンスタンティノポリスを落とされ、亡命政権としてラスカリス朝（ニカイア帝国）を樹立する。
　再出発の地で十字軍の攻撃からは解放されたが、第二次ブルガリア帝国などの敵国に悩まされることとなる。1210年には、以前より帝位を狙っていた義父アレクシオス3世の部下カイホスロー1世の侵入を迎え討って敗死させ、アレクシオス3世も捕えて帝位を確かなものにした。

ビザンツ帝国

ヨハネス3世

- 生没 1193年〜1254年
- 在位 1222年〜1254年

　非凡な才能を見込まれ、先帝テオドロス1世の後継者に選ばれた軍人。テオドロス1世の娘イレーネー・ラスカリナと結婚し、義父が没するとニカイア帝国を継ぐ。即位後はビザンツ帝国の再編を目指して、農業の振興や福祉施設の建設などに力を入れる。このような努力が実り、ラスカリス朝（ニカイア帝国）は東部地中海沿岸地方で最も豊かな国となった。また最終的にビザンツ帝国の失地回復をなしえたのは、ヨハネス3世の功績が大きい。死後、キリスト教の正教会から聖人とされた。

テオドロス2世

- 生没 1221年〜1258年
- 在位 1254年〜1258年

　ニカイア帝国の第3代皇帝。先帝ヨハネス3世の子。父帝が没すると、ラスカリス朝（ニカイア帝国）を継ぐ。父帝ほどの軍事的な資質には恵まれなかったようである。皇帝による専制政治を強化するため、貴族たちに介入させない政策を実行した。補佐役には少年時代からの友人ムザロンを起用する強い姿勢を見せつけた。このことは、後の皇帝ミカエル8世となるミカエル・パレオロゴスら、有力貴族の反感を買っている。しわよせは、息子ヨハネス4世に及んだ。

ヨハネス4世

- 生没 1250年〜1305年
- 在位 1258年〜1261年

　先帝テオドロス2世の子。父が没すると8歳にして帝位を継ぐ。しかし、摂政ミカエル・パレオロゴスに実権を奪われた末、共治帝にされたのである。1261年、ミカエルはコンスタンティノポリスの奪回を果たすと、ミカエル8世として即位する。ヨハネス4世は目をつぶされ、マルマラ海の城郭に幽閉されたのである。ミカエル8世の長男アンドロニコス・パレオロゴスが皇帝アンドロニコス2世として承認されたのは、1282年のことであった。

ミカエル8世

- 生没 1225年〜1282年
- 在位 1261年〜1282年

　父は大貴族の出身であり、母はアレクシオス3世の孫娘である。高貴な家系の出身であった。1204年、ビザンツ帝国は第4回十字軍の攻撃によって首都コンスタンティノポリスを落とされた。首都を奪回したのは、策略家として知られていたミカエルである。「最も狡猾なギリシャ人」と称された彼は、自らをミカエル8世とし、ビザンツ帝国最後の王朝パレオロゴス朝の初代皇帝となったのである。パレオロゴス朝は、ローマ帝国史で最長と記録される2世紀にわたって存続した。

アンドロニコス2世

- 生没 1259年〜1332年
- 在位 1282年〜1328年

　先帝ミカエル8世の長男。パレオロゴス朝を継ぐと、高い教養を持つ皇帝として文芸の振興に尽力した。しかし他の才能には恵まれなかったようである。1320年、孫アンドロニコス3世の素行の悪さに腹を立て、帝位継承権を剥奪すると、これが7年にも及ぶ内乱を引き起こし、帝国の衰退に追い打ちをかけた。敗北したアンドロニコス2世は廃位され、修道士として晩年を過ごす。

ミカエル9世

- 生没 1277年〜1320年
- 在位 1294年〜1320年（共治）

　先帝アンドロニコス2世の子。1294年に父帝の後継者として共治帝となり、パレオロゴス朝を継ぐ。しかし、子のアンドロニコス3世と父のアンドロニコス2世は折り合いが悪く、ミカエル9世が板挟みとなる。父と子の争いによる心労は大きかったようで、ミカエル9世は父よりも早く44歳で病没。その死後に始まったアンドロニコス2世とアンドロニコス3世による内乱は7年にもおよび、帝国を衰亡させる契機になってしまったのである。

アンドロニコス3世

- 生没 1297年〜1341年
- 在位 1328年〜1341年

　先帝ミカエル9世の子。祖父アンドロニコス2世の後継者として共治帝となっていた。誤って弟マヌエルを殺したことに祖父は激怒し、帝位継承権を剥奪されたという。そうしたなか、1320年に父が没すると、祖父に反旗を翻したのである。7年にわたる内乱の末、祖父を退位に追い込み、パレオロゴス朝の単独皇帝となった。その後、結婚して子どもにも恵まれるが、成長を見届けることなく45歳で早逝した。

ヨハネス5世

- 生没 1332年〜1391年
- 在位 1341年〜1376年、1379年〜1390年、1390年〜1391年

　先帝アンドロニコス3世の長男。父が没し、わずか9歳でパレオロゴス朝をつぐ。しかし、実権は皇太后アンナとコンスタンティノポリス総主教ヨハネス14世が握っていた。アンナやヨハネス14世は、アンドロニコス3世の近臣であったヨハネス・カンタクゼノスと対立し、5年以上の内乱に突入する。半世紀に及ぶ治世中、実権の奪い合いや、骨肉の帝位継承争いによって廃位と復位を繰り返した。さらにセルビア王国やオスマン帝国の攻撃によって国力は疲弊したのである。

ヨハネス6世

- 生没 1295年～1383年
- 在位 1347年～1354年

帝国の名門と婚姻関係を結んできたカンタクゼノス家の出身で、歴史家。政権を巡る内乱では、オスマン帝国皇帝オルハンの支持を得て勝利し、先帝ヨハネス5世と共治帝としパレオロゴス朝の皇帝となった。親族による帝国領土の行政分担制度をとる、的確な政策を行う。しかし、反対派との争いに多大な労力と時間を費やしたことが、オスマン朝がバルカン半島に進出するきっかけを与えた治世でもあった。帝国の滅亡を招いたことは否めない。

マテオス・カンタクゼノス

- 生没 1325年～1383年
- 在位 1353年～1357年（共治）

先帝ヨハネス6世とミカエル8世の孫娘イリニ・アサニナ・カンタクゼノスの長男。正帝となった父は、息子たちを専制公につけたが、マテオスには「皇帝に次ぎ、専制公よりも高い」という曖昧な地位を与える。正統なパレオロゴス家の皇帝ヨハネス5世を冷遇したことで、反乱が勃発。父ヨハネス6世を援護したマテオスは、共治帝と後継者の座を手にするが、自ら退位した。マテオスは「皇帝に次ぐ位階」へと戻ることで、カンタクゼノス家の帝位争いに終止符を打ったのである。

アンドロニコス4世

- 生没 1348年～1385年
- 在位 1376年～1379年

ヨハネス5世とヨハネス6世の娘ヘレネー・カンタクゼノスの長男。1373年、オスマン帝国ムラト1世の長男サヴジと共謀して互いの父に反逆し、帝位継承権を剥奪される。後に、ムラト1世の支援を受けて皇帝の名乗りをあげると、父と2人の弟を投獄し、全権を掌握した。しかし、1379年、脱獄した父らによって帝位を追われ、やがて死去。内乱が国力の低下を招いたことは明らかでありそのことはオスマン帝国をはじめとする外部勢力につけ入る隙を与えることとなる。

ヨハネス7世

- 生没 1370年～1408年
- 在位 1390年

先帝アンドロニコス4世とブルガリア帝国皇女キラツァ・マリアの子。オスマン帝国バヤズィト1世とジェノヴァ共和国の支援を受け、祖父ヨハネス5世を追放してパレオロゴス朝の皇帝となる。しかし、オスマン帝国の支援を受けた皇帝を、市民たちは支持しなかった。そのため、ヨハネス7世の政権は5か月あまりで崩壊したのである。皇帝はこれにより、都コンスタンティノポリスを追われ、余生をオスマンの保護下で暮らした。野心を託していた子のアンドロニコスも夭折し、失意のうちに没する。

マヌエル2世

生没 1350年〜1425年
在位 1391年〜1425年

　先帝ヨハネス5世とヘレネー・カンタクゼノスの次男。父が没したときには、オスマン帝国バヤズィト1世の捕虜であった。脱出に成功したマヌエル2世は、パレオロゴス朝を継いで即位した。しかし、すぐにオスマン帝国によって首都コンスタンティノポリスを包囲される事態となる。マヌエル2世はオスマン帝国ムラト2世と講和条約を結んだ。その内容は「ビザンツ帝国がオスマン帝国のスルタンに臣下の礼をとること」を誓約するものであった。

ヨハネス8世

生没 1392年〜1448年
在位 1425年〜1448年

　先帝マヌエル2世とセルビア君主の娘イェレナ・ドラガシュの長男。父が没すると、パレオロゴス朝を継ぐ。若年の頃から父帝や弟テオドロス2世を助けた。性格は自信に満ち、強気だったという。1442年、弟デメトリオスがオスマン帝国のムラト2世の支持を受けて、都コンスタンティノポリスを包囲。ヨハネス8世は、講和に持ち込むことで、帝国を護ろうと努めた。キリスト教国によって結成された十字軍が、オスマン帝国に勝利することだけに望みは託されたが、叶わなかった。

コンスタンティノス11世

生没 1405年〜1453年
在位 1449年〜1453年

　先々帝マヌエル2世とイェレナ・ド・ラガシュの四男。兄である先帝ヨハネス8世の没後、弟デメトリオスと帝位を争った末、モレアス専制公領の都ミストラスにおいて即位する。1453年、都コンスタンティノポリスをオスマン帝国に包囲されたとき、都を明け渡せば平和的に対処するというオスマン帝国メフメト2世の申し出を断った。親衛隊を率いて敵軍に突撃したというが、その最期については明らかではない。いずれにしても、ここにビザンツ帝国は滅亡したのである。

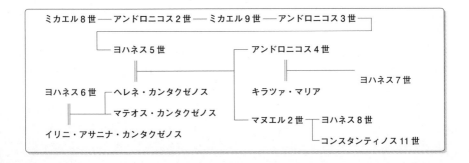

第 III 章
西ヨーロッパ

フランク王国
482〜987年

　西ゲルマン系のフランク人が建てた王国。サリ支族のメロビング家から出たクロヴィスが諸部族を統合、5世紀末にフランク王国を樹立する。さらにカトリックに改宗することで、ローマ教皇との連携を作り、最初のキリスト教的ゲルマン国家を創立。しかし彼の死後、王国は分割と統合を繰り返し、結果として国内豪族の勢力強化を招き、その頭領である宮宰が各分国の実権を握るようになる。7世紀後半より宮宰カロリング家が台頭、同家の小ピピンがキルデリク3世を廃し、教皇の承認を得て自ら王位につくことで751年にカロリング朝が始まる。

　ピピンの子カール大帝は800年、ローマ皇帝として戴冠。その治下で王国は西欧の大部を統一、最盛期を迎える。だがカールの子ルートヴィヒ1世の死後、843年のヴェルダン条約と870年のメルセン条約により、王国は東フランク（後のドイツ）、西フランク（後のフランス）、中部フランク（後のイタリア）に三分割される。カロリング家は東フランクで911年、西フランクで987年に断絶。その結果、東フランクではザクセン朝ドイツ王国、西フランクではカペー朝のフランス王国が成立した。

482年	クロヴィス1世、メロビング朝初代フランク王に即位
511年	クロヴィス1世死去、王国の4人の子による分割相続
558年	クロタール1世、全王国を再統一
561年	クロタール1世死去、再び王国の4人の子による分割相続
567年	王国、アウストラシア、ネウストリア、ブルグントに三分される
613年	クロタール2世、全王国を再統一
614年	パリ勅令発布、宮宰に権限が委ねられる
687年	中ピピンが全フランク王国の宮宰になる
732年	トゥール・ポアチエの戦い、イスラム軍の侵入を撃退
751年	ピピン3世、カロリング朝初代フランク王に即位
756年	ランゴバルト族討伐、ピピン3世、教皇領を寄進
800年	カール大帝、ローマで皇帝に戴冠
817年	ルートヴィヒ1世、帝国計画令を発布
843年	ヴェルダン条約により、王国は東・西・中に三分割
870年	メルセン条約
888年	ロベール家のウード、西フランク王に即位
911年	ルートヴィヒ4世死去、東フランク王国カロリング朝断絶
987年	ルイ5世死去、西フランク王国カロリング朝断絶

フランク王国

クロヴィス1世

生没 466年頃～511年
在位 482年～511年

フランク人サリ支族の王キルデリク1世の子。482年に王位を継ぐ。北ガリアを支配していたローマ系シャグリウスを破りフランク王国を建国。その後同族の他の小王を破り、全フランクを統一、メロビング朝初代国王となる。さらにアラマン人、西ゴート王アラリック2世を破り、王国の領地を拡大する。アラマン人との戦いの後でカトリックに改宗。またサリカ法典の成文化、ローマ式行政組織の採用などにより、王国発展の基礎を築いた。

キルデベルト1世

生没 496年頃～558年
在位 511年～558年

初代クロヴィス1世の三男。511年、父王の死後、四人兄弟の一人として領土を分割相続し、パリ王国を受け継ぐ。516年、兄弟であるクロドメール、クロタールとブルグント王国に侵攻し、その際クロドメールが戦死すると、オルレアンを含む彼の領地をクロタールと折半で入手。532年、再びクロタールとブルグントに侵攻、これを征服し領土を折半するも、5年後その領土を巡って兄弟で争うこととなった。

クロドメール

生没 495年頃～524年
在位 511年～524年

初代クロヴィス1世の次男。父王の死後、四人兄弟の一人として遺領を分割相続、ロアール川南部、トゥール、ポアチエなどを受け継ぐ。おそらくはブルグント王国王女であった母后の復讐心により、兄弟クロタール、キルデベルト1世と共にブルグント王国に侵攻。王ジギスムントを捕らえ、妻と二人の子と共にオルレアンのつるべ井戸に投げ入れ殺害。ジギスムントの弟にして後継者ゴドマールと異母兄テウデリク1世と共に戦い、ヴェゼロンスにて戦死した。

テウデリク1世

生没 484年頃～533年
在位 511年～533年

初代クロヴィス1世の長男。母后はケルン王族の出といわれ、キルデベルト1世、クロタール1世、クロドメールは異母弟となる。父王の死後、四人兄弟の一人として遺領をサリカ法典に基づいて分割相続し、シャンパーニュなど東部領を受け継ぐ。531年、クロタール1世とチューリンゲン王国を占領。ブルグント王の娘を妻としていたため、弟たちのブルグント侵略には参加しなかったといわれる。

Ⅲ 西ヨーロッパ

テウデベルト1世

- 生没 500年頃～547年
- 在位 533年～547年

　先王テウデリク1世の子。533年に国王即位。勇敢な戦士であり、王国4分割後、デンマーク海賊による襲撃を撃退している。

クロタール1世

- 生没 479年頃～561年
- 在位 511年～561年

　初代クロヴィス1世の四男。父王の死後の511年、四人兄弟の一人として遺領を分割相続し、ソアソン王となる。兄弟王テウデリク1世、キルデベルト1世の

カリベルト1世

- 生没 520年頃～567年
- 在位 561年～567年

　先王クロタール1世の次男。561年に父王が死去すると、他3兄弟と遺領を分割相続し、パリおよび王国領南部を受け継いだ。

シギベルト1世

- 生没 535年頃～575年
- 在位 511年～575年

　先王グントラムの弟でクロタール1世の四男。父王死後の遺領分割相続で、東部のアウストラシア、ライン川以東などを受け継ぎ、ランスを首都とする。

テウデバルト

- 生没 535年頃～555年
- 在位 548年～555年

　先王テウデベルト1世の子。548年、13歳で国王即位。父王の北イタリア征服を継ごうとするも抵抗に遭い、成らなかった。

チューリンゲンおよびブルグント征服に協力する。テウデリクの死後に東部王国領を得、さらに558年、兄弟と甥が皆死去すると、王国全領を受け継ぎ、プロヴァンス、ブルゴーニュ、北イタリア、バイエルン、シュヴァーベンも含む最大規模の領土を単独王として支配した。

グントラム

- 生没 525年頃～593年
- 在位 561年～593年

　先々王クロタール1世の三男。父王の死後、他3兄弟との遺領分割相続でブルグントを受け継ぎ、首都をオルレアンとする。

キルデベルト2世

- 生没 570年頃～595?年
- 在位 575年～595?年

　先王シギベルト1世の子。5歳の時に父王が殺害され、パリからアウストラシアの首都メスに逃亡、そこで王位を引き継いだ。

フランク王国

テウデベルト2世

- 生没 586年頃~612年
- 在位 595年~612年

アウストラシア王キルデベルト2世の長男。父王の死後、同分国を受け継ぐ。599年より、弟テオデリク2世と領土を巡り度々争う。

テウデリク2世

- 生没 587年頃~613年
- 在位 612年~613年

テウデベルト2世の弟でキルデベルト2世の次男。父王の死後、ブルグントを受け継ぐも、実権は幼少時より強い影響を持つ祖母ブルンヒルドが握った。

シギベルト2世

- 生没 602年頃~613年
- 在位 613年~613年

先王テウデリク2世の子。11歳でブルグントおよびアウストラシア王に即位するが、実権は曾祖母ブルンヒルドが摂政として握った。

キルペリク1世

- 生没 539年頃~584年
- 在位 561年~584年

クロタール1世の子。父の死後、ネウストリア王に即位。奸計と暗殺で知られたブルンヒルドの敵対者フレデグンドを王妃とした。

クロタール2世

- 生没 584年~629年
- 在位 584年~629年

先王キルペリク1世の子。父王殺害後、ネウストリア王即位。613年、祖母ブルンヒルドを破り、全フランク王国を再統合した。

ダゴベルト1世

- 生没 605年頃~639年
- 在位 629年~639年

先王クロタール2世の子。父王の死後629年、全フランク王位に就く。中央集権化を進め、修道院設立などキリスト教を保護した。

カリベルト2世

- 生没 ?~632年
- 在位 629年~632年

フランク国王ダゴベルト1世の異母弟。629年、アキテーヌ王に即位。ガスコーニュ王の娘と婚姻し、バスク人を屈服させることで権力を拡大した。

キルデリク

- 生没 ?~632年
- 在位 632年~632年

先王カリベルト2世の子。632年、アキテーヌ王に即位するも、伯父ダゴベルト1世の命により父王に続いて処刑される。

Ⅲ 西ヨーロッパ

シギベルト3世

生没 630年〜659年
在位 632年〜629年

　フランク国王ダゴベルト1世の長男。アウストラシア豪族層の反発を鎮めるため、632年、同国王に即位。父王の死後、弟クロヴィス2世と王国を分割統治。

クロヴィス2世

生没 634年頃〜657年
在位 639年〜657年

　フランク国王ダゴベルト1世の息子。兄シギベルト3世がアウストラシアを統治する一方、父王の死後ネウストリアおよびブルグントの王位を得る。幼少であ

クロタール3世

生没 652年〜673年
在位 657年〜673年

　先王クロヴィス2世の長男。父王の死後、ネウストリアおよびブルグント王に即位。だが幼少であったため、母后バルティルド、続いて宮宰エブロインが実権

キルデリク2世

生没 653年〜675年
在位 662年〜675年

　先王クロタール3世の弟。662年にアウストラシア王、673年にネウストリアおよびブルグント王に即位、最期の2年をフランク王国単独王として統治した。

キルデベルト3世

生没 ?〜661年
在位 656年〜661年

　宮宰グリモアルドの子。シギベルト3世の死後、父が王子ダゴベルト2世を修道院に追放、代わってアウストラシア王に即位させられる。

ったため母ナンティルドと宮宰アエガが摂政を務める。
　640年にアエガ、翌年に母后が死去した後、実権は宮宰エルキノアルドの手に移る。
　兄王の死後に宮宰の子キルデベルト3世がアウストラシア王位を継ぐと、同王をパリで殺害。同国王位も得た。

を握る。
　661年よりアウストラシア王も務め、全フランク王国の統治者となるが、アウストラシア貴族たちの要請により翌年、同国王位を弟キルデリク2世に譲る。
　このクロタール3世の時代より、国の実権は王ではなく宮宰が握るようになっていく。

ダゴベルト2世

生没 650年頃〜679年
在位 676年〜679年

　先王シギベルト3世の子。父の死後、宮宰グリモアルドの策略でアイルランドの修道院に送られるが、彼の失脚後の676年にアウストラシア王となる。

フランク王国

テウデリク3世

生没 654年頃～691年
在位 673年/675年～691年

先王タゴベルト2世の叔父で先々王キルデリク2世の弟。673年、兄王クロタール3世を継ぎネウストリア王に即位するも、その2年後、兄キルデリクに廃位され、修道院に送り込まれてしまう。キルデリクの死後675年よりネウストリアおよびブルグント王に即位。だが実権はエブロインを初めとする宮宰に握られる。679年、ダゴベルト2世が死去すると、アウストラシア王位にもつき、全フランク王国を統治する王となった。

クロヴィス4世

生没 682年頃～694年
在位 691年～694年

先王テウデリク3世の子。クロヴィス3世と数えられることもある。691年、父王の死により9歳にしてフランク国王として即位。母クロティルダが摂政を務めるも、その翌年死去してしまう。

13歳で死去するまでわずか4年の王位にある間、実権を握っていたのはアウストラシア宮宰からフランク王国全体の宮宰となった、「中ピピン」ことカロリング家の宮宰ピピン2世であった。この王権の衰退と宮宰権力の強化は、後期メロビング朝の特徴をなした。

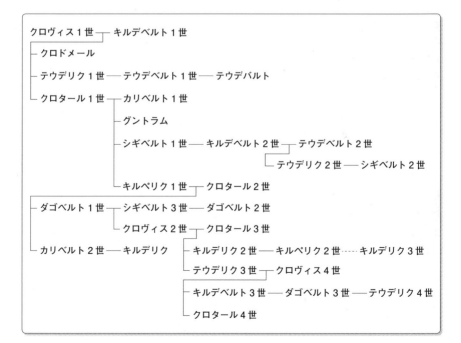

キルデベルト3世

生没 683年～711年
在位 695年～711年

　先王クロヴィス4世の弟。694年、兄王を継いでフランク王国王に即位。だが実権はやはり宮宰ピピン2世に握られていた。

ダゴベルト3世

生没 699年～715年
在位 711年～715年

　先王キルデベルト3世の子。父王を継ぎ、12歳でフランク王国国王となるも、やはり名目上の王に過ぎず、実権は宮宰ピピン2世が握っていた。

キルペリク2世

生没 675年頃～720年
在位 715年～720年

　キルデリク2世の子。715年にネウストリア王に即位。その後アウストラシアを攻撃するも敗れる。クロタール4世の死後、全フランク王国の王に即位。

クロタール4世

生没 ?～719年
在位 717年～719年

　テウデリク3世の子。宮宰カール・マルテルにより717年、キルペリク2世へのアウストラシア対立王に擁立されるも、その2年後に死去。

テウデリク4世

生没 711年以降～737年
在位 721年～737年

　ダゴベルト3世の子。715年、父王が死去したにもかかわらず、キルペリク2世にネウストリア王の座を取られてしまう。翌年、「教育のため」と称し、シェルの修道院に、それからシャトー＝ティエリに移される。721年、キルペリクが死去すると、フランク王国の実権を握っていた宮宰カール・マルテルにより、いわば傀儡（かいらい）としてフランク王に擁立される。737年に死去した後、743年まで王座は7年ものあいだ空位となった。

キルデリク3世

生没 ?～754年
在位 743年～751年

　出生は不明だが、キルペリク2世の子と推測される。737年、先王テウデリク4世の死後、宮宰カール・マルテルにより修道院に幽閉され、そのため王座は7年間空位となっていた。743年、カールの子カールマンが傀儡（かいらい）王を要したため、修道院から解放され国王に即位する。

　王位についたものの実権は内外共に宮宰ピピン3世に握られていた。751年、教皇ザカリアスの意により退位、メロビング朝最後のフランク国王となった。

フランク王国

ピピン3世

生没 714年～768年
在位 751年～768年

カロリング家の宮宰カール・マルテルの子。小ピピン、短軀王とも呼ばれる。741年、父の死後、兄カールマンと共にそれぞれネウストリア、アウストラシアの宮宰となり、フランク王国の実権を握る。743年、キルデリク3世を傀儡王として即位させ、兄弟で実権を握る。747年に兄が引退すると、全王国の宮宰として力を振るう。751年、聖俗有力者の同意を得た上でローマに使節を送り、教皇ザカリアスに「国王の称号を持つ者と実際に国の権利を行使するもののどちらが王冠にふさわしいか」と訊ねた。教皇より、能力の持ち主こそがふさわしい、との返答を得るや、国王キルデリクを追放、自身がカロリング朝初代国王として王座につく。またその際、大司教ボニファティウスから塗油を受けたが、この聖別は以降即位式の伝統となる。以降、特にキリスト教の布教を援助、教会会議を開催し教会改革を進める。またローマを侵略から守るためイタリアに遠征、ランゴバルドを破りイタリア中北部を征服して教皇に寄進。「教皇領」の伝統を創始した。

カール大帝

生没 742年～814年
在位 768年～814年

先王ピピン3世の長男。フランス名はシャルルマーニュ。父王の死後、弟カールマンと共に王位を継ぎ、分割統治する。771年、弟の死後、単独王となる。
772年より、異教信仰と政治的独立を保ってきたザクセン人の征服とキリスト教化に着手。遠征や懐柔を繰り返し、804年に平定。773年には教皇領に侵入したランゴバルド王デシデリウスを討つべくイタリア遠征、翌年ランゴバルド王国を併合しその王位につく。西方ではイベリア半島のイスラム勢力討伐遠征を繰り返し、801年、バルセロナを占領、カタルーニャ地方に辺境領を設置。さらに東方ではバイエルン公タシロを廃位、直轄領を作った。そうしてゲルマン系部族の大部を統合、西ヨーロッパの政治的統一を達成する。
そして800年、ローマで教皇レオ3世より皇帝として戴冠、「西ローマ帝国復活」と称される。812年、東ローマ皇帝ミハエル1世にも皇帝権を認めさせた。
キリスト教の文化的復興にも関心を持ち、教養ある聖職者兼官吏を確保するため、789年、聖堂や修道院に学校創設を命じる勅令を発布。カロリング・ルネサンスと呼ばれる文化的興隆をもたらした。

カールマン

生没 751年〜771年
在位 768年〜771年

カール大帝の弟。754年、父王ピピン3世と兄と共に、サン＝ドニ大聖堂にて教皇ステファヌス3世の手で王位のための塗油を受ける。父王の死後、兄カールとフランク王国を分割統治。兄が王国の北半を治める一方、南半を任される。兄王との関係は良好でなかったためか、769年には兄王がアキターヌで求めた助軍を断っている。771年、ランスにて急死。遺された王后ゲルベルガと二人の子はランゴバルド王国へ逃亡した。

ルートヴィヒ1世

生没 778年〜840年
在位 813年〜840年

先帝カール大帝の三男。フランス名はルイ1世。添名は敬虔王。813年、父帝の生前に共同帝に就き、翌年父の死により、皇帝兼フランク王となる。817年に帝国計画令を発布、長男ロタールに皇帝位、次男ピピンにアクィタニア王位、三男ルートヴィヒにバイエルン王位を譲ると定めたが、後の修正により、子たちの反発を買うことになった。帝権と教会を統合する理想主義的国家像を抱き、教会や修道院を保護したが、国家としては弱体化を招いた。

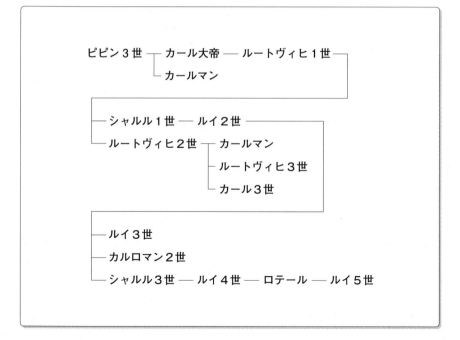

フランク王国

シャルル1世

生没 823年～877年
在位 843年～877年（西）

　先帝ルートヴィヒ1世の末子。通称は禿頭王。ドイツ名はカール2世。父帝が帝国計画令の取り決めを修正しようとしたため、兄弟間で争いが勃発。父帝の死後、840年、ルートヴィヒ2世と組んで兄ロタール1世を破り、ストラスブールの誓いによって同盟を固める。結果843年のヴェルダン条約で王国は三分割され、西フランク王国を取得、同国初代国王となる。さらに870年のメルセン条約で、ロレーヌをルートヴィヒ2世と分割した。

ルイ2世

生没 846年～879年
在位 877年～879年（西）

　先王シャルル1世の子。吃音王とも呼ばれる。父王の生前、すでにアキテーヌ分国王に即位。16歳の時、20歳年上のブルゴーニュ伯の息女アンスガルドと秘密裏に結婚、4人の子どもをもうける。嫡子の后にパリ伯の息女アデライードを望む父王はこれを認めず、教皇ヨハネス8世に頼んで婚姻の無効を宣告してもらい、875年、アデライードとの結婚を成立させた。父王の死後877年、西フランク国王となるも、わずか2年の在位に留まった。

ルイ3世

生没 863年～882年
在位 879年～882年（西）

　先王ルイ2世と最初の妃アンスガルドとの子。父王の死後、879年、西フランク王に即位。880年、弟カルロマンとの間で分割統治についてアミアンで協議が行われ、その結果フランシアとネウストリアを受け継ぐこととなる。カロリング朝時代を通じて王国はバイキングの襲撃に悩まされていたが、881年のソクールの戦いでこれを撃退。この勝利は古高ドイツ語の「ルートヴィヒの歌」として歌い継がれることになった。

カルロマン2世

生没 866年～884年
在位 879年～884年（西）

　先王ルイ2世とその最初の妃アンスガルドの子。父王の死後、兄ルイ3世と共に王に戴冠。880年、東西フランク王国間でリブモント条約が結ばれ、ロレーヌ西部を失ったことから、領土の分割相続を兄と協議、アキテーヌとブルゴーニュを相続。プロヴァンス公ボソが忠誠を拒否したため、兄王と東フランク王カール肥満王と共に討伐に出、ヴィエンヌを奪う。兄王の死後は、西フランク王国全土を単独王として統治した。

Ⅲ　西ヨーロッパ

シャルル3世

生没 839年〜888年
在位 876年〜887年（東）、885年〜888年（西）

　東フランク王国王ルートヴィヒ2世の三男。通称肥満王。876年に東フランク王、879年にイタリア王、881年に西フランク王シャルル2世を継ぐ皇帝に即位。884年、西フランク王カルロマン2世の死後、同国豪族の推挙を得て翌年国王に即位。ヴェルダン条約以来の全フランク王国再統一を果たすも、886年にパリを包囲されるなどノルマン人の侵入に悩まされる。222頁の東フランク王カール3世と同一人物。

ウード

生没 860年頃〜898年
在位 888年〜898年（西）

　フランス・カペー家の始祖にあたるアンジュ伯ロベール・ル・フォールの子。882年ごろ、パリ伯となる。885年から1年に渡り、ノルマン人によるパリ大襲撃が行われる。弱冠21歳にしてウードは指導者として、パリ司教ゴズランの協力のもと、パリをこの襲撃から守りきる。こうした功績により、カロリング家の者でないにもかかわらず、聖俗諸侯の推挙により、先王カール3世の死後の888年、西フランク王に即位する。

シャルル3世

生没 879年〜929年
在位 898年〜922年（西）

　西フランク王ルイ2世の三男。通称は単純王。兄である西フランク王ルイ3世の死後、諸侯はカロリング家ではなくロベール家のウードを次王に選出。これを不服とし、893年、ランスで戴冠を受け、西フランク王即位を宣言。4年に渡る王座抗争の後、ウードから嫡子無く死んだ場合王位を継がせるという妥協案を得、実際898年、西フランク王に正式に即位する。922年、ロベール1世の反乱により廃位され、その後幽閉生活のうちに死去。

ロベール1世

生没 865年〜923年
在位 922年〜923年（西）

　西フランク王国先々王ロベール家のウードの弟。兄王の死後、カロリング家のシャルル3世による王位継承を承認。ネウストリア侯の地位のほか、兄王の遺志により「フランク人たちの公」の称号を得る。シャルルの統治下、ノルマン人の襲撃防戦により軍功をたてる。
　922年、シャルルの統治に不満を持つ貴族を束ね、反乱を起こし王を追放、西フランク王に即位する。しかし翌年、シャルル王とソワソンで再戦の際に戦死。

フランク王国

ラウール

生没 ?～936年
在位 932年～936年（西）

　ブルゴーニュ公リシャールの子。父の死後の921年よりブルゴーニュ公。921年、ロベール1世の娘エマと結婚。922年、ロベール1世が先王シャルル3世を追放し西フランク王位につくも、翌年にシャルル3世が反撃に出る。そのソワソンの戦いにてロベール1世は戦死。シャルル3世も囚われの身となる。王位後継者としてロベール1世の子にして義弟ユーグ大公が最有力候補であったが、ユーグ大公がこれを拒否したため、923年、ソワソンにて西フランク王に即位。

ルイ4世

生没 921年～954年
在位 936年～954年（西）

　西フランク王シャルル3世の子。922年、ロベール1世による父王の廃位後、母后と共にイングランドに亡命。936年、先王ラウール死去によりユーグ大公に招かれ帰国、西フランク王として即位。この経歴から、海外王と称される。カロリング家の王として統治に当たるも、すでに王国内は領邦化が進み同家の所領も家臣も乏しく、傀儡王として実権はユーグ大公に握られていた。939年、神聖ローマ皇帝オットー1世の妹ゲルベルガと結婚。

ロテール

生没 941年～986年
在位 954年～986年（西）

　先王ルイ4世の長男。父王の死後、954年、13歳にして西フランク王に即位も、実権はユーグ大公に握られる。956年、ユーグが死去すると、その後は叔父であるケルン大司教ブルーノが後見に立つ。神聖ローマ皇帝オットー1世の継娘エマと結婚する。ロレーヌ奪還を望み978年、アーヘン滞在中の神聖ローマ皇帝オットー2世を奇襲、捕らえる直前にまで持ち込む。同年のオットーによる復讐戦をパリ近郊で食い止めた。

ルイ5世

生没 967年～987年
在位 986年～987年（西）

　先王ロテールの子。通称は怠惰王。父王の死後の986年、西フランク王に即位。987年、ユーグ大公の子ユーグ・カペーと結んだランス大司教アダルベロンを討伐するため出陣、ランスを包囲するも、狩猟中の事故により死去する。
　嫡子が無かったためカロリング朝は断絶、西フランク王国最後の国王となり、ユーグ・カペーが王として引き継いだ同国は以降、フランス王国と呼ばれるようになる。

ルートヴィヒ2世

生没 804年〜876年
在位 843年〜876年（東）

　フランク王ルートヴィヒ1世敬虔王の三男。通称はドイツ人王。父王が817年に発布した帝国計画令により、バイエルンを受け継ぐ。父王の死後の841年、異母弟シャルル1世と結んで長兄ロタール1世をフォントノアで破り、ストラスブールの誓いでシャルルとの同盟を固める。843年、ヴェルダン条約でライン川以東の東フランク王国を受け継ぎ、初代同国王となる。870年のメルセン条約ではシャルルとロレーヌを分割獲得した。

カールマン

生没 830年〜880年
在位 876年〜880年（東）

　先王ルートヴィヒ2世の長男。876年、父王の死後、弟ルートヴィヒ3世、カール3世と共に遺領を分割相続、バイエルンを継承する。877年、叔父である西フランク王シャルル2世禿頭王が死去すると、イタリア王に即位。だがイタリアへの途上、ヴェローナで重い病に罹る。879年、病のためイタリア王位をカール3世に譲る。死後、自ら築いたアルトエトリングの教会に埋葬される。バイエルンはルートヴィヒ3世の手に渡った。

ルートヴィヒ3世

生没 835年〜882年
在位 876年〜882年（東）

　先々王ルートヴィヒ2世の次男。通称は若年王。876年の父王の死後、3兄弟での遺領分割相続で、東フランク領フランシア、ザクセン、チューリンゲン、ロレーヌ東部という、東フランク王国の最大部を譲り受ける。876年、アンダーナッハの戦いで西フランク王シャルル1世禿頭王を破り、彼のロレーヌへの侵攻に止めを刺す。880年のリブモント条約では、西フランクのルイ3世とカルロマン2世から、ロレーヌ西部を獲得した。

カール3世

生没 839年〜888年
在位 876年〜887年（東）、885年〜888年（西）

　先王ルートヴィヒ2世の三男。通称は肥満王。876年、父王の死後、遺領分割で東フランク王国のアレマニア分国王に即位。その後、2人の兄が夭折したため、879年にはイタリア王、881年に皇帝に戴冠して、882年、全東フランク王となる。885年、西フランク王に即位。
　一方、ノルマン人の襲撃に対し非力な対応を見せ、887年、甥のアルヌルフらによって東フランク王位を廃位された。220頁の西フランク「肥満王」シャルル3世と同一人物。

フランク王国

アルヌルフ

- 生没 850年頃～899年
- 在位 887年～899年（東）

東フランク王国のバイエルン分国王カールマンの庶子。876年よりケルンテン辺境伯。887年、ラインラントをノルマン人から守れなかったことを理由に叔父カール3世肥満王を廃位、東フランク王に選出される。891年、ルーヴェンでノルマン人に大勝を治め、彼らの侵入に歯止めをかける。東方のモラビアやボヘミアも打ち破るなど戦功を上げ、894年にはイタリアに遠征し、2年後、教皇フォルモススの支援のもと皇帝に即位した。

ルートヴィヒ4世

- 生没 893年～911年
- 在位 900年～911年（東）

先王アルヌルフの子。通称は幼童王。父王の死後の900年、6歳にして東フランク王に即位。幼少・病弱であったことで、傀儡王として擁立され、実権を握ったのはマインツ司教ハットー1世とコンスタンツ司教ザロモ3世。また国内ではフランケンのコンラート家など有力諸侯台頭の基盤が作られた。マジャール人の侵入を防ぎきれず、907年にはプレスブルクで大敗を喫した。911年、17歳で夭折。嫡子が無かったため、カロリング朝は断絶した。

コンラート1世

- 生没 ?～918年
- 在位 911年～918年（東）

ラーンガウ伯コンラートの子。911年、先王ルートヴィヒ4世幼童王に嫡子が無かったため、聖俗有力諸侯によって東フランク改めドイツ王に選出。彼のを認めないロレーヌは西フランク王国領への編入を希望した。コンラート1世は領有を目指すも果たせず、マジャール人ら外敵の侵入にも悩まされ続けた。諸部族や大公の独立化を抑え王権を強化しようとするも反発を招き、ザクセン大公ハインリヒ、バイエルン大公アルヌルフらと対立した。

ハインリヒ1世

- 生没 875年頃～936年
- 在位 919年～936年（東）

リウドルフィング家の大公オットーの子。912年、大公位を継承。919年、かつての対立者である先王コンラート1世の遺言により後継者に指名され、ザクセンとフランケンの諸侯により国王に選出された。国内統一に尽力し、925年には西フランク王国領となっていたロレーヌを奪回する。また城塞や辺境領の設置により、マジャール人、ノルマン人、スラブ人ら外敵の侵入に備えた。

こうした功績により諸侯の信頼を得、ザクセン朝の始祖となった。

フランス王国
987年～1792年、1814～1848年

　987年、西フランク王国でユーグ・カペーが即位しフランス王国が成立。カペー朝時代、分立する諸侯をまとめるための権威としてキリスト教が重要視された。フィリップ4世より全国三部会が開始。フィリップ6世よりヴァロア朝が始まると、これを認めぬ英王エドワード3世が侵攻、英仏百年戦争が勃発。劣勢の中、ジャンヌ・ダルクの登場から国土保全に成功したとされる。16世紀になると宗教改革運動が起こり、新教徒（プロテスタント）と旧教徒（カトリック）の対立からユグノー戦争開始。アンリ4世に始まるブルボン朝より、アンシャン・レジームと呼ばれる絶対王政時代。ルイ14世時代はその絶頂期である。だがルイ16世時代にはアメリカ独立戦争への介入などで財政危機が強まった。

　1789年、フランス革命が勃発。国王が処刑され、革命独裁政府が樹立後、ナポレオンがクーデターで権力を握り、皇帝となる。1815年、第一帝政が崩壊し、ルイ18世即位により王政復古が始まり、反動政治がなされた。これに対し民衆の不満は七月革命となって爆発。新王ルイ・フィリップ1世による七月王政でもやはり富裕層が優遇され、二月革命により王政は倒された。

987年	ユーグ・カペー国王即位、フランス王国成立
1190年	フィリップ2世、第3回十字軍に参加
1209年	アルビジョア十字軍の開始
1302年	フィリップ4世、全国三部会を開始
1309年	アヴィニョンに教皇庁設立
1328年	フィリップ6世即位、ヴァロア朝開始
1337年	イングランドとの間で百年戦争勃発
1428年	ジャンヌ・ダルク、オルレアンを解放
1453年	百年戦争終結
1562年	ユグノー戦争勃発
1572年	サン・バルテルミの虐殺
1589年	アンリ4世即位、ブルボン朝開始
1598年	ナントの勅令発布、ユグノー戦争終結
1789年	バスチーユ襲撃、フランス革命勃発
1792年	王政廃止が決定、ルイ16世処刑される
1814年	ルイ18世即位、王政復古
1830年	七月革命勃発、七月王政開始
1848年	二月革命勃発、第二共和政開始

フランス王国

ユーグ・カペー

生没 938年頃～996年
在位 987年～996年

ロベール家のユーグ大公の子。西フランク王カロリング家のルイ5世死後、ランス大司教アダルベロンの助力もあり、聖俗諸侯の推挙を得てカペー朝初代フランス王に即位。パリとオルレアンという要所に所領を持ち、大司教の聖別による権威を得、王権を固める。王位をめぐり対立していたロレーヌ公シャルルと戦い991年にこれを破る。選挙王制で選ばれたが、生前より子ロベールを共同王位につけ、世襲王制を準備した。

ロベール2世

生没 970年頃～1031年
在位 996年～1031年

先王ユーグ・カペーの子。大司教座都市ランスで後に教皇となるジェルベールの教育を受け、信仰に篤かったことから「敬虔王」と呼ばれる。17歳で父王の共同統治者となり、父王の死後996年、単独王となる。即位後、最初の王妃であるイタリア王女ロザラと離婚、従妹にあたるブルグント王女ベルテと近親結婚したことで、997年、教皇グレゴリウス5世により破門宣告を受け、破門は免れるも5年の悔悛の業を課される。

アンリ1世

生没 1008年～1060年
在位 1031年～1060年

先王ロベール2世の次男。兄ユーグが18歳で夭折したため、1027年、父王の共同統治王としてランスで戴冠。父王の死後1031年、単独王となる。即位後、母后コンスタンスが寵愛する弟ロベールやブロワ伯ウードの反乱に悩まされる。1034年、母后の死後、ロベールにブルゴーニュ公領を与え和解。1051年、キエフ大公家の公女アンヌと結婚。1059年、子フィリップを共同統治王として戴冠させる。

フィリップ1世

生没 1052年～1108年
在位 1060年～1108年

先王アンリ1世の子。1059年、7歳にして父王の共同統治王に即位。翌年、父王死去により単独王に。当初は叔父のフランドル伯ボードアン5世が摂政を務める。1067年、15歳で親政を開始すると、王領の順調な拡大に成功。また王家に五大官職を設け、国内有力諸侯を家臣団として結束させる。1092年、王妃ベルトを離縁、アンジュ伯の妻ベルトラードを娶ろうとしたため、一時は教皇ウルバヌス2世により破門に処せられた。

ルイ6世

- 生没 1081年～1137年
- 在位 1108年～1137年

　先王フィリップ1世と王妃ベルトの子。通称は肥満王。継母ベルトラードとの関係がうまくいかず、そのため一時はイングランドに亡命もしている。1108年、父王の死により国王に即位。多くの戦を行い、1109年からはイングランド王にしてノルマンディ公ヘンリー1世と争いを繰り返す。国内では有力貴族の反抗を抑え、王権の基礎を固める。またパリに多く滞在し、国家の主要機関を設置、首都として整備することで、中央集権化を準備した。

ルイ7世

- 生没 1120年頃～1180年
- 在位 1137年～1180年

　先王ルイ6世の子。通称は若年王。1137年、父王の死により16歳で単独国王に即位。父王の政策を継承し、イル・ド・フランスの諸侯を抑える。1147年より第2回十字軍に参加。1152年、アキテーヌ公領相続者であった王妃アリエノールと離婚。そのアリエノールがノルマンディー公領継承者であるアンジュ伯アンリと再婚、アンリがヘンリー2世としてイングランド王に即位したため、結果的にこの離縁により膨大な領域をイングランドに渡すことになった。

フィリップ2世

- 生没 1165年～1223年
- 在位 1180年～1223年

　先王ルイ7世の子。通称はローマ皇帝アウグストゥスに由来する「オーギュスト」。1180年、父王の死により単独国王となる。カール大帝の血を引くイザベル・ド・エノーとの婚姻により、王権の権威を強化。また国内諸侯との数々の戦いを勝ち抜きフランスを西欧一の大国とする。1190年、神聖ローマ皇帝フリードリヒ1世、イングランドのリチャード獅子心王と共に第3回十字軍に参加するも、リチャードとの仲たがいから途中帰国する。

ルイ8世

- 生没 1187年～1226年
- 在位 1223年～1226年

　先王フィリップ2世の子。通称は獅子王。1215年、イングランドの反乱貴族によりイングランド王に選出され上陸するも、教皇の反対に会い、さらに2年後のリンカーンの戦いに敗北し帰国することになる。1223年、父王の死により国王に即位。英王ヘンリー2世以来の仇敵プランタジネット家の領地を次々と陥落。1226年、南仏ラングドックの異端撲滅のため、教皇ホノリウス3世の要請によりアルビジョア十字軍に参加するも、その途上で赤痢に感染、死去した。

フランス王国

ルイ9世

生没 1214年～1270年
在位 1226年～1270年

先王ルイ8世の子。信仰篤くローマ・カトリック教会に列聖されたため、聖王と呼ばれる。父王の死後、12歳にして国王即位。即位後10年は母后ブランシュが摂政役を務める。

国内諸侯の数々の反乱を抑え、イングランドの侵攻を退け、1226年には父王時代からの異端カタリ派征伐を終え、南仏ラングドックの王領化の道を開いた。1248年からは第7回十字軍に参加。帰国後の1256年には大勅令を公布し、国内行政の粛正を命じた。

フィリップ3世

生没 1245年～1285年
在位 1270年～1285年

先王ルイ9世の子。通称は豪胆王。父王が再度出兵した第8回十字軍に参加。1270年、父王の死後国王に即位。1271年、叔父アルフォンス・ド・ポアティエの死後、南仏の広大な領地を受け継ぐ。また、パリの高等法院への上訴によって地方諸侯を代官によって従属させるシステムを設立、中央集権化を進める。1285年、反教皇派アラゴン王ペドロ3世の討伐に乗り出すが、反撃に会い撤退を強いられる。その道程で疫病に罹り死去した。

フィリップ4世

生没 1268年～1314年
在位 1285年～1314年

先王フィリップ3世の子。通称は美男王。父王の死後、17歳で国王に即位。

1294年より4年に渡り、イングランド王エドワード1世と領土を巡り争う。傭兵隊を用いたことによる出費を貨幣改鋳、聖職者課税等で対処する。聖職者課税に対し教皇ボニファティウス8世が激しく抗議すると、聖職者・貴族・平民の代表からなる全国三部会を招集、彼らの支持を集める。1303年には顧問官ノガレをイタリアに派遣、教皇をアナーニの別荘にて強襲し身柄を拘束した。

ルイ10世

生没 1289年～1316年
在位 1314年～1316年

先王フィリップ4世の長男。通称は強情王。1305年、母后よりナバラ王位を受け継ぐも、実際の統治は父王の家臣に任せる。父王の死により1314年、国王に即位するとともに、ナバラ王位を弟フィリップに譲る。父王の晩年から続く国内諸侯の反乱が、即位の翌年新たに勃発。叛徒の非難の矛先が顧問官ノガレの後継者アンゲランだったので、彼を処刑することでこれを抑える。1316年、即位後2年にして死去。

Ⅲ 西ヨーロッパ

ジャン1世

生没 1316年〜1316年
在位 1316年〜1316年

　先王ルイ10世の子。後継者とすべき男児が無いまま父王が死去、だが死去の際、ハンガリー出身の王后クレマン・ド・オングリーは妊娠していた。父王の弟ポワティエ伯フィリップが摂政役を果たしている間に王后が出産、初の男児ということでジャン1世として1316年、生まれてまもなく国王に即位。またこうした経緯から遺児王と呼ばれる。しかし生後数日にして死去。摂政を務めていたフィリップが王位を継ぐこととなった。

フィリップ5世

生没 1293年〜1322年
在位 1316年〜1322年

　先王ジャン1世の叔父で、フィリップ4世の次男。ポアティエ伯。通称は長身王。先王が生後まもなく死去したため、摂政役から国王に即位。即位後、全国三部会をパリで開催、同時期に起きた貴族反乱鎮圧のための軍資金を集める。1318年、フランドルで反乱が起きると、南北フランスで2度にわたり三部会を招集、軍資金を得る。1320年からも2度、三部会を招集、王家による貨幣改鋳の承認を求めるも得られなかった。1322年、男児が無いまま死去。

シャルル4世

生没 1294年〜1328年
在位 1322年〜1328年

　先王フィリップ5世の弟。通称は美男王。兄王に男児が無かったため、後継者としてその死後国王に即位。1323年、南仏にあるサン・サルドスの要塞化に対し、その所有者である英王エドワード2世と抗争勃発、翌年英王に対しアキテーヌ公領没収を宣言。1327年、エドワード2世に嫁いだ妹イザベルが王太子を擁して反乱、王を追放。新英王エドワード3世の伯父となる。1328年、男児の無いまま死去。カペー朝最後の王となった。

```
ユーグ・カペー ── ロベール2世 ── アンリ1世 ── フィリップ1世 ─┐
┌──────────────────────────────────────────────────────────────┘
└ ルイ6世 ── ルイ7世 ── フィリップ2世 ── ルイ8世 ── ルイ9世 ─┐
┌──────────────────────────────────────────────────────────────┘
└ フィリップ3世 ── フィリップ4世 ─┬─ ルイ10世 ── ジャン1世
                                    ├─ フィリップ5世
                                    └─ シャルル4世
```

フランス王国

フィリップ6世

- 生没 1293年～1350年
- 在位 1328年～1350年

先王シャルル4世の叔父ヴァロア伯シャルルの長男。先王が跡継ぎを欠いたため、1328年、ヴァロア朝初代国王として即位。1334年、イングランド王の手を逃れてきた幼少のスコットランド王デヴィット2世を保護すると、イングランド王エドワード3世はフィリップの国王即位時に捧げた臣下の礼を取り消し、自身のフランス王位を要求。これに対しフィリップ6世は英王が国内に所有するアキテーヌ公領の没収を宣告し、百年戦争の勃発となった。

ジャン2世

- 生没 1319年～1364年
- 在位 1350年～1364年

先王フィリップ6世の子。通称は善王。1341年のブルターニュ継承戦争等で戦功を挙げ、父王の死後、国王に即位。百年戦争のさなか、王軍の立て直しに乗り出すも、王位を狙うナバラ王シャルル2世の様々な妨害にあう。1356年のポアティエの戦いでエドワード黒太子率いるイングランド軍に敗北、王自身も捕虜となりロンドンに連行。18歳の王太子シャルルが摂政役を務めた後、1360年にアキテーヌ公領領有権や多額の身代金と引きかえに身柄を解放された。

シャルル5世

- 生没 1337年～1380年
- 在位 1364年～1380年

先王ジャン2世の長男。通称は賢王。仏王太子として最初にドーファン（イルカ）の紋章を使用。父王が捕虜の間、摂政を務める。1358年、エティエンヌ・マルセルの反乱とジャックリーの反乱を鎮圧。1360年、ブレティニの和約で父王を解放。1363年の三部会で直接課税による財政改革を行う。父王の死後、ナバラ王シャルルの反乱を撃退し、国王に即位。イングランドとの戦いを再開し、名将デュ・ゲクランの活躍で多くの領地を取り戻した。

シャルル6世

- 生没 1368年～1422年
- 在位 1380年～1422年

先王シャルル5世の子。通称は狂王。父王の死後、12歳で国王に即位も、統治はアンジュ公ルイ、ブルゴーニュ公フィリップら4人の叔父が共同で行う。先王が廃止した国王課税を再開、民衆の反乱を招く。1388年、親政を開始。翌年には全国各地を回り新王の存在を知らしめる。1392年から狂気の発作を起こし始め、国内貴族は対立するオルレアン公ルイとブルゴーニュ公フィリップの派閥に分裂した。

シャルル7世

- 生没 1403年～1461年
- 在位 1422年～1461年

　先王シャルル6世の五男。通称は勝利王。英王ヘンリー6世がフランス王としても即位したため、1422年国王に即位するも「ブールジュの王」と称される。1428年、イングランド軍によるオルレアン包囲に苦しむ中、ジャンヌ・ダルクの登場により戦局を覆し同地を解放。1435年のアラスの和約でブルゴーニュ公と講和。1444年、イングランドとトゥール休戦条約を結ぶも1449年、これを破棄。ノルマンディ、アキテーヌを英軍から解放し、1453年、百年戦争を終結させた。

ルイ11世

- 生没 1423年～1483年
- 在位 1461年～1483年

　先王シャルル7世の子。父王の愛人問題から1440年、プラグリーの乱に加担、反乱を起こすも鎮圧される。1447年よりドーフィネにて自治。1456年、父王の軍の侵攻を受け、ブルゴーニュ公フィリップのもとに逃げ込む。父王の死後国王即位。1465年、シャロレー伯シャルルらによる「公益同盟」の反乱が勃発。2年後、ブルゴーニュ公となったシャルルが王弟シャルルとノルマンディに侵攻。ペロンヌ条約で一時譲歩するも、1470年招集の三部会で無効とした。

シャルル8世

- 生没 1470年～1498年
- 在位 1483年～1498年

　先王ルイ11世の子。父王の死後、13歳で国王に即位。姉アンヌとその夫ピエールが摂政を務める。1488年、敵対するブルターニュ公フランソワ2世とオルレアン公ルイ2世に大逆罪を宣告、ブルターニュに遠征しこれを破る。同年ブルターニュ公が急死すると公女アンヌと結婚、ブルターニュ公を継ぐ。1495年、ナポリへ遠征、ナポリ王位を手に入れる。しかし教皇、神聖ローマ皇帝、ミラノ公、スペイン両王の連合軍により撃退され帰国した。

ルイ12世

- 生没 1462年～1515年
- 在位 1498年～1515年

　オルレアン公シャルルの子。先王に跡継ぎが無かったため、傍系より王位につく。1499年にミラノを征服。1501年にはさらにスペインと同盟しナポリを占領するも、その後同盟決裂、ナポリを奪われる。1506年、全国三部会で減税を宣言、「人民の父」の称号を得る。
　1508年、神聖ローマ皇帝マクシミリアン1世と同盟を結びイタリアに侵攻。しかし教皇ユリウス2世・レオ10世と続く反撃軍が組織され、ミラノも失い撤退した。

フランス王国

フランソワ1世

生没 1494年～1547年
在位 1515年～1547年

　アングレーム伯シャルルの子。先王ルイ12世の死後、1515年に国王即位。即位後すぐに先王のイタリア戦争を継続、マリニャーノの戦いで大勝しミラノを奪還。帰国後、全国行脚の途上でレオナルド・ダ・ヴィンチを保護し生涯支援。また文芸の保護に尽くす。1519年、神聖ローマ皇帝マクシミリアン1世が死去すると、後継の選挙に出馬し西王カルロス1世と争うが敗退。カール5世として帝位に就いたカルロスとは以後も度々争うこととなった。

アンリ2世

生没 1519年～1559年
在位 1547年～1559年

　先王フランソワ1世の子。父王の死後、国王に即位。即位後すぐ、父王の政策を継ぎイタリア遠征を開始。またカール5世からトゥール、メス、ヴェルダンの三司教領を奪う。1556年、カール5世とヴォーセル休戦和議を結び、三司教領、ルクセンブルク、ピエモンテ、コルシカ等の領地を手に入れる。国内の宗教改革に対してはパリ高等法院内に火刑裁判所を設けるなど厳しく弾圧。内政では1547年、4人の国務卿を任命、対外戦争の統括に当たらせた。

フランソワ2世

生没 1544年～1560年
在位 1559年～1560年

　先王アンリ2世の子。1558年、スコットランド女王メアリー・スチュアートと結婚。王妃の伯父ギーズ公フランソワが摂政役を務める。1560年、ギーズ公フランソワが反乱準備中の新教徒を捕らえ処刑（アンボワーズ事件）。さらに同年、新旧教徒融和のためオルレアンに招集された全国三部会で、招待されたコンデ大公ルイがギーズ大公フランソワの手により逮捕、死刑に処されてしまう。同年、中耳の炎症をこじらせ死去。

```
フィリップ6世 ── ジャン2世 ── シャルル5世 ── シャルル6世
   └ シャルル7世 ── ルイ11世 ── シャルル8世 ┈┈ ルイ12世 ┈┐
   ┊ フランソワ1世 ── アンリ2世 ┬ フランソワ2世
                              ├ シャルル9世
                              └ アンリ3世
```

Ⅲ 西ヨーロッパ

シャルル9世

生没 1550年～1574年
在位 1560年～1574年

　先王フランソワ2世の弟。兄王の死により10歳で国王に即位、母后カトリーヌ・ド・メディシスが摂政役を務め、実権を握る。新旧両派の融和を求め、三部会や宗教会議を開催するが、成果を伴わない。1562年、一月勅令で新教に寛容な政策を打ち出すも、これを認めないギーズ公フランソワら旧教徒と新教徒間でヴァッシィでの争いからユグノー戦争が勃発。1572年にはサン・バルテルミの虐殺で数多の新教徒が殺害された。

アンリ3世

生没 1551年～1589年
在位 1574年～1589年

　先王シャルル9世の弟。1574年、ポーランド王に戴冠後、兄王の死によりフランス王に即位。即位後、ボーリュー勅令で新教徒と融和を図るも、旧教徒の抵抗により不調に終わった。その後も新旧教徒の抗争は続き、旧教同盟の首領ギーズ公アンリ、新教徒の指導者ナバラ王アンリとの間で、いわゆる三アンリの戦いを繰り広げる。1589年、旧教同盟が仕切るパリを包囲中に暗殺され、跡継ぎがないままヴァロワ朝最後の王となった。

アンリ4世

生没 1553年～1610年
在位 1589年～1610年

　ブルボン家アントアーヌとナバラ女王ジャンヌ・ダルブレの子。通称は良王。1562年、ナバラ王に即位。ユグノー戦争のさなか、母王の影響により新教徒として育つ。1572年、摂政カトリーヌ・ド・メディシスの宥和政策により旧教徒である国王シャルル9世の妹マルグリット（『王妃マルゴ』のモデル）と結婚するも、その式に集った新教徒の虐殺を招くことになる（サン・バルテルミの虐殺）。アンリも捕らえられ、一時は旧教に強制的に改宗させられる。1585年より新教徒の指導者として国王アンリ3世、旧教同盟のギーズ公アンリと抗争（三アンリの戦い）。1589年、アンリ3世が後継者の無いまま暗殺され、王位継承法によりブルボン朝初代国王として即位。旧教国スペインの介入があり、国内旧教徒の支持を得る必要もあったため1593年、カトリックに改宗、翌年パリ入城を許される。改宗による新教徒の非難に対し、1598年、ナントの勅令を発布、制限付きではあるが新教徒の諸権利を承認、ユグノー戦争を終結させる。1610年、狂信的旧教徒の青年により暗殺された。

フランス王国

```
アンリ4世 ── ルイ13世 ── ルイ14世
  └ ルイ15世 ┬ ルイ16世
            ├ ルイ18世
            └ シャルル10世 ── ルイ・アントワーヌ
                           └ シャルルフェルディナン ── アンリ・ダルトワ
```

ルイ13世

生没 1601年～1643年
在位 1610年～1643年

先王アンリ4世とマリー・ド・メディシスの長男。父王暗殺により、9歳で国王即位、摂政を務める母后らが実権を握る。1617年、母后をブロアに追放し親政を開始。1624年、枢機卿リシュリューを宰相として起用。新教徒の拠点ラ・ロシェルを制圧し、以降その活動を弱体化させる。神聖ローマ帝国での30年戦争に対しては、1630年、新教徒側支援にまわり、スウェーデン王グスタフ2世に軍資金援助した。

ルイ14世

生没 1638年～1715年
在位 1643年～1715年

先王ルイ13世の子。通称は太陽王。父王の死により5歳で国王即位。母后アンヌ・ドートリシュが摂政、マザラン枢機卿が宰相として実権を握る。1648年、中央集権化を進めるマザランの政策に貴族層が反発し、フロンドの乱が勃発するも1653年にこれを鎮圧、王権強化に成功。1661年、マザランの死により親政を開始。その王権神授説に基づく絶対王政は、「朕は国家なり」という標語で知られる。王侯貴族を排した最高国務会議を置き、市民階級出身のコルベールを重用するなど、実力本位で官僚を登用した。1662年より財務長官を務めたコルベールは輸出を奨励し国内産業を保護する重商主義政策で財政を立て直し、また北アメリカのルイジアナの他、中米、インド、アフリカに植民地を獲得。ヨーロッパでも領土拡張のため、1688年からプファルツ戦争、1701年からのスペイン継承戦争など列強との対外戦争を行う。また1702年より、アメリカでイギリスを相手にアン女王戦争を戦う。1685年、ナントの勅令を廃止、新教徒の弾圧を行う。またパリ郊外にヴェルサイユ宮殿を設立、1682年より統治の場とした。

ルイ15世

- 生没 1710年～1774年
- 在位 1715年～1774年

ブルゴーニュ公ルイの子、先王ルイ14世の曾孫。先王の死により1715年、5歳で国王に即位。先王時代に逆らい最高国務会議への名門貴族復帰が見られるも、その「多元会議制」はうまく機能しなかった。1733年からのポーランド継承戦争でロレーヌ獲得も、1756年からの七年戦争参戦の出費は財政を圧迫することになる。また海外植民地をめぐるフレンチ・インディアン戦争やプラッシーの戦いでイギリスに敗北、海外領の多くも失った。

ルイ16世

- 生没 1754年～1793年
- 在位 1774年～1792年

先王ルイ15世の孫。1770年、神聖ローマ帝国皇女マリー・アントワネットと結婚。先王の死後、20歳で国王に即位。先王時代の欧州・海外戦争で深刻な財政難にある中、財政改革を目論むも市民の反対にあう。1778年、アメリカ独立戦争に参戦、国庫をますます苦しくする。1789年、国民議会の武力弾圧をきっかけにフランス革命が勃発。王妃と共に捕らえられ、1792年、王政廃止が決定される。投票で死刑を宣告され、ギロチンにより王妃共々処刑された。

ルイ18世

- 生没 1755年～1824年
- 在位 1814年～1815年、1815年～1824年

先王ルイ16世の弟。プロヴァンス伯。1791年、兄王夫妻が革命軍からの逃走に失敗すると（ヴァレンヌ事件）、パリを逃れ国外へ亡命。ドイツで亡命貴族と合流、反革命勢力を結集する。1793年の兄王処刑後、パリで幽閉された王子をルイ17世とし、自身は摂政と称する。その後イタリアに移り、ルイ17世死去の報によりルイ18世を名乗る。ナポレオンの台頭後、欧州各国を亡命。1814年のナポレオン没落後、フランスに帰還、60歳で国王に即位（王政復古）。

シャルル10世

- 生没 1757年～1836年
- 在位 1824年～1830年

先王ルイ18世の弟。アルトア伯。1789年、革命軍によるバスティーユ襲撃後亡命、ドイツのコブレンツなどで亡命貴族の中心となる。兄王による王政復古後、帰国し国王代理官に就任。過激王党派を率いる。1824年、兄王の死により国王即位。兄王の立憲君主制に対し絶対王政復活を主張、反動政策で国民の反発を受ける。1830年にアルジェリア出兵、その後、七月革命が勃発すると退位しイギリスに亡命。ブルボン朝最後の王となった。

フランス王国

ルイ・アントワーヌ

生没 1775年〜1844年
在位 ——

　シャルル10世の長男。アングレーム公、ルイ19世とも呼ばれる。1789年、父王と共にイタリア、ドイツ、スコットランドへと亡命、亡命貴族と交流する。1799年、伯父ルイ16世の長女マリー・テレーズと結婚。その後フランスに戻り、反ナポレオン軍に加わる。またスペインでの革命で王党派を支援、フェルディナント7世の復位に貢献する。1824年、父王の国王即位により王太子となるも、1830年七月革命が勃発すると再び亡命した。

アンリ・ダルトワ

生没 1820年〜1883年
在位 ——

　シャルル10世の孫。シャンボール伯を名乗る。1830年、七月革命勃発により祖父シャルル10世、伯父ルイ・アントワーヌと共に国外脱出。1836年、シャルル10世が死去すると、レジティミスト（ブルボン朝支持者）により「アンリ5世」として正統な後継王と見なされる。1870年の第二帝政崩壊後、レジティミストによって国王に擁立されるも、条件として提示された三色旗の国旗としての受け入れを拒否し、即位はならなかった。

ルイ・フィリップ1世

生没 1773年〜1850年
在位 1830年〜1848年

　ブルボン家の分家であるオルレアン家のフィリップ平等公の子。革命期に反革命運動に加担したことから長期の亡命を余儀なくされる。1814年、王政復古により帰国。1830年の七月革命で銀行家ラフィトらに推され「フランス人の王」として国王に即位、七月王政を開始する。銀行家などの富裕層を優遇、保守派の政治家登用等から国民の不満を招き、1848年、二月革命の勃発により退位、イギリスに亡命した。

ルイ・フィリップ・アルベール・ドルレアン

生没 1838年〜1894年
在位 ——

　フランス最後の王ルイ・フィリップ1世の孫、オルレアン公フェルディナン・フィリップの子。1848年、二月革命により、家族と共にイギリスへ亡命。祖父王の死後、オルレアン派によりフランス王座の正統後継者と見なされる。1883年、ブルボン家の血を引くアンリ・ダルトワが嫡子無く死去すると、オルレアン派により「フィリップ7世」として次王に推挙されるが、レジティミストの反対にあい、第三共和制の進展もあって実現はならなかった。

フランス帝国

1804年~1814年、1815年、1852年~1870年

　フランス革命勃発により総裁政府がパリを統治する中、ナポレオンがクーデターにより権力を掌握。1804年、ナポレオン1世として第一帝政を開始。即位に対し第三次対仏大同盟が組まれると侵略戦争を開始（ナポレオン戦争）。アウステルリッツの三帝会戦、イエナの戦いに勝利。さらにポルトガルも征服するが、トラファルガーの海戦ではイギリス軍に敗北。さらに大陸封鎖令に従わないロシアに対し遠征するも、厳寒のため撤退。ライプツィヒの戦いで諸国連合軍に敗れ、ナポレオンは廃位されエルバ島に流される。エルバ島から脱出するも、ワーテルローの戦いで敗北、百日天下に終わる。

　ナポレオン1世失脚後、復古王政、七月王政、第二共和政を経て、1852年、大統領ルイ・ナポレオンがナポレオン3世として皇帝に即位、第二帝政を開始。軍隊と官僚を用いた「ボナパルティズム」と称される独裁制のもと、産業資本家の成長を促し自由貿易を奨励、フランス産業革命を推し進めた。対外膨張政策としてクリミア戦争等で植民地を獲得するも、メキシコ出兵は失敗に終わる。1870年の普仏戦争でプロイセンに敗れ廃位、帝政は終わりを告げた。

1804年	ナポレオン1世、皇帝に即位、第一帝政開始
1805年	イギリスを中心に第三次対仏大同盟成立
1805年	トラファルガーの海戦で、ネルソン率いるイギリス軍に敗北
1805年	アウステルリッツの三帝会戦でオーストリア・ロシアに勝利
1806年	ドイツ16領邦でライン同盟結成
1806年	イエナの戦いでプロイセンに勝利
1806年	大陸封鎖令を発布
1807年	ロシアとティルジット条約締結、ワルシャワ大公国設立
1812年	ロシアに遠征するも撤退
1813年	ライプツィヒの戦いで諸国連合軍に敗北
1814年	連合軍パリ入城、ナポレオン廃位
1815年	ワーテルローの戦いで敗北、第一帝政の終結
1852年	ナポレオン3世皇帝即位、第二帝政開始
1853年	ロシアを相手にクリミア戦争開始
1856年	アロー戦争で清に出兵
1860年	英仏通商条約締結、関税を引き下げる
1861年	メキシコ出兵も失敗に終わる
1870年	普仏戦争に敗北、帝政が終焉

フランス帝国

ナポレオン・ボナパルト

- 生没 1769年～1821年
- 在位 1804年～1814年、1815年

シャルル・ボナパルトの子。コルシカ島に生まれ、1784年、パリ士官学校に進学。革命が勃発後の1796年、イタリア遠征軍司令官に任命される。対英戦略のためのエジプト遠征を指導し、1798年ピラミッドの戦いで勝利。翌年帰国し議会にクーデターをしかけ、革命を終結させる。1799年の憲法制定より政治指導権を握り、軍事的独裁体制を樹立。1800年よりイタリアでオーストリアと戦い勝利、教皇と宗教協約を締結。2年後イギリスとアミアンの和約を締結。国内では終身執政となり、1804年にナポレオン法典を発布。同年、皇帝に即位。ナポレオン1世として第一帝政を開始する。1805年、アミアンの和約を破棄したイギリスとのトラファルガー海戦でネルソン提督に敗北。一方、アウステルリッツではロシア・オーストリアとの三帝会戦に勝利。1812年、ロシア遠征に出発するも、焦土作戦に破れ退却。翌年、新たな対仏大同盟が結成され、1813年、ライプツィヒで敗北。翌年同盟軍がパリを開城、退位を余儀なくされ、エルバ島に流される。翌年エルバ島から脱出し帰国。しかしワーテルローの戦いに敗れ、百日天下に終わり、セント・ヘレナ島に流された。

ナポレオン2世

- 生没 1811年～1832年
- 在位 1815年～1815年

先帝ナポレオン1世とオーストリア皇女マリー・ルイーズの子。生後ローマ王に任ぜられる。父帝退位により母后の祖国オーストリアに移住。1815年、父が復位すると、ナポレオン2世として即位。しかしルイ18世が再び王位についたため帝位は2週間ほどしかもたず、幼少のため実権もなかった。翌年、母后が統治のためイタリア・パルマ公国へ移住。一人ウィーンに残り、父に憧れ軍事訓練を積むも結核を患い、21歳で死去した。

ナポレオン3世

- 生没 1808年～1873年
- 在位 1852年～1870年

先々帝ナポレオン1世の甥。通称ルイ・ナポレオン。1815年、ナポレオン1世退位によりスイスへ亡命。度々イタリアを訪ね、独立運動に参加する。1830年、七月王政が始まると1836年と1840年の2度にわたり蜂起を企てるも失敗した。1848年の二月革命でパリに帰還、第二共和制大統領に選出される。1852年、選挙により帝位を承認され皇帝即位、第二帝政を開始する。1870年、普仏戦争でプロイセンに敗れ、帝位を退いた。

神聖ローマ帝国

962年～1806年

　現在の中欧を主領域としたドイツ国家。その名は古代ローマ帝国復活を旗印とし、皇帝権と教皇権を国家の二柱としたことによる。カール1世戴冠に始まるカロリング帝国の分裂後、ドイツ王オットー1世が教皇による戴冠を受け事実上の初代神聖ローマ皇帝となった。教皇の戴冠によるローマでの帝位承認は、以降伝統として中世末まで継続する。国内諸侯の権力増大による国家分裂が当初より懸念事項であったが、高位聖職者に国内での保護を与え、教会勢力を国家統一のため用いることで対抗策とした。だがその聖職者叙任権をめぐり皇帝・教皇間で争いが勃発した。

　13世紀には実質的統治者なき大空位時代が続き、その後は選挙王制による帝位選出が原則化。結果、帝位は諸家間を転々とし、国家的統一の弱体化を招いた。15世紀より帝位はハプスブルク家が独占することとなったが、ウェストファリア条約により領邦君主に自立性が承認された結果、帝国の領邦国家への分裂は決定的となり皇帝権は形骸化。19世紀にはナポレオンのもと結成されたライン同盟が帝国からの脱退を宣言。皇帝フランツ2世は帝位を辞し帝国は崩壊となった。

800年	カール1世、フランク・ローマ皇帝として戴冠
962年	ザクセン朝のオットー1世戴冠、新帝国の誕生
1024年	コンラート2世即位によりザーリアー朝の開始
1077年	ハインリヒ4世、教皇に破門の赦しを乞う（カノッサの屈辱）
1122年	ウォルムス協約、聖職者叙任権闘争の終結
1138年	コンラート3世即位、（ホーエン）シュタウフェン朝開始
1250年	フリードリヒ2世の死去により大空位時代開始
1254年	「神聖ローマ帝国」の国名が公文書で初の使用
1273年	ルドルフ1世即位により大空位時代終結
1356年	カール4世、皇帝選挙法を規定する金印勅書を発布
1438年	アルブレヒト2世即位、以後ハプスブルク家による帝位独占
1517年	ルターが『95ヶ条の論題』発表、宗教改革の開始
1618年	三十年戦争勃発
1648年	ウェストファリア条約、三十年戦争終結
1701年	スペイン継承戦争勃発
1740年	オーストリア継承戦争勃発
1792年	フランス革命戦争勃発
1806年	フランツ2世退位により神聖ローマ帝国の解体

神聖ローマ帝国

オットー1世

- 生没 912年～973年
- 在位 936年～973年（王）、962年～973年（帝）

ザクセン公にしてドイツ王であったハインリヒ1世の子。オットー大帝とも呼ばれる。936年、アーヘンで同国王に即位。そのころドイツ王国は北からのノルマン人、東からのマジャール人といった外敵の侵攻に悩まされていたが、オットー1世は父王に倣いこれを防止しつつ勢力を東方に拡大、同時にキリスト教の布教に努める。961年にローマ遠征、教皇領を脅かしていたベレンガリオ2世を倒し、翌年教皇ヨハネス12世により皇帝として即位し、事実上の初代神聖ローマ帝国皇帝となる。

さらに教皇をレオ8世にすげ替え、イタリア王の地位も手に入れる。オットー1世はローマ・カトリック教会を国内の有力諸侯を抑えるために利用した。教会を設立者の所有とするゲルマン社会の習慣を拡大解釈し、国内教会は皇帝の庇護を受けるとともに皇帝に服すると規定した。高位聖職者を国の上級官吏として登用することで諸侯の勢力を抑え皇帝の支配を強めようとした。この帝国教会政策は上のイタリア政策と共に、以後帝国の伝統として継承されていくことになる。

オットー2世

- 生没 955年～983年
- 在位 961年～983年（王）、967年～983年（帝）

先帝オットー1世の子。ザクセン朝第3代ドイツ王。967年、12歳にして父との共同皇帝としてローマで戴冠。ビザンツ帝国との抗争後、和平の条件として972年、同帝国皇帝の姪テオファノと結婚。父帝の死後、従兄弟に当たるバイエルン公ハインリヒ2世の反乱を鎮圧、さらに西フランク国王ロテールの侵入を撃退。その後、南イタリアへの勢力拡大を狙い遠征を行うも、当時同地で強勢を誇っていたイスラム軍に惨敗。マラリアを患い、28歳にしてローマで死去した。

```
ザクセン公
ドイツ王
ハインリヒ1世 ── オットー1世 ── オットー2世 ── オットー3世
           │
           │   バイエルン公           バイエルン公
           └─ ハインリヒ1世 ── ハインリヒ2世 ── ハインリヒ2世
```

オットー3世

生没 980年～1002年
在位 983年～1002年（王）、996年～1002年（帝）

先帝オットー2世の子。父の死により3歳にしてザクセン朝第4代ドイツ王に即位。母后テオファノおよび祖母が摂政を務めた。994年より親政開始。母后の影響からローマ帝国の復興を目指し、「尊厳なるローマ人の皇帝」と自称。イタリア政策に力を注ぎ、計3度のイタリア遠征を行う。イタリアの要所にドイツ人司教を任命することで直轄支配地域を築こうと目論むが、21歳にして熱病で夭折、実現を見なかった。

ハインリヒ2世

生没 973年～1024年
在位 1002年～1024年（王）、1014年～1024年（帝）

バイエルン大公ハインリヒの子。1002年、オットー3世が嫡子なく夭折した後、ドイツ王に即位。1014年にはローマで皇帝として即位。先帝とは逆に自国内の体制強化に従事。ポーランド王ボレスワフ1世による侵攻を抑える。また帝国教会政策を重視し、司教区や修道院の新設など教会改革を推進。死後聖人に列せられる。ルクセンブルク伯の娘と既婚であったが嫡子のないまま51歳で死去、ザクセン朝は断絶することとなった。

コンラート2世

生没 990年頃～1039年
在位 1024年～1039年（王）、1027年～1039年（帝）

シュパイヤー伯ハインリヒの子、オットー1世の玄孫。ザクセン朝断絶の後、ザーリアー朝初代ドイツ王となる。1027年、ローマにて皇帝に即位。ドイツの他にポーランド、イタリア、ブルゴーニュを支配下に置き、帝国の最盛期を築く。1034年、「ローマ帝国」の名称を初めて公式文書で用いる。国内では王領を拡大すると共にその経営をミニステリアーレス（家士）に委ね封土の世襲化を認めることで、有力諸侯ににらみを利かせ王権を強化した。

ハインリヒ3世

生没 1017年～1056年
在位 1028年～1056年（王）、1046年～1056年（帝）

先帝コンラート2世の子。ザーリアー朝第2代ドイツ王。別称は黒王。先帝の死後7年後に皇帝に即位。ローマ遠征時、鼎立していた3教皇を廃しドイツ人のクレメンス2世を教皇に擁立。教会改革を推し進め、教皇権の権威復興に貢献する。国内では諸大公の反乱を抑え、一時は本拠地フランケンの他、バイエルン等の大公領を一手に収める。さらにボヘミアをも臣従させ、ドイツ王権に最盛期をもたらした。

神聖ローマ帝国

ハインリヒ4世

- 生没 1050年～1106年
- 在位 1053年～1105年（王）、1084年～1105年（帝）

先帝ハインリヒ3世の子。父の死後、ザーリアー朝第3代ドイツ王に即位。1076年、聖職叙任権をめぐり対立する教皇グレゴリウス7世により破門され、翌年赦しを乞う（カノッサの屈辱）。だが1084年、同教皇をその座から追い落とし新教皇を擁立、自身も帝冠を受ける。一方、国内では諸侯の反乱が続き、二人の対立王が擁立される。さらに二人の息子が離反し、次男ハインリヒ5世に廃位された翌年、56歳で死去した。

ルドルフ・フォン・ラインフェルデン

- 生没 1025年頃～1080年
- 在位 1077年～1080年（王）

シュヴァーベン公。国内の教会改革に尽力したことから義弟ハインリヒ4世と袂を分ち、1077年、諸侯によりその対立王に擁立される。

ヘルマン・フォン・ザルム

- 生没 1035年頃～1088年
- 在位 1081年～1088年（王）

ザルム家の祖、ルクセンブルク伯ギーゼンブルクの子。1081年、諸侯により、死去した父ルドルフに代わりハインリヒ4世の対立王に擁立される。

コンラート

- 生没 1074年～1101年
- 在位 1087年～1101年（王）

先王ハインリヒ4世の長男。ニーダーロートリンゲン公。3歳の時、父のカノッサ行へ同道。以後、ロンバルディアに残りミラノ大司教の庇護の下で育つ。1087年、ドイツ王に即位。1093年、トスカーナ女伯マティルデの影響から教皇ウルバヌス2世側につき、父より離反。同年イタリア王に戴冠される。これに対し1098年、父はコンラートの廃位を決定。1101年、27歳にして失意のうちにフィレンツェで死去。

```
コンラート2世 ── ハインリヒ3世 ┬ ハインリヒ4世 ┬ コンラート
                              │              │
                              └ マティルデ    └ ハインリヒ5世
                                 ‖
                              ルドルフ・フォン・ラインフェルデン
```

ハインリヒ5世

生没 1086年～1125年
在位 1098年～1125年（王）、1111年～1125年（帝）

先帝ハインリヒ4世の次男。1104年、聖職叙任権闘争における反皇帝派諸侯と結んで父に背き、翌年王位を奪う。叙任権をめぐる教皇派との争いを継続。1122年、教皇カリストゥス2世との間に、ドイツ以外での叙任権は教皇にありとするウォルムス協約を結び、半世紀近い闘争に一応の終止符を打つも、これにより皇帝の権威は世俗的な範疇に限定された。国内諸侯による混乱が続く中、39歳で死去。嫡子がなかったためザーリアー朝断絶となった。

ロタール3世

生没 1075年～1137年
在位 1125年～1137年（王）、1133年～1137年（帝）

ズップリンゲンブルク家のザクセン公。皇帝ハインリヒ5世に対するザクセン貴族反対派を主導、同地から皇帝の権威を退ける。ハインリヒ5世の死後、教皇・諸侯の支持を受け、1125年、有力候補であったシュタウフェン家フリードリヒ2世らを抑え王位につく。これに同家が反発、10年にわたる国内内戦を招く。当時ローマで勃発した権力闘争に際しては教皇インノケンティウス2世を支持。1133年、同教皇より帝冠を受ける。

コンラート3世

生没 1093年～1152年
在位 1138年～1152年（王）

シュワーベン公フリードリヒ1世の次男。1125年のロタール3世国王選出に対し、兄フリードリヒ2世と共に蜂起、対立王に擁立される。1135年に和睦し王位を放棄。1138年、ロタール3世死去ののち改めて国王に選出され、シュタウフェン朝初代ドイツ王となる。以後、国王選挙に敗れたヴェルフ家との激しい抗争が続く。

国内外の緊迫状況からローマ遠征は断念、皇帝への即位はならなかった。

フリードリヒ1世

生没 1122年～1190年
在位 1152年～1190年（王）、1155年～1190年（帝）

先帝コンラート3世の甥。フリードリヒ2世の息子。通称赤ひげ王（バルバロッサ）。1152年国王即位の3年後、皇帝に選出。国内の治安確立に努める。イタリアに6度侵攻するも、ロンバルディア都市同盟の結成による反抗にあう。教皇とも対立するが、1157年、諸侯への召集状で初めて「神聖帝国」の名称を使用し、帝国自体の神権を表明。1188年より英王・仏王と共に第3回十字軍を組織し出征。その半ばで沐浴中に溺死した。

神聖ローマ帝国

ハインリヒ6世

生没 1165年～1197年
在位 1169年～1197年（王）、1191年～1197年（帝）

先帝フリードリヒ1世の子。3歳にしてシュタウフェン朝ドイツ王に即位。ナポリ・シチリア両王国王女コンスタンツェとの結婚により同王国の相続権を獲得。1191年神聖ローマ皇帝、その3年後シチリア王に戴冠。シチリア・ドイツ両国を世襲支配せんがため、「世襲王国計画」をドイツ諸侯に提案するも拒否される。1197年、十字軍をおこすが、マラリアおよび赤痢のため32歳にしてメッシナにて急死。

フィリップ・フォン・シュヴァーベン

生没 1177年～1208年
在位 1198年～1208年（王）

フリードリヒ1世の末子。兄ハインリヒ6世の没後、その嫡子フリードリヒ2世が幼少で、ヴェルフ家のオットー4世に王位を譲れぬため、1198年にシュタウフェン朝のドイツ王として即位。オットー4世とその後も争い、彼を支持する教皇インノケンティウス3世とも対立。破門されるものの、戦局がフィリップ優勢となるや、1207年、破門を解かれ王位も承認される。1208年、オットー4世との最終決戦を目前に、宮中伯により殺害される。

オットー4世

生没 1175年～1218年
在位 1198年～1208年（王）、1209年～1215年（帝）

ヴェルフ家ハインリヒ獅子公の子。幼少期をイングランド王リチャード1世の保護の下で過ごす。1198年、ドイツ王に即位。これに対しシュタウフェン派はフィリップを対立王に擁立、ドイツは二重国王体制の混乱に陥り、10年もの争いが続く。教皇インノケンティウス3世による戴冠でヴェルフ家唯一の皇帝となるも、シチリア侵攻計画の懲罰として破門。ドイツ諸侯はオットーの廃位とフリードリヒ2世の皇帝選出を決定した。

フリードリヒ2世

生没 1194年～1250年
在位 1196年～1212年（王）、1220年～1250年（帝）

先々帝ハインリヒ6世の子。シチリアに生まれる。3歳の時に父帝が急死、4歳にしてシチリア王に戴冠。先王オットー4世軍を破り、1215年、シュタウフェン朝ドイツ王に即位。シチリアに戻り国家再建に尽力。皇帝即位後は十字軍を組織する。一方ドイツでは諸侯との協定により帝国の領邦国家化を推し進める。教皇インノケンティウス4世が主導する各地での反乱の中で死去、シュタウフェン朝最後の皇帝となった。

ハインリヒ7世

- 生没 1211年頃～1242年
- 在位 1222年～1235年（王）

　先王フリードリヒ2世の長男。シチリア生まれだが、1216年にはドイツ統治のため移住。1222年、ドイツ王に即位。父帝が聖俗諸侯に与えた特権政策が、自身の目論む国内王権強化の障壁となる。この不満を教皇グレゴリウス9世が扇動し、1234年、ロンバルディア都市同盟と手を結び父帝に反乱を起こすも敗北してしまう。廃位されたハインリヒは目をつぶされ、イタリアの城に監禁。その移動の山道で谷底に身を投げ、自害した。

ハインリヒ・ラスペ

- 生没 1204年頃～1247年
- 在位 1246年～1247年（王）

　テューリンゲン方伯ヘルマン1世の子。皇帝フリードリヒ2世により幼少の息子コンラート4世の代理人に任命されるも、皇帝・教皇の対立に際し教皇側に付く。教皇インノケンティウス4世によるフリードリヒ2世帝位剥奪後の1246年、その対立王に推される。これを認めないコンラート4世軍を同年ニッダで破る。1247年、シュタウフェン派の拠点シュヴァーベンに進軍するも体調不良のため撤退、その帰還のさなか落馬により病状が悪化し、ヴァルトブルクで死去した。

コンラート4世

- 生没 1228年～1254年
- 在位 1237年～1254年（王）

　先王フリードリヒ2世の次男。兄ハインリヒ7世が父王に反逆、自殺したため、1237年ドイツ王に選出される。父王と教皇の対立を受け、ドイツ国内で反シュタウフェン派勢力と交戦。対立王ハインリヒ・ラスペにニッダで破れ、さらに彼の死後は新たな対立王ウィルヘルム・フォン・ホラントが擁立される。父の死後、教皇インノケンティウス4世により破門。ドイツからシチリア支配へと矛先を転じるも、教皇派らの激しい抵抗により実現は成らなかった。

```
コンラート3世 ── フリードリヒ1世 ┬ ハインリヒ6世
                              └ フィリップ・フォン・シュヴァーベン
   ┌ フリードリヒ2世 ┬ ハインリヒ7世
                   └ コンラート4世
```

神聖ローマ帝国

ウィルヘルム・フォン・ホラント

生没 1228年～1256年
在位 1247年～1256年（王）

　ホラント伯フロリス4世の長男。オランダ名はウィレム2世。ハインリヒ・ラスペ死後の1247年、教皇派によりフリードリヒ2世の新対立王に擁立される。コンラート4世のイタリアへの撤退後、ドイツでの活動を開始。皇帝への戴冠は成らなかったが、1254年、公式文書で初めて「神聖ローマ帝国」の国号を使用。1256年、フリースラントへの遠征途上、騎乗のまま沼で溺れて死去。彼の死後、ドイツは実質上の指導者を持たない「大空位時代」に突入する。

リチャード

生没 1209年～1272年
在位 1256年～1272年（王）

　イングランドのジョン欠地王の次男。1227年、コーンウォール伯に任命される。貨幣鋳造により財を成す。ウィルヘルム・フォン・ホラントの死後、アルフォンソ10世と共に次期ドイツ王候補となる。選王諸侯に賄賂を渡すなどして国王に選出、1257年、戴冠される。さらに神聖ローマ皇帝位を得ようとするが、兄王ヘンリー3世に抗するイングランドでの内乱に巻き込まれ、一時は捕虜の身にもなり、即位の機会を逸してしまった。

アルフォンソ10世

生没 1221年～1284年
在位 1256年～1711年（王）

　カスティーリャ=レオン国王フェルディナント3世（聖王）の子。1252年、同国王に即位。1256年、コーンウォール伯リチャードと共にコンラート4世への対立王としてドイツ王に選出されるも、祖国内政に従事しドイツに来ることは無かった。また20年にわたり4人の教皇に帝位承認を求めたが果たされなかった。祖国では「賢王」と称されるほどに学芸振興に貢献したが、政治的には失敗の連続であった。

ルドルフ1世

生没 1218年～1291年
在位 1273年～1291年（王）

　ハプスブルク伯アルブレヒト4世の子。当時同家はスイス北東部からアルザス地方に定住していた。1240年、伯位を継ぎ、没落しつつあったシュタウフェン家に仕える。先王リチャード死後の1273年、55歳にしてハプスブルク家初のドイツ王に選出され、大空位時代に終止符を打つ。1278年、王位を認めぬボヘミア王オタカル2世を破り、現在のオーストリアに当たる東方領域を獲得、以後続くハプスブルク家による同地支配の準備となった。

アドルフ・フォン・ナッサウ

- 生没 1250年頃～1298年
- 在位 1292年～1298年（王）

　ナッサウ伯ヴァルラム2世の子。ルドルフ1世の死後、ハプスブルク家の政権継続を望まぬ諸侯の支持により、1292年、ドイツ王に選出される。その後、婚姻政策も用いて勢力を強め、さらにイングランド王エドワード1世と対フランス同盟を締結するが、中部ドイツでの家門権力増大に精力を傾けたことが王にそぐわないと諸侯の不信を買う。1298年、廃位を宣せられ、代わって即位したアルブレヒト1世の軍に破れ戦死した。

アルブレヒト1世

- 生没 1255年～1308年
- 在位 1298年～1308年（王）

　先々王ハプスブルク家のルドルフ1世の長男。1282年、父王によりオーストリア辺領統治を任される。1298年、先王アドルフの対立王に選出、ゲルハイムの戦いで彼を破る。先王と同じく家領政策に勤しみ、また王位世襲を計画したことから諸侯の反発を招く。一方、旧領スイスでは代官による統治で圧制を敷き、「ウィリアム・テル」伝説悪王のモデルともなった。これにより形成された反ハプスブルク誓約同盟は後のスイス独立運動の中心となる。

ハインリヒ7世

- 生没 1274年～1313年
- 在位 1308年～1313年（王）、1312年～1313年（帝）

　ルクセンブルク伯の子。先王アルブレヒト1世暗殺後、ハプスブルク家による政権継続を望まぬ聖俗諸侯により1308年、ドイツ王に選出。南ドイツでの支持を固め、婚姻政策でボヘミアにも勢力を拡大。帝位のためのローマ遠征途上、イタリアでの激しい抵抗にあう。1312年、教皇不在のため枢機卿の手で帝位戴冠。イタリアでの皇帝権力再建のためさらにナポリ侵攻を企てるも、その途上、マラリアにかかり死去。

ルートヴィヒ4世

- 生没 1282年～1347年
- 在位 1314年～1347年（王）、1328年～1347年（帝）

　ヴィッテルスバッハ家のバイエルン公ルートヴィヒ2世の子。先王ハインリヒ7世の死後、ハプスブルク家のフリードリヒ3世との王座を賭けた争いに勝利する。教皇の承認無しにローマで皇帝に戴冠。1338年、フランクフルトの諸侯会議で、選帝侯に選出されたドイツ王は教皇の承認無しに皇帝とする、と公式宣言。1346年、教皇クレメンス6世によって破門、廃位が宣告され、対立王カール4世が擁立された。

神聖ローマ帝国

フリードリヒ3世

- 生没 1289年～1330年
- 在位 1314年～1330年（王）

　先々王ハプスブルク家のアルブレヒト1世の次男。通称「美王」。先王ハインリヒ7世の死後、ルートヴィヒ4世と共に国王に選出され、以後王座を賭けて争う。1322年、ミュールドルフで敗れ捕虜とされるが、弟レオポルト1世をなおも警戒するルートヴィヒは共同統治を提案。これを受諾する。だがその翌年レオポルトは死去。さらにハプスブルク家の本拠地オーストリアや旧領スイスで反乱が勃発し、同家にとって不遇の時代となった。

カール4世

- 生没 1316年～1378年
- 在位 1346年～1378年（王）、1355年～1378年（帝）

　先々帝ハインリヒ7世の孫、ルクセンブルク家のボヘミア王ヨハンの子。1346年、教皇クレメンス6世によりにより先帝ルートヴィヒ4世の対立王に擁立されるが、その際、教皇権に大きく譲歩する。1355年、ローマで皇帝に戴冠。1356年、神聖ローマ皇帝の選挙法を規定した金印勅書を発布。七選帝侯が定められ、選出された王の皇帝への即位に教皇の承認は不要とされた。一方、選帝侯に大幅な権限を与えたことで帝国の領邦国家化を加速させることにもなった。

ギュンター

- 生没 1304年～1349年
- 在位 1349年～1349年（王）

　シュヴァルツブルク・ブランケンブルク伯ハインリヒ7世の子。父に続きヴィッテルスバッハ家の皇帝ルートヴィヒ4世に忠実に仕える。ルートヴィッヒの死後、ヴィッテルスバッハ派によりカール4世の対立王に選出され、1349年に即位。重病を患いつつも同年、カール4世軍とライン川沿いで対決するが、友軍の離反や病状の悪化から講和を選択。賠償金を支払い、王位を退く。その後まもなく病気により死去。

ヴェンツェル

- 生没 1361年～1419年
- 在位 1378年～1400年（王）

　ルクセンブルク家の先王カール4世の子。2歳でボヘミア王、15歳でドイツ王に即位。
　教会大分裂（シスマ）の勃発により、ローマでの帝位戴冠を断念。また国内でも都市同盟間の対立から内戦が勃発、国の発展が停滞する。故郷ボヘミア中心の統治だったことやミラノ公の地位をイタリアに譲渡したことがドイツ諸侯の不信を招き、1400年、選帝侯によってドイツ王位を剥奪される。

ループレヒト

生没 1352年～1410年
在位 1400年～1410年（王）

　プファルツ選帝侯ループレヒト2世の子。1400年、ドイツ王に選出され、皇帝戴冠のためローマに向かうが、ミラノ公ヴィスコンティの妨害にあい撤退。

ヨープスト

生没 1354年～1411年
在位 1410年～1411年（王）

　ルクセンブルク家のモラヴィア辺境伯ヨハン・ハインリヒの息子、皇帝カール4世の甥。先王ループレヒト死後、ドイツ王となるも、その数か月後に死去。

ジギスムント

生没 1368年～1437年
在位 1411年～1437年（王）、1433年～1437年（帝）

　先帝ルクセンブルク家のカール4世の子。先王ループレヒトの死後、ヨープストと共に国王に選出、翌年彼の死により単独ドイツ王となる。ハンガリー王、ボヘミア王も兼任。複数の教皇が並び立つ教会大分裂に対し、1414～1418年、コンスタンツに公会議を召集、これを収束させる。一方、宗教改革を唱えるヤン・フスの焚刑を決定したことがボヘミアで反発を招き、1419年、フス派戦争が勃発。1433年、ローマにて皇帝に戴冠される。

アルブレヒト2世

生没 1397年～1439年
在位 1438年～1439年（王）

　ハプスブルク家のオーストリア公アルブレヒト4世の子。オーストリア公としてはアルブレヒト5世。先王ジギスムント死後の1438年、ドイツ王に選出される。またジギスムントの娘と婚姻したことでルクセンブルク家領であったボヘミア、ハンガリーをも受け継ぐ。

　しかし国王選出の翌年、オスマン・トルコとの交戦準備のさなか赤痢で急死。遺された嫡子ラディスラウスも17歳で夭折した。

```
                         ボヘミア王
ハインリヒ7世 ── ヨハン ── カール4世 ── ヴェンツェル
                                    └─ ジギスムント ── エリーザベト
                                                        ‖
                                                     アルブレヒト2世

              モラヴィア辺境伯
           └─ ヨハン・ハインリヒ ── ヨープスト
```

神聖ローマ帝国

フリードリヒ3世

- 生没 1415年～1493年
- 在位 1440年～1493年（王）、1452年～1493年（帝）

ハプスブルク家のオーストリア公エルンストの子。先王の死後、1440年、ドイツ王に即位。フス派戦争によるボヘミアの混乱とオスマン帝国の侵攻への警戒から、帝国東方の防護を任される。1452年、ローマに赴き皇帝に戴冠、同時にポルトガル王女エレオノーレと挙式。以後、ハプスブルク家による帝位独占が続く。弟アルブレヒト6世の反乱、ハンガリー王マーチャーシュ1世の侵攻等の難局を切り抜け、53年の長期政権をなした。

マクシミリアン1世

- 生没 1459年～1519年
- 在位 1486年～1519年（王）、1508年～1519年（帝）

先帝フリードリヒ3世の子。1493年、ドイツ王に即位。1508年、教皇による戴冠無しに皇帝を名乗り、以後これを帝国の伝統とする。1477年、ブルゴーニュ公女マリーとの婚姻によりネーデルラントを獲得。さらに長男フィリップ美公とスペイン王女フアナ、長女マルガレーテとスペイン皇太子フアンとの婚姻でスペインも得る。さらに孫息子とハンガリー王女、孫娘とハンガリー皇太子との婚姻でのハンガリーおよびボヘミア獲得と、婚姻政策によりハプスブルク家の支配域を飛躍的に拡大。一方、古領スイスの独立戦争については、1499年のバーゼルの和約によりその独立を認めることになった。1494年、仏王シャルル8世がイタリアに侵攻。これに対し教皇やイタリア諸君主と共に反仏同盟を結成、フランス軍を撤退させる。

治安の乱れた国内では1495年に永久平和令を発布。各領邦に裁判権を委ね秩序回復をもたらしたが、国家の政治的分裂も推し進めることとなった。1512年、ケルン帝国議会にて「ドイツ国民の神聖ローマ帝国」という国号を使用、帝国をドイツ国家と位置づけた。

カール5世

- 生没 1500年～1558年
- 在位 1519年～1556年（王・帝）

ハプスブルク家のカスティーリャ王フェリペ1世（フィリップ美王）の子。1516年、カルロス1世としてスペイン王に即位。先帝マクシミリアン1世の死後、フランス王フランソワ1世と争いに勝利し皇帝に選出。19歳にして中南米も含む世界帝国の頭となる。1521年、ヴォルムス帝国議会で宗教改革指導者ルターを追放に処す。これに対しルター派諸侯によるシュマルカルデン同盟の反乱が勃発。1556年、帝位を弟フェルディナントに譲り自ら退位する。

フェルディナント1世

生没 1503年〜1564年
在位 1531年〜1564年（王）、1558年〜1564年（帝）

　先帝カール5世の弟。スペインで生まれ育つ。1521年、兄帝よりオーストリア統治権を継承。同年、ボヘミア・ハンガリー王女アンナと結婚し、1526年、両国の王に即位。1531年、ドイツ王に選出される。ルター派諸侯の反乱に対し1555年、アウグスブルクの和議を主催、ルター派の国内での権利を承認するが、これは領邦君主の権力をさらに強めることになる。1558年、兄帝の退位により帝位を引き継いだ。

マクシミリアン2世

生没 1527年〜1576年
在位 1562年〜1576年（王）、1564年〜1576年（帝）

　先帝フェルディナント1世の子。ウィーンに生まれ、ルター派の影響の下に育つ。17歳の時、スペインに移住。1548年、従妹マリアと結婚、オーストリア系・スペイン系ハプスブルク家間での初の婚姻となる。ルター派に寛容であったが、帝位のためカトリック信仰を表明し、1562年、ドイツ王に選出。それまで戴冠式地はアーヘンだったが、以来、選挙と同じフランクフルトで行われるようになる。父帝の死後、帝位を継承した。

ルドルフ2世

生没 1552年〜1612年
在位 1575年〜1612年（王）、1576年〜1612年（帝）

　先帝マクシミリアン2世の子。スペインにて厳格なカトリック教徒として育てられる。ボヘミア王にハンガリー王、さらに1575年にはドイツ王に選出。翌年、父帝の死後、皇帝に即位。プラハに居を構え、アルチンボルドら芸術家、ティコ・ブラーエ、ケプラー、コメニウスら学者を庇護し、同市をマニエリスムの拠点とした。父帝とは対照的に反宗教改革を推し進め、プロテスタントを弾圧。三十年戦争の禍根を作った。

マティアス

生没 1557年〜1619年
在位 1612年〜1619年（王・帝）

　先帝ルドルフ2世の弟。1594年、兄エルンスト大公に代わりオーストリア総督に就任。国内での反宗教改革を推し進める。兄帝の政治的無能を難じ、1608年、軍事攻撃に出る。ハンガリー、ボヘミアの王位を奪い、その死後の1612年、皇帝の座につく。オスマン帝国の侵攻に備えるためにもと国内の新旧教徒対立の融和に努めるも抑えきれず、両者間最大の紛争となる三十年戦争の勃発を招いた。

神聖ローマ帝国

フェルディナント2世

生没 1578年～1637年
在位 1619年～1637年（王・帝）

ハプスブルク家の内オーストリア大公カール2世の子。イエズス会の教育を受け、厳格なカトリック信者となる。オーストリアでは領邦君主としてプロテスタント貴族弾圧に着手。1617年、ボヘミア王、翌年ハンガリー王に即位。先帝マティアスの死後1619年に皇帝に選出。ボヘミアでの反宗教改革が新教徒の反乱を招き、1618年、三十年戦争に突入。傭兵隊長ワレンシュタインの活躍等で新教軍を圧倒するも、スウェーデンやフランスの介入で戦争は長引いた。

フェルディナント3世

生没 1608年～1657年
在位 1636年～1657年（王）、1637年～1657年（帝）

先帝フェルディナント2世の子。1625年ハンガリー王、2年後にボヘミア王に即位。
三十年戦争で新教勢力と戦い、ワレンシュタイン暗殺後は皇帝軍の指揮権を担う。父帝死後の1637年、皇帝に即位。長引く戦争による国土荒廃で、1648年、ウェストファリア条約による和議を結ぶ。これによりフランスとスウェーデンに領土が割譲され、加えて領邦君主に宗教的政治的主権が委ねられたことで帝国の分裂はさらに決定的となった。

フェルディナント4世

生没 1633年～1654年
在位 1653年～1654年（王）

先帝フェルディナント3世の子。1646年にボヘミア王、1647年にハンガリー王およびクロアチア王に即位。1653年、レーゲンスブルクにてドイツ王に戴冠。だがその翌年、天然痘によりウィーンで死去、父帝に先立ち20歳で早世してしまう。遺言によりその心臓はアウグスティーナー教会の礼拝堂に安置され、以後これがハプスブルク家の伝統となる。次期皇帝候補であったが、その任は弟レオポルト1世に引き継がれた。

レオポルト1世

生没 1640年～1705年
在位 1658年～1705年（王・帝）

先帝フェルディナント3世の子。後継者候補であった兄が急逝したため、代わって1656年にハンガリー王とボヘミア王、その2年後、皇帝に即位。1683年、オスマン帝国軍により帝都ウィーンが包囲されるも、ドイツ諸侯連合軍の救援により難を逃れる。さらにドナウ川沿いにオスマン軍を追撃。1697年、将軍オイゲン公の活躍でゼンタの戦いに勝利。ハンガリー王国の大部をイスラム勢力から取り戻し、ハプスブルク大国復興の足がかりを築いた。

ヨーゼフ1世

- **生没** 1678年～1711年
- **在位** 1690年～1711年（王） 1705年～1711年（帝）

　先帝レオポルト1世の子。1687年にハンガリー王、父帝の死後の1705年に皇帝に即位。1700年、スペイン王カルロス2世が嫡子を遺さず死去すると、その翌年、王位継承をめぐり、オーストリア・イギリス・オランダ連合軍とフランスの間で戦争が勃発、いわゆるスペイン継承戦争に突入する。オーストリアは戦局を有利に展開していたが、そのさなかの1711年、天然痘を患い32歳にしてウィーンで急逝する。

カール6世

- **生没** 1685年～1740年
- **在位** 1711年～1740年（王・帝）

　先帝ヨーゼフ1世の弟。スペイン継承戦争でブルボン家のフィリップとスペイン王位をめぐり争うも、1711年、兄帝が急逝したことで帝位を継ぎ、スペイン王位を断念する。1713年、ユトレヒト条約により南部ネーデルラントやミラノ、ナポリを獲得。さらにネーデルラントやトリエステに海外通商の拠点を準備した。
　長女マリア・テレジアに世襲領を継承させるため国事詔書を発布、列強の承認を取り付けるも、1740年、心臓発作で急逝する。

カール7世

- **生没** 1697年～1745年
- **在位** 1742年～1745年（王・帝）

　ヴィッテルスバッハ家のバイエルン選帝侯マクシミリアン2世エマヌエルの子。1722年、先帝ヨーゼフ1世の次女アマーリア・マーリアと結婚。皇帝カール6世死去後、国事詔書に則る皇女マリア・テレジアによる世襲領継承に異を唱え、これにプロイセンやフランスも介入、オーストリア継承戦争が勃発する。1742年、皇帝に選出され、15世紀から続くハプスブルク家の帝位独占を破るも、即位3年目にして死去した。

フランツ1世

- **生没** 1708年～1765年
- **在位** 1745年～1765年（王・帝）

　ロレーヌ公レオポルトの子。1736年、皇帝カール6世の長女マリア・テレジアと結婚。父帝の死後、オーストリア継承戦争が勃発し、1742年には対立継承候補カール7世に帝位を奪われる。ハンガリーから助力を得たことで戦局を好転させ、シュレジエンはプロイセンに奪われたものの、世襲領相続に成功。1745年、皇帝に即位。シュレジエンを取り返すべく1756年より開始した七年戦争ではプロイセンを苦しめるも、領地奪回はならなかった。

神聖ローマ帝国

ヨーゼフ2世

- 生没 1741年～1790年
- 在位 1764年～1790年（王）、1765年～1790年（帝）

先帝フランツ1世の子。父の死後の1765年、皇帝に即位、母マリア・テレジアと共同統治を行う。1772年、プロイセン・ロシアとの三国による第一次ポーランド分割を成立させる。しかし1778年からのバイエルン併合を目論むバイエルン継承戦争ではプロイセンの反対にあう。1780年、母后が死去すると単独統治を開始。農奴制の廃止、宗教寛容令の発布、修道院の解散など、啓蒙専制君主として様々な改革を遂行した。

レオポルト2世

- 生没 1747年～1792年
- 在位 1790年～1792年（王・帝）

先帝ヨーゼフ2世の弟。14歳にしてフィレンツェを首都とするトスカーナ大公国の君主に就任。およそ25年の統治期のうちに、農奴の解放、職業や信仰の自由化、死刑の廃止など様々な改革を遂行し、啓蒙君主の範とされた。1790年、兄帝の死後、ウィーンにて帝位を引き継ぐ。兄の改革の強引さから生じた混乱を治めるため、税制などで反動政策を遂行。1792年、フランス革命への対抗策に着手しつつあるさなか、帝位2年目にして胸膜炎で死去した。

```
フリードリヒ3世 ── マクシミリアン1世 ── フェリペ1世（カスティーリャ王） ── カール5世
                                                              └ フェルディナント1世 ─┐
  ┌ マクシミリアン2世 ── ルドルフ2世                                                    │
  │                    └ マティアス                                                     │
  │  （内オーストリア大公）                                                              │
  └ カール2世 ── フェルディナント2世 ── フェルディナント3世 ── フェルディナント4世
                                                              └ レオポルト1世 ─┐
  ┌ ヨーゼフ1世 ── アマーリア・マーリア                                          │
  │                  ‖                                                          │
  │               カール7世                                                      │
  │                                                                              │
  └ カール6世 ── マリア・テレジア                                                │
                       ‖
                       ┌ ヨーゼフ2世
                   フランツ1世 └ レオポルト2世
```

プロイセン王国・ドイツ帝国

1701年～1918年

　1701年、ホーエンツォレルン家のブランデンブルク選帝侯フリードリヒ3世が国王に即位し、現代のドイツ北部を中心としたプロイセン王国が誕生。その後、総管理府を頂点とする財務行政化の中央集権化、強力な軍隊創設により、絶対主義国家体制を確立する。「大王」フリードリヒ2世時代、オーストリア継承戦争および七年戦争でシュレジエンを獲得。また3度にわたるポーランド分割により領土を大幅に拡大する。しかし1806年、仏ナポレオン軍への敗北により、領土を大きく失う。復興のため官僚によるプロイセン改革で国家近代化を進め、ナポレオン戦争終結後のウィーン会議にて西部ドイツの2州を獲得。

　1862年、「鉄血政策」を説くビスマルクが首相に就任。普仏戦争勝利後の1871年、国王ヴィルヘルム1世皇帝即位によりプロイセンを中心としたドイツ帝国が誕生する。産業、学問、文化で世界をリードする地位に至り、皇帝ヴィルヘルム2世は世界政策に乗り出し大艦隊建造、海外植民地開拓に勤しむ。これがイギリス他列強との軋轢を生み、1914年第一次世界大戦に突入。4年にわたる戦いの後ドイツは敗北、ドイツ革命が勃発し皇帝は退位、帝国は崩壊した。

1701年	フリードリヒ1世即位によりプロイセン王国誕生
1723年	フリードリヒ・ヴィルヘルム1世、ベルリンに総管理府設置
1740年	フリードリヒ2世即位、オーストリア継承戦争勃発
1756年	七年戦争勃発
1772年	オーストリア・ロシアと、第一次ポーランド分割
1795年	第三次ポーランド分割によりポーランドを消滅させる
1803年	ナポレオン戦争勃発
1806年	イエナの戦いでナポレオン軍に敗北
1807年	プロイセン改革による近代化開始
1815年	ナポレオン戦争終結、ウィーン会議
1848年	三月革命勃発
1849年	欽定憲法発布、立憲君主国となる
1862年	ビスマルク、首相に登用される
1866年	普墺戦争勃発
1870年	普仏戦争勃発
1871年	ヴィルヘルム1世皇帝即位、ドイツ帝国の誕生
1914年	第一次世界大戦勃発
1918年	大戦終結、ドイツ革命勃発によりドイツ帝国崩壊

プロイセン王国・ドイツ帝国

フリードリヒ1世

生没 1657年〜1713年
在位 1701年〜1713年

ホーエンツォレルン家のブランデンブルク選帝侯フリードリヒ・ヴィルヘルムの子。1688年、ブランデンブルク選帝侯にフリードリヒ3世として就任。スペイン継承戦争の際、神聖ローマ皇帝レオポルト1世を支援する代償として、プロイセンにおける王位を承認される。1701年、ケーニヒスベルクで初代プロイセン王として戴冠。他方ベルリンでは、シャルロッテンブルク宮殿の造営、アカデミーの創設など、特にその文化的発展に貢献した。

フリードリヒ・ヴィルヘルム1世

生没 1688年〜1740年
在位 1713年〜1740年

先王フリードリヒ1世の子。「軍人王」と呼ばれる。1713年、父王の死後、王に即位。

父王とは逆に浪費を戒め、産業振興と倹約を促進し、財政強化により軍隊を補強。1733年に徴兵区（カントン）制度を定め、傭兵に依存せぬ徴兵による軍隊を準備、常備軍の兵力を倍増させる。1723年には中央に総管理府、諸州に軍事御料地財務庁を設置することで行政の中央集権化を成し遂げ、絶対主義的国家体制を作り上げた。

フリードリヒ2世

生没 1712年〜1786年
在位 1740年〜1786年

先王フリードリヒ・ヴィルヘルム1世の子。通称フリードリヒ大王。父王とは対照的に少年時代より詩文、音楽を好み、『反マキャヴェリ論』で人民に理解ある理想的君主像を描く。1740年、28歳で王に即位。同年、神聖ローマ皇帝カール6世が没すると、国事詔書で保証されたはずのマリア・テレジアによる世襲財継承に異議の声が上がる。その機に乗じオーストリア領シュレジエンに攻め込み占領。オーストリア継承戦争を勃発させ、1748年のアーヘンの講和でシュレジエン獲得の承認を得る。シュレジエン奪回を狙うオーストリアと1756年より七年戦争に突入。ロシア、フランスをも敵に回し苦戦を強いられるが、終戦講和にてシュレジエンの領有を守る。1772年、オーストリア・ロシアと第一次ポーランド分割。その後、跡継ぎが途絶えたバイエルンを狙うオーストリアの目論みをバイエルン継承戦争で阻止。一方、国内では啓蒙絶対君主として、産業育成・国土開発に努め、義務教育の法令化、宗教寛容政策、統一法典編纂、上級官僚試験制度の導入など、様々な改革を推進した。

フリードリヒ・ヴィルヘルム2世

生没 1744年～1797年
在位 1786年～1797年

　先王フリードリヒ2世の甥。1786年、伯父の死後、国王に即位するも、女色快楽に溺れ、軍政を蔑ろにしたため、国政は寵臣に左右される。1788年、大臣ヴェルナーの治下、宗教勅令を発布。国教会制を強化し、啓蒙思想を弾圧する。フランス革命に対してはオーストリアと同盟し干渉するも、1792年のバルミーの戦いに敗れたことで戦線離脱。1793年と95年に第二次・第三次ポーランド分割に参加、領土を東方に増した。

フリードリヒ・ヴィルヘルム3世

生没 1770年～1840年
在位 1797年～1840年

　先王フリードリヒ・ヴィルヘルム2世の子。1797年、先王の死後、王に即位するも、優柔不断さと指導力不足をあらわにする。1806年、イエナの戦いでナポレオン軍に敗れ、領土の大部分を失う。1807年よりプロイセン改革で近代化による復興が図られるも、王本人は理解に乏しかった。ナポレオン戦争後の秩序回復を図るウィーン会議からオーストリア外相メッテルニヒに従属、その後ロシア・オーストリアと神聖同盟を結成、自由と統一を弾圧した。

フリードリヒ・ヴィルヘルム4世

生没 1795年～1861年
在位 1840年～1861年

　先王フリードリヒ・ヴィルヘルム3世の子。1840年、先王の死後、王に即位。中世の封建社会に国家の理想を見る反動的ロマン主義者であった。1848年、ベルリンで三月革命が勃発すると、憲法を欽定し、プロイセン主導のドイツ統一を約束するも、フランクフルト国民議会が提供したドイツ皇帝の座を拒絶、同議会を解散させる。1857年には精神に異常をきたし、弟ヴィルヘルム（1世）に摂政として統治権を委ねることになった。

```
┌フリードリヒ1世──フリードリヒ・ヴィルヘルム1世──フリードリヒ2世
├アウグスト・ヴィルヘルム──フリードリヒ・ヴィルヘルム2世
├フリードリヒ・ヴィルヘルム3世──フリードリヒ・ヴィルヘルム4世
                          └ヴィルヘルム1世──フリードリヒ3世──ヴィルヘルム2世
```

プロイセン王国・ドイツ帝国

ヴィルヘルム1世

- 生没 1797年〜1888年
- 在位 1861年〜1888年（王）
  1871年〜1888年（帝）

先王フリードリヒ・ヴィルヘルム4世の弟。保守的な気質で1848年のベルリンの三月革命に徹底した弾圧を行う。1858年、精神を病んだ兄王の摂政となる。1861年、兄王の死により63歳にしてプロイセン王に即位。ドイツ統一問題の軍事的解決を目論み議会と対立するが、1862年に「鉄血政策」を説くビスマルクを首相に登用、軍備拡張を強行する。1863年、シュレスヴィヒの違法編入の制裁として、オーストリアを含む連邦軍でデンマークと開戦。これを破り、シュレスヴィヒ・ホルシュタインの管理権をオーストリアと共に得る。1866年、イタリアと同盟を結び、オーストリア管理下のホルシュタインに進軍、普墺戦争を勃発させ、わずか7週間でオーストリア連合軍に勝利を収める。ドイツ連邦は解体され、翌年プロイセンを盟主とする北ドイツ連邦が成立。1870年、ドイツ統一を恐れるナポレオン3世のフランスがプロイセンに宣戦布告し、普仏戦争が勃発。プロイセンが大勝し、翌年ヴェルサイユ宮殿にてドイツ帝国の成立とヴィルヘルム1世のドイツ皇帝即位が布告された。

フリードリヒ3世

- 生没 1831年〜1888年
- 在位 1888年〜1888年

先帝ヴィルヘルム1世の子。イギリスのヴィクトリア女王の長女ヴィクトリアと結婚、彼女の影響から自由主義思想を抱き国民の人気を博すが、そのため父帝やビスマルクとしばしば対立する。普墺戦争および普仏戦争で司令官として功績をあげ、ビスマルクとも協力しドイツ統一を成し遂げる。1888年、父帝が91歳で没すると、56歳で二代目ドイツ皇帝に即位。だが喉頭癌を患い、在位99日目にして死去することになった。

ヴィルヘルム2世

- 生没 1859年〜1941年
- 在位 1888年〜1918年

先帝フリードリヒ3世の子。父帝の死後、1888年、皇帝に即位。まもなく意見の対立から宰相ビスマルクを罷免。「世界政策」と称してアジア、アフリカへの積極的な海外進出を行う。これはまた、外洋向け大艦隊の建造による建艦競争でのイギリスとの対立、モロッコをめぐるフランスとの衝突など、他の列強との摩擦を生み出すことにもなる。1914年、第一次世界大戦が勃発。敗戦が決定し、革命が起こると、退位しオランダに亡命した。

オーストリア＝ハンガリー帝国
1804年～1918年

　ナポレオンの登場に揺れる1804年、ハプスブルク家は初代皇帝フランツ1世のもとオーストリア帝国として独立。翌年、神聖ローマ帝国を解体する。ナポレオン戦争後のウィーン会議以降、メッテルニヒの主導のもと反動体制を確立、改革派の弾圧に当たる。しかし産業発展により市民層の力が強まると1848年、ウィーンなど各地で三月革命が勃発。これに対し皇帝フランツ・ヨーゼフ1世は反革命を旗印に国内の絶対主義的再編成を成し遂げる。

　1866年、普墺戦争に完敗、ドイツ人による中央集権は揺らぎ、国内の民族運動も激化。ハンガリーとの妥協により1867年、ハンガリー王国を設立させオーストリア帝国との対等な地位を認め、オーストリア皇帝がハンガリー王を兼ねるオーストリア＝ハンガリー二重帝国を成立させる。だが国内では被支配者層となるスラブ系他民族の不満が高まる。1908年、ボスニア・ヘルツェゴビナを併合、これがセルビアの反感を招く。さらにドイツとバルカン半島に汎ゲルマン主義を推し進めたため民族対立が過熱。1914年、皇太子がセルビア人民族主義者に暗殺され第一次世界大戦に突入。4年後、敗戦により帝国は崩壊した。

1804年	フランツ1世皇帝即位によりオーストリア帝国成立
1805年	アウステルリッツの戦いでナポレオン軍に大敗
1806年	神聖ローマ帝国の解体、フランツ同帝位を辞す
1814年	ナポレオン戦争後、ウィーン会議開催
1848年	三月革命が勃発、メッテルニヒ亡命
1849年	欽定憲法発布
1851年	欽定憲法を撤回、新絶対主義へ
1853年	オーストリア世襲領での農民解放令発布
1859年	イタリア統一戦争に敗北、ロンバルディア地方を失う
1861年	中央集権的な二月勅令を発布
1864年	プロイセンと共に対デンマーク戦争
1866年	プロイセンを相手に普墺戦争勃発
1867年	オーストリア・ハンガリー帝国が成立
1873年	ドイツ・ロシアと三帝協約。
1882年	ドイツ・イタリアと三国同盟締結
1908年	ボスニア・ヘルツェゴビナを併合
1914年	皇位継承者夫妻暗殺、第一次大戦勃発
1918年	大戦終結、帝国は解体する

オーストリア＝ハンガリー帝国

フランツ1世

- 生没 1768年〜1835年
- 在位 1804年〜1835年

神聖ローマ帝国の先帝レオポルト2世の長男。1792年、フランツ2世として同帝国皇帝に即位。1804年、ハプスブルク家世襲領をオーストリア帝国とし初代皇帝として即位。1805年、アウステルリッツでナポレオンに大敗。翌年、南西ドイツ諸国がライン同盟を結成、ナポレオンの保護下に入るに及び、1806年、神聖ローマ帝国解体を宣言し同帝位を退いた。ウィーン会議後はメッテルニヒに政治を委ね、正統主義の原則のもと反動的政策を推進した。

フェルディナント1世

- 生没 1793年〜1875年
- 在位 1835年〜1848年

先帝フランツ1世の長男。人柄から「善良帝」と呼ばれる。心身虚弱であり政務に難ありと見なされていたが、長子相続の原則に基づき1835年、父帝を継ぎ皇帝に即位。政務は叔父の大公ルートヴィッヒ、宰相メッテルニヒと内相コロヴラートによる摂政会議が引き受けた。ヨーロッパの自由と諸国家の発展を望むも、メッテルニヒに制止される。1848年、三月革命が起きると国民に不人気のメッテルニヒを罷免。同年、帝位を甥のフランツ・ヨーゼフに譲った。

フランツ・ヨーゼフ1世

- 生没 1830年〜1916年
- 在位 1849年〜1916年

先帝フェルディナント1世の甥。1848年の三月革命期に18歳で皇帝に即位。反革命の期待を担い、イタリアやハンガリーの独立運動を鎮圧。内政においても官僚制に基づく絶対主義的再編成により皇帝権力を復活させる。しかし1859年のイタリア統一戦争、1866年の普墺戦争に敗北。南チロルを除くイタリア領を失い、ドイツでの主導権をプロイセンに譲ることになる。1867年、マジャール人との妥協によって、別個の政府と議会を持ち、12の民族を抱えるオーストリア・ハンガリー二重帝国を成立させ、ハンガリー王に即位。以降、1873年にドイツ、ロシアと三帝同盟、1882年にドイツ、イタリアと三国同盟を結び、ビスマルクが外交を主導するドイツ帝国と汎ゲルマン主義政策のもとで協調。これがスラブ民族主義との対立を招く。1908年、セルビア人の多いボスニア・ヘルツェゴビナを併合したことがセルビアの反感を呼び、1914年のサラエボ事件を誘発、甥の皇太子フランツ・フェルディナントは暗殺され、第一次世界大戦に突入。対戦中の1916年、86歳でウィーンにて死去した。

エリーザベト

生没 1837年～1898年
在位 ——

　ヴィッテルスバッハ家のバイエルン大公マクシミリアンの次女。愛称はシシィ。16歳の時、皇帝フランツ・ヨーゼフ1世に見初められ結婚、皇妃となる。だが堅苦しい宮廷生活に馴染めず、不眠症、食欲不振などを患う。宮廷生活では人付き合いを避けるようになり、専ら旅行や美容に関心を注ぐ。1889年、息子ルドルフを自殺で失う。1898年、スイスのレマン湖畔に保養に出た際、イタリア人の無政府主義者により暗殺され、60歳の生涯を閉じる。

カール1世

生没 1887年～1922年
在位 1916年～1918年

　先帝フランツ・ヨーゼフ1世の大甥。皇位継承者フランツ・フェルディナント暗殺により、代わって1916年、皇帝に即位。第一次世界大戦における帝国の敗北は既に決定的であったため、講和のために尽力。1918年、チェコスロヴァキア、ハンガリーがそれぞれ独立、オーストリアの帝政も崩壊する。終戦後は旧帝国内の資産を没収され、ハンガリー王座も廃位。連合国によりマデイラ島に追放され、その4か月半後に死去した。

フランツ・フェルディナント

生没 1863年～1914年
在位 ——

　皇帝フランツ・ヨーゼフ1世の甥。軍人教育を受け、1898年、皇太子ルドルフが自殺したことで皇位継承者となる。マジャール人を憎み、ハンガリーに譲歩した二重帝国のありかたを問題視。またチェコ人やポーランド人も好まず、帝位に就いた暁には帝国内の民族によるグループ分けを構想していた。1914年、サラエボで軍事演習を視察中、セルビア人民族主義者に狙撃され、妻と共に死亡。これが第一次世界大戦勃発の契機となった。

```
フランツ1世 ─┬─ フェルディナント1世
             │
             └─ フランツ・カール ─┬─ フランツ・ヨーゼフ1世
                                  │       ‖
                                  │     エリーザベト
                                  │
                                  └─ カール・ルートヴィヒ ─┬─ オットー・フランツ ── カール1世
                                                          │
                                                          └─ フランツ・フェルディナント
```

第 IV 章
イベリア半島

アラゴン王国
1035年〜1715年

中世後期のイベリア半島北東部、現スペインのアラゴン州に存在した王国。ナバーラ王サンチョ3世による庶子ラミロ1世への領土分割に端を発する。サンチョ3世は大王と称される傑物で、イベリア半島北方のレオン王国のベルムード3世をガリシアへ敗走させ、カスティーリャ伯爵領（カスティーリャ王国の前身）を1029年、妃マヨールに継がせるなど、イベリアのキリスト教国の派遣を得た。死後遺領を分割し、アラゴン川流域を中心とするアラゴンの領域は庶子ラミロ1世に与えられ、アラゴン王国の成立した。12世紀レコンキスタ（再征服運動）の進展とともに、アラゴン王国はエブロ川流域に進出し、イスラム教徒を圧迫しつつ南方に国土を拡大。1492年、グラナダ王国を滅亡させて、800年にわたるレコンキスタに終止符を打つ。各地の独自性を尊重するその政治伝統は、カスティリャの中央集権的傾向に対する拮抗要素として、イベリア半島の政治史の中できわめて重要な働きをした。1469年にカスティーリャ王女イサベルと結婚し、カスティーリャ共治王フェルナンド5世となった。カスティーリャ＝アラゴン連合王国＝スペイン王国の誕生である。

1035年	アラゴン王国成立、初代ラミロ1世即位
1118年	アルフォンソ1世、サラゴサを占領する
1137年	アラゴン王国とバルセロナ伯国の連合によるアラゴン連合王国成立
1118年	アルフォンソ一世、イスラムの北方拠点サラゴサを奪取
1138年	アラゴン王国、カタルーニャの中心地バルセロナを併合。カタルーニャ＝アラゴン連合王国成立。バレンシアとバレアレス諸島に進出。
1167年	アルフォンソ2世、南フランスのプロバンス地方に進出
1229年	ハイメ1世、バレアレス諸島を占領（1235年まで）
1238年	ハイメ1世、バレンシアを占領
1348年	イベリア半島をペストが襲う。その後、1458年まで数次ペストが流行する
1410年	マルティン1世死去。後継者がなくて王位が空白となる
1412年	カスペの妥協。フェルナンド1世が即位し、トラスタマラ朝成立
1442年	アルフォンソ5世、ナポリ王国を領有
1443年	アラゴン王国、フランスとの7年にわたる闘いの末ナポリの支配権獲得。アラゴン王がナポリ王国の王位を兼任
1442年	フェルナンド2世、カスティーリャ王国のイサベル1世との文書に調印する
1469年	フェルナンド2世、カスティーリャ王国のイサベル1世とバリャドリッドで挙式
1475年	ポルトガル王アフォンソ5世、イサベル1世の王位継承に反対。5年間にわたり軍事干渉し、一時レオン地方を支配下におく。フェルナンド2世、アラゴン軍を動員してポルトガルに対抗
1479年	アラゴン王国とカスティーリャ王国の同君連合の成立（スペイン王国の成立）

アラゴン王国

ラミロ1世

生没 1007年頃～1063年
在位 1035年～1063年

　イベリア半島北東部に興ったナバラ王国の国王サンチョ3世の庶子。1035年、ラミロ1世は父サンチョ3世から「王」の称号とアラゴン川流域を中心とするアラゴンの領域を相続。これにより、アラゴン王国の初代国王となる。さらに1038年に兄でソブラルベ王ゴンサロの死去により、ソブラルベとリバゴルサを相続。加えてアフリカ北西部に住むイスラム教徒であるムーア人の居住地ウエスカ、サラゴサ、レリダを征服し、従属させた。

サンチョ1世

生没 1042年頃～1094年
在位 1063年頃～1094年

　アラゴン王ラミロ1世の子。サンチョ・ラミレスとも呼ばれる。1063年、父王の死去によりアラゴン王として即位。1076年、従兄弟のナバラ王サンチョ4世が王弟によって暗殺されたのを機にナバラへ侵入。そのとき、カスティーリャ王アルフォンソ6世も、同じくナバラに侵入したが、これを破り、サンチョ5世としてナバラ王にも即位している。イスラム勢力のキリスト教への改革運動もしたが、これはすべて失敗に終わった。

ペドロ1世

生没 1068年頃～1104年
在位 1094年～1104年

　先王サンチョ1世の長男。1094年、父の死により王位を継いだ。父のアラゴン王サンチョ1世は、サンチョ5世としてナバラ王位も兼ねていた。そのため、即位したときから、ナバラ王も兼ねることになった。1096年には、ムーア人の居住地ウエスカを征服している。
　1081年にアキテーヌ公ギョーム6世の娘アニェスと結婚したが跡継ぎの男子には恵まれず、王位は弟のアルフォンソ1世が嗣いだ。

アルフォンソ1世

生没 1073年頃～1134年
在位 1104年～1134年

　サンチョ1世の次男で、先王ペドロ1世の弟にあたる。兄ペドロ1世に男子がなかったため、王位を継承。1109年、レオン王国の国王も兼ねるカスティーリャ女王ウラカと結婚したため、カスティーリャ王国・レオン王国にも影響をもつ。しかし、アラゴン王国に対する反発も大きく、1111年にウラカとは離婚。フラガを包囲中に、バレンシア総督イブン・ガーニャに殺された。

ラミロ2世

- 生没 1075年頃〜1157年
- 在位 1134年〜1137年

　サンチョ1世の子。先王で兄アルフォンソ1世の死によりアラゴン王位を継ぐ。このとき、ナバラ王国では、ガルシア6世を王位につけたため、サンチョ1世の時代から続いていた同君連合は解消された。生まれたばかりの一人娘ペトロニラに王位を譲ると、ペトロニラを隣国カタルーニャの君主バルセロナ伯ラモン・バランゲー4世に嫁がせた。娘婿ラモン・バランゲーにアラゴンの統治を託したため、アラゴンとカタルーニャの同君連合が成立している。

ペトロニラ

- 生没 1135年〜1174年
- 在位 1137年〜1162年

　先王ラミロ2世の娘。父王ラミロ2世が1137年に退位したため、わずか2歳で王位を継承。同時にカタルーニャのバルセロナ伯ラモン・バランゲー4世と結婚させられた。ラミロ2世は、アラゴン王国が隣国カスティーリャ王国などから侵略されないようにするため、バルセロナ伯との同盟関係樹立を急いだのである。1162年に夫ラモン・バランゲー4世が死去すると、長男アルフォンソ2世は、バルセロナ伯位と同時に、母親のペトロニラからアラゴン王位も継承した。

アルフォンソ2世

- 生没 1157年〜1196年
- 在位 1162年〜1196年

　先王ペトロニラの長男。父は、バルセロナ伯ラモン・ベレンゲー4世。1162年、5歳の時に父が死去するとバルセロナ伯を、母からアラゴン王位を継承。アラゴンとバルセロナの合併が永続的になった。1166年、従兄であるプロヴァンス伯レーモン・ベランジェ2世が死去すると、アルフォンソ2世がプロヴァンス伯も継ぐ。こうして、アルフォンソ2世の治世から、アラゴンのフランスへの干渉が激しくなっていった。

ペドロ2世

- 生没 1174年〜1213年
- 在位 1196年〜1213年

　先王アルフォンソ2世の子。「カトリック王」とも呼ばれ、イスラム勢力からの国土回復運動であるレコンキスタにも加わる。1212年、カスティーリャ王アルフォンソ8世、ナバラ王サンチョ7世と共にナバス・デ・トロサの戦いに参戦し、ムワッヒド朝アミール・ムハンマド・ナースィルを打ち破った。フランス南部プロヴァンスをめぐる争いから諸侯が結成したアルビジョア十字軍と対立し、1213年、トゥールーズ郊外ミュレの戦いで戦死した。

アラゴン王国

ハイメ1世

生没 1208年～1276年
在位 1213年～1276年

　先王ペドロ2世の子。父王がフランス南部プロヴァンスを巡る権力争いのなかで戦死したため、わずか4歳で即位した。当初は大叔父のルサリョー伯サンチョとその子ヌーニョが摂政に政権が委ねられたが、成人してから親政を開始。内政の混乱の収拾に成功すると、イスラム勢力からの国土回復を図るレコンキスタに乗り出す。隣国カスティーリャのフェルナンド3世ととともにレコンキスタを大躍進させたため、「征服王」とも言われる。

ペドロ3世

生没 1239年～1285年
在位 1276年～1285年

　先王ハイメ1世の子。1276年、父王の死去によりアラゴンの王位に即いた。1262年に結婚した王妃コンスタンサ・デ・シシリアはシチリア王マンフレーディ（神聖ローマ皇帝兼シチリア王フリードリヒ2世の庶子）の王女であり、自身もプッリャ公ロベルト・イル・グイスカルドの娘マファルダの血を引く相続人であったため、シチリア王位を狙う。1282年、シチリアで「晩祷事件」とよばれる住民の暴動が起こると、ビザンツ皇帝ミカエル8世の後援を受けてこれに介入し、フランス王家の傍系であるアンジュー家のシチリア王カルロ1世（アンジュー伯シャルル1世）の軍を破ってシチリア王位についた。これが、ローマ教皇マルティヌス4世やカルロ1世の甥のフランス王フィリップ3世を敵に回すことになり、一時は劣勢に追い込まれが、1285年にはフランス軍を破っている。ただ、カトリック本山に刃を向けたため、庶民には不評である。その後、フランスに通じて、寝返った弟のマヨルカ王ジャウメ2世を討伐しようとしたが、その陣中に病死。ダンテの『神曲』では、ダンテが煉獄の門の外でペドロ3世とシャルル1世が声を揃えて歌っているところを見るシーンがある。

アルフォンソ3世

生没 1265年～1291年
在位 1285～1291年

　先王ペドロ3世の長男。アラゴン王とシチリア王を兼ねたアラゴン王（一時シチリア王）ハイメ2世、シチリア王フェデリーコ2世の兄である。1285年、父王の死去に伴ってアラゴンの王位に即位する。1287年にはバレアレス諸島のメノルカ島を征服した。しかし、貴族の要請に屈して多くの特権を与えたため、王権は弱体化し、貴族が体制に影響力を持ち続けることになった。1291年に、未婚のまま27歳で死去。

Ⅳ　イベリア半島

ハイメ2世

生没 1267年～1327年
在位 1291年～1327年

　先々王ペドロ3世の次男で、先王アルフォンソ3世の弟。1285年に父王が死去した際、兄アルフォンソ3世がアラゴン王位を、ハイメ2世がシチリア王位を継承した。6年後の1291年にアルフォンソ3世が未婚のまま死去するとアラゴン王位にもつくことになった。その後、シチリア奪還を目指すナポリ王カルロ2世と争い、1296年に結んだ講和条約でハイメ2世はシチリア王位を放棄。代わりにサルジニアを手に入れた。

アルフォンソ4世

生没 1299年～1336年
在位 1327年～1336年

　先王ハイメ2世の次男。兄が王位継承権を放棄して修道士となったため、アルフォンソ4世が王太子に立てられた。またアルフォンソ4世はウルジェイ伯領の相続人であるテレサ・デ・エンテンサと結婚し、ウルジェイをアラゴン王国の領土に加えている。父王ハイメ2世がナポリ王カルロ2世から手に入れたサルジニアで反乱があり、ジェノバとの戦いに発展した。

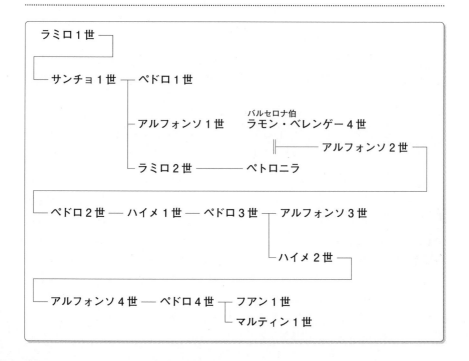

アラゴン王国

ペドロ4世

生没 1319年～1387年
在位 1336年～1387年

先王アルフォンソ4世の子。1336年、父王の死去により王位につく。アラゴン王国は、この地にあったマヨルカ王国を属国として支配していたが、1344年に併合した。1356年からカスティーリャ王ペドロ1世と「二人のペドロの戦争」が起こり、次に即位したらカスティーリャ王エンリケ2世となるはずのエンリケに、王位相続をさせないよう戦ったが、ペストなどの自然災害が多発。結局、勝者なく1375年のアルマサン条約によって終結した。

フアン1世

生没 1350年～1396年
在位 1387年～1396年

先王ペドロ4世の子。母は、ペドロ4世の3番目の王妃レオノール・デ・シシリア（シチリア王ピエトロ2世の娘）。フアン1世は、一説によると、狩りや恋に生きる風流人で、在位中のアラゴン国内における王権は、失墜した。フアン1世と2人の王妃との間にもうけた男子が全て夭逝したため、王位は弟マルティン1世が継承することになっている。

マルティン1世

生没 1356年～1410年
在位 1396年～1410年

先々王ペドロ4世の子で、先王フアン1世の弟。1396年、兄フアン1世が男子を残さずに死去すると、アラゴン王位を継承した。子のマルティンはシチリア王位を継いでマルティーノ1世となったが、1409年、マルティーノ1世が嗣子なしに死去すると、親のマルティン1世が、マルティーノ2世として子の王位を継承。継承の順が親子で入れ替わると言う妙な事態になった。翌1410年に死去。死因については消化不良及び笑い死にとされる。

フェルナンド1世

生没 1380年～1416年
在位 1412年～1416年

カスティーリャ王フアン1世の子。カスティーリャ王位は、兄エンリケ3世が継承し、兄王が早世したのちは、その遺児フアン2世が継ぐ。1410年、母方の伯父にあたるアラゴン王マルティン1世（シチリア王としてはマルティーノ2世）が嗣子のないまま亡くなると、カスペの妥協（アラゴン、バレンシア、カタルーニャ、シチリアなどの君主位に対する取り決め）によって、1412年、アラゴン王に選ばれた。トラスタマラ朝の初代国王である。

アルフォンソ5世

生没 1396年～1458年
在位 1416年～1458年

　先王フェルナンド1世の子。1416年、父王の死によって王位を継承した。たびたび地中海諸国、特にイタリアへの遠征を行い、ジェノヴァ共和国とのサルデーニャ島を巡る抗争やナポリ王国の獲得に執心した。アラゴンやカタルーニャの統治は、弟フアン2世に委ね、アルフォンソ5世自身は、1458年に亡くなるまでナポリ王国に留まる。このため、ナポリの宮廷には文人や芸術家たちが集められ、ルネサンス文化が花開いたのである。

フアン2世

生没 1397年～1479年
在位 1425年～1479年

　先々王フェルナンド1世の子で、先王アルフォンソ5世の弟。アルフォンソ5世は外征とナポリ王国滞在で戻らなかったため、代わってフアン2世がアラゴン王国を統治した。アルフォンソ5世の死後には、彼に嫡子がなかったため、フアン2世がアラゴン王として即位し、バレンシア王、バルセロナ伯、シチリア王を継承。さらに、ナバラ王カルロス3世の娘であったナバラ王女ブランカと結婚したことにより、ナバラ王、次いでアラゴン連合王国の王となる。

　1441年、ブランカが長男ビアナ公カルロスが継承するよう遺言して死去。しかし再婚した継妃フアナ・エンリケスは、自らが産んだフェルナンド2世を継承者とするよう迫った。フアン2世とカルロスは対立し、ナバラの貴族間の抗争、カタルーニャの反乱につながっていく。カタルーニャの反乱は、外国の介入を招いたが、フアン2世が長命であったことで、ビアナ公カルロスが先に死去。これにより、フェルナンド2世に王位を継がせることができた。

エンリケ4世

生没 1425年～1474年
在位 1462年～1463年

　カスティーリャ国王フアン2世の子。1454年、父王フアン2世の死去を受けてカスティーリャ王位につく。1462年からのカタルーニャの反乱では、アラゴン国王フアン2世の対立王に選ばれたが、翌年には放棄している。父王を良く補佐していたので将来有望とされたが、貴族の台頭を押えられず、国内の分権傾向が強まった。1474年、マドリードで死去。娘のフアナはエンリケ4世の子でないとされ、死後、その異母妹イサベル1世が王位を継承した。

アラゴン王国

ペドロ5世

- 生没 1429年?～1466年
- 在位 1463年～1466年

ポルトガル王ドゥアルテ1世の弟コインブラ公ペドロの長男。ポルトガルの将軍であり、アヴィス騎士団の総長であった。ポルトガル王アフォンソ5世の最初の王妃でジョアン2世を生んだイザベルの兄にあたる。ペドロ5世の母方の祖父ウルジェイ伯ジャウマ（ハイメ）2世はアラゴン王アルフォンソ4世の曾孫であったことから、カタルーニャの反乱では、アラゴン国王フアン2世の対立王に擁立された。

レナト1世

- 生没 1409年頃～1480年
- 在位 1466年年～1472年

アンジュー公ルイ2世の次男として、フランスのアンジェで生まれた。母は、アラゴン王フアン1世の娘ヨランド・ダラゴン。1435年には、ナポリ女王ジョヴァンナ2世の遺言でナポリ王位を継ぐものの、その正統性をめぐり、アラゴン王アルフォンソ5世と争って敗北してしまう。アルフォンソ5世の弟フアン2世がアラゴン王位に就いたあと、カタルーニャで反乱がおこると、フアン2世の対立王として擁立された。

フェルナンド2世

- 生没 1409年頃～1480年
- 在位 1479年～1516年

先王フアン2世の子。カスティーリャ王女イサベルと結婚し、フェルナンド5世としてカスティーリャ王位に就く。1479年には、父王の死によりアラゴン王位も継ぎ、カスティーリャ・アラゴン連合王国を成立させる。フェルナンド2世は、国土回復を図るレコンキスタに邁進し、1492年、グラナダ王国を滅亡させて、800年にわたるレコンキスタに終止符を打つ。この偉業でローマ教皇から、フェルナンドとイサベルは「カトリック両王」の称号を授けられた。

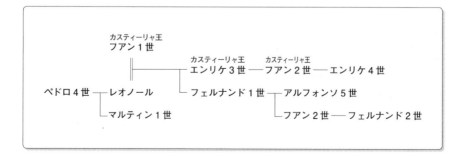

カスティーリャ王国
1037年〜1715年

　中世のイベリア半島にあったキリスト教王国。その発祥地はエブロ川上流のビリャルカージョ一帯で、ここはアストゥリアス・レオン王国の東の辺境だった。カスティーリャ王国の祖である初代カスティーリャ伯フェルナン・ゴンサレスが統一を進め、1035年フェルナンド1世のもとに建国される。フェルナンド1世は、1037年、レオン王ベルムート3世を倒してレオン王位をも獲得。これにより、カスティーリャとレオンは同じ君主を奉じるカスティーリャ=レオン王国となった。1230年、カスティーリャ王フェルナンド3世がレオン王国の国王も兼ね、カスティーリャ王国とレオン王国が統合されてからは、以後、両国が分かれることはなかった。そのため、単にカスティーリャ王国と呼ばれようになる。

　他のキリスト教諸国と同じく、カスティーリャの起源も、ウマイヤ朝のイスラム教徒との対立抗争の歴史である。13世紀その首都コルドバを奪還し、国土を拡大。これはレコンキスタ、国土回復運動と呼ばれる。1263年アルガルベ地方がカスティーリャに帰属し、ポルトガルはこれと引き替えに完全な独立を承認される。15世紀後半にカトリック両王の結婚を通じてアラゴン連合王国と結ばれて、今のスペイン基礎になった。

1035年	カスティーリャ王国が建国
1037年	カスティーリャ王国がレオン王国を併合（カスティーリャ=レオン王国）
1085年	カスティーリャ王国のアルフォンソ6世がトレドを攻略
1094年	エル・シッドがバレンシアを攻略
1118年	アラゴン王国のアルフォンソ1世、サラゴサを攻略
1137年	カスティーリャ王国とレオン王国が分裂
1143年	ポルトガル王国がカスティーリャ王国から独立
1162年	アラゴン・カタルーニャ連合王国が誕生
1230年	カスティーリャ王フェルナンド3世がレオン王国の国王も兼ね、カスティーリャ王国とレオン王国が統合
1232年	グラナダでアルハンブラ宮殿の建設がはじまる
1236年	カスティーリャ王国のフェルナンド3世、コルドバを攻略
1248年	カスティーリャ王国のフェルナンド3世、セビーリャを攻略
1260年	カスティーリャ王国軍ジブラルタル海峡を渡りモロッコへ侵攻
1263年	ポルトガルとカスティリャの国境確定
1265年	バルセロナ市で「百人会議」創設
1267年	カスティーリャ、アルガルベへの領有権主張を取り下げる。ポルトガルの領土が確定

カスティーリャ王国

フェルナンド1世

- 生没 1017年頃〜1065年
- 在位 1037年〜1065年

　ナバラ王サンチョ3世の次男。父王の死後、遺領は4人の王子に分割され、フェルナンドはカスティーリャ伯領を獲得した。さらに、1037年、王妃の実兄でレオン国王ベルムード3世が戦死したあとは、レオン王も称し、1056年には「全ヒスパニアの皇帝」として戴冠した。フェルナンド1世の死後、遺領は分割され、カスティーリャを長男サンチョ2世が、レオンを次男アルフォンソ6世が、ガリシアを三男ガルシア2世が相続した。

サンチョ2世

- 生没 1037年〜1072年
- 在位 1065年〜1072年

　先王フェルナンド1世の長男。父王が1065年に死去した際、遺言に従ってカスティーリャ王国を継ぐ。サンチョ2世は、アルフォンソ6世と組んでガリシアを攻めたが、1072年、アルフォンソ6世を裏切ってレオン王位を奪う。しかし、すぐに暗殺され、サンチョ2世のレオン在位は短かった。ちなみに、サンチョ2世のカスティーリャ王位は、レオン王位とともに、アルフォンソ6世が継承することになっている。

アルフォンソ6世

- 生没 1040年頃〜1109年
- 在位 1072年〜1109年

　先々王フェルナンド1世の次男で、先王サンチョ2世の弟。カスティーリャとレオンの国王を兼ねる父フェルナンド1世は遺言により、兄サンチョ2世にカスティーリャを、アルフォンソ6世にレオンを譲った。しかし、兄サンチョ2世がカスティーリャ・レオンの統一を図ったことから、兄弟は対立。1072年、レオン王位を奪った兄サンチョ2世が暗殺されたため、カスティーリャ=レオン王国の王位を継ぎ、再統合をはたした。

ウラカ

- 生没 1082年頃〜1126年
- 在位 1109年〜1126年（カスティーリャ・レオン女王）

　先王アルフォンソ6世の娘。父王に嫡男がいなかったため、女王としてカスティーリャとレオンの王位につくことになったものである。最初の夫ガリシア伯ライムンドとの間にサンチャとアルフォンソ7世を産んだ。1126年にウラカが死去したあとは、アルフォンソ7世が王位を継いでいる。2度目の結婚相手は、アラゴン王アルフォンソ1世であったが、不和から離婚している。3度目の夫は、ララ伯爵ペドロ・ゴンサレスである。

アルフォンソ7世

生没 1105年頃〜1157年
在位 1126年〜1157年

　先王ウラカの子。1111年、ガリシアの王位をつぎ、1026年、母ウラカの死後、カスティーリャとレオンの王位を継いだ。

サンチョ3世

生没 1134年頃〜1158年
在位 1157年〜1158年

　先王アルフォンソ7世の長男。父王の遺言によりカスティーリャ王位を継ぎ、レオン国王となった弟フェルナンド2世と遺領を分割した。

アルフォンソ8世

生没 1134年頃〜1214年
在位 1158年〜1214年

　先王サンチョ3世の子。治世前半は、自身を補佐する臣下の内紛とナバラ王国の介入に悩まされたが、アラゴン王国と同盟関係を結んで窮地を脱す。アラゴン王国との同盟を維持する一方、レオン王国に対しては臣従の礼をとらせた。イベリア半島におけるキリスト教国の国土回復を図るレコンキスタにも関与。1212年には、アラゴン王ペドロ2世、ナバラ王サンチョ7世と協力し、ラス・ナバス・デ・トローサの戦いでイスラム勢力に大勝している。

エンリケ1世

生没 1204年頃〜1217年
在位 1214年〜1217年

　先王アルフォンソ8世の子。1215年、ポルトガル王サンショ1世の王女マファルダと結婚したが、若すぎたためかうまくいかず、翌年には離婚。当時の王族の結婚年齢としては普通であり、花嫁は嫁いだ先でもう少し大人になるまで養育され、後に夫婦生活が始まる場合が多い。だから、離婚理由は別の所にあるのかもしれない。わずか13歳で死去し、王位は姉のベレンゲラが、次いでその子フェルナンド3世が継いだ。

ベレンゲラ

生没 1180年〜1246年
在位 1217年

　先々王アルフォンソ8世の長女で、先王エンリケ1世の姉。レオン王アルフォンソ9世と結婚してフェルナンド3世をもうけたが、離婚してカスティーリャに戻る。1214年に父王が没すると、弟エンリケ1世を補佐した。1217年、エンリケ1世が13歳で事故死すると、ベレンゲラ自身が女王として即位。しかし、同年のうち、子のフェルナンド3世をレオンから呼び寄せてカスティーリャ王として即位させ、自らは退位した。

カスティーリャ王国

フェルナンド3世

- 生没 1180年～1252年
- 在位 1217年～1252年

先王ベレンゲラの子。父はレオン王アルフォンソ9世。1217年、叔父エンリケ1世が嗣子無くして死去すると、母ベレンゲラの後押しでカスティーリャ王に即位。1230年にはレオン王位も継承した。即位後は、アラゴン王ハイメ1世と協力して国土回復を図るレコンキスタに全力を傾け、イベリア半島における最後のイスラム王朝であったナスル朝グラナダ王国を服属させるまでに至った。余勢をかって北アフリカに侵攻しようとしたが、1252年に遠征途中病死。

アルフォンソ10世

- 生没 1180年～1284年
- 在位 1252年～1284年

先王フェルナンド3世の長男。1252年、父王が北アフリカ遠征の途中に陣没したため、即位する。自らもアフリカ遠征を志すも成功せず。逆に、イベリア半島のイスラム勢力に武力干渉されてしまう。ヨーロッパに対しては、母ベアトリス・デ・スアビアが神聖ローマ皇帝フィリップの娘であったことから、ドイツ王にも選出された。アルフォンソ10世は、神聖ローマ帝国の大空位時代、その血統から神聖ローマ皇帝位を請求したが、ローマ教皇の反対で断念した。

サンチョ4世

- 生没 1257/1258年～1295年
- 在位 1284年～1295年

先王アルフォンソ10世の次男。兄フェルナンド・デ・ラ・セルダがムーア人との戦いで戦死したあと、父王と対立し、1282年には父王をセビーリャに幽閉して実権を掌握。1284年に父王が死去したとき、兄フェルナンド・デ・ラ・セルダの二人の男子が王位の継承権を主張した。しかし、サンチョ4世はこれを実力で退け、自ら即位したのである。死に際しては、9歳の息子フェルデナンド4世の治世を案じ自身の妃を摂政に任じた。

フェルナンド4世

- 生没 1285年～1312年
- 在位 1295年～1312年

先王サンチョ4世の子。母はマリア・デ・モリナ。貴族の反乱が相次ぐなか、母が巧みに危機を切抜けて、王位を守っている。

アルフォンソ11世

- 生没 1311年～1350年
- 在位 1312年～1350年

先王フェルナンド4世の子。父王が早世したため、生後13ヶ月での即位。14歳で親政を開始し、王権の確立に努めた。

Ⅳ イベリア半島

ペドロ1世

- 生没 1334年～1369年
- 在位 1350年～1369年

先王アルフォンソ11世の子。母はポルトガル王アフォンソ4世の娘マリア。ちなみに、同名のポルトガル王ペドロ1世は叔父にあたる。家臣や母の傀儡だったが、のちに追放して実権を握る。ペストによる社会不安の中、貴族を弾圧して王権強化策をとり、下級貴族を登用する緊縮政策で危機を脱する。残虐王あるいは正義王とよばれた。フランスと敵対して国を追われ、グラナダ王国やイングランド王国のエドワード黒太子から援助を受けたが敗北。戦死もしくは処刑された。

エンリケ2世

- 生没 1333年～1379年
- 在位 1369年～1379年

先々王アルフォンソ11世の庶子で、トラスタマラ家を興す。先王ペドロ1世の即位で命を狙われると、フランス王国やアラゴン王国の支援で挙兵。一方、ペドロ1世に対しては、イングランド王国が支援。エンリケ2世は、貴族に金品を与えて味方につけ、1369年、ペドロ1世を破り王位につく。カスティーリャ王サンチョ4世の孫という立場で王位継承権を主張するポルトガル王フェルナンド1世が侵入してきたが、1371年、講和を結んだ。

フアン1世

- 生没 1358年～1390年
- 在位 1379年～1390年

先王エンリケ2世の子。ポルトガル王フェルナンド1世の王女ベアトリスを王妃に迎えており、1383年にフェルナンド1世が没すると、娘婿としてポルトガル王位の継承を主張。ポルトガルに侵攻したものの、1385年、フェルナンド1世の弟ジョアン1世に敗北した。度重なる戦争で財政は破綻してしまう。ペドロ1世の残存勢力のクーデター計画も露見して窮地に陥ると、子のエンリケ3世の王妃にペドロ1世の孫娘カタリナを迎えさせて懐柔を図った。

エンリケ3世

- 生没 1379年～1406年
- 在位 1390年～1406年

先王フアン1世の子。母はアラゴン王ペドロ4世の王女レオノール。父王はレオノールの死後、ポルトガル王フェルナンド1世の王女ベアトリスと再婚していた。エンリケ3世は、上級貴族を弾圧する一方、国王顧問会議に下級貴族を積極的に登用するなど、弱体化した王権回復にも努めた。また、コレヒドール（王代官）を派遣し、都市を統制することにも成功している。前代からのイングランドとの戦いも継続しており、勝利を収めカナリア諸島の植民を始めた。

フアン2世

生没 1405年～1454年
在位 1406年～1454年

　先王エンリケ3世の子。母はイングランドのランカスター公ジョン・オブ・ゴーントの娘カタリナ。カタリナは、ボルゴーニャ家出身のペドロ1世の娘であった。つまり、フアン2世の誕生は、トラスタマラ家とボルゴーニャ家との和解の証であった。性格は温和であったが、周りに流されやすかったらしい。王妃にポルトガル王女イサベルを迎えるまで、騎士団長アルバロに政治を丸投げしていた。このため、王妃となったイサベルは、フアン2世にアルバロを罷免させている。

エンリケ4世

生没 1425年～1474年
在位 1454年～1474年

　先王フアン2世の子。二度の結婚で夫婦生活がほとんどなかったことから、不能王とも呼ばれる。二度目の結婚で迎えたポルトガル王ドゥアルテ1世の王女との間に、フアナという王女が生まれたが、そのような経緯からエンリケ4世の子ではないといわれた。エンリケ4世は、1474年マドリードで死去。このあと、アラゴン王太子妃となった異母妹イサベルと、ポルトガル王妃となったフアナがともに即位を宣言し、内戦状態となる。結果的にイサベルが勝利して即位した。

イサベル1世

生没 1425年～1504年
在位 1474年～1504年

　先々王フアン2世の長女で、先王エンリケ4世の異母妹にあたる。フアン2世の死によって即位した兄王エンリケ4世に追放されたが、やがて兄王の王女フアナに出生疑惑が生じ、王位継承問題へと発展する。イサベル1世は、アラゴンの王太子フェルナンド（のちのアラゴン王フェルナンド2世）と結婚し、兄王の死後、夫とともに王位につく。夫がアラゴン王位を継いだことで、カスティーリャ＝アラゴン連合王国が成立。統一スペイン王国が誕生することになった。

フアナ

生没 1479年～1555年
在位 1504年～1555年

　先王イサベル1世の娘。父はアラゴン王フェルナンド2世。ブルゴーニュ公フィリップ（美公）と結婚した。ちなみに、兄のフアンはフィリップの妹マルグリットと結婚している。フアナは、フィリップと不和になり精神を病んでしまう。兄のフアンらが亡くなったため、カスティーリャの王位につく。フアナが正気を失うなか、長男のカールがカルロス1世として即位。フアナは退位を拒んでいるため、狂気は嘘ともいわれる。

Ⅳ　イベリア半島

スペイン王国
1479年〜

　イベリア半島では、8世紀からイスラム勢力が入り、15世紀までの長い間、イスラム文化が花開く。しかし、やがてイベリア全土でレコンキスタ、すなわち国土回復運動がおこる。アラゴン王フェルナンド2世とカスティーリャ女王イサベル1世が結婚することで、アラゴン=カスティーリャ連合王国が誕生し、スペインの礎を築くと、イスラム勢力を駆逐した。

　イサベル1世は、大航海を行ったコロンブスを支援したことでも知られる。この15世紀から、大航海時代の幕が切って落とされ、スペインの黄金時代と呼ばれる世紀が、このあと3世紀続く。しかし、18世紀にハプスブルグ朝による支配が終わるころ、勢威は衰退。王朝がブルボン朝に変わったころ、一旦は持ち直すが、19世紀になってナポレオンの侵攻や、アルフォンソ12世の王制復古で再び混乱する。20世紀に入って即位したアルフォンソ13世の時代には、第一次大戦が起こり、その後、1936年には内乱に突入する。1939年、フランコ独裁政権が樹立され、軍事独裁政権によって亡命を余儀なくされる。以降、1975年フランコの死去までこの政権は続く。フランコの死とともに、王政も復活。こうして、スペインは立憲君主国家として近代化の道を歩み始めることになった。

1479年	カスティーリャ女王イサベル1世とアラゴン王フェルナンド2世が結婚、スペイン王国が成立
1492年	スペイン王国がグラナダを陥落させてナスル朝滅び、レコンキスタ完成
1516年	ハプスブルク家のカール大公がスペイン王カルロス1世として即位。ハプスブルク朝の開始
1556年	フェリペ2世即位。「太陽の没することなき帝国」
1568年	ネーデルラントで反乱が起こる。八十年戦争の始まり（〜1648年）。
1580年	フェリペ2世、ポルトガル王も兼ねポルトガル王としてフィリペ1世に。
1588年	アルマダの海戦で無敵艦隊がイングランドに敗れる。スペインのハプスブルク朝、衰退していく
1634年	三十年戦争に参戦し、敗れる
1700年	ハプスブルク家に代わり、ブルボン家のフェリペ5世が即位
1701年	オーストリアのハプスブルク家、イギリスの反発を受けスペイン継承戦争始まる（〜1713年）
1740年	オーストリア継承戦争に参戦（〜1748年）
1759年	カルロス3世即位。スペインの中興
1808年	ナポレオン1世が侵攻し、カルロス4世退位。代わってナポレオンの兄ジョゼフが即位（ホセ1世）。スペイン人が反発、スペイン独立戦争が始まる
1814年	ホセ1世退位。ブルボン家のフェルナンド7世が即位
1820年	リエゴ革命が起こる。自由主義勢力がスペインの王朝を倒し、一時革命政府を樹立する。この混乱期に中南米の植民地が相次いで実質的な独立を達成する
1873年2月	第一共和政成立
1874年1月	スペイン王制復古

スペイン王国

フェリペ1世

- 生没 1478年～1506年
- 在位 1504年～1506年

　神聖ローマ皇帝マクシミリアン1世の子。カスティーリャ女王イサベル1世とアラゴン王フェルナンド2世の王女フアナと結婚。フアナがカスティーリャ女王になると共同統治を主張するが、カスティーリャ国内の支持は得られず、王位を僭称した。1506年に突然死したが、毒殺されたとの説もある。結果的にスペインにおけるハプスブルク朝の始祖になり、カルロス1世の子は祖父を1世としてフェリペ2世と称した。

カルロス1世

- 生没 1500年～1556年
- 在位 1516年～1556年

　フェリペ1世の子。1516年、外祖父フェルナンド2世が死去したことで、母フアナとの共同統治という形でスペイン王位を継ぐ。さらに、1519年には、神聖ローマ皇帝にも選出され、カール5世を名乗る。西ヨーロッパのカトリック世界統一を図るため、積年のライバルであるフランスと戦い、イスラム勢力のオスマン帝国とも争うなど、ハプスブルク朝の絶頂期を築き上げた。しかし、アウグスブルクの和議で信教の自由を承認すると、争いに疲れたのか修道院に隠棲している。

フェリペ2世

- 生没 1527年～1598年
- 在位 1556年～1598年

　先王カルロス1世の子。スペイン王と神聖ローマ皇帝を兼ねた父王が1556年に退位すると、スペイン・ネーデルラントを受け継ぎ、スペイン王として即位する。このとき、ドイツ王となっていた叔父フェルディナントが神聖ローマ皇帝となったため、ハプスブルク家はスペインとオーストリアで分かれることになった。
　フェリペ2世の治世は、スペインの絶頂期にあたり、ヨーロッパ・中南米・アジアを支配。地中海の覇権で争ったオスマン帝国を退けて勢力圏を拡大。1580年にはポルトガル国王も兼任し、イベリア半島を統一するのと同時にポルトガルが有していた植民地も継承している。世界の半分をスペインが支配することになったため、「予は世界の半分を宮殿から数インチの紙面で支配している」と豪語したという。外出を好んだ父王とは異なり、宮殿に籠って政務に専念したため、書類王とあだ名される。しかし、1588年のアルマダ海戦の敗北や、長期にわたるオランダ独立戦争など膨大な戦費で財政が破綻、末期にはペスト流行による人口減で国力は衰えた。

フェリペ3世

- 生没 1578年～1621年
- 在位 1598年～1621年

　先王フェリペ2世の子。母は神聖ローマ皇帝マクシミリアン2世の娘アナ。病弱であったことから、「怠惰王」とよばれる。父王の死後に即位したフェリペ3世を補佐したのは、寵臣らであった。スペインに対するオランダの独立戦争では、休戦協定を結び諸外国との融和を図り、治世は平和だった。しかし、カトリックに改宗したイスラム教徒を追放して国内統一したことで、農民を失い食糧不足に陥ったうえ、三十年戦争に介入し、王国の没落を早めてしまう。

フェリペ4世

- 生没 1605年～1665年
- 在位 1621年～1665年

　先王フェリペ3世の子。このころのスペインは、寵臣が政治の実権を握っていた。そのうえ、封建制の弊害を残しており、ポルトガル・オランダの独立や、カタルーニャでの大規模な反乱、そして、ルション地方のフランス割譲により、王国の没落は決定的となる。そうした中、フェリペ4世はかつての栄光を取り戻すべく三十年戦争に介入を図ったが失敗してしまう。政治的には衰退期であったが、ベラスケス、ルーベンスなど、文化的には成熟した時代を現出している。

カルロス2世

- 生没 1661年～1700年
- 在位 1665年～1700年

　先王フェリペ4世の子。母は、神聖ローマ皇帝フェルディナント3世の皇女マリアナ。
　生まれつき病弱であったが、現代では、ハプスブルク家による近親婚が原因であったと考えられている。宮廷周辺では権力闘争が繰り広げられ、摂政となった母マリアナと、異母兄オニャテ伯フアン・デ・アウストリアが争うなど、治世は停滞してしまう。諸外国がスペインの内政に干渉するなか、子孫を残さず死去したため、スペインのハプスブルク家は断絶した。

フェリペ5世

- 生没 1683年～1746年
- 在位 1700年～1724年、1724年～1746年

　フランス王ルイ14世と王妃マリー・テレーズの間に生まれたルイの子。祖母マリー・テレーズがスペインのハプスブルク家出身で、先王カルロス2世の異母姉にあたることから、ブルボン家のフェリペ5世が王位についた。しかし、即位に異議を唱えるハプスブルク家との間にスペイン継承戦争がおきてしまう。結局、ユトレヒト条約で領土を放棄するかわりに王位が承認された。その後、子のルイス1世に譲位したがルイス1世が半年後に没したため再度即位している。

スペイン王国

ルイス1世

- 生没 1707年～1724年
- 在位 1724年～1724年

先王フェリペ5世の子。母はサルディーニャ王の公女マリア・ルイーザ。父王の存命中に譲位されたが、即位後半年にして天然痘のため急死した。

フェルナンド6世

- 生没 1713年～1759年
- 在位 1746年～1759年

先々王フェリペ5世の子で、先王ルイス1世の弟。有能な廷臣に恵まれ、先代から続いて、国力の回復を推進した。慎重王とも呼ばれる。

カルロス3世

- 生没 1716年～1788年
- 在位 1759年～1788年

フェリペ5世の子。母はパルマ公女エリザベッタで、ルイス1世・フェルナンド6世とは異母弟にあたる。母の尽力でパルマ公となりピアチェンツァ・両シチリアを支配したが、異母兄フェルナンド6世の死でスペイン王位を継ぐ。イエズス会士を追放し、教会を国家に従属させたが、ローマ教皇と緊張関係に陥ってしまう。治世下では、歴史的建築物を多く建設し、王権の強化に務めた。しかし、植民地である中南米諸国の独立を抑えられず、財政破綻してしまう。

カルロス4世

- 生没 1748年～1819年
- 在位 1788年～1808年

先王カルロス3世の子。父王カルロス3世の死により、王位につく。しかし、政治には関心がなかったらしく、王妃として迎えていたパルマ公女マリア・ルイサと宰相ゴドイに実権を委ね、自らは狩りばかりしていたと伝わる。治世下では、フランスと同盟を結び大陸封鎖を支援したが、トラファルガーの海戦で全艦隊を失ってしまう。さらに、ナポレオンによるイベリア半島侵入を許す密約が公になったことでアランフエスの暴動がおこり、退位してフランスに亡命した。

フェルナンド7世

- 生没 1784年～1833年
- 在位 1808年、1813年

カルロス4世の子。母は、父王の在位中から政治の実権を握っていたマリア・ルイサ。

アランフエスの暴動により、父王から王位を譲渡される。しかし、すぐさま侵入してきたナポレオンによって廃位され、ナポレオンの兄ジョゼフがホセ1世として即位した。ナポレオンが敗退すると復位するが、憲法による政治が潮流のなか、絶対王政を貫こうとしたため、植民地では独立戦争が勃発した。

Ⅳ　イベリア半島

ポルトガル王国

1143年～1910年

　ポルトガルとスペイン両国は、共通項が非常に多い。両国の王家は、通婚している。だが、スペインが併合を狙い、フランスが支配の機会を狙っている状況下で、ポルトガルは独立国家を保とうとする争いの連続だった。国土回復戦争としてのレコンキスタは、スペインより早く終わり、そのおかげで大航海時代には主役となる。海外進出に活躍し、遠くアジアやブラジルに拠点を置いた。

　しかし、意外に早くポルトガルは衰退する。海外進出があまりにも急進的に展開したので、国家の経済的な負担が追いつかなくなったからである。船の建造、商館の建設などが、本国でまかなえなくなったためだ。植民地の難題が山積になったためともいう。

　植民地支配の栄光の時代は色あせ、オランダ・フランス・イギリスにとって替わられて、急速に世界の動きからも遅れる。1755年のリスボンの大地震からの復興を兼ねて近代化が行われたものの、内政面でも大幅に遅れをとった。こうして、ヨーロッパ列強の中では、後進国になってしまう。1807年にナポレオンの軍隊が侵攻してきたとき、ポルトガル王家はブラジルへ亡命した。イギリスに依存し、結果的に国土が荒廃した。18世紀後半にポルトガル王国の繁栄は終わった。

1094年	フランス王家傍系の貴族エンリケ、ポルトゥカーレ伯・コインブラ伯に封じられる
1143年	エンリケの子、アフォンソ1世として即位。ポルトガル王国成立
1147年	イングランド十字軍の支援をうけ、イスラム勢力下のリスボンを攻略
1212年	ナバス・デ・トロサの戦いでイスラム勢力の侵攻を撃破
1255年	アフォンソ3世、リスボンへ遷都
1348年	ポルトガルにペスト蔓延
1355年	アフォンソ4世、王子ペドロ1世の愛人イネスを暗殺
1385年	ジョアン1世、アヴィス朝を創始。アルジュバロタの戦いでカスティーリャ王国を撃破
1580年	スペイン・ハプスブルク家のフェリペ2世、ポルトガル王位も継承（フィリペ1世）
1640年	リスボン蜂起、再独立（ポルトガル王政復古戦争～1668年）
1640年	ブラガンサ公ジョアン4世ポルトガル王に即位、ブラガンサ朝を開く
1755年	リスボン大地震
1807年	ジュノー将軍のフランス軍侵入、ポルトガル宮廷リスボン脱出、ブラジルへ向かう
1814年	ナポレオン没落、ポルトガル本国はイギリス軍の占領下に入る
1821年	ポルトガル宮廷、ブラジルよりリスボンに帰還
1828年	ドン・ミゲル（ミゲル1世）のクーデター
1832年	ポルトガル内戦（～34年）
1908年	国王カルルシュ1世とルイス・フィリペ王子が暗殺される

ポルトガル王国

アフォンソ1世

生没 1109年～1185年
在位 1139年～1185年

　カスティーリャ王国に属していたボルゴーニャ家のポルトゥカーレ伯エンリケの子。母はカスティーリャ国王アフォンソ6世の娘テレサ。1112年に父エンリケが没すると、アフォンソ1世がポルトゥカーレ伯となった。その後、母方の祖父王アフォンソ6世の死後、主家にあたるカスティーリャ王国が混乱に陥ると、その間隙に乗じてポルトゥカーレ伯領の独立を達成し、ポルトガル王国の基礎を築く。

　そのころ、カスティーリャ王国では、アフォンソ6世の孫アフォンソ7世が2人の子サンチョ3世とフェルナンド2世に王国を分割。サンチョ3世がカスティーリャ王位を、フェルナンド2世がレオン王位を継いでいた。アフォンソ1世は娘ウラカをレオン王フェルナンド2世に嫁がせるが、2年後、ポルトガルとレオンは対立。帰属が未確定であったガリシアに侵入したものの、負傷し、フェルナンド2世に捕らえられてしまう。アフォンソ1世は、釈放と引き換えにガリシアの権限を放棄した。

サンシュ1世

生没 1154年～1211年
在位 1185年～1211年

　先王アフォンソ1世の子。国土回復運動（レコンキスタ）を推し進め、イスラム勢力を討つことに成功。そして、貴族・聖職者の支援を受けたポルトガル人やフランドル人を入殖させたため、ポルトガル王国の領土は大幅に拡大するとともに、人口も増大していく。そのため、殖民王ともよばれる。サンシュ1世の治世下で、ポルトガルは文化的かつ政治的にも安定し、国として機能するまでに確立された。

アフォンソ2世

生没 1185年～1223年
在位 1211年～1223年

　先王サンシュ1世の子。父王からのレコンキスタをさらに推し進め、イスラム勢力に勝利する。レコンキスタによる急激な領土拡大によって、労働力が不足したことから、下層農民階級の流動化が進み、結果的に国内の農奴が消滅することになる。一方、王権の強化を図るため、貴族には検地を行い、聖職者には莫大な収入から一部を徴収しようと試みる。このため、貴族と聖職者の反発を受け、最終的には、ローマ教皇から破門された。

Ⅳ　イベリア半島

サンシュ2世

- 生没 1207年～1248年
- 在位 1223年～1248年

先王アフォンソ2世の子。王権の強化を目指したが、国内の派閥争いを生む。聖職者らは、ローマ教皇にサンシュ2世の廃位を求め、王弟アフォンソへ3世の譲位を命じられてしまう。サンシュ2世は亡命し、死去した。一方、コインブラ城主マルティンは、新王アフォンソ3世が前王を追い出す形で即位したのに抗議し、居城に立てこもった。アフォンソ3世は、忠誠を誓わないマルティンを包囲したが、マルティンは譲位の正式な儀式をうけて開城した。

アフォンソ3世

- 生没 1210年～1279年
- 在位 1248年～1279年

先々王アフォンソ2世の子で、先王サンシュ2世の弟。聖職者と衝突した父王の跡を受けて即位した兄王サンシュ2世は、ローマ教皇インノケンティウス4世から退位を命じられてしまう。そのため、アフォンソ3世がサンシュ2世を追放する形で即位することになった。即位したアフォンソ3世は、レコンキスタを完了させる。これは、スペインより1世紀半も早い。以後、ポルトガルは、略奪中心の軍事的経済から交易を主とする経済に転換していった。

ディニス1世

- 生没 1261年～1325年
- 在位 1279年～1325年

先王アフォンソ3世の子。ラテン語の公文書をポルトガル語にし、コインブラ大学を創設した。また、テンプル騎士団の財産を譲り受けてイエス・キリスト騎士団を創設。騎士団の財産は、エンリケ航海王子の探検費にも用いられている。庶子のサンシェスを溺愛したことから、嫡子のアフォンソ4世に譲位を迫られ、これを拒否したことから反乱を起こされてしまう。王妃イザベルの仲裁で、事なきをえたが、以降国内の統治より王家の愛憎による対立が増えていく。

アフォンソ4世

- 生没 1291年～1357年
- 在位 1325年～1357年

先王ディニス1世の子。母は王妃のイザベル。カスティーリャ王アルフォンソ11世に嫁いだ娘の結婚生活が順調でないのに立腹してカスティーリャに侵攻したが、イスラム軍が勢力を拡大すると、カスティーリャと同盟を結んで撃破、国土回復運動における大勝利を得た。戦争で経済は停滞し、ペストで人口の3分の1が死亡するなど、深刻な状況に陥ってしまう。息子ペドロ1世の愛人イネスを処刑し、この件は文学作品にもなった。

ポルトガル王国

ペドロ1世

- 生没 1320年～1367年
- 在位 1357年～1367年

先王アフォンソ4世の子。同じ名のカスティーリャ王ペドロ1世は甥にあたる。侍女イネスと恋愛したが父王に仲を引き裂かれ、結果的にイネスは父王の命令で暗殺されてしまう。父王の死により即位すると、イネスの暗殺に関わった廷臣をことごとく粛清。身分にかかわらず罪人を処罰したことから、「残酷王」とよばれる。一方で王妃がカスティーリャ王国の出身であったことから、カスティーリャによるアラゴン侵攻にも参戦し、「正義王」ともよばれた。

フェルナンド1世

- 生没 1345年～1383年
- 在位 1367年～1383年

先王ペドロ1世の子。1369年、カスティーリャ王国で、王位継承の問題がおこると、フェルナンド1世は、カスティーリャ王サンチョ4世の曾孫にあたることを根拠にカスティーリャ王位を主張する。そして、アラゴン王ペドロ4世と同盟を結び、カスティーリャに攻めこんだが反撃された。フェルナンド1世は、1383年に死去したが、男子がいなかったため、カスティーリャ王フアン1世に嫁いでいた王女ベアトリスがポルトガル女王として即位を宣言している。

ベアトリス

- 生没 1372年～1408年
- 在位 1383年～1385年

先王フェルナンド1世の娘。母は、王妃レオノール。父王が重態に陥ったとき、摂政となった母レオノールの意向で、カスティーリャ王フアン1世に嫁ぐ。そして、父王が死去したとき、ベアトリスがポルトガル女王を宣言する。しかし、すぐさま、カスティーリャ王国の介入を嫌った父王の庶弟ジョアン1世に反乱を起こされてしまう。結局、ジョアン1世がアヴィス王朝初代国王として即位し、ベアトリスは退位することになった。

```
アフォンソ1世 ─ サンシュ1世 ─ アフォンソ2世 ┬ サンシュ2世
                                            └ アフォンソ3世 ┐
┌──────────────────────────────────────────────────────────┘
└ ディニス1世 ─ アフォンソ4世 ─ ペドロ1世 ─ フェルナンド1世 ┐
┌──────────────────────────────────────────────────────────┘
└ ベアトリス
```

Ⅳ イベリア半島

ジョアン1世

生没 1357年～1433年
在位 1385年～1433年

ペドロ1世の庶子で、先々王フェルナンド1世の異母弟にあたる。兄王フェルナンド1世の死去後、ポルトガルでは、兄王の王妃であったレオノールが王女ベアトリスを奉じて専制政治を始める。このとき、ジョアン1世は反レオノール派に担がれ、勢力基盤を築き上げていく。このような内部抗争が続くなか、ベアトリスの夫であるカスティーリャ王フアン1世が、レオノールの娘婿であるのを理由にポルトガルへと侵攻してくる。だがジョアン1世はこれを撃退し、英雄と讃えられた。こうした功績を評価され、ジョアン1世はポルトガル王に選出され、アヴィス朝の初代国王となったのである。

即位後、フアン1世が再度侵攻してきたが、撃破。さらには、フランスと同盟を結ぶカスティーリャに対抗して、イングランドと同盟を締結すると、イングランドの王族ジョン・オブ・ゴーントの娘と結婚した。こうした外交努力の末、カスティーリャ王国と和睦する。「エンリケ航海王子」として有名な王子エンリケとモロッコに進出し、勢力を拡大。政治・軍事で成功を収め、ポルトガルの全盛期の基礎を築き上げたので大王と呼ばれている。

ドゥアルテ1世

生没 1391年～1438年
在位 1433年～1438年

先王ジョアン1世の子。王子であった時代から父王を助けており、弟エンリケに命じて、北アフリカから西アフリカを開拓させている。こうして、ポルトガルの勢力はアフリカにまで及ぶことになったが、1437年のモロッコ遠征で、末弟フェルナンドがアラブ軍に捕われてしまう。アラブ側の条件は、ポルトガルが支配下におくモロッコの要衝セウタの返還で、交渉が長引く中、ドゥアルテ1世は死去。フェルナンドも、人質のままモロッコで獄死した。

アフォンソ5世

生没 1432年～1481年
在位 1438年～1481年

先王ドゥアルテ1世の子。母は王妃レオノール。父王の死により6歳で即位し、母レオノールが摂政となった。しかし、レオノールがアラゴン王フェルナンド1世の王女であったことから、宮廷内で支持されず、議会は父王の弟ペドロを摂政とする。1474年、カスティーリャ王エンリケ4世の死去により、カスティーリャ国内で王位をめぐる争いがおこると、王位をねらってカスティーリャに侵攻したが、失敗。晩年は、子のジョアン2世を摂政とし、政治の表舞台から退いた。

ポルトガル王国

ジョアン2世

- 生没 1455年～1495年
- 在位 1481年～1495年

　先王アフォンソ5世の子。父王の時代から摂政として政治の実権を握り、即位したのちは、中央集権化を図るとともに、身分制議会の援助を得て貴族階級を弾圧した。エンリケ航海王子以来の航海事業を推し進めたことで、ポルトガルはアフリカ大陸南端の喜望峰まで進出。しかし、コロンブスに協力しなかったため、大西洋の開拓ではスペインに遅れをとることになった。王妃レオノールの意向を受け、庶子のジョルジェではなく、王妃の弟で従弟マヌエル1世を王太子とした。

マヌエル1世

- 生没 1469年～1521年
- 在位 1495年～1521年

　先王ジョアン2世の従弟。ジョアン2世にはジョルジェという庶子がいたが、ジョアン2世の王妃で姉にあたるレオノールの後押しにより即位する。偶然王位についたことから「幸運王」とよばれる。中央集権化・貿易路開拓・ユダヤ人迫害を継承し、絶対王政を確立。イベリア半島全体を支配下におこうとスペインのフェルナンド2世とイサベル1世の間に生まれた王女マリアと結婚したが死別。貴族や自治共同体の特権を縮小し、王権を強化したため、反対する貴族らと対立した。

ジョアン3世

- 生没 1502年～1557年
- 在位 1521年～1557年

　先王マヌエル1世の子。母はカトリック両王とよばれたスペインのフェルナンド2世とイサベル1世の間に生まれた王女マリア。ジョアン3世自身も、敬虔なカトリック教徒であったため、「敬虔王」とよばれる。ポルトガルに異端審問所を設立してユダヤ教徒を迫害するとともに、植民地においてフランシスコ・ザビエルらに布教させた。王妃にはスペイン王カルロス1世の妹カタリナを迎えたが、カルロス1世もジョアン3世の妹のイザベルと結婚し結束を強めた。

```
ジョアン1世 ── ドゥアルテ1世 ── アフォンソ5世 ── ジョアン2世
 ┌─ フェルナンド ── マヌエル1世 ─┬─ ジョアン3世
 │                              └─ エンリケ1世
 └─ ジョン・マヌエル ── セバスティアン1世
```

セバスティアン1世

- 生没 1554年～1578年
- 在位 1557年～1578年

先王ジョアン3世の孫で、父はジョアン3世の五男ジョアン・マヌエル。祖父王には、父を含め11人の男子がいたものの、すべて早世していた。セバスティアン1世の母はスペイン王カルロス1世の王女であり、男子が誕生しなければ、スペインにポルトガル王位が移ってしまう。そのため、セバスティアン1世は「待望王」とよばれた。スペインからの救世主として「騎士王」ともよばれたが、十字軍への軍資金の負担が増え、嫡子なく戦死した。

エンリケ1世

- 生没 1512年～1580年
- 在位 1578年～1580年

マヌエル1世の子で、先々王ジョアン3世の弟にあたる。聖職者として活躍していたが、先王セバスティアン1世が嫡子を残さずに戦死したため、急遽、王位を継ぐ。そのため、還俗して王妃を迎えようとしたが、ローマ教皇グレゴリウス13世に認められなかった。そのため、ポルトガルで王位継承の争いがおこると、スペイン王フェリペ2世がリスボンを攻略し、ポルトガル王フィリペ1世として即位。スペインとポルトガルは、1640年まで同じ君主を戴く同君連合となる。

ジョアン4世

- 生没 1603年～1656年
- 在位 1640年～1656年

ポルトガルの有力貴族ブラガンサ公テオドジオ2世の子。1578年にスペインがポルトガルを占領してから、スペインとポルトガルはスペイン国王を君主とする同君連合となっていた。しかし、ポルトガルでは次第に独立の気運高まり、ジョアン4世は王政復古戦争を起こすと、1640年、王宮を占拠して自ら即位し、ブラガンサ朝の初代国王となる。さらには、勢いに乗じて、オランダに占領されていたアンゴラの一部とサントメ島を奪還した。

アフォンソ6世

- 生没 1643年～1683年
- 在位 1656年～1683年

先王ジョアン4世の子。スペインとの一連の戦いに勝利して独立を承認され、「勝利王」とよばれる。オランダと争って植民地のスリランカを失ったが、代わりにブラジルを獲得。さらに、姉カタリナがイングランド王チャールズ2世に嫁いだとき、インドのムンバイとモロッコのタンジェを割譲された。フランス王アンリ4世の孫マリアと結婚したが、長続きせず、マリアはアフォンソ6世の弟ペドロ2世と結婚。ペドロ2世に実権を奪われ、死ぬまで監禁された。

ポルトガル王国

ペドロ2世

- 生没 1648年〜1706年
- 在位 1683年〜1706年

　先々王ジョアン4世の子で、先王アフォンソ6世の弟。兄王は精神を病んでいたとされ、ペドロ2世は兄王と離別した王妃マリアと結婚し、兄王の摂政となる。そして兄王を監禁し、1683年、兄王が死去したことにより王位につく。イングランドとの間にメシュエン条約を結び、ポルトガル産ワインの輸出とイングランド産毛織物の輸入を促進したが、経済的にイギリスに従属する原因となる。また、イギリス・オーストリアとの間でーに軍事同盟も締結した。

ジョアン5世

- 生没 1689年〜1750年
- 在位 1706年〜1750年

　先王ペドロ2世の子。母は王妃のマリア。スペイン王位を争ったスペイン継承戦争では神聖ローマ帝国・イングランドに味方して参戦。ユトレヒト条約やマドリード条約によって、植民地のブラジルをほぼ現在の領域まで拡大し、ポルトガルを史上最大の繁栄に導く。そして、莫大な富を背景に絶対王政を行い、顧問会議をやめた。ローマ教皇クレメンス11世に呼応してオスマン帝国との戦争に参戦し、「いと敬虔なる王」の称号をローマ教皇から与えられてもいる。

ジョゼ1世

- 生没 1714年〜1777年
- 在位 1750年〜1777年

　先王ジョアン5世の子。母は神聖ローマ皇帝レオポルト1世の皇女マリア・アナ。スペイン王フェリペ5世の王女マリアナ・ビクトリアを王妃に迎えたが、一方、ジョゼ1世の姉バルバラもフェリペ5世の王子フェルディナンド6世に嫁ぎ、結束を強めた。ジョゼ1世自身は政治に関心が無く、宰相のポンバル侯爵セバスティアン・デ・カルヴァーリョが独裁を行う。そのため、侯爵の独裁に反対する貴族によって、ジョゼ1世暗殺未遂事件も起きた。

マリア1世

- 生没 1734年〜1816年
- 在位 1777年〜1816年

　先王ジョゼ1世の娘。母は王妃のマリアナ。叔父にあたるペドロ3世と結婚しており、父王の死により即位する。ポンバル侯爵を更迭し、工業化とインフラ整備を進めたことで、植民地からの輸出が増加。ポルトガルを安定に導いたが、1789年のフランス革命により、ナポレオンの命を受けたフランス軍に占領されてしまう。植民地譲渡や賠償金の支払いといった講和の条件を受け入れず、マリア1世はブラジルに避難。遷都したリオ・デ・ジャネイロで死去した。

ペドロ3世

- 生没 1717年～1786年
- 在位 1777年～1786年

　先々王ジョゼ1世の弟で、姪にあたるマリア1世と結婚。叔父と姪との近親婚で、年の差もあったが、夫婦仲は良かったと伝えられる。マリア1世の即位により、共同統治王となった。ペドロ3世自身は政治に興味を持たず、狩りや宗教的儀式に熱心であったため、国政はマリア1世が行った。ただ、ジョゼ1世暗殺未遂事件で土地を取られた貴族らの名誉回復嘆願を聞き届け、土地を返還して社会復帰を促すなど、ポルトガル王室の権威を守っている。

ジョアン6世

- 生没 1767年～1826年
- 在位 1816年～1826年

　マリア1世と王配ペドロ3世の子。父ペドロ3世の死後、摂政として母王を補佐した。ナポレオンとの戦いに敗れてブラジルへ逃れ、母王の死とともに、リオ・デ・ジャネイロで即位した。そのころ本国では、フランスを駆逐したイギリスが軍政を敷いており、イギリスの支配に抵抗する革命政府が樹立される。革命政府に誓願されたジョアン6世は、1822年、本国のリスボンに帰還した。こうして、ポルトガルは、絶対王政から立憲王政になったのである。

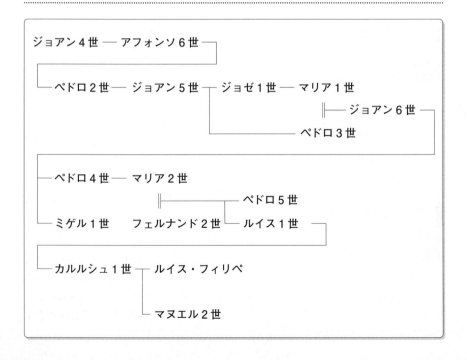

ポルトガル王国

ペドロ4世

生没 1798年～1826年
在位 1826年

　先王ジョアン6世の子。本国で起きた革命政府の要請により父王がリスボンに帰還するとき、摂政としてブラジルに残された。その後、父王がブラジルの自治権を取り消そうとしたとき、ブラジルは独立を宣言。1822年、ブラジル皇帝として擁立され、ペドロ1世として即位する。その後、1826年に父王が死去したため、ポルトガル王位を継いでペドロ4世として即位するが、ブラジル皇帝との兼任は歓迎されず、退位して王女マリア2世にポルトガル王位を譲った。

マリア2世

生没 1819年～1853年
在位 1826年～1828年、1834年～1853年

　先王ペドロ4世の娘。父王がポルトガル王位をついですぐに退位したため、わずか7歳でポルトガル女王となる。しかし、婚約していた叔父のミゲル1世がポルトガル王位を僭称。これにより、ポルトガルではマリア2世とミゲル1世という2人の国王が並立する事態に陥ってしまう。このとき、ブラジル皇帝となっていた父王が内戦に介入し、ミゲル1世を破った。こうしてマリア2世は、1834年、ポルトガル議会から正式な国王として承認されている。

ミゲル1世

生没 1802年～1866年
在位 1828年～1834年

　ジョアン6世の子で、先々王ペドロ4世の弟にあたる。1826年に父王が死去すると、兄ペドロ4世が一旦即位したあと、幼少のマリア2世が王位につく。このとき、ミゲル1世は、姪にあたるマリア2世と婚約し、その摂政となった。しかし、1828年、ポルトガル王位継承権を主張し、絶対君主として即位する。このため、自由主義の立場をとるペドロ4世・マリア2世と内戦を戦うことになった。結局、1834年、内戦に敗れたミゲル1世は、ポルトガルから追放された。

フェルナンド2世

生没 1816年～1885年
在位 1837年～1853年

　1836年にマリア2世と結婚し、翌1837年、王子ペドロ5世が誕生した。ポルトガルでは、女王との間に子が生まれた場合に王配が国王になることができたため、この年、フェルナンド2世としてマリア2世の共同王となる。マリア2世の死後は退位してペドロ5世の摂政となり、スペインのイサベル2世が退位させられた後のスペイン王位を打診された時には、ポルトガルの独立を条件に断った。ポルトガルのシントラにある有名なペーナ宮殿を残している。

Ⅳ　イベリア半島

ペドロ5世

生没 1837年～1861年
在位 1853年～1861年

　マリア2世と王配フェルナンド2世の子。母王の死後に即位し、父の摂政を受けている。このころのポルトガル王家では、王位継承争いで暗躍した将軍たちの軍人政権に悩まされていた。そのため、ペドロ5世は近代化を進めることを期待され、「有望王」とよばれている。実権を軍人に掌握されるという困難のなか、ペドロ5世は熱心に近代化に取り組み、道路・電信・鉄道の整備や公衆衛生の改善に務めた。しかし24歳で死去。王位は次弟のルイス1世がついだ。

ルイス1世

生没 1838年～1889年
在位 1861年～1889年

　マリア2世と王配フェルナンド2世の子。先王ペドロ5世の弟にあたり、兄王の急死により、王位につく。王自身は文化人として知られており、政治の才能はなかったらしい。治世のはじめは、将軍のサルダーニャに政治の実権を握られ、その死後は、共和派と王党派の間で揺れ動いたために政策は定まらず、内政は停滞してしまった。こうしてポルトガルは列強に出し抜かれるようになり、あらゆる面で遅れた後進国に転落してゆく。

カルルシュ1世

生没 1863年～1908年
在位 1889年～1908年

　先王ルイス1世の子。植民地経営ではイギリスと条約を結んでアフリカ情勢を安定化させたが、内政では財政破綻を宣言したため、社会主義者の台頭や、王制への批判を招く。そうしたなか、ジョアン・フランコを首相に任命すると、議会を解散させ、共和主義者を弾圧した。これにより、国民の不満が社会主義者のさらなる台頭を生むことになる。結局、1908年、カルルシュ1世は外遊先からリスボンへの帰途、馬車に乗っていたところを共和主義者に狙撃されて死亡した。

ルイス・フィリペ

生没 1887年～1908年
在位 1908年

　先王カルルシュ1世の長男。馬車上で狙撃された父王は即死し、自身も約20分後に死亡した。世界一在位の短い王とされるが、即位式は行われていない。

マヌエル2世

生没 1889年～1932年
在位 1908年～1932年

　先々王カルルシュ1世の子で、先王ルイス・フィリペの弟。1910年、ポルトガルでの革命により共和政が成立したため、王位を追われてイギリスへ亡命した。

第 V 章
スカンディナビア半島

ノルウェー王国
872年頃～

　北ゲルマン族に属するノール人（古代ノルウェー人）は、フィヨルドごとの小国を形成していたが、9世紀にハーラル1世によって統一された。9～11世紀のヴァイキング時代、ノール人はアイルランドやアイスランド、さらにはノルマンディーやシチリアなどへ進出、植民を行う。また、国外でキリスト教化したオーラヴ1世やオーラヴ2世らの諸王が帰国することで、ノルウェーにもキリスト教が導入されることになった。11世紀にはデンマークのクヌーズ大王による北海帝国に併合されるが、大王の死後独立を回復。しかし1130年にシグルス1世が死去すると内乱の時代に入る。1217年に即位したホーコン4世のもとでノルウェーは興隆期を迎え、成文法の成立や王権の強化などで安定した治世が実現した。

　しかし、ペストの流行やハンザ同盟による経済的支配によって王国は衰退し、14世紀末のカルマル同盟の成立によってデンマークの支配下に置かれることになった。その後、ナポレオン戦争後の1814年にデンマークからスウェーデンに割譲される。19世紀に経済的な発展を遂げたノルウェーは、1905年にスウェーデンとの同君連合を解消。二度の世界大戦では大きな被害を受けながらも復興し、現在に至っている。

872年頃	ハーラル1世、ノルウェーを統一
961年	ハーラル2世、ホーコン1世を破り王位に就く
1000年	オーラヴ1世、デンマークに敗れ戦死
1028年	デンマークのクヌーズ大王に敗れ、デンマーク支配下に入る
1066年	ハーラル3世、イングランド遠征中に戦死
1107年	シグルス1世、十字軍遠征に向かう
1130年	シグルス1世死去、混乱期に突入する
1184年	スヴェレ・シグルツソンが王位に就く
1217年	ホーコン4世が即位する
1276年	マグヌス6世、都市法を制定
1281年	エイリーク2世、スコットランド王女マーガレットと結婚
1299年	ホーコン5世が即位、この時代にオスロに遷都
1349年	ペストが大流行し、ノルウェーの人口の3分の1が失われる
1375年	ホーコン6世の息子オーラヴ4世（オーロフ2世）、デンマーク王に即位
1397年	カルマル同盟が成立、デンマーク・スウェーデン・ノルウェーは同君連合となる
1523年	カルマル同盟からスウェーデンが離脱
1814年	ノルウェー、デンマークからスウェーデンに割譲される
1905年	ノルウェー、スウェーデンより独立を達成

ノルウェー王国

ハーラル1世

生没 850年頃～930年頃
在位 872年頃～930年頃

ノルウェー南東部ヴェストフォル地方の王で、スウェーデンの名族インリング王家の末裔とされるハルダン黒王の子。当時ノルウェーは小国の王が割拠していたが、ハーラル1世は次々に各地の王を破り、872頃のハフルスフィヨルドの戦いでほぼ全土を統一し、ノルウェー最初の統一王権をつくりあげた。若い時に統一事業を達成するまで髪を切らないという誓いをたてたために当初「蓬髪王」と呼ばれ、統一後に髪を整え「美髪王」と呼ばれるようになったという伝説がある。

エイリーク1世

生没 885年～954年
在位 930年頃～945年頃

先王ハーラル1世の子。父王の死後、数多くの息子たちが王位をめぐって争い、エイリーク1世は異母兄弟ランヴァルドとビョルンを虐殺。同じく異母兄弟であるシグルスとオーラヴの連合軍を破り、これを皆殺しにした。苛烈で専制的な統治を敷いた王であったために貴族の支持を失い、945年頃末弟ホーコン1世に王位を奪われ、ノルウェーを追放された。その後はイングランドに赴き、2度にわたってヨーク地方の君主の座についた。その性格から「血斧王」の異名がある。

ホーコン1世

生没 920年～961年
在位 945年頃～961年

初代ハーラル1世の末子。「善良王」との呼び名がある。イングランド王アゼルスタンのもとで養育される。父王の死後起きた後継者争いの末、異母兄エイリーク1世を追放して王位についた。地域ごとの代表者が集まる議会としてティングの制度を整備。また農民を船員として徴用するレイダングと呼ばれる防衛システムを制度化した。キリスト教化も試みるが、農民の抵抗にあって失敗した。エイリーク1世の息子たちと争い、ハーラル2世に敗れて戦死した。

ハーラル2世

生没 930年頃～970年
在位 961年～970年

初代エイリーク1世の長男。父王が954年に死ぬと、母方の叔父にあたるデンマーク王ハーラル1世（青歯王）と同盟し、その援助を受けて先王ホーコン1世と抗争した。961年にはホーコン1世を打倒して、兄弟とともに王位につく。中でも年長であるハーラル2世は大きな権限を持っていた。土着の支配者を殺すことによって支配権を確立し、現在のロシアのアルハンゲリスクにまで遠征をしたが、敵対者に欺かれてデンマークに向かったところを殺された。

ハーラル1世

生没 ？～987年
在位 970年～985年/986年

　デンマーク王ゴーム老王の子。「青歯王」の名は「浅黒い肌の英雄」を意味する古デンマーク語が英語に音訳され、そのまま誤訳されたものである。自らキリスト教の洗礼を受け、デンマークをキリスト教化した。ノルウェーにも勢力を伸ばし、交渉によってデンマークとノルウェーを統合。ユトランド半島のイェリングに石碑を建て、そこに自らがデンマークとノルウェーの王であることを刻ませた。晩年に息子スヴェン1世と争い、その時の戦いの傷がもとで死んだとされる。

ハーコン・シグルザルソン

生没 935年頃～995年
在位 975年～995年

　ノルウェー貴族のラーデ伯シグルスの子。961年、ハーラル2世に父親を殺され、ハーラル2世と戦うが負けてデンマークに逃れる。デンマーク王ハーラル1世（青歯王）に協力し、ノルウェーにハーラル1世（青歯王）の勢力が及ぶようになると臣下としてノルウェーを統治した。名目上は臣下であったが、事実上は独立した君主のように振舞っていた。しかし、初代ハーラル1世の子孫であるオーラヴ1世が登場すると支持を失い、自身の奴隷に殺された。

オーラヴ1世

生没 964年頃～1000年
在位 995年～1000年

　ヴァイケンの王トリグヴァ・オーラヴソンの子。ノルウェー王ハーラル1世の曾孫にあたる。幼少時に父親をハーラル2世に殺害され、キエフ大公ウラディミール1世のもとに逃れた。その後ヴァイキングの頭領となり、北欧各地を襲撃したほか、デンマーク王スヴェン1世とともにイングランドを攻撃。伝説では988年頃にキリスト教に改宗したという。995年に帰国し、ハーコン・シグルザルソンを打倒して王位についたが、デンマークとスウェーデンの連合軍に敗れ、戦死した。

スヴェン1世

生没 960年～1014年
在位 985年～995年/1000年～1014年

　デンマーク王ハーラル1世の子。父王をスラヴの地に追放してデンマークおよびノルウェーの王となり、父王のノルウェーにおける領土拡張路線を受け継いだ。また、994年にはオーラヴ1世と協力してイングランドを攻撃している。しかし、その後ノルウェー王となったオーラヴ1世と不仲になり、1000年頃オーラヴ1世を破り、敗死させた。イングランド王によるデーン人虐殺を受けてイングランドに出兵、1013年に勝利を収めイングランド王位につくが、まもなく急死した。

ノルウェー王国

オーラヴ2世

生没 995年～1030年
在位 1015年～1028年

ヴェストフォルの領主ハーラル・グレンスケの子。ノルウェー王ハーラル1世の子孫で、初めはヴァイキングとして活躍した。1013年頃、ルーアンで洗礼を受ける。オーラヴ1世の死後分割され、独立を失っていたノルウェーに帰国して王位につき、1016年には全ノルウェーを統一した。ノルウェー全土にキリスト教を布教することに努めたが、1028年にデンマークのクヌーズ大王に敗れ、ロシアに逃れる。1030年、スチクレスタでデーン人と戦って敗死。後にノルウェーの聖人となった。

クヌーズ

生没 995年～1035年
在位 1028年～1035年

デンマーク王スヴェン1世の子。父王の死後イングランドの征服事業を引き継ぎ、1017年、イングランドの国王となった。1018年には兄の死によって単独のデンマーク王となる。また1028年、ノルウェー王オーラヴ2世とスウェーデン王アーヌンド・ヤーコブの連合軍と戦ってノルウェー征服に成功、短期間ながらノルウェー王位にもつく。イングランド、デンマーク、ノルウェーにまたがる北海帝国を形成したが、1035年にクヌーズが死ぬとまもなく北海帝国は瓦解した。

マグヌス1世

生没 1024年～1047年
在位 1035年～1047年

ノルウェー王オーラヴ2世の庶子。1028年、デンマークのクヌーズ大王によってノルウェーを追われ、ロシアに亡命していたが、1035年にクヌーズが死ぬと帰国。ノルウェーを支配していたクヌーズの子スヴェンをデンマークに追い出した。その後デンマーク王ハーデクヌーズと和解、1042年協定に従いデンマーク王位も引き継いだ。また、オーラヴ2世の異母弟であるハーラル3世も迎えて共同統治とするが、デンマークを任せた代官の反乱にあい、対応の最中に急死した。

ハーラル3世

生没 1015年～1066年
在位 1046年～1066年

ノルウェー王オーラヴ2世の異母弟。オーラヴ2世がクヌーズに敗れ戦死した後ロシアに亡命、ビザンツ帝国に赴いて皇帝親衛隊長を務めた。1045年にノルウェーに帰国、甥マグヌス1世と共同統治を開始した。マグヌス1世の死後は単独王となる。イングランドで、国王ハロルド2世とその弟トスティとの間で内紛が起こると、領土的野心からトスティの側に立って介入したが、1066年、スタンフォード・ブリッジの戦いでハロルド2世に敗れ、トスティとともに戦死した。

マグヌス2世

- 生没 1048年～1069年
- 在位 1066年～1069年

　先王ハーラル3世の長男。1058年、ノルウェーの国威を高めるためにアイリッシュ海まで遠征を行う。父王がイングランドに遠征したときは摂政として国内を任され、1066年には父王ハーラル3世が敗死したため王位を継承した。ハーラル3世に従軍していた弟オーラヴ3世は生き延びており、オーラヴ3世の帰国後は兄弟で国土を分割統治することになった。兄弟間の関係は良好であったとみられる。短い治世の後にマグヌス2世が没すると、オーラヴ3世の単独統治となった。

オーラヴ3世

- 生没 1050年～1093年
- 在位 1066年～1093年

　ノルウェー王ハーラル3世の次男。父王とともにイングランドに遠征したが、1066年にイングランド王ハロルド2世に敗れ、父王は戦死。オーラヴ3世は若年で戦闘に参加していなかったため難を逃れた。帰国後は国土を南北に分け、兄マグヌス2世と分割統治を行った。1069年にマグヌス2世の死去により単独統治となる。王権を強める一方で、教会の権威を認め、ベルゲンやトロンハイムの教会建設を主導した。その長い治世は平和に保たれたため、「平穏王」の異名がある。

ホーコン・マグヌソン

- 生没 1068年～1095年
- 在位 1093年～1095年

　ノルウェー王マグヌス2世の子。父王マグヌス2世の死の直前に誕生した。1090年には、ロシアのアルハンゲリスク地方への遠征任務を引き受けた。1093年に叔父オーラヴ3世が没するとトロンハイムにおいて王位を継承するが、同時に従兄弟にあたるマグヌス3世もヴィッケンで王位を継ぐ。しかし、1095年にホーコン・マグヌソンは急死してしまい、王位はマグヌス3世のものになった。ホーコン・マグヌソンの治世はあまりに短く、一般的にはノルウェー王に数えない。

マグヌス3世

- 生没 1073年～1103年
- 在位 1093年～1103年

　ノルウェー王オーラヴ3世の子。父王の死後、従兄弟のホーコン・マグヌソンとともに王位を主張するが、ホーコン・マグヌソンの死によって単独王となる。精力的かつ好戦的な王であり、ヴァイキングを制圧した他、デンマーク領への遠征、アイルランド、スコットランドの修道院の略奪などを行った。内政では貨幣を改鋳して銀の含有量を増やす政策もとっている。ちなみに、「裸足王」の異名は、下脚がむき出しになるアイルランド風の衣装を取り入れたことに由来する。

ノルウェー王国

オーラヴ・マグヌソン

生没 1099年〜1115年
在位 1103年〜1115年

　先王マグヌス3世の子。1103年、父王の死によって異母兄のエイステイン1世、シグルス1世とともに王位を継承した。オーラヴ・マグヌソンは幼かったため、兄たちが摂政の役回りを担って彼を助けた。1107年より、シグルス1世は十字軍を率いて遠征に向かい、その間エイステイン1世が国内の統治を取り仕切った。1115年、オーラヴ・マグヌソンは病死し、王位は異母兄らが受け継いだ。かつてはオーラヴ4世と呼ばれていたが、現在ではそう呼ばれない。

エイステイン1世

生没 1088年〜1123年
在位 1103年〜1123年

　ノルウェー王マグヌス3世の子。1103年、異母弟のオーラヴ・マグヌソン、シグルス1世とともに王位につく。シグルス1世が十字軍遠征で「戦士の王」として名高いのに対し、内政で能力を発揮したエイステイン1世は「平和の王」として好対照をなしている。彼の治世下では多くの建築物や教会が建てられ、インフラが整備された。また、魚介類交易の重要性に着目し、ベルゲンを魚介類貿易の中心地として整備した。1123年に病死し、その後はシグルス1世が単独王となった。

シグルス1世

生没 1090年〜1130年
在位 1103年〜1130年

　ノルウェー王マグヌス3世の子。1098年、父王のオークニー諸島などへの遠征に同行する。1103年に王位を継承、当初は異母兄弟エイステイン1世、オーラヴ・マグヌソンとの共同統治であった。1107年、第1回十字軍によって創設されたイェルサレム王国を支援するためにノルウェー十字軍を率いて遠征に向かう。巡礼の途中で後の両シチリア王ルッジェーロ2世や神聖ローマ皇帝ロタール3世に拝謁し、1111年に帰還した。1130年に死去するが、その後王位をめぐる混乱の時代となった。

ハーラル4世

生没 1102年頃〜1136年
在位 1130年〜1136年

　アイルランドに生まれたが、ノルウェー王マグヌス2世の庶子であると主張してシグルス1世に王位を要求した。マグヌス2世の子であることは承認され、代わりにシグルス1世とその息子マグヌス4世の存命中は王位を要求しないことを約した。しかし、シグルス1世が没すると約束を反故にし、王位を宣言。デンマークの援助を得て1135年にマグヌス4世を破り、捕らえて盲目にした。しかし翌年、同じくマグヌス2世の庶子を自称するシグルス・スレムビーに殺害された。

Ｖ　スカンジナビア半島

マグヌス4世

- 生没 1115年〜1139年
- 在位 1130年〜1135年

　ノルウェー王シグルス1世の子。ハーラル4世と王位を争い、1134年には勝利するが翌年に敗れる。捕らえられたマグヌス4世は盲目にされ、片足を切断され、去勢された上修道院に入れられた。1136年、マグヌス2世の庶子を名乗るシグルス・スレムビーがハーラル4世を暗殺する。スレムビーはマグヌス4世を復位させようとするが、ハーラル4世の子シグルス2世とインゲ1世に敗れた。1139年、マグヌス4世は再びシグルス2世、インゲ1世と戦うが、敗れて戦死した。

シグルス2世

- 生没 1133年〜1155年
- 在位 1136年〜1155年

　ノルウェー王ハーラル4世の子。父王が王位を主張するシグルス・スレムビーに暗殺されたため異母兄弟であるインゲ1世、マグヌスとともに共同統治者となった。幼王たちのそれぞれの後見人は1139年、敵対者であるシグルス・スレムビーと先王マグヌス4世を破った。1140年代に共同統治者マグヌスが自然死し、代わりにエイステイン2世が共同統治者に加わるが、王たちが成人するとともに兄弟間の確執が表面化。シグルス2世はインゲ1世に住居を襲撃され、殺された。

インゲ1世

- 生没 1135年〜1161年
- 在位 1136年〜1161年

　ノルウェー王ハーラル4世の唯一の嫡出子。「佝僂王」の異名があるが、同時代の資料には身体的障害の証拠はない。わずか1歳にして二人の異母兄マグヌス、シグルス2世とともに即位。マグヌスの死後、エイステイン2世も共同統治者に加わる。後見人らが死去すると兄弟間の争いが起き、1155年、インゲ1世はシグルス2世を殺害。2年後にはエイステイン1世も破って殺害した。しかし、シグルス2世の子ホーコン2世のもとに団結した敵対者らに敗れ、殺された。

エイステイン2世

- 生没 1125年〜1157年
- 在位 1142年〜1157年

　ノルウェー王ハーラル4世の子。父王の故郷アイルランドで生まれた。1142年、母親とともにノルウェーに渡り、異母弟シグルス2世、インゲ1世らとともに王となった。1150年代にはイングランドやスコットランドに遠征し、略奪を行ったという。異母弟らが成人すると兄弟の諍いが発生し、まず1155年にインゲ1世がシグルス2世を殺害。1157年、エイステイン2世とインゲ1世の間で戦いが起き、敗れたエイステイン2世はブーヒュースレーンの地で捕らえられ、殺害された。

ノルウェー王国

ホーコン2世

- 生没 1147年～1162年
- 在位 1157年～1162年

　ノルウェー王シグルス2世の子。「肩広王」の異名を持つ。1157年、兄弟間の戦いで殺された伯父エイステイン2世の後継者に選ばれる。当時は叔父インゲ1世がシグルス2世とエイステイン2世を殺し継承権争いの勝ち残りとなっていた。シグルス2世とエイステイン2世の支持者らはホーコン2世のもとに団結し、1161年、オスロ近郊でインゲ1世を敗死させた。しかしインゲ1世派の支持者はノルウェー貴族アーリング・スカッケのもとに集まり、ホーコン2世を敗死させた。

マグヌス5世

- 生没 1156年～1184年
- 在位 1161年～1184年

　十字軍に従軍して名声を得たノルウェー貴族アーリング・スカッケの子。母はノルウェー王シグルス1世の娘であった。1161年、5歳の時に即位。戴冠式を行った初めてのノルウェー王である。優れた為政者であった父アーリングが実質的にノルウェーを支配した。1166年にエイステイン2世の孫オーラヴが王位を主張するが、鎮圧。しかし、1179年には同じく王位を主張するスヴェレ・シグルツソンに敗れてデンマークに亡命。再起を図るが、1184年にソグネフィヨルドの戦いで敗死。

スヴェレ・シグルツソン

- 生没 1145年/1151年～1202年
- 在位 1184年～1202年

　ノルウェー王シグルス2世の庶子と伝わる。フェロー諸島で育ち、1176年、ノルウェーに現れて王位を主張、大貴族アーリング・スカッケやノルウェー王マグヌス5世を破り、1184年に王位についた。軍制・税制の改革を進め軍事力を強化、ノルウェーの中央集権化を進めた。しかし、教会に戴冠されたマグヌス5世を倒して王位を奪ったことにより教会と対立を起こして破門され、対応に苦慮した。1202年、死の床で後継者ホーコン3世に教会と和解するよう勧めている。

ホーコン3世

- 生没 1182年～1204年
- 在位 1202年～1204年

　先王スヴェレ・シグルツソンの子。父王の死の時点で唯一生存していた息子であったため、1202年に王位を継承した。父王と対立してデンマークやスウェーデンに亡命していたノルウェー司教と和解。内戦を終結させ、国家の支配者として広く認知される。しかし在位2年で死去。継母マルガレーテが毒殺したという疑いが浮上する。マルガレーテは神明裁判の結果有罪の宣告を受け、スウェーデンに亡命した。子はなく、王位は甥のグットルムによって継承され、内乱が再燃した。

グットルム

生没 1199年～1204年
在位 1204年

　ノルウェー王子シグルスの子で、スヴェレ・シグルッソンの孫にあたる。先王で叔父のホーコン3世は未婚であり、1204年に嗣子のないまま没したため、5歳にして王位を継承した。幼王の即位に対し、ノルウェー王マグヌス2世の子アーリング・ステインヴェッグが王位を宣言。かつてのヴィッケンの支配権を取り戻そうという野望を持っていたデンマーク王ヴァルデマー2世の支持を受け、再びノルウェーの混乱が始まった。幼王グットルムは、即位と同年に病に倒れ死去した。

インゲ2世

生没 1185年～1217年
在位 1204年～1217年

　ノルウェーの大貴族ボードの子。1204年に先王グットルムが夭折した後、権力者間の妥協により国王に選出される。即位後の4年間は、対立王アーリングやその後継者フィリップと争い、国内は激しい内乱となる。しかし1208年に会談の場が持たれ、フィリップが王位を放棄してインゲ2世の王位を認めることで和平が成立した。しかし、フィリップは完全には従わず国内の緊張は続いた。1214年には、トロンデラーグにおける農民反乱を鎮圧するが、1217年に病に倒れ、死去した。

ホーコン4世

生没 1204年～1263年
在位 1217年～1263年

　ノルウェー王ホーコン3世の子。父王の死後に生まれ、13歳で王位につく。親政開始後は貴族の力を弱め、農民を基盤とする内政を確立。慣習法を成文化、人妻の略奪や私的復讐などを禁止して古い社会秩序を変革した。1217年、イングランド王ヘンリー3世と交渉し、両国の歴史上最古の通商条約を締結。対外的には積極的な領土拡大を行い、グリーンランドやアイスランドを征服した。文化にも造詣が深く、『トリスタンとイゾルデ』などをノルウェー語に翻訳させている。

マグヌス6世

生没 1238年～1280年
在位 1263年～1280年

　先王ホーコン4世の子。父王に倣ってスコットランドとの戦いを継続したが、1266年、スコットランド王アレグザンダー3世と講和し、マン諸島とヘブリディーズ諸島を放棄して戦争を終結させた。国家体制の整備と王権強化に尽力し、議会とたびたび対立しながら法改定を行う。国民法典、都市法、教会法を制定し、立法権を地方議会から元老院に移動して中央集権化を進めるなどした。しかし、度重なる法の改正は悪評を招き、「改法王」と揶揄されるまでになった。

ノルウェー王国

エイリーク2世

- 生没 1268年～1299年
- 在位 1280年～1299年

先王マグヌス6世の子。1280年、父王の死に伴って即位する。翌年、スコットランドとの関係改善のために、父王と争っていたスコットランド王アレグザンダー3世の娘マーガレットと結婚した。マーガレットの死後は、スコットランド王ロバート1世の妹イザベルと再婚したが、いずれの王妃も男子は授からなかった。1289年には、自ら艦隊を率いてデンマークを攻撃、エルシノアに火を放ちコペンハーゲンを脅かした。その後デンマークの反撃にあい、1295年に講和した。

ホーコン5世

- 生没 1270年～1319年
- 在位 1299年～1319年

ノルウェー王マグヌス6世の子。兄王エイリーク2世に男子がなかったため王位を継いだ。デンマーク、スウェーデンと交戦し、軍事力を強化したが、騎士層の力を増大させる結果となった。兄王の方針を転換してハンザ同盟の利権に対抗、ノルウェーの商業を守ろうとした。しかしハンザ同盟の反撃に遭い屈服、ノルウェー王権は弱体化した。デンマーク、スウェーデンの干渉を避けるため、首都をベルゲンからオスロに移し、その地にオーケルシュス城を建設した。

マグヌス7世

- 生没 1316年～1374年
- 在位 1319年～1355年

スウェーデン王族エーリク・マグヌソンの子。ホーコン5世は母方の祖父である。先王ホーコン5世に男子がなかったため、ノルウェー王位を継承。スウェーデンでも王に迎えられ、2か国の王となる。1332年に親政を開始、聖人ビルギッタを支援。1355年、子のホーコン6世にノルウェー王位を譲り、スウェーデンのみの王となる。しかし1356年にスウェーデン王位を追われ、3年後に復位するものの1364年に再び追放される。デンマークと戦って捕虜となり、1371年にノルウェーに亡命した。

ホーコン6世

- 生没 1340年～1380年
- 在位 1355年～1380年

先王マグヌス7世の子。1363年、デンマーク王ヴァルデマー4世の娘マルグレーテと結婚。1365年、スウェーデン王位を追われた父王を助けてヴァルデマー4世と戦うが敗れる。1375年、ヴァルデマー4世が後継者なく没したため、息子のオーラヴ4世（デンマーク王としてはオーロフ2世）をデンマーク王位につけた。1379年には、オークニー諸島の伯爵領相続問題を解決している。東方への積極進出のために軍制改革を行って軍事力を強化したが、同時に財政の圧迫も招いた。

スウェーデン王国

1523年〜

　スウェーデンの地に統一王朝が形成されたのは8世紀半ばのことである。9世紀から11世紀にかけてのヴァイキング時代には、フィンランドやバルト海沿岸などに進出を果たす。また、10世紀以降キリスト教が伝来し、1164年には古代・中世スウェーデンの中心地、ガムラ・ウプサラに大司教座が設置される。12世紀以降は貴族勢力の台頭によって王権は衰退し、1397年のカルマル同盟によってデンマークに支配されることになった。15世紀後半以降、デンマークの圧政に対して抵抗を始め、1523年にグスタフ・ヴァーサがグスタフ1世として国王に即位、正式に独立を果たした。グスタフ1世は絶対君主として富国強兵政策を推し進め、スウェーデンを強国に育てる。17世紀にはグスタフ2世アドルフが登場、三十年戦争に介入してバルト帝国を打ち立てた。

　クリスティーナ女王やカール10世の代にはスウェーデンは最盛期を迎えるが、1700年に勃発した大北方戦争でロシアに敗北し、バルト海東岸を喪失。18世紀以降王権は衰え、「バルト海の覇者」としての影響力は失われていった。19世紀後半には議会制、20世紀初頭には普通選挙が導入された。2度の世界大戦では中立を貫き、王室は現在に至っている。

1397年	カルマル同盟により、デンマーク・スウェーデン・ノルウェーの同君連合が成立
1520年	「ストックホルムの血浴」により反デンマーク運動が激化
1523年	グスタフ1世が即位、スウェーデン王国が成立する
1563年	北方七年戦争が始まる
1632年	グスタフ2世アドルフが戦死
1654年	カール10世が即位
1700年	大北方戦争が勃発する
1718年	カール12世が戦死
1780年	武装中立同盟に参加する
1792年	グスタフ3世暗殺事件
1814年	ナポレオン戦争の結果、デンマークからノルウェーを獲得
1843年	イギリスとロシアに対し中立を表明、中立主義が始まる
1866年	二院制議会が設立される
1905年	ノルウェーが分離独立
1914年	第一次世界大戦に対し中立を宣言
1940年	ナチスドイツの北欧侵攻に対し、中立を維持

スウェーデン王国

グスタフ1世

生没 1495年～1560年
在位 1523年～1560年

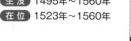

スウェーデンの名門貴族エリク・ヴァーサの子。ウプサラ大学に学び、1517年から独立派貴族小ステーン・ステューレの指導のもとでデンマーク軍と戦う。小ステューレの戦死後はスウェーデン独立運動の指導者となり、デンマーク軍の捕虜となった。1520年、デンマーク王クリスチャン2世による反対派粛清事件である「ストックホルムの血浴」が起きる。スウェーデン人のデンマークに対する憎悪が高まる中、グスタフ1世は脱走し、翌年にダーラナ地方の農民を率いて反乱を起こす。グスタフ1世は、その年のうちにデンマーク軍をスウェーデンから駆逐して独立を達成。スウェーデンの摂政になることを宣言した後、1523年に議会の支持を受けて国王に選出される。1527年、議会においてルター派の主張を全面的に支持。教会領の大半を没収し、また小ステューレの広大な遺領を継承して国王直轄領を増やし、国家の財政基盤の確立と中央集権化に力を尽くした。また、行政改革にも着手し、地方で起きた反乱に対しては厳しい態度で鎮圧した。1544年に王位継承法を成立させ、王位を従来の選挙制から世襲制へと改めた。ここにヴァーサ朝スウェーデン王国が創始された。

エリク14世

生没 1533年～1577年
在位 1560年～1568年

先王グスタフ1世の長男。即位後はデンマークからの経済的自立と、バルト海での影響力増大を目指す。政治同盟のためにエリザベス女王やメアリ・ステュアートらに求婚するが実現はしなかった。1562年、外交方針をめぐって異母弟ヨハン3世と対立し、これを投獄。1563年より北方七年戦争が勃発、ポーランド・リューベックと結んでデンマークと戦うが苦戦を強いられる。やがて精神の均衡を失い、1568年、ヨハン3世に廃位された。獄中で死去したが、毒殺の疑いが強い。

ヨハン3世

生没 1537年～1592年
在位 1568年～1592年

先々王グスタフ1世の子。1556年、父王によりフィンランド公に封ぜられる。先王で兄のエリク14世と対立し一時投獄されるが、クーデターを起こして王位に就いた。エリク14世の始めた北方七年戦争を終結させ、リヴォニア戦争ではロシアを破った。教会改革や財政改革を行ったほか、旧教には好意的で新教と旧教の融和に努める。子のジグムント3世をポーランド王にしたが、新教国スウェーデンと旧教国ポーランドの対立の火種を次世代に残したまま没した。

ジグムント3世

生没　1566年～1632年
在位　1592年～1599年

　先王ヨハン3世の子。1587年、ポーランド王ステファン・バートリの死去に伴い、選挙によってポーランド王に選出される。幼い頃よりポーランドで教育を受けたため熱心な旧教徒となり、宗教上の寛容を欠いた。1592年にスウェーデン王位も継承するが、スウェーデンの新教派を認めず、スウェーデン本国との関係は悪化。摂政の叔父カール9世に反乱を起こされ、1599年にスウェーデン王を廃位される。ポーランド国王としてスウェーデン・ポーランド戦争を戦い、国力は疲弊した。

カール9世

生没　1550年～1611年
在位　1604年～1611年

　初代グスタフ1世の子。1568年、兄ヨハン3世と協力して異母兄エリク14世を廃位する。旧教徒である甥で先生のジグムント3世がスウェーデン本国と確執を起こすと反乱を起こし、これを廃してスウェーデンの支配者となる。1600年、ジグムントに協力した貴族らを虐殺、旧教勢力を一掃して正式なスウェーデン王となった。ジグムント3世と敵対してポーランドに侵攻するが、1605年にキルクホルムの戦いで大敗。1611年、ロシアの大動乱に軍事介入している最中に没した。

グスタフ2世

生没　1594年～1632年
在位　1611年～1632年

　先王カール9世の長男。度重なる戦争で国力が疲弊する中、父王はグスタフ2世に期待をかけて帝王学を施し、9歳から国政に参与させた。1611年に即位するが、当時スウェーデンはデンマーク・ロシア・ポーランドと交戦しているという危機の時代にあった。デンマーク・ロシアとは領土を維持したまま有利に講和。一方ポーランドにはスウェーデン王位を主張する従兄弟のジグムント3世がおり、激しい戦いが続くグスタフ2世自身も重傷を負い、九死に一生を得る。1629年、苦戦の末にアルトマルクの和議にこぎつけた。ポーランド征服に失敗したグスタフ2世は宰相アクセル・オクセンシェルナに官僚制度の整備などの改革をさせ、スウェーデンをバルト海の強国に育て上げる。1529年、ドイツの三十年戦争に新教側に立って参戦、連戦連勝を重ね「北方の獅子」として恐れられた。1531年にはブライテンフェルトの戦いで神聖ローマ皇帝フェルディナント2世の軍を破り、新教側の戦況を優位にした。しかし、翌年のリュッツェンの会戦で、極度の近視であったグスタフ2世は霧の中で味方とはぐれ、戦死。グスタフ2世の事業は、宰相オクセンシェルナが引き継いだ。

スウェーデン王国

```
グスタフ1世 ┬ エリク14世
            │
            ├ ヨハン3世 ── ジグムント3世
            │
            └ カール9世 ── グスタフ2世 ── クリスティーナ
```

クリスティーナ

- 生没 1626年～1689年
- 在位 1632年～1654年

　先王グスタフ2世の娘。6歳で即位し、宰相オクセンシェルナの補佐を受けたが、1644年より親政を開始する。三十年戦争の講和では主導権を発揮し、クロムウェル支配下のイングランドと同盟を結んで大国スウェーデンの地位を安定させた。1654年、王位を従兄のカール10世に譲り、翌年カトリックに改宗した。教養が高く、文芸活動に興味を示し多くの文人をスウェーデンに招聘。その一人にデカルトがいるが、冬のスウェーデンの寒さのため体を壊し、客死してしまった。

カール10世

- 生没 1622年～1660年
- 在位 1654年～1660年

　ヴィッテルスバッハ家の傍流に生まれた。スウェーデン王カール9世は母方の祖父に当たる。三十年戦争で軍人として優れた実績を積み、即位後はバルト帝国の最盛期を実現した。1655年にはポーランドに侵入、1657年からはデンマークとカール・グスタフ戦争を戦った。1658年、冬の寒波で凍った海峡の上を進軍してコペンハーゲンを包囲、デンマークを屈服させる。ロスキレの和約によりスウェーデンの最大版図を実現するが、対デンマーク戦争が再燃した直後に急死した。

カール11世

- 生没 1655年～1697年
- 在位 1660年～1697年

　先王カール10世の一人息子。父王の急死によって4歳で即位し、1672年より親政を開始する。グスタフ1世時代から続いた対外戦争によりスウェーデンの財政は厳しく、多くの王領が売却されていたが、商工業者と組んで貴族から土地を返還させることに成功する。カール11世は返還された王領地を基盤に財政を立て直し、軍や官僚制を整備。1682年には主権を国王に集中し、スウェーデンにおける絶対王政を確立した。その治世下では学芸の新興やストックホルムの発展も見られた。

Ⅴ　スカンジナビア半島

カール12世

- 生没 1682年～1718年
- 在位 1697年～1718年

　先王カール11世の長男。父王の急死に伴って即位し、すぐに親政を開始した。1700年、ロシア、デンマーク、ザクセン、ポーランドが連合を組み、スウェーデンに攻め込んだことで大北方戦争が始まった。諸外国は若年のカール12世を侮って開戦したが、カール12世は直ちに反撃を開始。エーレスンド海峡を渡り、コペンハーゲンを包囲してデンマークを同盟から離脱させる。次いでナルヴァの戦いでロシア軍を撃破した。1702年には逆にポーランドに侵攻、国王アウグスト2世を退位させて傀儡の君主を王位につけた。カール12世はさらにロシアへの進軍を試みるが、ロシアのピョートル1世の焦土作戦と冬将軍の到来に苦しめられ、モスクワの攻略を断念する。1709年、ポルタヴァの戦いに敗れ、オスマン帝国に亡命。オスマン帝国を動かしてロシアに宣戦させるが、オスマン政府と不和になり帰国した。1714年、ハンゲの海戦でバルト海の制海権をロシアに奪われる。絶望的な状況下、デンマーク領ノルウェーに侵攻して事態の打開を試みるが、フレデリックスハルト要塞の包囲戦の最中、流れ弾に当たって戦死した。その勇猛さから「北方のアレクサンドロス」と呼ばれた。

ウルリカ・エレオノーラ

- 生没 1688年～1741年
- 在位 1719年～1720年

　スウェーデン王カール11世の娘。兄のカール12世が嗣子なくして戦死したため、王位継承権はなかったものの繋ぎの君主として即位した。大北方戦争は継続していたもののスウェーデンの敗北は明らかであり、絶対王政も崩壊に向かっていた。元老院は絶対王政を否定、議会は王権を大きく狭め、議会の権限を強めた新憲法を制定。ウルリカ・エレオノーラは即位後すぐに夫であるヘッセン＝カッセル公フリードリヒ（フレドリク1世）に譲位し、「自由の時代」が始まった。

```
カール10世 ── カール11世 ┬ カール12世
                          │
                          └ ウルリカ・エレオノーラ
                            ‖
                            フレドリク1世
```

スウェーデン王国

フレドリク1世

- 生没 1676年～1751年
- 在位 1720年～1751年

ヘッセン＝カッセル伯カールの子。1715年、スウェーデン王カール12世の妹ウルリカ・エレオノーラと結婚する。カール12世の戦死後に妻が王位につき、妻の退位に伴い即位した。敗色濃厚だった大北方戦争では、他の諸国に譲歩して協力を取り付け、ロシアに対抗しようとしたが失敗、ニスタットの和約によってスウェーデンは大国の座を失った。フレドリク1世の治世は、議会が優位に立つ新憲法のため国王に実権はなく、「自由の時代」の始まりとなるものであった。

アドルフ・フレドリク

- 生没 1710年～1771年
- 在位 1751年～1771年

ホルシュタイン＝ゴットルプ公クリスティアン・アウグストの子。母方の曽祖母がカール10世の姉にあたる。1751年に死去したスウェーデン王フレドリク1世に子がなかったため、議会の支持を受けて即位した。王妃ロヴィーサ・ウルリカは王権の強化を図り、夫の即位後クーデターを計画したが失敗。アドルフ・フレドリクの治世下では、国王はほとんど国政に参与することができなかった。また、対外関係ではスウェーデンはロシアの従属国と化し、危機を迎えていた。

グスタフ3世

- 生没 1746年～1792年
- 在位 1771年～1792年

先王アドルフ・フレドリクの子。即位直後に近衛兵を動かしてクーデターを起こし、王権の制限された「自由の時代」を終わらせ、絶対王政を復活させた。行政・司法において、言論の自由の保証など啓蒙的な諸改革を行い、宮廷にはロココ文化が花開いた。1789年にはデンマークの侵攻を撃退し、1790年にはロシアのエカチェリーナ2世に対抗、スヴェンスクスンドの海戦で勝利を収めた。しかし専制的な政治は貴族の反感を買い、1792年オペラ座での仮面舞踏会の最中に暗殺された。

V スカンジナビア半島

```
アドルフ・フレドリク ─┬─ グスタフ3世 ── グスタフ4世
                     │
                     └─ カール13世
```

グスタフ4世

- 生没 1778年～1837年
- 在位 1792年～1809年

　先王グスタフ3世の子。父王の暗殺によって王位につき、1796年に親政を開始。革命やその申し子ナポレオンを激しく憎悪しており、盲目的とも言える反ナポレオン政策をとり続けた。1806年、大陸封鎖令を拒否されたことに激怒したナポレオンは、ロシアがスウェーデン領フィンランドを得る権利を承認。この外交的失策によってフィンランドを失い、軍人・貴族らのクーデターを招いた。廃位されたグスタフ4世は諸国を放浪した末、精神に異常をきたし孤独のうちに没した。

カール13世

- 生没 1748年～1818年
- 在位 1809年～1818年

　スウェーデン王アドルフ・フレドリクの子。先王で甥のグスタフ4世が廃位された後王位につく。即位当時既に高齢で子がなかったため、ナポレオンのもとで活躍した将軍ベルナドット（後のカール14世）を後継者として指名した。ベルナドットはスウェーデンにおいて、王太子と摂政の役目を負いナポレオン戦争時の国家の舵取りを担った。ベルナドットの尽力でスウェーデンは戦勝国となり、1814年のキール条約でノルウェーを獲得。カール13世はノルウェー王位も兼ねた。

カール14世

- 生没 1763年～1844年
- 在位 1818年～1844年

　フランスの弁護士の家に、ジャン・ベルナドットとして誕生。軍隊に入り、フランス革命後はナポレオン1世のもとで将軍となり、各地で戦功を立てた。1804年に元帥となり、1810年にスウェーデンの王位継承者となる。ナポレオン戦争には摂政として対処、ナポレオンと決別して中立を宣言。1814年にはデンマークからノルウェーを獲得、ノルウェーにおける反乱も抑えた。1818年、カール14世ヨハンとして即位。中立外交によって平和を維持し、殖産興業で国力の強化を図った。

オスカル1世

- 生没 1799年～1859年
- 在位 1844年～1859年

　先王カール14世の子。1810年に父がスウェーデン王太子となったためストックホルムに移住。すぐにスウェーデン語を習得し、スウェーデン語を話せなかった父王の助けとなった。立憲君主ではあったが国政に積極的に参与、ギルドなど古い商習慣を撤廃。自由主義的な立場から経済政策や教育において進歩的な改革を勧めた。また、北欧諸国の連帯を説く汎スカンディナヴィア主義に傾倒。1848年、デンマークとプロイセン間に領土帰属問題が発生したときはデンマークを支持した。

スウェーデン王国

カール15世

生没 1826年～1872年
在位 1859年～1872年

先王オスカル1世の子。彼の治世は、1866年の二院制議会の設立などの民主化が進展し、王権が縮小した時代であった。ポーランド人のロシアに対する反乱やデンマークとプロイセンの間の領土紛争の際には、それぞれ前者を支援することを望んだが、政府の反対によって果たせなかった。一方、1865年のフランスとの通商協定は自由貿易の発展に大きく寄与した。絵画や詩作に関心を寄せた芸術家肌の人物であり、民主的で協調的な信条によって国民から広く信望を集めた。

オスカル2世

生没 1829年～1907年
在位 1872年～1907年

スウェーデン王オスカル1世の子。後継者に成人男子のなかった兄王カール14世の没後に即位する。彼の治世下では産業革命が起こって近代化が進み、1901年にはノーベル賞が設立された。一方、ドイツに接近するなどの姿勢は伝統的な中立主義を守ろうとする議会としばしば衝突した。1905年、ノルウェーが一方的に独立を宣言、スウェーデン政府は武力行使の直前にまで至るが、オスカル2世は平和的な解決のため尽力した。音楽・文学を愛好した文化人で、国民の敬愛を集めた。

グスタフ5世

生没 1858年～1950年
在位 1907年～1950年

先王オスカル2世の子。第一次世界大戦勃発時は、伝統的な外交路線に基づき、ノルウェー・デンマークとともに武装中立を宣言した。第二次世界大戦においても他国に一切の援助をしないことを宣言、ハンソン首相は50万人の国民軍を動員した。この決死の覚悟により、大戦中ナチスドイツから様々な要求を受けながらも中立を維持することに成功した。大戦後、北欧軍事同盟を構想したが実現しなかった。テニス愛好家としても知られ、国際テニス殿堂にその名を刻んでいる。

Ⅴ スカンジナビア半島

```
カール14世 ── オスカル1世 ┬ カール15世
                          │
                          └ オスカル2世 ── グスタフ5世
```

デンマーク王国
950年頃～

　ユトランド半島のノルマン人（別名ヴァイキング）をデーン人と呼び、デンマークの国名は「デーン人の国」を意味する。デーン人は6世紀頃に定住して王国を立て、一部の住民はイングランドなど西欧世界に侵入した。10世紀前半から半ばにかけて、ゴーム老王がイェリングを拠点にデンマーク西部を支配。11世紀に出現したクヌーズは、一時イングランドやノルウェーも支配して大帝国を形成したが、クヌーズの死後はドイツ諸侯の圧力や王位をめぐる争いなどで国内は混乱した。1157年、ヴァルデマー1世が即位して国家の再建を開始。1241年にヴァルデマー2世が死去してから再び混迷の時代に入るが、14世紀半ばにヴァルデマー4世が登場し、失われた領土を回復した。

　1397年、マルグレーテ1世がカルマル同盟を成立させ、スウェーデン・ノルウェーを支配する。しかし1523年にスウェーデンが独立、三十年戦争や北方戦争で領土は縮小し、1658年にはスウェーデンとのカール・グスタフ戦争に敗れ北欧の強国の地位を喪失した。ナポレオン戦争ではフランス側に立ったためノルウェーを喪失する。第一次世界大戦では中立を維持したが、第二次世界大戦ではドイツ軍に占領され、1945年に連合国によって解放された。

958年	ゴーム老王が死去
1028年	クヌーズ王、イングランド・デンマーク・ノルウェー三国の王位を兼ねる
1157年	ヴァルデマー1世が即位、国家の再建を開始
1241年	ヴァルデマー2世が死去
1340年	ヴァルデマー4世が即位、失地回復を図る
1397年	マルグレーテ1世、カルマル同盟を成立させる
1448年	クリスチャン1世、オルデンブルク朝を創始
1479年	コペンハーゲン大学創設
1523年	スウェーデン独立、カルマル同盟が崩壊
1625年	クリスチャン4世が三十年戦争に介入
1660年	カール・グスタフ戦争に敗北
1814年	ナポレオン戦争後のキール条約で、ノルウェーをスウェーデンに割譲
1849年	デンマーク王国憲法が制定される
1864年	シュレスヴィヒ・ホルシュタイン地方を放棄
1914年	第一次世界大戦が勃発、中立を維持
1940年	第二次世界大戦でドイツに占領される
1945年	連合国によりデンマークが解放される

デンマーク王国

ゴーム老王

生没 ?〜958年
在位 936年頃〜958年

　デンマークの半伝説的な国王、ハーデクヌーズの子であるとされる。10世紀前半から半ばにかけ、ユラン半島に位置するイェリングを拠点にデンマーク西部を支配、デンマーク王室に繋がるイェリング王朝を創始した。在来宗教を信仰し、妻チューラとの間にクヌーズとハーラルという息子を授かった。クヌーズはイングランドとの戦いで戦死するが、ハーラルは後にデンマーク王となる。イェリングにはゴームが妻チューラを「デンマークの誉れ」と讃えた石碑が残されている。

ハーラル1世

生没 ?〜987年
在位 958年〜985年/986年

　先王ゴームの子。「青歯王」の異名は「浅黒い肌の英雄」を意味する古デンマーク語が英語に音訳され、そのまま誤訳されたもの。デンマークとノルウェーを交渉によって無血統合し、960年頃にはキリスト教を受容した。伝説によれば、司祭ポポがハーラルにキリスト教の信仰を説き、焼けた鉄を素手で持っても火傷しないという奇跡を示したところ、ハーラルはキリスト教の洗礼を受けたという。
　晩年に息子のスヴェン1世と争い、その時の戦いの傷がもとで死んだとされる。

スヴェン1世

生没 960年〜1014年
在位 985年〜1014年

　先王ハーラル1世の子。スウェーデンのエリク6世に敗れデンマークを追われるが、995年のエリク6世死後はデンマークに戻った。また、980年代からイングランドを襲撃し、多額の退去料を徴収していた。これに対し、イングランド王エゼルレッド2世は1002年にイングランド国内のデーン人を虐殺、犠牲者の中にはスヴェン1世の妹も含まれていた。翌年、スヴェン1世はイングランドに出兵、1013年にエゼルレッド2世を破ってイングランド王位に就くが、まもなく急死した。

ハーラル2世

生没 989頃〜1018
在位 1014〜1018

　先王スヴェン1世と王妃グンヒルトの長男。ハーラル2世については詳細な史料は伝わっていない。父スヴェン1世がイングランドに遠征し、「無思慮王」エゼルレッド2世と戦っていた時には摂政を務めている。1014年2月、父王がイングランド王位についてからわずか五週間後に急死したためその跡を継ぐ。弟クヌーズがイングランドの征服事業を行っている間もデンマーク王位にあった。1018年にハーラル2世は死去し、弟クヌーズがデンマーク王位も継承した。

Ⅴ＝スカンジナビア半島

クヌーズ

生没 995年〜1035年
在位 1018年〜1035年

　デンマーク王スヴェン1世の子。父王とともにイングランドへの侵入を繰り返し、父王の死後も征服事業を引き継いだ。1016年、イングランドの「無思慮王」エゼルレッド2世とその後継者「剛勇王」エドマンド2世が相次いで死去し、イングランドの事実上の支配者となる。翌年、エゼルレッド2世の未亡人エマと結婚。国王選出権を持つ賢人会議によって正式にイングランド国王となり、イングランドにおけるデーン朝の創始者となった。1018年、兄ハーラル2世の死去により単独のデンマーク王となる。さらに1028年、ノルウェー王オーラヴ2世ハーラルソンとスウェーデン王アーヌンド・ヤーコブの連合軍と戦ってノルウェーの征服に成功し、同年にノルウェー王として承認された。こうしてイングランド・デンマーク・ノルウェーとスウェーデン南部を含む一大海洋帝国が形成され、クヌーズは「大王」と称された。しかし1035年にクヌーズが死ぬと帝国は分裂。イングランドではデーン朝が内紛のため瓦解、1042年にエドワード懺悔王が即位してアングロ・サクソン朝が復活。ノルウェーではマグヌス1世が王位につき、クヌーズの王家の領土はデンマークのみとなった。

ハーデクヌーズ

生没 1018年/1019年〜1042年
在位 1035年〜1042年

　先王クヌーズの子。父王の死後、イングランドとデンマークの王位継承者となるが、ノルウェー王マグヌス1世がハーデクヌーズのイングランド渡航を妨げたため、異母兄ハロルドを摂政とした。しかし1037年、ハロルドは自らイングランド王となり、これを受けたハーデクヌーズはイングランド侵攻を開始。ハーデクヌーズは侵攻前に死んでいたハロルドの死体を暴き沼に投げ入れた。
　イングランドでは人望がなく、短期間の治世で死去。生涯独身で子はなく、デーン朝は断絶した。

マグヌス1世

生没 1024年〜1047年
在位 1042年〜1047年

　ノルウェー王オーラヴ2世の庶子。ノルウェーがクヌーズに支配されていた時代は追放されていたが、1035年、クヌーズの死去で帰国。1038年頃、デンマーク王ハーデクヌーズと、「より長生きした方が両国の王になる」という取り決めを交わし、1042年のハーデクヌーズの死によってデンマーク王となる。即位後、スラブ系のヴェント人が南ユトランドに侵入するが、1043年、リュスコウの荒野でこれを破る。クヌーズの甥スヴェンらと王位を争って退けるが、1047年に急死した。

デンマーク王国

スヴェン2世

生没 1019年～1074年
在位 1047年～1074年

　ウルフ伯とクヌーズ王の姉妹エストリズの子。ノルウェーとデンマークの王位を兼ねたマグヌス1世のもとでデンマークの統治を任され、1043年のリュスコウの戦いで戦功を挙げる。デンマーク貴族の支持を受けてデンマーク王位継承権を主張、マグヌス1世と長く争い、1047年にマグヌス1世の死によって王位を継承した。信仰が篤く、デンマーク教会の独立に尽力、国内を八つの司教区に分割する。三度に渡って結婚し、後に王位につく5人の息子を含む20人以上の子をなした。

ハーラル3世

生没 1040年～1080年
在位 1074年～1080年

　先王スヴェン2世の庶子。1074年、父王の死により国王に選出される。国王選出の際、貴族の支持を取り付けるために法を遵守する誓いを立てている。その政策は大貴族に逆らうことはなく、大きな戦いを起こすこともなかった。弱く無能な君主とみなされているが、デンマークの通貨を統一し、造幣局を設立した政策などが知られている。また、決闘や神判のような古い法的習慣から脱することを試み、デンマーク人の大司教を誕生させるようローマ教皇に働きかけてもいる。

クヌーズ2世

生没 1042年～1086年
在位 1080年～1086年

　デンマーク王スヴェン2世の庶子。1080年、先王ハーラル3世の死によって即位した。教会の権威を高めた信心深い王であったと同時に、野心的かつ苛烈な性格であったという。彼は勅令によって土地を王の所有とし、1085年にはイングランド王位を狙って遠征する計画を立てる。徴兵された農民たちはこれに反発して、クヌーズ2世の弟オーロフ1世を国王として支持した。クヌーズ2世はオーロフ1世を追放するが、1086年には農民反乱が起き、オーゼンセの修道院で殺された。

オーロフ1世

生没 1050年～1095年
在位 1086年～1095年

　デンマーク王スヴェン2世の庶子。1086年、先王クヌーズ2世が農民反乱で殺されたことで即位する。彼の治世下で深刻な飢餓が発生したため、「飢餓王」の異名をつけられた。民衆はこの飢餓を、敬虔なクヌーズ2世を殺した神罰であると捉え、クヌーズ2世がデンマークの聖人に列せられる契機となった。オーロフ1世はクヌーズ2世の発布した法令の一部を廃止したため、国王や聖職者の権限は後退することになる。1095年に、自ら命を絶ったとも言われる謎の死を遂げた。

Ⅴ　スカンジナビア半島

エーリク1世

- 生没 1150年～1103年
- 在位 1095年～1103年

デンマーク王スヴェン2世の庶子。クヌーズ2世の治世下では国王を支持していたが、農民反乱の際には難を逃れる。1095年に国王に選出されるが、その年に飢餓が終わったため、民衆は宗教的な理由で彼を支持した。エーリク1世は偉丈夫であり、農民とも親しく言葉を交わしたという逸話から、「常善王」と呼ばれ親しまれた。王妃ボーディルとともにエルサレムへの巡礼の旅に出るが、1103年、国王はキプロスにおいて熱病にかかり死去、王妃もエルサレム郊外で客死した。

ニルス

- 生没 1065年～1134年
- 在位 1104年～1134年

デンマーク王スヴェン2世の庶子。先王エーリク1世の客死によって即位する。彼の治世の大半は、その温和な性格によって平和に保たれた。妻はスウェーデン王インゲ1世の娘マルガレーテで、1125年には息子マグヌス1世がスウェーデン王として即位した。しかし、1130年頃からマグヌス1世とその従兄弟であるクヌーズ・レーヴァードとの間で内乱が発生する。戦いに敗れたニルスは無謀にもクヌーズ・レーヴァードの本拠地であった町に逃げ込み、市民に虐殺された。

エーリク2世

- 生没 1090年～1137年
- 在位 1135年～1137年

デンマーク王エーリク1世の庶子。「記憶に残る者」という意味のイムーネという異称がある。異母弟クヌーズ・レーヴァードにデンマークの領土を与えられ、1131年にクヌーズ・レーヴァードが殺害されてからはニルス王に対する反乱に加担し、対立王となった。1134年、神聖ローマ帝国の力を借りてニルス王の軍を破り、ニルス王の死によって国王となった。支持者に気前が良かった一方で、敵対者に苛烈な態度をとったため、1137年、地方貴族によって刺殺された。

エーリク3世

- 生没 1120年～1146年
- 在位 1137年～1146年

デンマーク貴族の子で、デンマーク王エーリク1世の孫、先王エーリク2世の甥にあたる。同時代の史料において、優柔不断な君主であったり、勇敢な戦士であったりと矛盾した記録が残る。従兄弟であるオーロフ・ハーラルソンと王位をめぐって争い、1141年にこれを破ってヘルシンボリ近郊で彼を殺害したが、内戦の最中、ヴェンド人の海賊がデンマークの沿岸を荒らしまわった。1146年に退位したが、その理由は明らかではない。デンマーク史上初めて退位した国王である。

デンマーク王国

スヴェン3世

生没 1125年～1157年
在位 1146年～1157年

　先王エーリク3世の叔父でエーリク2世の庶子。1146年にエーリク3世が退位するとシェラン島の有力貴族に推され即位するが、従兄弟のクヌーズ3世も即位を宣言、内戦が勃発した。スヴェン3世は神聖ローマ皇帝コンラート3世の支持を受け、従兄弟のヴァルデマー1世も味方につけるが、1154年にヴァルデマー1世はクヌーズ3世に寝返る。1157年、ロスキレにおいてクヌーズ3世を暗殺するが、ヴァルデマー1世の反撃にあい、グラーテ・ヘーゼの戦いで敗れ、逃走中に殺された。

クヌーズ3世

生没 1129年～1157年
在位 1146年～1157年

　スウェーデン王マグヌス1世の子で、デンマーク王ニルスの孫。エーリク3世が退位するとユトランド半島の貴族に推され即位するが、従兄弟のスヴェン3世も王位を宣言し、内戦に突入した。1147年、両者は一旦和睦してヴェンド十字軍に参加するが、十字軍が終わると対立が再燃。1154年、ヴァルデマー1世を味方に引き入れ、一度はスヴェン3世を追放する。1157年に和睦が成立するが、ロスキレで開かれた酒宴の場において、スヴェン3世の放った刺客によって暗殺された。

ヴァルデマー1世

生没 1131年～1182年
在位 1157年～1182年

　ユトランド伯クヌーズ・レーヴァードの子で、デンマーク王エーリク1世の孫。1146年にエーリク3世が退位した後、デンマークはスヴェン3世とクヌーズ3世との間で王位をめぐる内戦に陥る。ヴァルデマー1世は当初はスヴェン3世についてクヌーズ3世を追放したが、1154年にクヌーズ3世に寝返り、今度はスヴェン3世を追放した。1157年、帰国したスヴェン3世との間で和睦が成立、デンマークは三者による統治と決められたが、クヌーズ3世はスヴェン3世に暗殺される。ヴァルデマー1世は側近アブサロンとともに逃れ、軍勢を率いてグラーテ・ヘーゼの戦いでスヴェン3世を撃破、スヴェン3世が殺されたため単独統治となった。当時デンマークはヴェンド人とドイツ諸侯の圧迫を受けていたが、アブサロンとともにデンマーク全土に城砦を築いてヴェンド人を屈服させた。この時建設された砦の一つが後にコペンハーゲンとなる。一方で、ドイツに対しては従属的な同盟政策をとり、神聖ローマ皇帝フリードリヒ1世の反教皇政策に巻き込まれ、1161年にはルンド大司教エスキルを追放。後に国力を増強してドイツ諸侯に対等な関係を獲得、「大王」と称された。

Ⅴ　スカンジナビア半島

クヌーズ4世

生没 1163年～1202年
在位 1182年～1202年

　先王ヴァルデマー1世の長男。1170年から共同統治者、1182年からは単独の王となる。治世を通じて、有能な政治家であった大司教アブサロンの補佐を受けた。

1184年、神聖ローマ皇帝フリードリヒ1世はクヌーズ4世に臣従を求めるが、アブサロンはこれを拒否。フリードリヒ1世は激怒してポンメルン公ブギスラウに命じて艦隊を差し向けるが、アブサロンは敵を撃退することに成功した。領土拡大にも成功したクヌーズ4世はアブサロンが死去した翌年の1202年に死没した。

ヴァルデマー2世

生没 1170～1241
在位 1202～1241

　デンマーク王ヴァルデマー1世の次男。兄の死によって王位を継ぎ、1203年にはリューベックやホルシュタインを占領。1219年には十字軍と称してエストニアへの遠征を行って勝利し、デンマークはバルト海の覇者というべき強国となった。しかし1223年、北ドイツのシュヴェーリン伯ハインリヒに急襲され、息子ヴァルデマーとともに捕虜となる。釈放にあたって大幅な領土の割譲を余儀なくされ、ハンザ同盟の特権も認めさせられた。失地回復を図るも果たせず、1241年に没した。

ヴァルデマー若王

生没 1209年～1231年
在位 1218年～1231年

　先王ヴァルデマー2世の長男。母ダウマはヴァルデマー2世の最初の妃で、現在もデンマーク国民の敬愛を受けている。1218年、父王とともにデンマークの共同統治者となる。1223年、リューウー島での狩猟の最中、シュヴェーリン伯ハインリヒによって父王とともに誘拐され、開放と引き換えに広大な領土を失った。1229年、ポルトガル王アフォンソ2世の娘エレオノールと結婚するが2年で死別。1231年、ヴァルデマー若王は狩猟中流れ矢にあたり、不慮の死を遂げた。

エーリク4世

生没 1216年～1250年
在位 1241年～1250年

　先王ヴァルデマー2世の庶子。父王ヴァルデマー2世はエーリク4世に王位を継がせたほか、他の息子であるアーベルとクリストファにも封土を与えて領土を分割、このことが内紛の原因となった。1246年、エーリク4世が父王の代の王権を回復するためホルシュタインに侵攻し、兄弟の争いが始まる。戦費を調達するため、エーリク4世は農民の犂(すき)に課税したため「犂税王(れいぜい)」とあだ名された。1250年にアーベルと和解を試みるが、アーベルの家臣に殺害され、死体は海に投棄された。

デンマーク王国

アーベル

生没 1218年～1252年
在位 1250年～1252年

　デンマーク王ヴァルデマー2世の子。先王エーリク4世とクリストファ1世の兄弟である。スレースヴィ公として南ユトランドの領地を継承、兄エーリク4世と争った末、兄が殺されると王位に就いた。即位の際、24人の貴族とともに、自身はエーリク4世の殺害には関与していないという宣誓文を発表した。しかし世間はこれを信じず、聖書の故事になぞらえて「号はアベル、業はカイン」と皮肉ったという。即位からわずか一年半後の1252年、フリースラントへの遠征中に戦死した。

クリストファ1世

生没 1219年～1259年
在位 1252年～1259年

　デンマーク王ヴァルデマー2世の子。兄のエーリク4世とアーベルが非業の死を遂げたため即位した。クリストファ1世はエーリク4世を列聖するために力を注いだ。それはアーベルの兄殺しの罪を認知させ、アーベルの息子たちを王位継承権から除外するためであった。その治世は大司教ヤコブ・エアランスンら多くの敵との争いに費やされた。1257年、大司教ヤコブに投獄し侮辱を加えるが、ヤコブは反対派を結集してクリストファ1世と開戦、戦いのさなかに国王は急死した。

エーリク5世

生没 1249年～1286年
在位 1259年～1286年

　先王クリストファ1世の子。父王の死に際して王位を継ぐが、幼少であったため母マルグレーテが摂政となった。その治世は、父王と敵対していた大司教ヤコブ・エアランスンやアーベル王の息子ヴァルデマー・アーベルスンらの反抗により荒れたものとなった。エーリク5世は成人すると、貴族や教会への権威を高めようとしたが、逆に「いかなるものも法と裁判によらず投獄されてはならない」とする即位憲章に署名させられた。1286年、狩猟中に何者かによって惨殺された。

エーリク6世

生没 1274年～1319年
在位 1286年～1319年

　先王エーリク5世の子。1286年、父王の暗殺によって即位、治世初期は母アグネスが代わって統治した。即位後最初の仕事は父王暗殺事件の処理で、幾人かの有力者が追放刑を受けた。成人後は大司教イェンス・グランと対立、1294年にイェンスを逮捕、投獄した。イェンスは出獄後ローマ教皇に訴えを起こし、教皇はエーリク6世を破門。エーリク6世は教皇に嘆願の手紙を書いて窮地を脱した。諸外国に介入した他、騎馬試合の大会を開くなど浪費が激しく、国家財政は破綻した。

クリストファ2世

- 生没 1276年〜1332年
- 在位 1320年〜1326年/1329年〜1332年

デンマーク王エーリク5世の子。先王エーリク6世の死後、弱い王権を望む有力者によって王に選ばれるが、北ドイツ諸侯と戦う兄の政策を復活させ、王権の強化を目論んだ。1326年、内乱のさなかにホルシュタイン伯ゲルハルト3世らによって追放される。しかし1329年、デンマーク国内の内紛に乗じ、ドイツの援軍を得て復位することに成功した。だが復位したクリストファ2世に権力はなく、1332年、ロラン島で幽閉されたまま没した。彼の没後、1340年まで王位は空となった。

ヴァルデマー3世

- 生没 1314年〜1364年
- 在位 1326年〜1329年

シュレスヴィヒ公エーリク2世の子。1326年、遠縁に当たるデンマーク王クリストファ2世が追放されたとき、11歳のヴァルデマー3世はアーベル王を先祖としているという理由で、有力貴族らによって国王に選出された。しかし幼少のため、ホルシュタイン伯ゲルハルト3世が摂政となり、実質的な国王の権力は皆無であった。1328年にジーランド、翌年にはユトランドで反乱が起き、混乱の中クリストファ2世が復位。退位したヴァルデマー3世は再びシュレスヴィヒ公となった。

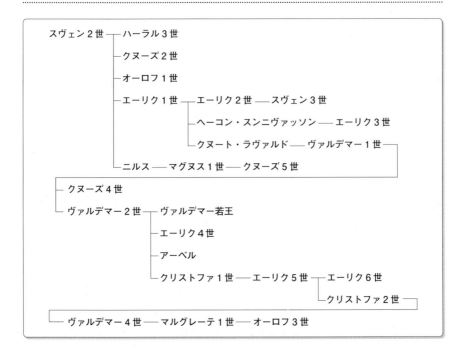

デンマーク王国

ヴァルデマー4世

- 生没 1320年～1375年
- 在位 1340年～1375年

デンマーク王クリストファ2世の子。8年間の空位の後王位に就いた。当時のデンマークは国内の混乱と巨額の債務によって疲弊していたが、ヴァルデマー4世は1346年にエストニアをドイツ騎士団に売却、抵当に入っていた国土を回収し、税制の改革によって財政を再建した。また、ペストの流行で多数の大貴族が死んだことも、王権の強化を助けた。デンマークを再統一した功績から「復興王」と呼ばれる。娘の一人は、実質的な女王として君臨したマルグレーテである。

オーロフ3世

- 生没 1370年～1387年
- 在位 1376年～1387年

ノルウェー王ホーコン6世の子。母はデンマーク王ヴァルデマー4世の娘マルグレーテ1世であったため、1375年に祖父王ヴァルデマー4世が男子なく死去するとデンマーク王位を継ぐ。1380年に父王ホーコン6世が死去したためノルウェーの王位も兼ねた。幼少であったため、実権は摂政となった母マルグレーテ1世が握った。1387年に17歳の若さで死去。彼の死後は、マルグレーテ1世がデンマーク・ノルウェー王国の後見人として、実質的な女王として君臨した。

エーリク7世

- 生没 1382年～1459年
- 在位 1396年～1439年

ポメラニア公ヴラティスラフ7世の子。曽祖父がデンマーク王ヴァルデマー4世、大叔母がマルグレーテ1世であるという血縁から、マルグレーテ1世の手によって1389年にノルウェー、1396年にデンマーク及びスウェーデンの王位につけられる。摂政はマルグレーテ1世がつとめ、1412年に彼女が没するまで実質的な共同統治者であった。デンマーク・スウェーデン間のエーレスンド海峡の通行税を導入して莫大な利益を得たが、貴族の専横に悩まされ、1439年に退位を余儀なくされた。

クリストファ3世

- 生没 1416年～1448年
- 在位 1440年～1448年

プファルツ＝ノイマルクト公ヨハンの子。伯父で先王のデンマーク王エーリク7世の退位に伴い、デンマーク王に選出される。即位当初、フュン島とユトランドにおける農民反乱に悩まされるが、1441年にこれを鎮圧。農民が短刀より長い武器を持つことを固く禁じ、農民の支配を確立した。また、彼の治世下でコペンハーゲンはデンマークの首都となる。しかし貴族の政策決定権は強大で、国王の君主としての権限の大部分が失われた。1448年に急死するが、子はなかった。

Ⅴ＝スカンジナビア半島

クリスチャン1世

生没 1426年～1481年
在位 1448年～1481年

　オルデンブルク伯ディートリヒの子。母を通じてデンマーク王エーリク5世の血を引いていたため、1448年にデンマーク王クリストファ3世が子のないまま没すると国王に選出される。しかしスウェーデンでは独立への動きが始まっており、クリストファ3世の宰相カール・クヌートソンがスウェーデンとノルウェーの王に即位。クリスチャン1世はクヌートソンを破るが、1470年のクヌートソン死後もスウェーデンの独立闘争はステン・ステューレに引き継がれて続いた。

ハンス

生没 1455年～1513年
在位 1481年～1513年

　先王クリスチャン1世の子。即位直後から、大貴族ステン・ステューレに率いられたスウェーデンの反乱に苦慮する。1497年、ステン・ステューレの軍をロテブロの戦いで破ってこれを降伏させ、同年スウェーデン王位についた。また、北欧王国同盟を結んでカルマル同盟の強化を図るが、その王位を認めないスウェーデン人は多かった。貴族に対抗するためにデンマークの商人を援助し、ハンザ同盟に敵対。イングランドと結んでリューベックと交戦し、その勢力を弱めた。

クリスチャン2世

生没 1481年～1559年
在位 1513年～1523年

　先王ハンスの子。粗暴で残虐な行いを好んだという。即位当時、スウェーデンではステン・ステューレの同盟の子孫小ステューレが実質的な独立政権を担っていた。クリスチャン2世は2度の敗北の後1520年にこれを破り、スウェーデン王位についた。しかし、同年ストックホルムにおいて100名を超える反対派を虐殺する「ストックホルムの血浴」を引き起こし、スウェーデン独立戦争を引き起こす。1523年、ユトランド貴族の支持を失って亡命、帰国後も死ぬまで幽閉された。

フレゼリク1世

生没 1471年～1533年
在位 1523年～1533年

　デンマーク王クリスチャン1世の子。兄ハンス王の子クリスチャン2世に対し、ユトランド貴族が反抗してフレゼリク1世を王位につけた。ネーデルラントに亡命したクリスチャン2世は、復位をねらって軍を組織しノルウェーに侵攻、一時ノルウェー王を名乗る。しかし1531年、フレゼリク1世はクリスチャン2世の反攻を抑えてこれを捕らえることに成功した。宗教的にはルター派の支持に回ったが、国内にカトリック勢力を残したので、次世代に宗教対立の火種を残した。

デンマーク王国

クリスチャン3世

- 生没 1503年～1559年
- 在位 1534年～1559年

先王フレゼリク1世の子。1534年、オルデンブルク伯クリストファがクリスチャン2世の復位を名目に反乱を起こす伯爵戦争が勃発、2年後に鎮圧した。その後、デンマーク全土にルター派を布教することを決定、プロテスタント教会との結び付きのもとに絶対王政を確立した。1541年、スウェーデンと軍事同盟であるブレムセブロー条約を結び、フランスとも結んで神聖ローマ帝国との戦いを優位に進めた。1544年、シュパイアー条約によって神聖ローマ帝国と恒久的和解に達した。

フレゼリク2世

- 生没 1534年～1588年
- 在位 1559年～1588年

先王クリスチャン3世の子。勇敢かつ傲慢で、父王と異なり軍事的野心が強かったという。1563年、ポーランド、リューベックと結んでスウェーデンとの間に北方七年戦争を起こしたが、戦線は予想以上に拡大し苦戦を強いられた。国内の不満によりやむなく講和に傾き、シュテッティンの和約によってエストニアにおけるスウェーデン領を獲得した。その後は能吏の補佐のもとで絶対中立の外交方針を堅持、バルト海や北海の海賊を掃討し、北欧における制海権を維持した。

クリスチャン4世

- 生没 1577年～1648年
- 在位 1588年～1648年

先王フレゼリク2世の子。後のオスロとなるクリスティアニアなどの新都市を建設し、商工業を推奨してノルウェー銀山の開発やデンマーク東インド会社の設立といった重商主義政策をとった。1611年からのカルマル戦争ではスウェーデンに対して勝利を収めるが、三十年戦争に新教側で参戦したときは敗れた。1643年よりスウェーデンの侵攻を受け、クリスチャン4世自身も海戦の最中片目を失う奮戦を見せるものの、1645年のブレムセブロー条約によって多数の領土を喪失した。

フレゼリク3世

- 生没 1609年～1670年
- 在位 1648年～1670年

先王クリスチャン4世の子。直情的で陽気な父王とは対照的に、感情の起伏の少ない自制的な人物であったと伝わる。1657年、スウェーデンとポーランドの戦争に乗じてスウェーデンを攻撃するが、逆にユトランド半島に侵入され、スウェーデン王カール10世にスコーネ地方などを割譲させられた。しかしその後のカール10世の攻撃に対してはコペンハーゲンを死守した（カール・グスタフ戦争）。この戦争での奮戦により市民の絶対的人気を得、貴族を抑えて絶対王政を敷いた。

V スカンジナビア半島

クリスチャン5世

- 生没 1646年〜1699年
- 在位 1670年〜1699年

　先王フレゼリク3世の子。父王と同じく貴族勢力を抑え、有能な市民を貴族に列して登用する政策をとり、市民の支持を得た。こうして高官に採用された中にはグリッフェンフェルト伯ペーテル・シューマッヘルがいる。1675年から79年まで、スコーネ地方の奪還を目論んでスウェーデンと戦うが失敗、ルンド条約でスウェーデンと同盟を結ぶ政策に転換した。1683年にデンマーク初の法典を発布するなど、優れた内政手腕を発揮したが、猟銃の事故の後遺症がもとで没した。

フレゼリク4世

- 生没 1671年〜1730年
- 在位 1699年〜1730年

　先王クリスチャン5世の子。その治世の大半はスウェーデンとの大北方戦争に費やされた。1699年、ロシアおよびポーランドと対スウェーデン同盟を結び、翌年ホルシュタインに「侵攻」。スウェーデン王カール12世にコペンハーゲンを急襲され、屈服を余儀なくされた。しかし1709年カール12世がポルタヴァの戦いでロシアに敗れると再び参戦、苦闘の末に南シュレスヴィヒの領有権などを獲得した。内政面では、シェラン島における農奴解放令や王立学校の創設などの功績がある。

クリスチャン6世

- 生没 1699年〜1746年
- 在位 1730年〜1746年

　先王フレゼリク4世の子。1733年、農民を土地に縛り付ける法令を発布、貴族に対する農民の従属を決定づけた。陸海軍を強化する一方で平和外交に徹し、厳格な中立を維持。1733年、バロック様式による宮殿クリスチャンスボー城を建設するなど多くの建築物を残したが、壮麗な建築物は国民にとって負担となった。また、産業と教育の発展に尽くし、銀行や企業の設立も盛んに行われた。敬虔主義で深く帰依した新教徒であり、その布教に努めたがその死後に影響力は失われた。

フレゼリク5世

- 生没 1723年〜1766年
- 在位 1746年〜1766年

　先王クリスチャン6世の子。アルコール依存症であったとされ、政治はヨハン・ベルンシュトルフら有能な大臣が執り行った。外交政策は戦争を避ける平和的なものであり、七年戦争の時も中立を維持。ロシアとの一時的な緊張関係があったものの全体的には平和な治世を実現した。商工業を奨励し、委員会を設けて農法の改善にも尽力したほか、コペンハーゲン王立劇場や王立デンマーク芸術アカデミーを設立して文化・教育の発展に寄与した。足の怪我が原因で死去した。

デンマーク王国

クリスチャン7世

- 生没 1749年～1808年
- 在位 1766年～1808年

先王フレゼリク5世の子。病弱で乱れた生活を送り、政治の実権を握ることはなかった。治世初期は王妃カロリーネ・マティルデに取り入ったドイツ人ヨハン・ストルーエンセが独裁権を握る。ストルーエンセの政治改革は拷問の廃止など開明的なものであったが急進的に過ぎ、王妃との不道徳な関係によって反感を買う。1772年にストルーエンセは失脚、斬首の後死体は四つ裂きに処せられた。その後は保守政治家グルベア、1784年以降は息子フレゼリク6世が摂政として統治した。

フレゼリク6世

- 生没 1768年～1839年
- 在位 1808年～1839年

先王クリスチャン7世の子。精神疾患を抱えていた父王に代わって政務につき、グルベアら反動政治家を追放、アンドレアス・ベルンシュトルフら改革派を登用して農奴制の廃止や救貧法制定など自由主義的な改革を行った。伝統的な中立外交の維持を試みるが、ナポレオン戦争に際してはイギリスの干渉にあい、フランスについた。そのためイギリス、ロシア、スウェーデンの攻撃を受け敗北、1814年のキール条約によってノルウェーをスウェーデンに割譲することになった。

クリスチャン8世

- 生没 1786年～1848年
- 在位 1839年～1848年

デンマーク王子フレゼリクの子。フレゼリク5世の孫で、クリスチャン7世の甥である。1814年、キール条約においてノルウェーはスウェーデンに割譲されたが、ノルウェーはこれを認めず、デンマーク王子のクリスチャン8世を王に選出した。しかし、スウェーデンのカール14世の軍に敗れ、クリスチャン8世は退位してデンマークに帰国した。1839年、男子のなかったフレゼリク6世の跡を継いでデンマーク王に即位。シュレスヴィヒ・ホルシュタイン問題の解決中に死去した。

V スカンジナビア半島

```
クリスチャン1世 ─ ハンス ── クリスチャン2世
              └ フレゼリク1世 ─ クリスチャン3世 ─ フレゼリク2世 ─ クリスチャン4世 ─
─ フレゼリク3世 ─ クリスチャン5世 ─ フレゼリク4世 ─ クリスチャン6世 ─
─ フレゼリク5世 ─ クリスチャン7世 ─ フレゼリク6世
                              └ フレゼリク ── クリスチャン8世
              └ フレゼリク7世
```

フレゼリク7世

生没 1808年～1863年
在位 1848年～1863年

　先王クリスチャン8世の子。王位継承直後に「諸国民の春」が起き、デンマークでも憲法制定の要求が沸き起こった。これに対し、1849年に自由主義的なデンマーク王国憲法を制定、デンマークを立憲君主国に移行させた。一方、シュレスヴィヒ・ホルシュタインの帰属をめぐる問題では、1848年にプロイセンに宣戦布告して交戦、国家の指導者として国民的人気を得る。3度結婚したが後継者に恵まれず、1863年のフレゼリク7世の死去を持ってオルデンブルク朝は断絶した。

クリスチャン9世

生没 1818年～1906年
在位 1863年～1906年

　グリュックスブルク公フリードリヒ・ヴィルヘルムの子。デンマーク王クリスチャン3世の子孫で、1852年に嗣子のないフレゼリク7世の後継者に選ばれる。即位後すぐにシュレスヴィヒ・ホルシュタインのデンマーク併合を進め、1864年に両地方の反乱とプロイセンの介入を招いた。敗れたデンマークはウィーン条約でシュレスヴィヒ・ホルシュタインなどをプロイセン・オーストリアに割譲することになった。彼の治世下では政党政治が発達し、1901年には左派政権が成立した。

フレゼリク8世

生没 1843年～1912年
在位 1906年～1912年

　先王クリスチャン9世の子。1864年、シュレスヴィヒ・ホルシュタインの帰属をめぐるプロイセン・オーストリアとの戦争に従軍、苦境に立つ父王の治世をよく補佐した。自由主義的な思想の持ち主で、議会制民主主義に対しても好意的であった。即位時には既に高齢で治世は短く、ドイツのハンブルクで散歩中に倒れ、急死した。スウェーデン王女ロヴィーサと結婚、四男四女をもうけており、娘を通じてノルウェー・ベルギー王家、ルクセンブルク大公家とつながりがある。

クリスチャン10世

生没 1870年～1947年
在位 1912年～1947年

　先王フレゼリク8世の長男。1920年、シュレスヴィヒのデンマーク再統合を図るが内閣と対立し失敗、以後王権は縮小され象徴的な国家元首となった。第二次世界大戦が始まるとデンマークはナチスドイツに併合されるが、クリスチャン10世は毎日コペンハーゲン市街に騎馬で繰り出し、デンマーク人の精神的支柱になった。1942年、ヒトラーからの誕生日祝電に冷淡な返事をしたためヒトラーを激怒させるなど、クリスチャン10世の言動はナチスへの抵抗の象徴となった。

第 VI 章
ブリテン諸島

スコットランド王国

843年～1707年

　古来よりケルト系民族が居住していたグレートブリテン島は、西暦43年に至ってローマの属領・ブリタニアとなる。島の南部に居住するブリトン人はローマの支配に甘んじ、ローマが撤退した5世紀以降はヨーロッパ本土からのアングロ・サクソン人、さらにデーン人やノルマン人と、大陸の異民族の侵攻を受け続けた。

　一方、島の北部に住むピクト人はローマに抵抗して独立を維持し、ローマの撤退以降はブリトン人やアイルランドから渡来したスコット族、あるいはヴァイキングと抗争するが、キリスト教の浸透と共に民族は融和していく。やがて小国が分立する中の846年、ダルリアダ王国のケネス1世がアルバ王国を征服、これをもって「スコットランド王国」の成立とする。以降、王宮内ではシェイクスピア劇「マクベス」さながらの権力争いが繰り返されつつも、11世紀には現在のスコットランドと等しい地域を征服する。

　スコットランドは対岸のフランスと同盟を結び、南部のイングランドとは婚姻と抗争を重ねる複雑な関係を重ねた末、1707年に至ってイングランドに統合され、グレートブリテンとなる。しかし、現在でもスコットランド独立の気運は絶えない。

43年	ローマ帝国、ブリテン島南部を属領の「ブリタニア」とする
122年	ローマ皇帝ハドリアヌス、ピクト人に備えて「ハドリアヌスの長城」を建造
407年	ローマ帝国、ブリテン島より撤退
563年	聖コルンバ、アイルランドよりキリスト教をもたらす
846年	ダルリアダ王国のケネス1世がアルバ王国を征服し、スコットランド王国成立
1040年	ダンカン1世、マクベスに殺害される
1050年	マクベス、ローマに巡礼
1290年	マーガレット死去。王統が一時期絶える
1296年	イングランドに敗北し、国宝「スクーンの石」を奪われる
1305年	救国の英雄・ウォレスが囚われ処刑される
1314年	エドワード2世率いるイングランドに侵攻されるも、撃退
1349年	ペストの大流行で、人口が激減
1406年	後のジェイムズ1世が、イングランドに捕らわれる
1451年	グラスゴー大学創立
1468年	デンマーク王女とジェイムズ3世の婚儀により、シェットランド諸島を獲得
1587年	メアリー1世、処刑される
1603年	イングランドと同君同盟を結ぶ
1707年	イングランドと連合

スコットランド王国

ケニス1世

- 生没 ?～858年
- 在位 839年～858年

アイルランドから渡来したスコット族の小国家ダルリアダ王国の王。実名はマクァルピン。ピクト族の祖母を持つ。父アルピンがスコット族とピクト族の抗争に巻き込まれて殺害されたため、年少で即位する。在位中は父の仇討ちと共に両族の融和をめざし、846年にピクト族を併合する。ケニス1世は民族の文化的融和に努め、都をピクト族の地スクーンに遷し、「スクーンの石」を据えた。以降、歴代のスコットランド王はその石の上で戴冠式を挙げる。

ドナルド1世

- 生没 ?～862年
- 在位 858年～862年

先王ケニス1世の弟。当時のゲルマン・ケルト社会では長子相続が確立されておらず、王に健康な男子がある場合でも、一族の有能な男子が位を継ぐ例が見られた。ドナルド1世もこの制度の元に、先王の子に代わり即位する。しかし即位後数年のうちに、不慮の死を遂げた。メルローズ修道院の記録によれば、ブリトン人との戦いで戦死したとも、都のスクーン（現在のパース市）で殺害されたともいう。彼の墓所は、アイルランドを臨むアイオナ島にある。

コンスタンティン1世

- 生没 ?～877年
- 在位 862年～877年

初代ケニス1世の長男。叔父王の死に伴い即位する。在位中はデーン人（ヴァイキング）の活動が活発化し、ブリテン島南部は侵入に悩まされていた。865年、ブリテン島東部にデーン人やフランク族が大挙して上陸し、アングロサクソンの支配下にあったブリテン島南部はたちまち占拠される。彼らの軍は島の北部にも及び、877年の侵入で領民を大虐殺される。修道院の記録によれば、王は果敢に戦うものの、敵軍の首領ハンガーに捕えられて殺害されたという。

エイ

- 生没 ?～878年
- 在位 877年～878年

先王コンスタンティン1世の弟。「白い花」「翼足のエイ」「白脚」などのあだ名を持つ。兄王の戦死に伴って即位するものの、エイ自身も即位後一年たらずで死去する。その最期に関しては諸説あり、アイルランドの年代記「アルスターの資料」によれば「ピクト人の王は、彼の仲間に殺された」と記され、14世紀の詩人、アンドリューは「次代の王に殺害された」と示唆している。エイ王の墓所は、北東海岸に近いルーリーの地にあるとされている。

Ⅵ ブリテン諸島

ギリク

生没 832年～?
在位 878年～889年

　第2代ドナルド1世の子。ニックネームは「幸運の息子」。彼の治世に関して記録は多くは語らないが、12世紀頃に書かれた年代記ではギリクの治世を「アイルランドとイングランドをすべて征服し、教会に自由を与え、ピクト人の風習をあらためた」として「偉大なるグレゴリー」の名で称賛している。しかし、治世末期に日食が発生し、これを不吉として退位したという。なお、ギリクの治世期はヨーカの治世と完全に被るが、これは共同統治を意味するものらしい。

ヨーカ

生没 不詳
在位 878年～889年

　ブリトン人の国家、ストラスクライド国の王ランを父に、スコットランドの王エイの妹を母に持つ。記録に残る治世期はギリクと完全に被るが、共同統治を指すのか、あるいはどちらかが摂政を務めていたのかは不明である。史書『アルバ王の年代記』は、その治世を「ケネスの孫は11年間君臨した。彼の治世9年目に日食が発生し、彼とその養父は追放された」と記す。治世下ではアイルランドやヴァイキングの侵入が繰り返され、国土は混乱した。

ドナルド2世

生没 ?～900年
在位 889年～900年

　コンスタンティン1世の長男。「狂王」という不名誉なあだ名を持つ。治世下ではやはりヴァイキングの侵入が繰り返される。ケルト系民族において王は勇敢であることが第一条件であり、軍の先頭に立つことが常に求められた。そのため歴代王の戦死率も高くなる。ドナルド2世自身もヴァイキングと果敢に戦うものの、スカンジナビア半島を望むダノター城で戦死した。なお、後代の史書においては、この王以降に「スコットランド」が確立したとされる。

コンスタンティン2世

生没 874年～952年
在位 900年～943年

　エイの子。あだ名は「中年王」、「速足のコンスタンティン」。数十年にわたり領土に侵入を重ねていたヴァイキングの撃退に成功し、国内で内紛を重ねるピクト人に対しては宗教政策をもって融和にこぎつけた。一方、南方のブリトン人やアングル人との領土問題を抱えることになる。王は才気煥発で負け知らずとされるが、943年にサクソン人との戦による失地の責任を取って退位し、以降は隠遁生活を送ることになる。952年、80代の高齢で死去。

スコットランド王国

マルカム1世

生没 ?〜954年
在位 943年〜954年

先々王ドナルド2世の子。あだ名は「危険な赤王」。父の没年から察すれば即位時にかなりの年齢に達していたと推測され、彼の即位を促すため先王コンスタンティン2世が退位したとも考えられる。950年、セラッハの地に遠征し、北部ピクト系マア族を多数殺害する。しかし、954年にその復讐か、刺客によって暗殺される。別の説では、同年にノーサンブリア（スコットランドの南西部）を南方のサクソン人に奪われ、国境の戦いで敗れて惨殺されたともいう。

インダルフ

生没 ?〜962年
在位 954年〜962年

先々王コンスタンティン2世の子。母親は南方のアングロ・サクソン国家ノーサンブリアの亡命貴族の娘と伝わる。あだ名は「積極王」。史書『ピクト人の年代記』によれば、その治世にアングル族がスコット族に降伏し、エデンの砦（現在のエディンバラ）はスコット族に明け渡されたという。彼の治世、領地は倍増した。一方で先々王の折に国土から駆逐されたヴァイキングの勢力が再度高まる。王は何度も撃退の兵を挙げるが、962年に反撃を受けて殺害される。

ダフ

生没 ?〜967年
在位 962年〜967年

先々王マルカム1世の子。あだ名は「激烈王」。965年、次代の王となるカリンがダンケルドの修道院長ダンハッドらの力を利用して、ダフを追放しようと試みる。経緯を察したダフはダンハッドらを戦死に追い込むが、ダフ自身もカリンによって追放された揚句、刺客に殺害される。その遺体は967年7月10日、日食の日にフォレスの橋の下に埋められたという。現在でもフォレスの街に立つ古代の石碑「スエノの石」は、後のケネス2世が立てたダフの慰霊碑だという。

カリン

生没 ?〜971年
在位 967年〜971年

インダルフの子。あだ名は「白王」。先王・ダフを殺害して王位に就く。古代スコットランドでは長子相続が確立せず、「一族すべての男子のうち、有能な者を選出する」というケルト人伝統方式を貫いていたため、王位簒奪、あるいは親征での戦死が絶えなかった。カリンの治世に関する明確な記録は存在しないが、史書は王がストスクライド王国の豪族ロチャードの娘をかどわかし凌辱に及んだため、報復として実弟のエオハと共に殺害されたと語る。

アムライフ

生没 ?〜977年
在位 973年〜977年

　先王カリンの弟。次項のケネス2世の治世下に「在位」していたものとされるが、スコットランドの歴代王としては数えられていない。971年に即位したケネス2世が何らかの理由で退位したのちにアムライフが位に就き、彼の死をもってケネス2世が復位したものが、あるいは973年からの4年間は2人の王の共同統治だったのか、現代の歴史学者の間でも意見が分かれている。初代のケネス1世以降100年以上、王家では内紛が繰り返されていた。

ケネス2世

生没 ?〜995年
在位 971年〜995年

　マルカム1世の子。あだ名は「兄弟殺し王」。この時代までスコットランド領はブリテン島中央部のみだったが、ケネスは即位と同時に外征を重ねる。972年には先王の仇ストスクライドを蹂躙し、エディンバラを配下に収める。さらに、サクソン人に占拠されていた南部のノーサンブリア地方にもたびたび侵攻した。しかし995年、マーンズ領主夫人フェネリアの策略で、狩りの最中に仕掛け弓によって殺害される。王に我が子を殺されたフェネリアの復讐だった。

コンスタンティン3世

生没 ?〜997年
在位 995年〜997年

　カリンの子。あだ名は「禿頭王」。先王のケネス2世が暗殺された直後、即座に一族の賛成票を取り付けて即位する。この鮮やかな交代劇により、後世においては先王殺害の黒幕とも噂されている。しかしコンスタンティン3世自身も在位2年にして死去する。戦死したとも、腹心の部下に暗殺されたともいう。後世の史家は、ケネス2世の割に長期間の治世と功績、そしてコンスタンティン3世の短く無為な統治を比べて、「王に非ず」とまで酷評する。

ケネス3世

生没 ?〜1005年
在位 997年〜1005年

　ダフの子。あだ名は「茶毛王」。1000年にはノーサンブリア軍の大軍を撃退し、サクソン領だったカンブリアを手に入れた。一方ではヴァイキングの侵入が繰り返され内憂外患の治世でもあった。その折、先々代のケネス2世の長男（後のマルカム2世）はケネス3世の治世に不満を抱き、1005年に至り反乱の兵を挙げる。そしてストラスアーンの地において、ケネス3世を後継者のボエともども惨殺する。冷酷苛烈と称されるマルカム2世の治世の序章であった。

スコットランド王国

マルカム2世

- 生没 954年～1034年
- 在位 1005年～1034年

　ケネス2世の長男。あだ名は「破壊王」。機敏にして不屈、残忍冷酷であったと伝わる。父王の死去に伴い王位が分家から従弟へと移る状況に不満を抱き、ケネス3世を弑逆して即位。以降は王位争いの禍根を絶つべく、「長子相続」を定める。しかし自身は男子に恵まれず、娘の子ダンカンに王位を継がせるべく、ライバルとなるケネス3世の息子を殺害するなどしていた。王は齢80を過ぎても戦争に明け暮れた末、ヴァイキングの刺客に殺害される。

ダンカン1世

- 生没 1001年～1040年
- 在位 1034年～1040年

　先王マルカム2世の娘ソベックの子。あだ名は「病王」。17歳の折、母方の祖父マルカム2世によって王統の絶えたブリトン人国家ストスクライドに「後継者」として送り込まれ、即位後はスコット・ピクト・ブリトン・アングルの四民族を統合、現在に続くスコットランドを領有する。しかし未熟な統治手腕と強情な性格が災いし、1039年のイングランド攻略失敗により家臣に離反される。そして翌年、野心家のマクベスによって殺害されることになる。

マクベス

- 生没 1005年～1057年
- 在位 1040年～1057年

　先々王マルカム2世の孫。あだ名は「赤王」。シェイクスピア劇の主人公としても知られる。先王ダンカン1世を殺害し即位するが、治世17年と当時ではかなりの長期政権を誇り、在位中の1050年にはローマ巡礼に出る余裕も持つなど、統治においては名君とされる。しかし先王の父親、さらに遠縁にあたるバンクォーなど対立勢力を次々と滅ぼした末の1054年、先王の長男マルカム・カンモー（後のマルカム3世）によって殺害される。長子相続過渡期の悲劇である。

ルーラッハ

- 生没 1032年～1058年
- 在位 1057年～1058年

　ケネス3世の孫娘グロッホの子。マクベス殺害事件の直後、ケルト伝統の王位継承法によって王位につけられるも、4か月後にマルカム・カンモーによって暗殺される。享年25。ここに「一族のうち、有能な男子」から後継者を指名する古来の選定法は失われ、以降のスコットランド王統はマルカム・カンモーの子孫によって受け継がれる運びとなった。ルーラッハのあだ名は「愚王」という不名誉なものであるが、これは「担がれた者」というニュアンスである。

Ⅵ ブリテン諸島

マルカム3世

- **生没** 1031年〜1093年
- **在位** 1058年〜1093年

ダンカン1世の長男。父王がマクベスによって殺害された折、9歳の彼は伯父と共にイングランドに逃れ、サクソン風の教育を受ける。故国に戻った後の1057年、父の仇マクベスを討ち、さらにルーラッハを殺して即位した。強権的な即位の流れから「大頭」とあだ名される。一方、サクソン王族のマーガレットが遭難していたのを助けて継妃に迎えて以降は、マーガレットの勧めに応じて国内に封建制を導入し、宗教改革を推し進めた。

ドナルド3世

- **生没** 1033年〜1099年
- **在位** 1093年〜1094年、1094年〜1097年

ダンカン1世の子。先王マルカム3世の弟。父がマクベスに暗殺されるに伴い、スコットランド西部のヘブリディーズ諸島に逃れる。即位後はサクソン好みだった兄王の政策を一掃してケルト風俗の復興を画策するあまり、サクソン人である義姉マーガレット王妃の遺体の凌辱すら企んだ。国情の悪化を危惧したマルカム3世の子ダンカン2世に王位を奪われるものの、間もなく復位。しかしダンカン2世の異母弟エドガーに攻められ、王位と視力を奪われて死去。

ダンカン2世

- **生没** 1060年〜1094年
- **在位** 1094年

マルカム3世の先妻の子。スコットランドがイングランドと講和を結ぶに当たり、人質として送られる。1093年、叔父ドナルド3世を追放して即位した。

エドガー

- **生没** 1074年〜1107年
- **在位** 1097年〜1107年

マルカム3世とマーガレットの三男。1097年、「イングランド王の臣従者」を宣言し、イングランド王ウィリアム2世の兵力を借りてドナルド3世を廃して即位した。

アレグザンダー1世

- **生没** 1078年〜1124年
- **在位** 1107年〜1124年

先王エドガーの弟。兄の遺言に従って、自身の弟デイヴィッドに国土南部の統治を任せ、自身は国土中北部を統治し、それ以外の地は領主にまかせた。しかし反乱への鎮圧は苛烈で、「獰猛王」とあだ名される。王はイングランドとの友好関係を貫き、イングランド王ヘンリー1世の庶子シビルを妃に迎えている。しかし政略結婚は必ずしも「友好」に繋がるものではなく、あわよくば相手国の「乗っ取り」を図る危ういものであった。嫡子なく、弟が位を継ぐ。

スコットランド王国

デイヴィッド1世

生没 1080年～1153年
在位 1124年～1153年

　マルカム3世とマーガレットとの六男。先王アレグザンダー1世の弟。兄らと同様にイングランドの宮廷で育てられ、教養豊かに成長する。即位後はノルマン人の知己を招聘して要職に就け、文化啓蒙と中央集権化を進めると共に、スコットランド史上初の貨幣を鋳造する。イングランドの王位継承問題から両国が戦争状態に陥った際も巧妙に立ち回り、領土を広げた。王の29年の治世により、今だ古代ケルトの風を残した国内は発展し、名君として称賛されている。

マルカム4世

生没 1142年～1165年
在位 1153年～1165年

　先王デイヴィッド1世の長男ヘンリーの子。父が祖父に先んじて死去したため、11歳で即位する。しかし偉大な祖父の死去を待っていたかのごとく、ノルウェーの侵攻、地方領主の反乱と、内憂外患が絶えなくなる。幼王も成長するにつれ自主性と手腕を練り、祖父の腹心として招聘したノルマン貴族に命じて北方部族の反乱を鎮圧させている。しかし、間もなく病に倒れ、23歳の若さで死去。未婚で子も無く、「純潔王」とあだ名されている。

ウィリアム1世

生没 1143年～1214年
在位 1165年～1214年

　先王マルカム4世の弟。通称は「獅子王」。兄の治世期に失った北部イングランドの支配権を取り戻すべく暗躍し、フランスと同盟を結ぶ。1174年、イングランドでの内紛を好機と見て攻め込むが捕えられ、イングランドへの完全服従を余儀なくさせられる。以降は内政に力を注ぎ、王女らをイングランドに嫁がせて関係の修復を図った。後に十字軍遠征に意欲的なイングランド王リチャード1世に多額の軍資金を送ることで、両国の関係は表面上は安定することになる。

アレグザンダー2世

生没 1198年～1249年
在位 1214年～1249年

　先王ウィリアム1世の長男。16歳で即位したとき、イングランドのジョン王は「赤狐の子供はおびき出して獲物にしてくれる」と、豪語したという。一方でアレグザンダーは、次代のイングランド王ヘンリー3世の妹ジョアンとの婚姻で国交安定を図る。しかしジョアンは1238年に他界し、新たにフランス男爵の娘を娶ったことで反仏派のヘンリー3世との関係が悪化、対処に苦慮する。後に対ノルウェーの戦を進める中、戦陣で発病、36歳の若さで死去した。

アレグザンダー3世

- 生没 1241年〜1286年
- 在位 1249年〜1286年

　先王アレグザンダー2世と後妻マリーの子。父王の早世に伴い、8歳で即位。10歳の折にイングランド王ヘンリー3世の娘で当時11歳だったマーガレットと強制結婚させられる。以降、幼君夫妻は奸臣らから嫌がらせを受け続けた。後に奸臣を追放して親政を開始し、1261年にはノルウェー軍に大勝した。この折、「アザミの花のとげ」が、潜伏した敵兵の探索に一役買ったという故事から、スコットランド王家ではアザミを紋章として定めたとされる。1286年、落馬で死去。

マーガレット

- 生没 1283年〜1290年
- 在位 1286年〜1290年

　先王アレグザンダー3世の孫娘。スコットランド史上初の女王である。祖父が落馬で急死し、スコットランドでは後継者問題が勃発。結局、ノルウェー王に嫁いでいたアレクザンダーの娘の子がノルウェー在のまま即位する。一方で幼女王に目を付けたイングランドは、王太子エドワードとマーガレットの婚姻を画策。周囲の思惑の中、婚約に応じたマーガレットを乗せた船は本国に向かう。しかし嵐に巻き込まれ、彼女は祖国を見ぬまま船酔いで死去した。時に7歳。

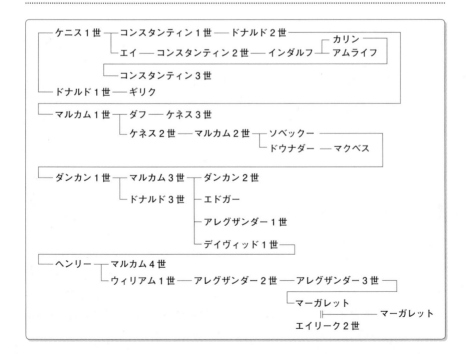

スコットランド王国

ジョン・ベイリャル

- 生没　1249年～1315年
- 在位　1292年～1296年

マルカム4世の兄弟の曾孫。マーガレットの死によってアサル王家は断絶し、スコットランドは王位継承問題で紛糾する中、イングランド王エドワード1世は自国に都合の良い継承者としてジョン・ベイリャルを後押しする。こうして即位した彼は傀儡としての立場に耐えられずフランスと同盟し、1296年にイングランドに攻め入る。しかし大敗してロンドン塔に幽閉され、9世紀以来の国宝「スクーンの石」までも奪われることになる。釈放後、フランスで死去。

ロバート1世

- 生没　1274年～1329年
- 在位　1306年～1329年

ウィリアム1世の弟の玄孫。先王ジョン・ベイリャルがイングランドに捕われスコットランドが征服された後、イングランドとスコットランド双方で面従腹背を重ね、教会内で殺人を犯して破門されつつも、1306年に「自作自演」の戴冠式を挙行して王位につく。以降はイングランドの代替わりに乗じて優位に戦線を進め、破門されたローマ教皇からもスコットランド王として認められ、イングランドとも和解。紆余曲折はありながら、救国の英雄とされる。

デイヴィッド2世

- 生没　1324年～1371年
- 在位　1329年～1332年、1346年～1371年

先王ロバート1世の長男。5歳で即位するものの、イングランド王エドワード3世に擁立されたエドワード・ベイリャル（ジョン・ベイリャルの子）に王位を奪われる。1334年、デイヴィッド2世は13歳の后と共にフランスに亡命。1346年に帰国してイングランドと戦うも大敗し、ロンドン塔に捕われの身となる。しかし虜囚生活ながら厚遇され、1357年に釈放されて帰国するものの、摂政に国政を委ね、再度イングランドに滞在してもいる。生涯、嫡子には恵まれなかった。

エドワード・ベイリャル

- 生没　1283年？～1364年？
- 在位　1332年、1333年～1346年

ジョン・ベイリャルの子。幼少時に父と共にイングランドに捕われ、ロンドン塔で虜囚生活を送る。スコットランドでデイヴィッド2世が即位した後の1332年、イングランド王に担ぎ出されて祖国に攻め込み、王として擁立される。しかしスコットランドの支持を得るには至らず、急襲されて在位中のままイングランドに亡命。以降、イングランドは「2人のスコットランド王を有する」という、奇妙な状況に置かれた。子を持たぬまま、1364年ごろ死去する。

ロバート2世

生没 1316年～1390年
在位 1371年～1390年

　ロバート1世の娘の子。若き日は体格に優れ、紳士的な人物として国民の人気をさらい、デイヴィッド2世不在時のスコットランドで摂政として国を守った。デイヴィッド2世の死去に伴い即位するが、すでに55歳の老境に達して視力を失い「霞目爺さん」とあだ名されていたという。以降、「余生」と言える治世に見るべきものは無く、先王の折にイングランドに払い続けていた「王の身代金」は国庫を苦しめ、さらに有力貴族の反目や抗争で、混乱の途にあった。

ロバート3世

生没 1337年～1406年
在位 1390年～1406年

　先王ロバート2世の長男。実名はジョンだが、「ジョン」の名をもつ王は不幸に遭うとの故事に鑑み、即位を機に改名する。身体障害を持つ王は統治能力に優れず、実務は有能な弟に任せきりであった。1406年、王位継承者である三男のジェイムズを乗せた船がフランスに向かう途上でイングランドに拿捕され、王子はロンドン塔に送られてしまう。これには、国内の有力貴族の差し金もあったとされる。ショックを受けた王は、3日後に63歳の生涯を閉じた。

ジェイムズ1世

生没 1394年～1437年
在位 1406年～1437年

　先王ロバート3世の三男。12歳の折、フランスに渡る途上でイングランドに抑留されるが、現地では厚遇されて高い教育を受ける。イングランド王族ジョアンを娶った後の1424年に帰国して親政を開始。議会を招集し、留守中の国内で摂政を務めていたオルバニー公父子を処刑、多くの貴族から領地を没収する。さらに艦隊設立の名目で重税を課したために、上下を問わず不満が溜まることになる。1437年、修道院に宿泊した王は寝込みを襲われ、暗殺される。

ジェイムズ2世

生没 1430年～1460年
在位 1437年～1460年

　先王ジェイムズ1世の長男。父王の暗殺に伴い、7歳で即位。幼君を頂く宮廷では、主導権を争う貴族が暗躍することになる。フランス貴族マリーを娶って、1449年より親政を開始し、奸臣を次々に粛清。有力貴族、ダグラス伯ウィリアムに至っては、宴に招き、騙し討ちで殺害している。これに怒ったダグラス一族との全面戦争が勃発する中、王は大砲をもって優位に戦線を展開する。さらに1460年にはイングランドを攻めるが、大砲の暴発事故で死去。

スコットランド王国

ジェイムズ3世

生没 1452年〜1488年
在位 1460年〜1488年

　先王ジェイムズ2世の長男。父王の事故死に伴い幼少で即位する。王は繊細で芸術を好み、文化人を重用した。これに不満を抱く王弟アレグザンダーはイングランドと通じて簒奪を画策するも、王は弟を信じ続け、側近を悩ませるばかりだった。1488年、不平貴族のアンガス伯は王太子を取り込んで挙兵。政府軍が破られ敗走する中、王は水車小屋に隠れるも、粉ひき屋の女房に密告されて殺害される。芸術を愛した王は惰弱な人物ながら、国民に愛されていた。

ジェイムズ4世

生没 1473年〜1513年
在位 1488年〜1513年

　先王ジェイムズ3世の長男。父王を殺害したアンガス伯に擁立される。若年ながら1491年には謀反を企むアンガスを破り、改心させた。王は容貌と武勇に優れ、五か国語と国内すべての方言に通じ、各地の首長も説得により味方に取り込んでいる。王の人気は絶大なもので、対立勢力すら内心では王に憧れたという。しかし王は海外情勢に疎く、自身を「平和の使者」と信ずるあまり同盟国フランスの情勢に入れ込み、結局、対イングランド戦で没している。

ジェイムズ5世

生没 1512年〜1542年
在位 1513年〜1542年

　先王ジェイムズ4世の三男。父王の戦死当時は1歳あまりだったため、ジェイムズ3世の弟アレグザンダーの子ジョンがフランスから呼ばれ摂政となる。しかしジョンの帰仏と共に貴族らの思惑により、幼王は軟禁状態に置かれた。1528年、16歳になった王は変装して脱出し、親政を開始する。王は父王同様に庶民からの人気は絶大だったが、対立勢力は徹底的に断罪したという。1542年、国境を侵したイングランドに対し親征するものの、帰路で発病、30歳で死去。

メアリー1世

生没 1542年〜1587年
在位 1542年〜1567年

　先王ジェイムズ5世の三男。父王の死により生後6日で即位。フランス宮廷に招かれて成長し、1558年にフランス王太子フランソワと結婚、翌年に夫の即位に伴いフランス王妃となる。しかし夫の急死により帰国し、1565年にダーンリー卿と再婚するも、関係は間もなく破綻する。1567年、ダーンリーが謎の爆死を遂げ、メアリーは夫殺しの容疑で廃位された。翌年より彼女はイングランドで亡命生活を送るが、危険視するエリザベス女王により処刑される。

イングランド王国
871年〜1707年

　5世紀初頭、ローマ帝国が撤退したブリテン島にはヨーロッパ大陸からアングル人、サクソン人が侵入、先住のブリトン人を西部に駆逐した上、島の南部から中央部にかけて7つの王国を興す。9世紀には、現在のデンマーク方面より来寇するデーン人の侵入を受けるが、ウェセックス国のアルフレッド大王が撃退、以降、ブリテン島南部はアングル人国家「イングランド」となる。

　しかし1066年、フランスより来寇したノルマン人がイングランドを征服、以降の英王室はノルマン朝初代国王リチャード1世の血統が受け継がれた。さらに支配階級のフランス語とアングロ・サクソン系土着民族の言語が融合し、今日の英語が形成されていくことになる。イングランド王室はノルマン朝からプランタジネット朝、ランカスター朝と、直系子孫が絶えれば傍系が立つことで王統が受け継がれていった。北方のスコットランドや対岸のフランスとは姻戚関係と抗争を繰り返し、14世紀には最後に残ったブリトン人国家ウェールズを併呑、1603年にはスコットランドと「同君同盟」を締結、そして1707年に至って正式にスコットランドを統合することになる。

407年	ローマ帝国、ブリテン島より撤退
613年	ブリトン人、チェスターの戦いでサクソン人に敗退
825年	ウェセックスのエグバート王、ブリテン島中部から南部を統一
851年	デーン人、ロンドンを攻撃
871年	ウェセックス国のアルフレッド大王即位
980年	デーン人の攻略が強まる
1004年	デンマーク王、イングランド攻略開始
1066年	ノルマンディー公ウィリアム即位
1154年	ヘンリー2世即位。英仏にまたがる国家の誕生
1282年	エドワード1世、ウェールズに侵攻
1337年	フランスとの百年戦争勃発
1455年	薔薇戦争始まる
1536年	ヘンリー8世妃、アン・ブーリン処刑される
1558年	エリザベス1世即位
1649年	チャールズ1世、処刑される
1660年	チャールズ2世即位、フランスより帰国
1688年	名誉革命　ジェームズ2世、位を追われる
1707年	スコットランドを統合、グレートブリテン成立

イングランド王国

アルフレッド大王

- 生没 849年〜899年
- 在位 871年〜899年

　ブリテン島南部のサクソン人国家ウェセックスの王。幼少時に父王によりローマに送り出され、時の教皇に謁見する。即位後は以前より激化していたデーン人の侵入に苦しめられつつも領土を広げ、ブリテン島南部を支配するに至る。文化振興に尽力した王は現在の英国でも人気が高く「戦いに疲れた王が民家で休息を請うと、農婦からパン焼きを頼まれる。しかし疲れのために眠りこけてパンを焦がし、追い出されてしまった」などのエピソードで語られている。

エドワード長兄王

- 生没 874年？〜924年
- 在位 899年〜924年

　先王アルフレッド大王の子。後世のエドワード殉教王と区別するため、10世紀ころより長兄王と呼ばれる。父王の死後に即位するも、伯父エセルウォルトがデーン人と組んで簒奪の兵を挙げる。エドワードはデーン人ともども伯父を滅ぼした。以降もデーン人の侵入に苦しめられつつも善戦を重ね、国内の交通網を整備した。さらに容貌と知略に優れていたため、ウェールズ人、スコット人、デーン人などの対立勢力からも「父にして王」と称賛されていた。

アゼルスタン

- 生没 895年〜939年
- 在位 924年〜939年

　先王エドワード長兄王の子。長兄王が死去した924年、王の後妻の子エルフウェルドが20歳で即位するものの同年に死去し、長兄王の先妻の子であるアゼルスタンが即位する。治世においては、カトリック教会を通じて学問を奨励し、経済活動の発展を図る。一方で、デーン人に支配されていたブリテン島の中央部を奪還し、イングランド領に組み込んだ。これらの功績から、現代の史家はアゼルスタンを「初代イングランド王」と見なす。独身で子がなく、弟が跡を継いだ。

エドマンド1世

- 生没 922年〜946年
- 在位 939年〜946年

　先王アゼルスタンの異母弟。即位後まもなく、アイルランドの王オラフ3世がブリテン島北部を攻略しイングランドにも迫るものの、942年に撃退に成功。さらに945年にはスコットランドのマルカム1世と平和条約を結ぶ。946年、王は宴会に招かれた客の中に、追放刑に処せられた盗賊の姿を認める。即刻立ち去るように命じたものの、盗賊はしぶとく居座り続ける。このため王と盗賊は諍いとなり、結局、両者相討ちとなってしまった。王位は弟に継承された。

Ⅵ ブリテン諸島

エドレッド

- 生没 923年～955年
- 在位 946年～955年

　先王エドマンド1世の弟。在位中の954年にはヨークに拠点を張るデーン人やノルウェー人の排除に成功する。しかし健康に恵まれず、間もなく死去。

エドウィ

- 生没 941年～959年
- 在位 955年～959年

　先々王エドマンド1世の子。司教ドゥンスタンを呼び戻して政務に当たらせるも、博識なドゥンスタンを妬む王族との争いに悩まされることになる。

エドガー

- 生没 952年～975年
- 在位 959年～975年

　エドマンド1世の子。治世は、先々代よりのデーン人の侵入が終息に向かい、国内に平和が戻りつつあった。そのため「平和王」とあだ名される。

エドワード殉教王

- 生没 962年～978年
- 在位 975年～978年

　先王エドガーの長男。司教ドゥンスタンの計らいで即位するものの、継母のエルフリーダに暗殺される。しかし死後に数々の奇蹟が起こり、列聖された。

エゼルレッド2世

- 生没 968年～1016年
- 在位 978年～1013年/1014年～1016年

　先王エドワード殉教王の異母弟。兄王の暗殺に伴い10歳で即位する。王は侵入するデーン人を「立ち退き料」で懐柔したため財政難を引き起こし、兄王暗殺の疑いも相まって国民に離反される。敗走を重ねる王はフランスへの亡命を余儀なくされたが、イングランドを攻略したデンマーク王の死に伴って帰国を果たす。以降は対デーン戦を優位に展開するものの、2年後に死去。兄殺しや亡命の顛末から、後世「無思慮王」「無策王」と揶揄されている。

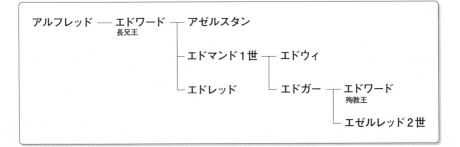

イングランド王国

スヴェン

- 生没 960年〜1014年
- 在位 1013年〜1014年

　デーン人の王。985年にデンマーク、ノルウェーの王として即位し、イングランドへの攻略を繰り返す。これに怒るイングランド王エゼルレッド2世は1002年に国内のデーン人を虐殺したため、それを理由に侵攻を激化させ、1013年に至って王を亡命に追い込む。こうして自身が玉座に就いたスヴェンだが、1年後に急死した。当時のイングランド人は「聖エドモンド（9世紀のサクソン人王。デーン人に殺された）の領地に税をかけた祟りだ」と噂したという。

エドマンド2世

- 生没 993年〜1016年
- 在位 1016年

　エゼルレッド2世の子。1014年、兄の死去に伴い王位継承者となるが、以降、父王との権力闘争に明け暮れる。1016年春に父と和解し、直後に即位。折しもデーン人の王クヌート（スヴェンの子）が再度イングランドに侵攻し、ロンドンが包囲された時だった。エドマンドは勝利を重ねロンドンを奪還。ここに両者は和解し「どちらかが死んだ場合、死んだ者の領土を受け継ぐ」条約を結ぶ。エドマンドは同年の秋に急死した。自然死とされるが、暗殺説も根強い。

クヌート1世

- 生没 995年〜1035年
- 在位 1016年〜1035年

　デーン人の王スヴェンの子。先王エドマンド2世の急死に伴い、デンマーク、ノルウェー、イングランドと北海を囲む地域を支配し、後世「北海帝国」と称される。イングランド統治においては現地住民との融和を図り、父王に祟ったとされる聖エドモンドの怒りを鎮めるため、聖エドモンド修道院に多額の献金をし、円天井を奉納した。デーン人らは次々と改宗し、ここに「反デーンの聖人」とされていた聖エドモンドのイメージは薄れることになる。

ハロルド1世

- 生没 1015年?〜1040年
- 在位 1035年〜1040年

　先王クヌート1世の庶子。父王死去の折、王位継承者である異母弟ハーデクヌーズは対ノルウェー・スウェーデン戦に忙殺されていたため、代わりにハロルド1世が即位する。翌年にはエゼルレッド2世の子らから王位を奪われかけるが、撃退した。しかし1040年、デンマーク戦の最中に急死する。遺体はウェストミンスター寺院に埋葬されるが、ハーデクヌーズの即位後に墓を暴かれ、遺体の頭部は沼地に捨てられた。後に頭部は回収され、再埋葬されることになる。

ハーデクヌーズ

- 生没 1018年？～1042年
- 在位 1035年～1037年、1040年～1042年

　先王ハロルド1世の異母弟。嫡子で王位継承者であったが、対ノルウェー戦に忙殺されていたため、異母兄のハロルドに王位を奪われる。後にハーデクヌーズはハロルドの遺体を辱めることで復讐を果たしている。在位中のハーデクヌーズは民衆に重税を課したため、ある伯爵夫人が民の窮乏を訴えて全裸で馬に乗り、街を駆け抜けたという。民衆はあえて顔をそむけたが、トムという男のみが覗き見ていた。そこで英語の俗語では、覗き魔を「ピーピング・トム」と呼ぶ。

エドワード懺悔王

- 生没 1004年？～1066年
- 在位 1042年～1066年

　エゼルレッド2世とノルマンディー公の娘エマの息子。エドマンド2世の異母弟。青年時代を母の故郷で修道士と共に過ごした後、異父兄で先王のハーデクヌーズに招かれて共同統治者となり、ハーデクヌーズの死後に即位する。惰弱な性格の王に統治能力は無く、生涯独身を貫いたため子を持たなかった。そのため、サクソン人に復したイングランドの王統は定着せずに終わる。宗教家としては有能であり、ウェストミンスター寺院を建立し、後に列聖されている。

ハロルド2世

- 生没 1022年～1066年
- 在位 1066年

　先王エドワード懺悔王の妃エディスの兄。先王の死去に伴い貴族らに推挙されて即位するが、王位を狙う弟トスティがノルウェー王を抱き込んで兵を挙げたため、両者を攻め滅ぼす。一方でノルマンディー公ギョーム（後のウィリアム1世）が「エドワード懺悔王に譲位を約束された」として、大軍を率いて上陸する。ハロルドは重装歩兵をもって迎え撃つも、目を射ぬかれて戦死。ここに5世紀以来続いたアングロ・サクソン系イングランド王朝は途絶えた。

エドガー・アシリング

- 生没 1051年？～1126年？
- 在位 1066年？

　エドマンド2世の孫。先王ハロルド2世の戦死後に「エドガー2世」として王位を受け継ぐが、結局ノルマンディー公ギョーム（ウィリアム1世）に屈する。1068年、エドガーはスコットランドに亡命するもののイングランド王の夢を捨てきれず、ウィリアム1世の死後の1091年、イングランドの王位争いに介入もしている。その後は第1回十字軍として中東に向かう。さらに、イングランドの紛争に再度介入した末に隠遁する。1126年頃に70代で死去したとされる。

イングランド王国

ウィリアム1世

生没 1027年〜1087年
在位 1066年〜1087年

フランスのノルマン地方で、ノルマンディー公ロベール1世の庶子として生まれる。フランス語名はギョーム。1052年にイングランドに渡り、遠縁に当たるエドワード懺悔王に謁見した折、後の譲位を約束されたとされる。1066年、エドワードの死去に伴いハロルドが即位するが、ギョームはこれを不服として、約1万2000の兵をもってイングランドに上陸、ハロルドを討った後に即位。以降のイングランド王室はギョーム改めウィリアムの血統が受け継がれた。

ウィリアム2世

生没 1060年〜1100年
在位 1087年〜1100年

先王ウィリアム1世の三男。赤毛で赤ら顔だったため、「赤顔王」とあだ名される。粗野な不信心者で同性愛の気があり、生涯にわたり妻を迎えなかった。治世初期は父王の部下ランフランクの助言で善政を敷いたが、ランフランクの死と共に政治は乱れ、教会の歳入を私物化したという。重病に陥った際は非を悔いて司教に帰依するが、病が癒えると司教を追放。ついにローマから破門される。1100年、狩猟中に流れ矢に当たって死去。暗殺説もある。

ヘンリー1世

生没 1068年〜1135年
在位 1100年〜1135年

先王ウィリアム2世の弟。通称は「碩学王」。父・ウィリアム1世の子の中で一番の美男子と伝わる。兄の急死に伴い即位するものの、十字軍遠征から戻った長兄のロベールが王位篡奪を企んだため、これを破って幽閉に追い込む。後にアルフレッド大王の血を引くマティルダを妃に迎えて1男1女をもうけるも、長男ウィリアムは海難事故で急死。結果として深刻な後継者問題を引き起こすことになった。1135年、好物のヤツメウナギで食中毒を発症し、67歳で死去。

マティルダ

生没 1102年〜1167年
在位 ──

ヘンリー1世の娘。出生時の名はアデレードだが、1114年に神聖ローマ帝国ハインリヒ5世と結婚した折に名を改める。1125年、イングランド後継者だった兄の急死に伴い帰国し、アンジュー公ジョフロワと再婚してアンリを生む。1135年、父王の死去に伴い夫と共に王位継承者に指名されるが、ブロワ伯家のスティーブンに王位を奪われる。以降、イングランドは1154年まで内乱状態に置かれた。結局、彼女の息子アンリの即位で内乱が収まり、新王朝が興る。

Ⅵ ブリテン諸島

スティーブン

- 生没 1096年？〜1154年
- 在位 1135年〜1154年

　フランス貴族ブロワ伯と、イングランド王ウィリアム1世の娘アデルの息子。イングランドでは太子ウィリアムを喪ったヘンリー1世が娘マティルダを再婚させ、生まれた息子アンリを後継者に指名するが、ヘンリー1世の死後にスティーブンは簒奪の形で王位を継承する。治世はようやく安定するかに見えたが、王とマティルダ母子との深刻な王位継承争いが展開される。結局、スティーブンは死後に王位をアンリに譲る約束を交わし、「ブロワ朝」は一代で終わる。

ヘンリー2世

- 生没 1133年〜1189年
- 在位 1154年〜1189年

　ヘンリー1世の娘マティルダとアンジュー公ジョフロワとの子。フランス語名はアンリ。母と共に簒奪者スティーブンと戦い、1154年に即位。イングランドと現フランス西部を支配する新王朝「プランタジネット朝」を興す。王は肥満体ではあったが、広大な領土を治めるため精力的に働き、在位中はほぼ現フランスに滞在した。しかし晩年には王子たちの反乱に悩まされ、戦闘の中で故郷の街は焦土と化す。最愛の末子ジョンにも裏切られ、失意のうちに死去。

若ヘンリー

- 生没 1155年〜1183年
- 在位 1170年〜1183年

　先王ヘンリー2世の次男。長子が早世したため実質的な後継者とされ、1170年より父王の共同統治者となる。しかし教育係のトマス・ベケットが父王に背いた咎で粛清されたため父子関係が険悪化。さらにヘンリー2世に領地を奪われたフランス王の差し金により、ヘンリーは弟・リチャードと共に反乱を起こす。1074年に表面上は和解するものの、その後も父子関係、そして兄弟関係の不和は続いた。やがて病に侵され、病床で不孝を悔いつつ28歳で死去。

リチャード1世

- 生没 1157年〜1199年
- 在位 1189年〜1199年

　先々王ヘンリー2世の三男。勇猛な性格から「獅子心王」とあだ名される。兄の死後に共同統治者に任命されるが、不満から父に反抗。即位後は城や所領までも売却して軍資金を整え、第3次十字軍に出征。戦地ではエルサレム奪還に失敗するものの、アイユーブ朝のサラーフ・アッディーンと休戦協定を結ぶ。ヨーロッパ帰還後の1199年、城攻めの最中に敵の矢を受ける。王は敵兵ピエールの勇気を讃えて罪を許したが、王の死後間もなくピエールは皮剥ぎの刑に処された。

イングランド王国

ジョン

- 生没 1167年〜1216年
- 在位 1199年〜1216年

　先王リチャード1世の弟。父ヘンリー2世の末子として溺愛されるが、兄らが父王に反旗を翻した折に兄に味方する。この混乱で領地を相続できず、「欠地王」とあだ名される。即位後はフランス諸侯と対立の末にヨーロッパ本土の広大な領地を失い、教皇からも破門される。ここに国内貴族や民衆の不満が爆発し、王の権限を制限する条文「マグナ・カルタ」（大憲章）に調印せざるを得なくなる。1216年、ビールと桃の暴飲暴食で死去。

ヘンリー3世

- 生没 1206年〜1272年
- 在位 1216年〜1272年

　先王ジョンの子。9歳で即位し、1227年より親政を開始。父王の代に失われたヨーロッパ本土領の奪還を試みるも失敗する。ジョン王の時代からの因縁でイングランド貴族を信用せず、妻の実家であるフランス人貴族とその廷臣を重用したため、国内で反感を買う。しかし、王は一層フランス人を重用したため、王と家臣の溝は深まるばかりだった。エドワード殉教王を尊敬する王は、長男にエドワードと命名したほか、ウェストミンスター寺院を壮麗な姿で再建した。

エドワード1世

- 生没 1239年〜1307年
- 在位 1272年〜1307年

　先王ヘンリー3世の子。身長190センチの強靭な肉体を誇り、「長脛王」とあだ名される。王太子時代に十字軍の遠征先で父の死を知らされ、シチリア島で即位。帰還後の1277年からはウェールズを征服する。以降、イングランド王室では王子にプリンス・オブ・ウェールズの称号を授ける風習が定着した。さらにスコットランドを征服し、現地の独立運動家ウィリアム・ウォレスを残酷に処刑する。これらの業績から「スコットランドの鉄鎚」とも呼ばれる。

エドワード2世

- 生没 1284年〜1327年
- 在位 1307年〜1327年

　先王エドワード1世の子。1308年、フランス王フィリップ4世の王女で、美女と名高いイザベラを王妃として娶る。しかし両性愛者と噂される王は寵臣と組んで、王妃を冷遇し続ける。王妃はフランスに戻った後、現地在住の反国王派、さらにフランス王の加勢を受けてイングランドに帰還、王の寵臣らを処刑した上、王に譲位を迫ったあげく幽閉に追い込む。一説によれば、王は男色の罪として性器を切断され、肛門に焼け火箸を突きこまれて拷問死したという。

Ⅵ ブリテン諸島

エドワード3世

- 生没 1312年～1377年
- 在位 1327年～1377年

先王エドワード2世の子。父王が処刑された後即位するものの、政治は母イザベラと母の愛人、ロジャー・モーティマーに壟断されていた。1330年に宮廷革命でロジャー・モーティマーを処刑して親政を開始。国内の軍備を整えてスコットランドに親征する。さらに織機産業を奨励、議会政治を整えている。在位中にはヨーロッパ大陸領の奪還を意図して百年戦争が勃発するが、この戦陣で活躍したのが、黒い鎧を愛用し「黒太子」とあだ名される長男エドワードである。

リチャード2世

- 生没 1367年～1400年
- 在位 1377年～1399年

先王エドワード3世の孫。エドワード黒太子の次男。父が祖父に先んじて没したため、10歳で即位する。長身で容貌と美的感覚に優れていたという。治世においては文筆家を保護し、ラテン語聖書を「被征服民族の言語」である英語に訳させている。一方で統治能力は無に等しく、税に悩む民衆の訴えを聞き入れつつも撤回を繰り返した。そのため貴族からも離反され、有力貴族のヘンリー・ボリングブロクに捕らわれ、位を奪われる。幽閉の末、餓死したという。

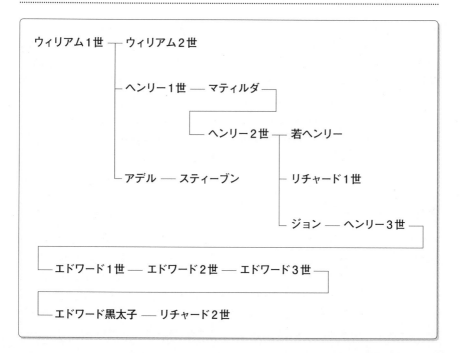

イングランド王国

ヘンリー4世

- 生没 1367年〜1413年
- 在位 1399年〜1413年

エドワード3世を祖とする貴族ランカスター家の出身。実名はヘンリー・ボリングブロク。1398年に貴族同士の争いをリチャード2世に咎められ、ランカスター領の相続権を奪われる。しかし翌年に王を逮捕して幽閉し、ランカスター朝を興す。即位はまさに「簒奪」だったため、貴族勢力を抑えるために議会に頼る。在位後半は長男の助けを得ることで治世は安定する。晩年は先王の怨霊におびえつつ皮膚病に苦しみ、ウェストミンスター寺院で死去する。

ヘンリー5世

- 生没 1387年〜1422年
- 在位 1413年〜1422年

先王ヘンリー4世の子。王子時代は父王を助け、草創期のランカスター朝を安定させる。即位後は350年前のノルマン征服以降、フランス語が優勢的だった朝廷において英語の使用を奨励する。王自身、個人的書簡には英語を用いた。その一方で休戦状態だった百年戦争を再開、フランスに親征しパリに迫る。苦慮したフランス側の王太子シャルルは、休戦協定としてヘンリー5世のフランス王位継承権を認めた。しかし1422年、パリ郊外で赤痢に感染し、34歳で死去。

ヘンリー6世

- 生没 1421年〜1471年
- 在位 1422年〜1461年／1470年〜1471年

先王ヘンリー5世の子。妃の妊娠当時、占星術に凝っていたヘンリー5世は「ウインザー城で生まれた男子はすべてを失う」とのお告げを受けるが、その男子、後のヘンリー6世は「不幸にも」ウインザー城で誕生する。父王の死後、生後8か月で即位したヘンリー6世はイングランドとフランスを相続するが、英仏の戦争はジャンヌ・ダルクの登場でフランス優位に傾き、1453年に至り大半の在フランス領を手放さざるを得なくなる。王は精神錯乱を発症し、死去。

VI ブリテン諸島

ヘンリー4世 ── ヘンリー5世 ── ヘンリー6世

エドワード4世

- **生没** 1442年〜1483年
- **在位** 1461年〜1470年、1471年〜1483年

プランタジネット朝・エドワード3世の子孫。1455年、実家のヨーク家は共にプランタジネット朝を始祖とするランカスター王室に反旗を翻し、ここに「薔薇戦争」が勃発。最終的に王室を倒して先王ヘンリー6世をロンドン塔に幽閉し、1461年に即位、ここにヨーク朝を興す。一時はヘンリー6世に王位を奪われるものの復位する。王は長身で洗練された美男子だが好色であり、王の市内視察ともなれば女性は家に隠れたという。荒淫で健康を害した末に肺炎で死去。

エドワード5世

- **生没** 1470年〜1483年？
- **在位** 1483年

先王エドワード4世の長男。母はランカスター派、ジョン・グレー卿の未亡人。1483年、父王の急死に伴い即位し、父の弟であるグロスター公が摂政に立つ。しかし「敵方の未亡人」である母の出自が問題となり、戴冠式前に王位を剥奪され、実弟のリチャードと共にロンドン塔に幽閉される。以降の消息は不明。200年ほど後の1674年にロンドン塔より子供2人分の骨が発見され、1933年に鑑定したところ「14歳と10歳の兄弟。死因は絞殺」との結果が出た。

リチャード3世

- **生没** 1452年〜1485年
- **在位** 1483年〜1485年

エドワード4世の弟。生後間もなく父を喪い、ランカスター側との戦陣の中で成長する。やがて即位したエドワード4世の治世を補佐し、幼君エドワード5世が立った折は叔父として摂政に立つ。しかし、幼君の出自を問題視して廃位に追い込み、自身が王として即位した。しかし1458年、ランカスター派のリッチモンド伯（後のヘンリー7世）に攻められて戦死。シェイクスピア劇など後の文学作品で、リチャード3世は稀代の暴君として描かれる場合が多い。

ヘンリー7世

- **生没** 1457年〜1509年
- **在位** 1485年〜1509年

ウェールズ王家の末裔、オウエン・テューダーと、ヘンリー5世の未亡人、キャサリン・オヴ・ヴァロアの孫。母のマーガレット・ボーフォートはエドワード3世の子孫に当たる。1458年に先王リチャード3世を倒して即位した後は王位正統権の弱さを隠すため、伝説の「アーサー王」にあやかって長男にアーサーと命名し、プロパガンダとしてリチャード3世の幼児殺しを喧伝する。内政面においては名君で、薔薇戦争で荒廃した国内を再生し、英国繁栄の基礎を築いた。

イングランド王国

ヘンリー8世

生没 1491年〜1547年
在位 1509年〜1547年

　ヘンリー7世の次男。早世した兄の妃、キャサリン・オブ・アラゴンを娶るが、その侍女アン・ブーリンに心惹かれ、カトリックの信仰に背いて最初の妃キャサリンを離別する。生涯に6人の妻を娶り、そのうちアン・ブーリンら2人を断頭台に送った好色で残酷な王として揶揄の対象とされるが、体格と武勇に優れ、4か国語を操り、詩文や音楽にも造詣が深い文化人であった。カリスマ的な外見と教養をもって、後の英国繁栄の基礎を切り開いたことも事実である。

エドワード6世

生没 1537年〜1553年
在位 1547年〜1553年

　先王ヘンリー8世と王妃ジェーン・シーモアとの子。誕生後まもなく生母と死に別れたため、父王の最後の妻であるキャサリン・パーに養育される。9歳で即位するも、政治は母方の伯父であるエドワード・シーモアに壟断されていた。エドワードは生来病弱であり、即位後も体調が優れなかった。そこで権臣のジョン・ダドリーは「エドワード後」に自身の縁戚に当たるジェーン・グレイを即位させる約束を取り付けさせる。王はほどなく15歳で死去。

ジェーン・グレイ

生没 1537年〜1554年
在位 1553年

　初代サフォーク公爵ヘンリー・グレイを父に持ち、母方の祖母はヘンリー8世の妹に当たる。先王エドワード6世の治世末期、権臣のジョン・ダドリーによって王位継承者として浮上。ダドリーの息子ギルフォードと結婚した上で即位する。しかしヘンリー8世の最初の妃キャサリンの子であるメアリーにより間もなく廃位された。在位わずか9日間。夫とともにロンドン塔に幽閉された後、斬首刑に処される。近年までは、正当な歴代王に数えられなかった。

メアリー1世

生没 1516年〜1558年
在位 1553年〜1558年

　ヘンリー8世と最初の妃キャサリンとの娘。先王ジェーン・グレイの即位に当たり、間一髪でロンドンを離れて独自に即位し、民衆の支持を取り付けてジェーンを排除する。スペイン人である母の影響で敬虔なカトリックだった彼女は、多数のプロテスタントを処刑、後世「ブラディ・メアリー」（血まみれメアリー）と呼ばれる。母の侍女だったアン・ブーリンの娘エリザベス（後のエリザベス1世）とは生涯仲が悪かったが、死の直前に彼女を王位継承者に指名した。

Ⅵ　ブリテン諸島

フィリップ

- 生没 1527年〜1598年
- 在位 1554年〜1558年

　スペイン国王としてはフェリペ2世の名で知られる。王太子時代の1554年、イングランド女王メアリー1世と婚約する。敬虔なカトリックであるメアリー1世とスペイン王族との婚儀は「併呑」の危険を孕むため、イングランド国内でも反対の声が大きかった。しかし11歳年上のメアリー1世とは性格の不一致が問題となり、2年後、フェリペはスペイン王として即位するため帰国。そのまま別居状態となる。メアリー1世は想像妊娠の末に卵巣がんを発症し、42歳で死去した。

エリザベス1世

- 生没 1533年〜1603年
- 在位 1558年〜1603年

　ヘンリー8世とアン・ブーリンの娘。先王メアリー1世の異母妹。2歳の折に生母が斬首刑に処せられ、自身もメアリー1世に背いた疑いで幽閉されるなど、青春時代は苦難の連続だった。即位後は海賊にあえて特許を与え、外国船を略奪させることで国家財政を立て直す。さらに真相を知ったスペインと戦争状態に陥るも勝利し、後の英国繁栄の基礎を築く。しかし迫る老いを気にしてか、中年以降の肖像画は極端に美化されている。生涯独身のまま、69歳で死去。

ジェイムズ1世

- 生没 1566年〜1625年
- 在位 1603年〜1625年

　スコットランド女王メアリーの子。イングランド王ヘンリー8世の姉の曾孫に当たる。生後間もない1567年にスコットランド王「ジェイムズ6世」として即位。やがてイングランドでエリザベス1世が死去し、イングランド議会の求めに応じ1603年「ジェイムズ1世」としてイングランド王にも即位。ここにブリテン島の南北2国が共通の王を頂く王朝「ステュアート朝」が興る。王は容貌に優れないが知性があり、「いちばん賢い愚か者」と称された。

チャールズ1世

- 生没 1600年〜1649年
- 在位 1625年〜1649年

　先王ジェイムズ1世の次男。幼少時より虚弱体質で吃音だったが、将来を嘱望されていた兄ヘンリーの急死により王位継承者となる。成長後も身長は160センチあまりだったが、身体鍛錬を重ね王としての風格を備えるべく努力した。しかしカトリックの王はプロテスタントが多数派の議会と対立し、内乱「清教徒革命」が勃発する。最終的には王側の敗北となり、1649年、斬首刑に処された。しかし死後の王は同情され、現イギリスでも王を偲ぶ催しが続けられている。

イングランド王国

チャールズ2世

- 生没 1630年～1685年
- 在位 1660年～1685年

　先王チャールズ1世と、フランス王女の次男。清教徒革命の危険を察して1646年に母と共にフランスに亡命する。その後はスコットランド王として即位するものの、再度大陸に避難。イングランドで王政復古の機運が高まった1660年に帰還し、翌年に戴冠式を行う。青年時代に苦労を重ねた王は即位後に度外れた遊興に耽り、多数の女性と関係を持つ。一説によれば、王の身を案じた侍医が発明した専用の避妊具こそ、コンドームであるという。心臓発作により死去。

ジェイムズ2世

- 生没 1633年～1701年
- 在位 1685年～1688年

　先王チャールズ2世の弟。少年時代は兄と共にヨーロッパ各国を転々としつつ軍人として名を上げ、後にイングランド王として即位した兄の元で海軍を束ね、英蘭戦争を勝利に導く。しかしヨーロッパ生活でカトリックを受け入れたジェイムズは、即位後はプロテスタントが多数派を占める議会と対立し、大臣の数人を罷免することになる。ここに1688年、クーデター「名誉革命」が勃発し、王位を追われる。ジェイムズはフランスに亡命して捲土重来を図るも、死去。

メアリー2世

- 生没 1662年～1694年
- 在位 1689年～1694年

　先王ジェイムズ2世の長女。父王はカトリックだが、プロテスタントとして育つ。これは伯父チャールズ2世による、国民感情への配慮だった。1677年、オランダ貴族ナッサウ家のウィレム3世（後のウィリアム3世）に輿入れする。1688年の名誉革命ではイングランド議会と組んで父王を退位させ、夫と共同統治者の形でイングランド女王に即位した。しかし後年は妹のアン（後のアン女王）と領地問題を巡って関係が悪化し、絶縁状態となる。夫との間に子はなかった。

ウィリアム3世

- 生没 1650年～1702年
- 在位 1689年～1702年

　オランダ貴族、オラニエ・ナッサウ家の出身。実名はウィレム。母はイングランド王チャールズ1世の娘。英蘭戦争終結後の1677年にイングランド王ジェイムズ2世の娘メアリーと結婚する。ウィレムは両性愛者で背が低かったため、長身のメアリーとは何かと反目しあったが、次第に打ち解けていく。名誉革命後に妻の共同統治者としてイングランドに渡り、メアリー死後に王として君臨した。しかし1702年、落馬によって不慮の死を遂げる。

Ⅵ ブリテン諸島

グレートブリテン連合王国

1707年〜

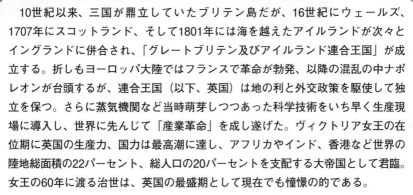

10世紀以来、三国が鼎立していたブリテン島だが、16世紀にウェールズ、1707年にスコットランド、そして1801年には海を越えたアイルランドが次々とイングランドに併合され、「グレートブリテン及びアイルランド連合王国」が成立する。折しもヨーロッパ大陸ではフランスで革命が勃発、以降の混乱の中ナポレオンが台頭するが、連合王国（以下、英国）は地の利と外交政策を駆使して独立を保つ。さらに蒸気機関など当時萌芽しつつあった科学技術をいち早く生産現場に導入し、世界に先んじて「産業革命」を成し遂げた。ヴィクトリア女王の在位期に英国の生産力、国力は最高潮に達し、アフリカやインド、香港など世界の陸地総面積の22パーセント、総人口の20パーセントを支配する大帝国として君臨。女王の60年に渡る治世は、英国の最盛期として現在でも憧憬の的である。

第二次世界大戦ではナチスドイツから連日に渡る空襲を受けるも、最終的には勝利。しかし戦後にはインドやパキスタンなど海外領の大半が独立し、本国経済的にも停滞。「イギリス病」として揶揄される状況が続いていた。その中にあって英国王室はヨーロッパにおける王室の象徴的存在となっている。

1707年	イングランドがスコットランドを併合、大ブリテン国となる。
1775年	アメリカ独立戦争始まる
1805年	ネルソン提督が海戦でナポレオンを破る
1837年	ヴィクトリア女王即位
1840年	アヘン戦争で清国を破る
1851年	ロンドン万国博覧会開催
1877年	ヴィクトリア女王がインド皇帝を兼ねる
1902年	日英同盟締結
1914年	第一次世界大戦開戦
1920年	日本の皇太子裕仁親王（昭和天皇）来英
1922年	アイルランド独立
1937年	エドワード8世、即位するも王位返上
1939年	第二次世界大戦開戦
1945年	イギリス、連合国として戦争に勝利
1952年	エリザベス2世即位
1981年	チャールズ皇太子・ダイアナ妃、成婚
1997年	ダイアナ元皇太子妃、事故死。
2011年	ウィリアム王子・キャサリン妃、成婚

グレートブリテン連合王国

アン

生没 1665年～1714年
在位 1702年～1714年

　イングランド王ジェームズ2世の次女。1683年にデンマーク王子と結婚する。夫婦仲は良かったが、子に恵まれなかった。先王ウィリアム2世の死後にイングランド、スコットランド、アイルランドの女王として即位し、1707年にはイングランド・スコットランド両国の合同法が成立、ここにブリテン島は連合王国として統一される。女王はブランデーを愛飲し、晩年は肥満に苦しめられた。死後、遺体は特別に設計された正方形の棺に納められたという。

ジョージ1世

生没 1660年～1727年
在位 1714年～1727年

　イングランド王ジェームズ1世の曾孫。ドイツ北部に存在した小国ハノーヴァー国王家に生まれ、実名はゲオルク・ルートヴィヒ。英国でアン女王の死に後継者問題が持ち上がり、議会では王家の血筋でプロテスタントであるゲオルクを王として迎え入れた。ジョージ1世として即位したゲオルクだが、英語を解せず国内統治を顧みなかった。さらに王は一説に「不美人好き」と言われ、美女と名高い妃ゾフィー・ドロテアに興味を示さず彼女と正反対の女性を愛した。

ジョージ2世

生没 1683年～1760年
在位 1727年～1760年

　先王ジョージ1世の子。幼少時代、生母のゾフィー・ドロテアが不倫の咎で父王から離縁され、幽閉に処される。ジョージ2世は父を許せず反発し、父王からも嫌がらせの応酬が繰り返された。即位後も性格は改善されず、「怒りっぽく虚栄心の強い小男」と陰口をたたかれている。さらに好色でもあり、重病で死期を悟った妃キャロラインが「自分が死んだら、すぐ再婚してほしい」と訴えたところ「愛人は作るが再婚はしない」と、平然と答えたという。

ジョージ3世

生没 1738年～1820年
在位 1760年～1820年

　先王ジョージ2世の孫。在位時はアメリカ独立戦争が勃発し、敗戦により北米領を失うことになる。しかしフランス革命やナポレオン戦争には要領よく対応し、さらに当時萌芽しつつあった蒸気機関などの技術開発の後押しをするなど、後の産業革命への軌道を築く。しかし家庭的には恵まれず、子女たちは賭博に入れあげ、賄賂を受け取るなど問題児ばかりだった。報道機関が作る王室の醜聞記事に悩まされつつ認知症を患い、在位60年で死去。

ジョージ4世

生没 1762年～1830年
在位 1820年～1830年

先王ジョージ3世の長男。王太子時代は極端な素行不良で、ギャンブルに負け続けて宮廷費の半分に相当する借財を作り、揚句は競馬の八百長に加担するなどして父王を悩ませていた。さらに妃のキャロラインを毛嫌いし、自身の戴冠式にも門前払いしている。一方でグレートブリテン連合国王として初めて「スコットランド行幸」を行い、現地では民族衣装のキルトを着用して民衆から爆発的な人気を得た。この行幸以降は、愛人と隠遁生活を送る。嫡子なく、弟が継ぐ。

ウィリアム4世

生没 1765年～1837年
在位 1830年～1837年

先王ジョージ4世の弟。若き日は海軍将校として、アメリカやカナダで勤務。後年「新大陸を踏んだ初の英国王」と称される。兄が嫡子なく死去したのち、65歳で即位。長らく民衆に交じって生活した王の戴冠式は至って質素なもので、貴族から揶揄されても「涼しげでいいではないか」と意に介さなかった。在位中は警護もつけずロンドン市内を散策し、民衆と自由に会話を楽しんだという。アイルランド人女優との間に10人もの庶子をもうけたが、嫡子には恵まれなかった。

ヴィクトリア

生没 1819年～1901年
在位 1837年～1901年

ジョージ3世の第4王子ケント公の一人娘。母のケント公妃は娘を育てるに当たり、ジョージ3世の放蕩にふける子たちを反面教師とした。結果、ヴィクトリアは貞淑に成長する。18歳で即位し、1840年に従兄弟でドイツ貴族のアルバート公と結婚。アルバートはドイツ人らしい綿密計画で王室の財政改革に着手し、結果として生まれた余剰財産で各地に別邸を建てる。しかし旨味を失った家臣から恨まれ、「ケチな男」と陰口をたたかれる事になる。国王夫婦の仲は良好で、生涯で4男5女をもうけた。当時、台頭し始めていた英国の中産階級においては「家族の鑑」と見なされ、美男美女の国王夫妻と王子王女を描いた数多くの肖像画が残された。しかしアルバート公は腸チフスに罹患し、42歳で病死。以降の女王は豪華な衣装をまとうことなく、生涯を喪服で過ごす。在位63年の後、20世紀最初の年に82歳で死去。

18世紀末期の産業革命が軌道に乗った英国は、ヴィクトリア女王の治世に至り「世界の工場」として成長。軍事、外交面でもアジアやアフリカに広大な植民地を有し、名実ともに「大英帝国」として繁栄を謳歌することになる。

グレートブリテン連合王国

エドワード7世

- 生没 1841年〜1910年
- 在位 1901年〜1910年

先王ヴィクトリアの長男。青年時代は素行不良で父アルバート公から直々の説教も受ける。直後にアルバート公は病死し、夫の死を嘆くヴィクトリアはエドワードを疎んじ、その死を願いすらしたという。王太子時代は過激な性格でトラブルの連続だったが、59歳で即位した後は円熟化する。日本の元首相の伊藤博文とは親しく会話した末に日英同盟を結び、日露戦争後には明治天皇にガーター勲章を進呈している。世界各国と和平を結び、「ピースメーカー」と称された。

ジョージ5世

- 生没 1865年〜1936年
- 在位 1910年〜1936年

先王エドワード7世の次男。少年期より学業に優れなかったが、青年期に兄アルバートと共に軍艦で世界各国を巡り、日本訪問時は腕に龍の刺青を入れさせている。兄の急死で王太子となり、1910年に即位。1920年に日本の皇太子裕仁親王が来英した折は親身になって歓待している。治世は世界大戦や社会主義の勃興に当たり、各国王室の消滅や革命に立ち会わざるを得ず、ストレスで喫煙量が増す。晩年は長男エドワードの醜聞と呼吸器障害に苦しめられた末に死去。

エドワード8世

- 生没 1894年〜1972年
- 在位 1936年

先王ジョージ5世の長男。少年期は海軍兵学校で挫折を味わうものの、王太子時代は日本を含め世界各国を訪問し、民衆から絶大な人気を得た。趣味多彩な美男子として女性遍歴を重ねる中でアメリカ人女性ウォリス・シンプソンと恋に落ち、1936年の即位直後に王位を返上して彼女を妻に迎える。以降はナチスドイツのヒトラーに厚遇されるなど各国を転々とし、第2次世界大戦終結後はフランスで夫婦水入らずの生活を送る。1972年、フランスで死去。英国で国王として埋葬された。

ジョージ6世

- 生没 1895年〜1952年
- 在位 1936年〜1952年

先王エドワード8世の弟。幼少時より吃音があり、兄エドワードの陰で目立たない存在だった。しかし兄の王位返上により急遽即位する。間もなくヨーロッパは戦禍の渦に巻き込まれ、1939年に英国はドイツに宣戦布告、ロンドンは昼夜ドイツ側の空襲に晒される。その最中でも王妃エリザベスと共に民衆を慰問し英国を勝利に導くも、戦時中の激務と心労で健康を害し、大英帝国の解体を見まもる。1952年、オーストラリアに向かう長女エリザベスを空港で見送った直後に急死。

エリザベス2世

- 生没 1926年～
- 在位 1952年～

　先王ジョージ6世の長女。出生当時は王位とは縁遠かったが、伯父エドワード8世の王位返上で父が即位するに及び、王位継承者として浮上、帝王学・法律・歴史・フランス語を熱心に学びはじめ、ガールスカウトにも参加する。この急激な立場の変化に不満を漏らしてもいたという。第二次世界大戦中は歴代の女性王族として初めて軍事訓練を受け、英国兵を励ます。1947年にデンマークのフィリップ王子（エディンバラ公）と成婚、翌年に長男のチャールズをもうける。

　1952年、空路オーストラリアに向かう途上で立ち寄ったケニアで父王急逝の知らせを受け、急遽帰国して即位。1953年の戴冠式の模様は、世界各国にテレビ中継された。

　1981年には息子のチャールズがスペンサー伯爵家の令嬢ダイアナと成婚、国内外に「ダイアナフィーバー」が巻き起こる。しかしチャールズは別の女性との交際を続け、ダイアナも複数の男性と関係を持つなど王太子夫妻の関係は悪化、1997年にダイアナはパリ市内において交通事故死する。

　王室スキャンダルに悩まされつつも女王は治世60年に及び、90歳を迎える現在でも意欲的に公務に携わっている。国民からの人気は絶大である。

```
ジョージ1世 ── ジョージ2世 ── フレデリック・ルイス ── ジョージ3世 ──
 ── ジョージ4世
 ── ウィリアム4世
 ── エドワード ── ヴィクトリア ── エドワード7世 ── ジョージ5世 ──
 ── エドワード8世
 ── ジョージ6世 ── エリザベス2世
```

第VII章 東ヨーロッパ

ブルガリア帝国

681年～1396年

　ブルガリア帝国の起源は、ウラル川とヴォルガ川の間の地域に住んでいたブルガール族である。680年、ブルガール族の指導者ハン・アスパルフがドナウ川を渡ってバルカン半島に進出、翌年首都プリスカを建設して第1次ブルガリア帝国を建国した。帝国は現地のスラブ族を支配して発展する。ボリス1世の代にはキリスト教が受け入れられ、ブルガール族とスラブ族が同化、「ブルガリア人」が誕生する。10世紀前半にはシメオン1世のもと最盛期を迎えた。その後は次第に衰え、971年にビザンツ帝国に併合される。一旦独立を回復するものの、最終的には1018年、ビザンツ皇帝バシレイオス2世に滅ぼされた。その後1185年、ビザンツ帝国の圧政に対してブルガリア人は反乱を起こし、第2次ブルガリア帝国として独立を果たした。13世紀前半には、帝国はイヴァン・アセン2世のもとで最大版図を築き、文化面でも発展を見る。しかし彼の死後はモンゴル帝国の侵略によって国土は荒廃した。イヴァン・アレクサンダル帝による最後の安定期の後、ブルガリア帝国はオスマン帝国の圧迫に屈し、1393年に首都タノルヴォは開城。1396年までにブルガリア全土はオスマン帝国に併合され、第2次ブルガリア帝国は滅亡した。

681年	アスパルフ、第1次ブルガリア帝国を建国
811年	クルム、プリスカの戦いでビザンツ帝国を破る
893年	シメオン1世が即位
971年	都プレスラフがビザンツ帝国に占領され、ボリス2世が捕らえられる
976年	ブルガリア帝国、ビザンツ帝国より独立を回復
986年	サムイル、トラヤヌスの門の戦いでビザンツ帝国を破る
1014年	サムイル、クレディオンの戦いでビザンツ帝国に敗れる
1018年	第1次ブルガリア帝国、ビザンツ帝国に滅ぼされる
1185年	ブルガリア人がビザンツ帝国に対し反乱を起こし、第2次ブルガリア帝国を建国
1207年	カロヤン・アセンが暗殺される
1218年	イヴァン・アセン2世が即位、この時代最大版図を実現
1241年	イヴァン・アセン2世が死去、この頃からモンゴルの侵略が始まる
1285年	ジョチ・ウルスの王族ノガイの侵入を受ける
1323年	ミハイル3世が即位、シシュマン朝が始まる
1330年	ミハイル3世、セルビアに敗れる
1371年	イヴァン・アレクサンダルが死去
1396年	第2次ブルガリア帝国、オスマン帝国に滅ぼされる
	ブルガリア帝国の残存勢力が完全に滅ぼされる

ブルガリア帝国

クルム

- 生没 755年～814年
- 在位 803年以前～814年

先帝カルダムの子。カルダムはビザンツ帝国の侵入を防ぎ、ブルガリアを安定させた功績がある。クルムは即位後、国土を拡張し、さらにビザンツ帝国にも侵攻した。ビザンツ皇帝ニケフォロス1世は大軍を率いてブルガリアに侵攻したが、クルムはプリスカの戦いでこれを撃破、ニケフォロス1世を戦死させた。さらにビザンツの首都コンスタンティノポリスを包囲。一旦和平に傾くが、交渉の席上で暗殺未遂にあい激怒、さらにビザンツへの圧迫を強めだした矢先に急死した。

オムルタグ

- 生没 ？～831年
- 在位 814年～831年

先帝クルムの子。治世の最初期は叔父ドクム、ディツェヴグとの共同統治であった。ビザンツ帝国がフランク王国と同盟を結んだのを受け、815年に30年間の和約を結ぶ。また、ブルガリア影響下のスラブ人の反乱を支援したフランク王国と抗争するがこれを制し、スラブ人に対する支配を確立。広大な領土をコミタトという行政区に分けて統治体制を整備した。ビザンツ帝国への対抗上キリスト教を禁止し、キリスト教に帰依した長男エンラヴォタの相続権を剥奪した。

マラミル

- 生没 ？～836年
- 在位 831年～836年

先帝オムルタグの子。年少で即位したため宰相イズブルが実質的に帝国を統治していた可能性も高い。833年頃、キリスト教の棄教を拒んだ兄エンラヴォタを処刑。836年にはビザンツ皇帝テオフィロスがブルガリアの辺境地域を荒らすが、ブルガリアは反撃し、イズブルの指導のもとアドリアノープルまで進撃した。その際、フィリポポリス（現プロヴディフ）の獲得に成功している。なお、次代のプレシアン1世と同一人物だという説があるが、その可能性は低いとされる。

プレシアン1世

- 生没 ？～852年
- 在位 836年～852年

先帝マラミルの甥で、オムルタグの早世した次男ズヴィニツァの子。叔父マラミル同様、治世初期は宰相イズブルが政務をとっていた可能性がある。837年、ビザンツ帝国はクルム、オムルタグ時代に捕らわれた捕虜を奪還するためドナウ川に艦隊を差し向けた。対するブルガリアは反撃の結果ギリシャの都市フィリピを占領する。一方、839年からセルビア人の領地を侵略するが、ビザンツの後ろ盾があったセルビア王子ヴラスティミルの前に敗北を喫し、領土獲得には失敗した。

ボリス1世

生没 ?～907年
在位 852年～889年?

　先帝プレシアン1世の子。東フランク王ルートヴィヒ2世に敗れるなど軍事的には苦境の時代だったが、全臣民をキリスト教に改宗させた業績によって評価される。帝国領の拡大に伴い、領内にキリスト教徒が増え、支配層のブルガール族との断絶が起きることを憂慮したためである。改宗令は864年に出され、反対派の貴族52人は処刑された。一旦、長男ウラディミールに譲位するが、彼の治世下で異教が復活することを危惧してこれを廃し、三男シメオンを帝位につけて引退した。

ウラディミール

生没 不詳
在位 889年～893年

　先帝ボリス1世の子。父から帝位を譲り受けるが、先帝の意向に背きキリスト教を迫害し、異教を再興させようとした。キリスト教聖職者たちをビザンツ帝国の手先とみなしていたためである。しかし、この政策は住民からも貴族からも支持を受けることができなかった。893年、修道士となっていたボリス1世は修道院を出てウラディミールを廃位する。廃帝は盲目にされた上で地下牢に幽閉され、妻は修道院に押し込められた。ウラディミールのその後の消息は不明。

シメオン1世

生没 863年頃～927年
在位 893年～927年

　ボリス1世の子、先帝ウラディミールの弟。当初は高位聖職者になるためコンスタンティノポリスで教育を受けていたが、兄ウラディミールの廃位によって即位した。シメオン1世は積極的な対外政策を取った。894年にはビザンツ帝国との戦いで勝利を収め、貢納金の支払いを約束させる。また、マジャール人を討ちマケドニアに侵攻するなど、西はアドリア海、南はエーゲ海、北西方向にはセルビア・モンテネグロ方面まで領土を拡大した。913年、ビザンツ帝国が貢納金の支払いを拒んだことに対し、シメオン1世はコンスタンティノポリスを包囲。貢納金支払いと、シメオンの娘をビザンツ皇帝に嫁がせることを約束させた。ビザンツ帝国を圧倒していたシメオン1世は大きな野望を持ち、ビザンツ皇帝の座も狙っていたのである。シメオン1世は再度コンスタンティノポリスの包囲を試みるが、2度目は北方のマジャール人がブルガリアに圧力をかけてきたため撤退を余儀なくされた。内政面では、首都をプリスカからプレスラフに移し、ブルガリア独自の芸術・文学を開花させた。しかし、度重なる戦争は財政難など、国力の疲弊をもたらすことになった。

ブルガリア帝国

ペタル1世

生没 ？～970年
在位 927年～969年

　先帝シメオン1世の子。即位後すぐビザンツ帝国と講和を結び、ビザンツ皇帝ロマノス1世レカペノスの孫娘を娶った。930年頃以降は兄弟の反乱、マジャール人の侵入などが起き、その治世は多難であった。ビザンツ帝国との関係もペタルの妻の死から悪化していき、966年にはビザンツ皇帝ニケフォロス2世は貢納金を拒否した上、キエフ大公国と結んでブルガリアを南北から挟撃し、苦境に立たせた。ビザンツとの和睦は成立したが、疲弊したペタルは退位し修道院に入った。

ボリス2世

生没 931年以前～977年
在位 969年～971年

　先帝ペタル1世の子。父の退位にともなって即位したが、キエフ大公スヴャトスラフ1世の進撃を食い止めることができず、ブルガリアはキエフ大公国に従属。キエフを警戒したビザンツ軍はバルカンに侵入し、ブルガリアの首都プレスラフを占領してしまう。捕らえられたボリス2世とその家族はコンスタンティノポリスまで連行された。ブルガリア西部において残党が帝国の命脈を保ち、977年に帰還を許されるも、国境地帯でビザンツ帝国の要人と誤認され、衛兵に殺された。

```
クルム ── オムルタグ ┬─ マラミル
                    │
                    └─ スヴィニツァ ── プレシアン1世 ── ボリス1世 ┬─ ウラディミール
                                                                    │
                                                                    └─ シメオン1世 ┐
                                                                                    │
        ┌─ ペタル1世 ┬─ ボリス2世  ←─────────────────────────────────────────────────┘
        │           │
        │           └─ ロマン1世
```

Ⅵ　東ヨーロッパ

ロマン1世

生没 930年代初頭〜997年
在位 977年〜997年

　先々代ペタル1世の子。971年、ブルガリアの首都が占領された際に兄ボリス2世とともにビザンツに連行される。ビザンツ皇帝は、ブルガリア帝室を途絶えさせるためロマン1世を去勢した。後に帰還を許されたとき、国境でボリス2世は敵と誤認され殺されてしまったが、身分の証明に成功し、ブルガリア皇帝となった。しかし、実権は皇帝の不在時にビザンツに抵抗を続けていたサムイルが握っていた。最後はビザンツ帝国の侵攻で捕らえられ、虜囚の身のまま没した。

サムイル

生没 958年〜1014年
在位 997年〜1014年

　マケドニア伯ニコラの子。3人の兄とともに、ビザンツ帝国による占領に対し反乱を起こす。976年からはロマン1世と共に共同皇帝となり、実権を握った。986年にはトラヤヌスの門の戦いでビザンツ皇帝バシレイオス2世を撃破、プレスラフなどの奪還に成功してバルカンの大部分を支配下に置いた。しかし、バシレイオス2世の反撃にあい、1014年にクレディオンの戦いで大敗。目を潰された1万4000人ものブルガリアの捕虜が送り返されるのを見て卒倒し、死亡したという。

ガヴリル・ラドミール

生没 ？〜1015年
在位 1014年〜1015年

　先帝サムイルの子。サムイルの治世下で、ガヴリルの従兄弟であるイヴァン・ヴラディスラフとその一族が反逆罪で死刑を言い渡されたが、ガヴリルの調停で助命された。ガヴリルはビザンツ帝国との戦いでも活躍し、勇敢な戦士として讃えられた。父の死後もビザンツとの戦いを受け継ぎ、コンスタンティノポリスまで侵攻する。しかし、ビザンツはガヴリルに命を救われたヴラディスラフを抱き込んだ。ヴラディスラフは狩猟中にガヴリルを殺害、帝位を奪った。

イヴァン・ヴラディスラフ

生没 ？〜1018年
在位 1015年〜1018年

　サムイル帝の兄アロンの子。ビザンツ皇帝バシレイオス2世の謀略に従い、従兄弟で先王ガヴリル・ラドミールを殺害して即位する。しかし即位後まもなく、ビザンツへの抵抗路線を宣言した。その治世において、イヴァンは軍の強化とビザンツへの反攻を試みるも不首尾に終わる。1018年、ディラキウム包囲戦の最中に城壁の近辺で死亡した。謀略によって使用人に殺されたとも、乱戦の中で戦死したとも言われている。彼の死により、第1次ブルガリア帝国は崩壊した。

ブルガリア帝国

プレシアン2世

生没 996年頃〜1060年
在位 1018年

　先帝イヴァン・ヴラディスラフの子。父の死後、ビザンツ帝国はブルガリア貴族らを屈服させ帝国は崩壊するが、プレシアン2世は抵抗を試みた。最後は降伏を余儀なくされるが、コンスタンティノポリスに連行された後は判事の肩書を持つことを許された。1029年、プレシアンはコンスタンティヌス8世の帝位を簒奪する陰謀を企てるも露見し、目を潰され僧侶にされた。その後の消息は不明だが、ハンガリー王国に移住したと思われ、当地（現スロヴァキア領）に墓が残っている。

ペタル4世

生没 ？〜1197年
在位 1185年〜1190年、1196年〜1197年

　弟イヴァン・アセンとともに、170年に及ぶビザンツ帝国の支配からブルガリアを解放した。1185年、兄弟は税の軽減をビザンツに求めたが、廷臣に侮辱を受け、帰郷後民衆をまとめ、蜂起。ブルガリアの再独立を宣言し、自らペタル4世として即位した。1187年から翌年にかけてブルガリア北西部の都市ロヴェチを包囲されるが、3か月の籠城戦を耐え抜き、独立承認を勝ち取る。戦後弟に譲位するも、弟を暗殺後復位。しかし貴族の反発は抑えられず、自身も暗殺された。

イヴァン・アセン1世

生没 ？〜1196年
在位 1189年〜1196年

　先帝ペタル4世の弟。兄ペタル4世とともにブルガリアの再独立を指導した。1189年より兄と共同統治を開始する。1190年、ビザンツ皇帝イサキオス2世アンゲロスが侵攻してきた際には調略を用いた。トルコ系遊牧民キプチャクの大軍が迫ってきているという噂を流し、退却を始めたところを待ち伏せてこれを撃破したのである。ビザンツ皇帝はかろうじて生命の危機を逃れた。1196年にもビザンツ軍を打ち破るが、帰還途中に軍指揮官の一人であるイヴァンコに暗殺された。

イヴァンコ

生没 不詳
在位 1196年

　ブルガリアの軍指揮官であったが、1196年、先帝イヴァン・アセン1世を暗殺、帝位を簒奪した。イヴァン・アセン1世の皇妃の姉妹と密通した件が露見して皇帝の怒りに触れ、罰せられるのを恐れたためであった。イヴァンコはタルノヴォの支配権の奪取を試みるが、先々代のペタル4世に包囲され、ビザンツ帝国の首都コンスタンティノポリスへと逃亡した。その後、ビザンツ皇族の女性と血縁関係を結ぶが、皇室内での争いに関わり、1200年には投獄されてしまった。

カロヤン・アセン

- 生没 1168年/1169年～1207年
- 在位 1197年～1207年

　ペタル4世とイヴァン・アセン1世の弟。1187年、ブルガリア独立が承認された際に人質として一時ビザンツに送られた。ペタル4世暗殺後、敵対者を排除して即位。ビザンツやハンガリーと抗争する一方、皇帝の称号を得るためローマ教皇インノケンティウス3世と交渉した。1204年、第4回十字軍がコンスタンティノポリスを占領、ラテン帝国を建国して周辺諸国の侵略を開始。カロヤンはラテン帝国軍を打ち破って進撃するが、テッサロニキ包囲中に部下に裏切られ暗殺された。

ボリル

- 生没 不詳
- 在位 1207年～1218年

　先帝カロヤン・アセンの甥。カロヤンの暗殺計画に加わり、皇帝暗殺後に帝位についた。地位を固めるためにカロヤンの未亡人と結婚するが、その治世の間は、国内の反乱に悩まされ続けた。ボリルへの不満は貴族や民衆にも広がり、窮余の策としてラテン帝国と婚姻し、同盟を成立させる。しかし1217年、同盟国が自国の戦争に忙殺されている隙を突かれ、従兄弟にあたるイヴァン・アセン2世に敗北してしまう。帝位を奪われたボリルは盲目にされ、修道院に幽閉された。

イヴァン・アセン2世

- 生没 ？～1241年
- 在位 1218年～1241年

　イヴァン・アセン1世の子。従兄弟のボリルがカロヤン・アセン帝を暗殺して帝位を簒奪した際に亡命したが、ハンガリーの王女を娶って支援を受け、帝位を奪還した。即位後はトラキアやアルバニアを奪って領土を拡大、黒海・エーゲ海・アドリア海にまたがる版図を築く。思慮深く、戦争より外交交渉を好んだといい、1232年にはブルガリア正教会をカトリックから独立させるなど優れた政治手腕を発揮。帝国を最盛期に導いたが、晩年にはモンゴルの驚異が迫りつつあった。

カリマン1世

- 生没 1234年頃～1246年
- 在位 1241年～1246年

　先帝イヴァン・アセン2世の子。母方の祖父はハンガリー王アンドラーシュ2世である。即位の時幼少であったため摂政が国を統治していたが、徐々に国力は衰退しつつあった。即位直後にはモンゴルの攻撃を受け、毎年の朝貢を約束させられている。ブルガリアの国境はかろうじて維持されたが、隣国への影響力は消失した。1246年、亡父イヴァン2世の3番目の妻で、皇帝にとっては義母に当たるイレネに毒殺され、帝位はイレネの実子ミハイル2世が継いだ。

ブルガリア帝国

ミハイル2世

生没 1240年頃～1256年
在位 1246年～1256年

イヴァン・アセン2世の子。実母イレネが異母兄カリマン1世を毒殺したことにより即位した。年少の皇帝が続いたブルガリアはニカイア帝国やハンガリー王国などの侵攻を受け、トラキアやベオグラードなどの領土を喪失した。成人した頃の1254年からは、失地回復のためにニカイア帝国に戦いを挑むが、両者譲らない戦局の中1256年に和平が結ばれた。この時、ニカイア側に譲歩したことを貴族に恨まれたミハイルは、その年の秋にタルノヴォ近郊での狩猟中に襲われ暗殺された。

カリマン2世

生没 ?～1256年
在位 1256年

イヴァン・アセン2世の弟であるセヴァストクラトル・アレクサンデルの子。先帝ミハイル2世・アセンに不満を抱いた貴族らに擁立され、先帝の暗殺後に即位した。カリマン2世は先帝の未亡人アンナと結婚したため、アンナの父でベオグラード総督であるロスチスラフ・ミハイロヴィチの介入を招いてしまう。ロスチスラフが首都タルノヴォへ進軍を開始すると、カリマン2世は首都を放棄して逃亡した。支持者を失ったカリマン2世は、結局即位した年のうちに殺されてしまった。

ミツォ・アセン

生没 ?～1277年/1278年
在位 1256年～1257年

イヴァン・アセン2世の娘であるマリアを妻としていたことから、ベオグラード総督ロスチスラフ・ミハイロヴィチに皇帝として擁立される。首都タルノヴォやプレスラフなど主要都市からの支持は受けたものの、地方の貴族からの反発は大きく、貴族らはコンスタンティン・ティフを皇帝として擁立する。1257年、敗れたあとはビザンツ皇帝ミカエル8世のもとに亡命した。その後、彼とその家族はアナトリア半島のトローアスに領地を与えられ、そこで余生を過ごした。

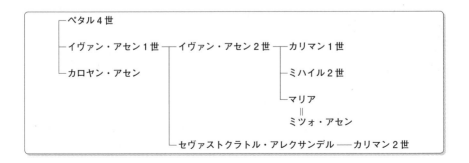

コンスタンティン・ティフ

- 生没 ?～1277年
- 在位 1257年～1277年

　スコピエの貴族ティフの子。1257年のカリマン2世殺害後、ベオグラード総督に擁立されたミツォ・アセンへの対抗上、ブルガリア貴族によって皇帝に擁立された。ミツォ・アセンを破った後、皇位の正統性を主張するためアセン家と婚姻関係を結ぶ。ハンガリー、ビザンツなどと交戦するがさしたる成果は上げられず、1277年にはイヴァイロが指導する農民反乱が起きる。皇帝には落馬事故で負った障害があったにも関わらず、前線で指揮を執るが、反乱軍に敗れ殺害された。

イヴァイロ

- 生没 ?～1280年/1281年
- 在位 1278年～1279年

　農民の出身。1270年代のブルガリアではモンゴル系国家ジョチ・ウルスの侵入に悩まされており、イヴァイロは義勇軍を結成。幾度かモンゴル軍に勝利した義勇軍はやがて皇帝への反乱軍となり、1277年には皇帝コンスタンティン・ティフを捕らえて虐殺した。翌年には帝位につき、ビザンツ軍などを撃退する戦果を挙げる。しかし、首都を留守にしている間にイヴァン・アセン3世が即位を宣言。イヴァイロは帝位奪還のため戦うも敗れ、亡命先のジョチ・ウルスにて暗殺された。

イヴァン・アセン3世

- 生没 1259年/1260年～1303年
- 在位 1279年～1280年

　ミツォ・アセンの子。1277年、農民反乱を起こしたイヴァイロが帝位についた際、ビザンツ皇帝ミカエル8世の後ろ盾のもと、軍を率いてブルガリアに向かった。イヴァイロの遠征中、彼が戦死したとの噂が流れたため、これに乗じて帝位を称した。イヴァン・アセン3世は地盤の強化のため、妹を大貴族ゲオルギ・テルテルに嫁がせるが影響力は強まらず、イヴァイロの反撃の前にタルノヴォを脱出。ビザンツやジョチ・ウルスを頼ったが、帝位には復帰できなかった。

ゲオルギ1世

- 生没 ?～1308年/1309年
- 在位 1280年～1292年

　ブルガリアの地方貴族出身。先王イヴァン・アセン3世の妹を妻とし、宮廷での地位を高める。イヴァン・アセン3世の亡命後、貴族らに皇帝へと擁立され、民衆の支持を失っていたイヴァイロを破る。ゲオルギ1世はセルビアなどと同盟を結んでビザンツに対抗したが、帝国の王権は弱体化しており、領土も縮小した。1292年、ブルガリアを圧迫し続けていたジョチ・ウルスの有力者ノガイの圧力を受け亡命する。1301年に帰国を果たし、平穏に余生を過ごした。

ブルガリア帝国

スミレツ

生没 ？〜1298年
在位 1292年〜1298年

　ブルガリアの貴族出身であると考えられる。ビザンツの王族の娘スミレツナを妻としていた。先帝ゲオルギ1世の退位後、ジョチ・ウルスの有力者ノガイの後ろ盾によって即位。その治世はジョチ・ウルスの影響が強かったと思われる。セルビア王子に娘を嫁がせて関係強化を図った一方、領土の防衛には消極的であった。1298年、ノガイの息子チャカが侵攻を開始した頃から史書から姿を消す。チャカによって殺されたか、戦いの最中に病没したのであろう。

イヴァン2世

生没 ？〜1330年
在位 1298年〜1299年

　先帝スミレツの子。即位時には幼少であったため実母スミレツナが実権を握っていた。1299年、スミレツナはセルビア王ステファン・ウロシュ2世に縁戚関係を結ぶことを提案する。それはスミレツナの娘で王の姉妹がセルビアの王子に、ブルガリア全土を持参金として嫁ぐというものであったが、実現には至らなかった。ジョチ・ウルスの王族チャカの侵攻の前に首都タルノヴォを放棄、以後はビザンツ帝国にて亡命生活を送り、最晩年は僧侶となった。

チャカ

生没 ？〜1300年
在位 1299年〜1300年

　ジョチ・ウルスの王族ノガイの子。ブルガリア皇帝ゲオルギ1世の娘を妻とした。1290年代末、ジョチ・ウルスのハン・トクタとノガイが対立すると、父とともにトクタに対抗した。しかし、ノガイの戦死後にトクタに敗れ、義理の兄弟であるテオドル・スヴェトスラフの故郷ブルガリアに向かう。皇帝イヴァン2世の逃亡により皇帝に擁立されるが、結局トクタの命を受けたテオドル・スヴェトスラフによって処刑された。その首は塩漬けにされてトクタの下に送られた。

テオドル・スヴェトスラフ

生没 1270年代〜1322年
在位 1300年〜1322年

　ゲオルギ1世の子。共同皇帝として父帝を補佐するが、モンゴルの脅威が迫ると人質としてジョチ・ウルスに送られた。帰国後は、ジョチ・ウルス王族チャカの戴冠を一度は支持するもまもなくこれを廃し、自ら即位。彼の治世は安定しており、ビザンツ帝国の共同皇帝ミカエル9世パレオロゴスと抗争、ビザンツに奪われていたトラキア北部の領土を回復することに成功した。1307年の講和成立後は平和的外交に徹し、貿易と経済の拡大をもたらした。

Ⅵ 東ヨーロッパ

367

ゲオルギ2世

生没 ？〜1322年
在位 1321年〜1322年

　先帝テオドル・スヴェトスラフの子。1321年より父とともに共同皇帝となる。父の死後、ビザンツ帝国で皇帝アンドロニコス2世とその孫アンドロニコス3世との間で起きていた内紛に介入した。ビザンツの混乱に乗じてトラキア地方のビザンツ領に侵入し、フィリポポリスを占領。アドリアノープルまで進撃するが、アンドロニコス3世の前に敗退した。同年、ゲオルギ2世は行軍中に急死。若年であったため嗣子がおらず、帝国は動揺した。

ミハイル3世

生没 ？〜1330年
在位 1323年〜1330年

　ブルガリア貴族の出身で、イヴァン・アセン2世は母方の祖父に当たる。ゲオルギ2世が後継者を残さず急死すると、アセン家の血を引くミハイルは皇帝に擁立された。皇帝急死の隙に侵攻するビザンツ軍に対し、ミハイル3世はこれを撃破。「皇帝同士で決闘して雌雄を決しよう」というビザンツ皇帝の提案を一蹴した逸話が残る。1329年、セルビアへの対抗上ビザンツと講和。セルビアへの遠征中、休戦協定を破ったセルビア軍に敗れ、その時の戦傷がもとで没した。

イヴァン・ステファン

生没 1300年/1301年〜1373年？
在位 1330年〜1331年

　先帝ミハイル3世の子。第二次ブルガリア帝国で皇帝を出したアセン家、テルテル家、シシュマン家すべての血を引く。ヴェルブジュドの戦いで先帝が戦没した後、セルビアと和平を結ぶ。しかし、ビザンツ皇帝アンドロニコス3世は弱体化したブルガリアへの攻撃を開始、黒海沿岸部の都市を奪った。ビザンツの侵攻に有効な対策を講じられなかった皇帝は見限られ、1331年のクーデターで廃位される。その後、流浪の末にナポリで没したと伝えられる。

イヴァン・アレクサンダル

生没 ？〜1371年
在位 1331年〜1371年

　ブルガリア貴族の出身で、ミハイル3世の甥に当たる。先帝イヴァン・ステファン廃位の後に擁立された。即位後、アドリアノープルを包囲して、ビザンツより北トラキアの失地を回復。セルビアとの同盟にも成功した。ビザンツが内紛を起こした時にはヨハネス5世パレオロゴスに助力し、その見返りにフィリポポリスを獲得。帝国は最後の安定期を迎え、支配力はワラキアやドブロジャまで及んだ。しかし、その治世の後半はオスマン帝国の侵攻に悩まされた。

ブルガリア帝国

イヴァン・シシュマン

生没 1350年/1351年〜1395年
在位 1371年〜1395年

　先帝イヴァン・アレクサンダルの子。即位の時バルカンには既にオスマン帝国が迫っていたが、イヴァン・シシュマンはセルビアを中心とする対オスマン同盟には参加しなかった。ブルガリア抜きのバルカン連合軍は1371年にマリツァの戦いで敗れ、オスマン帝国はブルガリアにも侵攻を開始した。次々に領土を喪失したブルガリアはハンガリーと同盟を結んだが衰亡を食い止めることはできず、1393年にタルノヴォは陥落、イヴァン・シシュマンも捕えられ処刑された。

イヴァン・スラツィミル

生没 1324年/1325年〜1397年
在位 1356年〜1396年

　先々帝イヴァン・アレクサンダルの子。ハンガリー国境にあたるヴィディンの地を治め、ブルガリア帝国から実質的に独立して勢力を築いた。1381年、イヴァン・スラツィミルはブルガリア正教会との関係を絶ち、兄であるブルガリア皇帝イヴァン・シシュマンとの関係を悪化させた。このため、オスマン帝国がブルガリアに侵攻した際も本国に協力しなかった。タルノヴォ陥落後の1396年、キリスト教国による反オスマン連合軍に参加するも敗れ、処刑された。

コンスタンティン2世

生没 1370年頃〜1422年
在位 1396年〜1422年

　先帝イヴァン・スラツィミルの子。ブルガリア帝国の滅亡後にブルガリア皇帝を自称した。1402年、オスマン帝国スルタン・バヤジット1世がティムールに敗れ、オスマン帝国は危機に瀕する。この隙に乗じて、コンスタンティン2世はブルガリア北西部におけるオスマンへの反乱を起こし、一時は父の支配していた土地の大半を領有する。しかし1413年にオスマン帝国のメフメット1世に敗れてからは凋落し、最後のブルガリア領が併合された年にセルビアにて没した。

```
┌─ミハイル3世──イヴァン・ステファン
│
└─ペスリカ──イヴァン・アレクサンダル─┬─イヴァン・シシュマン
                                      │
                                      └─イヴァン・スラツィミル──コンスタンティン2世
```

ポーランド王国
963年〜1795年

　ポーランドの起源はポラーニエ族による部族統一に始まる。10世紀後半、ポラーニエ族の王ミェシュコ1世はキリスト教を受容し、精力的な政治・軍事活動で国家の地位を確立、ピャスト朝を創始した。時代が下ると国家は分裂するが、1320年にヴワディスワフ1世がポーランドの再統一を達成。彼の息子カジミエシュ3世はポーランドの礎を築いた名君であったが嫡子がなく、彼の甥のハンガリー王ルドヴィクが王位に就いた。その娘ヤドヴィガが結婚したリトアニア王がワディスワフ・ヤギェウォとしてポーランド王を兼ね、ポーランド・リトアニア同君連合であるヤギェウォ朝が始まる。この時代、ポーランドはドイツ騎士団を破ってバルト海への出口を確保し、ライ麦の輸出によって繁栄した。1572年にヤギェウォ朝は断絶、シュラフタという士族が選挙を行って王を選ぶ制度となった。しかしシュラフタの発言力は強く、一部の大貴族が伸長して王権は衰えた。17世紀からはスウェーデンやプロイセンの侵攻にあい、国内情勢は混乱を極める。ロシアの介入を招いたポーランド王国は名目だけの存在となり、ロシア・プロイセン・オーストリアが3回に渡ってポーランドを分割、国家は消滅した。

966年	ミェシュコ1世、洗礼を受けキリスト教を受容
1000年	ボレスワフ1世、神聖ローマ帝国の貴族の称号を受ける
1025年	ボレスワフ1世が王号を授かり、ポーランド王国となる
1079年	ボレスワフ2世が王位を追われ、ヴワディスワフ1世が即位
1173年	ボレスワフ4世が死去、王が目まぐるしく代わる混乱期に入る
1241年	ワールシュタットの戦いでモンゴルに敗れ、ヘンリク2世戦死
1287年	ジョチ・ウルスの王族ノガイの襲撃を受ける
1320年	ヴワディスワフ1世ウォキェテク、ポーランドを再統一
1364年	カジミェシュ3世、クラクフ大学を創設
1386年	ヴワディスワフ・ヤギェウォがポーランド王位に就き、ヤギェウォ朝を創始
1410年	グリュンヴァルトの戦いでドイツ騎士団を破る
1454年	十三年戦争開始、ポーランドとドイツ騎士団が抗争する
1525年	ジグムント1世、ドイツ騎士団と講和
1572年	ヤギェウォ朝断絶、選挙王制開始
1596年	都がクラクフからワルシャワに移される
1655年	「大洪水」と呼ばれるスウェーデンからの大規模侵略を受ける
1733年	ポーランド継承戦争が始まり、スタニスワフ1世とアウグスト3世が争う
1795年	第3次ポーランド分割により、ポーランド消滅

ポーランド王国

ミェシュコ1世

- 生没 935年?～992年
- 在位 963年～992年

　ピャスト朝の創始者で、事実上の初代ポーランド王。王号の公認はされなかったため、正確にはポーランド公である。治世初期、スラヴ系諸族やザクセン伯の侵攻を受け、ポンメルン地方を失う。しかし、続いて侵略してきた神聖ローマ帝国に対し、ローマ教皇の支援を取り付けて対抗した。966年にはギリシャ正教からカトリックに改宗。ボヘミア公国とも同盟を結びポンメルンを奪還した。神聖ローマ皇帝オットー2世と度々戦い、ポーランド人の統一国家を認めさせた。

ボレスワフ1世

- 生没 966年/967年～1025年
- 在位 992年～1025年

　先王ミェシュコ1世の子。首都ポズナニを拠点として父の事業を継承した。神聖ローマ皇帝オットー3世と同盟を結んで関係を強化、1000年にはポズナニ近郊のグニェズノに大司教座を設置してオットー3世を招致した。ここでの会談で、ボレスワフ1世は神聖ローマ帝国の貴族の称号と冠を授けられた。さらにウロツワフやクラクフにも司教座を設置して国内統治を強化する。また、強力な騎兵隊を組織して対外膨張策を取り、「勇敢王」として称えられた。オットー3世没後にはオーデル川以西に遠征して領土を拡大。1003年からは神聖ローマ皇帝ハインリヒ2世やボヘミア諸侯と戦端を開いてチェコを征服し、自らボヘミア公となる。甥にあたるデンマーク王子クヌートのイングランド遠征の時には、配下の騎兵を送って援助した。1018年、キエフ公国とノヴゴロド公国が対立した際には、これに干渉してキエフ地方を奪取する。マイセンやラウジッツも彼の治世下でポーランド領となった。征服地域の住民は容赦なく捕らえ、イスラム世界などに奴隷として売り飛ばしたため大いに恐れられた。1025年に死去する直前に王冠を受け取り、ポーランド公国は正式に王国へと昇格した。

ミェシュコ2世

- 生没 990年～1034年
- 在位 1025年～1031年、1032年～1034年

　先王ボレスワフ1世の子。高い水準の教育を受け、ギリシャ語やラテン語を解した。父の死後即位するが、1028年初頭よりドイツ王コンラート2世の侵攻に悩まされる。また、ハンガリー王国と同盟し、ハンガリーによるウィーン包囲に参加した。1031年、修道院に入れられていた異母兄ベスプリムが、キエフ大公ヤロスラフ1世の支援を得て王位を奪う。ボヘミアに逃げたミェシュコ2世はほどなく王位を奪還、ベスプリムを殺害した。1034年に急死。貴族による暗殺とも推測される。

ベスプリム

- 生没 986年/987年〜1032年
- 在位 1031年〜1032年

　2代ボレスワフ1世の子。ベスプリムという名前は平民のもので、歓迎されない子供であったと思われる。1003年頃にイタリアの修道院に送られた。スラヴ人の伝統に反し、父王はベスプリムに領土を分け与えず、異母弟ミェシュコ2世が王位を継いだ。ベスプリムはキエフ大公ヤロスラフ1世の支援を得てポーランドに侵攻、王位を奪った。彼は王冠や宝石などを神聖ローマ帝国に渡し、宗主権を認めるが、まもなく舞い戻ってきたミェシュコ2世に殺害された。

カジミエシュ1世

- 生没 1016年〜1058年
- 在位 1039年〜1058年

　先王ミェシュコ2世の子。父の急死後、生母リヘザ・ロタリンスカはカジミエシュ1世に王位を継がせようとするが失敗、子供たちを連れてハンガリー王国へ亡命した。国内では反乱が起き、ボヘミア公ブジェチスラフ1世による侵略も招いてしまう。亡命中のカジミエシュ1世は神聖ローマ皇帝ハインリヒ3世の支援を受け、キエフ大公ヤロスラフ1世とも同盟を結んで失地を回復した。王位にはつけなかったものの、国家の再統合を成し遂げたため「復古王」と呼ばれる。

ボレスワフ2世

- 生没 1042年〜1081年/1082年
- 在位 1058年〜1079年

　先王カジミエシュ1世の子。ボヘミア公の侵略で破壊されていたグニェズノの司教座を再建するなど、有能な君主として評価された。しかし、土地を巡ってグニェズノ司教スタニスワフと対立する。スタニスワフはボレスワフ2世を破門して優位に立とうとし、王は司教を反逆罪で告発した。1079年、ボレスワフ2世は、ミサをあげていたスタニスワフを殺害、遺体を切断して水たまりに投げ込んだ。この非道がきっかけでボレスワフ2世は国を追われ、ハンガリーへ亡命した。

ヴワディスワフ1世

- 生没 1043年〜1102年
- 在位 1079年〜1102年

　ポーランド王カジミエシュ1世の子。先王で兄のボレスワフ2世の亡命に伴ってポーランド公となる。ボヘミア公ブラチスラス2世の娘と結婚し、ボヘミアとの関係を強化。1085年、神聖ローマ皇帝ハインリヒ4世はブラチスラス2世がボヘミアとポーランドの王であることを宣言、ヴワディスワフ1世はこれに従った。その従属的立場ゆえに、ポーランドの王位を求めることはなかった。1102年、後継問題を解決することなく死去したため、息子たちは相続を巡って争う。

ポーランド王国

ズビグニェフ

生没 1070年？～1112年
在位 1102年～1107年

　先王ヴワディスワフ1世の子。生母が妾であったため幼少期をドイツのクエドリンブルク修道院で過ごす。1093年、父と敵対する有力領主、シエチェクによってポーランドに連れてこられた。その後、ズビグニェフと異母弟ボレスワフ3世は領土を分割して与えられ、1102年よりポーランド大公となった。1107年、ズビグニェフは異母弟によって国を追放され、神聖ローマ皇帝ハインリヒ5世を頼る。後年、彼は罠と知らずポーランドにおびき寄せられ、両目を潰された後、死んだという。

ボレスワフ3世

生没 1085年～1138年
在位 1102年～1138年

　先王ヴワディスワフ1世の子。1107年、異母兄ズビグニェフを追放して単独のポーランド大公となる。1109年にナクロの戦いで勝利し、ポメラニアを領有した。神聖ローマ皇帝ハインリヒ5世の遠征軍も撃破している。しかし、1135年には神聖ローマ皇帝ロタール3世に屈し、朝貢を開始する。死の直前、国土を分割して息子たちに継がせるという遺言状を出した。平和を保つための判断であったが、かえって後継者たちの争いが起こり、200年に及ぶポーランドの分裂を引き起こした。

ヴワディスワフ2世

生没 1105年～1159年
在位 1138年～1146年

　先王ボレスワフ3世の子。父王の遺言状により、領土は分割相続され、長子のヴワディスワフ2世には最大権力が与えられた。彼は権力集中を目指し、異母弟たちとの対立を起こす。さらには宮中伯ピョトル・ヴウォストヴィチとも衝突。1146年、ヴワディスワフ2世はヴウォストヴィチを捕らえ、盲目にした上追放した。人望のあったヴウォストヴィチは反攻に出て、諸侯や異母弟たちを同盟させた。敗北し亡命したヴワディスワフ2世は、二度と祖国の土を踏むことはなかった。

ボレスワフ4世

生没 1120年～1173年
在位 1146年～1173年

　ポーランド大公ボレスワフ3世の子。父王の死後、分割された国土のうちマゾフシェとクヤヴィを継承した。1146年、異母兄ヴワディスワフ2世が亡命するとクラクフ領とシロンスクを継ぎ、自らがポーランド大公となった。クラクフ領はボレスワフ3世の遺言により、長子が相続する最も重要な領土であった。しかし、神聖ローマ皇帝フリードリヒ1世の圧力に屈し、甥にシロンスクを返還する。彼の死後、クラクフ領は息子の物にはならず、同母弟ミェシュコ3世が相続した。

ミェシュコ3世

生没 1121年？〜1202年
在位 1173年〜1177年、1190年、1198年〜1199年、1202年

ポーランド大公ボレスワフ3世の子。ヴワディスワフ2世は異母兄、ボレスワフ4世は同母兄である。父の没後はヴィエルコポルスカの領土を受け継ぎ、代々彼の子孫が継承していく。1173年、ボレスワフ4世の跡を継いでポーランド大公となるが、同母弟カジミエシュ2世にその座を追われる。しかし、大公位への執着を捨てず、81歳で没するまでカジミエシュ2世やその息子レシェク1世と大公位を争い、廃位と復位を繰り返した。1202年、4たび大公位についた直後に死去した。

カジミエシュ2世

生没 1138年〜1194年
在位 1177年〜1191年、1191年〜1194年

ポーランド大公ボレスワフ3世の子。おそらく父の死後に生まれたため、国土が分割相続されたときに領土を与えられなかった。1173年、貴族の支持を得て、同母兄ミェシュコ3世を追ってポーランド大公となるが、大公位をめぐる兄との抗争は続いた。ポーランド大公としてはルーシ諸国との関係強化に努め、娘をキエフ大公ヴセヴォルド4世に嫁がせている。権力強化のためにウクライナなどへも進出したが、国内で貴族の反乱が起きるなど、権力基盤は不安定であった。

レシェク1世

生没 1186年頃〜1227年
在位 1194年〜1198年、1199年〜1202年、1206年〜1210年、1211年〜1227年

先王カジミエシュ2世の子。父の死とともにポーランド大公の位を継ぐが、伯父のミェシュコ3世やその子ヴワディスワフ3世と大公位を争い、3度に渡って廃位されるなど不安定な権力基盤だった。1227年、ゴンザヴァで開催された諸公会議の席上で暗殺される。黒幕はミェシュコ3世の孫ヴワディスワフ・オドニツとされている。ローマ教皇に十字軍参加を要請された際、「パレスチナには蜂蜜酒もビールもないのでポーランドの騎士たちは行けない」と言って断ったと伝わる。

ヴワディスワフ3世

生没 1165年？〜1231年
在位 1202年〜1206年、1227年〜1229年

ポーランド大公ミェシュコ3世の子。1194年、甥のヴワディスワフ・オドニツが幼くしてヴィエルコポルスカを相続したとき、その後見人となる。1202年に父が死去した後にはポーランド大公となった。しかしオドニツと対立した上、1206年には従兄弟のレシェク1世に大公位を奪われる。レシェク1世暗殺後に復位するが、1229年、レシェク1世の弟のコンラト1世に廃位される。ヴィエルコポルスカもオドニツに奪われ、追放先で1231年に没した。その埋葬場所も定かではない。

ポーランド王国

ミェシュコ1世プロントノギ

生没 1130年頃〜1211年
在位 1210年〜1211年

　ポーランド大公ヴワディスワフ2世の子。父が大公位を追われてからはザクセンで過ごす。父が失意のうちに没すると、その旧領回復のために戦い、1163年に神聖ローマ皇帝フリードリヒ1世の介入でシロンスクに帰還した。1210年、ローマ教皇インノケンティウス3世は、ポーランド大公レシェク1世らポーランド諸公を破門、廃位することを宣言。混乱の中、有力家の支持を受けたミェシュコ1世が戦わずして大公位を手にした。彼の死後、大公位はすぐレシェク1世に戻った。

コンラト1世

生没 1187年？〜1247年
在位 1229年〜1232年/1241年〜1243年

　ポーランド大公カジミエシュ2世の子。1205年、兄レシェク1世とともにザヴィホストの戦いでキエフ大公ロマンを破り戦死させる。彼もまた、長らくポーランドを混乱させた大公位をめぐる争いに関わり、1229年にヴワディスワフ3世を廃してその位につく。しかしその後ヘンリク1世に大公位を奪われ、支配をマゾフシェに制限された。1241年、ヘンリク1世の後継者ヘンリク2世が戦死した後、再び大公位につくが、2年後に甥のボレスワフ5世に位を譲ることを余儀なくされた。

ヘンリク1世

生没 1163年〜1238年
在位 1232年〜1238年

　ヴロツワフ公ボレスワフ1世の子。ポーランド大公レシェク1世暗殺後、跡を継いだヴワディスワフ3世によってクラクフの統治を任される。内政手腕に優れ、ポーランドへのドイツ人の入植を奨励、文化や経済を発展させた。レシェク1世の未亡人は、幼い息子ボレスワフ5世の将来を案じ、ヘンリク1世にボレスワフ5世の摂政の地位を譲る。このことで実力をつけたヘンリク1世は1232年にポーランド大公となり、その権力は息子のヘンリク2世にも受け継がれた。

ヘンリク2世

生没 1196年頃〜1241年
在位 1238年〜1241年

　先王ヘンリク1世の子。コンラト1世との大公位争いも婚姻関係を結ぶことで一旦集結させる。しかし、モンゴルとのワールシュタットの戦いで敗死した。

ボレスワフ2世ロガトカ

生没 1225年頃〜1278年
在位 1241年

　先王ヘンリク2世の子。統治能力に欠けたとして貴族がボレスワフ5世を擁立したため、シロンスク公国の経営に専念。独裁に不満を持つ弟たちの反乱にあう。

ボレスワフ5世

- 生没 1226年〜1279年
- 在位 1243年〜1279年

　ポーランド大公レシェク1世の子。ヘンリク2世戦死後の混乱の後、大公位を継いだ。モンゴル侵攻によって破壊されたクラクフの再興に尽力、ドイツからの移民を受け入れるなどしてクラクフを整備した。しかし、1259年には再びモンゴルの侵攻を受けて、クラクフやサンドミェシュなどが被害を受けている。ハンガリーの王女キンガを妻としたが、敬虔な妻はボレスワフ5世との同衾を拒み、夫もそれを受け入れ愛妾を囲うこともなかった。純潔公の名はそれに由来する。

レシェク2世

- 生没 1241年〜1288年
- 在位 1279年〜1288年

　クヤヴィ公カジミエシュ1世の子。1261年に父からシェラツ公国を譲られ、1267年の父の死によってウェンチツァ公国も継承した。1279年、従伯父にあたるポーランド大公ボレスワフ5世が子のないまま没したため、大公位を継承。その治世はキエフ公国の侵攻、ヴロツワフ公ヘンリク4世との争い、騎士階級の反乱など多難であった。さらには1287年、ジョチ・ウルスの王族ノガイによるポーランド襲撃も受けて、甚大な被害を受けた。嗣子はなく、没後はヘンリク4世が跡を継いだ。

ヘンリク4世

- 生没 1258年頃〜1290年
- 在位 1288年〜1290年

　ポーランド大公ヘンリク2世の次男ヘンリク3世の子。早くからポーランドの最高権威に対して野心を持ち、1280年には神聖ローマ皇帝ルドルフ1世に対し、ポーランド王冠獲得のための交渉も行っている。1288年、ポーランド大公レシェク2世が子のないまま没した際には後継者争いの末に大公位を得る。その治世において、ヘンリク4世は鉱山や都市の開発を支援、経済の発展に寄与した。深い教養の持ち主で騎士道精神を奨励し、詩作にも優れていたが、若くして急死した。

プシェミスウ2世

- 生没 1257年〜1296年
- 在位 1290年〜1296年

　ヴィエルコポルスカ公プシェミスウ1世の子。母方の祖父はポーランド大公ヘンリク2世である。若年で没したポーランド大公ヘンリク4世の遺言により大公位を継承、ポーランドの最高権威者として国家の再統合を進めた。この再統合運動が教会に支持され、1295年にポーランド国王として戴冠を受ける。ポーランド君主が国王の称号を得るのは実に216年ぶりであった。しかし、1296年にポーランド貴族の支持を受けたブランデンブルク辺境伯の家臣に誘拐され、暗殺された。

ポーランド王国

ヴァーツラフ2世

生没 1271年～1305年
在位 1300年～1305年

ボヘミア王オタカル2世の子。父が神聖ローマ皇帝の座をルドルフ1世と争った末、1278年に戦死したためボヘミア王位を継ぐ。1296年、ポーランド国王プシェミスウ2世が暗殺され、ヴァーツラフ2世は後継をめぐりクヤヴィ公ウワディスワフ1世と対立。ピャスト家の支配強化を警戒したポーランド貴族はヴァーツラフ2世を支持、彼がボヘミア王とポーランド王を兼ねることとなった。ポーランドにおいては形式上の君主であり、実権はクラクフの貴族たちにあった。

ヴァーツラフ3世

生没 1289年～1306年
在位 1305年～1306年

ボヘミアとポーランドの王ヴァーツラフ2世の子。1301年、ハンガリーの王家が断絶した際、ハンガリー王ベーラ4世の血を引いていることから、父王によってハンガリー王ヴェンツェルとして送り込まれる。1305年に父王が没した際には、ボヘミアとポーランドの王位を継承した。しかし、翌年ポーランドに向かう途上で暗殺された。子はなく、プシェミスウ朝は彼の代で断絶。彼の死後、ポーランドではウワディスワフ1世が即位してピャスト朝が再興することになった。

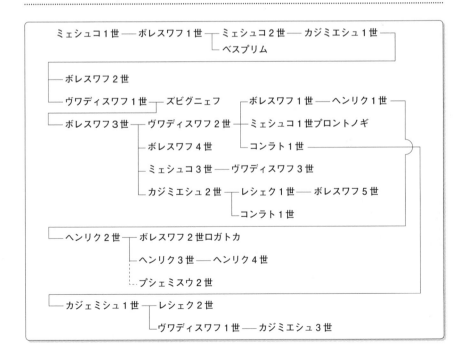

ヴワディスワフ1世ウォキュテク

生没 1260年/1261年～1333年
在位 1320年～1333年

　クヤヴィ公カジミエシュ1世の子。1288年、ポーランド大公だった異母兄レシェク2世の死後、並びに1296年のプシェミスウ2世の暗殺後、継承権を争ったが敗れる。1306年、国王ヴァーツラフ3世が暗殺された後国内は混乱に陥るが、ヴワディスワフ1世は少しずつ勢力を拡張していき、ポーランド再統一に尽力する。1320年、ついにローマ教皇ヨハネス22世にポーランド王位を認めさせ、クラクフにて戴冠。ドイツ騎士団からの国土防衛、全国的な法典整備などの功績を残した。

カジミエシュ3世

生没 1310年～1370年
在位 1333年～1370年

　先王ヴワディスワフ1世の子。ポーランド史上唯一「大王」と呼ばれる。1333年に父の死に伴い王位を継承した。即位時、神聖ローマ帝国やドイツ騎士団、ボヘミアなどが国土を脅かしていたが、カジミエシュ3世は武力を用いず、外交的努力によって敵国と和平を実現。婚姻外交でヨーロッパの主要王室と有効関係を築く。一方で東方に進出、ハールィチ・ヴォルィーニ戦争によってウクライナなどを奪取して国土を8割ほども増やした。また、内政面でも功績が多く、弱者であった農民やユダヤ人の保護に努めたり、移民を奨励して商業を活性化させたりした。また、法制度を整備して、それまでポーランドを混乱させるもとになっていた貴族権力を抑制。中央集権化を進め、貨幣の一元化などの経済政策も行った。さらに1364年、都クラクフに国内最初の大学・ヤギェウォ大学を創設、ポーランドをヨーロッパの大国に成長させる礎を築いた。1370年、狩猟中の落馬が原因で命を落とした。後継者となる男子がいなかったため、その跡は甥にあたるルドヴィク1世が継いだ。カジミエシュ3世の治世は、「木造だったポーランドを、レンガ造りにかえた」と高く評価されている。

ルドヴィク1世

生没 1326年～1382年
在位 1370年～1382年

　ハンガリー王カーロイ1世の子。1342年に、ラヨシュ1世としてハンガリー王位を継ぐ。1370年、ポーランド王カジミエシュ3世は後継者のないまま没した。カジミエシュ3世は孫のスウプスク公カジミエシュ4世と、甥のルドヴィク1世とでポーランドを二分するよう遺言していたが、ポーランド再統一に逆行する遺言に貴族や聖職者が反発、ルドヴィク1世がポーランドの全土を継承した。死去した際男子がなかったため、ポーランド王位は末娘ヤドヴィガが継いだ。

ポーランド王国

ヤドヴィガ・アンデガヴェンスカ

生没 1373年〜1399年
在位 1384年〜1399年

先王ルドヴィク1世の子。1382年にハンガリーとポーランドの王を兼ねていた父王が死去、ハンガリー王位は姉のマリアが継いだが、ポーランド貴族はハンガリーと同君連合になることを拒否したため、ヤドヴィガがポーランド王となった。1386年、リトアニア大公ヨガイラと結婚、ポーランド・リトアニア連合王国が形成された。高い教養を持ち、多くの文化人・芸術家を保護したが、1399年、難産が原因で死去した。女性君主には珍しく、女王ではなく王の称号を持っている。

ヴワディスワフ2世

生没 1362年頃〜1434年
在位 1386年〜1434年

リトアニア大公アルギルダスの子で、実名はヨガイラ。1385年、ポーランド王ヤドヴィガとの結婚が決まる。その条件は、異教徒のヨガイラとリトアニアがカトリックに改宗し、代わりにポーランドの主権を得るというもの。翌年に洗礼を受けヴワディスワフ2世と改名、ヤドヴィガと結婚してポーランド・リトアニアの共同君主となる。妻の死後は単独統治となった。治世下ではドイツ騎士団としばしば衝突し、起き、1410年にはグリュンヴァルトの戦いにおいて大勝している。

ヴワディスワフ3世ヴァルネンチフ

生没 1424年〜1444年
在位 1434年〜1444年

先王ヴワディスワフ2世の子。幼少で即位したが貴族らの反発は大きく、戴冠式でも反対派の妨害を受けた。1440年にはハンガリー王に推挙される。当時ハンガリーはオスマン帝国の脅威にさらされていたにも関わらず、ヴワディスワフ3世はこれを受け入れた。血気盛んな若年の王は異教国オスマン帝国に対する戦いに情熱を燃やす。1444年、ヴァルナの戦いでオスマン軍に突撃し、戦死を遂げた。若くして死んだため、生き延びてマデイラ島に王国を作ったという伝承が生まれた。

カジミエシュ4世

生没 1427年〜1492年
在位 1447年〜1492年

ポーランド王ヴワディスワフ2世の子。先王ヴワディスワフ2世の弟。1440年にリトアニア大公となる。1447年、兄の戦死後3年にわたって空位であったポーランド王位を継承。1454年、ドイツ騎士団に対抗するため、プロシアの都市連盟・プロシア連合と同盟を結び、これによって十三年戦争が始まる。ドイツ騎士団に対する勝利の結果、ポーランドはプロシアを獲得した。また、長男ヴワディスワフにボヘミア・ハンガリー王位を継がせ、ヤギェウォ家の領土は拡大した。

ヤン1世

- 生没 1459年～1501年
- 在位 1492年～1501年

　先王カジミエシュ4世の子。1492年、父王の死に伴って即位。オスマン帝国に対するキリスト教世界の英雄としての地位を望み、1494年にボヘミア・ハンガリーなどと連合して対オスマン同盟を結ぶ。しかし1496年、ポーランドの属国だったモルダヴィア公国のシュテファン3世が突如反旗を翻したため、対オスマン戦役の計画は破綻した。ヤン1世はモルダヴィアとの戦争に入るが、コズミン森の戦いで大敗を喫し、以後ポーランドはモルダヴィアの反抗に悩まされることになった。

アレクサンデル

- 生没 1461年～1506年
- 在位 1501年～1506年

　ポーランド王カジミエシュ4世の子。父の死後リトアニア大公となるが、1501年の兄ヤン1世の急死によりポーランド王も兼任した。ポーランド語を十分に解することができず、ポーランドには終生馴染めなかったという。財政収入を安定させるため、元老院や貴族に対して低姿勢をとり続けた。また、ドイツ騎士団やモスクワ大公、クリミア・ハン国の攻撃を受けるなど外患が続いた。1500年のモスクワ大公国との休戦協定では、リトアニア領の三分の一を割譲することになった。

ジグムント1世

- 生没 1467年～1548年
- 在位 1506年～1548年

　ポーランド王カジミエシュ4世の子。兄アレクサンデルの死後リトアニア大公とポーランド王を兼務する。ジグムント1世は対外的な脅威に対抗するため、先王の代に低下した王権の強化に努めた。1525年、ドイツ騎士団との戦いを終結させ、騎士団領をプロイセン公国として支配下に置く。ジグムント1世の時代、ボヘミアやハンガリーの王位はハプスブルク家に渡り、ヤギェウォ家は中欧での影響力を減じた。しかし、文化を保護し、温和な性格であった王は国民に慕われた。

ジグムント2世

- 生没 1520年～1572年
- 在位 1548年～1572年

　先王ジグムント1世の子。リトアニア貴族の娘バルバラとの結婚は当時珍しい恋愛結婚であったが、バルバラはプロテスタントだったため、カトリックが多数を占める国内から猛反発を受けた。しかし治世中は卓越した政治感覚で難局を乗り切り、カトリックとプロテスタントの融和に努めた。1569年には、ルブリン合同によってポーランド・リトアニア共和国という2国家共通の政治体制を実現した。しかし、男子に恵まれないまま1572年に死去、ヤギェウォ朝は断絶した。

ポーランド王国

ヘンリク・ヴァレジ

生没 1551年～1589年
在位 1573年～1575年

　フランス王アンリ2世の子。1572年にヤギェウォ朝が断絶すると、ポーランド議会は新国王を選挙で決めることを宣言、スウェーデン王ヨハン3世、ロシア皇帝イヴァン4世らの対立候補を破ってポーランド王に選出された。しかし、貴族の権力の強いポーランドの政治体制に馴染めず、1574年に兄であるフランス王シャルル9世が没すると速やかに帰国してしまった。その後はフランス王アンリ3世として母国を統治し、1575年、ポーランド議会は王位の失効を宣言した。

アンナ・ヤギェロンカ

生没 1523年～1596年
在位 1575年～1586年

　ポーランド王ジグムント1世の娘。選挙王制が始まった際、アンナはヤギェウォ朝の血を引く者として新国王との結婚を望んだが、28歳年下の新国王ヘンリク・ヴァレジとの縁談は難航し、立ち消えとなった。その後、議会はアンナとの結婚を条件にトランシルヴァニア公ステファン・バートリに王位を与える決定をする。アンナは1576年にステファン・バートリと結婚、共同統治者となったが、国政に深く参与することはなかった。称号は、女王ではなく国王であった。

ステファン・バートリ

生没 1533年～1586年
在位 1576年～1586年

　ハンガリー貴族バートリ・イシュトヴァーン8世の子。1576年、ポーランド議会の決定に従い、アンナ・ヤギェロンカと結婚してポーランドとリトアニアの君主となった。王権強化のための政策に尽力し、税制・軍事・司法などの改革を行う。対外的には、ハプスブルク家のルドルフ2世と軍事同盟を結び、ロシアとのリヴォニア戦争も終結させた。ポーランド・リトアニアにモスクワ大公国を加えて合同する構想まで持っていたが、急死したため実現しなかった。

ジグムント3世

生没 1566年～1632年
在位 1587年～1632年

　スウェーデン王ヨハン3世の子。ポーランド王ジグムント1世は母方の祖父である。幼くしてポーランドに預けられ、熱心なカトリック信者となった。1587年、選挙によってポーランド王に選ばれ、後にスウェーデン王位も継承する。しかし、プロテスタント国スウェーデンとの宗教の違いは、両国の関係を緊張させた。1596年、都をクラクフからワルシャワに移す。1621年、国王の交代したスウェーデンがポーランドに侵攻、戦闘には勝利したものの、財政状態は悪化した。

ヴワディスワフ4世

生没 1595年〜1648年
在位 1632年〜1648年

　先王ジグムント3世の子。即位前は内乱状態のロシアに介入、ツァーリの位は得られなかったが領土獲得に成功。即位後の1632年からはロシアとスモレンスク戦争を戦い、国境線が確定された。ジグムント3世が失ったスウェーデン王位の奪回や、オスマン帝国との戦争などを構想するも、国王選挙権を持つ士族・シュラフタにことごとく軍事計画を潰される。彼の治世はシュラフタの発言力が増し王権が弱体化した時代であり、国王による王権強化政策も失敗に終わった。

ヤン2世

生没 1609年〜1672年
在位 1648年〜1668年

　ポーランド王ジグムント3世の子。先王ヴワディスワフ4世に嫡子がなく、異母弟であるヤン2世が新国王に選出された。しかし、母の祖国オーストリアの文化に憧れ、ポーランド文化を軽視した彼はシュラフタの人望を得られなかった。彼の治世は、スウェーデン、ロシア、トランシルヴァニア、ブランデンブルクの侵略に遭い続けた「大洪水」と呼ばれる時代であり、国土の荒廃したポーランドは大国の座から転落した。1668年にヤン2世は退位し、フランスで余生を過ごした。

ミハウ・コリブト・ヴィシニョヴィエツキ

生没 1640年〜1673年
在位 1669年〜1673年

　ウクライナの大貴族イェレーミ・ヴィシニョヴィエツキの子。退位したヤン2世の跡を継いで即位するが、弱腰外交に徹し、何ら業績を上げられずに終わった。彼の治世は親ハプスブルク派と親フランス派の抗争で揺れた。1672年に始まったポーランド・オスマン戦争では、領土割譲を条件に講和を結ぼうとしたが、議会はこれを認めず、戦争を継続させた。在位わずか4年で死去。新しく国王に選ばれたのは、オスマン帝国との戦いで戦功をあげた名将、ヤン3世であった。

ヤン3世

生没 1629年〜1696年
在位 1674年〜1696年

　ポーランド貴族ヤクプ・ソビェスキの子。オスマン帝国との戦いで軍才を発揮し、圧倒的な支持のもと、新国王に選出された。苦しい財政状況からオスマン帝国と講和を結び、国家の再建を試みる。1683年、神聖ローマ皇帝レオポルト1世と同盟。同年オスマン帝国のウィーン包囲に対し救援を送り、オスマン軍を撃退してヨーロッパ中の名声を得た。没落期のポーランドの最後の輝きと言えるが、彼の治世はロシア・オーストリア・プロイセンの台頭を許した時代でもあった。

ポーランド王国

アウグスト2世

- 生没 1670年～1733年
- 在位 1697年～1706年、1709年～1733年

ザクセン選帝侯ヨハン・ゲオルク3世の子。驚異的な怪力の持ち主であったこと、多くの愛人を囲い、400人近い子をなしたと言われることから強健王のあだ名がついた。領土的野心からロシアと組んで大北方戦争を始めるが、スウェーデン王カール12世の軍略の前に連敗を続け、1706年のアルトランシュテット条約で王位を譲ることを余儀なくされた。ロシアの援助で復位に成功、大北方戦争の戦勝国になったものの、得るものはほとんどなく、ポーランドの没落は決定的になった。

スタニスワフ1世

- 生没 1677年～1766年
- 在位 1704年～1709年、1733年

ポーランド貴族ラファウ・レシチニスキの子。1704年、ポーランドに侵入し、アウグスト2世を廃位したスウェーデン王カール12世によって国王に選ばれる。実態はカール12世の傀儡であり、カール12世の敗北によって地位を失った。1733年にアウグスト2世が没すると、フランスの支援を受けて復位するが、すぐさまロシアに介入され廃位。フランスのロレーヌ公として余生を過ごした。なお、彼の召使の作った菓子が、彼女の名にちなんでマドレーヌと名付けられたという。

アウグスト3世

- 生没 1696年～1763年
- 在位 1734年～1763年

ポーランド王アウグスト2世の子。父王の唯一の嫡出子で、ザクセン選帝侯も兼務した。ロシア女帝アンナ、神聖ローマ皇帝カール6世の支援を得て王位を得るが、かえってポーランドに対するロシアの影響力を増す結果になった。1740年のオーストリア継承戦争ではオーストリア側につくが、プロイセン軍に敗北。1756年の七年戦争ではプロイセンにザクセンを占領される。この戦争でポーランドの果たした役割はロシア軍の通り道になったことのみで、王国の凋落を印象づけた。

スタニスワフ2世

- 生没 1732年～1798年
- 在位 1764年～1795年

ポーランド貴族スタニスワフ・ポニャトフスキの子。1755年にロシアに赴任したとき、宮廷で即位前のエカチェリーナ2世の寵愛を受けた。エカチェリーナ2世の即位後、ポーランド王アウグスト3世が没し、女帝は元愛人のスタニスワフを王位につけるためクーデターを支援、スタニスワフ2世が即位した。新国王は改革に着手するが国家の衰退は止められず、3度に渡るポーランド分割によってポーランドは消滅。退位したスタニスワフ2世はロシアで余生を送った。

ハンガリー王国

1000年～1526年

　896年、騎馬遊牧民族であったマジャール人が大首長アールパードに率いられパンノニアに入ったのがハンガリー王国の起源である。1000年、イシュトヴァーン1世はキリスト教を国教として国王の地位につき、ハンガリー王国が成立した。王位をめぐる内乱で一時衰えたものの、11世紀後半にはラースロー1世やカールマーン1世、12世紀後半にはベーラ3世が登場し、勢力を拡大。12～13世紀、領域はスロヴァキア、クロアチア、トランシルヴァニアなどに及び、王国は最盛期を迎えた。1241年にはモンゴルの侵略を受けるが、ベーラ4世が荒廃した国土の復興事業を行う。1301年にイシュトヴァーン1世から続いたアールパード朝が断絶、1308年に選挙王制に移行した。その後、1458年に即位したマーチャーシュ1世の時代、領土の拡張とルネサンス文化の流入によって王国は栄華を極めた。しかし、その後は農民戦争や貴族間の抗争などによって衰退に向かう。折しも東方からオスマン帝国がバルカン半島に急速に勢力を拡大しており、1526年、モハーチの戦いでハンガリー軍は敗れ、ラヨシュ2世は戦死。ハンガリーの国土は大半がオスマン帝国支配下に入り、ハンガリー王位はハプスブルク家が代々引き継ぐことになった。

1000年	イシュトヴァーン1世が戴冠し、ハンガリー王国が成立
1089年	ラースロー1世、クロアチアを征服
1156年	ゲーザ2世、ビザンツ帝国に敗れる
1172年	ベーラ3世が即位、王国は最盛期を迎える
1222年	アンドラーシュ2世、金印勅書を発布
1241年	モンゴル帝国の侵攻を受ける
1301年	アンドラーシュ3世が死去し、アールパード朝が断絶する
1308年	王位継承争いを経て、選挙王制に移行する
1366年	オスマン帝国との最初の衝突が起きる
1370年	ラヨシュ1世がポーランド王位を継承する
1396年	ジグムント（ジギスムント）、ニコポリスの戦いでオスマン帝国に敗れる
1444年	ウラースロー1世がオスマン帝国との戦いで戦死
1446年	ラースロー5世、フニャディ・ヤーノシュを摂政に登用
1458年	マーチャーシュ1世が即位
1479年	マーチャーシュ1世、ボヘミア王位を継承
1514年	ウラースロー2世、「三部法書」の編纂を命じる
1526年	モハーチの戦いでラヨシュ2世がオスマン帝国に敗れ、戦死
	ヤーノシュ・ジグモンド、ハンガリー王位を放棄

ハンガリー王国

イシュトヴァーン1世

- 生没 969年/975年～1038年
- 在位 1000年～1038年

マジャール人の大首長ゲーザの子。父ゲーザ公は、従来のマジャール人の伝統的宗教からカトリックに転換する決断をし、神聖ローマ帝国にマジャール人討伐の大義名分を失わせた。イシュトヴァーン自身も985年、プラハの聖アダルベルドから洗礼を受けた。997年、父の死を受けて大首長となり、国内諸部族を平定、ハンガリーの統一を進める。そして1000年12月25日（異説によれば1001年1月1日）、ローマ教皇より授かった王冠を用いて戴冠式を行った。アールパード朝ハンガリー王国の成立であった。義理の兄弟ハインリヒ2世が皇帝であった神聖ローマ帝国や、ビザンツ帝国とは友好関係を築いて治世は安定した。内政面では、国内を県にわけて長官を置き、ラテン語の法令を発布するなど統治体制を固めている。また、父の政策を受け継いでハンガリーのキリスト教化も進めた。エステルゴムとカロチャに大司教座を設置するなどした功績から、カトリックの聖人に列せられている。3人の男子を儲けたが、いずれも父より先に死去している。特に1031年、後継者とされていたイムレが事故死したあとは心痛がひどく、精力的な王の姿は失われたという。

オルセオロ・ペーテル

- 生没 1011年～1046年
- 在位 1038年～1041年、1044年～1046年

ヴェネツィア共和国の元首オットーネ・オルセオロの子。母はイシュトヴァーン1世の妹である。父がヴェネツィア元首の座を追われたあと母とともにハンガリーに向かい、実子が夭折していたイシュトヴァーン1世の後継者となる。即位後は異教を厳しく取り締まったが、先王の未亡人ギーゼラの所領をめぐる争いから王位を追われ、亡命。1044年、神聖ローマ皇帝ハインリヒ3世の支援で復位するが、異教徒の反乱が拡大したため逃亡。捕らえられ、目を潰された上追放された。

アバ・シャームエル

- 生没 ?～1044年
- 在位 1041年～1044年

ハンガリー貴族であり、マジャール人の大首長ゲーザ公は義父。イシュトヴァーン1世の跡を継いだオルセオロ・ペーテルは強引なキリスト教化を進めたため、反対派の支援を受け、ペーテルを追放して即位。しかし、先王支持者を捕らえ拷問にかけたりする手法は歓迎されなかった。王位を保つため神聖ローマ皇帝ハインリヒ3世と結ぼうとするが、朝貢に必要な財源を教会から徴収しようとして聖職者の支持も失った。1044年、反撃してきたペーテルの軍に敗れ、殺された。

アンドラーシュ1世

生没 1015年〜1060年
在位 1047年〜1060年

　初代イシュトヴァーン1世の従弟ヴァズル公の子。父は国王暗殺の陰謀に加担した疑いをかけられ処刑されてしまい、弟ベーラとともに亡命を余儀なくされた。その後、ハンガリー王オルセオロ・ペーテルに対する反乱が起きた頃に帰国、反乱軍と同盟した。1047年に戴冠するが、ペーテルの同盟者だった神聖ローマ帝国との関係は緊張しており、1051年から神聖ローマの侵攻を受けるも撃退。しかし、弟ベーラが反乱を起こし、病を押して戦うも敗れ、まもなく没した。

ベーラ1世

生没 1016年〜1063年
在位 1060年〜1063年

　初代イシュトヴァーン1世の従弟ヴァズル公の子。父は国王暗殺未遂の疑いをかけられ、目を潰され両耳に熱した鉛を注がれて惨殺された。兄で先王のアンドラーシュ1世とともに国を離れ、ポーランド王家の娘と結婚する。後にハンガリーでの反乱に乗じて帰国、兄が王位を継いだ。1057年、兄王が5歳の嫡子シャラモンを後継者にしようとしたことにベーラ1世は激怒、反乱を起こす。ポーランド軍を率いて兄に勝利したベーラ1世は王位を奪ったが、在位3年で死去した。

シャラモン

生没 1053年〜1087年
在位 1063年〜1074年

　ハンガリー王アンドラーシュ1世の子。父王の跡は叔父ベーラ1世が継ぐ暗黙の了解があったため、シャラモンの誕生は内乱の火種となった。ベーラ1世が反乱を起こした後はオーストリアで過ごし、ベーラ1世の死後に神聖ローマ帝国の支援を受けて帰国、王位を継いだ。ベーラ1世の息子ゲーザ1世らとは一旦和解したが、従兄弟同士の争いは再発した。1074年、ポーランドなどの援軍を得たゲーザ1世に敗れ王位を失い、その後も復位を伺うが、1087年に戦死してしまった。

ゲーザ1世

生没 1040年〜1077年
在位 1074年〜1077年

　ハンガリー王ベーラ1世の子。父王の死後、従兄弟のシャラモンの即位を受け入れるが、シャラモンに冷遇され、ポーランドの支援を受けて反乱を起こそうとする。この時は聖職者の仲介で和解したが、1074年には王との軋轢が再燃し、縁戚関係のあるポーランドやボヘミアの支援を受け、シャラモンの軍を打ち破って王位を奪った。王位の正統性を示すため、ローマ教皇やビザンツ皇帝に使者を送るなどするが、病に倒れ、シャラモンの反攻に悩まされながら没した。

ハンガリー王国

ラースロー1世

生没 1040年～1095年
在位 1077年～1095年

ハンガリー王ベーラ1世の子。兄ゲーザ1世の跡を継いで即位、初代国王イシュトヴァーン1世を列聖した。神聖ローマ帝国の圧迫から逃れるため、神聖ローマ皇帝と対立していたローマ教皇グレゴリウス7世を支持する。一方トランシルヴァニアやドナウ川下流域まで勢力を伸ばし、国力を伸長させた。1089年には、クロアチア王家が断絶したことを受け、縁戚関係を口実にしてクロアチアを征服、アドリア海に沿岸にまで影響力を及ぼした。死後列聖され、聖王と称される。

カールマーン1世

生没 1070年頃～1116年
在位 1095年～1116年

先々王ハンガリー王ゲーザ1世の子。聖職者になるための教育を受けるも、叔父ラースロー1世死後、ポーランドの支持を受けて跡を継ぐ。1102年には、当地のしきたりを尊重する約束をクロアチア貴族と交わしてクロアチア王位を得た。身体障害があったとされ、王位の正統性をめぐって実弟アールモシュ公との抗争を余儀なくされた。1115年、王は実子に王位を継がせるため、幾度も反乱を起こしてきたアールモシュとその息子ベーラを盲目にした。学問に通じ、文人王の名で呼ばれる。

イシュトヴァーン2世

生没 1101年～1131年
在位 1116年～1131年

先王カールマーン1世の子。実子に跡を継がせたい父王の意向により、まだ幼児であった1105年に戴冠を行う。王位を継いでまもなく、ボヘミア公ブラディスラス1世との関係強化を試みるも失敗、ハンガリー軍はボヘミア軍と交戦して敗れた。他にも他国との戦争が続き、ビザンツ帝国との関係も緊張した。1128年、父王が盲目にした従兄弟ベーラの生存を知って宮廷に呼び戻し、所領を与えた。1131年、赤痢で死去。子供がなかったため、盲目の従兄弟ベーラが跡を継いだ。

ベーラ2世

生没 1110年～1141年
在位 1131年～1141年

ハンガリー王族アールモシュの子。幼少時、伯父カールマーン1世の命で、王位を狙わないよう父とともに盲目にされたため、盲目王とも呼ばれる。子のなかったイシュトヴァーン2世の後に即位。ドイツ諸侯との婚姻関係のおかげで神聖ローマ帝国との関係は良好だった。1136年にはダルマチアの支配をめぐり、ヴェネツィアと争う。なお、盲目であったため妃イロナの役割は重要だった。イロナには、盲目の王に敬意を払わなかった人々を虐殺するよう命じたという逸話がある。

ゲーザ2世

生没 1130年～1162年
在位 1141年～1162年

　先王ベーラ2世の子。父王の死後即位するが、幼少だったため母イロナが摂政を務めた。1156年、ビザンツ皇帝マヌエル1世コムネノスの遠征軍に敗れ、息子のベーラ3世を人質にしてビザンツの宗主権を認めることになった。現状打破のため、神聖ローマ皇帝フリードリヒ1世と交渉、神聖ローマ帝国がイタリアに進出する際は援軍を送る約束をするなどの努力を行ったが、終生ビザンツの圧迫に悩まされた。1161年にはローマ教皇アレクサンデル3世と宗教協約を結んでいる。

イシュトヴァーン3世

生没 1147年～1172年
在位 1162年～1172年

　先王ゲーザ2世の子。10代で即位するが、ビザンツ帝国の庇護を受けていた父の弟たちによってその地位を脅かされる。戴冠後まもなく、ビザンツ軍がハンガリーに侵攻、先王の弟ラースロー2世が王位を僭称し、その急死後は、同じく先王の弟イシュトヴァーン4世が継ぐ。逃れたイシュトヴァーン3世は1163年、神聖ローマ皇帝フリードリヒ1世の支援を受けて王位を取り戻した。その後の治世は、ビザンツ皇帝マヌエル1世との領土をめぐる抗争に明け暮れた。

ラースロー2世

生没 1131年～1163年
在位 1162年～1163年

　ハンガリー王ベーラ2世の子。兄のゲーザ2世に対する陰謀が露見し、弟イシュトヴァーン4世とともにビザンツ帝国に逃れた。ゲーザ2世の死後、年少のイシュトヴァーン3世が即位すると、ビザンツ軍の後押しと男系年長者相続制を支持するハンガリー貴族の支援のもと王位を簒奪した。まもなく死去したため、最期は毒殺であったとも言われている。カトリック教会は彼の正統性を認めず、長らく正式な王として認められなかったが、13世紀にラースロー3世が王に列した。

イシュトヴァーン4世

生没 1133年～1165年
在位 1163年～1165年

　ハンガリー王ベーラ2世の子。陰謀に連座し、次兄ラースロー2世とともにビザンツ帝国に亡命。ラースロー2世が王位を簒奪した際にはこれを支持し、兄の急死後は王位についた。しかし、ビザンツに対する恭順的姿勢から貴族らの支持を失い、反攻してきた甥のイシュトヴァーン3世の軍に敗れ、捕らえられた。大司教ルカスの進言でイシュトヴァーン4世は釈放され、ビザンツに逃れるが、ビザンツとハンガリーの和睦とともに利用価値がなくなり、冷遇の末、毒殺された。

ハンガリー王国

ベーラ3世

生没 1148年～1196年
在位 1172年～1196年

　ハンガリー王ゲーザ2世の子。幼少時から人質としてビザンツ帝国で過ごす。男子に恵まれなかったビザンツ皇帝マヌエル1世は、聡明なベーラ3世を娘婿にして帝位を継がせようと考え、皇帝に次ぐ専制侯の地位を与えていた。しかし、マヌエル1世に男子が生まれ、ハンガリー王イシュトヴァーン3世が後継者なく没した事情から帰国、ハンガリー王に即位する。対外積極策を採ってボスニアやセルビア、ダルマチアなどを獲得し、王国を最盛期に導いた。

イムレ1世

生没 1174年～1204年
在位 1196年～1204年

　先王ベーラ3世の子。1196年、父の死に伴って即位するが、国内の異教徒を征討している最中に弟アンドラーシュ2世に反乱を起こされる。1199年、イムレ1世はバラトン湖の近くでアンドラーシュ2世を破って勝利したが、王位争奪戦は国力の衰退につながった。1202年には、セルビア王位継承権争いに介入して軍隊を派遣、ヴカン・ネマニッチを王位につけた見返りとして、セルビアがハンガリーに臣従するという約束を取り付けている。死後は息子のラースロー3世が跡を継いだ。

ラースロー3世

生没 1199年～1205年
在位 1204年～1205年

　先王イムレ1世の子。イムレ1世は弟のアンドラーシュ2世と王位をめぐって争い、弟は幾度も反乱を起こしていた。しかしイムレ1世は弟を助命し、和解。一人息子のラースロー3世の将来を案じ、アンドラーシュ2世を後見人に命じて死去した。1204年、父の死の直前にラースロー3世は戴冠する。先王の死後正式に即位してからは、アンドラーシュ2世が摂政として国政を取りしきるが、翌年アンドラーシュ2世はラースロー3世を廃位。幼い廃帝はまもなく死去した。

アンドラーシュ2世

生没 1177年～1235年
在位 1205年～1235年

　ハンガリー王ベーラ3世の子。兄イムレ1世と王位を争うも敗れ、後に和解する。しかし、1205年に甥のラースロー3世から王位を簒奪。支持者を獲得するために、教会や貴族に王領や城などを分配した。また、外征による浪費と財政改革は貴族の不満を高め、1222年に貴族の権利拡大を約した金印勅書を発布することになった。彼の最初の妻ゲルトルートは野心家であり、夫に少なからぬ政治的影響を及ぼしていたというが、1213年にハンガリー貴族の反感を買って暗殺されている。

ベーラ4世

- 生没 1206年～1270年
- 在位 1235年～1270年

先王アンドラーシュ2世の子。即位後は、父王が貴族らに分け与えていた土地や特権を取り戻し、王権を回復することに努めた。一方で、都市に対しては特権を付与して地位を高めた。1241年、モンゴル帝国の侵略という危機を迎える。ベーラ4世の政策に不満を持つ貴族の非協力もあり、同年のモヒの戦いでハンガリー軍は大敗した。しかし、モンゴルの撤退後は荒廃した国土の復興に尽力した。また、オーストリア公バーベンベルク家の断絶につけこみ、領土の一部を得ている。

イシュトヴァーン5世

- 生没 1239年～1272年
- 在位 1270年～1272年

先王ベーラ4世の子。1246年、クロアチアなどの統治を委ねられるが実権はなく、1257年、父王に領土の分割を要求して軍を招集。翌年にトランシルヴァニアの統治権を認められるが、その後も父子の反目は続いた。即位してからは、ボヘミア王オタカル2世と抗争、1271年のラーバ河の戦いでこれを打ち破った。翌年、ハンガリーの有力貴族ケーセギ・ヘンリクが王子ラースローを拉致するという事件が起きる。国王は王子を奪還するため、軍事行動に出ようとした矢先に急死した。

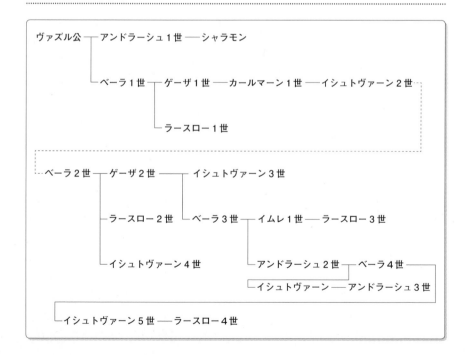

ハンガリー王国

ラースロー4世

生没 1262年～1290年
在位 1272年～1290年

　先王イシュトヴァーン5世の子。幼少時、大貴族ケーセギ・ヘンリクに一時拉致される。父王の死によって即位するが、実態はヘンリクの傀儡だった。そうした経緯から、成人したラースロー4世は王権強化を推進した。1278年、神聖ローマ皇帝ルドルフ1世と組んで、マルヒフェルトの戦いでボヘミア王オタカル2世を敗死させる。しかし、軍備増強にこだわってムスリムやモンゴル人の軍人を招くなどしたため国内の強い反発を受け、大貴族の放った刺客によって暗殺された。

アンドラーシュ3世

生没 1265年～1301年
在位 1290年～1301年

　ハンガリー王アンドラーシュ2世の末子イシュトヴァーンの子。先王ラースロー4世が男子のないまま没したため王位をつぐ。父親が私生児とみなされていたため王位の正統性には疑問が投じられ、ハプスブルク家やアンジュー家がハンガリー王位を主張した。1291年、アンドラーシュ3世は戦勝によってハプスブルク家に王位請求権を放棄させる。しかし、アンジュー家はローマ教皇の支持を受けてダルマチアに上陸、国王は対応に苦慮する中病死し、アールパード家は断絶した。

ヴェンツェル

生没 1289～1306
在位 1301～1305

　ボヘミアとポーランドの王ヴァーツラフ2世の子。ボヘミア王としてはヴァーツラフ3世。1301年にアールパード朝が断絶すると、父王によってハンガリー王として送り込まれる。父王の母方の祖母アンナがベーラ4世の娘であるという血縁関係が根拠になっていた。1305年、父王の死に伴ってボヘミアとポーランドの王位を継承、その引き換えに下バイエルン公オットー3世にハンガリー王位を譲った。翌1306年、ポーランドに遠征に向かう途上で暗殺された。

オットー

生没 1261年～1312年
在位 1305年～1308年

　下バイエルン公ハインリヒ13世の子。バイエルン公としてはオットー3世。1290年、二人の弟とともにバイエルンの公位を継承する。母がハンガリー王ベーラ4世の娘であったため、1301年にアールパード朝が断絶した際にハンガリー王即位の要請を受けた。しかし、オットーはこれを固辞し、1305年にヴェンツェル王がハンガリー王位を放棄するにあたってようやく承諾した。他国の情勢に関わることはオットーの地位の低下を意味したため、1308年にハンガリー王位を放棄した。

カーロイ1世

- 生没 1288年〜1342年
- 在位 1308年〜1342年

アンジュー家のナポリ王子カルロ・マルテッロの子。父方の祖母がイシュトヴァーン5世の娘であることからハンガリー王位継承権を主張、アールパード朝断絶とともに王位を宣言した。ボヘミア王ヴァーツラフ2世に敗れ一度は王位を逃すも、1310年に戴冠式を行って正式にハンガリー王となった。内政面では通貨改革や貿易の奨励などで経済を発展させた。また、ハプスブルク家への対抗上ボヘミアやポーランドと結び、1337年にはオーストリア公アルブレヒト2世を破っている。

ラヨシュ1世

- 生没 1326年〜1382年
- 在位 1342年〜1382年

先王カーロイ1世の子。父王の代に王権が強化され、即位時には勢力拡大の基盤が整っていた。まずヴェネツィア共和国と戦ってクロアチア、ダルマチアを獲得。1370年には叔父にあたるポーランド王カジミエシュ3世が後継者なく没し、ポーランド王位も継承した。さらにはナポリの王位も狙い、同じアンジュー家のナポリ女王ジョヴァンナ1世と抗争する。ラヨシュ1世は1347年から1352年にかけてナポリへ遠征、王都を占領するが王位は得られず、ペストの流行を理由として撤退した。後の1382年、ジョヴァンナ1世を暗殺して同族のカルロ3世をナポリ王位につけている。1367年には、ペーチの地に王国で初めてとなる大学を創立。東方から勢力を拡大してきたオスマン帝国とは1366年に最初の戦闘を行い、勝利を収めた。中東欧に一大版図を築いたことから「大王」と呼ばれているが、1351年にかつてアンドラーシュ2世が出していた「金印勅書」を更新し、貴族の諸特権を確認した。これは貴族層に対する譲歩といえ、王権の衰退を予感させるものでもあった。1382年に後継の男子がないまま死去、ハンガリー王位を次女マーリア、ポーランド王位を末娘ヤドヴィガが継承した。

```
カーロイ1世── ラヨシュ1世 ┬─ マーリア ‥‥ カーロイ2世
                          │    ‖
                          │  ジギスムント ── エリーザベト
                          │                    ‖
                          │                  アルベルト
                          │              (神聖ローマ皇帝アルブレヒト2世)
                          │  ポーランド王
                          └─ ヤドヴィガ
```

ハンガリー王国

マーリア

生没 1371年〜1395年
在位 1382年〜1385年、1386年〜1395年

　先王ラヨシュ1世の子。父王の死により幼くして即位。母エルジェーベトが摂政となった。1385年、ルクセンブルク家のジグムントと結婚。同年、カーロイ2世に一時王位を奪われるが、エルジェーベトの策謀でカーロイ2世は暗殺され、復位した。しかし、この暗殺劇をきっかけにボスニアで反乱が起き、説得に向かったマーリアとエルジェーベトは捕らえられ、母は娘の目の前で絞殺された。マーリアは釈放されるものの、その後は夫のジギスムントが実権を握った。

カーロイ2世

生没 1345年〜1386年
在位 1385年〜1386年

　アンジュー家のグラヴィナ伯ルイージの子。1382年、ハンガリー王ラヨシュ1世に命じられ、ナポリ女王ジョヴァンナ1世を暗殺、ナポリ王カルロ3世となった。同年、ラヨシュ1世は男子の後継者のないまま没し、跡を娘のマーリアと夫のジギスムントが継いだ。このことにはハンガリー国内でも反対が多く、カルロ3世は反対派に擁立され、1385年にハンガリー王カーロイ2世として即位した。しかし、ラヨシュ1世の未亡人エルジェーベトにより暗殺され、王位は元に戻った。

ジギスムント

生没 1368年〜1437年
在位 1387年〜1437年

　神聖ローマ皇帝カール4世の子。1385年、ハンガリー女王マーリアと結婚し、2年後に王位に就いた。オスマン帝国の脅威に対しヨーロッパ各国に援軍を要請、10万を超える対オスマン十字軍を結成するも1396年のニコポリスの戦いで大敗。改革の必要性を痛感したジギスムントは大貴族の力を削ぐため有能な人物を登用するなどし、大貴族にも融和的態度を取って人望を集めた。しかし、治世後半に神聖ローマ皇帝やボヘミア王を兼ねるに及び、ハンガリーの統治は疎かになった。

アルベルト

生没 1397年〜1439年
在位 1437年〜1439年

　ハプスブルク家のオーストリア公アルブレヒト4世の子。1404年にオーストリア公位を継承、1422年には神聖ローマ皇帝やハンガリー王を兼ねたジギスムントの娘エリーザベトと結婚した。ジギスムントには男子の継承者がおらず、アルベルトがハンガリーとボヘミアの王位を兼任。しかし、ボヘミアの実効支配はできず、オスマン帝国と戦争中の1439年、神聖ローマ皇帝の正式な戴冠を目前にして赤痢にかかり急死した。神聖ローマ皇帝としてはアルブレヒト2世。

ウラースロー1世

生没 1424年～1444年
在位 1440年～1444年

　ポーランド王ウワディスワフ2世の子。1434年にウワディスワフ3世としてポーランド王位を継ぎ、1440年にはハンガリー王に推挙される。オスマン帝国の脅威にさらされているハンガリー王位を受けるのは困難が伴うことだったが、異教徒からキリスト教世界を守るという使命に燃えこれを受諾する。1444年、ヴァルナの戦いに参陣。名将フニャディ・ヤーノシュも従軍していたが、その制止を振り切って突撃し討ち取られ、その首は槍の先に掲げられ晒された。

ラースロー5世

生没 1440年～1457年
在位 1444年～1457年

　ハンガリー・ボヘミアの王アルベルトの子。父王の死後に誕生し、オーストリア公（後の神聖ローマ皇帝）フリードリヒ3世が後見人となる。しかしフリードリヒ3世はラースロー5世を幽閉。ウラースロー1世が戦死してラースロー5世が新国王に指名されたあとも解放を拒んだ。1452年にようやく解放され、新たな後見人の元統治を開始するが、貴族同士の内紛が起きプラハに逃れた。1457年に急死、毒殺が疑われていたが、最近になって死因は白血病であることが判明した。

マーチャーシュ1世

生没 1443年～1490年
在位 1458年～1490年

　ハンガリー貴族フニャディ・ヤーノシュの子。父及び兄ラースローはオスマン帝国との戦いで戦功があった。しかし父の死後、ラースローは貴族の内紛に巻き込まれ処刑。次男マーチャーシュが多数の貴族の支持を得て即位した。対外政策としてはオーストリア、ボヘミア方面へ進出。モラヴィアを奪い、一時はウィーンを陥落させるなど、王国の最大版図を実現した。1479年にはボヘミア王位も兼ねた。治世下では多くの文化人が首都ブダに招かれ、ルネサンス文化が花開いた。

ウラースロー2世

生没 1456年～1516年
在位 1490年～1516年

　ポーランド王カジミエシュ4世の子。曽祖父ジギスムント、祖父アルベルト、叔父ラースロー5世と同じく、ボヘミア王とハンガリー王を兼務した。1471年にボヘミア王となるが、フス派とカトリックの対立という内憂とハンガリー王マーチャーシュ1世の侵攻という外患を抱えた。1490年、マーチャーシュ1世が嗣子のないまま没し、ハンガリー王にも選ばれる。ハンガリー王としては、法典「三部法書」の編纂、ハプスブルク家とヤギェウォ家の婚姻関係の締結などの事績がある。

ハンガリー王国

ラヨシュ2世

- 生没 1506年～1526年
- 在位 1516年～1526年

先王ウラースロー2世の子。1516年、父王の死に伴ってハンガリーとボヘミアの王位を継ぐ。当時、オスマン帝国はスレイマン1世の元強勢を誇っており、1526年にはハンガリーの征服に乗り出した。20歳のラヨシュ2世はモハーチの地で迎え撃つが、オスマン帝国軍は組織的な戦術でハンガリー軍に壊滅的な打撃を与え、ラヨシュ2世は敗死。この敗北によりハンガリーは国土の大半を奪われ、ハンガリー王位はハプスブルク家のフェルディナンド大公が継承することになった。

サポヤイ・ヤーノシュ

- 生没 1487年～1540年
- 在位 1526年～1540年

ハンガリーの有力貴族サポヤイ・イシュトヴァーンの子。1514年、ドージャ・ジェルジ率いる農民反乱を鎮圧した。1526年、ラヨシュ2世が戦死すると、空位となったハンガリー王に立候補する。ハプスブルク家のフェルディナンド大公に対して、政治実績からハンガリー貴族の支持を集め、即位してヤーノシュ1世を名乗った。しかし、フェルディナンドの軍に敗れ、1528年にポーランドに逃れる。その後、オスマン帝国に従属することによって後ろ盾を得、王位に復帰した。

ヤーノシュ・ジグモンド

- 生没 1540年～1571年
- 在位 1540年～1570年

先王サポヤイ・ヤーノシュの子。生後9日で父王が死去し、生母イザベラ・ヤギェロンカが摂政となった。1551年、トランシルヴァニアがハプスブルク家のフェルディナンド大公によって占領されるが、1556年にイザベラは当地の支配を取り戻し、1559年に死ぬまで一人息子ヤーノシュの王位を守るため尽力した。1568年、ヤーノシュは広範な宗教の自由を保障した「トゥルダの勅令」を公布。1570年、ハプスブルク家のマクシミリアン2世をハンガリー王と認め、自らの王位を放棄した。

```
アルベルト ─┬─ ラースロー5世
            │
            └─ エリーザベト
                 ‖ ───── ウラースロー2世 ── ラヨシュ2世
               ガジミエシュ4世
```

ボヘミア王国
1198年～1918年

　チェコの地においては、古くは830年頃には西スラヴ族により大モラヴィア王国が形成されていた。906年にマジャール人に滅ぼされ、その後分裂状態にあったが、やがてボヘミアのプラハを拠点とするプシェミスル家が台頭、10世紀末頃までにボヘミアを統一した。神聖ローマ帝国に服属する領邦国家の一つであったが、13世紀初頭のオタカル1世の時代にはボヘミア王の称号が認められた。1230年に即位したオタカル2世の時代にはオーストリアなどの支配権も獲得するものの、1278年にマルヒフェルトの戦いで敗れ、ハプスブルク家の台頭を許した。プシェミスル朝は1310年に断絶、以後はドイツ貴族のルクセンブルク家がボヘミア王位を受け継いでいく。15世紀にはボヘミアにも宗教改革の波が押し寄せ、1415年には神学者ヤン・フスが火刑に処される。これを火種としてフス戦争が勃発。戦争に敗れた後も住民のカトリック化への抵抗は根強く残り、1458年にはプロテスタント貴族のイジー・ス・ポジェブラトが王として擁立された。しかし1526年、ルドヴィク王（ハンガリー王ラヨシュ2世）がオスマン帝国との戦いで戦死した後は、王位はカトリックを信奉するハプスブルク家が世襲していくことになる。

906	大モラヴィア王国、マジャール人に滅ぼされる
921	ヴァーツラフ1世、ボヘミア公に即位
1003	ボヘミア、神聖ローマ帝国の一領邦となる
1198	オタカル1世、ボヘミア王の称号を得る
1212	神聖ローマ皇帝フリードリヒ2世により、ボヘミア王位の世襲が認められる
1248	オタカル2世、オーストリアの支配権を獲得
1278	マルヒフェルトの戦いでオタカル2世が戦死する
1300	ヴァーツラフ2世、ポーランド王位を兼ねる
1310	ヴァーツラフ3世暗殺、プシェミスル朝が断絶する
1348	カレル1世、プラハ大学を創設
1415	ヤン・フス、火刑に処される
1419	フス戦争が勃発する
1437	ジギスムントが死去、ルクセンブルク家による統治が終焉する
1458	プロテスタント貴族、イジー・ス・ポジェブラトが王に推戴される
1471	ヤギェウォ家より、ヴラジスラフ・ヤゲロンスキー（ハンガリー王ウラースロー2世）を迎える
1526	モハーチの戦いでルドヴィク王戦死、王位はその後ハプスブルク家に移る

ボヘミア王国

プシェミスル・オタカル1世

生没 1155年～1230年
在位 1198年～1230年

　ボヘミア公ヴラジスラフ2世の子。1192年からボヘミア公となり、一度はその座を失うも1197年に公位を奪還。ドイツ王位をめぐるホーエンシュタウフェン家とヴェルフ家の争いに際し、存在感を強めるためボヘミア王の称号を名乗った。オタカル1世は最終的にはホーエンシュタウフェン家と同盟し、同家のフリードリヒ2世は1212年、ボヘミア王位がオタカル1世とその子孫に属することを宣言した。その治世下ではボヘミアへのドイツ移民が始まり、都市の発達が見られた。

ヴァーツラフ1世

生没 1205年～1253年
在位 1230年～1253年

　先王オタカル1世の子。1230年、父の死に伴って即位した。オーストリア公フリードリヒ2世とは神聖ローマ帝国へ対抗するために同盟を結び、ドナウ川北岸まで勢力を伸ばすことに成功した。1241年にはモンゴル帝国がヨーロッパまで到達、ボヘミアも攻撃を受けるが、これを退けた。モンゴル軍は翌年、オゴタイ・ハンの訃報を受けて撤退し、危機は免れた。息子のオタカル2世に反乱を起こされるがこれを破り、妹アネシュカの仲裁で和解した。

オタカル2世

生没 1230年～1278年
在位 1253年～1278年

　先王ヴァーツラフ1世の子。1247年、父王に対して反乱を起こして敗れ、監禁されるものの叔母アネシュカの仲裁によって和解した。1252年、オーストリア公のバーベンベルク家の男子が途絶えたため、20歳以上年上の公女マルガレーテと結婚、オーストリア公位を継ぐ。1250年代にはドイツ騎士団のザーレラント進出を支援。「王の要塞」を意味するケーニヒスベルクという地名は、騎士団がオタカル2世に敬意を評して付けられたという。ハンガリーとも戦って南方にも領土を広げた。農地や鉱山開発、ドイツ移民の受け入れによって国力は増強し、プシェミスル朝はオタカル2世の代に最盛期を迎え、その支配域はアドリア海沿岸にまで及んだ。一方、大空位時代を迎えていた神聖ローマ帝国に対しては皇帝選挙で主導的な役割を果たす。しかし、1273年オタカル2世の野心を警戒した他の諸侯は彼に敵対していたハプスブルク家のルドルフ1世を神聖ローマ皇帝に選出。敵対相手を増やしたオタカル2世は、1276年にこれまで併合した領土の放棄を強いられた。2年後に再起を図り、マルヒフェルトの戦いでルドルフ1世と雌雄を決したが敗れ、オタカル2世は敗死した。

ヴァーツラフ2世

生没 1271年～1305年
在位 1278年～1305年

　先王オタカル2世の子。1278年、父王の戦死により7歳で即位した。1285年、父王の敵対者で神聖ローマ皇帝のルドルフ1世の娘ユッタと結婚する。1290年に親政を開始、貨幣統一などの実績を残した。1296年、ポーランド大公プシェミスウ2世が暗殺され、ポーランドの有力貴族の支持を得てポーランド王に即位する。さらにハンガリー王家が断絶すると、息子のヴァーツラフ3世に王位を継がせ、プシェミスル家はボヘミア、ポーランド、ハンガリーを支配することになった。

ヴァーツラフ3世

生没 1289年～1306年
在位 1305年～1306年

　先王ヴァーツラフ2世の子。1301年、ハンガリー王家が断絶し、縁戚関係を利用した父王によってハンガリー王として送り込まれる。1305年、病弱であった父王が死去し、ボヘミアとポーランドの王位を継ぐ。その代わりにハンガリー王位を放棄、バイエルン公オットー3世がハンガリー王となった。しかし、即位の翌年、ポーランドへ遠征に向かう途中のオロモウツの地で暗殺されてしまう。享年16歳であった。結婚していたが子供はなく、プシェミスル朝は断絶することになる。

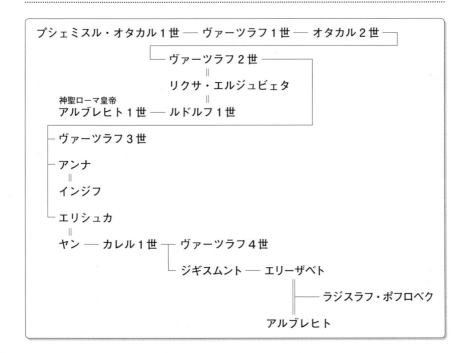

ボヘミア王国

インジフ

- 生没 1265年頃～1335年
- 在位 1306年、1307年～1310年

チロル伯兼ケルンテン公マインハルト2世の子。ケルンテン公としてはハインリヒ6世。四男だが兄たちの死により家督を相続。ボヘミア王ヴァーツラフ2世の娘アンナを妻としていたため、プシェミスル朝断絶によりボヘミア王に即位した。しかし、義兄である神聖ローマ皇帝アルブレヒト1世は息子ルドルフを派遣してボヘミア王位を宣言させる。1307年、ルドルフの死によって王位を回復したが、1310年にはルクセンブルク家のヨハン（ヤン）がボヘミア王に選ばれ、廃位された。

ルドルフ1世

- 生没 1281年～1307年
- 在位 1306年～1307年

ハプスブルク家の神聖ローマ皇帝アルブレヒト1世の子。オーストリア公としてはルドルフ3世。1306年、王家の断絶したボヘミアでインジフが王位につくと、アルブレヒト1世はこれに反対し、息子のルドルフをボヘミア王ヴァーツラフ2世の未亡人リクサ・エルジュビェタと再婚させ、プラハを占領してボヘミア王位につけた。ボヘミア諸侯にはルドルフ1世の正統性を認めない者もいたため、武力で従わせようとしたが、遠征の最中に赤痢にかかり病死した。

ヤン

- 生没 1296年～1346年
- 在位 1310年～1346年

神聖ローマ皇帝ハインリヒ7世の子。実名はヨハン・フォン・ルクセンブルク。1310年、ボヘミア王であったヴァーツラフ3世の妹エリシュカと結婚、ボヘミア王に選ばれた。武勇に優れた名将であったが度重なる戦争で財政の悪化を招き、プラハに戻るときは税の徴収の時だけとまで言われた。1340年、病により失明。盲目にも関わらず、従者に先導させて各地の戦場を駆け巡ったという。百年戦争中のフランスから援助を求められ、クレシーの戦いで奮戦、壮絶な戦死を遂げた。

カレル1世

- 生没 1316年～1378年
- 在位 1346年～1378年

先王ヤンの子。神聖ローマ帝国としてはカール4世。始めヴァーツラフと名乗ったが、少年時代にフランス王シャルル4世のもとで高水準の教育を受けた縁でカレル（＝シャルル）と改名した。1340年から、失明した父の代理としてボヘミアを統治。後にボヘミア王と神聖ローマ皇帝の地位を相次いで獲得、プラハを帝都として大々的に整備した。さらに、ドイツ語圏初の大学となるプラハ大学を創設、プラハの文化的発展に貢献した。そのため、チェコの国父として称揚される。

VI 東ヨーロッパ

ヴァーツラフ4世

- 生没 1361年〜1419年
- 在位 1378年〜1419年

　先王カレル1世の子。神聖ローマ皇帝としてはヴェンツェル。1376年に父王により神聖ローマ皇帝に据えられ、1378年にはボヘミア王位も継ぐ。1400年、皇帝の対外政策に不満を持つドイツ諸侯により神聖ローマ皇帝を廃位され、その後はボヘミア経営に専念する。1419年、プラハ市民は神聖ローマ帝国によるボヘミアのカトリック化に抗議し、ドイツ人の市参事会員をプラハ市庁舎の窓から投げ落とす事件を起こす。報せを聞いたヴァーツラフ4世はショックで死んでしまった。

ジギスムント

- 生没 1368年〜1437年
- 在位 1419年〜1437年

　ボヘミア王カレル1世の子。先王ヴァーツラフ4世は異母兄。1410年に神聖ローマ皇帝となり、1414年にコンスタンツ公会議を開催。この時、ボヘミアの宗教改革指導者フスが異端とされ処刑されてしまい、ボヘミア人の反発を招く。1419年、プラハ窓外投擲事件を契機にボヘミア新教徒の反乱（フス戦争）が勃発、ジギスムントは鎮圧に向かったがヤン・ジシュカ率いる反乱軍に苦戦を強いられた。1436年にようやく和議にこぎつけ、長年の戦争で疲弊した帝国を残して没した。

アルブレヒト

- 生没 1397年〜1439年
- 在位 1438年〜1439年

　オーストリア公アルブレヒト4世の子。神聖ローマ皇帝としてはアルブレヒト2世。1404年、父の跡を継いでオーストリア公となり、1411年から親政を開始する。1422年、神聖ローマ皇帝でボヘミア王ジギスムントの娘エリーザベトと結婚し、1437年のジギスムントの死によりハンガリー王位とボヘミア王位を継いだ。しかし、ボヘミア人はポーランドと結んで反抗を続け、アルブレヒトはボヘミアを実効支配することができなかった。1439年、オスマン帝国との戦争中に病死した。

ラジスラフ・ポフロベク

- 生没 1440年〜1457年
- 在位 1453年〜1457年

　先王アルブレヒトの子。父王の死の4か月後、一人息子として生まれる。誕生後すぐにハプスブルク家の家督を継ぎ、オーストリア公となった。後見人にはドイツ王で後に神聖ローマ皇帝になるフリードリヒ3世がつくが、彼は幼君を幽閉してオーストリアを自分の領土同然に支配するようになる。1452年に解放され、翌年には国王不在であったボヘミアの王位についた。ハンガリー国王も兼務していたが、1457年にハンガリーでの反乱によりプラハに逃れ、同年白血病で急死した。

ボヘミア王国

イジー・ス・クンシュタート・ア・ポジェブラト

生没 1420年～1471年
在位 1458年～1471年

　ボヘミアの貴族出身。フス派指導者として、神聖ローマ帝国との戦いで頭角を表す。・1451年、フス派とカトリック派の対立が続くボヘミアの摂政に就任、1458年には議会の満場一致の支持を受けて国王となった。穏健な政策で一部カトリック派の支持を得、ヨーロッパ各国の同盟の構想を打ち出してローマ教皇との和解の道を探る。しかしその試みは失敗し、1466年にローマ教皇パウルス2世に破門とボヘミア王廃位を宣告された上、国内のカトリック派貴族の反乱を招いてしまった。

マーチャーシュ1世

生没 1443年～1490年
在位 1469年～1490年

　ハンガリー王国摂政フニャディ・ヤーノシュの子。1458年にハンガリー国王となり、オスマン帝国との抗争で戦果を上げる。1465年、ローマ教皇ピウス2世より、フス派が勢力を持つボヘミアへの出兵要請を受け、ボヘミア方面への進出を開始。マーチャーシュ1世はボヘミア貴族の反乱を支援し、1468年にはモラヴィアを占領。翌年にはカトリック派の貴族によってボヘミア王に擁立され、対立するボヘミア王イジー・ス・ポジェブラトやその後継者ヴラジスラフに脅威を与え続けた。

ヴラジスラフ・ヤゲロンスキー

生没 1456年～1516年
在位 1471年～1516年

　ポーランド王カジミエシュ4世の子。母を通じてボヘミア王ジギスムントと血縁関係があったため、ボヘミア王イジー・ス・ポジェブラトの死後ボヘミア王となった。しかし、国内でのフス派とカトリックの対立、ハンガリー王マーチャーシュ1世の侵攻に苦慮する。1479年、ハンガリーにモラヴィアなどの領有を認めさせられたが、フス派とカトリックの和解を成立させている。1490年、マーチャーシュ1世が嗣子なく没したためハンガリー王位も得てウラースロー2世となった。

ルドヴィク

生没 1506年～1526年
在位 1516年～1526年

　先王ヴラジスラフの子。父王の死により、ボヘミアとハンガリーの王位を継いだ。ハンガリー王としてはラヨシュ2世。当時ハンガリーはオスマン帝国の脅威にさらされていたが、国内の統率を取ることができなかった。1526年、オスマン帝国軍に大敗して戦死し、ハンガリーは国土の大半を奪われた。ルドヴィクには嗣子がなかったため、ボヘミア及びハンガリーの王位は義兄にあたるフェルディナンド1世が継承し、以後ボヘミアはハプスブルク家の支配下に置かれた。

クロアチア王国

925年〜1102年

　クロアチア人は7世紀から8世紀にかけてバルカン半島に出現した新たな民族とされるが、その現住地など詳しい歴史は明らかになっていない。8世紀末から9世紀初頭にかけてクロアチア人の国家が形成され、9世紀後半にはクロアチア公トルピミル1世が登場、トルピミロヴィチ朝を創始した。その後、9世紀末に侵入したマジャール人を撃退したトミスラヴ1世がクロアチア人の統一国家を樹立、925年にクロアチア王となった。トミスラヴ1世の死後王国はビザンツ帝国の影響下に置かれるが、10世紀末にスティエパン・ドルジスラヴが王権を回復。この時期から、アドリア海東部沿岸に進出を図るようになったヴェネツィアとの抗争が始まる。王国はペタル・クレシミル4世の時代に最盛期を迎え、最大版図を実現した。しかし、その後継者ドミタル・ズヴォニミルの死後は王位をめぐる内紛が起き、またハンガリー王国がクロアチアの征服に乗り出すようになる。混乱の中、ペタル・スヴァチッチが即位するが、1097年のグズヴォドの戦いでハンガリーに敗北、国王も戦死した。1102年、クロアチアを占領したハンガリー国王カールマーン1世はクロアチア王に即位、ここにクロアチア人の王朝は途絶えた。

9世紀初頭	クロアチア人による95国家が形成される
864年	クロアチア公トルピミル1世が死去
924年	トミスラヴ1世、クロアチアを統一
925年	トミスラヴ1世がクロアチア王に即位
925年	ブルガリア帝国の侵入を撃退する
945年	ミハイロ・クレシミル2世、ミロスラフ王を内戦の末破る
986年	アドリア海沿岸諸都市の支配権を回復
10世紀末	スティエパン・ドルジスラヴがビザンツ帝国より主権を回復
1000年	スヴェトスラヴ王が廃位される
1030年	スティエパン1世が即位
1046年	スティエパン1世、ハンガリー侵攻を開始
1058年	ペタル・クレシミル4世が即位
1076年	ドミタル・ズヴォニミル、正式にクロアチア王として戴冠される
1097年	ペタル・スヴァチッチ、グズヴォドの戦いで戦死
	ハンガリー王カールマーン1世、クロアチア王として戴冠

クロアチア王国

トミスラヴ1世

生没 ？～928年
在位 925年～928年

　トルピミロヴィチ家のクロアチア公ムンシミルの子と思われる。910年頃にクロアチア公になり、侵入してきたマジャール人を撃退した。トミスラヴ1世はクロアチア中部と南部のほとんどを支配下に置き、925年にローマ教皇庁に認められた初めてのクロアチア王となった。治世の間、ビザンツ帝国とブルガリア帝国は戦争状態にあり、ブルガリアはビザンツと同盟していたクロアチアにも攻撃をしかけた。926年、トミスラヴ1世はボスニア高地においてブルガリア軍を破った。

トルピミル2世

生没 ？～935年
在位 928年～935年

　クロアチア公ムンシミルの子で、先王トミスラヴ1世の弟と思われる。927年にブルガリア皇帝シメオン1世が死去。共通の敵であったブルガリアの脅威がなくなったことで、ビザンツはクロアチアとの同盟関係を破棄。その上、ビザンツはダルマチアの支配権を主張、名目上、同地方はビザンツの支配下に置かれた。内政面では、トルピミル2世の時代、クロアチアはアドリア海を航海する貿易船を相当数有していたことが記録に残っている。

クレシミル1世

生没 ？～945年
在位 935年～945年

　先王トルピミル2世の子。935年、父王の死後クロアチア王位を継ぐ。その治世において、父王同様にクロアチアの強大な軍事力を保持し続けることに尽力した。彼の死後、ミロスラフとミハイロ・クレシミル2世のふたりの男子が残され、長期にわたる後継者争いが発生した。この混乱の間に、セルビア公チャスラヴ・クロニミロヴィチにはヴルバス川における国境線の警備を強化され、またダルマチアに定住していたスラヴ系部族にヴィス島やラストヴォ島を奪われた。

ミロスラフ

生没 ？～949年
在位 945年～949年

　先王クレシミル1世の子。長子であったため父王の死後あとをつぐが、弟のミハイロ・クレシミル2世との内戦のすえ、クロアチア総督プリビナに殺害された。

ミハイロ・クレシミル2世

生没 ？～969年
在位 949年～969年

　クレシミル1世の子で先王ミロスラフの弟。反乱をおこしたクロアチア総督プリビナに擁立されて王位を継ぎ、失われたボスニアの領土の再征服に成功した。

スティエパン・ドルジスラヴ

生没 ？〜997年
在位 969年〜997年

　先王ミハイロ・クレシミル2世の子。即位後は、母イェレナが976年に没するまで摂政を務めた。ビザンツ皇帝バシレイオス2世とブルガリア皇帝サムイルとの戦争に際してはビザンツと同盟を結ぶ。986年にビザンツがアドリア海沿岸諸都市の防衛に成功したとき、それらの都市の支配権はクロアチアに返還された。代わりにボスニアの領土をブルガリアに奪われる犠牲を払ったが、ビザンツ皇帝からダルマチア総主教に任命され、988年にはスプリト大司教によって戴冠された。

スヴェトスラヴ

生没 不詳
在位 997年〜1000年

　先王スティエパン・ドルジスラヴの長男。父王の死後跡を継ぐが、弟のクレシミル3世とゴイスラヴに対して統治権を分割するのを拒否したため、弟たちの反乱が起きる。当時ビザンツ帝国とブルガリア帝国は戦争中で、スヴェトスラヴは父王の政策を継承してビザンツを支援していたが、反乱者たちはブルガリアに支援を求めた。ブルガリア皇帝サムイルは998年からクロアチアに侵攻を開始、1000年にスヴェトスラヴは弟たちによって廃位され、ヴェネツィアに追放された。

クレシミル3世

生没 ？〜1030年
在位 1000年〜1030年（1000〜1020は共治）

　スティエパン・ドルジスラヴの次男。兄スヴェトスラヴに反乱を起こし、ブルガリアの助けを借りて兄を廃位、弟ゴイスラヴとともに王位に就く。

ゴイスラヴ

生没 ？〜1020年
在位 1000年〜1020年（共治）

　スティエパン・ドルジスラヴの三男。次兄クレシミル3世と共同で王位に就いたが、ブルガリア帝国を破ったビザンツ帝国から臣下の扱いを受けてしまう。

スティエパン1世

生没 988年〜1058年
在位 1030年〜1058年

　先王クレシミル3世の子。若年の時はヴェネツィアへの人質として過ごし、ヴェネツィア総督の娘を妻とした。即位後は軍事力増強に努め、1038年から1041年までヴェネツィアからザダルを奪うことに成功。1046年、ハンガリー王オルセオロ・ペーテルが国を追われると、これを利用してハンガリーを侵略、拡張した領土は東方のドリナ川に至った。スティエパン1世の治世下では商業や貿易が栄え、都市部では貴族階級が成長した。また、この時代にスラヴォニア地方も発展を見た。

クロアチア王国

ペタル・クレシミル4世

生没 ？〜1074年/1075年
在位 1059年〜1074年/1075年

　先王スティエパン1世の子。即位前、ローマ教皇より兄弟殺しの疑いをかけられたがそれを晴らし、父王の死の翌年に戴冠。ペタル・クレシミル4世の治世下でクロアチアはアドリア海沿岸や東方へ領土を拡大し、最大版図を実現した功績により「大王」と称される。また、ビザンツ帝国がセルジューク朝やノルマン人と抗争している機会に乗じて領土を統合、ダルマチア・クロアチア王国を樹立した。しかしノルマン人の侵入の際に捕らえられ、虜囚として死んだとされる。

ドミタル・ズヴォニミル

生没 ？〜1089年
在位 1075年〜1089年

　クロアチア王スヴェトスラヴの子孫で、ペタル・クレシミル4世の従弟であるとされる。1064年よりスラヴォニア総督となる。ローマ教皇グレゴリウス7世に対して服属を誓い、貢納の対価として1076年にクロアチア王として正式に戴冠された。彼の治世は体外膨張戦争のない平和な時代であり、文化や経済が発展。クニン近郊には大聖堂が建てられ、「ズヴォニミルの都市」という呼び名がついた。ズヴォニミルはクロアチア全土に権力を行使することの出来た最後の王であった。

スティエパン2世

生没 ？〜1091年
在位 1089年〜1091年

　クロアチア王ペタル・クレシミル4世の甥。先王ドミタル・ズヴォニミルが没した時にはすでに高齢で病身であったが、貴族や聖職者らの説得によって王位を継承した。王は2年足らずの治世の大半を修道院で静かに過ごしたという。一説によれば、先王ドミタル・ズヴォニミルの未亡人イェレナは、兄のハンガリー王ラースロー1世にクロアチア王位を継がせようと企てていた。スティエパン2世自身は平穏のうちに没したが、彼の死後は王位をめぐる戦いが勃発した。

ペタル・スヴァチッチ

生没 ？〜1097年
在位 1093年〜1097年

　クロアチア貴族の出身。スティエパン2世が後継者なく没した後、ドミタル・ズヴォニミル王の未亡人イェレナは兄のハンガリー王ラースロー1世の王位継承権を主張するが、これを支持しない貴族や聖職者はペタル・スヴァチッチを擁立した。新国王は直ちに国土の防衛のため軍を動員するが、ハンガリー軍にスラヴォニアを奪われる。続いてハンガリー王となったカールマーン1世は、グズヴォド山麓に大軍を集結させクロアチア軍を破り、ペタル・スヴァチッチは戦死した。

セルビア王国

1171年～1389年

　セルビア人は、6世紀にバルカン半島に南下してきたスラヴ民族の一つである。当初はビザンツ帝国やブルガリア帝国の支配下に置かれたが、12世紀になってステファン・ネマニャがセルビアの大部分を統一し、セルビア王国の礎を築いた。跡を継いだステファン・ネマニッチが1217年、ローマ教皇ホノリウス3世よりセルビアの王冠を授与され、セルビア王国が建国された。1219年にはセルビア正教会がコンスタンティポリス総主教から独立。これはバルカン半島におけるセルビアの優位の確定を意味した。その後内紛の時代に入るが、ステファン・ウロシュ2世ミルティンの治世下で安定を取り戻し、14世紀には王国は最盛期を迎える。まずステファン・ウロシュ3世デチャンスキが1330年にブルガリアを破り、セルビアはブルガリアに代わってバルカン半島の盟主となった。さらに後継者であるステファン・ウロシュ4世ドゥシャンがアルバニアやマケドニアを含む広大な版図を手中に収め、1346年には皇帝を名乗った。しかしステファン・ドゥシャンの死後、セルビアは急速に衰退し、諸侯が独立性を帯びていく。さらにはオスマン帝国の圧迫を受け、1389年にはコソヴォの戦いで敗北、オスマン帝国の支配下に入った。

6世紀	セルビア人がバルカン半島に定住
1168年	ステファン・ネマニャ、セルビア諸侯を統一しセルビア侯となる
1191年	ビザンツ皇帝イサキオス2世アンゲロスの攻撃を受ける
1217年	ステファン・ネマニッチ、セルビア王として戴冠する
1219年	セルビア正教会がコンスタンティノープル総主教より独立
1241年	モンゴル帝国の侵攻を受ける
1243年	ステファン・ヴラディスラヴ王が貴族によって廃位される
1276年	ステファン・ドラグティンが反乱によって王位に就く
1282年	ステファン・ウロシュ2世ミルティンが即位
1312年	オスマン帝国に対抗し、ビザンツ帝国に援軍を送る
1330年	ステファン・ウロシュ3世デチャンスキ、ベルブジュドの戦いでブルガリアを撃破
1342年	ビザンツ帝国に侵攻、セルビア王国の最大版図を築く
1346年	ステファン・ウロシュ4世ドゥシャン、皇帝を称してビザンツ帝国征服を企図
1349年	ドゥシャン法典が発布され、国内法が整備される
1355年	ステファン・ウロシュ4世ドゥシャンが病没
1371年	ヴカシン王、マリツァ河畔の戦いでオスマン帝国に敗れ戦死
1389年	セルビア軍、コソヴォの戦いでオスマン帝国に敗れる

セルビア王国

ステファン・ネマニャ

- 生没 1113年〜1200年
- 在位 1171年〜1196年

セルビアの領主ザヴィダの子。1168年に兄ティホミルを反乱によって打倒、セルビアの諸部族を統一して国王を自称しネマニッチ朝の創始者となる。ハンガリー王国と同盟を結ぶなど、ビザンツ帝国の支配を脱するための外交的努力を重ね勢力を拡大、アドリア海沿岸からモラバ地方とシャラ山脈に至る地域を獲得した。また、第3回十字軍やブルガリアの独立を支援、徹底した反ビザンツ政策を取り続けた。高齢を理由に退位した後は修道士となり、シメオンと名乗った。

ステファン・ネマニッチ

- 生没 1165年頃〜1228年
- 在位 1196年〜1228年

先王ステファン・ネマニャの次男。1196年、父王に王位を譲られるが兄ヴカンと継承権をめぐって争うが、弟である修道士サヴァの仲介で講和した。1217年、ローマ教皇ホノリウス3世に王号を認められ、サヴァの手によって戴冠、名実ともにセルビア王国が成立した。1219年にはセルビア正教会の独立が認められ、サヴァが初代セルビア大主教となった。その治世下ではニシュ、ブラーニェ、プリズレンを獲得したほか、セルビア初の憲法「聖サヴァのノモカノン」が公布された。

ステファン・ラドスラヴ

- 生没 1192年以前〜1135年以後
- 在位 1228年〜1133年

先王ステファン・ネマニッチの長男。父王の死後跡を継ぎ善政を敷くが、エピロス専制侯国テオドロス1世の娘を妻としており、妻の影響力はセルビア貴族に歓迎されなかった。1330年、テオドロス1世がブルガリアに敗れて捕虜となるとステファン・ラドスラヴの地位もゆらぎ、貴族の反乱によって廃位され、弟のステファン・ヴラディスラヴが擁立された。ステファン・ラドスラヴは亡命するが、後に修道士となって帰国を許された。その後の消息は詳しく分かっていない。

ステファン・ヴラディスラヴ

- 生没 1198年頃〜1264年
- 在位 1133年〜1243年

セルビア王ステファン・ネマニッチの子。1133年、セルビア貴族に擁立され、兄に代わり王位につく。即位後、ブルガリア皇帝イヴァン・アセン2世の娘を妻に迎え、セルビアはブルガリアの影響下に置かれることになった。1141年、モンゴルの攻撃とイヴァン・アセン2世の死によりブルガリアは衰微、ステファン・ヴラディスラヴの地位も不安定になった。1243年、反抗する貴族によって廃位されるが、その後もゼタの統治を委ねられ、一定の政治的影響力は保持した。

Ⅵ 東ヨーロッパ

ステファン・ウロシュ1世

- 生没 1223年～1277年
- 在位 1243年～1276年

　セルビア王ステファン・ネマニッチの末子。1243年、セルビア貴族によって国王として擁立されるが、退位した後の異母兄ステファン・ヴラディスラヴに対しても要職を委ね、良好な関係を維持した。治世下では、貨幣の鋳造や鉱山開発などの政策がとられ、経済は発展。しかし子のステファン・ドラグティンとの対立が深刻化、1276年、危機感を覚えたステファン・ドラグティンは反乱を起こし、敗れたステファン・ウロシュ1世は退位を余儀なくされ、修道院に隠棲した。

ステファン・ドラグティン

- 生没 ?～1316年
- 在位 1276年～1282年

　先王ステファン・ウロシュ1世の長男。1276年、妻の母国ハンガリーの支援を受けて父王に対して反乱を起こし、王位につく。1282年、狩猟中に足を負傷して健康を害したため、協議の結果弟のステファン・ウロシュ2世ミルティンに譲位。退位後は、スレム王国と呼ばれるセルビア北部の領土を統治し、セルビア君主として初めてベオグラードを拠点とした。しかしスレム王国の継承権などをめぐって弟のステファン・ウロシュ2世ミルティンと対立、確執は1316年の死まで続いた。

ステファン・ウロシュ2世

- 生没 1253年～1321年
- 在位 1282年～1321年

　セルビア王ステファン・ウロシュ1世の末子。即位直後、ビザンツ帝国に侵攻してマケドニア北部の獲得に成功し、スコピエを首都とした。のちにビザンツ皇帝アンドロニコス2世の娘シモニスを妻に迎え、ビザンツと休戦。ビザンツの壮麗な芸術や文化がセルビアにもたらされた。また、ジョチ・ウルスがセルビアに侵攻してきたときはモンゴル軍の撃退に成功している。1312年には、オスマン帝国との戦いに際してビザンツに援軍を送り、ガリポリの戦いでこれを撃破した。

ステファン・ウロシュ3世

- 生没 1285年～1331年
- 在位 1321年～1331年

　先王ステファン・ウロシュ2世の子。父王の死後、継承争いに勝利して即位、ヴェルブジュドの戦いでミハイル3世率いるブルガリア軍を撃破した。

ステファン・コンスタンティン

- 生没 1282年/1283年～1322年
- 在位 1321年～1322年

　先王ステファン・ウロシュ2世の子。父王が後継者を決めずに没したため、ブルガリアの支援で王位につくが、弟ステファン・ウロシュ3世に破れ、殺害された。

セルビア王国

ステファン・ウロシュ4世

- 生没 1308年～1355年
- 在位 1331年～1355年

　セルビア王ステファン・ウロシュ3世の長子。1314年、父が反乱を起こして失敗、一家は1320年までコンスタンティノープルに追放された。父が帰国を許され即位した後は、父王のもとで重要な戦功を挙げる。1329年のボスニア総督スチェパン2世の撃破、1330年のヴェルブジュドの戦いにおけるブルガリア軍に対しての活躍である。ヴェルブジュドの戦いの直後、父王に対する貴族の不満を背景として父と対立を起こし、1331年に父王を打倒して即位した。折しもビザンツ帝国では幼帝ヨハネス5世のもとで内紛が起きており、これに乗じたステファン・ウロシュ4世は1342年よりビザンツに侵攻、バルカン半島東部の領土を奪い、セルビアの最大版図を築いた。1346年より、自ら「セルビア人とローマ人の皇帝」の称号を名乗り、コンスタンティノープル奪取の野望を抱く。1349年にドゥシャン法典を発布して法による支配を強化し、1350年からはボスニアと戦ってフム地方を手に入れた。バルカン諸地域を支配下に置いて対オスマン帝国十字軍の盟主となることまで企図していたが、1355年、オスマン帝国への遠征の途中にデヴォルの地で熱病に倒れ、早すぎる死を迎えた。

ステファン・ウロシュ5世

- 生没 1336年～1371年
- 在位 1355年～1371年

　先帝ステファン・ウロシュ4世の一人息子。1346年、父帝が皇帝を名乗った際それに次ぐ地位のセルビア王に任命された。1355年に帝位を継承するが、統治能力はなく諸侯が離反、叔父シメオン・ウロシュ・パレオロゴスはステファン・ウロシュ5世に対抗して皇帝を自称する。1365年には有力貴族ヴカシンを共同統治者として認めることとなった。1371年にマリツァの戦いでオスマン帝国に敗れ、同年に死去。嗣子はなくネマニッチ朝は断絶、後のセルビアは有力貴族に統治された。

ヴカシン・ムルニャヴチェヴィチ

- 生没 1320年？～1371年
- 在位 1365年～1371年

　貴族の出身。ステファン・ウロシュ4世の死後、王としてステファン・ウロシュ5世とともに共同統治者となったが、マリツァ河畔の戦いでオスマン帝国に敗死。

シメオン・ウロシュ・パレオロゴス

- 生没 ？～1371年
- 在位 1359年～1371年

　ステファン・ウロシュ3世の子。異母弟ステファン・ウロシュ4世の死後、帝位をめぐり甥のステファン・ウロシュ5世と争ったが、その甥と同じ日に死去した。

Ⅵ 東ヨーロッパ

ボスニア王国
1377年～1463年

　ボスニアの地名は、サラエヴォ郊外に源を発するボスナ川にちなむ。6世紀末～7世紀初頭にかけてボスニアの地にもスラヴ人が定住。10世紀半ばから12世紀末までは、セルビア、ビザンツ帝国、クロアチア、ハンガリーといった国々に支配されることになる。1180年にハンガリーがビザンツ帝国よりボスニアの宗主権を奪還するが、バン（総督）を名乗るクリンという首長が独立を唱え始める。14世紀にバン・スチェパン2世のもとでボスニアは勢力を拡大、1353年にスチェパン2世の甥スチェパン・トヴルトコ1世が跡を継ぐ。一度は領土を失うが次第に失地を回復、1377年に「セルビアとボスニアの王」として戴冠した。トヴルトコ1世の時代にボスニアはバルカンの強国となるが、彼の死後は弱体の王が相次いで即位し、諸外国の干渉を招いた。1404年にスチェパン・オストヤ王が廃位され、選挙王政が確立。ハンガリーの侵略に対抗するためオスマン帝国と手を結び、1428年には従属国となった。しかしオスマン帝国はボスニアへの圧力を強め、次第に領土を奪い取っていく。1463年、オスマン帝国はボスニアに大規模な遠征を開始、数週間のうちに王国はオスマン支配下に移り、ボスニア王国は滅亡した。

6世紀末～7世紀初頭	ボスニアにスラヴ人が定住
1180年	バン・クリン、ハンガリー王国からの独立を唱える
1318年	スチェパン2世、ボスニアのバンとなる
1353年	スチェパン・トヴルトコ1世が即位
1377年	スチェパン・トヴルトコ1世、「セルビアとボスニアの王」として戴冠式を行う
1389年	コソヴォの戦いでセルビアに援軍を送るが、オスマン帝国に敗れる
1392年	スチェパン・ダビシャ王、オスマン帝国の侵攻を撃退
1404年	スチェパン・オストヤ王が廃位、スチェパン・トヴルトコ2世が即位して選挙王制が確立する
1415年	ボスニア・オスマン帝国連合軍がハンガリーの侵攻を撃退
1421年	スチェパン・トヴルトコ2世が再度王位につく
1428年	ボスニア、オスマン帝国に服属する
1448年	スチェパン・ヴクチチ、ボスニア王国から自立
1451年	オスマン帝国にヴルフボズナ（現サラエヴォ）を奪われる
1456年	オスマン帝国に対し、領土割譲を拒否
1463年	ボスニア王国、オスマン帝国に滅ぼされる

ボスニア王国

スチェパン・トヴルトコ1世

生没 1338年～1391年
在位 1377年～1391年

　ボスニアのバン・スチェパン2世の甥。1353年にバンとなるが、即位直後に引き継いだ領土の多くを失う。しかし1360年代初頭までには支配権を奪還、セルビアの介入を退けてフム地方全域を手中に収めた。1371年にセルビアのネマニッチ朝が断絶すると、血縁関係から王位継承権を主張。1377年、「セルビアとボスニアの王」として戴冠し、これ以後ボスニアの君主は王号を使用した。トヴルトコ1世はハンガリーの内戦にも関わり、狡猾に立ち回ってクロアチアの領土をも奪い取った。

スチェパン・ダビシャ

生没 ?～1395年
在位 1391年～1395年

　先王スチェパン・トヴルトコ1世の異母弟。即位時にはすでにボスニア国内の諸侯は半独立状態であった。1392年、オスマン帝国の侵攻に対し、スプリトの領主ヴクチチを派遣してこれを破る。また、クロアチア・ダルマチアの支配権をめぐり、ハンガリー王ジグムントやナポリ王ラディズラーオ1世と争った。ラディズラーオ1世の工作によって有力貴族の離反が起き、これに乗じて侵攻してきたジグムントの軍の前に屈し、ダルマチアとクロアチアの割譲を余儀なくされた。

イェレナ

生没 1345年～1399年以降
在位 1395年～1398年

　ザクルミア（フム）地方の貴族の娘。先王スチェパン・ダビシャの未亡人。ボスニア・ヘルツェゴヴィナ史上唯一の女性元首である。先王スチェパン・ダビシャは、従姉妹マリアの夫であるハンガリー王ジグムントを後継者として認めていたが、それに反対する貴族らがイェレナを擁立した。彼女の治世下で、ボスニアの貴族はますます独立性を強め、王権は縮小した。1398年、スチェパン・オストヤに王位を奪われ、ドゥブロヴニクに追放された。1399年以降の動向は不明である。

スチェパン・オストヤ

生没 ?～1418年
在位 1398年～1404年、1409年～1418年

　ボスニア王スチェパン・トヴルトコ1世の兄弟とされる。有力貴族フルヴォエ・ヴクチチの後ろ盾を得て、1398年にイェレナ女王から王位を奪った。しかし、1404年に統治能力の欠如を理由に廃位されハンガリーに亡命、スチェパン・トヴルトコ2世が跡を継ぐ。1408年にハンガリー王ジグムントがボスニア貴族を破り、翌年スチェパン・オストヤが王位に返り咲いたが、ハンガリーの宗主権を認めることとなった。1418年に死去、長子のスチェパン・オストイチが王位を継いだ。

スチェパン・トヴルトコ2世

- 生没 ？～1443年
- 在位 1404年～1409年、1421年～1443年

ボスニア王スチェパン・トヴルトコ1世の子。1404年、有力貴族フルヴォイエ・ヴクチチに擁立されるが、実態は傀儡であり、1409年にハンガリーの支援を受けた先王スチェパン・オストヤに王位を奪われる。しかし、オスマン帝国の支援を受け、1421年にスチェパン・オストヤの後継者スチェパン・オストイチを追放、再び王位に就いた。1425年以降、オスマン帝国への対抗上、ハンガリーとの関係を強化。1428年にはハンガリー貴族の娘ドロテヤと結婚したが、嗣子のないまま没した。

スチェパン・オストイチ

- 生没 不詳
- 在位 1418年～1421年

ボスニア王スチェパン・オストヤの子で、唯一の嫡出子。母は父王の2番目の妃クヤヴァである。1418年、父王の死に伴い王位を継承。最初に行ったことは継母のイェレナ・ネリプチチの投獄であった。イェレナ・ネリプチチは獄中で不審な死を遂げたが、王の実母クヤヴァの命令で殺された可能性もある。ヴェネツィアと同盟を結ぶなどの政策をとるが、国内での王権の拡大には失敗し、1421年、伯父であるスチェパン・トヴルトコ2世に王位を奪われ、歴史書から姿を消した。

ラディボイ・オストイチ

- 生没 ？～1463年
- 在位 1432年～1435年

ボスニア王スチェパン・オストヤの庶子。1432年、スチェパン・トヴルトコ2世に対抗して王位を宣言する。ラディボイ・オストイチにはオスマン帝国の後ろ盾があったが、ボスニア貴族はスチェパン・トヴルトコ2世の支持に回った。大きなチャンスがあったにも関わらず王として広く支持を集めることはできず、王位の奪取に失敗してオスマン帝国に亡命した。1449年、ブダにおいてヴェリカの領主の娘と結婚し、持参金としてスラヴォニアの一部の領土を手にしている。

```
      ┌スチェパン・トヴルトコ1世──スチェパン・トヴルトコ2世
      ├スチェパン・ダビシャ
      │       ‖
      │     イェレナ
      └スチェパン・オストヤ┬スチェパン・オストイチ──ラディボイ・オストイチ
                          └スチェパン・トマシュ──スチェパン・トマシェヴィチ
                                 ‖
           スチェパン・ヴクチチ・コサチャ──カタリナ・コサチャ＝コトロマニッチ
```

ボスニア王国

スチェパン・トマシュ

- 生没 1411年〜1461年
- 在位 1443年〜1461年

ボスニア王スチェパン・オストヤの庶子。1443年、スチェパン・トゥルトコ2世が子のないまま没し、王位を継承する。フム地方の大公スチェパン・ヴクチチはこれに反対し内紛が始まるが、最終的にはスチェパン・トマシュがヴクチチの娘を娶ることで和平が成立した。1456年、オスマン帝国に対し領土の割譲を拒否し、オスマン軍の攻撃を頻繁に受けるようになる。1461年に死去するが、兄ラディボイ・オストイチと息子スチェパン・トマシェヴィチによる暗殺とも伝わる。

スチェパン・トマシェヴィチ

- 生没 ？〜1463年
- 在位 1461年〜1463年

先王スチェパン・トマシュの子。オスマン帝国の脅威に対するボスニアとセルビアの同盟のため、1459年にセルビアの貴族ラザル・ブランコヴィチの娘ヘレナと結婚する。1461年に王位を継ぎ、ローマ教皇ピウス2世から冠を授与される。しかし1463年、オスマン帝国スルタンのメフメト2世は、ボスニアのローマ教皇やハンガリーとの同盟関係を口実にして遠征軍を差し向けた。ボスニアは数週間で制圧され、王は首都ヤイツェからクリュチに逃亡するも捕らえられ、斬首された。

スチェパン・ヴクチチ・コサチャ

- 生没 1404年〜1466年
- 在位 1435年〜1466年（ボスニア大公）

フム地方の貴族コサチャ家の出身。1443年、スチェパン・トマシュの王位継承に反対し争うが講和し、ボスニア大公となる。1448年、ボスニアへの臣従を破棄して「フムと沿岸地方のヘルツェグ（公爵）」を名乗り、ヘルツェゴビナの地名の由来となった。1451年のボスニアとセルビアとの戦争ではセルビア側につく。1463年、オスマン帝国の侵攻にあい、領土を割譲し、息子を人質に送ることを余儀なくされる。ヴクチチ死後の1482年、ヘルツェゴビナはオスマン帝国の支配下に入った。

カタリナ・コサチャ=コトロマニッチ

- 生没 1425年〜1478年
- 在位 1446年〜1461年（ボスニア女王）

ボスニア大公スチェパン・ヴクチチ・コサチャの娘。1446年、ボスニア王スチェパン・トマシュに嫁ぎ、2子をもうけた。1461年に夫が没してからは皇太后として遇される。1463年、オスマン帝国の手によってボスニア王国は滅び、二人の子供はコンスタンティノポリスに連れ去られてイスラム教に改宗させられた。王国滅亡後も女王としてのカタリナの権威は失われておらず、1472年にはモスクワ大公イヴァン3世の婚礼に出席したとの記録がある。1478年、ローマにて死去した。

ロシア帝国
1721年～1917年

　ノルマン人の一派ルーシが現在のヨーロッパ・ロシアに侵攻し、ノヴゴロド国を建国したのは862年頃のことである。更に9世紀末にキエフ公国が成立し、ロシアの中心国家となった。13世紀にモンゴル人が侵入、2世紀にわたり支配を受ける。1480年、モスクワ大公イヴァン3世がその支配を脱し、孫のイヴァン4世が国内を統一、対外発展に務めた。その後動乱の時代が訪れるが、1613年にイヴァン4世の血を引くミハイル・ロマノフが皇帝（ツァーリ）に選出され、ロマノフ朝が始まる。農奴制を基礎として、ギリシャ正教会の首長を兼ねる皇帝が絶対専制主義をしいた。1682年に即位したピョートル1世の時代には、西欧の文物を取り入れ、北方戦争によってバルト海に進出。1762年に即位したエカチェリーナ2世は啓蒙専制君主として知られる一方、ポーランド分割など領土の拡張も進めた。しかし、ロシアの社会・経済の発展は西欧に遅れをとり、19世紀を通じて社会改革は帝国の大きな課題となった。20世紀になると極東に手を伸ばすが、日露戦争の敗戦を契機としてロシア第一次革命が勃発。さらに第一次世界大戦の戦局悪化にともない、1917年に三月革命が起きニコライ2世が退位、300年続いたロマノフ朝は滅びた。

862年頃	ルーシ、ノヴゴロド国を建国
988年	キエフ大公ウラディミール1世、ギリシャ正教を公認
1480年	モスクワ大公イヴァン3世、モンゴルの支配を脱する
1533年	イヴァン4世が即位
1598年	フョードル1世死去、大動乱の時代が始まる
1613年	ミハイル・ロマノフが皇帝に即位、大動乱が終わる
1670年	ステンカ・ラージンが反乱を起こす
1721年	大北方戦争に勝利したピョートル1世、皇帝（インペラトル）を称する
1756年	女帝エリザヴェータ、七年戦争に参戦
1762年	エカチェリーナ2世、宮廷クーデターにより即位
1773年	プガチョフの反乱が発生する
1812年	ナポレオン1世の侵略を受ける
1856年	ロシア、クリミア戦争で敗退する
1881年	アレクサンドル2世が暗殺される
1905年	ロシア第一次革命が勃発
1917年	ロシア三月革命によりニコライ2世退位

ロシア帝国

イヴァン4世

- 生没 1530年～1584年
- 在位 1533年～1584年

ロシア統一を進めたモスクワ大公ヴァシーリー3世の子。3歳でモスクワ大公位につくが、幼少時は貴族に冷遇されて過ごす。1547年に史上初めてツァーリの称号を使い、親政を開始。貴族に弾圧を加えて専制政治を強化し、対外的にはカザン・アストラハン両ハン国を滅ぼし、シベリア方面にも進出した。親衛隊オプリーチニキを組織して拷問・虐殺を行わせ恐怖政治を敷く。1581年に皇太子イヴァンを激昂して殴殺した逸話など、苛烈な性格により「雷帝」の異称がある。

フョードル1世

- 生没 1557年～1598年
- 在位 1584年～1598年

先帝イヴァン4世の三男。生まれつき病弱で軽度の知的障害があったが、兄イヴァンが父帝に誤殺され皇位継承者となった。しかし、政治に興味を持たず、イヴァン4世が遺言で摂政として指名していた5人の重臣が熾烈な権力闘争を繰り広げることになる。権力は貴族ボリス・ゴドゥノフが掌握し、皇帝同然の権力を振るった。フョードル1世は男子に恵まれず、後継者と目された弟ドミトリーも9歳で変死したため、フョードル1世の死によってリューリク朝は断絶した。

ボリス・ゴドゥノフ

- 生没 1552年～1605年
- 在位 1598年～1605年

タタールの血を引くという下級貴族の出身。イヴァン4世に能力を買われて出世し、次帝フョードル1世の摂政団の一人となる。1588年までに他の有力貴族を一掃して独裁的権力を掌握。スウェーデンとの戦争に勝利し、シビル・ハン国を滅ぼして版図を広げるなどの功績を残した。1598年、フョードル1世が後継者なく没すると全国会議でツァーリに選出される。しかし、飢饉や疫病で国内は混乱、皇位継承者ドミトリーを名乗る人物が反乱を起こし、対応に追われる中急死した。

フョードル2世

- 生没 1589年～1605年
- 在位 1605年

先帝ボリス・ゴドゥノフの子。1605年、父の急死を受けて帝位につく。高度な教育を受けていたが、混乱する国内をまとめるには若すぎ、大貴族の離反を招いた。当時国内は僭称者偽ドミトリー1世が支持を集めており、フョードル2世とその家族はヴァシーリー・シュイスキーら大貴族に逮捕・監禁されてしまう。首都モスクワに軍勢を率いて乗り込んだ偽ドミトリー1世により、フョードル2世は母マリアとともに殺害され、姉クセニヤは偽ドミトリー1世の慰み者にされた。

Ⅵ 東ヨーロッパ

偽ドミトリー1世

生没 1581年～1606年
在位 1605年～1606年

　皇帝イヴァン4世の末子で、1591年に幼くして変死を遂げたドミトリー皇子を僭称した最初の人物。ドミトリーを自称することで、皇帝ボリス・ゴドゥノフを敵視する貴族らに担ぎ上げられ、1604年に反乱を起こす。翌年、ボリス・ゴドゥノフの死によって形勢は偽ドミトリー1世に傾き、モスクワに入城して皇帝フョードル2世を殺害、戴冠式を行った。しかし、ポーランドから迎えた妻にカトリック信仰を認めたため貴族や民衆の反発を招き、婚礼からまもなく反乱者に殺された。

ヴァシーリー4世

生没 1552年～1612年
在位 1606年～1610年

　モスクワ大公家の傍流である大貴族シュイスキー家の出身。1591年、皇弟ドミトリー変死事件の調査を行い事故死の結論を出したが、偽ドミトリー1世が出現すると本物であると主張し、フョードル2世を裏切る。しかし偽ドミトリー1世が民衆の支持を失うと態度を豹変させ、1606年に偽ドミトリー1世を廃位、殺害。大貴族の支持を取り付けて即位した。しかし国内の混乱は収まらず、甥ミハイルを謀殺したという疑いをかけられ支持を失い、クーデターにより退位させられた。

偽ピョートル

生没 ?～1607年
在位 1606年～1607年

　本名をイリヤ・イヴァンコヴィチ・コロヴィンといい、リューリク朝最後の皇帝フョードル1世の息子を名乗った人物である。フョードル1世には男子はおらず、完全に架空の人物を僭称した点が、彼と同様帝位を僭称した偽ドミトリー1世、偽ドミトリー2世、偽ドミトリー3世らとは異なっている。人気のなかったヴァシーリー4世に対して反乱を起こすが、ヴァシーリー4世の甥ミハイル・スコピン・シュイスキーに鎮圧され、新たな反乱にも失敗し、1607年に処刑された。

偽ドミトリー2世

生没 ?～1610年
在位 1608年～1610年

　皇帝イヴァン4世の末子ドミトリーを僭称し、帝位を主張した2人目の人物。殺されたはずの偽ドミトリー1世が生き延びているという噂が流布する中、1607年にロシアとポーランドの国境であるスタロドゥーブに出現した。比較的高い教育を受けており、ロシア語とポーランド語を操ったという。ポーランドやドン・コサックの支持のもとトゥシノを拠点として勢力を築くが、将軍ミハイル・スコピン・シュイスキーの軍に敗れトゥシノから敗走、最期は仲間に殺害された。

ロシア帝国

ウラジスラフ

- 生没 1595年～1648年
- 在位 1610年～1634年

　ポーランド王ジグムント3世の子。ポーランド王としてはヴワディスワフ4世。1608年、父王は動乱状態のロシアに介入を始め、1610年にモスクワを占領。王子のウラジスラフがツァーリとして推戴された。当初は支持を受けたが、ロシアのカトリック化をはかる父王の思惑が次第にロシア人の反感を買い、1613年、ミハイル・ロマノフが全国会議でツァーリに選出される。ウラジスラフはその後もこれを認めずロシア軍と交戦するが、1634年、ツァーリの位を放棄した。

カール・フィリップ

- 生没 1601年～1622年
- 在位 1611年～1617年

　スウェーデン王カール9世の長男。ロシアにおけるリューリク朝の断絶と動乱に対してカール9世も干渉を始め、1610年からロシアへの侵攻を開始。1611年、ノヴゴロドを陥落させ、スウェーデン王子カール・フィリップがノヴゴロド市民によってツァーリに選ばれた。1613年、ミハイル・ロマノフがツァーリに選出され、ロシアは彼のもとで結束。1617年にスウェーデンとロシアは講和し、カール・フィリップは領土と引き換えにツァーリの位を放棄することになった。

ミハイル・ロマノフ

- 生没 1596年～1645年
- 在位 1613年～1645年

　モスクワ総主教フィラレート、俗名フョードル・ロマノフの子。父がボリス・ゴドゥノフに失脚させられてからは修道院に隠棲していた。1612年、ロシア軍はポーランドからモスクワを奪還、翌年リューリク朝と姻戚関係のあるミハイル・ロマノフが全国会議でツァーリに選出された。皇帝は国家の再建に力を注ぎ、交易の推奨や防衛の強化が図られた。1632年に始まったスモレンスク戦争ではポーランドに敗北するが、ポーランド王ヴワディスワフ4世にツァーリの位を放棄させた。

アレクセイ・ミハイロヴィチ

- 生没 1629年～1676年
- 在位 1645年～1676年

　先帝ミハイル・ロマノフの長男。1648年、養育係ボリス・モロゾフの失脚に伴い親政を開始。翌年に法典「ウロジェーニェ」を確立、都市民と農民の移動の自由を奪って農奴制を完成させた。1654年よりポーランドに侵攻、スモレンスクやキエフなどを獲得。一方、皇帝遠征中にモスクワ総主教ニコンがモスクワで強権を振るい、教会の分裂を招いた。戦争で民衆は疲弊、1670年にはドン・コサックの首領ステンカ・ラージンの反乱が起き、国家の統制を強めるきっかけとなった。

フョードル3世

生没 1661年～1682年
在位 1676年～1682年

　先帝アレクセイ・ミハイロヴィチの三男。人文主義者の家庭教師シメオン・ポロツキーによって高度な教育を受ける。1676年に即位、父帝に罷免されていたモスクワ総主教ニコンに名誉を回復。軍制を能力本位とする改革も行った。妃となったポーランド系貴族アガフィヤ・グルシェツカヤは、西欧風の文化をロシアの宮廷に持ち込んだ。しかし、1681年に皇妃は出産が原因で死去、フョードル3世の嘆きは大きなものであった。翌年、皇帝は後継者を指名しないまま没した。

イヴァン5世

生没 1666年～1696年
在位 1682年～1696年

　ロシア皇帝アレクセイ・ミハイロヴィチの五男子。弱視と失語症の障害があり、当初は後継者候補ではなかった。1682年、フョードル3世が死去して異母弟ピョートル1世が跡を継ぐが、宮廷の主導権争いによって反乱が起き、イヴァン5世はピョートル1世の共同統治者として担ぎ上げられた。実権は摂政となった姉ソフィアが握り、1689年にソフィアの摂政政府が倒されてからは異母弟のピョートル1世に移った。1696年、名ばかりの共同統治者のまま29歳で没した。

ピョートル1世

生没 1672年～1725年
在位 1682年～1725年

　ロシア皇帝アレクセイ・ミハイロヴィチの六男。即位当初はイヴァン5世との共同統治で実権は摂政の姉ソフィアが握っていたが、1689年に摂政政府を倒して親政を開始した。1695～96年にアゾフ遠征を行い、自らも従軍して黒海への出口を獲得。ロシア軍の近代化を痛感したピョートル1世は翌年よりヨーロッパに大使節団を派遣し、自らも偽名を使って使節団に加わった。オランダやイギリスなどで工場や学校、病院などを見学、アムステルダムでは船大工として働いたという。1699年、デンマークやポーランドと同盟を結び、バルト海への出口を求めて北方の大国スウェーデンに宣戦、大北方戦争を開始した。1700年のナルバの戦いで惨敗するなど苦戦を強いられるも、1721年のニスタット条約によって勝利を収め、バルト海に進出。この年インペラトル（皇帝）の称号を受け、国号を正式にロシア帝国とした。内政面では、新都サンクトペテルブルグの建設、人頭税の導入や官僚制度の整備を行い、ロシアを一大強国へと育て上げた。膂力に秀でた大男で、家具作りや外科医術などを習得していた。最期は遭難した船の救助で真冬の海に入ったことが原因で体を壊し、死去した。

ロシア帝国

エカチェリーナ1世

- 生没 1684年～1727年
- 在位 1725年～1727年

出自はリヴォニアの農民の娘。1701年にスウェーデン人と結婚したが、大北方戦争の際にロシア軍に捕らえられ、将軍アレクサンドル・メンシコフ公に引き取られる。その後ピョートル1世の目に止まり、皇帝に献上された。皇帝は1698年に最初の妻を修道院に幽閉しており、1712年に正式にエカチェリーナと結婚。ピョートル1世の死後後継者争いが起こるが、新興貴族の代表であるメンシコフらに擁立されロシア初の女帝として即位。短い治世の間、実権はメンシコフが握っていた。

ピョートル2世

- 生没 1715年～1730年
- 在位 1727年～1730年

ロシア皇帝ピョートル1世の孫で、皇太子アレクセイ・ペトロヴィチの子。父アレクセイはピョートル1世の西欧化政策に反対し対立、1718年に廃嫡された上獄死した。エカチェリーナ1世の死後に12歳で即位、実力者メンシコフの娘と婚約させられる。メンシコフが失脚して保守派のヴァシーリー・ドルゴルーキー公が実権を握ると、婚約は解消させられドルゴルーキー家の娘と婚約させられた。しかし1730年、結婚式の直前に天然痘によって死去、ロマノフ家の男系は途絶えた。

アンナ

- 生没 1693年～1740年
- 在位 1730年～1740年

ロシア皇帝イヴァン5世の四女。1710年にクールラント公フリードリヒ・ヴィルヘルムと結婚するが、2か月で死別。1730年にピョートル2世が死去すると、ピョートル1世の姪に当たる血縁関係から皇帝に選出された。しかしモスクワ到着後、帝位の条件だった帝権制限条項を破棄、皇帝専制政治を復活させた。多数のドイツ系貴族を抜擢してロシア貴族を弾圧する恐怖政治をしき、対外戦争により財政も逼迫した。奢侈を好み、死の前年には氷でできた宮殿を造らせたという。

イヴァン6世

- 生没 1740年～1764年
- 在位 1740年～1741年

ロシア皇帝イヴァン5世の孫で、女帝アンナの甥。アンナはピョートル1世の娘エリザヴェータに帝位を奪われることを恐れており、1740年にイヴァン6世が生まれると直ちに後継者に指名した。同年にアンナは没し、イヴァン6世は生後2か月で帝位を継承。しかし、翌1741年にエリザヴェータによる宮廷クーデターによって廃位され、家族と離れ幽閉されて育つことになった。1764年、ウクライナ人士官が監獄からの救出を試みるが、廃帝イヴァン6世は看守によって刺殺された。

Ⅵ 東ヨーロッパ

エリザヴェータ

生没 1709年～1762年
在位 1741年～1762年

　ロシア皇帝ピョートル1世とその后エカチェリーナ1世の娘。1741年、ドイツ人支配に不満を持つロシア貴族の支持を受け、近衛兵によるクーデターで即位した。教養がなく早くに統治への熱意を失い、国政は元老院によって取り仕切られることになった。彼女の治世下では1757年のペテルブルグ芸術アカデミー創設など、文化面で見るべきものが多い。1756年からはオーストリア・イギリス側に立って七年戦争に参戦、プロイセンを窮地に陥れるが、勝利を目前にして死去した。

ピョートル3世

生没 1728年～1762年
在位 1762年

　ロシア皇帝ピョートル1世の孫で、女帝エリザヴェータの甥。1742年にエリザヴェータから後継者に指名され、ロシア正教に改宗。1745年、後の女帝エカチェリーナ2世と結婚した。七年戦争中の1762年に即位するが、プロイセン王フリードリヒ2世を深く尊敬していたため突如プロイセンと単独講和。占領地域をプロイセンに返還したり、デンマークと戦争を企てたりしたことなどから反感を買い、妻エカチェリーナ2世に率いられた近衛兵のクーデターにより廃位、殺害された。

エカチェリーナ2世

生没 1729年～1796年
在位 1762年～1796年

　ドイツ貴族アンハルト－ツェルプスト家の娘。幼少時はゾヴィー・アウグスト・フレデリーケと名乗った。1745年にロシア皇太子ピョートルと結婚するが、1762年に即位した夫の親プロイセン政策やロシア正教会への弾圧は不評を買った。同年、エカチェリーナは夫に対して宮廷クーデターを起こし即位。1763年、ポーランドの王位継承争いに介入、親露派貴族で女帝の元愛人であるスタニスワフ2世を王位に就けた。その後、3度に渡るポーランド分割や、2度に渡る露土戦争を通じて領土を拡大、念願の黒海進出を果たす。内政面では啓蒙専制君主としてヴォルテールなどと交流し、文化・学芸の保護に努めた。一方、1773～1775年のプガチョフの反乱の後は反動的になり、農奴制の強化や貴族の特権保護などを行い、皇帝専制政治を強化した。アメリカ独立戦争中の1780年には、ヨーロッパ諸国に武装中立同盟を呼びかけ、イギリスを孤立させた。1791年、日本からの漂流民大黒屋光太夫と謁見、通商使節とともに帰国させている。家庭的に恵まれなかった女帝は、グリゴリー・ポチョムキンを始め、生涯に約10人の公認の愛人の他、数百人の愛人を侍らせていたと言われている。

ロシア帝国

パーヴェル1世

生没 1754年〜1801年
在位 1796年〜1801年

　ロシア皇帝ピョートル3世と女帝エカチェリーナ2世の子。猜疑心の強い性格であったといい、母エカチェリーナ2世に疎まれ、彼女を憎むようになる。1796年に母の死に伴って即位、母帝を全否定して数多くの政策を取り消した。中でも貴族特権の廃止は貴族層の不満を買う。また、フランスに接近してイギリスと敵対する外交政策の転換は、対イギリス貿易に依存する商人層の不興も買った。1801年、ペテルブルグ総督パーレン伯らによる宮廷クーデターによって暗殺された。

アレクサンドル1世

生没 1777年〜1825年
在位 1801年〜1825年

　先帝パーヴェル1世の長男。スイス人家庭教師ラ・アルプの自由主義的教育を受けるが、祖母エカチェリーナ2世と父パーヴェル1世の不和により複雑な人格の持ち主として成長した。父帝暗殺後に即位、検閲の緩和や洋書の解禁などの政策を取る。1812年、ナポレオンのロシア遠征を受けるがこれを退け、ナポレオン没落後のウィーン会議を主導して反動的なウィーン体制を構築。内政面においても、国内の自由主義思想が先鋭化すると一気に反動化し、専制君主と化した。

ニコライ1世

生没 1796年〜1855年
在位 1825年〜1855年

　ロシア皇帝パーヴェル1世の三男。1825年、兄アレクサンドル1世の急死に伴い即位する。即位当日、その反動的な姿勢に反発する自由主義将校たちがデカブリストの乱を起こし、ニコライ1世の治世はその鎮圧に始まった。彼の時代は軍隊と官僚制がかつてない規模に達し、専制主義が最も強化された。1849年には「ヨーロッパの憲兵」と称してハンガリーの独立運動を弾圧した。対外的には南下政策によって孤立、オスマン帝国とクリミア戦争を戦っている最中に病没した。

アレクサンドル2世

生没 1818年〜1881年
在位 1855年〜1881年

　先帝ニコライ1世の長男。クリミア戦争中に即位、敗戦を受けて国内の改革に着手する。1861年の農奴解放令の発布を皮切りに、教育改革や徴兵制導入など、上からの改革を推し進めた。しかし、1866年の皇帝暗殺未遂事件をきっかけに政策は反動化していく。皇帝に対するナロードニキのテロは過激化し、皇帝は自由主義者との妥協を図ろうとするが、1881年3月13日に爆弾テロによって暗殺された。皮肉にも、ロリス・メリコフの自由主義的な改革案を承認した当日であった。

アレクサンドル3世

- 生没 1845年～1894年
- 在位 1881年～1894年

先帝アレクサンドル2世の次男。当初は軍人となる予定だったが、兄ニコライが早世したため皇位継承者となる。1881年、父帝の暗殺によって即位、ナロードニキに徹底的な弾圧を与えて壊滅させた。ロリス・メリコフの改革案を退け、宗教や教育を統制した反動的な政治であったが、フランス資本を導入して鉄道や鉱山の開発も行った。1891年にシベリア鉄道を起工し、極東への進出を図る。皇后マリアとは円満な家庭生活を築き、また非常な倹約家であるという一面もあった。

ニコライ2世

- 生没 1868年～1918年
- 在位 1894年～1917年

先帝アレクサンドル3世の長男。皇太子時代の1891年、世界旅行の途上日本を訪れるが、巡査に襲われて重傷を負った。(大津事件) 即位後は極東に進出し満州や朝鮮をめぐり日本と対立、日露戦争を引き起こした。戦争による国民生活の圧迫は1905年の革命を招く。この頃から、皇太子アレクセイの血友病を治癒したとされる怪僧ラスプーチンが国政に干渉するようになる。さらに第一次世界大戦中の1917年に三月革命が起き、ニコライ2世は退位、後に家族とともに処刑された。

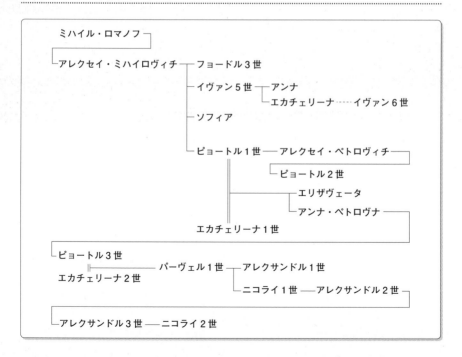

第 VIII 章

インド

マウリア朝

B.C.317年頃～B.C.180年頃

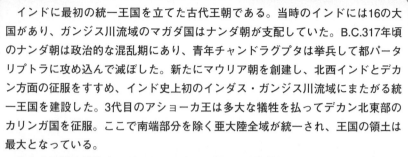

インドに最初の統一王国を立てた古代王朝である。当時のインドには16の大国があり、ガンジス川流域のマガダ国はナンダ朝が支配していた。B.C.317年頃のナンダ朝は政治的な混乱期にあり、青年チャンドラグプタは挙兵して都パータリプトラに攻め込んで滅ぼした。新たにマウリア朝を創建し、北西インドとデカン方面の征服をすすめ、インド史上初のインダス・ガンジス川流域にまたがる統一王国を建設した。3代目のアショーカ王は多大な犠牲を払ってデカン北東部のカリンガ国を征服。ここで南端部分を除く亜大陸全域が統一され、王国の領土は最大となっている。

広大な王国を統治するために、マウリア朝では属州制を採用していた。西北インド州、西インド州、南インド州、カリンガ州それぞれにマウリア家の王子を太守として派遣し、太守は大官群に補佐されて政務を執行していたのである。なお、数万人にのぼる官吏や兵士には国家から直接給料が支払われていた。マウリア朝が建設されて以来、マガダ国の文化や土木技術などが亜大陸各地に行き渡ったため、政治的・軍事的な優位は薄れていった。アショーカ王が死亡すると国家は徐々に分裂し始め、約50年後に滅亡している。

B.C.326年	マケドニアのアレクサンドロス3世が西北インドを制圧
B.C.323年	アレクサンドロス3世の急死により西北インドが混乱
B.C.317年頃	チャンドラグプタ、マガダ国に王朝を建設する
B.C.316年頃	チャンドラグプタ、政治的な混乱状態にあったインダス川流域を征服する
B.C.305年頃	シリアのセレウコス朝の軍を退け、講和条約を結ぶ
B.C.268年頃	ビンドゥサーラ死去。王位継承争いの後アショーカが王位を継ぐ
B.C.260年頃	カリンガ国との大戦に勝利して領土を広げる
B.C.256年頃	アショーカ、ダルマの政治を行うため、17章の詔勅を発布
B.C.242年頃	アショーカは6章の詔勅を発布し、石柱に刻ませる
B.C.232年頃	ダシャラタが王位を継ぐ
B.C.224年頃	サムプラティが王位を継ぐ
B.C.215年頃	シャーリシューカが王位を継ぐ
B.C.206年頃	マウリア朝から西部インドが独立する
B.C.202年頃	デーヴァダルマンが王位を継ぐ
B.C.180年頃	バクトリア系ギリシア人によって西インド州が征服される
B.C.180年頃	ブリハドラタが殺害され、マウリア朝は滅亡

マウリア朝

チャンドラグプタ

生没 不詳
在位 B.C.321年/B.C.317年～B.C.297年/B.C.293年

　チャンドラグプタが生まれた頃のマガダ国は、ナンダ朝の急進的な政策のために身分秩序が乱れており、出自は明らかになっていない。バラモン教系の文献ではシュードラの出身であるとされ、仏教系の文献ではクシャトリアの出身となっている。

　B.C.317年頃、チャンドラグプタはマガダ国の辺境で挙兵して都パータリプトラを占領すると、ナンダ王を殺害して新たにマウリア朝を創建。B.C.316年頃には軍を西に進め、マケドニアのアレクサンドロス3世死後、混乱状態にあったインダス川流域からギリシア軍を放逐し、さらに南西インドやデカン地方の征服を進め、インド史上空前の巨大王国を形成している。

　B.C.305年には、アレクサンドロス3世の遺臣でセレウコス朝を創始したセレウコス1世がインダス川を越えて北西インドに侵入したが、チャンドラグプタは60万の軍事力で圧倒した。優位な協定を結ぶと、インダス川西方の広大な土地を新たに獲得した。異国人から解放した人々を自身の奴隷にしたが、暗殺を恐れて毎晩寝所を変えていたという。彼の統治は24年にわたり、晩年は王子に位を譲って出家している。

ビンドゥサーラ

生没 不詳
在位 B.C.293年頃～B.C.268年頃

　先王チャンドラグプタの子。父王が出家したことによって、位を譲られ国王となった。父王の征服事業を進め、各地の反乱を鎮圧しつつデカン方面に領土を広げた。北の国境ではセレウコス1世やその息子のアンティオコスとの友好関係を維持し、遠く地中海のヘレニズム諸国とも通交を行っていた。ある伝説によれば、王の宮廷でビンドゥサーラの剃毛師をしていた女性はバラモンの娘だったことから、その女性を正妃に迎え、後の王アショーカをもうけたという。

```
チャンドラグプタ ─ ビンドゥサーラ ─ アショーカ ─ クナーラ
                                            ├ ダシャラタ
                                            └ サムプラティ ─ シャーリシューカ ─ デーヴァダルマン
                                                          └ シャタダンダヌス ─ ブリハドラタ
```

アショーカ

生没 不詳
在位 B.C.268年頃～
　　 B.C.232年頃

　先王ビンドゥサーラの子。青年時代は属州の太守として力をたくわえていたが、父王が病に倒れると、アショーカは首都パータリプトラを目指して進軍。長子のスシーマ王子をはじめとする異母兄弟の王子たちと王位を争って継承した。アショーカは祖父以来の領土拡張政策を進めた結果、インド半島北東部の大国のカリンガを征服したことで、南インドの一部を除く統一に成功している。しかし、この征服戦争は数十万もの犠牲者を出すという悲惨なものだった。アショーカ王はこれを深く後悔し、この地方の住民には温情を持って統治に当たるよう勅令を発した。以後、対外遠征には消極的になり、ダルマ（法）による統治の実現を目指して多くの仏塔を建てた。仏教の教えを広めるためにヘレニズム諸国やスリランカに使節を派遣し、マイルストーンも設置している。

　晩年に地位を追われて幽閉されたというが原因については諸説あり、宗教政策重視のために財政が悪化したとも、軍事の軽視のために外敵の侵入に対応できなくなったともいう。後世、「マウリア朝を繁栄させた人」とよばれた。

クナーラ

生没 不詳
在位 ？～B.C.229年頃

　先王アショーカの死後は領土が分裂し始めたため、王統の歴史は正確にはわかっていない。バラモンたちが伝えたプラーナ文献によれば、先王アショーカの後を継いだのは子クナーラだったと記録されている。王子時代は西北インドに太守として派遣されており、ガンダーラ国のタクシラで反乱が起こった際には、これを鎮圧したという。しかし王位継承争いに巻き込まれ、先王アショーカの寵妃の陰謀によって目を抉られてしまった。クナーラの統治期間は8年であった。

ダシャラタ

生没 B.C.252年頃～B.C.224年頃
在位 B.C.232年/B.C.229年～B.C.224年/B.C.221年

　先々王アショーカの孫である。インド亜大陸のほとんどの領域を引き継ぎ、政策は祖父の方針にならった。民意を得るために仏教以外の宗教も尊重し、アージーヴィカ教のためには窟院を寄進している。しかしマウリア朝の支配力は弱まりつつあり、彼の治世の間に都から遠く離れた辺境のいくつかの領域が王国の支配から独立していった。『ヴァーユ・プラーナ』によると、ダシャラタの治世は8年であった。没した後は、サムプラティが続いた。

マウリア朝

サムプラティ

生没 不詳
在位 B.C.224/ B.C.221～B.C.215年/B.C.212年

　ジャイナ教の伝説によると、先々王クナーラの子であるとされている。アショーカ王からは戦士としても支配者としても素質を認められており、4億人のジャイナ教徒と1億5000人以上の軍隊を配下においていた。ジャイナ教を保護し、国内には2万5000以上の寺院を建て、国外へはジャイナ教普及のために学者を行かせたことから、ジャイナ教におけるアショーカ王とも呼ばれている。サムプラティが建てさせた寺院のいくつかは現在でも使われている。

シャーリシューカ

生没 不詳
在位 B.C.215年/B.C.212年～B.C.202年/B.C.199年

　先王サムプラティの後継者である。ただし、ジャイナ教を信仰していたサムプラティは子供を持っていなかったという説があり、関係性は明らかになっていない。『ユガ・プラーナ』によると、シャーリシューカは喧嘩早く、公平とはいえない支配者であった。ジャイナ教を熱心に信仰するあまり、「公正な言葉」を発するが「不当な指導者」であると言われていた。治世は13年間つづき、後にはデーヴァダルマンが続いた。

デーヴァダルマン

生没 不詳
在位 B.C.202年/B.C.199年～B.C.195年/B.C.192年

　先王シャーリシューカの後継者である。彼の治世の頃から中国におけるマウリア朝の影響力が衰えていったという。7年の間、国王として君臨した。

シャタダンダヌス

生没 不詳
在位 B.C.195年～B.C.187年

　先王デーヴァダルマンの後継者であり、8年の間君臨した。治世の間に王国の領土は徐々に侵略され、いくつかの地域はマウリア朝から独立していった。

ブリハドラタ

生没 不詳
在位 B.C.192 /B.C.187～B.C.185 年/B.C.180年

　先王シャタダンダヌスの後継者であり、マウリア朝最後の支配者であった。ブリハドラタが王になった頃には、アショーカ王の頃と比べると領土は三分の一にまで減っていた。　B.C.180年、北西インドがバクトリア系ギリシアの軍隊によって攻撃された。デカンでは地元の勢力が独立したため、マウリアの領土は徐々に失われていった。同じ年に将軍プシュヤミトラのクーデターによってブリハドラタは殺され、マウリア朝は幕を閉じた。王朝創始から137年後のことである。

クシャナ朝

1世紀半ば～3世紀前半

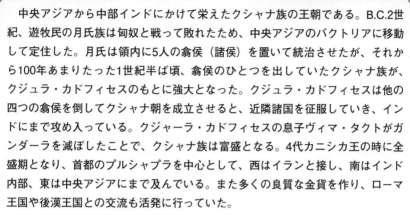

中央アジアから中部インドにかけて栄えたクシャナ族の王朝である。B.C.2世紀、遊牧民の月氏族は匈奴と戦って敗れたため、中央アジアのバクトリアに移動して定住した。月氏は領内に5人の翕侯（諸侯）を置いて統治させたが、それから100年あまりたった1世紀半ば頃、翕侯のひとつを出していたクシャナ族が、クジュラ・カドフィセスのもとに強大となった。クジュラ・カドフィセスは他の四つの翕侯を倒してクシャナ朝を成立させると、近隣諸国を征服していき、インドにまで攻め入っている。クジャーラ・カドフィセスの息子ヴィマ・タクトがガンダーラを滅ぼしたことで、クシャナ族は富盛となる。4代カニシカ王の時に全盛期となり、首都のプルシャプラを中心として、西はイランと接し、南はインド内部、東は中央アジアにまで及んでいる。また多くの良質な金貨を作り、ローマ王国や後漢王国との交流も活発に行っていた。

それから百年ほど経った頃からサーサーン朝ペルシアの侵攻を受けるようになり、インドでの勢力も衰退していく。3世紀末にはサーサーン朝ペルシアとの戦いに敗れ、クシャナ族はサーサーン朝に支配される。クシャナ朝のインド領は東方に起こったグプタ朝に併合されていった。

B.C.2世紀頃	月氏はバクトリアに移動し定住する
1世紀前半	クジュラ・カドフィセスはクシャナ朝を創建する。
50年頃	カブール地方やパルティアを征服する
58年頃	ヒュルカニア人たちと同盟し、カスピ海までのオクスス河航路を支配する
1世紀中頃	ローマ王国との交易が盛んになる
78年	シャカ暦（仏暦）が始まる
1世紀後半	仏教説話集『ジャータカ』が成立する
90年	ヴィマ・タクトは後漢の班超を攻めるが失敗に終わり、朝貢するようになる
2世紀頃	ガンダーラ美術が隆盛する
226年	サーサーン朝ペルシアが興る
229年頃	ヴァースデーヴァは中国の魏に使者を送った
240年頃	サーサーン朝が北西インドへの侵略を始める
250年頃	サーサーン朝の勢力によってクシャナ朝は衰退を始める
320年頃	チャンドラグプタ1世はグプタ朝を興し、クシャナ族は取り込まれていく

クシャナ朝

クジュラ・カドフィセス

生没 不詳
在位 30年～80年/91年

　クシャナ朝の初代君主で、カドフィセス1世とも呼ばれる。バクトリア諸侯のひとりだったクジュラ・カドフィセスは、他の四諸侯を攻めて滅ぼすと、自らクシャナ王と名乗ってクシャナ王朝を創建した。そして、カーブル地方からパルティアあたりへ侵攻。当初はパルティアの王と同盟を結んだが、パルティア王が没し、カーブルの支配権を単独で握ることになると、さらに周辺諸国を征服していった。クジュラ・カドフィセスは80歳以上まで生きたという。

ヴィマ・タクト

生没 不詳
在位 80年～95年

　先王クジュラ・カドフィセスの子で、クシャナ朝の第2代君主。1世紀の半ばに父王が死去すると、ヴィマ・タクトはその後を継いで王となった。積極的に侵攻を重ね、北西インドや中央インドの一部、さらにバクトリア北部を征服していった。当時は部族ごとに異なったコインが使われていたのだが、ヴィマ・タクトが支配領域に新式のコインを発行したことで、クシャナ朝は一体性をもった王国として確立していった。

```
クジュラ・カドフィセス ── ヴィマ・タクト ── ヴィマ・カドフィセス
  ├─ カニシカ1世 ─┬ ヴァーシシカ
  │                │
  │                └──── フヴィシカ ── ヴァースデーヴァ ── カニシカ2世
  │
  └─ ヴァーシシカ
```

ヴィマ・カドフィセス

生没 不詳
在位 95〜127年

　ヴィマ・タクトの子で、クシャナ朝の第3代君主である。当時のインドでは銀が不足していたことに加え、ローマ王国が金本位制を採用していたことから、ヴィマ・カドフィセスは銀貨の制度をやめて金貨本位に改めた。さらにバクトリアに通じる交通の要衝に関門と要塞を多数作り、王国としての基盤を構築していった。マトゥラーの神殿址からは丸首筒袖の上衣にズボン姿で獅子座に腰かけたヴィマ・カドフィセスの彫像が出土している。

カニシカ1世

生没 不詳
在位 127年〜140年

　先王ヴィマ・カドフィセスの子で、クシャナ朝の中で最も名の知られた王である。カニシカが王位を得ると、北西インドの都市プルシャプラを首都としてカニシカ紀元と呼ばれる暦を定めた。勢力を拡張するためにガンジス川下流のインド東部に侵攻し、ネパールのカトマンズやガンジス川中流の都市を支配下にいれ、パータリプトラ近辺にまで迫っている。クシャナ朝の領土は広大となって全盛期を迎え、ガンダーラ美術が開花し、大乗仏教が成立した。

　仏典の記録によれば、中央インドを攻撃した際に現地の王から和平を請われたため、3億金を要求した。現地の王がそれは不可能だと回答すると、2億金を減額する代わりに詩人を送るように要求した。こうしてカニシカ王の下にやって来た詩人は、カニシカ王の親友となったという。

　カニシカ王は仏教を保護し各地に仏塔を建てたが、他の宗教とも濃密な関係を維持した。彼の発行したコインにはシヴァなど伝統的なインド神が描かれているし、ゾロアスター教の拝火神殿と思われる建物も建てさせている。

フヴィシカ

生没 不詳
在位 160年〜190年

　先王ヴァーシシカの弟だと考えられている。王子の頃は東の地方を統治しており、後に元首となって全領域を支配するようになってからは、王国のために節約や合併とを行っている。それぞれの都市は、インド亜大陸の多くの都市と同じように現地に配下の者をおき、ある程度の裁量をもたせて支配させていた。なおフヴィシカの治世はクシュナ朝の黄金時代としても知られており、カニシカ王と同じように都市や寺院を建設して、仏教徒と教養人をひいきにした。

クシャナ朝

ヴァースデーヴァ

- 生没 不詳
- 在位 190年頃〜230年頃

先王フヴィシカの後継者であり、実質的にはクシャナ朝最後の王である。カニシカ1世とフヴィシカの頃まで、クシャナ朝は最大の領域を誇っていた。しかし、ヴァースデーヴァがサーサーン朝ペルシアの王と戦って完全な敗北を喫すると、クシャナ朝の領土の一部を制圧されてしまう。ヴァースデーヴァの治世下でクシャナ朝の勢威は衰退し、西北インドに重点がおかれるようになる。それとともに、クシャナ朝は、インド文化へと同化していったと考えられている。

カニシカ2世

- 生没 不詳
- 在位 230年頃〜240年頃

ヴァースデーヴァの後継者であり、一時はヴァースデーヴァと共同統治していた。サーサーン朝ペルシア軍に圧迫され、インドでの影響力も失っていった。

ヴァーシシカ

- 生没 不詳
- 在位 240年頃〜250年頃

カニシカ2世の後継者である。ヴァーシシカは232年から246年を中心とした時代に、クシャナ朝を支配していたと考えられている。

カニシカ3世

- 生没 不詳
- 在位 250年頃〜275年頃

カニシカ3世は268年頃を中心に君臨した国王である。見つかったコインから、彼は自らをヴァーシシカの息子だと宣言したと考えられている。

ヴァースデーヴァ2世

- 生没 不詳
- 在位 275年頃〜310年頃

ヴァースデーヴァ2世はカニシカ3世の後を継いでクシャナ朝を支配した。このころ、クシャナ族はサーサーン朝に支配されたという説がある。

シャカ1世

- 生没 不詳
- 在位 325年頃〜345年頃

325年から345年頃においてクシュナ族を支配していた一人である。

キプナーダ

- 生没 不詳
- 在位 345年頃〜375年頃

345年頃から375年頃のクシャナ族における最後の支配者のひとりだと考えられている。グプタ朝のサムドラグプタに服従したという説もある。

グプタ朝

320年〜6世紀中頃

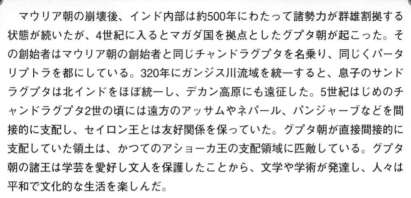

マウリア朝の崩壊後、インド内部は約500年にわたって諸勢力が群雄割拠する状態が続いたが、4世紀に入るとマガダ国を拠点としたグプタ朝が起こった。その創始者はマウリア朝の創始者と同じチャンドラグプタを名乗り、同じくパータリプトラを都にしている。320年にガンジス川流域を統一すると、息子のサンドラグプタは北インドをほぼ統一し、デカン高原にも遠征した。5世紀はじめのチャンドラグプタ2世の頃には遠方のアッサムやネパール、パンジャーブなどを間接的に支配し、セイロン王とは友好関係を保っていた。グプタ朝が直接間接的に支配していた領土は、かつてのアショーカ王の支配領域に匹敵している。グプタ朝の諸王は学芸を愛好し文人を保護したことから、文学や学術が発達し、人々は平和で文化的な生活を楽しんだ。

チャンドラグプタ2世の死後もグプタ朝は約半世紀にわたって栄えたが、5世紀後半から約半世紀にわたってフン族からの侵攻が続き、都市や交通路が破壊され、グプタ朝は衰退していった。領内の各地では土着の勢力が独立していき、6世紀中ごろに滅亡している。

320年	チャンドラグプタが即位し、グプタ朝が創始される
335年	サムドラグプタが帝位を継ぐ
4世紀中頃	サムドラグプタは南インドに遠征する
375年	チャンドラグプタ2世が皇帝となり、グプタ朝の黄金時代を迎える
400年頃	サンスクリッド文学が隆盛となる
401年	法顕、インドに滞在する
455年頃	中央アジアに興ったフン族が西北インドに侵攻される
5世紀中頃	フン族の連続した攻撃によって王国は弱体化していく
480年頃	北西部の防御がフン族によって突破される
500年頃	王国領内にフン族が侵入し、いくつかの州を征服される
6世紀始め	グプタ朝の各地で土着の民族が独立していく
528年頃	フン族はグプタ朝から独立したヤショーダルマンに逐われる
6世紀初め	フン族の本拠であるガンダーラがササーン朝に征服される
6世紀中頃	グプタ朝が滅亡する

グプタ朝

チャンドラグプタ1世

生没 不詳
在位 320年頃～330年頃/335年頃

　パータリプトラのグプタ家に生まれ、クシャーナ朝の衰退後にマガダ国で台頭した。マガダの地はかつてマウリア朝を建てたチャンドラグプタが基盤とした土地だが、それを継ぐ者という意識を持っていたという説もある。ただし、マウリア朝のチャンドラグプタとグプタ朝のチャンドラグプタ1世には血縁関係はないらしい。チャンドラグプタ1世は、名家から王妃を娶って地位を固めると、ガンジス川中流域を征服して北インドを統一している。

サムドラグプタ

生没 不詳
在位 335年頃/350年頃～375年頃

　チャンドラグプタ1世を父に、名家の母に持つ、グプタ朝2代目の君主である。アラーハーバード碑文にはチャンドラグプタ1世が多くの子の中からサムドラグプタを後継者に指名したと記されていることから、治世の初期にサムドラグプタは他の兄弟の反乱に直面したとする意見もある。
　即位したサムドラグプタはチャンドラグプタ1世の遺言に従って、ディグヴィジャヤ（世界征服）を開始する。ガンジス川中流域を拠点として北インドにグプタ朝の版図を拡大させると、彼は続いてベンガル湾沿いに南方への遠征に取り掛かった。デカン高原東部を経てカーンチプラムにまで達した。ただしサムドラグプタは直接支配は行わず、捕縛した王を復位させて、グプタ朝の宗主国として間接的に支配した。これにより、グプタ王国はサムドラグプタの死後もその支配を維持することができたと言われている。サムドラグプタは学問や詩文、音楽など保護し、自身も詩や音楽を嗜み優れた才能を示した。宮廷には多くの詩人・学者などが集い、洗練されたインド文化が各地に広がっていった。

チャンドラグプタ1世 ── サムドラグプタ ── チャンドラグプタ2世
　└ クマーラグプタ1世 ── スカンダグプタ
　　　　　　　└ プルグプタ ── クマーラグプタ2世
　　　　　　　　　　　　　├ ブダグプタ
　　　　　　　　　　　　　└ ナラシンハグプタ
　└ クマーラグプタ3世 ── ヴィシュヌグプタ

チャンドラグプタ2世

生没 不詳
在位 376年頃〜415年頃

グプタ朝第3代目の王で、父のサムドラグプタについでグプタ朝の最盛期を築いている。チャンドラグプタ2世は北西部のサカ朝を下し、西はアラビア海、北はヒマラヤ山脈の麓に至る領域を支配した。デカン高原のヴァーカータカ朝やパンジャーブ諸国はグプタ朝に臣下の礼を取っており、事実上インドの全域を支配下に治めて領域を最大のものとした。中国では超日王という名で知られている。

前代以来の国王の神格化が進み、通貨なども統一していったことから中央集権体制はより強固なものとなった。マウリア朝と比べると官僚組織が一層整備されたが、特に対外関係が複雑になっていたことから、渉外関係者を重要視していた。

グプタ朝になってバラモン教が再興すると、バラモン教の聖語であるサンスクリットも広く使われるようになり、グプタ朝の諸王はサンスクリットを公に採用した。宮廷ではサンスクリット文学が栄え、傑作が生み出されている。説話集『パンチャタントラ』もこのころに編纂されたものだ。天文学や数学などの学問も発展し、インド文化の最も華やかな時代となった。

クマーラグプタ1世

生没 不詳
在位 414年頃〜455年頃

先王チャンドラグプタ2世の子であり、父から引き継いだ広大な領土を損なうことなく支配し、40年近く黄金期を維持した。その権威を内外に宣布するために、正教バラモン教のアシュヴァメーダという馬を神に捧げる祭儀も行っている。後世に長く仏教学の中心となったナーランダー大伽藍も彼が創基したものだ。クマーラグプタ1世の治世の終盤になって、グプタ朝は中央インドの土着の勢力の反乱やフン族の侵攻にさらされている。

スカンダグプタ

生没 不詳
在位 455年頃〜467年頃

先王との関係や素性ははっきりとはしていない。王国の歴史の中でも最大の課題であるフン族やインド中央部の土着民族との戦いに直面している。北インドの肥沃な平地に位置するフン族とは父王の時代から戦ったことがあり、455年にスカンダグプタはフン族を撃退している。ただしフン族との戦争によって王国の財政は致命的に悪化したため、スカンダグプタの元に発行されたコインは深刻に価値が下がっている。

グプタ朝

プルグプタ

生没 不詳
在位 467年頃～473年頃

先々王クマーラグプタの子であり、先王スカンダグプタの異母弟にあたる。先王の死後に帝位を継いだが、彼の治世の頃から王国は傾き始める。

クマーラグプタ2世

生没 不詳
在位 473年頃～476年頃

先王プルグプタの後継者であるが、ふたりの関係性は明らかになっていない。先王の頃から王国北部の平原においてフン族からの度重なる攻撃を受けていた。

ブダグプタ

生没 不詳
在位 476年頃～495年頃

グプタ朝の第8代国王であり、プルグプタの子である。480年代に北インドの防衛ラインをフン族によって突破され、500年までにはグプタ朝のいくつかの州を征服されている。ブダグプタはカナウジ王国の支配者と密接な関係を持っており、共にフン族を支配しようと試みた。後にヤムナー川やマトゥラから発見された仏像の碑文から、ブダグプタの勢力が北のマトゥラまで拡大されたことがわかっている。

ヴァイニヤグプタ

生没 不詳
在位 495年頃

ヴァイニヤグプタは、先王ブダグプタの後継者と考えられる。しかし、詳しい経歴については明らかではない。王位は、ナラシンハグプタが継いだ。

ナラシンハグプタ

生没 不詳
在位 495年頃～510年頃

プルグプタの子。同盟国とともに戦い、ガンジス川とブラマプトラ川のデルタ地帯においてフン族の族長を破ったことで、フン族を撃退した。

クマーラグプタ3世

生没 不詳
在位 510年頃～543年頃

ナラシンハグプタの子。グプタ朝の力は以前と比べるとはるかに減少していたが、フン族への抵抗は続けており、530年代にフン族を追い出している。

ヴィシュヌグプタ

生没 不詳
在位 540年頃/543年頃～550年頃

クマーラグプタ3世の子であり、グプタ王国の最後の王である。6世紀中頃のグプタ朝はすでに崩壊し始めており、彼は小さな組織の長だったにすぎない。

ムガール帝国
1526年〜1858年

　1526年、バーブルが樹立したムガール帝国。その歴史にはいつも骨肉の争いがつきまとった。というのも、帝国には長男が位を継承する定めがなかったからである。継承権のある男子は、死ぬまでライバルであるという宿命を背負っていた。そのためたとえ親子、兄弟であろうと殺害し、2度と帝位に就くことができないよう盲目にし、幽閉して世間から隔離することを余儀なくされたのであった。領土と国力がピークを迎えた第6代アウラングゼーブの時代が終わると、権力の乱立がはじまる。帝位を継承する家系にない者たちがのしあがるために使った道具は、自分よりも弱い皇帝たちであった。誰が使える駒で、誰がもう使い物にならないのかということを見極められ、使い終わった駒は抹消される。第7代バハードゥル・シャー1世が没すると、36年間に6人もの皇帝が即位と廃位を繰り返した。駒となった皇帝が、擁立される時代になったのである。戦いを繰り返せば国力が低下し、再生力を失った帝国は、諸外国に狙われる。帝国の滅亡までのカウントダウンであった。1858年、第17代バハードゥル・シャー2世の代でムガール帝国は滅亡し、その後はイギリスの支配下となってゆくのであった。

1526年	パーニーパットの戦い。初代バーブルがムガール朝を樹立
1530年	第2代フマユーン即位
1556年	第3代アクバル即位
1605年	第4代ジャハーンギール即位
1628年	第5代シャー・ジャハーン即位
1658年	第6代アウラングゼーブ即位
1707年	第7代バハードゥル・シャー即位。対立皇帝アーザム・シャー擁立
1712年	第8代ジャハーンダール・シャー即位
1713年	第9代ファッルフ・シャル即位
1719年	第10代ラフィー・ウッダラジャート、11代ラフィー・ウッダウラが続けて即位。対立皇帝ネクシャル擁立
1720年	第12代ムハンマド・シャー即位。対抗皇帝イブラーヒーム擁立
1748年	第13代アフマド・シャー即位
1754年	第14代アーラムギール2世即位
1759年	第15代シャー・アーラム2世即位
1806年	第16代アクバル2世即位
1837年	第17代バハードゥル・シャー2世即位
1858年	ムガール帝国の滅亡。イギリスの直接統治下となる

ムガール帝国

バーブル

生没 1483年～1530年
在位 1526年～1530年

　ティムール朝を創始したティムールの三男ミーラーン・シャーの子孫で、母方からチンギス・ハーンの血も受け継いでいる。中央アジアからインドに進出し、デリーを支配していたロディ朝を破り、ムガール帝国を建国した。戦場では初めて大砲や火縄銃などの火器を使い、征服した土地ではまず図書館に足を運ぶほどの読書家であった。1530年、病に倒れた愛息フマユーンのため、自らの命を差し出す儀式を行う。そして、フマユーンが回復すると、ほどなく没した。

フマユーン

生没 1508年～1556年
在位 1530年～1540年、1555年～1566年

　先帝バーブルの長男。才能に恵まれながらも、意思が弱くて楽な道を選ぶ性質が災いした人生であったとされる。治世10年で、北インドを支配下におくスール朝に帝国の領土を奪われ、ペルシア王の奴隷となった王妃は二度と戻ってくることはなかった。3人の弟たちが失った領土を取り戻した1555年、再び帝位に舞い戻るが、その翌年には悲劇が起こった。図書館の石段で衣服のすそに足をとられて転げ落ち、頭を打ったことが原因で49年の生涯は閉じる。帝位は息子アクバルが継いだ。

アクバル

生没 1542年～1605年
在位 1556年～1605年

　先帝フマユーンの子。父が不慮の事故で没し、若くして帝位に就いた。読み書きは苦手であったが、武術に優れた弓や射撃の名手であったという。また建築作業に興味を持ち、職人たちの仕事ぶりを眺めることや、共に汗を流すことも好んだ。好奇心が旺盛で研究熱心な皇帝は、歯車装置を使った短銃の製法を学び、自らも作製を行った。他にも庭園や太鼓、スポーツなど関心は多方面に及び、宗教に対しても見識を広げた。自身はイスラム教徒でありながら、ヒンドゥー教やそれ以外の宗教にも耳を傾けたといい、「信仰の家」を設けている。イスラム教以外の信者に課せられてきた税金を廃止した。税金にはジズヤ（人頭税）やハラージュ（土地税）などがあり、とくにハラージュに関して手腕が際立った。皇帝は臣下を官位（マンサブ）で分けるマンサブダーリー制を確立し、官位に準じて保持する軍隊の規模や俸給額を定めたのである。俸給は役人自らが取り立てる土地税で支払うことにして、帝国が財源を確保できるよう、徹底した支配体制を築いた。

ジャハーンギール

- 生没 1569年～1627年
- 在位 1605年～1627年

　先帝アクバルの長男。もともとの名をサリームといったが、自身の名がオスマン帝国のスルタンと同じであると気づき、即位後に、ジャハーンギールに改名する。「世界の支配者」という名の由来通り、普段は穏やかな皇帝には残虐な面もあったという。しかし長男フスローが自らの暗殺を企てたときには、どうしても命を奪うことができず、盲目にして生かしている。晩年は息子たちの間で帝位継承争いが起こり、結局、第三子のシャー・ジャハーンが勝利した。

シャー・ジャハーン

- 生没 1592年～1666年
- 在位 1628年～1658年

　先帝ジャハーンギールの三男。父帝と対立し、兄弟との後継争いを制して即位する。このとき、「世界の皇帝」を意味するシャー・ジャハーンと名乗る。4人の妃のひとり、ムムターズ・マハルを愛したが、1631年に出産がもとで死亡した。皇帝が愛妃のための墓、すなわちタージ・マハルにかけた歳月は約20年におよぶ。1657年に病に倒れると、次帝となる三男アウラングゼーブに幽閉されてしまう。長男に愛情を注いできた結果、最期まで不自由な生活を強いられた。

アウラングゼーブ

- 生没 1618年～1707年
- 在位 1658年～1707年

　先帝シャー・ジャハーンの三男。即位とともに「世界を奪ったもの」を意味するアーラムギールを名乗る。父帝の名が「世界の皇帝」であったことにちなんだ。その名の通り、病の父を幽閉し、3人の兄弟を殺害して帝位を奪い取った。イスラム正統派であるスンニ派の教えに従い、質素な禁欲主義を貫きながら帝国の統治に全身全霊を懸けた。1707年に老衰で没するまで、帝国の領土を最大に保ったのにも関わらず、晩年は自らの統治のあり方を責めたという。

バハードゥル・シャー1世

- 生没 1643年～1712年
- 在位 1707年～1712年

　先帝アウラングゼーブの次男。先帝の死後に起こった継承争いでは、弟アーザム・シャーとカームバフシュ、その息子たちに打ち勝って即位を果たす。有能な人物であったが、治世は5年続かなかった。原因は、継承争いと反乱軍との戦いで巨額の財源を使ったことにある。父帝が行った異教徒への弾圧の反動から、宗教政策の改善に努めた。68歳で病没すると、4人の息子たちは継承戦争を始めた。帝国の経済的な困窮に、歯止めがかかることはなかったのである。

ムガール帝国

アーザム・シャー

生没 1653年〜1707年
在位 1707年

　アウラングゼーブの三男で、バハードゥル・シャー1世の弟にあたる。幼い頃から継承者として育てられてきた。1681年、アーザム・シャーは正式に父帝から指名され、1707年に父帝が没すると即位を宣言した。しかし、兄バハードゥル・シャー1世も即位を宣言したことから、ジャージャウーの戦いが勃発。アーザム・シャーはバハードゥル・シャー1世に敗れ、息子のビダル・シャーとワラー・シャーとともに殺害されてしまったのである。

ジャハーンダール・シャー

生没 1661年〜1713年
在位 1712年〜1713年

　先帝バハードゥル・シャー1世の長男。父の没後、アズィーム・ウッシャーンとラフィー・ウッシャーンそしてジャハーン・ウッシャーンの弟3人を討ち、皇帝となる。兄弟の中で最も期待されていなかった長男が勝利できた理由は、宰相ズルフィカール・ハーン助けられたからであった。1713年の第二次サムーガルの戦いでは、帝位継承争いのさなかに討った弟アズィーム・ウッシャーンの子ファッルフ・シャルに敗れ、殺害された。後継者候補であった皇子らは、盲目にされている。

ファッルフ・シャル

生没 1685年〜1719年
在位 1713年〜1719年

　先帝ジャハーンダール・シャーが帝位継承争いで殺害した弟の息子。先帝の甥にあたる。近臣サイイド兄弟の後ろ盾を得たことにより、第二次サムーガルの戦いで父を殺したジャハーンダール・シャーを破り、即位した。しかし、日増しに政治的な実権を要求するようになっていくサイイド兄弟に危機感を抱くようになると、廃位させられ、盲目にされて、幽閉の身となる。意を決して脱出を試みた末、捕まって殺害された。

ラフィー・ウッダラジャート

生没 1699年〜1719年
在位 1719年

　第7代バハードゥル・シャー1世の三男であったラフィー・ウッシャーンの子。先帝ファッルフ・シャルが近臣サイイド兄弟に殺害されたことにより擁立された。ところがサイイド兄弟と対立していたアーグラの知事ビールバルが、すぐに対立皇帝としてネクシャルを擁立したのである。サイイド兄弟はラフィー・ウッダラジャートを廃位し、兄にあたるラフィー・ウッダウラを新しく擁立した。皇帝の死因が殺害によるものなのか、結核だったのか、真実は不明。

ネクシャル

生没 1679年～1723年
在位 1719年

　第6代アウラングゼーブの孫。サイド兄弟に対抗するため、アーグラの知事ビールバルによって皇帝に擁立されるが、ビールバルの敗北により幽閉される。

ラフィー・ウッダウラ

生没 1698年～1719年
在位 1719年

　先帝ラフィー・ウッダラジャートの兄。弟帝の死後、近臣サイド兄弟によって擁立されるが、即位してほどなく死去。サイド兄弟によって殺害されたらしい。

ムハンマド・シャー

生没 1702年～1748年
在位 1720年～1748年

　第7代バハドゥル・シャー1世の孫で、その四男ジャハーン・シャーの次男。先帝、先々帝に続いて、サイド兄弟に擁立された皇帝である。いずれ自らも抹殺されることを恐れ、ムハンマド・シャーはサイド兄弟に不満と恐れを抱く貴族と結束した。1719年、まずは弟サイド・フサイン・アリー・ハーンを討つ。翌年には、兄サイド・アブドゥッラー・ハーンが対立皇帝イブラーヒムを擁立したが、ハサンプルの戦いで勝利を収め、サイド兄弟の手中から解放されたのである。

イブラーヒム

生没 1703年～1746年
在位 1720年

　第7代皇帝バハードゥル・シャー1世の五男ラフィー・ウッシャーンの子。1719年に先帝ムハンマド・シャーに倒されたサイド・フサイン・アリー・ハーンの仇を討つために、サイド・アブドゥッラー・ハーンに擁立された。しかし翌年のハサンプルの戦いで、サイドも敗北する。イブラーヒムは捕えられ、1746年、幽閉中に没した。サイド兄弟に翻弄された時代に終止符が打たれたが、その後も宮廷内外の混乱の火種が消えることはなかったのである。

アフマド・シャー

生没 1725年～1775年
在位 1748年～1754年

　第12代皇帝の次男であるムハンマド・シャーの子。治世の初期の2年ほどは、皇帝の母と信頼できる家臣に政治が託されていたという。1750年から家臣同士の権力争いが激化し、怒りの家臣に宰相位を要求されて断ると、その矛先はアフマド・シャーに向けられる。1754年、軍務大臣によって廃位にされると、母とともに盲目にされ、幽閉されてしまった。次に擁立されたのは、第8代ジャハーンダールの息子アーラムギール2世であった。

ムガール帝国

アーラムギール2世

生没 1699年〜1759年
在位 1754年〜1759年

　第8代ジャハンダール・シャーの三男。先帝アフマドシャーが廃位されて、擁立された皇帝である。事を企てた軍務大臣ガーズィー・ウッディーン・ハーンは、自ら宰相となる。父帝が帝位継承争いで敗れてから、兄弟たちと長い幽閉生活を送ってきたアーラムギール2世は、高齢で即位した。その治世は、地方勢力の台頭、イギリスやアフガニスタンなどの脅威にさらされている。1759年、反対勢力に帝位を奪われることを畏れた宰相ガーズィーによって暗殺された。

シャー・ジャハーン3世

生没 ？〜1772年
在位 1759年〜1760年

　第6代アウラングゼーブの孫。宰相ガーズィー・ウッディーン・ハーンが先帝アーラムギール2世を殺害した後に、擁立された皇帝である。そのため、同時に即位したアーラムギール2世の皇子シャー・アラームが正統な第15代皇帝とみなされた。また、即位した翌年の1760年、デリーはアフガニスタンによって占拠されてしまう。密約していたマラータ王国にも裏切られた宰相ガーズィー・ウッディーン・ハーンは失脚。同時にシャー・ジャハーン3世も廃位されてしまった。

シャー・アーラム

生没 1728年〜1806年
在位 1759年〜1788年

　先々帝アーラムギール2世の子。宰相ガーズィー・ウッディーン・ハーンに父帝が殺害された後、即位した。すでに30歳を過ぎていた皇子は、語学が堪能で宗教にも通じていたという。皇子だった頃から、自分の権力を揺るがす存在になりかねないと、ガーズィーに思わせるほどの頭角を現していた。しかし、1765年のブクサールの戦いでイギリスに大敗してしまう。1788年、都デリーを占拠したアフガン系の族長グラーム・カーディル・ハーンによって盲目にされ、廃位された。

ジャハーン・シャー

生没 1749年〜1790年
在位 1788年

　第13代アフマド・シャーの子。1788年に第15代シャー・アラームが盲目にされて廃位されると、対立皇帝として擁立された。実権を握ったのはアフガン系の族長グラーム・カーディル・ハーンであった。ジャハーン・シャーは宝石などの金品を差し出さなければならないほど、その立場は危ういものであった。マラータ王国の軍勢が都デリーに侵入して来ることを知った2人は逃げたが、捕えられて廃位された。1790年、シャー・アーラムの命によって処刑されている。

アクバル2世

生没 1760年〜1837年
在位 1806年〜1837年

先々帝シャー・アーラムの子。皇帝を継承したときには、イギリス政府と帝国の力関係は一方的で、帝国は従属を求められていた。皇帝は宮廷儀式に夢中になり、民衆の前を大行列で練り歩く日々を過ごしたという。1817年の第三次マラータ戦争での勝利をきっかけに、イギリスはインドの植民地化を推し進めた。イギリスの支配に反発を覚えながらも、アクバル2世はその保護がもたらす平和を享受した。都デリーで没したときは、81歳であった。

バハードゥル・シャー2世

生没 1775年〜1862年
在位 1837年〜1858年

先帝アクバル2世の子。62歳の高齢で即位した皇帝は、宮廷儀式や大行列によって権威を示す父帝を真似た。しかし、ムガール帝国では、イギリス軍による略奪や無差別虐殺、破壊行為が繰り返されていた。1857年のインド大反乱では皇帝が最高指導者として擁立されたが、早々に降伏した。1858年に皇帝は廃位され、反逆罪に問われて追放されてムガール帝国は滅亡したのである。追放先で余生を過ごした皇帝は、失意のうちに87歳の生涯を閉じた。

```
バーブル ── フマユーン ── アクバル ── ジャハーンギール ── シャー・ジャハーン ─┐
┌─────────────────────────────────────────────────────────────────────────────┘
├─ アウラングゼーブ ─┬─ バハードゥル・シャー1世 ─┐
│                    ├─ アーザム・シャー
│                    └─ アクバル ── ネクシャル
┌────────────────────────────────────────────────┘
├─ ジャハーンダール・シャー ── アーラムギール2世 ── シャー・アーラム ─┐
├─ アズィーム・ウッシャーン ─┬─ ファッルフ・シャル
│                            ├─ ラフィー・ウッダウラ
│                            └─ ラフィー・ウッダラジャート
├─ ジャハーン・シャー ── ムハンマド・シャー ── アフマド・シャー ── ジャハーン・シャー
└─ ラフィー・ウッシャーン ── イブラーヒム
┌──────────────────────────────────────────────────────────────────────┘
└─ アクバル2世 ── バハードゥル・シャー2世
```

第 IX 章

東アジア

秦
B.C.8世紀頃～B.C.206年

　B.C.11世紀頃から、中国大陸は周王朝によって治められていた。周王朝は、自らを中心に血縁関係や功績を頼りに国の支配権を分け与える封建制を採用し、王族や功臣を貴族として領地を与え、周の分国として統治させた。それらの国々は助け合い、周王朝を主として守り立てていった。しかし、周王朝が衰退し春秋戦国時代に入ると、周王朝を越える力を持った国々が天下を巡って争い始める。

　秦も当初は数多くある分国の一つに過ぎなかったが、戦乱に乗じて勢力を拡大していく。やがて、秦・韓・魏・趙・燕・楚・斉の戦国七雄と呼ばれる7国が台頭してそれぞれ「王」を名乗り、結局周王朝は秦によって滅ぼされた。そしてB.C.3世紀半ば頃、父の死後わずか13歳で即位した秦王嬴政の登場によって6国は滅ぼされ、B.C.221年、中国は秦によって統一された。天下統一を果たした嬴政は「始皇帝」となり、地方統治の基本となる郡県制の制定など、後の王朝に受け継がれる制度の基礎を築き上げた。しかし、始皇帝が亡くなると農民反乱をきっかけに諸侯による反乱が相次ぎ、B.C.206年、その一人である劉邦に降伏し、秦は滅亡した。

B.C.8世紀頃	周王朝から岐山（陝西省の中部）より西の領地を与えられ、秦を建国
B.C.4世紀頃	衛の公子である商鞅が秦に仕え、改革が始まる
B.C.350年	都を咸陽へ移す
B.C.324年	遊説家の張儀の勧めで、王を名乗り始める
B.C.280年	秦、巴蜀（陝西省から四川省）と長江上流域を手に入れる
B.C.278年	秦、西方から楚の都を攻略
B.C.260年	長平の戦い。将軍白起の活躍で趙の大軍に勝利
B.C.259年	秦、趙の都邯鄲を包囲する。嬴政、趙で生誕し人質となる
B.C.255年	周王朝、秦の攻撃を受けて領土を献上する
B.C.249年	秦、周王朝を完全に滅ぼして黄河中流域を獲得
B.C.246年	嬴政、父の後を継いで秦王となる
B.C.237年	宰相の呂不韋が部下の反乱に連座して失脚
B.C.228年	趙を滅ぼす。嬴政、趙で恨みがあった者を生き埋めにする
B.C.227年	燕と刺客の荊軻による秦王暗殺未遂事件が起こる
B.C.221年	斉を滅ぼし、秦による天下統一が完成。嬴政、「皇帝」の名号を制定
B.C.210年	始皇帝、第5回巡幸の途中に崩御。二世皇帝胡亥、即位
B.C.207年	二世皇帝、宦官の趙高に殺される。子嬰、後を継いで「秦王」となる
B.C.206年	秦王子嬰、劉邦に降伏し秦が滅亡

始皇帝

- 生没 B.C.259年～B.C.210年
- 在位 B.C.246年～B.C.210年

　莊襄王の子。実名は嬴政（趙政）。B.C.246年に父が死去したため、わずか13歳で跡を継ぎ、秦王となった。他国出身の有能な人物を重用して法による厳格な統治を行い、戦国七雄のうち韓・魏・趙・燕・楚・斉の6国を滅ぼして、B.C.221年に天下を統一した。自らの偉業を後世に示すために王を越える名号を重臣と協議し、中国で初めて「皇帝」の名号を制定。始皇帝となる。

　始皇帝は、各地で規格がばらばらだった度量衡、文字、車幅を秦のものに統一し、それまでの封建制を改めて全国を郡・県の区画に分けて中央官吏が直接統治する郡県制を制定した。また、学者や民衆が秦の統治に反発するのを防ぐため、みだりに学問を論じることを禁じて詩・書・諸子百家の書物を焼き捨てた。計5回の天下巡幸の中で、伝説上の主君が行ったとされる祭祀「封禅」を行い、聖地に秦帝国と自らの偉業を褒め称えた石碑を建てる。やがて彼は自らが人を超えた存在だと信じるようになり、不死の薬と仙人に会うことを求めて方士達に捜索を命じるようになるが、いつまでも成果を挙げられない彼らに怒り生き埋めにした。B.C.210年、第5回巡幸の最中に崩御した。

二世皇帝

- 生没 B.C.230年?～B.C.207年
- 在位 B.C.210年～B.C.207年

　始皇帝の末の子。実名は嬴胡亥。B.C.210年、始皇帝5回目の天下巡幸に従う。始皇帝崩御の際に、宦官趙高の謀に従って長兄扶蘇を謀殺。二世皇帝に即位した。即位後は趙高に政治を任せ、将来自分を脅かす存在になり得る公子達を無実の罪にあてて誅殺。父に倣って天下巡幸や宮殿の建設などを進め、これを諌めた者達を罪に問うた。諸侯が蜂起すると将軍章邯の活躍で一時は善戦したが、やがて彼が降伏し諸侯が咸陽に迫ると、これに焦った趙高によって謀られ、自害した。

子嬰

- 生没 ?～B.C.206年
- 在位 B.C.207年～B.C.206年

　二世皇帝の兄の子とされる。実名は嬴子嬰。B.C.207年、趙高が二世皇帝を謀殺した際に後継者として立てられ、二世皇帝の死後、秦帝国の支配が弱まったことを理由に皇帝を廃止し、「秦王」として即位した。自らを殺そうとした趙高とその一族を逆に殺すが、まもなく劉邦が咸陽に迫ったため、子嬰は降伏、ここに秦は滅亡したが身の安全は保障された。しかし、遅れて咸陽に到着した項羽によって、一族もろとも皆殺しにされる。なお、在位期間はわずか46日であった。

漢

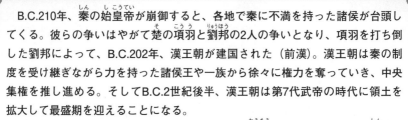

B.C.202年〜220年

　B.C.210年、秦の始皇帝が崩御すると、各地で秦に不満を持った諸侯が台頭してくる。彼らの争いはやがて楚の項羽と劉邦の2人の争いとなり、項羽を打ち倒した劉邦によって、B.C.202年、漢王朝が建国された（前漢）。漢王朝は秦の制度を受け継ぎながら力を持った諸侯王や一族から徐々に権力を奪っていき、中央集権を推し進める。そしてB.C.2世紀後半、漢王朝は第7代武帝の時代に領土を拡大して最盛期を迎えることになる。

　その後、衰退した漢王朝は権力を握った外戚の王莽によって滅ぼされ、新が建国されるが、反王莽勢力の一人で漢王朝の末裔である劉秀らによって新は滅亡、劉秀が皇帝に即位した25年、漢王朝が再興された（後漢）。しかし、劉秀死後は幼い皇帝が立て続けに即位し、外戚や宦官の台頭、異民族の侵略や賊の反乱で漢王朝は徐々に力を失っていく。そして184年、宗教勢力の黄巾党による黄巾の乱が決定打となり、中国は再び群雄割拠の世となる。やがて第14代献帝を保護した群雄の曹操によって漢王朝は事実上乗っ取られる。220年、曹操の死後、献帝は子の曹丕に帝位を譲り、漢王朝は滅亡した。

B.C.202年	垓下の戦い。劉邦、楚の項羽を滅ぼして漢王朝を建国（前漢）
B.C.195年	高祖劉邦が崩御、第2代恵帝が即位。母の呂后が権力を握り始める
B.C.180年	呂后が崩御。5代文帝が即位する
B.C.154年	中央に反発した諸侯王による呉楚七国の乱が起きる
B.C.141年	第7代武帝が即位する
B.C.110年	武帝、初めて封禅を行う
B.C.89年頃?	司馬遷により、『史記』がほぼ完成する
B.C.87年	武帝、在位54年目で崩御
B.C.1年	第13代平帝が即位。外戚の王莽が権力を握り始める
8年	王莽が帝位を奪い、漢が滅亡。新を建国
23年	反乱勢力によって王莽が殺害され、新が滅亡
25年	劉秀が皇帝に即位し、漢王朝を再興（後漢）
57年	光武帝劉秀が崩御。第2代明帝が即位
82年頃?	班固により、『漢書』がほぼ完成する
166年	宦官に反発し徒党を組んだ官僚達が、投獄される
169年	官僚達が再び投獄、処断される
184年	宗教勢力の反乱、黄巾の乱が起こる。群雄割拠の争いが始まる
220年	魏王曹操が死去。子の曹丕に第14代献帝が帝位を譲り、漢が滅亡

漢

高祖(こうそ)

生没 B.C.256年～B.C.195年
在位 B.C.202年～B.C.195年

劉太公(りゅうたいこう)の子。実名は劉邦(りゅうほう)。元は農民で、両親の名も正確に伝わらない家の出身。漢王朝の開祖として神格化され、現在まで出生や人格に関する多くの伝説じみた逸話が伝えられている。B.C.209年、諸侯に続いて自らも故郷の沛(はい)で挙兵し、楚の項羽らと共に秦に立ち向かって、B.C.206年、諸侯に先んじて秦の都咸陽(かんよう)に入った。その後、実権を握った項羽の策略によって西の漢中に移されるが、有能な臣下の進言を用いながら諸侯を従えていく。ついには項羽を破り天下を治めて漢王朝を建国し、群臣達に推されて自らが皇帝に即位した。

建国後は郡県制と同時に功臣達を遠方に配置し諸侯王に任命して国を治めさせるが、いずれ諸侯王に漢王朝の力が及ばなくなることを恐れた彼は、次々に諸侯王達を謀殺する。その後任には劉氏の一族を代わりの王に据えた。皇帝となった後、高祖自らが故郷の沛県に凱旋したことがある。その時彼は、自ら楽器を演奏して詩を歌い、都の長安に帰ることを惜しみ涙を流して、帰り際に沛の税を永代に渡って免除したと伝えられている。B.C.195年、反乱鎮圧の際に負傷し、それがもとで崩御した。

恵帝(けいてい)

生没 B.C.211年～B.C.188年
在位 B.C.195年～B.C.188年

先帝高祖(こうそ)の子。実名は劉盈(りゅうえい)。幼少期、項羽と戦い命の危機に瀕した高祖に捨てられ、それを諫めた側近に助けられたことがある。生まれつき優しい性格であった。B.C.195年、高祖の崩御に伴って即位したが、母の呂后(りょこう)が後継者のライバルであった弟を毒殺し、弟の母を残虐な方法で貶めたことにショックを受けて以来、まともに政治が行えなくなる。呂后の機嫌を損ね危うく毒殺されかけた庶兄の命を救ったこともある。在位8年で崩御、死後は呂后が政治を独占することになる。

少帝恭(しょうていきょう)

生没 ？～B.C.184年
在位 B.C.188年～B.C.184年

先帝恵帝(けいてい)の子とされる。実名は劉恭(りゅうきょう)とされるが史書に記載がない。恵帝崩御に伴い呂后(りょこう)に擁立されて即位するが、呂后に反発して廃位。そして幽閉のうえ殺された。

少帝弘(しょうていこう)

生没 ？～B.C.180年
在位 B.C.184年～B.C.180年

先々帝恵帝(けいてい)の子とされる。実名は劉弘(りゅうこう)。先帝廃位に伴い即位するが、呂后(りょこう)が崩御し高祖の皇子劉恒が擁立されると廃位される。そして、その日のうちに暗殺された。

文帝

- 生没 B.C.203年～B.C.157年
- 在位 B.C.180年～B.C.157年

高祖の子。実名は劉恒。呂后が崩御すると、群臣から人徳を慕われて即位した。身体の損傷を伴う肉刑の廃止を命じ、罪を犯したりした皇族や臣下に対しても、刑罰を与えるのを好まず恩恵を施した。また、農業を奨励して税負担を減らす詔を出す。北方の匈奴にも積極的に現地に赴いて外交をしたが、自ら戦線に立とうとして皇太后に叱責されたこともあった。文帝とは内政に功のある皇帝に贈られる最高位の尊号であり、後世、仁君として絶賛される。

景帝

- 生没 B.C.188年～B.C.141年
- 在位 B.C.157年～B.C.141年

文帝の子。実名は劉啓。皇太子時代、呉王の世継ぎと些細なことで揉めた結果、殺害したことがある。B.C.157年、父の崩御に伴い即位した。即位後、諸侯王の力を削ごうとする中央に不満を持った呉王ら7国による呉楚七国の乱が勃発する。これを鎮圧後、彼は王国を分国したり中央から大臣を送って王の権力を弱め、中央集権を推し進めた。子沢山で、後漢の光武帝は景帝の直系の子孫である。その他、蜀の劉備など『三国志』の群雄の多くが子孫を自称する。

武帝

- 生没 B.C.156年～B.C.87年
- 在位 B.C.141年～B.C.87年

先帝景帝の子。実名は劉徹。皇太子である長兄を押しのけて、B.C.141年、景帝崩御に伴い即位した。即位当時から積極的に東西南北に兵を進めて支配領域を拡大し、西域の名馬を手に入れて大いに喜んだ。内政では、孔子の儒教を学んだ人物を重用して人材の推挙や暦の制定を行う一方、塩と鉄を国家の専売をすることで財源の確保を図った。同時に、法に忠実な人物も重用して厳格な統治を行い、臣下や皇族は些細な失敗でも許されず、容赦なく刑罰を与えられた。

国が繁栄してきたことによって、武帝はかつて始皇帝が目指したように仙人になることを望む。封禅を行い、方士達から仙人になる方法を聞きだすために高い官位を与えて重用するようになるが、結果、彼らに利用されてしまう。晩年はまじないによって呪いを行ったとする者を徹底的に処断する事件が起き、これがきっかけで皇太子や重臣に背かれることになる。B.C.87年、末子の劉弗陵を皇太子に任命した数日後に崩御。在位期間は54年、前漢で最も在位の長い皇帝であった。武帝とは武力によって国土を拡大し戦乱を平定したために送られる尊号である。

昭帝 (しょうてい)

- 生没 B.C.95年～B.C.74年
- 在位 B.C.87年～B.C.74年

先帝武帝の子。実名は劉弗陵。妊娠14か月目で生まれたとされる。武帝崩御の直前に皇太子となり、即位した。大将軍の霍光らが幼い昭帝を補佐し、減税や人民の救済、人材の推挙を積極的に行って武帝の外征で傷ついた国力の回復に努めた。塩と鉄の専売の廃止を求める霍光と賛成派の政敵で対立が起こるが、賛成派が昭帝の兄達と共に謀反を計画したことが発覚し処断。以降は霍光を信頼するようになる。B.C.74年、崩御。若い昭帝に子はいなかった。

昌邑王 (しょうゆうおう)

- 生没 B.C.92年～B.C.59年
- 在位 B.C.74年

昌邑王劉髆の子で、武帝の孫にあたる。実名は劉賀。B.C.74年、先帝昭帝の崩御に伴い霍光に擁立されて即位した。しかし、即位当時から昭帝の葬儀中に礼を欠いたり淫行に耽ったりしたため、霍光によって廃位させられ侯の位に格下げされた。在位期間はわずかに27日であった。廃位の際に彼の腹心が誅殺されたため、霍光を廃する計画もあったのではと推測されている。即位を認められていないために、一般的には即位前の王号である昌邑王と呼ばれる。

宣帝 (せんてい)

- 生没 B.C.91年～B.C.49年
- 在位 B.C.74年～B.C.49年

武帝の曾孫にあたる。実名は劉病已、のちに劉詢。祖父母両親が冤罪で処断された時、乳児であったことから助けられ、民間で育てられた。初めは霍光に従っていたが、霍光が亡くなるとその一族を処断して親政を始める。農業を重視して減税を行い、民をよく労わった。また、北方の匈奴が来朝した時には和親を求め、昭帝以来反乱が多かった西域を安定させることに成功した。一方、国内で儒教が浸透し始めていたことから、自ら経典の整理にも臨んでいた。

元帝 (げんてい)

- 生没 B.C.74年～B.C.33年
- 在位 B.C.49年～B.C.33年

先帝宣帝の子。実名は劉奭。儒教に傾倒しており、先帝の宣帝は彼と儒教の用い方を巡って口論した挙句、国の行く末を嘆いて廃嫡まで考えたとされる。病気がちで、宦官が政権を握った。洪水や地震といった災害が全国で数多く発生したため、宮殿内の余った食料や人員をまわして災害救援にあたった。また、経済を圧迫していた歴代皇帝の霊廟建設を廃止する。しかし、霊廟は皇帝の血統と儒教を巡る重要な問題であり、その議論は後々まで続くことになる。

成帝（せいてい）

- 生没 B.C.52年～B.C.7年
- 在位 B.C.33年～B.C.7年

先帝元帝の子。実名は劉驁（りゅうごう）。酒を好んでいたために廃嫡されかけたが、祖父の宣帝に寵愛されていたこともあり、無事即位できた。母親の王政君（おうせいくん）が皇太后となり、その弟が大将軍となったことで王氏一族が権力を握り始める。幾度も水害が発生しており、その影響か庶民や徒刑囚が役人を殺して蜂起する事件がよく見られた。成帝自身は、度々都をお忍びで抜け出しては遊興に耽った。晩年、母の甥の王莽が台頭する。B.C.7年、崩御。成帝の死には様々な疑惑がかけられている。

哀帝（あいてい）

- 生没 B.C.26年～B.C.1年
- 在位 B.C.7年～B.C.1年

定陶王劉康の子で、先帝成帝の甥にあたる。実名は劉欣（りゅうきん）。成帝や祖母に才能を愛されて皇太子となり、即位した。B.C.1年、崩御。足が不自由だったといわれる。

平帝（へいてい）

- 生没 B.C.10年～5年
- 在位 B.C.1年～5年

中山王劉興の子で、先々帝成帝の甥にあたる。実名は劉箕子（りゅうきし）、後に劉衎（りゅうかん）。先帝哀帝に嗣子なく、擁立された。王莽に毒殺されたとの説もある。

孺子嬰（じゅしえい）

- 生没 5年～25年
- 在位 6年～8年

広威侯劉顕の子で、宣帝の玄孫にあたる。実名は劉嬰。先帝平帝亡き後、「皇太子」として立てられ、子供という意味の「孺子」の号を与えられた。正確には皇帝ではない。幼少であったことから実権はなく、王莽が皇帝代理として政治を取り仕切った。王莽の専断を危惧した反乱が鎮圧されて間もなく、王莽によって廃位させられる。ここに漢王朝は滅亡し、王莽によって新（しん）が建国された。新の滅亡後、ある勢力によって一時皇帝として立てられたが、まもなく滅ぼされた。

光武帝（こうぶてい）

- 生没 B.C.6年～57年
- 在位 25年～57年

景帝（けいてい）の子の長沙王劉発（ちょうさおうりゅうはつ）の子孫にあたる。実名は劉秀。王莽の新に不満を持った農民の反乱に乗じて兄と共に挙兵する。新滅亡後、予言を利用して皇帝に即位。その後各地で割拠した群雄を滅ぼし、36年に中国を再び統一した。統一後は戦乱で増加した奴隷の解放を度々行い、反乱にも寛大な処置を行うなど民衆を重んじる政治を行った。外交面では東西南北の異民族と和親を結んだ。日本では光武帝が倭の奴国王（わのなのこくおう）に授けた金印が発見されている。

明帝

生没 27年〜75年
在位 57年〜75年

先帝光武帝の子。実名は劉陽、後に劉荘。若い頃から学問に通じる。57年、光武帝の崩御に伴い即位した。囚人の贖罪制度を確立し、恩赦を与えて辺境の兵士として徴発。度々外征を行い、一度手放した西域を再び支配することに成功した。前漢後期からの課題であった黄河の治水にも成功し、自らを武帝になぞらえる。一方、中国で仏教信仰が見られるようになり、自らも興味を示していたが、仏教の信仰者である彼の兄弟を国を惑わす予言を行った罪で厳しく処罰した。

章帝

生没 57年〜88年
在位 75年〜88年

先帝明帝の子。実名は劉炟。75年、明帝の崩御に伴い即位した。幼い頃から儒教を愛しており、内政を重視して儒教に従った政治を行う。大臣や武官達と共に自ら儒教の経典の整理に臨み、天下を巡幸した際に孔子とその子孫を祭ったことが記録に残されている。北方では長らく漢を苦しめた匈奴が勢力を弱めた一方、西方の情勢は不安定であり、治世晩年になると度々外征を行うことになる。30代の若さで崩御した。後年、漢の皇帝はすべて章帝の子孫から輩出される。

和帝

生没 78年〜105年
在位 88年〜105年

先帝章帝の子。実名は劉肇。皇太后が政治を取り仕切った。積極的に西や北へ外征を行う一方、権力を握っていた外戚の将軍を宦官に命じて誅殺している。

殤帝

生没 105年〜106年
在位 105年〜106年

先帝和帝の末子。実名は劉隆。105年、夭折した和帝の後継として、皇太后の後見の下に生後100日余りで即位する。しかし、即位後間もなく崩御した。

安帝

生没 93年〜125年
在位 106年〜125年

清河王劉慶の子。実名は劉祜。皇太后に擁立されて即位する。安帝の時代は、西方の羌族が内地にまで侵略し、西域を手放すなどの混乱した情勢だった。

少帝懿

生没 ？〜125年
在位 125年

済北王劉寿の子。実名は劉懿。安帝が崩御すると、皇太后らに擁立されて即位するが、その年のうちに崩御した。生年不詳だが、尊号から年少だと思われる。

順帝

- **生没** 114年～144年
- **在位** 125年～144年

　先々帝安帝の子。実名は劉保。もともと皇太子であったが、陰謀によって廃嫡されていた。少帝懿の崩御後、宦官達によって敵対勢力が排除され、即位した。即位の経緯から宦官を重用し、子供が出来ない彼らが養子を取って官位を相続させることを許可した。また、学問の分野では学者によって地震を計測する器械が製作されている。同時に、異民族の侵略と賊の反乱、そして災害が多く発生した慌しい時代でもあった。晩年、大将軍となった外戚の梁冀によって独裁が始まる。

冲帝

- **生没** 143年～145年
- **在位** 144年～145年

　先帝順帝の子。実名は劉炳。順帝が崩御すると、幼少の身で即位する。在位中は、賊による反乱が相次いで発生している。即位の翌年、夭折した。

質帝

- **生没** 138年～147年
- **在位** 145年～147年

　渤海王劉鴻の子。実名は劉纘。先帝冲帝が崩御すると、梁冀によって都に迎えられて即位した。梁冀を快く思わず謗っていたために、梁冀によって毒殺された。

桓帝

- **生没** 131年～167年
- **在位** 147年～167年

　蠡吾侯劉翼の子。実名は劉志。先帝質帝が毒殺されると、皇太后と梁冀によって擁立されて即位した。当初は梁冀が政治を独占していたが、宦官を用いて梁冀とその一族を滅ぼすと、今度は宦官とその一族を高官に据える。これに反発した官僚達が地方の豪族と結託して徒党を組むようになるが、この動きを警戒した宦官達が豪族らを投獄し、釈放の後も仕官を禁じた。神仙思想に耽り、長寿を願ったとされる。なお、治世下ではローマ帝国から使者が訪れたことがある。

霊帝

- **生没** 156年～189年
- **在位** 167年～189年

　解瀆亭侯劉萇の子。実名は劉宏。先帝桓帝に子がなかったため、都に迎えられて即位した。宦官の進言を受けて一度は釈放した官僚達を処断。以後、宦官が一層権力を振るうようになる。また、官職を金や賄賂で売買する、銅の匂いがすると言われる政治を行った。かねてより賊や異民族による反乱が相次いでいたが、184年、宗教勢力の黄巾党による大規模な反乱が起こる。乱が鎮圧された後も黄巾党の残党や異民族による反乱が全国で発生し、漢王朝は終焉へと向かっていく。

漢

少帝弁(しょうていべん)

- 生没 172年〜190年
- 在位 189年

先帝霊帝(れいてい)の子。実名は劉弁(りゅうべん)。弟の劉協(りゅうきょう)とともに権力闘争の道具にされ、母である皇太后は劉協の母を殺害している。189年、霊帝が崩御すると皇太后とその兄何進(かしん)に擁立されて即位した。即位直後に何進と宦官達が権力闘争の果てに殺される。混乱の中で都を脱出していた劉弁と劉協は難を逃れるが、今度は西の有力者董卓(とうたく)によって都が支配される。董卓は劉弁を廃位して王に格下げし、代わりに劉協を皇帝に擁立した。その後、董卓によって皇太后ともども殺された。

献帝(けんてい)

- 生没 181年〜234年
- 在位 189年〜220年

先々帝霊帝(れいてい)の子で、少帝弁(しょうていべん)の弟にあたる。実名は劉協(りゅうきょう)。兄を廃位した董卓(とうたく)に擁立されて即位する。董卓死後はその部下の手に落ちるが、やがて群雄の曹操によって保護される。だが、臣下が曹操暗殺を企てていたため、臣下とその親族だった妻が董卓に殺害される。後に曹操の娘が皇后となった。220年、曹操が死去すると子の曹丕に帝位を譲り、漢王朝は滅亡。曹丕によって魏が建国される。その後、献帝は魏に与えられた国で丁重に扱われて余生を送ることとなる。

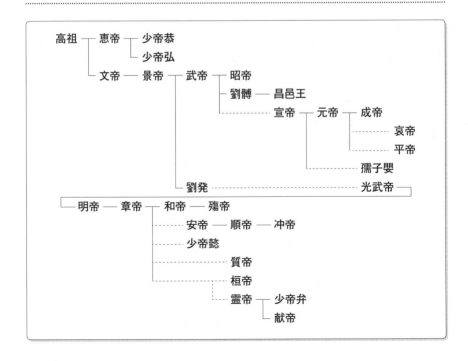

魏(ぎ)

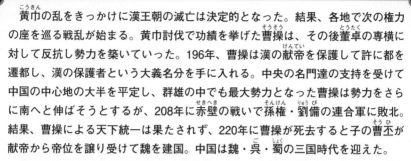

216年～265年

　黄巾の乱をきっかけに漢王朝の滅亡は決定的となった。結果、各地で次の権力の座を巡る戦乱が始まる。黄巾討伐で功績を挙げた曹操は、その後董卓の専横に対して反抗し勢力を築いていった。196年、曹操は漢の献帝を保護して許に都を遷都し、漢の保護者という大義名分を手に入れる。中央の名門達の支持を受けて中国の中心地の大半を平定し、群雄の中でも最大勢力となった曹操は勢力をさらに南へと伸ばそうとするが、208年に赤壁の戦いで孫権・劉備の連合軍に敗北。結果、曹操による天下統一は果たされず、220年に曹操が死去すると子の曹丕が献帝から帝位を譲り受けて魏を建国。中国は魏・呉・蜀の三国時代を迎えた。

　曹丕は官吏登用法の制定や宦官の規制等、数々の制度改革を行ったが、わずか在位7年で死去した。次いで第2代曹叡も在位14年で病没。やがて魏は曹丕の側近であった司馬懿とその子達によって事実上乗っ取られる。司馬懿一族の専横に対し有力者達は次々と反乱を起こす。そして、ついには第4代曹髦が自ら反逆の狼煙を揚げるが、事前に察知されて殺害。265年、第5代曹奐が司馬炎に帝位を譲ったことで魏は滅亡した。司馬炎が建てた晋によって、三国時代は終わりを告げる。

184年	黄巾の乱。曹操、討伐軍の武将として功績を挙げる
190年	漢の献帝を擁立した董卓に反発する勢力に、曹操も参加する
196年	曹操、漢の献帝を保護し都を許へ遷都。民間で屯田政策を開始
200年	官渡の戦い。曹操が袁紹に勝利し最大勢力となるきっかけをつかむ
207年	曹操、袁紹の勢力を完全に滅ぼす
208年	曹操、漢の宰相となる。赤壁の戦い。孫権と劉備の連合軍に敗北
216年	曹操、漢の献帝から魏王の位を賜る
220年	魏王曹操、死去。子の曹丕が献帝から帝位を譲り受け、魏を建国
226年	初代曹丕死去。2代曹叡が即位する
238年	曹叡、司馬懿に命じて遼東半島の独立政権を滅ぼす
238年頃	邪馬台国の卑弥呼が魏に使者を送る
249年	正始の政変。司馬懿がクーデターで魏の実験を握る
251年	将軍王淩の反乱未遂。司馬懿死去。子の司馬師が後を継ぐ
255年	将軍毌丘倹の反乱を平定。司馬師死去。弟の司馬昭が後を継ぐ
257年	将軍諸葛誕、呉と内通して司馬昭に対し反乱を起こす
260年	4代曹髦が司馬昭から実権を取り返そうとするが、失敗し殺される
263年	魏、蜀を滅ぼす
265年	5代曹奐が司馬炎（昭の子）に帝位を譲り、魏が滅亡

魏

武帝

生没 156～220
在位 216～220（魏王）

　実名は曹操。漢の順帝の学友として宦官の最高位に就いた祖父が彼の父を養子にもらい、後に彼が生まれた。董卓との戦いに参加し、後に黄巾党の残党を配下に加えて頭角を現す。196年、戦乱から逃れていた漢の献帝を手中に収め、屯田政策や人材登用などの改革を推し進めて勢力を拡大するが、赤壁で敗北し天下統一は成らなかった。やがて魏王に就任するが、最後まで皇帝には即位しなかった。学問にも長け、兵法書や詩などの分野でも多大な功績を残した。

文帝

生没 187～226
在位 220～226

　曹操の三男。実名は曹丕。長らく弟と後継者の座を争っていたが、曹操が魏王となった際に太子となった。詩の才能があり、父と弟とともに後世に名を残す。

　220年、曹操が死去すると漢の献帝から帝位を譲り受けて皇帝に即位し、魏を建国。即位後、漢代以来の人材登用法を改めた。一方で呉への侵攻を試みるが失敗に終わった。わずか在位7年で崩御する。彼が後事を託したのが、太子時代からの側近の司馬懿である。なお、即位の形式と人材登用法は後世の模範となった。

明帝

生没 202～239
在位 226～239

　曹丕の長男。実名は曹叡。長い髪の持ち主であった。司馬懿らを用いて呉・蜀の侵攻を防いだが、その一方で宮殿の造営に力を注いで権力誇示に努めた。

斉王

生没 232～274
在位 239～254

　曹叡の養子。実名は曹芳。司馬懿らによって実権を奪われる。司馬懿の死後、その子らによって廃位され、斉王に封じられた。そのため、後世、斉王と呼ばれる。

高貴郷公

生没 240～260
在位 254～260

　東海王曹霖の子。曹丕の孫。実名は曹髦。曹操に例えられる才能があった。司馬氏の専横に怒り打ち倒そうとするが、逆に殺された。即位前の号で呼ばれる。

元帝

生没 246～303
在位 260～265

　燕王曹宇の子。曹操の孫。実名は曹奐。彼が司馬炎に帝位を譲り魏は滅亡した。以後、晋の臣下として冷遇されながら余生を送る。子孫は後世まで続く。

呉

222年～280年

　黄巾の乱より始まる戦乱は、名門ばかりでなく成り上がりの武人達が台頭する環境を生んだ。海賊退治で名を馳せた孫堅もその1人である。黄巾の乱や辺境の反乱鎮圧で官軍としてしばしば功績を挙げた孫堅は、名門出身の袁術に従い董卓討伐にも参戦したが道半ばで戦死する。跡を継いだ長男の孫策は袁術から独立し呉の地で豪族達の支持を集め勢力基盤を築くが早世した。その後、弟の孫権が208年に赤壁の戦いで曹操を破ったことで曹操に次ぐ第二勢力としての地位を確立。外交を駆使して魏と蜀の間を立ち回り、229年、孫権は皇帝に即位した。呉は蜀と同盟を結んで魏に対抗する。およそ半世紀にも渡り国主であり続けた孫権だが、晩年に起こした後継者争いで豪族達の支持を著しく失い、国に不安材料を残したまま死去した。その後、呉は豪族と皇族の間で幾度も政変が起き、急速に衰えていく。そして280年、魏に取って変わった晋が七方面から大軍を率いて呉に侵攻する。呉は皇族からも離反者が現れ、4代孫晧は為すすべもなく晋の前に降伏。ここに呉は滅亡し中国は一旦晋によって統一された。しかし、それは以後数百年続く混乱の時代の始まりに過ぎなかった。

184年	黄巾の乱。孫堅、討伐軍の武将として功績を挙げる
190年	漢の献帝を擁立した董卓に反発する勢力に、孫堅も参加する
192年	孫堅が戦死。一族は袁術に帰属する
194年	孫堅の長男孫策が独立を画策し、呉の地を攻め始める
200年	孫策が死去。弟の孫権が後を継ぐ
208年	赤壁の戦い。劉備と連合して曹操に勝利する
215年	劉備との間に領土割譲案を締結する。合肥の戦い。孫権が魏の防衛軍に敗北
216年	孫権、曹操に形式上臣従する
219年	魏と結び、蜀の関羽が守る国境地帯を確保する
222年	孫権、魏の曹丕から呉王の位を賜る。夷陵の戦い。呉、劉備率いる蜀軍に勝利
225年頃	呉、蜀との同盟を回復する
229年	孫権、皇帝に即位し呉を建国
241年	皇太子孫登が死去。豪族達を交えた後継者争いが始まる
252年	初代孫権が死去。2代孫亮が即位する
258年	孫亮が孫綝に廃位させられ、3代孫休が即位。孫綝とその一派を殺害
263年	蜀が滅亡。蜀の旧領獲得を画策するが、失敗
270年	孫策の子孫らを奉じたクーデターの噂が流れ、4代孫晧が彼らを処刑
280年	晋が侵攻し、孫晧が降伏。呉が滅亡

呉

大帝

生没 182年〜252年
在位 229年〜252年

　実名は孫権。早世した父や兄の跡を継いで、軍閥の長となった。自国に逃げてきた劉備と赤壁で曹操を破って以来、曹操・劉備の間を上手く立ち回りながら国を死守し、229年に呉を建国し皇帝に即位した。かなり剛胆な性格で、しばしば素行を臣下に諫められている。海の向こうに使者を送るなど、外交路の開拓にも積極的であった。晩年は後継者争いで重臣を数多く処罰したため、呉の衰退を招く。彼の築いた地盤が、後の時代の基礎となって受け継がれていく。

廃帝

生没 243年〜260年
在位 252年〜258年

　先帝孫権の子。実名は孫亮。孫権の晩年に起こった後継者争いの決着として、末子である彼が皇太子となる。252年、大帝の崩御に伴い即位した。年少であったため、宰相が後見人として政治を取り仕切ったが、魏への攻撃に失敗するとそれに付け込んだ皇族の孫峻が宰相を殺害し、権力を握った。魏で反乱が起こるとそれに加担した。その後、孫峻の後を継いだ孫綝を排除しようとしたことが露見し、廃位させられる。間もなく死去したが、毒殺されたとの説もある。

景帝

生没 235年〜264年
在位 258年〜264年

　先々帝孫権の子で、先帝孫亮の兄にあたる。実名は孫休。弟帝が廃位させられると、孫綝に擁立されて即位した。姪を皇后とする。即位後、孫綝を快く思わない景帝は孫綝とその一族を誅殺し、孫峻と孫綝を一族の名籍から除外。そして、親政を開始した。国家の制度を充実させる一方、弟帝を毒殺したとの説もある。学問に傾倒し、次第に政治から関心を失う。蜀滅亡時、救援に向かおうとしたが断念。蜀の遺領を獲得しようとするが魏によって妨害された。

末帝

生没 242年〜284年
在位 264年〜280年

　南陽王孫和の子。実名は孫皓。父は元皇太子であったが、後継者争いによって廃嫡されていた。景帝が崩御すると、その才能を期待されて擁立され即位した。しばらくは名君と呼ばれたが、やがて酒色に耽り都を何度も遷都、諫める者を残虐な方法で容赦なく処刑する暴君となる。重臣が晋の将軍と交流を深めて侵攻を防いでいたが、280年、晋が大軍を率いて侵攻すると降伏。ここに呉が滅亡し、三国時代は終焉を迎えた。その後、末帝は晋の臣下として余生を送った。

蜀
しょく

221年～263年

　黄巾の乱をきっかけに台頭した群雄達の中でも、劉備はかなり遅咲きの人物であった。義勇軍として世に出て、一族の支持もさほど得られなかった劉備には寄って立つ土地も無かった。卓越した戦闘力を背景に各地の群雄を渡り歩いていた劉備だったが、ある勢力に寄生している時に書生の諸葛亮を召し抱えた頃から雄飛の時を迎える。赤壁の戦いの際に曹操が放棄した空白地帯を奪取し、その後蜀の地を平定したことで劉備はようやく曹操、孫権に次ぐ第三勢力として台頭した。しかし、孫権はかねてより劉備の領土獲得に怒っていたことから曹操と結んで国境地帯を奪取してしまう。221年、魏に対抗して劉備は漢王朝の復興をスローガンに漢を建国した（蜀漢）。即位後、領土奪還を目指して孫権に戦いを挑むが敗北し、劉備は失意の内に病没した。

　その後は宰相となった諸葛亮によって呉との国交が回復され魏への北伐が行われるが、234年に五丈原で病没した。以後も幾度となく北伐は繰り返されるが、何の成果も得られないまま国力を疲弊させてしまう。263年、ついに魏の侵攻を受けて蜀は滅亡した。

184年	黄巾の乱。劉備、義弟の関羽・張飛等と義勇軍として討伐に参加
194年	劉備、ある勢力に身を寄せて土地を譲り受け独立する
196年?	劉備、土地を追われて曹操に身を寄せる
200年	劉備、曹操から離反して再び独立
207年頃	諸葛亮が劉備に仕官する
208年	赤壁の戦い。曹操に勝利し、空白地の奪取を始める
214年	劉備が蜀の地（現在の四川省）をほぼ平定。成都に都を置く
219年	劉備、漢中王を自称するが、間もなく国境地帯を奪われ関羽が死去
221年	劉備、魏に対抗して皇帝に即位。蜀（蜀漢）を建国。張飛が部下に暗殺される
222年	夷陵の戦い。蜀、呉の防衛軍に敗北
223年	初代劉備、死去。2代劉禅が即位する。諸葛亮が輔政する
225年頃	諸葛亮、西南夷（現在の雲南省）平定を行う。
227年	諸葛亮による魏への北伐が開始される
234年	五丈原の戦い。魏との対峙中、諸葛亮が陣中で病没
253年	将軍姜維が軍権を掌握し、魏への北伐を開始する
263年	魏が侵攻して劉禅が降伏、蜀が滅亡
264年	姜維と魏の将軍が反乱を企てるが失敗し殺害される。皇太子劉璿が殺害される
291年頃	蜀出身の官僚陳寿によって『三国志』が完成。

蜀

昭烈帝

- 生没 161〜223
- 在位 221〜223

漢の景帝の子、中山王劉勝の子孫を自称する。実名は劉備。光武帝の兄の子孫と記す史書もある。小説『三国志演義』の主人公として知られている。黄巾の乱の際に私兵を率いて挙兵し、義勇軍として討伐に参加したとされる。その後は各地の群雄の下を渡り歩き、ある勢力から領地を譲り受けたこともあったが、敵に奪われてしまう。彼は曹操の下に逃れ共闘して領地を取り戻すが、今度は曹操と対立し領地を捨てて再び流浪する。彼はこの時、ある逃亡先で後に宰相となる諸葛亮と出会い、配下に加えた。208年、再び曹操に攻められたため、彼は孫権の下に逃れて同盟を結ぶ。赤壁で曹操を破った後、曹操が放棄した国境地帯を奪う。それを足がかりに西へ兵を進め、214年、蜀の地を獲得し、曹操、孫権に次ぐ第三の勢力として台頭した。しかし、領地問題をきっかけに孫権が曹操と結び、劉備は曹操から奪った国境地帯を奪取されてしまう。221年、曹丕が魏を建国したことを受けて、漢王朝の再興をスローガンに自らも蜀（蜀漢）を建国、皇帝に即位した。即位後、国境地帯を取り戻すために呉へ侵攻するが敗北。223年、宰相の諸葛亮に後事を託して崩御した。

懐帝

- 生没 207〜271
- 在位 223〜263

劉備の子。実名は劉禅。乳児の時、曹操との戦いで命の危機に瀕したが、危うく救出された。劉備の崩御に伴い、即位する。宰相の諸葛亮によって魏への攻撃が開始されるが、彼が病没すると一旦中止された。暫くして将軍姜維が再び魏への攻撃を行うが、戦果を挙げられず蜀の国内では派閥争いが起きてしまう。263年、魏の侵攻を受けてついに降伏し、ここに蜀は滅亡した。その後は魏へ送られ臣下とし余生を送った。なお、三国時代で彼が最も在位が長い皇帝であった。

劉璿

- 生没 224〜264
- 在位 ──

劉禅の長男。劉禅によって皇太子に立てられる。蜀滅亡後も父とともに成都に留め置かれた。魏の将軍と姜維が魏に反乱を起こした際に混乱の中で殺される。

劉諶

- 生没 ?〜263
- 在位 ──

劉禅の五男。劉禅が降伏を決意した時、ただ一人徹底抗戦を主張したが劉禅には受け入れられなかった。その後、妻子を殺し自らも劉備の廟前で自害した。

晋

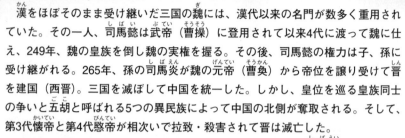

265年～420年

　漢をほぼそのまま受け継いだ三国の魏には、漢代以来の名門が数多く重用されていた。その一人、司馬懿は武帝（曹操）に登用されて以来4代に渡って魏に仕え、249年、魏の皇族を倒し魏の実権を握る。その後、司馬懿の権力は子、孫に受け継がれる。265年、孫の司馬炎が魏の元帝（曹奐）から帝位を譲り受けて晋を建国（西晋）。三国を滅ぼして中国を統一した。しかし、皇位を巡る皇族同士の争いと五胡と呼ばれる5つの異民族によって中国の北側が奪取される。そして、第3代懐帝と第4代愍帝が相次いで拉致・殺害されて晋は滅亡した。

　それから間もなく、かつての呉の地に逃れていた晋の皇族司馬睿により、317年、晋は再興された（東晋）。しかし、亡命政権であるために在地の豪族と北方出身の貴族達との間で度々抗争が起こる。やがて第11代恭帝が将軍劉裕に帝位を譲り、420年、晋は滅亡した。以後、中国は非漢民族系の北朝と漢民族系の南朝が天下を二分する南北朝時代を迎える。南朝は劉裕の宋の後、南斉、梁、陳と短期間のうちに王朝の交代を繰り返す。やがて北朝は隋によって統一され、圧倒的劣勢の陳はついに隋によって滅ぼされた。

220年	漢からの禅譲で、魏が建国。司馬懿、魏の曹丕に重用される
249年	司馬懿、クーデターで魏の実権を奪う
265年	司馬懿の孫司馬炎、魏の曹奐から帝位を譲り受けて晋を建国（西晋）
280年	晋、呉を滅ぼし三国を統一
290年	武帝司馬炎、没。第2代恵帝が即位する
300年	恵帝の皇后賈南風が殺害される。以後、皇族達によって権力闘争が始まる
311年	第3代懐帝が匈奴に捕らえられる。都の洛陽が陥落
317年	第4代愍帝が殺される。皇族の司馬睿、かつての呉の都建康で晋を再興（東晋）
322年	建国の功臣、王敦が反乱を起こす。元帝司馬睿、没
329年	将軍蘇峻の反乱を鎮圧。以後、晋で軍の再編成が行われる
339年	建国の功臣、王導が死去
347年	将軍桓温が成漢を滅ぼす。晋、かつての蜀の地を獲得
365年	北方の鮮卑が建てた前燕に旧都洛陽を奪われる
383年	淝水の戦い。前秦の皇帝率いる大軍に勝利し、晋が領土を拡大
399年	宗教勢力を率いる孫恩が晋に反乱を起こす
403年	桓温の子桓玄が10代安帝から帝位を奪い、桓楚を建国。晋、滅亡
404年	将軍劉裕が桓玄を倒し、桓楚が滅亡。第10代安帝を復位させる
420年	第11代恭帝、劉裕に帝位を譲り、晋が滅亡。宋（劉宋）が建国

武帝（ぶてい）

生没 238年～290年
在位 265年～290年

　晋王司馬昭の子。実名は司馬炎。祖父、伯父、父の3代に渡る魏での権力を受け継ぎ、265年、魏の曹奐から帝位を譲り受けて晋を建国、皇帝に即位した。即位後、漢代に平定された北方が再び混乱したためしばらく外征を控えていたが、280年、呉を滅ぼして三国を統一した。魏を教訓として一族や名門を優遇し、積極的に登用した。暗愚な皇太子司馬衷を危惧した重臣達が武帝の弟を後継者にすることを望んだが、弟を邪魔に思っていたために拒否。後の混乱の種を残す。

恵帝（けいてい）

生没 258年～306年
在位 290年～306年

　先帝武帝の子。実名は司馬衷。暗愚であったために武帝や重臣達も悩んでいたが、恵帝の子の才能に期待され、つなぎとして即位。外戚の楊駿、次いで皇后の賈南風が政治を取り仕切った。賈南風の専横に怒った皇族が賈南風を殺害すると一時廃位されるが、間もなく復位した。しかし、今度は皇族同士が権力を狙って対立を始める。一方、各地で異民族が台頭を始め、王朝を建国して独立を画策。再び群雄割拠の情勢となり、晋王朝は早くも崩壊の危機を迎える。

懐帝（かいてい）

生没 283年～313年
在位 306年～313年

　先々帝武帝の子で、先帝恵帝の弟。実名は司馬熾。学問に没頭して混乱の難を逃れていた。やがて皇太弟となり、皇族の司馬越によって擁立されて即位した。司馬越が政治を取り仕切ったが、独裁をより強固にしようとする司馬越の排除を画策。司馬越が間もなく病死すると、匈奴の劉聡によって都の洛陽が陥落してしまう。劉聡に捕らえられると、酒宴で身分が低い者が行う酒汲み係として扱われ、見世物のように扱われた。最終的に捕虜のまま処刑される。

愍帝（びんてい）

生没 299年～317年
在位 313年～317年

　呉王司馬晏の子で、武帝の曾孫にあたる。実名は司馬鄴。匈奴の侵略の際、辛うじて難を逃れていた。313年、先帝の懐帝が殺されると即位した。各地で異民族が台頭し独立を始めていたために、晋の権力は低下していた。316年、劉聡が都の長安を陥落させると降伏。晋は滅亡した。降伏後、彼もまた酒汲み係や傘持ち係などの低身分の扱いを受けて嘲笑を受ける。晋の遺民は彼の成れの果てを見て声を失い悲しんだ。捕虜のまま処刑される。

元帝

- 生没 276年～322年
- 在位 317年～322年

琅邪王司馬覲の子。司馬懿の曾孫。実名は司馬睿。司馬越の命令でかつての呉の地に赴任していたため無事であった。側近の王導の活躍で、呉の旧臣達と北から亡命した貴族達を基盤として勢力を築く。先々帝の懐帝が捕らえられると重臣達に推戴され、先帝の愍帝が殺害されると皇帝に即位し、晋王朝を再興させた。しかし、即位後間もなく王導の従兄王敦が元帝に不満を持ち、反乱を起こす。結果、元帝は寵愛していた重臣を殺害して王敦と和睦。その後間もなく没した。

明帝

- 生没 298年～325年
- 在位 322年～325年

先帝元帝の子。実名は司馬紹。元帝が即位した際に、皇太子に任命される。元帝が没すると、即位した。一度は和睦した王敦が尊大な振る舞いをやめなかったために、対立を深めていく。やがて北方出身者の蘇峻らに討伐を命じるが、その最中の324年、王敦が病死したために残った王敦の勢力を一層することに成功した。以後は王導や王敦討伐に功績のあった将軍達を重用して晋の基盤を築こうとしたが、間もなく没した。名君とされたため、後世その夭折を惜しまれた。

成帝

- 生没 320年～342年
- 在位 325年～342年

先帝明帝の子。実名は司馬衍。蘇峻が反乱を起こすが、外戚の庾亮がこれを鎮圧。以後、晋は北方出身者達を中心に軍事を整えて安定期を迎える。

康帝

- 生没 321年～344年
- 在位 342年～344年

先々帝明帝の子で、先帝成帝の弟。実名は司馬岳。成帝には2子があったが、幼少であったために弟の康帝が即位した。在位2年で没した。

穆帝

- 生没 342年～361年
- 在位 344年～361年

先帝康帝の子。実名は司馬聃。将軍桓温の活躍で四川省の成蜀を滅ぼし領土を拡大するが、桓温の専横が始まる。桓温によって、旧都洛陽の奪還に成功している。

哀帝

- 生没 341年～365年
- 在位 361年～365年

成帝の子。実名は司馬丕。桓温に擁立されて即位したが、傀儡同然で実権は全くなかった。不老長寿を目指して仙術に傾倒し、薬物中毒で没した。

廃帝

- 生没 342年～386年
- 在位 365年～371年

　成帝の子で、先帝哀帝の弟。実名は司馬奕。桓温に擁立されたが、旧都洛陽が鮮卑系の前燕に奪取されると、これに焦った桓温によって廃位させられた。

簡文帝

- 生没 319年～372年
- 在位 371年～372年

　元帝の末子。実名は司馬昱。クーデターの布石として、桓温が皇族の長老である簡文帝を即位させた。しかし、在位2年で没した。

孝武帝

- 生没 362年～396年
- 在位 372年～396年

　先帝簡文帝の子。実名は司馬曜。謝安によって桓温の策略を免れ、即位した。謝安の活躍で領土を拡大する一方、遊興に耽る弟を重用して晋の衰退を招いた。

安帝

- 生没 382年～418年
- 在位 396年～403年、404年～418年

　先帝孝武帝の子。実名は司馬徳宗。重度の障害者であった。桓玄によって晋は滅ぼされるが、劉裕によって再興。しかし、傀儡に過ぎないため、後に殺された。

恭帝

- 生没 386年～421年
- 在位 418年～420年

　先々帝孝武帝の子で、先帝安帝の弟。実名は司馬徳文。仏教を信仰しており、兄帝とは違い才能を期待された。兄の傍にいて保護していたが、兄が殺害されると劉裕に擁立されて即位した。兄の時代から対立する人物や国を滅ぼしていた劉裕の権力は絶大であったが、即位後数年で劉裕に帝位を譲り、晋は滅亡した。劉裕が建国した南朝の宋では臣下として扱われ、慎ましい生活を送っていたが、劉裕によって殺された。劉裕は、恭帝に子が生まれるたびに殺させたという。

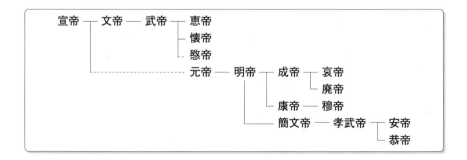

隋

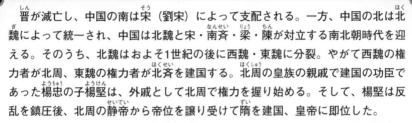

581年〜619年

　晋が滅亡し、中国の南は宋（劉宋）によって支配される。一方、中国の北は北魏によって統一され、中国は北魏と宋・南斉・梁・陳が対立する南北朝時代を迎える。そのうち、北魏はおよそ1世紀の後に西魏・東魏に分裂。やがて西魏の権力者が北周、東魏の権力者が北斉を建国する。北周の皇族の親戚で建国の功臣であった楊忠の子楊堅は、外戚として北周で権力を握り始める。そして、楊堅は反乱を鎮圧後、北周の静帝から帝位を譲り受けて隋を建国、皇帝に即位した。

　その後、589年に南朝の陳を滅ぼして天下を統一、長きに渡った分裂の時代を終わらせた。楊堅は律令制など後の王朝に受け継がれる新たな中央集権を築き上げた一方、朝鮮の高句麗への遠征を行うが失敗に終わった。晩年、皇太子を廃止して次男の楊広を皇太子に任命し崩御する。そして、楊広が後を継ぎ、煬帝となった。煬帝は大運河の開削や異民族への外交など積極的な政治を行うが、高句麗遠征の失敗が決定打となり各地で隋に不満を持った群雄が台頭し始める。混乱の中、618年に煬帝は側近に殺害された。その後、煬帝の孫楊侑を擁立していた親戚の李淵が楊侑から帝位を譲り受けて唐を建国する。

439年	北魏が北朝を統一。南北朝時代が始まる
535年	北魏が滅亡、西魏と東魏に分裂する。楊忠、宇文泰らが率いる西魏に従う
541年	楊堅、楊忠の長男として生誕
550年	東魏が滅亡し、北斉を建国
557年	西魏が滅亡し、宇文泰の子が北周を建国
569年	楊広、楊堅の次男として生誕
577年	北周によって、北斉が滅亡
580年	将軍尉遅迥らが楊堅に反乱を起こすが、鎮圧される
581年	楊堅、北周の静帝から帝位を譲り受けて隋を建国。北周が滅亡
589年	南朝の陳を滅ぼして、隋が天下を統一
600年	倭国から遣隋使が派遣される。楊堅、皇太子を廃して楊広を皇太子に任命
604年	楊堅、没。楊広が即位、第2代煬帝となる
605年	煬帝、大運河の開削を始める
607年	倭国から小野妹子らの遣隋使が派遣され、隋と国交を結ぶ
613年	第2次高句麗遠征の途中、宰相の楊玄感が反乱を起こし、群雄割拠の世となる
617年	楊侑、李淵に擁立され隋の皇帝として即位し、恭帝となる
618年	煬帝、殺害される。李淵が帝位を奪い、唐を建国。楊侗、隋の恭帝となる
619年	恭帝侗、臣下の王世充に帝位を譲り殺される

隋

文帝

生没 541年～604年
在位 581年～604年

　実名は楊堅。北周で外戚として権力を振るった父の跡を継ぐ。北周の静帝から帝位を譲り受け、581年、隋を建国し、皇帝に即位した。その後、南朝を滅ぼして長らく分裂していた中国を統一した。科挙と呼ばれる試験による人材登用の制定など、多くの制度を改めて後の唐王朝にも受け継がれる国家の基礎を築いて仏教を重んじる政治を行った。皇后は自分以外の側室を一切許さない女傑であり、楊堅は側室一つ思い通りにならないのか、と嘆いたという。

煬帝

生没 569年～618年
在位 604年～618年

　先帝文帝の子。実名は楊広。南朝の陳を滅ぼした際に総司令官として功績を挙げた。母である皇后に取り入って皇太子となり、604年、父帝の死にともない即位した。即位後、煬帝は政敵であった元皇太子の兄と弟を殺害する。それまで南朝の支配地であった長江以南の開発を重視し、統一事業の一環として多くの民を徴発して中国大陸を跨ぐ大運河を開通、都の長安と長江の南の流通網を結んだ。

　607年、倭国から使者が来航し信書を受け取るがその内容に怒る。しかし、父に続いて高句麗遠征を考えていた彼は倭国の朝貢を受け入れて倭国に使者を送り、国交を結ぶこととなった。
　経済と外交を整えた煬帝は、満を持して高句麗遠征を開始する。しかし戦果を挙げられずに臣民の不満を募らせることになり、ついに各地で反乱が起きる。結局、流浪の後、長江の南に位置する江都に移って反乱鎮圧の指揮を摂るが、やがて酒色に耽り政治を全く顧みなくなる。そのうち親戚の李淵が群雄として挙兵し、都の長安が陥落。長安を守備していた孫の楊侑が李淵に隋の皇帝として即位させられる。618年、江都に留まることに怒った側近によって殺害された。

恭帝侑

生没 604年～619年
在位 617年～618年

　元徳太子楊昭の長男。煬帝の孫にあたる。実名は楊侑。長安を制圧した李淵によって皇帝に擁立されるが、後に李淵によって帝位を奪われて唐が建国される。

恭帝侗

生没 605年～619年
在位 618年～619年

　恭帝侑の弟。実名は楊侗。煬帝の死が伝わると即位させられるが、臣下の王世充に帝位を奪われる。恭帝侗は間もなく殺され、王世充も李淵に滅ぼされた。

唐

618年〜907年

　隋の煬帝の性急すぎた改革は、各地で反発を招いた。楊氏と同じく西魏・北周・隋で力を持った李氏の出身で、煬帝の従兄弟にあたる李淵も隋に反発して挙兵し、618年、煬帝が殺害されると恭帝侑から帝位を譲り受けて唐を建国。群雄割拠の世を制して第2代太宗の時代に天下を統一した。2代太宗は隋の改革をもとに律令制を再整備し繁栄の基礎を築くが、彼の死後第3代高宗の皇后となった武照は皇帝の実権を奪って第5代睿宗から帝位を奪い、周を建国した。科挙の拡張など後に受け継がれる人材登用を行ったが、彼女の最晩年にクーデターによって唐王朝が再興され、やがて第7代玄宗の時代を迎えることとなる。

　しかし、755年の安禄山の反乱が決定打となり律令制が次第に機能を失っていくと、辺境防衛の節度使が唐王朝から自立する動きを見せ始める。中央では宦官が兵権を独占して政治を牛耳るようになり、民衆や兵士の不満が蓄積した結果、874年の黄巣の乱によって唐は完全に実権を失った。そして、黄巣配下の朱全忠が唐を支配し、第21代哀帝から帝位を譲り受けると唐は滅亡した。その後、中国は朱全忠の後梁をはじめ節度使が建てた王朝が乱立する五代十国時代となる。

618年	隋の煬帝が死亡。李淵、隋の恭帝から帝位を譲り受けて唐を建国
626年	李世民、兄と弟を殺して李淵から帝位を譲り受け、第2代太宗となる
628年	唐、群雄勢力を滅ぼして天下を統一
663年	白村江の戦い。百済・倭の連合軍を新羅と共に撃破
690年	第3代高宗の皇后武照、第5代睿宗から帝位を奪って周を建国する（武周）
705年	第4代中宗を奉じたクーデターで武照を幽閉し、唐を再興する
710年	第4代中宗を殺した韋皇后を、第5代睿宗とその子李隆基が倒す
712年	李隆基が即位し、第7代玄宗となる
755年	節度使の安禄山が唐に対して大規模なクーデターを起こす
756年	玄宗、都の長安を放棄して逃亡。楊貴妃を殺す。第8代粛宗、即位する
757年	安禄山が殺害される。腹心の史思明が勢力を引き継ぐ
763年	安禄山の勢力を完全に倒し、反乱を鎮圧
821年	第14代穆宗、数代に渡る節度使対策を完成させる
845年	第16代武宗によって、廃仏政策が行われる
874年	無頼の徒、黄巣らが反乱を起こす
880年	黄巣が都の長安を制圧、斉を建国。第19代僖宗、蜀へ亡命
883年	黄巣配下の朱全忠が唐に寝返る。翌年、黄巣が滅亡し、唐が長安を奪還する
907年	第21代哀帝、朱全忠に帝位を譲り、唐が滅亡。後梁が建国

唐

高祖(こうそ)

生没 566年～635年
在位 618年～626年

　実名は李淵(りえん)。隋(ずい)の文帝(ぶんてい)に見出され煬帝にも仕えていたが、隋が混乱すると自らも挙兵。隋の恭帝侑(きょうていゆう)を擁立した後に帝位を奪い、618年、唐を建国した。王世充ら群雄勢力を倒して唐の天下統一の基礎を築いたが、皇子達は今後の政策と後継者の地位を巡って対立していた。高祖自身は曖昧な態度を取り続けていたが、626年、次男の李世民(りせいみん)が兄と弟を殺して強引に皇太子に就任。高祖は李世民に帝位を譲って引退し、その後は政治から離れて余生を送った。

太宗(たいそう)

生没 598年～649年
在位 626年～649年

　先帝高祖(こうそ)の子。実名は李世民(りせいみん)。高祖の挙兵時から従い、農民勢力が台頭していた山東省の平定をはじめ多くの戦功を挙げた。兄と弟を殺して父を引退に追い込み、即位する。628年、残る群雄勢力を滅ぼして唐の天下統一を完成させた。優れた官僚達を用いて、かつて隋の煬帝(ようだい)が目指した改革を踏襲して律令制の改定をはじめとする多くの政治改革が行われる一方、隋の失敗を分析して差別化を図った。また、外戚の長孫無忌(ちょうそんむき)らに命じて晋(しん)や南北朝時代、隋の歴史書の編纂を熱心に行う。兄と弟を殺して皇帝となったことを負い目に感じ、自分の評価が気になる余り閲覧禁止の発言記録を臣下に見せて欲しいと頼むが断られている。外交面では、中国の北で勢力を拡大していた突厥(とっけつ)を滅ぼし、中国で初めて異民族からも帝王の称号を授かった。仏教僧の玄奘(げんじょう)による西域旅行とインドへの修行の過程で記された書物が西域の事情把握にも一役買い、唐は中国史上最大の大帝国へと飛躍していった。晩年、朝鮮が三国鼎立の情勢となったことで、隋以来の宿願であった朝鮮に太宗自ら軍を率いて遠征を行う。だが、またしても失敗に終わりついに朝鮮平定は叶わなかった。

高宗(こうそう)

生没 627年～683年
在位 649年～683年

　先帝太宗(たいそう)の子。実名は李治(りち)。太宗の晩年、皇太子の兄が廃嫡された際に長孫無忌(ちょうそんむき)によって擁立され、太宗が没すると即位した。政治を取り仕切る長孫無忌に不満を持つ者が相次いで謀反の嫌疑をかけられた。かつて父の後宮に仕えていた武照(ぶしょう)を寵愛し、周囲の反対を押し切って武照を皇后にするが、武照は高宗を差し置いて政治を独占することになる。武照の専横を危惧した高宗は皇后廃位を決意したが、たちまち武照に発覚し臣下に罪を擦り付けて難を逃れた。

Ⅸ 東アジア

中宗

生没 656年～710年
在位 683年～684年、705年～710年

先帝高宗の子。実名は李哲、後に李顕。兄達が次々と武照に殺されたため、皇太子となる。即位後、武照に対抗して韋皇后の一族を取り立てようとしたため、武照の不満を買って間もなく廃位させられた。後に武照が建てた周を倒すクーデターが起こった際に皇太子として擁立され、武照の禅譲を受けて再び唐の皇帝として即位した。だが今度は韋皇后とその娘に権力を握られ、再び国家転覆を企てた韋皇后らは中宗を邪魔に思う。そして韋皇后らに謀られて毒殺された。

睿宗

生没 662年～716年
在位 684年～690年、710年～712年

先々帝高宗の子。実名は李旭輪、後に李旦。兄が廃位されると武照によって擁立されて即位するが、武照の傀儡に過ぎず実権はなかった。武照が周を建国すると臣下として仕えさせられたが、クーデターによって周が滅ぶと再び皇族の身分を取り戻す。兄の死後、息子の李隆基が国家転覆を企てた韋皇后らを滅ぼしたために再び皇帝となる。しかし、すぐに李隆基に帝位を譲って引退し、余生は政治に関与せずに生涯を終えた。兄弟ともども、強力な女性達に翻弄された人生だった。

武則天

生没 627年？～705年
在位 690年～705年

実名は武照。父は高祖に従って唐の建国に貢献した人物である。14歳で太宗の後宮に仕え、その死後高宗の後宮に入った。高宗の寵愛を受けて皇后の地位を手に入れ、北朝以来の名門達の多くを排斥して権力を確立した。高宗の時代、宿願であった朝鮮を支配下に置く。高宗のクーデター後は、垂簾政治と呼ばれる簾の内から政治発言を行う政治を行い皇后の発言権をさらに強めた。唐の皇族による反乱を鎮めた後、仏教の教えを利用して革命を説明し、690年、ついに時の睿宗から帝位を譲り受けて周を建国し、中国の歴史上唯一の女性皇帝となった。

唐王朝の道教優先から仏教優先の政治へと切り替え、革命を主張するために則天文字と呼ばれる特殊な漢字を年号などに用いた。科挙によって文学の才能に長けた人材を多く登用し、後の家柄にとらわれない人材登用の基礎を築く。一方で権力確立のために内政に偏重したため、外交面では突厥が再び帝国を建国するなど、新たな動きが見え始めている。

705年、中宗を推戴したクーデターによって幽閉され、中宗に帝位を譲って周は滅亡、再び唐が建国される。その後間もなく、彼女は死去した。

唐

殤帝

生没 694年～713年
在位 710年

　中宗の子。実名は李重茂。周の滅亡後、唐が再興されると再び皇帝に即位した中宗であるが、韋皇后は武照と同じく野心を持った女性であり、国家転覆を画策し、中宗を毒殺。殤帝はクーデター前の傀儡皇帝として即位させられるが、即位後間もなく睿宗とその子李隆基（のちの玄宗）が韋皇后達を倒す。睿宗の復位によって彼は皇帝から元の王の地位に戻るが、その任地で間もなく死去した。睿宗や李隆基の画策で殺害されたのではないか、と推測されているが真偽は不明。

玄宗

生没 685年～762年
在位 712年～756年

　睿宗の子。実名は李隆基。若い頃から俠気に富んでおり、騎射を得意としていた。睿宗から帝位を譲り受けて皇帝に即位した。兄達ととても仲が良かったため、穏便に即位できたという。科挙を重要視し、家柄や派閥にとらわれない人材登用を行った。流民の増加が問題となっていたため戸籍の整理を行おうとしたが、科挙官僚達の反対に遭って政策を巡る派閥争いを招いた挙句失敗する。やがて玄宗は彼らを遠ざけ、代わりに皇子の妃であった楊貴妃を寵愛して次第にその愛に溺れていく。一方、唐では正規軍が衰え、代わって辺境防衛の節度使が在地の人々を登用しはじめる。その一人、安禄山は辺境で次々と権力を掌握しながら玄宗と楊貴妃に取り入るが、内部では楊貴妃の従兄弟楊国忠が権力を握り、安禄山を排除しようと画策する。755年、自らの立場を危惧した安禄山が辺境の兵士達を率いて反乱を起こした。やがて都の長安を陥落させた安禄山は皇帝を名乗る。都を奪われた玄宗は蜀へ亡命し、その道中で寵愛する宦官の高力士の進言で楊国忠と楊貴妃を殺害した。皇太子が亡命先で即位したことで皇帝の位を譲り、その後は政治に関わらずに余生を送った。

楊貴妃

生没 718年～756年
在位 ──

　実名は楊玉環。17歳で玄宗の子李瑁の妃となるが、当時皇后を失い悲しみに暮れていた玄宗に気に入られ、玄宗の後宮に入ることとなる。玄宗からの寵愛を一心に受け最高位の位「貴妃」を授かるが、楊貴妃自身は安禄山から仮親に任じられる以外は政治に関与することはなかった。親戚の楊国忠と争った安禄山がクーデターを起こすと、楊国忠を恨んでいた兵士らに賊として殺された。玄宗は楊貴妃を殺すことを拒否していたが、楊貴妃は死を受け入れたという。

粛宗

生没 710年～762年
在位 756年～762年

　先帝玄宗の子。実名は李亨。3度改名している。玄宗が都から亡命した際に、宦官に擁立されて皇帝に即位した。即位の経緯から、宦官を重用した。安禄山に長安を奪われる前から既に抵抗勢力が現れていたが、安禄山が殺された隙をぬって、粛宗はウイグルと盟約を結び都の長安を奪還した。しかし、安禄山の勢力はそのまま腹心の史思明に引き継がれて唐と反乱軍の争いは続くことになる。762年、未だ反乱の鎮圧を果たせないまま没した。

代宗

生没 726年～779年
在位 762年～779年

　先帝粛宗の子。実名は李俶、後に李豫。粛宗に従って反乱軍と戦っていた。粛宗が没すると、跡を継いで即位した。唐軍が長江・淮水付近を確保すると戦局は好転し、763年、史思明の子史朝義を倒してついに反乱を鎮圧した。しかし、唐に降伏した安禄山の勢力はそのまま節度使として温存され、一族や同志を重用して唐の統治に対して反抗することになる。代宗もこれに対して討伐軍を興すが、失敗に終わった。一方、宦官を用いて禁軍を強化しその台頭も顕著になった。

徳宗

生没 742年～805年
在位 779年～805年

　先帝代宗の子。実名は李适。代宗と共に反乱軍と戦っていた。代宗没に伴い、即位した。旧安禄山派の節度使に対して、権限を奪う制裁を加えた。780年、税法の改革を行って節度使の意のままだった税収の権限を中央に取り戻し、節度使を抑えようとした。再び節度使の反乱が起こったため節度使を用いて討伐軍を興したが、討伐軍側の節度使に待遇改善を求めて反乱を起こされると都を奪われて放浪する。徳宗の改革は失敗するが、次の世代に改革は受け継がれる。

順宗

生没 759年～805年
在位 805年

　先帝徳宗の子。実名は李誦。若い頃から才気に溢れ周囲の期待を集めていたが、徳宗没の直前に病に倒れ、体が不自由となり、声も出せなくなってしまう。順宗が即位すると、文学者らが先頭に立って改革を行おうとした。節度使の財源を搾取する動きがあったが、それを禁止した。また、宦官が軍を指揮していたことを危惧して軍権を奪おうとしたが、失敗に終わる。間もなく、順宗が病で退位することとなったために改革は頓挫してしまい、順宗自身も没した。

唐

憲宗
- 生没 777年〜820年
- 在位 805年〜820年

先帝順宗の子。実名は李純。徳宗の改革を引き継いで、節度使の力を削ぐことに尽力した。節度使と地方官吏の関係を弱め、逆に中央と地方官吏の関係を強固にすることで節度使の権限を奪い、軍を用いてついに旧安禄山系の節度使を中央の支配下に置くことに成功した。この時期、唐は徳宗時代の倍以上の収入があったことが記録されている。しかし、晩年は不老長寿を目指して水銀を用いた薬を服用し狂暴になったため、これを憎んだ宦官らによって殺害された。

穆宗
- 生没 795年〜824年
- 在位 820年〜824年

先帝憲宗の子。実名は李宥、後に李恒。憲宗が殺害されると、宦官に擁立されて即位した。父に続いて節度使対策を進め、これ以降中央と節度使は比較的安定した関係を築く。安禄山の乱以降、領土を巡って侵攻を続けていたチベット系の吐蕃と和親を結ぶことにも成功し、後に吐蕃を倒すきっかけを作る。しかし、中央では宦官の台頭が目立ち始め、官僚の牛僧孺と李徳裕が互いに徒党を組み、以後約40年に渡る政権争いを始めることになる。穆宗は、在位5年で没した。

敬宗
- 生没 809年〜826年
- 在位 824年〜826年

先帝穆宗の子。実名は李湛。唐代後半には珍しく、宦官に擁立されなかった皇帝である。牛僧孺と李徳裕が政権争いを続ける中、宦官が擁立した李逢吉が宰相となり、16人の徒党を組んで政治を独占することになる。宦官と李逢吉が自分を利用して政敵を排除していたことを知ると、政治に関心を無くして遊興に耽るようになる。宦官らはこれで自分達の寵愛が弱まり政権から遠ざかることを危惧したため、共謀して敬宗を殺害した。在位期間はわずか3年であった。

文宗
- 生没 809年〜840年
- 在位 826年〜840年

先々帝穆宗の子で先帝敬宗の弟。実名は李涵、後に李昂。兄帝を殺害した宦官らの反対勢力によって擁立され、即位した。牛僧孺と李徳裕が吐蕃との外交方針を巡って対立したことで、吐蕃を支配するチャンスを逃す。文宗が宦官を憎んでいたことを知っていたことから、臣下が節度使の兵を用いて都に入り宦官らを排除しようと画策する。しかし、伏兵を宦官に察知されたために失敗、排除は失敗に終わった。文宗は「自分は宦官ごときに抑えられているのか」と嘆いたという。

武宗

生没 814年～846年
在位 840年～846年

　穆宗の子で、先帝文宗の弟。実名は李瀍、後に李炎。文宗には皇太子がいたが、廃嫡されたために皇太弟となった。唐を苦しめ続けたウイグル・吐蕃が内紛で勢力を縮小させため、これに攻撃を仕掛けた。それと前後して、唐の財政悪化を懸念した武宗は李徳裕の進言を用いて、大土地を所有しながら税役免除のために腐敗した仏教に対して徹底した弾圧を行った。熱心な道教信者であった武宗は、その後、道教を重視するようになっている。

宣宗

生没 810年～859年
在位 846年～859年

　憲宗の子。実名は李怡、後に李忱。先帝武宗が没すると、宦官に擁立されて即位した。牛僧孺と李徳裕が死去したことから、武宗以来の仏教弾圧を取りやめ、疲弊した国力の回復に努めた。節度使が長年に渡って中央への上納金のために民への搾取を続けていたことから、長江・淮水付近を中心に節度使の兵士が相次いで反乱を起こすことになる。この反乱には、経済悪化で増加していた無頼の徒や地方豪族層の支持が厚かったため、やがて大規模で反乱が起きる基盤となる。

懿宗

生没 832年～873年
在位 859年～873年

　先帝宣宗の子。実名は李漼。暗愚だと危惧されており、宣宗は懿宗の弟を皇太子に立てようとしていたが、宣宗が病に倒れた際、宦官が偽って懿宗を皇太子に立てたため、宣宗が没すると即位できた。変わらず節度使の兵士や無頼の徒による反乱が相次いでいたが、唐自身の軍事力は安禄山の乱前後から節度使に依存しており、ほぼ皆無であったためにウイグル・吐蕃の兵を借りるなどして鎮圧に赴いた。節度使の横暴や懿宗の悪政で、唐は衰退していくことになる。

僖宗

生没 861年～888年
在位 873年～888年

　先帝懿宗の子。実名は李儼、後に李儇。国の混乱をよそに遊興に耽り、宦官に政治を丸投げしていた。874年、無頼の徒の黄巣らによって大規模な反乱が起きる。一時は節度使の奮戦で優勢であったものの、やがて黄巣は長安を陥落させ、880年、皇帝に即位した。僖宗は都から蜀へ亡命するが、黄巣の配下朱全忠が唐に寝返ると黄巣は勢力を弱め滅亡した。一方、節度使も唐から自立する動きを強めていき、唐は長安近辺のみを治める地方政権に落ちぶれてしまった。

唐

昭宗

生没 867年～904年
在位 888年～900年、901年～904年

先々帝懿宗の子で、先帝僖宗の弟。実名は李傑、後に李敏、李曄。兄帝が没すると、宦官によって擁立されて即位した。軍の司令官によって皇太子を擁立され、一時幽閉されるが間もなく内輪もめで復位した。宦官が諸悪の根源であることを見抜いており、臣下の進言を用いて遠征に赴いていた朱全忠らに協力を仰いで宮中の宦官の大虐殺を行う。しかし、それでも皇帝に権力は無く、やがて実権を握った朱全忠の命令で洛陽に移され、そこで朱全忠によって殺害された。

哀帝

生没 892年～908年
在位 904年～907年

先帝昭宗の子。実名は李祝。朱全忠が昭宗を殺害した際、詔を偽って皇太子に立てられ、即位した。朱全忠配下の武人によって、清流と称していた朝臣たちを黄河に沈めて濁流にしてやったとの逸話が残されている。907年、哀帝はついに朱全忠に帝位を譲る。ここに唐は滅亡し、後梁が建国された。その後、哀帝は後梁の臣下となるが、兄達が宴会にかこつけて呼び出され、その隙を突いて朱全忠に殺害される。翌年、哀帝自身も後難を恐れた朱全忠によって殺害された。

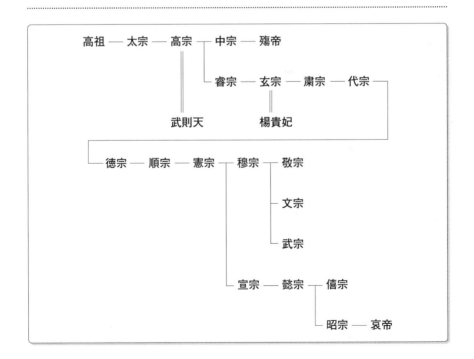

渤海
ぼっかい

698年〜926年

　高句麗の滅亡直後、現在の平壌以北の地は唐の統治下に入ったが、高句麗系の住民らは遼東地方に固まり、唐へ抵抗を続けていた。やがて武則天の専横で唐が乱れた7世紀後半、靺鞨族の有力者乞乞仲象は、遊牧民契丹の反乱に乗じて高句麗の遺民を統合し、現在の旧満州南部から沿海州方面の地に進出、やがて仲象の子大祚栄は現在の中国遼寧省付近に「震国」を建国した。698年の事である。武則天の統治する唐と震国は緊張状態にあったが、713年に大祚栄は「渤海郡王」に封じられ、独立が認められる。

　東は沿海州から日本海、北は松花江、西は遼河、南は朝鮮半島の狭窄部へと広がる「渤海国」は、高句麗の最大領域以上の勢力を誇り、唐からは「海東の盛国」と称された。広大な国土は農作物と共に水産資源、さらには良質の毛皮獣を産し、クロテンの毛皮は平安朝日本の貴族社会で珍重されている。しかし907年に唐が滅亡すると同時に、西方の遊牧民族・契丹の勢力が拡大する。そして926年に都の上京龍泉府が陥落し、渤海は滅亡した。渤海を中国の地方政権と見るか、高句麗の後裔と見るかは意見が分かれる。

668年	唐により高句麗滅亡。高句麗遺民は満洲に強制連行される
698年	大祚栄、震国建国
713年	唐、大祚栄を渤海郡王に冊封
726年	二代目国王・大武芸の弟である大門芸が、唐に亡命
727年	渤海、日本に最初の「渤海使」を派遣。翌年には日本が使節を送る
732年	渤海の将・張文休が山東の蓬莱港を占領
733年	唐、大門芸に命じて渤海を攻撃させるが、大雪のため失敗
746年	渤海人及び鉄利人1100人が、出羽国に漂着
777年	日本の舞女11人を唐に献上
779年	渤海人通事、日本の朝廷で鉄利人と席を争う
785年	上京龍泉府から東京龍原府に遷都
810年	日本からの最後の第15次遣渤海使
826年	新羅、渤海との国境に長城を築く
907年	唐、滅亡
918年	渤海、契丹族の遼に使節を派遣
919年	最後の渤海使が日本に派遣される
926年	契丹軍、上京龍泉府を攻略。渤海滅亡。契丹、渤海故地に東丹国設置
930年	日本との通交が絶える。以降、東丹国が史料から消滅

渤海

高王

- 生没 ?〜719年
- 在位 698年〜719年

実名は大祚栄。ツングース系靺鞨族の有力者乞乞仲象の子である。696年に契丹人が武則天の悪政に反旗を翻した折、乞乞仲象と部下の乞四比羽は乗じて兵を挙げる。2人が武周（武則天による簒奪国家）との戦いで斃れた後は大祚栄が靺鞨人と高句麗の遺民を統率し、698年には東牟山（現在の吉林省敦化市）を都として「震国」を建国した。唐で712年に玄宗皇帝が即位すると、翌年に「渤海郡王」に冊封される。719年に死去。位は次男が受け継いだ。

武王

- 生没 ?〜737年
- 在位 719年〜737年

先王高王の次男。実名は大武芸。即位後は、唐とは個別の元号を制定し、自立の意志を明確にした。在位中に渤海領は拡大し、南は大同江、西は松花江、東は沿海州から日本海と、かつての高句麗領を世襲する形になる。727年、王は新羅や唐と敵対する状況を打破すべく、日本に使いを送る。使節団は蝦夷地に漂着するなど苦難を重ねたものの入京を果たし、長屋王はじめ日本貴族から歓迎された。以降、渤海は滅亡まで奈良、平安期の日本と親交を重ねていく。

文王

- 生没 ?〜793年
- 在位 737年〜793年

先王武王の三男。実名は大欽茂。即位と同時に国内を府と州に分割して中央集権化を進め、宮廷には三省六部を設置するなど唐の統治法を参考にした支配体制を構築する。さらに唐の「五京制」に習って、国内に五つの都を建設した。60年近い在位中に10度も日本に使節を派遣して親交を深める。一方、安史の乱で乱れた唐に対しては一時期こそ距離を置きつつも、一貫して唐を支持した。そのため唐の心象が好転し、以降は「渤海国王」に格上げされた。

廃王

- 生没 ?〜794年
- 在位 793年〜794年

先王文王の叔父。実名は大元義。性格は残酷で、自身の反対派を粛清した。このため数ヶ月で殺害され、王位は大華璵に継承された。

成王

- 生没 ?〜794年
- 在位 794年

文王の孫。実名は大華璵。先王が暴君ゆえに即座に殺害された後、国王として擁立される。しかし間もなく病に倒れ、在位は半年に満たなかった。

康王

- 生没 ？〜808年
- 在位 794年〜808年

3代文王の末子。実名は大嵩璘。短命な王が続き混乱した政局を収めて、渤海国に安定をもたらした。日本や唐とも盛んに通交している。

定王

- 生没 ？〜812年
- 在位 808年〜812年

先王康王の長男。実名は大元瑜。それまでの国際感覚を継承し、日本や唐と親密な関係を構築した。しかし、即位後2年で死去した。

僖王

- 生没 ？〜817年
- 在位 812年〜817年

先王定王の弟。実名は大言義。周辺国と修好を結ぶ。僖王の代に日本へ派遣された使節が詠んだ漢詩が、平安時代の漢詩集『文華秀麗集』に載る。

簡王

- 生没 ？〜818年
- 在位 817年〜818年

先王僖王の弟。実名は大明忠。兄の死去により位を継ぐも、まもなく病没。ここに初代大祚栄以来の血統は途絶えることになる。

宣王

- 生没 ？〜830年
- 在位 818年〜830年

初代高王大祚栄の弟大野勃の子孫。実名は大仁秀。大祚栄の血統が絶えたことにより、王として擁立される。即位時、南方の新羅は天候不順と王族の政権争いで混乱していた。即位間もない宣王はこれを好機と見て、南方に侵攻して勝利を収める。結果、新羅では国境線に防衛用の「長城」建設を余儀なくされた。一方、日本へは盛んに「朝貢」したものの、日本では「宗主国」として下賜する物品の負担に耐え切れず、使節を拒絶する向きも見られる。

大彝震

- 生没 ？〜857年
- 在位 830〜857年

先王宣王の孫。廟号は伝わらない。宣王の中興によって充実した国力を、さらにまとめあげた。渤海が「海東の盛国」と称されるのは、この時代である。

大虔晃

- 生没 ？〜871年
- 生没 857年〜871年

先王大彝震の弟。在位中の859年、104人からなる使節団が日本に新式の暦「長慶宣明暦」を伝えた。以降、江戸期まで使用された暦である。

渤海

大玄錫
- 生没 ?〜895年
- 在位 871年〜895年

先王大虔晃の孫。在位中、日本に三度にわたり使節を派遣する。しかし日本側では使節の接待、そして帰国用の船の負担が問題化していた。

大瑋瑎
- 生没 ?〜907年
- 在位 895年〜907年

先王大玄錫の子。在位期は唐の滅亡時に重なるが、渤海は唐に多くの使節や留学生を送り込んだ。朝廷で新羅使と席次を争ったとの記録も残る。

大諲譔
- 生没 不詳
- 在位 907年〜926年

先王大瑋瑎の子。即位した年に唐が滅亡した。大諲譔は唐を簒奪した後梁にすぐさま朝貢し、在位期に計6回の使節を派遣している。一方で西方では騎馬民族の契丹が強大化し、たびたび侵入を受けるようになる。混乱する中国本土に対抗する力は無く、さらに南方の新羅が契丹と手を結んだことで渤海は苦境に立たされる。そして926年、都の上京龍泉府(現在の中国黒竜江省寧安市)が契丹の手に落ち、渤海は滅亡した。王は幽閉されたとされる。

大光顕
- 生没 不詳
- 在位 ——

渤海最後の王大諲譔の子とされる。926年に渤海が契丹の侵入で滅亡した後、契丹王耶律阿保機の子による傀儡国家・東丹国が立てられる。しかし各地で渤海王族を奉じた反乱が勃発した。大光顕は現在の北朝鮮咸鏡道付近に勢力圏を得るも叔父と対立し、934年に至数万の民を率いて高麗の初代国王王建のもとに亡命する。大光顕は王継の名を与えられ、白州(現在の北朝鮮黄海南道・白川郡)に封じられた。以降、渤海民族は北東アジアの歴史に埋没した。

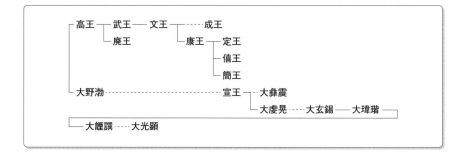

遼

907年～1125年

　9世紀、中国本土が五代十国の混乱に陥る一方、北方では遊牧民族契丹の勢力が増し、907年、耶律阿保機によって統一される。耶律阿保機は本土の混乱を逃れ亡命した漢人の協力を得て勢力を蓄え、916年には中国を模倣し皇帝を自称。以降は盛んに遠征を繰り返し、926年には渤海国を滅亡に追い込んだ。第2代太宗の時代には中国本土まで遠征し、五代の一国・後晋を援助した見返りとして燕雲十六州（現在の北京一帯）を領有化し、騎馬民族による農耕民族支配の知恵を学んでいく。1020年には高麗を隷属させ、さらに中国大陸を統一した北宋に対しては対等な地位での平和条約「澶淵の盟」を結んだ。文化面においては仏教を篤く信仰して各地に仏塔を建立し、漢字を参考に「契丹文字」を考案している。

　しかし漢化した契丹族は贅沢に溺れ、遊牧民の気概を失っていった。一方で被支配民族である女真族の間では、契丹に対する不満が鬱積する。やがて女真族の英雄完顔阿骨打は遼による支配を拒絶し、1115年に金を建国。金は「燕雲十六州」に固執する北宋と組んで挟撃作戦を取り、1125年に至って遼を滅亡に追い込む。なお、皇族が建てた亡命政権「北遼」は、1125年を待たずに滅んでいる。

907年	耶律阿保機、契丹を建国
916年	耶律阿保機、皇帝を称す
920年	契丹文字作られる
925年	「遼史」によれば、日本の使節が来訪
926年	契丹、渤海を滅ぼす
936年	契丹、燕雲十六州を領有
937年	契丹、国号を遼と改名
946年	契丹、中国内陸部に遠征
947年	契丹、国号を「大遼」と改める
960年	趙匡胤、北宋を興す
979年	北宋の太宗に攻められるも、撃退
986年	北宋の太宗にまたも攻められるも、撃退
993年	遼、高麗に侵入
1004年	遼、北宋と平和条約「澶淵の盟」を結ぶ
1113年	女真族の完顔阿骨打、部族の長になる
1115年	完顔阿骨打、金を建国
1122年	金が遼の中京、西京、南京を占領。同年、「北遼」建国
1125年	金が遼の天祚帝を捕える。遼、滅亡

遼

太祖

- 生没 892年〜926年
- 在位 907年〜926年

　実名は耶律阿保機。4世紀から中国北方に勢力を持った遊牧民族契丹の族長である。伝説によれば、3歳児の体格で生まれ、長じて身長9尺の偉丈夫となり、特に弓射の技術に優れていたという。907年にカガン（族長）に即位し、敵対勢力を征服して支配体系を固める。そして917年に「契丹」を建国、西の突厥、タングート、ウイグル、沙陀、北の女真、南の中国10余州を攻めて勢力を拡大する一方、契丹族独自の元号と文字を制定する。926年、渤海遠征の帰路に崩御。

述律皇后

- 生没 879年〜953年
- 在位 ──

　太祖の皇后。実名は月理朶。ウイグル族の出身である。策略と機転に優れ、遠征に出た夫阿保機の留守に敵の襲撃を受けた時、手勢を指揮して撃退した。また、火攻め用の油を献上された夫が幽州攻めを画策した折、「油の威力を試すために戦をする者がいるでしょうか」と、たしなめたという。926年、夫阿保機の死去に伴って殉死を決意するものの、群臣に諫められる。そこで、自身の右腕を斬って棺に納めらせた。953年、75歳で崩御。諡号は「貞烈」。

太宗

- 生没 902年〜947年
- 在位 927年〜947年

　先帝太祖の次男、実名は耶律徳光。同母兄突欲が生母月理朶に疎まれて廃嫡されたため、父の死の翌年に即位する。一方、中国華北では後唐国が滅亡し、契丹の援助を受けた王家の娘婿によって後晋が建国される。やがて後晋が契丹からの決別を図ったため、946年に太宗は親征を開始、黄河を渡って開封を落とし、ここに国号を「大遼」と改める。しかし行軍中の大規模な徴発行為は漢人らの怒りを買い、結局、撤退を余儀なくされる。947年、行軍中に陣没。

世宗

- 生没 919年〜951年
- 在位 947年〜951年

　太祖の長男耶律突欲の子で先帝太宗の従弟にあたる。実名は耶律兀欲。先帝が行軍中に死去するに及び、同行していた彼は急遽、帰国する。しかし祖母月理朶は太宗の弟李胡の即位を望んだため、兀欲はこれを倒し、祖母を幽閉して即位する。その後は遊牧民的部族社会の残る契丹を中華王朝的な中央集権政治体制に整える、しかし晩年は酒色に溺れ、佞臣をはべらせるなどして政治は乱れた。951年、外征よりの帰路、太祖の弟安端の子である察割に暗殺された。

穆宗（ぼくそう）

- 生没 931年～969年
- 在位 951年～969年

　先々帝太宗の長男。実名は耶律述律。従兄の世宗が暗殺された後、世宗の一族を滅ぼして即位する。しかし晩年は酒色に溺れ、969年、側近に暗殺される。

景宗（けいそう）

- 生没 948年～982年
- 在位 969年～982年

　先々帝世宗の次男。実名は耶律明記。先帝穆宗が暗殺されるに及び、重臣らに推挙されて即位する。性格は寛大で善政を敷くが生来病弱、35歳の若さで崩じた。

聖宗（せいそう）

- 生没 972年～1031年
- 在位 982年～1031年

　先帝景宗の長男。実名は耶律文殊奴。12歳で即位し、翌年には国号を「大遼」から「大契丹」に戻す。30代より親政を開始し、1004年には大軍を率いて親征し、黄河を挟んで北宋軍と対峙する。戦況は膠着する中で和平案が提示され、ここに両国の平和条約「澶淵の盟」が結ばれる。以降、北宋から毎年、絹20万匹・銀10万両がもたらされ遼は大いに潤うが、結果的に尚武の気風を削ぐことになる。聖宗は内政面でも中央集権化を進め、遼における名君とされる。

興宗（こうそう）

- 生没 1016年～1055年
- 在位 1031年～1055年

　先帝聖宗の長男。実名は耶律只骨。聖宗の崩御に伴い即位するものの、生母の欽哀太后は彼の実弟重元を即位させようと図った。重元から計画を知らされた興宗は、欽哀太后を幽閉する。しかし後に悔い、1039年に幽閉を解いた後は孝行を尽くした。政治面では北宋からの歳幣を増額させ、西方の西夏国を屈服させるなど、親子2代に渡り遼の全盛期を築くものの、1055年に40歳の若さで崩御。生母欽哀太后は「汝はまだ幼年ではないか」と、取り乱し嘆いたという。

道宗（どうそう）

- 生没 1032年～1101年
- 在位 1055年～1101年

　先帝興宗の長男。実名は耶律査剌。即位後の1063年、信頼していた叔父の重元が、従弟と組んで反乱を起こす。1066年、国号を「大契丹」から「大遼」に再度変更した。治世の初期は農政に留意し学問を奨励したが、やがて仏教に傾倒し、各所に大寺院を建立して国庫を蕩尽した。さらに佞臣耶乙の誣告を信じ、皇太子をその生母ともども自殺に追い込む。しかし後に悔い、皇太子の子阿果を皇太子とした。道宗の悪政により、遼は滅亡への道を歩むことになる。

遼

紹宗

- 生没 1075年〜1128年
- 在位 1101年〜1125年

先帝道宗の孫。実名は耶律阿果。一般には天祚帝の名で知られる。暗愚で政務を顧みず、結局1125年に女真族に捕えられて退位。ここに遼は滅亡した。

宣宗

- 生没 1062年〜1122年
- 在位 1122年

興宗の四男の子。実名は耶律淳。女真族の勢力が増して紹宗が敗走を重ねる中、家臣らに懇願され亡命政権を樹立。彼の王朝は後世「北遼」と呼ばれる。

秦王

- 生没 不詳
- 在位 1122年〜1123年

紹宗の子、実名は耶律定。宣宗の死に伴い、生母の蕭普賢女を摂政として即位するも、まもなく女真族に捕えられた。その後の消息は不明。

順文帝

- 生没 1094年〜1123年
- 在位 1123年

紹宗の子。実名は耶律雅里。紹宗の不行跡に絶望した重臣らによって擁立されるものの、狩猟中に病を得て崩御。北遼は間もなく滅亡した。

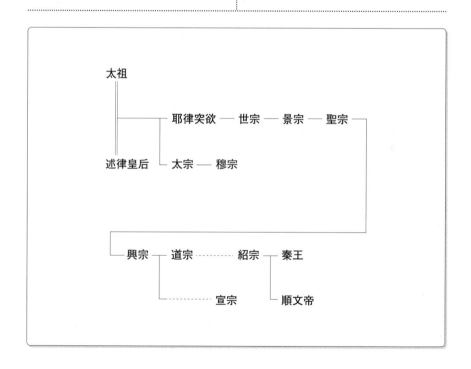

宋

960年〜1279年

後周の武将だった趙匡胤を太祖とする宋は、次の太宗まで2代がかりで、五代十国に分裂した中華を再統一に導いた。皇帝を補佐して政権を担う高級官僚は「士大夫」と呼ばれて書画詞章を良くし、司馬光、欧陽脩、蘇軾など名高い文学者や画人を多数輩出する、中華文化の黄金時代を築く。しかし、第4代仁宗半ばの1039年頃より西方の西夏が侵攻して防衛戦争に莫大な軍費を強いられ、国運は傾き始める。第6代神宗は地方で実績を積んだ官僚王安石を抜擢して財政再建に成果を上げるが、これが既得権層の怒りを買い、朝廷は王の「新法」派と「旧法」派に分かれて激しい政争を繰り広げた。その一方、大陸東北部では女真族の国・金が台頭。遂に1126年、首都開封に侵攻し、第8代徽宗と第9代欽宗は捕らえられて金領に送られてしまう。ここまでを北宋という。

開封落城の後、第9代欽宗の弟王が南方で即位して高宗となり、以後149年間、首都を臨安（現在の杭州）に置き、金と対峙しながら生き永らえた。これを南宋と呼ぶ。臨安一帯は北宋時代からの一大穀倉地帯であり、国土は小さいながら豊穣で、北宋同様中華文化の精華が花開いたが、モンゴル族の元によって滅ぼされた。

960年	後周の将軍趙匡胤、推挙され帝位につく
960年	科挙開始
979年	第2代太宗、北漢を滅ぼして中華を統一する
1008年	第3代真宗、莫大な費用をかけ祭祀「封禅の儀」を行う
1039年頃	西夏、宋へ進攻（〜1044年）
1069年	第6代神宗、王安石を副宰相に抜擢。「新法」による政治改革始まる
1076年	新法派に対する圧力強まり、王安石、宰相を解任される
1093年	第7代哲宗、新法派官僚を復活させる
1102年	第8代徽宗、宦官蔡京を宰相に任じ、政治を任せて自身は遊興に耽る
1126年	徽宗と第9代欽宗、金に捕らえられる（靖康の変）
1129年	欽宗の弟高宗が即位。南宋の始まり。後に首都を臨安に置く
1138年	金と和睦
1161年	金の海陵王、和睦協定を破って南宋侵攻。
1258年	元のフビライ・ハーン、南宋侵攻。しかし内乱が起こり撤兵
1258年	元の撤兵を南宋の勝利と誇大宣伝した賈似道が、宰相に取り立てられる
1268年	元、再び南宋に侵攻
1276年	最後の皇帝恭宗、元に降伏
1279年	恭宗の弟で抵抗を続けていた昺、元軍に追い詰められ海中に没する。南宋滅亡

宋

太祖

- 生没 927年〜976年
- 在位 960年〜976年

宋の太祖となった趙匡胤は、五代十国時代の末期、開封に都を置く後周の軍人だった。名君とうたわれた世宗のもと軍の総司令官まで昇りつめ、世宗没後は7歳の幼帝恭帝のもと、北方の北漢・契丹連合軍征討へ赴いていた。その行軍中、突然将軍たちから皇帝の象徴である黄色の袍を着せられ、皇帝に推戴される。この一幕は、弟であり、後に2代皇帝となる趙匡義らが図った皇位簒奪劇だとする説もある。その後、恭帝と皇太后は禅譲を発表し、太祖となった趙匡胤は恭帝を子々孫々の代まで厚く保護。稀に見る平和な王朝交代劇となった。即位後は、唐以来、国の乱れのもとであった節度使（地方長官）の力を弱め、また、かつての同僚だった将軍たちを宴に招いて兵権を差し出すよう促した一事は、「杯酒、兵権を釈く」として名高い。一方、行政運営に当たっては科挙を重視。縁故採用が多かった官僚任用に実力主義を取り入れ、対外的には、農工業と文化の先進地域だった南唐や南漢を滅ぼし、北漢・呉越を除けば中華の地の再統一を達成した。軍出身ながら軍人の専横を抑え、皇帝と文官による文治体制を確立した名君であったが、54歳で急死した。

太宗

- 生没 939年〜997年
- 在位 976年〜997年

先帝太祖の弟。実名は趙匡義。先帝の急死により即位。以後126年後まで太祖の血統が王位につくことはなく、また、太祖の急死が太宗に招かれた宴の最中であったため、弟による帝位簒奪だったのではないかとの疑義が絶えない。即位後は太祖の文治方針を更に推し進めて地方行政区を中央の直轄とし、節度使を完全に無力化。科挙をいっそう重視した。また、呉越・北漢征伐を滅ぼして兄帝の悲願を達成する。979年、太宗のもと、中華は53年ぶりに統一された。

真宗

- 生没 968年〜1022年
- 在位 997年〜1022年

先帝太宗の三男。太祖・太宗の文治方針を引き継いで経済産業の育成に努めた。しかしその帰結として軍事力は弱体化し、折しも北方に台頭した遼が、1004年侵攻を開始。領内に深く攻め込んだ。真宗は何とか食い止め和議を結んだが、毎年遼に高額の歳幣を与えることとなった。しかしこれによって北方の不安は取り除かれ、その後の宋の発展をもたらしたのである。真宗はその後、宗教儀式「封禅の儀」や新宮殿造営に莫大な費用を掛け、後代に負債を残して没した。

仁宗

- 生没 1010年〜1063年
- 在位 1022年〜1063年

　先帝真宗の子。治世の前半は「士大夫」と称される科挙合格者の官僚が闊達に意見を述べながら国政を運営。皇帝と臣下のあり方の理想的な姿として、「慶暦の治」と讃えられている。士大夫は政論だけでなく詩や書画もなす教養人で、韓琦、欧陽脩、司馬光、范仲庵など名高い史家や文学者も、仁宗時代に活躍、あるいは頭角を現している。しかし後半は西方の新興国西夏の侵攻を受け、最終的に和睦となったものの莫大な軍事費を要し、忍び寄る宋朝没落の影の中、没した。

英宗

- 生没 1032年〜1067年
- 在位 1063年〜1067年

　先帝仁宗の甥。仁宗の3人の王子が夭折したため皇太子に擁立されていたが、帝位につくことを嫌って鬱状態となり、結局、即位後は仁宗の皇后曹氏による垂簾政治となった。そんな中、英宗の実父である濮王を儒教の教義上どう呼ぶべきかを巡って士大夫官僚を二分する大激論となり、英宗の神経衰弱状態はいっそう激しくなってしまう。結局その影響もあって在位わずか3年で没し、その間、喫緊の課題である財政再建はむなしく放置されるしかなかった。

神宗

- 生没 1048年〜1085年
- 在位 1067年〜1085年

　先帝英宗の長男。先々帝以来傾きかけていた国勢を憂い、地方官だった王安石を宰相に抜擢。困窮農民に低利で苗を貸し付けて生産力を上げる青苗法など、「新法」と呼ばれる経済政策を矢継ぎ早に実行した。これらの政策は国情に沿った的確なもので財政は大幅に回復したが、既得権を持つ特権階級の激しい抵抗に遭い、結局王安石を手放さざるを得なかった。また、国庫回復の余勢を駆って西夏征討に乗り出し、失敗する。しかし、国家再建に努めたその政治姿勢は高く評価されている。

哲宗

- 生没 1076年〜1100年
- 在位 1085年〜1100年

　先帝神宗の子。10歳で即位したため、宣仁太后（第5代英宗の皇后）が摂政となった。太后は大の新法嫌いで旧法派官僚を登用、新法の諸制度は全て撤廃される。しかし1093年に宣仁太后が没すると太后に抑え込まれていた哲宗は旧法派を嫌い、新法派を登用。旧法派は弾劾され、中心人物は遠隔地に配流されて青苗法など新法の主要制度も復活を見た。さらに哲宋は太后憎しのあまり、太后から推された皇后孟氏をも廃立。長期親政の意欲は十分であったが、24歳で急死した。

宋

徽宗(きそう)

- 生没 1082年～1135年
- 在位 1100年～1125年

先帝哲宗(てつそう)の弟。跡継ぎのなかった先帝の急死に伴い皇帝に推挙されるが、放蕩で知られており、危惧の念は高かった。即位後はその危惧の通り、宰相に任じた蔡京(さいけい)に政務を任せ、自身は書画や造園に熱中。その才は高く、徽宗の書画や詩文は中国史上第一級に数えられる。こうして国庫を浪費し蔡京らが不正蓄財を重ねる間に北方から金が攻め入り、徽宗は自らを弾劾する詔書を発して退位。しかし金に捕らえられ、最期は極寒の金領の地で病死するという悲劇をたどった。

欽宗(きんそう)

- 生没 1100年～1161年
- 在位 1125年～1127年

先帝徽宗の子。遊興(ゆきょう)に明け暮れた父帝が金の侵攻を招くと、父に自らの罪を認める詔書を書かせ、即位。蔡京ら父の寵臣もことごとく粛清した。金に対しては遼と共謀して対抗しようとしたが奏功せず、1126年、遂に開封を包囲されて降伏。父帝や皇后ともども捕らえられ、金へと送られた（靖康(せいこう)の変）。その間、開封(ほう)では父帝が収集したあまたの書画が強奪された。その後、南宋が建国されて金との和睦が成立するが、南宋の初代高宗は欽宗の帰還を望まず、異国で没した。

高宗(こうそう)

- 生没 1107年～1187年
- 在位 1127年～1162年

南宋初代皇帝。北宋最後の皇帝欽宗(きんそう)の弟でありながら、金の虜囚を辛くも逃れていた。哲宗(てつそう)に廃位され同じく金の虜囚を逃れた孟廃后により皇帝に即位する。即位後は金と交戦、南方や海上に逃れるなど苦戦を重ねるが、金に拉致されていた廷臣秦檜(しんかい)が帰国すると停戦交渉に当たらせ、講和が成立した。その際、主戦派の勇将岳飛(がくひ)を毒殺。これは、抗戦の名誉より国の安定を取ったものと考えられる。講和から10年後、再び侵攻した金との戦いの最中、譲位。上皇として没する。

孝宗(こうそう)

- 生没 1127年～1194年
- 在位 1162年～1189年

北宋太祖の第7代の後裔。先帝高宗に嗣子がなく、擁立された。宋朝では皇位は太宗(たいそう)の系統に伝わっていたが、126年を経て太祖(たいそ)の系統が返り咲いたこととなる。高宋の末期に金の第4代海陵王(かいりょうおう)が和議を破って侵攻。4年にわたって戦闘が続いていたが、第5代世宗に代わると和議の機運が高まり、先帝より譲位を受けた孝宗はこれと講和した。こうして北方の憂いを解いた後は、官員の人員整理を行い通貨安定に務めたことで国内は安定し、名君と讃えられている。

IX 東アジア

光宗

生没 1146年〜1200年
在位 1189年〜1194年

　先帝孝宗の子。43歳で父帝より帝位を譲られて即位する。父に似ず暗愚であり、勝気な性格の皇后に押されて政治決断が左右される有様だった。これを憂慮した上皇は皇后を抑えるよう度々注意を与えたが、かえって恨みに思い、夫婦揃って父帝の臨終に駆けつけなかった。これは儒教倫理上許されぬことであり、臣下の憂慮が深まる中、皇族の血を引く趙汝愚が高宗皇太后の呉氏と共謀。太后が光宗の退位を命じて譲位させ、上皇として政治権力を奪われたまま54歳で没した。

寧宗

生没 1168年〜1224年
在位 1194年〜1224年

　先帝光宗の子。父と同様暗愚帝に数えられ、皇后の父である韓侂冑が宰相について専横をほしいままにした。しかし皇后が没したため前途に不安を感じた韓侂冑は、1206年、金征討を決行する。当時金の更に北方では後に元となるモンゴル族が台頭し、その征討に追われ国勢に陰りが見えていたためである。しかし金軍は強力に反攻し、戦線は膠着。廷臣の史弥遠が謀って韓侂冑を殺害し、和睦が結ばれた。この無為な戦と戦後の経済運営の失敗により、宋の国力は著しく弱体化した。

理宗

生没 1205年〜1264年
在位 1224年〜1264年

　先帝寧宗の養子で、北宋太祖の後裔。理想主義哲学に凝って著名学者に政権運営を担わせるが、現実政治には全く適さず、失敗。以後理宗は政治に興味を失い、離宮建設など奢侈な生活に流れた。その間に北方ではモンゴルが金を滅亡に追い込んで、南宋に照準を定め、58年、遂に侵攻を開始。理宗をはじめ人心は恐怖に浮足立ったが、折よくモンゴルに内乱が起こり、撤兵。これを勝利だと偽って凱旋した前線の将軍賈似道に理宗は絶大な信頼を寄せ、宰相に登用。国政を任せた。

度宗

生没 1240年〜1274年
在位 1264年〜1274年

　先帝理宗の甥。生母の出身が低いとして抹殺されかけた暗い生い立ちを背負い、成人しても性格は弱く、遊興に耽るばかりだった。政務を担ったのは先帝以来の宰相賈似道とその一派で、地主から一部田畑を召上げて軍費に当てるなど財政再建に取り組んだが、度を越して書画収集に凝るなど奢侈にも流れた。そんな宋最後の輝きを破り、元を建国したモンゴルが1268年侵攻を開始。5年の攻防の末、要所襄陽を失い74年に総攻撃をかけられて間もなく、度宗は没した。

恭宗

- 生没 1270年～1332年
- 在位 1274年～1276年

先帝度宗の長男。わずか4歳で即位した時、すでに元軍は猛攻撃を掛けて南宋軍は次々と拠点を奪われ、遂に元軍人である宰相賈似道が自ら出陣。しかし元軍に歯が立たず、賈似道は責任を問われ、処刑されてしまう。元軍は1276年、遂に都の臨安に迫り、幼帝を抱えた謝皇太后（先々帝理宗の皇后）は救国の檄を飛ばすが、臣下のほとんどは脱出。なす術もなく遂に無条件降伏を受け入れて南宋は事実上滅亡した。恭帝は元に瀛国公に封じられ、後、仏門に入った。

端宗

- 生没 1269年～1278年
- 在位 1276年～1278年

先帝恭宗の兄。臨安開城の直前、弟の昺と共に城外へ逃され、その後、廷臣陸秀夫と将軍張世傑に守られ、南方の貿易都市福州で即位した。元は征討軍を派遣し、帝一行は更に南方の泉州へ落ち延びたが、この地を支配するアラビア人官僚蒲寿庚は貿易都市の人らしく時勢は元にありと判断し、降伏。南宋討伐に協力して船を貸す始末だった。陸路は完全に元軍支配下にあるため、端宗一行は海路チャンパ（現在のベトナム）を目指したが、その途上で没した。

帝昺

- 生没 1272年～1279年
- 在位 1278年～1279年

先帝端宗の弟。8歳で即位するも、すでに元は南宋全域を掌握しており、海路、流浪を重た。その船の中で忠臣陸秀夫は、悠揚と昺に『大学』の講義を行っていたといわれる。1279年、現在の広東省に位置する厓山島に仮宮を建設したところを元軍に取り囲まれ、最後の1000艘を互いにつないで抗戦したが遂に進退窮まる。陸秀夫は自らの妻子を海に落とした後、帝を背負って海に沈んだ。ここに、北宋建国以来319年、18代にわたる宋王朝は完全に滅亡した。

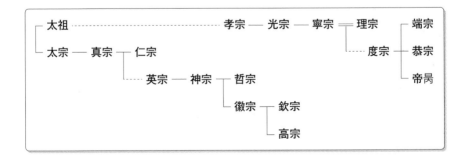

金
きん

1115年～1234年

　中国東北部の松花江流域には10世紀頃よりツングース系の民族女真族が居住していた。彼らは契丹族の遼王朝に隷属していたが、過酷な統治に不満が高まっていた。1113年、完顔部の族長に即位した阿骨打は1115年に至って自立を宣言し、同年「金」を建国、現在のハルピン市付近に最初の都上京を置いた。

　1120年、北宋は遼が領有する燕雲十六州の奪還を意図し、新興勢力の金に挟撃作戦を持ちかける。金の尽力によって燕雲の地は北宋に復し、遼も滅亡した。しかし以降の北宋は十分な戦費を支払わず背任行為を重ねるに及び、怒った金は北宋の都開封を陥落させ、皇帝欽宗や宮女ら数千人を北方に連行した。以降は中国南部に移った南宋との戦が繰り返されるものの、1142年に和議が成立する。

　質実剛健を旨とした女真族だが、漢人に交じるなかで漢化を免れず、次第に惰弱の風が蔓延するなど契丹と同じ道を歩み始める。一方で北方のモンゴル高原ではチンギス・ハンが勢力を拡大し、侵入が繰り返された。そして1234年、南宋と組んだモンゴルにより国土を蹂躙され、金は滅亡した。

1113年	女真族の完顔阿骨打、部族の長になる
1115年	完顔阿骨打、金を建国
1120年	金、北宋と軍事同盟「海上の盟」を締結
1122年	金、遼の中京、西京、南京を占領
1125年	金、遼を滅ぼす
1127年	靖康の変。金、北宋を滅ぼす
1130年	金、華北支配のため、傀儡政権「斉」を建国
1142年	金、南宋と講和
1149年	海陵王、クーデターにより即位
1152年	都を上京から中都（現在の北京）に移す
1161年	金、中国本土に侵攻するも撤退
1165年	金、南宋と関係を修復
1206年	モンゴルでチンギス・ハン即位
1212年	モンゴルの拡大に乗じ、契丹人が反乱
1213年	モンゴルが、河北、山東一帯に侵入
1214年	金、中都を放棄し、開封に遷都
1227年	チンギス・ハン、死去
1232年	オゴタイ・ハンの侵攻により、都・開封が陥落
1234年	哀宗と末帝が相次いで死去し、金が滅亡する

太祖

生没 1068年〜1123年
在位 1115年〜1123年

　実名は完顔阿骨打（ワンヤン アクダ）。女真族完顔部の族長である。身の丈8尺の偉丈夫にして、寛大にして寡黙、女真族の理想的君主だった。当時、遼の宮廷では鷹狩が流行し、女真族らは鷹の献納を命じられていた。阿骨打は鷹の捕獲に苦心する同胞らを「鷹はわが地に生まれながら、遼の地を飛ぶ。悔しいとは思わぬか」と鼓舞し、民族の自立を目指して蜂起。1115年に至って「金」を建国する。国名の由来は、女真の地が金を産するからとも、永遠に腐らない金にあやかってともいう。

　一方、南方の北宋は新興勢力・金との挟撃作戦で遼を討つべく、1120年に阿骨打の金と軍事同盟「海上の盟」を結ぶ。翌年、北宋・金と遼は開戦するものの、国内反乱の平定に手間取る北宋は出遅れ、いざ遼に至っても敗退を重ねるばかりだった。一方で阿骨打率いる金軍は優位に戦線を伸ばし、独自の能力で遼の大半を征服する。群臣らは「征服地はすべて金の領土とすべきだ」と進言するが、阿骨打は北宋との密約を守って6州を割譲し、代わりに北宋から歳幣として銀20万両・絹30万匹などを受ける約束を取り付ける。1123年、遼の滅亡を見ぬまま死去。

太宗

生没 1075年〜1135年
在位 1123年〜1135年

　先帝太祖の弟。実名は完顔呉乞買（ワンヤン ウキマイ）。兄の死に伴い即位した後の1125年、天祚帝を捕えて遼を滅ぼす。さらに北宋の条約違反を知った後は北宋の都開封を攻めて陥落させ、1127年には北宋の皇帝欽宗（きんそう）、太上帝徽宗（きそう）ほか数千人を金に抑留した（靖康（せいこう）の変）。また、西方に逃れて亡命政権「西遼」を興した遼の王族耶律大石（やりつたいせき）を追撃している。太宗の時代は金王朝の急成長期だったが、部族社会の風習が色濃く残っていた。そこで太宗も実子への譲位は諦めざるを得なかった。

熙宗

生没 1119年〜1150年
在位 1135年〜1150年

　先々帝太祖（たいそ）の孫。実名は完顔合剌（ワンヤン ホラ）。治世の初期は民族の漢化を奨励し、中央集権や世襲制を推し進めた。南宋とは1141年に講和条約を結び、自国の「弟」とした南宋に多額の歳幣を支払わせるなど、優位な条件を取り付ける。しかし嫡子を相次いで失ったのちは酒色に溺れ、功臣を粛清するなど暴政を重ねた末の1150年、従弟の迪古乃（テクナイ）に暗殺される。買収された自身の側近に武器を奪われて斬りつけられた上、迪古乃（テクナイ）にとどめを刺されるという壮絶な最期だった。

海陵王(かいりょうおう)

生没 1122年～1161年
在位 1150年～1161年

　太祖の孫。実名は完顔迪古乃(ワンヤンテクナイ)。若き日より中国文化に親しみ、高い教養を誇る。1150年、暴政を重ねる従兄の熙宗を討って即位。しかし、以降の迪古乃は猜疑心に駆られて重臣を粛清し、さらに北宋の徽宗や遼の天祚帝の一族の男子の大半を殺害し、残された妻体は自身の後宮に入れた。見かねた継母が諫言したところ、即座に焼き殺して灰を川に捨てたという。1161年には中国全土の支配を目論み長江を越えて親征するも、陣中で部下に殺害される。享年40。

世宗(せいそう)

生没 1123年～1189年
在位 1161年～1189年

　太祖の孫。実名は完顔烏禄(ワンヤンウル)。胸に北斗七星の痣があったという。暴政を重ねる海陵王の前では暗愚を装い、妻が自殺を命じられた折も平然としていた。1161年に海陵王が南宋に親征した留守に、たまりかねた側近に請われて即位。翌年には海陵王軍を倒した勢いで進行してきた南宋を討ち、契丹族の反乱を鎮めた上で、1165年に南宋と平和条約を結ぶ。以降、両国は40年間の平和が保たれた。治世では財政を再建し文化を振興し、後世「小堯舜(しょうぎょうしゅん)」と称される。

章宗(しょうそう)

生没 1168年～1208年
在位 1189年～1208年

　先帝世宗の孫。実名は完顔麻達葛(ワンヤンマダカ)。世宗の皇太子が早世したため、皇太孫に任じられた後に即位。治世においては科挙制度や官制を整え、「中華王朝」としての金を完成させた。章宗自身も文化人で、「風流天子」として名高い北宋の徽宗の書体「痩金体」の模倣に努めている。宮廷が華美に流れる中で国は騎馬民族の気風を失い、北方に勃興したチンギス・ハンのモンゴルから侵入を受け始めていた。41歳で崩御。6人の皇子は早世していたため、叔父が皇位を継いだ。

衛紹王(えいしょうおう)

生没 ？～1213年
在位 1208年～1213年

　世宗の七男で先帝章宗の叔父。実名は完顔果繩(ワンヤンハヒョン)。即位前より甥の章宗に信頼された。北方のモンゴルに使節として赴いたが、彼を一目見たチンギス・ハンは「魯鈍」と見做し、つとめて無視した。この屈辱に怒った衛紹王は帰国後モンゴルを討つよう訴える。後に衛紹王の即位を知ったチンギス・ハンは、金の弱体化を予感して喜んだという。1211年、金はモンゴルの侵攻を受けて大敗。武将の胡沙虎(コシャク)は敗戦責任を問われるのを恐れ、衛紹王を幽閉した挙句、毒殺した。

金

宣宗

- 生没 1163年〜1224年
- 在位 1213年〜1224年

章宗の兄。実名は完顔吾睹補(ワンヤン ウ トゥ ブ)。先帝衛紹王(しょうおう)を殺害した胡沙虎(かいらい)に傀儡として擁立されるが、間もなく胡沙虎も殺害される。しかしモンゴルの侵入は一層苛烈となり、1213年には山東から華北までが蹂躙され、1214年には都も包囲された。宣宗は従妹の哈敦(ハトン)公主を童男500人と共にチンギス・ハンに降嫁させ、多額の持参金を送るなど屈辱的な和睦を強いられる。同年、モンゴルを恐れて河南の開封への遷都を決めるも、「違約」としてさらなる侵攻を受けることになる。

哀宗

- 生没 1198年〜1234年
- 在位 1224年〜1234年

宣宗の三男。実名は完顔寧甲速(ワンヤンニャン キ ス)。兄らが次々と早世したため即位するも、旧都の中都はすでに陥落し、国土の大半はモンゴルに奪われていた。金の窮状に南宋は侵略の兵を挙げ、契丹族も反乱する中の1232年、モンゴルの再侵攻により、避難民でひしめく都・開封は陥落する。皇族男子の大半が殺害される中で脱出した帝は南宋との国境近い蔡州に逃げ込むも、モンゴル・南宋の連合軍に包囲された。帝は一族の呼敦(ホトン)に位を譲ったのち、縊死して果てた。享年36。

末帝

- 生没 ?〜1234年
- 在位 1234年

太祖(たいそ)の兄の子孫。実名は完顔呼敦(ワンヤン ホ トン)。武将として数々の功績を挙げ、先帝哀宗(あいそう)に信頼される。1232年に都の開封が陥落して文武百官が逃げ散る中でも率先して帝に付き従い、蔡州(さいしゅう)に落ちのびる。しかし蔡州もモンゴル・南宋の連合軍に包囲され飢餓状態に陥る中、哀帝は呼敦に位を譲って脱出させた。皇統を後世に伝える目的である。しかし彼も間もなくモンゴルに捕らわれて刑死。在位わずか半日、中国史上における最短の治世とされる。金はここに滅びた。

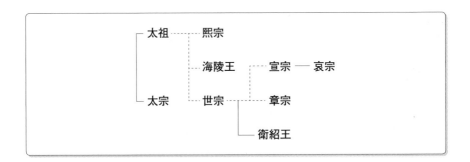

元(げん)

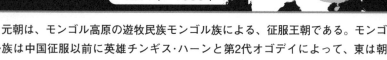

1271年～1635年

　元朝は、モンゴル高原の遊牧民族モンゴル族による、征服王朝である。モンゴル族は中国征服以前に英雄チンギス・ハーンと第2代オゴデイによって、東は朝鮮国境から西は東欧まで達する一大帝国モンゴル帝国を打ち立てており、中国の征服は、5代目に当たるフビライ・ハーンによってなされた。これを元と呼ぶ。行政の実務は漢人に行わせ、モンゴル族がそれを監督する方針を取った。しかし政権の中枢は、3代以降は外戚のフンギラト氏が、7代以降は有力軍閥が握って常に政争を繰り返し、政治は大いに乱れた。その結果、各地で漢人による反乱が起こり、1368年、10代で朱元璋(しゅげんしょう)（後の明初代皇帝）率いる反乱軍に首都大都(だいと)（現在の北京）を明け渡し、父祖の地モンゴル高原へ帰ることとなる。高原帰還後のモンゴル帝国は北元あるいはタタール「韃靼」と呼ばれ、清朝に降伏するまで、同民族同士で争いを繰り返しながら命脈を保った。5代の死後から14代エセンまでは王家の血統ではないオイラト部の実力者や軍人が実権を握るが、モンゴル民族には「チンギスの血統以外はハーン（王）位につくことは出来ない」という掟があり、一名を除きチンギス家の血統をハーンに立てている。

1206年	テムジン、モンゴル諸部族のハーン（王）となり、以後、チンギス・ハーンと呼ばれる
1219年	チンギス、西方のホラズム王国（現在のウズベキスタン周辺）を滅ぼす
1234年	モンゴル帝国2代オゴデイ、金を滅ぼす。この後、ヨーロッパ遠征開始（1246年）
1260年	フビライ、即位。国号は元。しかしその中国重視方針に反対して弟アリク・ブガも即位。内戦勃発
1264年	フビライ、内戦を制すも、モンゴル帝国の他地域の王が反対したため、帝国全体のハーンとは認められない。以後、帝国各地域が分立王国となる
1268年	西方のモンゴル帝国の王ハイドが侵攻。30年にわたり交戦（元寇／～1301年）
1274年	フビライ、日本に出兵（1281年に再出兵）
1276年	フビライ、南宋を滅ぼす
1311年頃	外戚フンギラト氏、政権の実権を握る（～1323年）
1328年	エル・テムル、バヤンなど軍の実力者が実権を握る時代が続く（～1340年）
1351年	紅巾の乱勃発
1368年	明軍に押され、元王朝はモンゴル高原へ帰還。以降、北元と呼ばれる
1388年	アリク・ブガの末裔が3代トクズ・テムルを殺害。フビライの直系が途絶える
1499年	政権の実力者、オイラト部のエセンが軍を率い、明に侵攻。明6代正統帝を捕虜とする（土木の変）
1452年	エセン、13代タイスーンを殺害。チンギスの家系をほぼ根絶やしにする
1487年	名君ダヤン・ハーン即位。モンゴル各部族を再統一する
1542年	チンギス家の系統アルタンがモンゴル高原を統治。版図を広げ、隆盛を誇る（～1582年）
1635年	清軍の侵攻に敗れ、王の象徴たる玉璽を譲渡する。北元滅亡

太祖　チンギス・ハーン

- 生没 1155年/1162年？〜1227年
- 在位 1206年〜1227年

　モンゴル平原の有力部族モンゴル部の貴族家に生まれる。実名はテムジン。赤い血の塊を握って生まれ、占師が、世に比類なき武将となると予言したという。9歳で父親がタタール族に殺害されると臣下が離れ、一家は没落するが、成年に達すると他の有力部族長などと組んで敵対部を制圧し、かつての臣下も次第に戻った。1189年、複数の部族のハーン（王の意）に推戴され、チンギス・ハーンの名を贈られる。その後は宿敵タタール部を含めモンゴル平原全体を制圧。1206年、大ハーンに推戴された。即位後はモンゴルの伝統的な支配様式を応用して千戸を単位とする行政機構を敷き、法令も整備した後、金の征討に着手する。まず、07年、西方に進出。キルギス地方を落として西夏を攻め、11年より金に侵攻。19年にはイスラム圏のホラズム王国にも侵攻した。これらの国の攻略には次代に引き継がれたものもあったが、最終的に全てを平定。東は高麗国境から中国大陸北東部を経て、中東に至る巨大なモンゴル帝国を一代で築き上げた。27年、最後の西夏遠征時に死亡。その遺体はモンゴルの伝統に従って地中深く埋められ墓標もなく、未だ発見されていない。

太宗　オゴデイ・ハーン

- 生没 1186年〜1241年
- 在位 1229年〜1241年

　先帝チンギスの三男。モンゴル民族の伝統であるクリルタイ（有力部族長や王族などが集まって重要事項を決める会議）でハーンに推戴された。駅伝制度を整え、広大な帝国領土内で情報伝達や輸送体制を飛躍的に高めることに成功。また、首都をカラコルムに定め、父帝の遺志を継いで金とホラズム王国を完全に平定した。その後更に西方へ進み、ロシア、ポーランド、ハンガリーを手中に収める。偉大過ぎる父帝の影に隠れがちだが、名君である。

定宗　グユク・ハーン

- 生没 1206年〜1248年
- 在位 1246年〜1248年

　先帝オゴデイの長男。オゴデイ死後、オゴデイ家派と太祖チンギスの末子トルイ派に分かれてモンゴル指導部が対立したため、クリルタイでハーンに推戴されるまでに6年もかかっている。
　即位後は、中国大陸制圧を目指して南宋へ進攻。また、西方のイスラム教国アッパス朝征討にも着手するが、モンゴル帝国内の派閥闘争はいっそう激化。遂にトルイ派を撃つべく進軍する途中で病没した。わずか3年の治世であった。

憲宗　モンケ・ハーン

生没 1207年～1259年
在位 1251年～1259年

　太祖チンギスの孫。先帝グユクの死後、モンゴル内部の党派抗争はより先鋭化し、即位までに10年を要している。即位後はただちに反対派を粛清し、ようやく内紛に終止符を打った。1253年、父に続き中東のイスラム王国アッバス朝征討に着手。弟フレグを総指揮官に立て、58年、首都バグダッドを征服して勝利した。また、悲願の南宋征討に乗り出し、弟フビライを大総督に任じて周辺国である大理国（今の雲南地方）を征服した後、いよいよ宋征討に赴いたが病没した。

アリク・ブガ

生没 ？～1266年
在位 1260年～1264年

　先帝モンケの第4弟。後に元朝を開くフビライは3弟であり、アリク・ブガにとってはすぐ上の兄にあたる。1259年、モンケが南宋征討中に死去すると、アリク・ブガはハーン位を目指してカラコルムで賛同者を集め始める。この動きを察知したフビライは、60年、即位。同年にアリク・ブガも即位して、2帝が並び立つ事態となった。同年、両陣営は戦火を交え、4年にわたる内乱が続くが、補給路を断つフビライの作戦が奏功して、勝利。64年、ついにアリク・ブガは投降した。

世祖　フビライ・ハーン

生没 1215年～1294年
在位 1260年～1294年

　先帝モンケ・ハーンの弟。即位前は南宋征討の大総督として旧金国地域に赴任し、漢人文化に知悉していた。そのため即位後は中華文化を包摂する帝国のあり方を目指したが、これはモンゴル帝国全体の総意ではなく、弟のアリク・ブガが別に即位して4年に及ぶ内乱が勃発。辛くも勝利した。しかしロシアや西域イスラム地域などを治めるモンゴル帝国の他の王族たちは納得せず、帝国は分裂。独立友好モンゴル国として並立することとなった。このような情勢下、1268年より南宋征討を開始。79年、遂にこれを完遂する。その間、国号を大元、首都を北京と定め、大都と称した。一方、74年と81年には南宋の友好国として日本に侵攻したが、何ら成果なく終わっている。このようにフビライの治世は戦いに明け暮れたが、世界帝国モンゴル出身らしく全ての宗教に寛大であった。また、友好モンゴル諸国の領内を通って西欧や中東の商人が行き来し、元は実に国際的な王朝となった。行政面では、実務は漢人に行わせ、モンゴル人が管理する体制を取った。晩年は痛風を病み、中華文化重視の政策に反発する西北のモンゴル国の王ハイドの乱を押し返した後、死去した。

成宗　テムル・ハーン

- 生没　1265年〜1307年
- 在位　1294年〜1307年

　先帝フビライの孫。先帝の方針を引き継ぎ、漢文化を取り込んだ帝国作りを押し進めた。1300年、先帝以来対立関係にあった、元朝西北で国境を接するモンゴル国の王ハイドが、大軍を組織して元に侵攻。モンゴル平原西部からアルタイ山一帯にわたる広範囲で、同民族同士が激突する大会戦となった。結局ハイドが病死して乱は収まり、次代は元に臣従を誓ったため、フビライ以来の悲願だった東西和睦が達成されることとなった。

武宗　ハイシャン・ハーン

- 生没　1281年〜1311年
- 在位　1307年〜1311年

　先帝テムルの甥。先帝時代はハイド軍との会戦で多くの軍功を挙げ、優れた軍人だった。先帝没後、帝室の主要な二つの外戚氏族が自らの血につながる王子をハーンに立てようと画策。そのうちのフンギラト氏派が対立候補の王子を殺害し、ハイシャンを帝位につけた。即位後は遊牧の気風を尊び、軍人時代の部下など気に入った人間を見境なく要職につけ、爵位を乱発。新紙幣の発行などにより財政健全化を目指すも場当たり政策に終わり、経済はかえって混乱した。

仁宗　アーユルパリバドラ・ハーン

- 生没　1285年〜1320年
- 在位　1311年〜1320年

　先帝ハイシャンの弟。兄の急死を受けて即位し、直後に遺臣を粛清して体制を一新した。このため、兄帝暗殺によるクーデターとする説もある。その治世は、母である皇太后ダギとダギの出身氏族であるフンギラト氏のテムデルが実権を握り、先帝時代の新紙幣を旧弊に戻して商業税を課す方針に転換するなどしたが、目立った成果は挙げられなかった。兄帝とは異なり、漢文化を敬愛して育ったため、ごく少数の登用ではあるが、科挙を復活させている。

英宗　シッディパーラ・ハーン

- 生没　1303年〜1323年
- 在位　1320年〜1323年

　先帝アーユルパリバドラの長男。先々帝ハイシャンの即位時、アーユルパリバドラを皇太子に立て、次代はカイシャンの子を立てるという約束があったが、皇太后ダギらの画策の結果、シッディパーラが皇太子となり、即位後もダギは隠然と力を持った。1322年ダギが没すると、悪化した財政の立て直しに着手。奢侈に流れていた宮廷費を抑え、粛軍を行うなどして効果を上げつつあった。しかし失墜を恐れたフンギラト氏の実力者テムデル一派によって暗殺されてしまう。

イェスン・テムル・ハーン

- 生没 1293年～1328年
- 在位 1323年～1328年

　世祖フビライの曽孫で、先帝シッディパーラの大叔父。泰定帝(たいていてい)。即位前はモンゴル高原北部を領する晋王家の王だった。先帝の暗殺クーデターに伴い、外戚フンギラト氏派に擁立されて帝位につくが、即座に軍隊を動かして大都を掌握。ハイシャン以後朝廷を牛耳ったフンギラト氏派を一気に粛清してしまった。即位後の治世に目立った業績はなく、遊牧の生活様式を維持する北モンゴルの風習を守り、また、全ての宗教を公平に扱い、晋王時代の臣下を大臣につけて優遇した。

アスギバ

- 生没 不詳
- 在位 1328年

　先帝イェスン・テムルの長男。天順帝(てんじゅんてい)。先帝の没後即位したが、軍事クーデターが起こり、わずか2か月で廃帝となった。クーデターを指揮したのは第4代モンケ・ハーンの臣下として西方のハイド王国との戦いで活躍した軍人トゥクトゥカの孫エル・テムルで、代々元西北国境の防衛を担当しており、モンゴル伝統の軍事力を保持。圧倒的な強さでクーデターを成功させた。その際、エル・テムルは、7代ハイシャンの次子トゥク・テムルを擁立。アスギバは正式な皇帝とは認められていない。

文宗(ぶんそう)　トゥク・テムル・ハーン

- 生没 1304年～1332年
- 在位 1328年～1329年、1329年～1332年

　先帝イェスン・テムル没後のクーデターで軍閥エル・テムルに擁立されて帝位につく。しかし、兄コシラが、元朝西南のチャガタイ王国家を後ろ盾に、即位を宣言。一旦は兄に譲って皇太子に降りるが、4か月後に兄が急死すると即座に復位した。この死はトゥク・テムルらによる暗殺と言われている。復位後は大幅な宮廷費削減を行い、元朝の故事をまとめた「経世大典」を編纂するなど善政を行ったが、エル・テムルに実権を握られ、傀儡化したまま病没した。

明宗(めいそう)　クシャラ・ハーン

- 生没 1300年～1329年
- 在位 1329年

　第7代ハイシャンの長男。ハイシャン没後帝位につくはずだったが、フンギラト派に暗殺されそうになり、元朝西南のモンゴル国チャガタイ王家に逃れ、その地にとどまっていた。第10代イェスン・テムル没後のクーデターで弟トゥク・テムルが王位につくと、コシラもチャガタイ家の支援を受けて即位。結局トゥク・テムルに王位を譲られるが、4か月後、今や皇太子となった弟一行との宴席の後、急死する。この経緯から、暗殺された疑いが濃厚である。

寧宗 リンチェンバル・ハーン

- 生没 1325年〜1333年
- 在位 1332年〜1333年

　先帝トゥク・テムルの兄である先々帝クシャラの次男。「次ハーンは兄の子に」という先帝の遺詔にもとづき、実力者エル・テムルによって擁立された。その時若干7歳であり、本来ならば13歳の兄王を立てることが順当であったが、エル・テムルらにすれば幼帝の方が御しやすく、好都合だったためである。しかし、帝はわずか43日で死去。そこで、結局、13歳の兄王トゴン・テムルが大都に迎え入れられることとなり、次ハーンとなった。

恵宗 トゴン・テムル・ハーン

- 生没 1320年〜1370年
- 在位 1333年〜1370年

　先帝リンチェンバルの兄。即位から6年は軍閥の長バヤンの専横を許すが、1340年より実権を握る。しかし元朝が代々政争を繰り返す間に各地では漢人の反乱が起こり、全土は群雄割拠の情勢となっていた。その中で更に皇太子アーユシュリーダラと反対派の軍事闘争が勃発。軍事力を浪費した。遂に1368年、朱元璋率いる紅巾軍が大都に迫ると、帝室と多数のモンゴル人は父祖の地モンゴル高原へ逃亡。北元（またはタタール、韃靼）の初代として、明朝と対峙する。

アーユシュリーダラ・ハーン

- 生没 不詳
- 在位 1370年〜1378年

　先帝トゴン・テムルの長男。首都をチンギス・ハーンのモンゴル帝国以来の首都であるカラコルムに置き、依然、東は高麗と国境を接する遼東地方から、西はカスピ海に至るモンゴル諸国を束ねる強大なモンゴル国家のハーンとして、明と対峙し続けた。1372年には、皇太子時代よりの盟友ココ・テムルが長となり、侵攻して来た明の第3代永楽帝の軍を撃破もしている。78年、ココ・テムルが没すると、後を追うようにして帝も死去した。

トクズ・テムル・ハーン

- 生没 不詳
- 在位 1378年〜1388年

　先帝アーユシュリーダラの弟と推定されているが、確証となり得る史料は残っていない。1378年、洪武帝下の明軍の侵攻に自ら群を率いて乗り出すが、湖畔に構えた本営へと攻め込まれ、大敗してわずか数10騎と共に首都カラコルムへ向かい落ちのびた。その途中、王族アリク・ブガ家のイェスデル（次の北元第4代皇帝）によって殺害される。トクズ・テムルの死により、栄光あるフビライ家の直系は13代トクトア・プハまで断絶してしまった。

イェスデル

生没 不詳
在位 1388年〜1391年

　モンゴル帝国4代モンケの末弟アリク・ブガの後裔。ジョリクト・ハーン。家臣にはモンゴル高原で勢力を拡大していたオイラト部族が多かった。明との戦いで先帝トクズ・テムルが壊滅的打撃を受けた機会をとらえ、殺害。フビライの直系は一旦途絶え、オイラト部の支持を得て帝位についた。なお、アリク・ブガ家は、元初代フビライと帝位を争った末に内戦で敗れたアリク・ブガの後裔であり、イェスデルがハーン位についたことで、124年後に報復を果たしたこととなる。

エンケ・ハーン

生没 不詳
在位 1391年〜1394年

　先帝イェスデルの子。その事績は分かっていない。エンケの死後、三人の息子たちの間で跡目争いが起こり、兄弟間の殺害があったことがモンゴルの複数の年代記に記されており、恐らく事実と考えられる。北元に関する史料はこの頃から極端に乏しくなり、不明の事績が多く、ハーンの系譜も年代記ごとに異なる。先帝の代、及び14代エセンの代に王位の血統に断絶が生じ、ハーンについた系統が史実を意図的に改訂したり、混乱の中、伝来の年代記が散逸した可能性が高い。

エルベク・ハーン

生没 不詳
在位 1394年〜1399年

　先帝エンケの長男。この帝の治世にモンゴル部とオイラト部が対立するようになったと言われ、年代記『蒙古源流（もうこげんりゅう）』では、弟の妻に懸想したエルベクが弟を殺害した事件がきっかけだったとする。この騒動の結果、オイラト部の実力者オゲチ・ハシハがエルベクを殺害し、北元の実権を握ることとなったという。ただし、モンゴル民族にはチンギス家の者以外はハーンにつけないという「黄金氏族」の不文律があり、次帝には先々帝からの直系であるクン・テムルを立てた。

クン・テムル・ハーン

生没 不詳
在位 1399年〜1402年

　先々帝エンケの子。年代記によっては、先帝エルベクの子とするものもある。スペインの駐モンゴル大使だったクラヴィホの報告書によれば、北元第5代エンケの死後、三人の息子たちの間に帝位をめぐる争いが起こり、長男のエルベクは末弟を殺害。しかし次弟によって追い詰められ、絶望して本営に火を放って自害したとする。この弟が恐らくクン・テムルではないかと推測されている。その政治上の事績は全く不明である。

オルク・テムル・ハーン

生没 不詳
在位 1402年〜1408年

モンゴル帝国第2代オゴデイの後裔で、明朝側の記録である『太宗実録』では、鬼力赤(ダイリチ)と呼ばれている。北元4代イェスデルの直系であるアリク・ブガ家出身の先帝クン・テムルとは別系統であり、先帝没後の帝位簒奪だった。元朝王家のフビライ家とも別系統である。ハーンとして北元を率い、度々オイラト部と交戦したが、1408年、アリク・ブガ家のオルジェイ・テムルが西域のモンゴル国ティムールから北元の地に入ると、臣下に殺害されてしまった。

オルジェイ・テムル・ハーン

生没 不詳
在位 1408年〜1412年

北元第4、5代を出したアリク・ブガ家の王族。1398年、4代エンケ死後のモンゴル部とオイラト部の政争を避けて西域のモンゴル国ティムール朝に亡命していたが、北元に戻り即位した。即位後は重臣アルクタイと共にオイラト部に対抗した。しかし、1409年、明軍が北元に侵攻し、この時は撃破したものの、翌年、永楽帝が親征すると敗れ、やむなくオイラト部に避難する屈辱的な結果となった。2年後の12年、オイラト部の重臣マフムードに殺害されてしまう。

ダルバク・ハーン

生没 不詳
在位 1412年〜1425年

先帝オルジェイ・テムルの子。オイラト部の実力者マフムードに擁立された。先帝が明との戦いに敗れた結果、オイラト部はモンゴル高原中心部を引き継いで勢力を拡大したが、次第にこれを明の永楽帝が警戒することとなった。1414年、永楽帝はモンゴル部の実力者で先帝の重臣であるアルクタイと通じ、ダルバク率いるオイラト部を攻撃。激戦の末、16年ついにオイラト部を破った。その混乱の中、マフムードは、オイラト部のもう一人の実力者オゲチ・ハシハに殺害された。

オイラダイ・ハーン

生没 1386年〜1425年
在位 1415年〜1425年

アリク・ブガ家の後裔であるメリク・ティムルの子と言われる。モンゴルの年代記『蒙古源流(もうこげんりゅう)』では、オイラト部の有力部族ケレイト部の実力者で、北元6代エルベクを殺害したオゲチ・ハシハの子である、オイラトの王エセク・ハーンと同定しているが、これは、「オイラダイ」という名が「オイラト」に似通っていることから起こった混同ではないかと考えられている。先帝ダルバクが死亡した後帝位につき、39歳で没した。

IX 東アジア

アダイ・ハーン

生没 不詳
在位 1425年〜1438年

　北元第8代オルク・テムルの子。モンゴル部の実力者アルクタイによって擁立されたが、1431年、オイラト部の実力者トゴン（10代ダルバクの重臣だったマフムードの子）との戦いに敗れ、敗走。34年にはアルクタイも戦死する。トゴンは次期ハーンとなるタイスンを擁立しつつ、アダイへの追撃を続け、ついにアダイはゴビ砂漠へと逃れることとなった。やがてその地から度々明領内に侵攻して略奪を行ったため、明はこれを追討。その後タイスンに捕らえられ、殺害された。

タイスン・ハーン

生没 不詳
在位 1433年〜1451年

　チンギス家の末裔でありながら明の保護のもと明領に暮らしていたが、オイラト部の実力者トゴン太師よりハーンに擁立される。明領時代の名はトクトア・プハ。即位後、モンゴル部の実力者アルクタイや先帝アダイを滅ぼす。トゴン没後は息子のエセン太師と共同して明に攻め入り、大勝。正統帝を人質に捕らえた（土木の変）。しかしエセンに実権を握られ続けており、ついに、エセンの姉の生んだ王子の立太子を拒否。軍を率いてエセン征討に乗り出すが、戦死した。

エセン・ハーン

生没 不詳
在位 1453年〜1454年

　オイラト部の最高実力者であったトゴン太師の子。1439年の父の死後、西域のモンゴル国を征服してその勢力はカスピ海沿岸まで達し、一方東域は、遼東の女真族を平定。エセンの登場によりかつてのモンゴル帝国の再現となる大版図を獲得した。
　49年には父の代より傀儡に担いでいた北元13代タイスンと共同して、明に侵攻。明の第6代正統帝を捕らえてもいる（土木の変／正統帝は後に明に返還）。しかし、51年、トゴン、エセン親子に実権を握られ続けて来たタイスンがエセンの姉との間に生まれた子の立太子を拒否して、挙兵。エセンはこれを破った後、53年、自ら即位して「大元天聖ハーン」と称した。黄金氏族チンギスの血統でもなくモンゴル部でもないオイラト部出身者の即位であり、極めて異例である。この時、オイラト人を母とする者を除き、チンギス家の皇族をほぼ皆殺しにしている。
　また、タイスン以前の王家の系譜に不明な点が多いのも、この時に資料が散逸したためと推察されている。しかし、強引な手法はモンゴル社会の反発を招き、即位からわずか1年後の54年、家臣に殺害される。エセンの死後オイラト部は急速に衰退へ向かった。

マルコルギス・ハーン

生没 不詳
在位 1455年～1465年

　北元第13代タイスン（トクトア・ブハ）の次男。つまり、チンギスの家系である黄金氏族の系統であり、モンゴルの年代記『アルタン・トプチ』ではマガコルギ・ハーン、『恒河の流れ』ではマガコリと呼ばれる。『蒙古源流』によれば、わずか10歳で即位したとされる。先帝エセンが暗殺されるとオイラト部は急速に勢いを失い、他の有力部族の協議の上、ハーンに推戴された。マルコルギス自身はこれら部族長たちの傀儡に過ぎず、結局、臣下に殺害されてしまう。

モーラン・ハーン

生没 不詳
在位 1465年～1466年

　北元第13代タイスンの子で、先帝マルコルギスの異母兄。つまり、先帝と同様、黄金氏族チンギスの系統である。先帝が実力者ボライに殺害された後、もう一人の実力者であったモーリハイ王（チンギスの異母弟ベルグテイ家の王子）によって擁立された。しかしモーリハイ王との関係は急速に悪化し、即位後間もない1466年中には軍事闘争に発展。モーランは殺害されてしまう。政権を握ったモーリハイ王はその後誰も擁立せず、9年間ハーン不在時代が続いた。

マンドールン・ハーン

生没 不詳
在位 1475年～1479年

　北元第13代タイスンの異母弟。先帝モーランがモーリハイ王によって殺害された後9年間ハーン空位の時代が続き、その間にモーリハイ王の威勢も衰えていた中、1475年、西方のモンゴル国モグリスタンより来たベグ・アルスランによって擁立された。実は最初ボルフ晋王（次帝）が推挙されていたが、辞退したため即位した。ベグ・アルスランは軍事力を備えた最高実力者の意味である「太師」を名乗り権勢をふるったが、同じくモグリスタンより来たイスマイルに殺害されてしまう。

バヤン・モンケ・ボルフ晋王

生没 不詳
在位 1479年～1487年

　北元第13代タイスンの弟アクバルジ晋王の孫。第14代エセンがチンギス家の皇族を多数殺害した際、アクバルジ晋王及びバヤン・モンケの父も殺害され、更にバヤン・モンケ自身も命を狙われたが、モンゴル北部の部族にかくまわれて成長した。先帝マンドールンが即位するとよく協力して政務に当たったが、やがて対立。先帝の寵臣イスマイル一派に襲われて逃れることとなった。その後1479年にマンドールンが死去すると、即位する。しかし87年、臣下により殺害された。

ダヤン・ハーン

- 生没 ?〜1524年
- 在位 1487年〜1524年

　先帝バヤン・モンケの子。実名はバト・モンケ。ダヤンとは「大元」を意味する。11人の息子をモンゴルの各有力部族に婿として送り込み、首長にさせる方策によってモンゴルを再びチンギスの血統で満たし、再統一に成功した。反発する部族もあったが、武力で制圧している。ダヤンの妻は北元第17代マンドゥールンの妃であったが、未亡人となった後、チンギスの血を引く唯一の男子だったダヤンと再婚した。その時妃は42歳、ダヤンは16歳だったと言われる。

ボディ・アラク・ハーン

- 生没 ?〜1547年
- 在位 1524年〜1547年

　先帝ダヤン・ハーンの孫。即位時に叔父のバルス・ボラト晋王も即位を宣言するが、軍事力を背景に撤回させた。したがってバルス・ボラトは正式なハーンとは認定されていない。こうして内戦は回避されたが、両陣営には深いしこりが残り、後にボディ・アラクがウリャンハイ部の反乱平定に苦心した際、バルス・ボラトが束ねるモンゴル平原西部の部族は、援軍を出さなかった。1531年のバルス・ボラトの死後、息子王の代になってようやく服属した。

ダライスン・ゴデン・ハーン

- 生没 不詳
- 在位 1547年〜1557年

　先帝ボディ・アラクの子。当時モンゴル西部において勢力を拡大していた次帝アルタン（先々帝ダヤンの孫）に武力で追われ、東北の大興安嶺山脈の東斜面域で臣下と遊牧する身となってしまった。この移動の結果、東部域に先住していたチャハル部が臣従することとなった。しかし後にアルタンと和睦が成り、チンギスの霊廟前で正式な即位式を挙行。ただしその対価として、アルタンに元朝以来の名誉初号である「司徒」を与え、ゲゲーン・ハーンと名乗ることを許した。

アルタン・ハーン

- 生没 1507年〜1582年
- 在位 ——

　北元第19代ダヤン・ハーンの三男バルス・ボラトの次子。正式に即位はしていないが、一時は第21代ダライスン・ゴデンを追いやって実質的ハーンとなった。ゲゲーン・ハーンとも。その治世下では毎年明に侵攻して略奪を行い、1550年には北京城を包囲。帰還の際に漢人を連れ帰り、その人数は累計で10万人以上にもなる。71年に明と講和。国境で貿易市が開かれ、北元に大きな繁栄をもたらしたが、漢化を警戒してチベット仏教に深く帰依。その孫がダライ・ラマ4世となる。

元

トゥメン・ジャサクト・ハーン

- 生没 不詳
- 在位 1557年～1592年

　先帝ダライスン・ゴデンの子。1575年に明に侵攻し、3年にわたって戦う。3年間の戦いは北元、女真、明それぞれを大きく疲弊させることとなった。

ブヤン・セチェン・ハーン

- 生没 不詳
- 在位 1592年～1603年

　先帝トゥメン・ジャサクトの子。父帝と同様、女真族の一団を含むモンゴル高原の各部族を束ねた。

リンダン・ハーン

- 生没 不詳
- 在位 1603年～1634年

　先帝ブヤン・セチェンの子。フトゥクト・ハーンとも。東で女真族の勢力が強まるなか、モンゴル高原西部進出。北モンゴルにも進出し、全モンゴルを統一した。

エジェイ・ハーン

- 生没 ?～1641年
- 在位 1634年～1635年

　先帝リンダンの子。1635年、女真族の後金に降伏し、北元は消滅。その後、エジェイは後金改め清の太宗の娘と婚姻し、チャハル地方の王に封じられている。

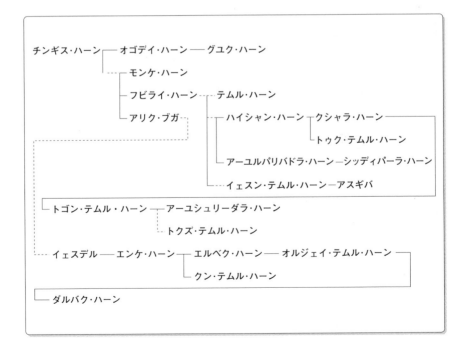

IX 東アジア

明
_{みん}

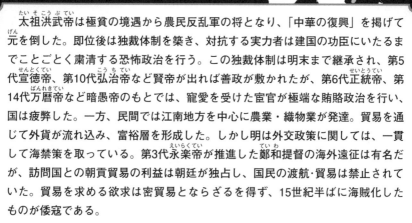

1638年～1644年

　太祖洪武帝は極貧の境遇から農民反乱軍の将となり、「中華の復興」を掲げて元を倒した。即位後は独裁体制を築き、対抗する実力者は建国の功臣にいたるまでことごとく粛清する恐怖政治を行う。この独裁体制は明末まで継承され、第5代宣徳帝、第10代弘治帝など賢帝が出れば善政が敷かれたが、第6代正統帝、第14代万暦帝など暗愚帝のもとでは、寵愛を受けた宦官が極端な賄賂政治を行い、国は疲弊した。一方、民間では江南地方を中心に農業・織物業が発達。貿易を通じて外貨が流れ込み、富裕層を形成した。しかし明は外交政策に関しては、一貫して海禁策を取っている。第3代永楽帝が推進した鄭和提督の海外遠征は有名だが、訪問国との朝貢貿易の利益は朝廷が独占し、国民の渡航・貿易は禁止されていた。貿易を求める欲求は密貿易とならざるを得ず、15世紀半ばに海賊化したものが倭寇である。

　北方では14世紀前半にオイラト部率いる北元すなわちタタール（韃靼）が、15世紀後半からは北元と女真族が度々国境を侵したが、これも貿易条件の改善を求めるものだった。女真族は徐々に力をつけて清を打ち立て、腐敗した明の内戦に乗じて中国全土を征服した。

1368年	初代洪武帝、明を建国。同年に元を征討する
1381年	洪武帝、大規模な戸籍調査を行い、里甲制を施行。徴税システムを確立
1376年	洪武帝、空印の案で臣下を粛清。以後、1393年まで6度の大規模粛清を行う。
1402年	北京の王族燕王、第2代建文帝から帝位を簒奪して第3代永楽帝となる（靖難の役）
1421年	永楽帝、正式に北京へ遷都
1405年	永楽帝、鄭和提督による海外遠征を実施（1433年まで計7度）
1425年	第4代洪熙帝、善政「仁宣の治」を行う（宣徳帝の1435年まで）
1449年	親征中の第6代正統帝が北元に捕らえられ、弟の第7代景徳帝が即位（土木の変）
1457年	正統帝が王位を奪還し、第8代天順帝として復位（奪門の変）
1506年	第11代正徳帝の寵を受けた宦官劉瑾が実権を握る。後に失脚
1510年	劉瑾の専横により不正が蔓延し、社会不安拡大。劉六劉七の乱起こる
16世紀半ば	北方で北元が、福建など南方の海岸で倭寇が跋扈する「北虜南倭」が続く
1573年	幼君第14代万暦帝を補佐した張居正の善政により、国力が回復に向かう
1592年	寧夏の乱おこる。さらに、豊臣秀吉の朝鮮出兵（92～93、97～98年）、播州の乱（97～1600年）の「万暦の三大征」により国力弱まる
1620年	宦官魏献忠による腐敗政治（～1627年）
1644年	各地で反乱軍が立ち、内戦。李自成軍が明を滅ぼす
1645年	清軍が明の将軍呉三桂と組み、李自成を滅ぼして北京入城
1662年	南明の永暦帝が清軍に殺され、朱王家が完全に滅びる

太祖洪武帝

生没 1328～98年
在位 1368～98年

中国中西部の貧農の家に生まれる。幼名は朱重八、長じて朱元璋と名乗る。少年期に家族と死別して寺へ入り、各地を托鉢僧として流浪する極貧の生活の中、白蓮教を母体とする紅巾軍に加わり、頭角を現した。紅巾軍の将軍郭子興の養女馬氏と結婚し、1355年、郭の死後に跡目を継ぐ。元末は各地に反乱軍が立つ群雄割拠の情勢だったが、朱元璋は知識人を参謀に迎えて富農層の支持を得、各地の反乱勢力を撃破した。1367年、元征討を開始。68年、応天（現在の南京）で即位して国号を明と定め、元は首都を放棄してモンゴル平原へと脱出。中国を漢人の手に取り戻した。即位後は、戦乱に荒れた国土回復に集中すべく海禁・重農政策を実施。81年に戸籍調査を行い、農民戸と軍戸に身分を固定して確実に徴税と懲役を行う里甲制を敷いた。また、行政・軍事共に皇帝の直轄とする親政体制を確立し、秘密警察錦衣衛を設置。1380年の胡惟庸の獄、1385年の郭桓の案など数々の粛清を実施して建国の功臣を処刑し、連座した者は数万人にのぼる。これらは柔弱な皇太子標（92年死亡）と幼若の孫允炆（第2代建文帝）の行く末を案じてのことだったともいわれる。

恵宗建文帝

生没 1383年～1402年
在位 1398年～1402年

先帝洪武帝の孫。高名な儒家の方孝儒や文人官僚の斉泰、黄子澄らを行政の要に据え、重税をゆるめ恩赦を出すなど、先帝の苛政からの脱却を目指した。北方守備を担う叔父の燕王を警戒して廃位計画を進めていたが、1339年、機先を制して燕王が挙兵（靖難の役）。宦官の内通などによって徐々に情勢不利となり、1402年、自ら宮殿に火を放って死亡した。しかしその遺体は見つからず、ひそかに脱出して生き延びているという伝説が囁かれ続けた。

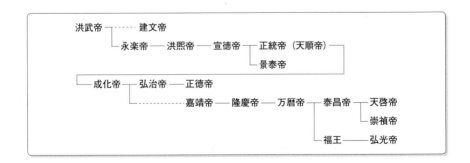

成祖永楽帝

- 生没 1360〜1424
- 在位 1402〜1424

　初代洪武帝の四男として生まれる。北方防御のため北平(現在の北京)へ封じられ、燕王と称された。度々北元軍を撃退する。洪武帝は燕王に皇位を継がせたかったが、儒教秩序を重んじる臣下の諫言により、思いとどまったともいわれる。1398年に第2代建文帝が即位すると燕王を警戒し、まず他の王を廃位するなどして徐々に包囲網を狭め、身の危険を感じた燕王は99年に蜂起。4年間の戦いの末、建文帝を自害に追いやった(靖難の役)。即位後は、1410年から5回の北元親征に勝利。宦官の鄭和を長として、1405年から6回の海外遠征を行った。その停泊地は東南アジアからアラビア半島、アフリカ大陸に至り、中華の威信を内外に示すと同時に、訪問諸国は後に明に朝貢するようになった。なお、この遠征は、靖難の役の際、城から脱出したと噂の絶えなかった建文帝を探すためだったという説もある。常に簒奪者の汚名を意識せざるを得なかった永楽帝は、即位後間もなくから馴染み深い北平で政務を執り、21年、正式に遷都して北京と改称した。江南の豊富な物資を輸送する大運河を開通してのことである。また、秘密警察組織東廠を新設して言論統制を行った。

仁宗洪熙帝

- 生没 1378年〜1425年
- 在位 1424年〜1425年

　先帝永楽帝の長男。歩行さえ困難なほどの極度の肥満体で、父帝に減量を命じられていたと言われる。しかし、父帝の度重なる北元親征時には北京で政務を担当し、戦費を賄うため重税にあえぐ国民の窮状をよく理解していた。即位後は、父帝の膨張方針を変更して北元征討と海外遠征を取り止め、第2代建文帝の遺臣への恩赦も実施した。また、恣意的だった刑罰を改め、法治主義を実行する善政を敷く。しかし長年の不摂生により、即位後わずか1年で病死した。

宣宗宣徳帝

- 生没 1399年〜1435年
- 在位 1425年〜1435年

　先帝洪熙帝の長男。即位直後に叔父の漢王朱高煦の反乱にあうが、果断にこれを征伐した。北元親征、女真族征討、鄭和の海外遠征を1度ずつ実施したが、他は防衛に専念。朝廷の無駄な人員を削減し、名官周忱を起用して江南農業地域を良く育て、永楽帝時代に疲弊した国力回復に成功した。宦官の台頭を許したことは唯一の失政だが、内閣制度を確立して、極端な親政体制に歯止めをかけることもした。明代の名君の一人との誉れも高い。

明

英宗正統帝

- 生没 1427年～1464年
- 在位 1435年～1449年

　先帝宣徳帝の長男。幼少のうちは「三楊」と呼ばれた先帝の名臣たちが政務を執り、治世は安定していたが、親政を始めると寵愛する宦官王振の専横を許した。王振は官職の任命権を一手に握って莫大な賄賂を得、政敵を残虐な磔刑などに処した。このため社会は不安定化。1449年、農民反乱・鄧茂七の乱が勃発する。一方、同年にエセン率いる北元が侵入したため帝は王振と共に親征したが捕虜となり、王振は戦死。弟の郕王が即位することとなった（土木の変）。

景帝景泰帝

- 生没 1428年～1457年
- 在位 1449年～1457年

　先帝正統帝の弟。北元に捕らえられて捕虜となった正統帝に代わり、即位した。この時南京への遷都も取り沙汰されたが、軍官の于謙が北京死守を主張。人心の動揺を静めた。于謙は景泰帝即位後もよく補佐して北方の防御を固め、北元の侵攻を抑え、北元は結局、1年後には先帝を返還している。やがて景泰帝は病に侵されるが、その機に、北元より帰還後城内に蟄居していた正統帝が天順帝として復位。景泰帝の死後、功臣于謙は斬首されてしまった。

英宗天順帝

- 生没 1427年～1464年
- 在位 1457年～1464年

　北元で捕虜となり、1年で北京へ返還された正統帝は城内の南宮に隠居させられていたが、1457年、景泰帝が病に倒れたのを機に宦官の曹吉祥や将軍石亨らと謀って帝を廃帝とし、天順帝として復位した。これを奪門の変と言う。しかし、復位の功臣であるはずの曹吉祥らは後に疑獄や讒言により失脚させられている。1度目の即位時には国を滅亡の縁に導いた暗愚帝と言うべき天順帝ではあるが、皇帝の死後に妃が殉死する習慣を廃止した点には、仁徳が感じられる。

憲宗成化帝

- 生没 1447年～1487年
- 在位 1464年～1487年

　先帝天順帝の長男。土木の変で父が捕らえられている間に叔父の景泰帝によって立太子されたが、景泰帝は我が子を帝位につけたいと願い、後に廃太子。しかし父が天順帝として復位したため、再度立太子されるという複雑な過程をたどった。即位後は善政に努めたが、晩年は道教や仏教に凝り、道士や僧を高位につけて政治を混乱させた。また、自分の乳母だった万貴妃を側室として寵愛。その嫉妬を恐れ、他の妃が生んだ皇太子祐樘は6歳まで城内の施療院で内密に育てられた。

Ⅸ 東アジア

507

孝宗弘治帝

- 生没 1470年〜1505年
- 在位 1487年〜1505年

　先帝成化帝の三男として生まれる。母は少数民族瑶族出身の紀氏。後宮内の施療院でひそかに育てられたが、これは、成化帝の寵愛を一心に受けていた万貴妃が異常に嫉妬深く、他の妃の子を殺害する恐れがあったためである。即位後は、父帝が重用した道士らを追放して有能な人材を登用。均徭法を敷いて国民の力役負担を軽減した。また、社会の実情に合わせて法規を改編・整備した。宮廷費節約に努め、北元の覇王ダヤン・ハーンの侵攻も防衛。明中興の名君と誉れ高い。

武宗正徳帝

- 生没 1491年〜1521年
- 在位 1506年〜1521年

　先帝弘治帝の長男。政務に興味がなく、城内に豹房という宮殿を建てて淫楽に耽り、寵愛する宦官劉瑾の専横を許した。劉瑾は政敵を粛清し多額の賄賂を得て栄華を極めたが、王族の安化王の弾劾によって不正蓄財などが露見。処刑される。この一連の失政により社会が不安定化する中、正徳帝は軍事教練に凝り、無意味な遠征に出ては美女を誘拐して淫楽に耽るなど、奇行を繰り返し続けた。1520年、舟遊び中の転覆がもとで発病。己の一生を悔いる遺詔を残して没した。

世宗嘉靖帝

- 生没 1507年〜1566年
- 在位 1521年〜1566年

　先帝正徳帝の従弟。先帝に子がなかったため遺詔により即位したが、次第に道教に熱中し、道士や、追従に巧みな官僚厳嵩親子などに政務を任せきりになる。更に、市中から美女を漁って性妓とすることを繰り返し、この官女たち10数名が共謀して睡眠中の嘉靖帝を締め殺そうと謀る、前代未聞の事件まで発生した。弛緩した体制の中、北方で北元が、南方では倭寇が度々国境を侵す「北虜南倭」の情勢となったが、後半生20年、一切政務を見ていない。

穆宗隆慶帝

- 生没 1537年〜1572年
- 在位 1556年〜1572年

　先帝嘉靖帝の三男。先帝が寵愛した道士らを追放し、また、先帝に諫言したために獄に入れられていた硬骨の家臣たちを重職に登用した。「北虜南倭」の情勢の中、度々国境を侵した北元の実力者アルタン・ハーンとは、彼らが望む交易市を開催することなどで合意した。一方、倭寇に対しては、主な首魁を掃討した後、建国以来の海禁策を解き、交易を合法とすることで鎮静化させた。善政に務めていたが、在位わずか6年で早逝してしまった。

神宗万暦帝

- 生没 1563年～1620年
- 在位 1572年～1620年

　先帝隆慶帝の三男。6歳で即位したため宰相張居正が政務を執り、国力は回復に向かっていた。しかし10年後に親政を始めると宦官に政治を任せ、特に後半生は25年間後宮に籠もったままだった。更に、自身の遊興費や、寵愛する鄭貴妃の子の豪奢な婚儀費用を捻出するために官吏の人員と俸禄を大幅削減するという暴挙に出て社会は不安定化。内乱が多発した。北方の女真族台頭や豊臣秀吉の朝鮮出兵も重なり、国は弱体化。「明は神宗により亡ぶ」といわれる暗愚帝である。

光宗泰昌帝

- 生没 1582年～1620年
- 在位 1620年～1620年

　先帝万暦帝の長男。即位後間もなく体調を崩し、臣下の勧める薬を飲んで急死。毒薬だったのではと取り沙汰された。在位わずか1か月だった。

熹宗天啓帝

- 生没 1605年～1627年
- 在位 1620年～1627年

　先帝泰昌帝の長男。女真族が重要都市瀋陽を奪う危機的情勢の中、宦官魏忠賢に政務を任せ遊興に耽る。魏忠賢は反対者を粛清。恐怖政治の治世となった。

毅宗崇禎帝

- 生没 1610年～1644年
- 在位 1628年～1644年

　先帝天啓帝の異母弟。魏忠賢ら佞臣を断罪して行政改革に取り組んだが、時既に遅く、各地で内乱が多発。その一つである李自成軍に包囲され、自害した。

福王弘光帝

- 生没 1607年～1645年
- 在位 1644年～1645年

　第14代万暦帝が溺愛した初代福王（常洵）の長男。崇禎帝の自害後、清軍を避けて南京に南明政権を樹立した。しかし、清に捕らえられ、死亡した。

唐王隆武帝

- 生没 ？～1646年
- 在位 1645年～1646年

　清の南京制圧後、初代洪武帝の第23子の家系の唐王が、福建で即位。海商豪族出身の鄭成功らが配下に参じたが、進攻した清軍に捕らえられ、処刑された。

桂王永暦帝

- 生没 1625年～1662年
- 在位 1646年～1661年

　隆武帝の処刑後、即位。中国南部の広範囲を奪還したが、再び清に奪われビルマに亡命。3年後に清軍に引き渡されて処刑され、ここに明王朝は滅亡した。

清

1636年～1911年

中国最後の王朝清は、女真族による征服王朝である。中国大陸東北部に居住した女真族は、16世紀末にヌルハチが各部族を統一。初め後金、後に清と国号を定め、明国境へ侵攻した。1645年、第3代順治帝の代に明が内乱で滅ぶと北京へ入城し、続く第4代康熙帝までに、抵抗を武力制圧して中国全土を支配した。この康熙帝、第5代擁正帝、第6代乾隆帝の3代（1661～1796年）が、清の最盛期である。ウイグル、モンゴル族など周辺民族を征討し、版図は史上最大規模となった。また、明を参考に行政機構を整え、国庫は度々減税を行うほどの余剰を持った。文化面では、征服王朝でありながら中華の王たる自覚を持ち、『康熙字典』『四庫全書』などを編纂して中華人文を総括したことは、不朽の功績である。以降は、行政の綱紀が緩み、また、人口増加に対し耕地が不足して社会は不安定化。白蓮教の乱、太平天国の乱などの反乱が頻発した。同時にアヘンが社会に蔓延し、1839年、主要な輸入元であるイギリスとアヘン戦争に突入したが、敗北。さらにフランスや日本に敗れ、国土を割譲し続けた。この国家の危機に、民間より近代国家建設を目指す動きが現れ、1911年の辛亥革命で滅亡した。

1616年	初代ヌルハチ、複数の女真族部族を統一し、後金を建てる
1636年	第2代ホンタイジ、大清国を建てる
1644年	第3代順治帝と摂政のドルゴン、明朝を滅ぼした李自成を討ち、北京入城
1673年	第4代康熙帝、三藩の乱を平定（～1681年）
1683年	康熙帝、反乱勢力だった台湾の鄭一族を滅ぼす
1689年	康熙帝、ロシアとネルチンスク条約を結んで国境画定
1711年	康熙帝、「康熙字典」を編纂（～1716年）。
1749年	第6代乾隆帝、度々の遠征でモンゴル族ジュンガル部、ウイグルなどを平定。「十大武功」と称する（～1791年）
1772年	乾隆帝、「四庫全書」を編纂（～1782年）
1776年	乾隆帝、和珅を軍機大臣に登用。以降、乾隆帝の死までの和珅の専横が続く
1796年	白蓮教の乱（～1805年）
1842年	アヘン戦争でイギリスに敗戦
1851年	太平天国の乱（～1864年）
1861年	西太后、政変を起こし実権を握る
1895年	日清戦争に敗戦
1899年	第10代光緒帝、近代国家確立を目指す「変法」運動を起こすが、西太后一派につぶされる（戊戌変法）
1900年	排外運動「義和団の乱」勃発。列強連合軍に鎮圧される
1911年	辛亥革命勃発。清朝滅亡

太祖ヌルハチ

- 生没 1559年～1626年
- 在位 1616年～1626年

漢字表記は努爾哈赤。中国大陸東北部に居住し、明とは朝貢関係を保っていた女真族の出身である。中でも撫順城外から旅順に至る南部地域に住む建州女真の一地方首長である愛新覚羅家に生まれた。女真族内の首長間の争いが絶えない情勢の中、1583年に挙兵。5年間で建州女真を平定し、満州国を建国する。一方、明朝廷が女真族を監督するために派遣していた李成梁将軍には恭順の意を示し、朝貢のために北京にも数度赴いている。1593年、ヌルハチの台頭に危機感を抱いた北部の女真族首長たちが連合して建州女真を攻撃したが、これを撃破。その後、政敵であれば弟や息子も容赦なく粛清して権力を完全掌握した後、1616年に即位して後金建国を宣言した。

一方、明との関係は次第に悪化し、1618年、遂に挙兵。瞬く間に明の東北防衛の拠点であった撫順城を落とし、さらに進攻して大都市瀋陽近くで両者が激突したサルフの戦いに大勝を収めた。その後、1621年には遂に瀋陽を落とし、1625年にはここへ遷都。翌年、更に北京に近い寧遠城を攻めたが、当時の最新兵器であった西洋式大砲に撃破され、一旦退却したところで没した。

太宗ホンタイジ

- 生没 1592年～1643年
- 在位 1626年～1643年

先帝ヌルハチの11男。漢字表記は皇太極。1627年、朝鮮を攻めて兄弟国関係を結び、32年には北元に侵攻。元及び北元の歴代皇帝が所持した諸民族の王を示す玉璽を譲られたことで資格を得たとし、大清建国を宣言した。即位後は明を参考に行政機構を整え、1636年には朝鮮に再侵攻して属国化した。明とは最晩年まで一進一退の攻防が続いたが、先帝が苦杯を嘗めた西洋式大砲製作に成功。また、明の将軍から後金に投降する者も多数出て徐々に優勢となる中、急死した。

世祖順治帝

- 生没 1638年～1661年
- 在位 1643年～1661年

先帝ホンタイジの九男。6歳で即位したため叔父のドルゴンが摂政に立ち、明を滅ぼした李自成軍を撃って遂に北京入城を果たした。ドルゴンは漢人を奴隷に落として辮髪を強要。江南を中心に、明の王族を立てるなど漢人の激しい抵抗が続くが、これを制圧する。1650年、順治帝が親政を開始。漢文化を愛し、女真族特有の有力部族の合議体制を改め、明式の内閣制を敷いた。1661年に没したが、実は早逝した皇后を追悼して仏門に入ったのであり、存命であると囁かれ続けた。

聖祖康熙帝

- 生没 1654年～1722年
- 在位 1661年～1722年

　先帝順治帝の11男。8歳で即位したため四人の摂政がつき、激しい権力闘争が繰り広げられたが、15歳でこれを抑え親政を開始した。1672年、清の建国に功あって広大な領地を持ち、半ば独立王国化していた三人の漢人将軍が反抗の機運を見せるや、果断にこの征討を決定。9年の歳月をかけ、平定した（三藩の乱）。

　その後、1683年には明の遺臣である台湾の鄭成功一族を平定。1685年からはロシアと戦い、1689年にネルチンスク条約を結んで国境線を確定した。1690年からは外モンゴルやチベットに親征して大勝を収めている。これらの戦績によって国内外の脅威は除かれ、国政は大いに安定。農商業が全盛となり、治世中に数度の減税を行うほどの余剰が生まれている。繁栄を謳歌する中、勅命を下し、現在の漢字字典の原型となる『康熙字典』を編纂。また、キリスト教宣教師を起用して中国全土を実測させた『皇輿全覧図』、前王朝の事績をまとめた『明史』の編纂など、文化面にも輝かしい功績を残した。しかしその裏面では、満州族による支配を非難する言論は厳しく弾圧している。また、皇太子を2度まで廃立し、後継者問題だけが唯一の泣き所だった。

世宗擁正帝

- 生没 1678年～1735年
- 在位 1723年～1735年

　先帝康熙帝の四男。兄弟間での激しい後継争いを経て43歳で即位したため、政治手腕は老獪。直属機関である軍機処を設置するなどして有力満州人の介入を廃し、皇帝独裁体制を確立した。また、皇太子の名を記した紙を宮殿内の額の裏に置き、皇帝の死後公表する太子密建法を考案し、後継争いを防止した。外政面では、チベットや雲南地域を制圧して更に版図を拡大。日に4時間しか眠らず全ての上奏文に朱を入れる勤勉な皇帝だったという。

```
ヌルハチ ── ホンタイジ ── 順治帝 ── 康熙帝 ── 擁正帝 ─┐
┌─────────────────────────────────────────────────────┘
└─ 乾隆帝 ── 嘉慶帝 ── 道光帝 ── 咸豊帝 ─┐
┌────────────────────────────────────────┘
└─ 同治帝 ── 光緒帝 ── 宣統帝
```

高宗乾隆帝

- 生没 1711年～1799年
- 在位 1735年～1796年

先帝擁正帝の四男。幼少期から祖父康熙帝に特に目を掛けられて育ち、祖父と父が蓄えた潤沢な国庫を背景に、稀に見る恵まれた条件下で親政を開始した。その治世で、四川地域、外モンゴル西部、ウイグル地域、ビルマ、台湾、ベトナム、ネパールに計10度の反乱征討を行い、ほぼ全てに勝利。自ら「十全老人」と称している。乾隆帝治世下の版図は現在の中華人民共和国の国土とほぼ一致する。文化面では、中華の古今の名著を集成した『四庫全書』や、歴代王朝の事蹟をまとめた24の正史を編纂。度々の国内巡幸や毎夏の離宮への避暑、巻狩りを行うなど、潤沢な財政を背景に、華麗な一時代を現出した。

しかし、度重なる征討や巡幸によって出費は増大し、また、満州族の名家出身の和珅を寵愛して賄賂政治の横行を許すなど、晩年、政権は弛緩していた。その皺寄せは末端の農民が受けることとなり、実は乾隆帝の治世末期より、民間仏教の白蓮教にすがった困窮農民の反乱が頻発している。在位61年を機に、祖父康熙帝の在位期間を超えることを憚って皇位を皇太子に譲位し、隠居。しかし没するまで3年強の院政を敷いた。

仁宗嘉慶帝

- 生没 1760年～1820年
- 在位 1796年～1820年

先帝乾隆帝の十五男。即位から3年あまりは上皇となった乾隆帝が実権を握っていたが、親政を開始するや、即座に乾隆帝の寵臣ヘ和珅を粛清している。嘉慶帝の治世は、先帝時代の矛盾が噴出し、清の没落の始まりであった。即位の年に大規模な白蓮教徒の乱が起こり、鎮圧に6年の歳月と莫大な戦費を要している。更に先帝時代から始まっていたアヘンの流入が社会を不安定化させ、晩年に起こった天理教徒の乱では一時紫禁城に反乱軍が入り込み、衰退はいよいよ露わとなった。

宣宗道光帝

- 生没 1782年～1850年
- 在位 1820年～1850年

先帝嘉慶帝の次男。鉱山開発を奨励するなど内政立て直しを図ったが、「反清復明」を掲げる漢人の秘密結社の活動が活発になり、また、イギリス商人からのアヘン流入の流れはいっそう激しくなっていた。1839年、アヘン撲滅を決意して任命したアヘン問題担当大臣林則徐が、広州の港でアヘンを焼却。イギリスとの間にアヘン戦争が勃発する。しかし近代兵器に太刀打ち出来ず破れ、戦後の42年に締結した南京条約は、香港を割譲するなど屈辱的な内容となった。

文宗咸豊帝

生没 1831年～1861年
在位 1850年～1861年

先帝道光帝の四男。即位の年、広東で新興宗教を母体とする反清運動「太平天国の乱」が勃発。南京を制圧し、一時は北京近くにまで迫ったこの大反乱を、在世中、遂に平定することが出来なかった。一方、アヘン戦争敗戦後の国内には排外の機運が高まり、咸豊帝自身も大の西欧嫌いであった。外国大使館焼打ち事件をきっかけに1857・1859年、英仏連合軍と交戦（アロー戦争）。英仏軍は北京に入城し、咸豊帝は離宮に避難中、病没。没後、さらなる不平等条約が締結された。

穆宗同治帝

生没 1856年～1875年
在位 1861年～1875年

先帝咸豊帝の長男。5歳で即位した直後、先帝の弟で対外穏健派の恭親王奕訢と同治帝生母の西太后が組み、政敵を粛清して実権を握った。このため列強との関係は小康状態を保ち、太平天国の乱平定に力を集中。西太后は摂政につき、強大な政治力を持つようになった。これに反発した同治帝は、皇后選びの際、西太后が薦める女性を選ばず反抗を試みた。しかしそれ以外何ら為すことも出来ず、北京市内の妓楼で頻繁に遊ぶなどして、親政開始後2年で病没してしまう。

徳宗光緒帝

生没 1871年～1908年
在位 1875年～1908年

祖父帝咸豊帝の弟の子。母は西太后の妹。西太后が擁立し、即位後は摂政に就任。親政開始後も西太后は実権を握り続けた。1895年、日清戦争敗北後頃から光緒帝が実力をつけ、1899年、近代的な立憲君主制を目指す若手を抜擢して政治改革に乗り出す（戊戌変法）。しかし西太后一派によってつぶされ、以降、帝は幽閉されて過ごす。「境遇の最も苦しき者は我が皇上」と側近が嘆くほどだった。西太后の死の一日前に没したが、これは西太后による暗殺ともいわれる。

宣統帝

生没 1906年～1967年
在位 1908年～1912年

先帝光緒帝の弟である醇親王載灃の子。即位3年目の1911年、辛亥革命が起こり、清朝は消滅。退位するが、革命後に成立した中華民国政府は皇帝一家の紫禁城居住を許可したため、1924年までは城内で比較的裕福な生活を送った。その後、日本政府に擁立されて満州国の皇帝となるが、実権は日本軍部が握り、完全な傀儡皇帝だった。1945年、日本の敗戦と共に満州国も消滅。共産政権下で戦犯として服役の後、北京植物園に勤務し、一市民愛新覚羅溥儀として没した。

第 X 章

朝鮮半島

高句麗
こうくり

B.C.37年～668年

　12世紀に編纂された歴史書『三国史記』の記述によれば、紀元前に現在の中国東北部・松花江流域に居住していた民族「夫余」の英雄朱蒙が、民族内の分裂を避けて南下し、現在の中朝国境を流れる鴨緑江支流の地域に落ち着いた。時にBC37年。この年を伝承上の高句麗建国の年とする。高句麗は広い耕地を求めて周辺に進出し、やがて鴨緑江北岸の国内城（現在の中国吉林省集安）を都と定め、1世紀後半にはそれまでの部族共同社会から中央集権国家へと道を歩み始めた。3世紀には中国・魏の侵入を受けて一時は衰退するものの、4世紀には中国の混乱に乗じて領土拡張政策を開始し、半島より漢人勢力を駆逐、5世紀の好太王の時代には遼東半島から中国吉林省、沿海州、そして現在の韓国京畿道、江原道にまで至る広大な領域を有するようになる。都では仏教文化が花開き、朝鮮半島の伝統的な床暖房システム「温突」を備えた屋敷が立ち並んだ。

　しかし三国の抗争で国力が疲弊する中、中華王朝の侵略を受けるようになる。668年、新羅と組んだ中国・唐に攻め込まれて都が陥落し、滅亡した。

B.C.37年	夫余族の朱蒙が高句麗を建国
2年	高句麗、後漢の光武帝に朝貢する
179年	故国川王の死去により、後継者争いが勃発
219年	後漢の公孫康、高句麗に侵攻
244年	魏の侵攻を受け、都が陥落。翌年も魏の侵攻を受ける
313年	高句麗、後漢の植民地である楽浪郡に侵攻する
372年	高句麗に仏教が伝来する
400年	高句麗、新羅を朝貢国とする
412年	長寿王が即位する
427年	高句麗が、平壌に遷都する
523年	百済に侵攻し、勝利
581年	中国を統一した隋に朝貢
610年	高句麗の僧・曇徴が、日本に紙・墨・絵具の製法を伝える
612年	隋に攻め込まれるも、勝利
624年	高句麗に道教が伝来する
642年	武将の淵蓋蘇文がクーデターを起こし、宝臧王を擁立する
661年	中国・唐に攻め込まれるも、撃退
668年	高句麗、唐と新羅の連合軍に敗退、滅亡

高句麗

東明聖王　ドンミョンソンワン

生没 B.C.58年～B.C.19年
在位 B.C.37年～B.C.19年

　実名は高朱蒙。現在の中国東北部に居住していた夫余族の王金蛙王の庶子とされる。伝説によれば、母である柳花が天の気を浴びて生んだ巨大な卵から生まれたという。長じて弓の名人となるが、周囲から危険視されたために仲間と語らい、南方に亡命する。各地を放浪した末、現在の鴨緑江の北岸の地に落ち着く。時にB.C.37年、この年を高句麗の建国とする。B.C.19年、故国に残してきた子類利が逃れてきたため、再会を喜んで譲位。同年、40歳で死去した。

瑠璃明王　ユリミョンワン

生没 B.C.38年～18年
在位 B.C.19年～18年

　先王東明聖王の子。実名は高類利。父・朱蒙が夫余の地にいた頃にもうけた子で、亡命した父の顔を知らず成長した。後に父が残した剣の破片を携えて南に亡命し、東明聖王に差し出したところ見事に一致した。王は喜び、即座に後継者として認めたという。B.C.19年、父の死に伴い即位した後は、中国北方の騎馬民族鮮卑を服属させ、さらに夫余の軍勢を撃退した。西暦3年には、本拠地を鴨緑江の支流流域から、国内城（現在の中国吉林省集安市）に移している。

大武神王　テムシンワン

生没 4年～44年
在位 18年～44年

　先王瑠璃明王の三男。実名は高無恤。11歳で太子に立てられ、国の軍事権を与えられる。即位して後は夫余との戦を率先的に進める中でも、戦死者の供養を怠らなかった。そのため国民は感じ入り、国家へ一層の忠誠を尽くすようになったという。22年には夫余の国王の首を挙げ、32年には後漢の楽浪郡を降伏させる。戦の直前、王子好童は楽浪太守の娘をそそのかし、楽浪郡の宝器「国難が迫れば鳴る太鼓」を壊させた。結果として高句麗は勝利したという。

閔中王　ミンジュンワン

生没 ？～48年
在位 44年～48年

　先王大武神王の弟とされる。実名は高解色朱。即位と同時に大赦を行い、飢饉には穀倉を開き、自らの陵墓を作らせず民をいたわるなど、慈悲深かった。

慕本王　モボンワン

生没 30年～53年
在位 48年～53年

　先々王大武神王の子。実名は高解憂。即位当初は名君だったものの、気分に応じて家臣を射殺す暴君となり果て、側近の杜魯によって暗殺される。

Ⅹ　朝鮮半島

太祖大王　テジョデワン

- 生没 47年～165年
- 在位 53年～146年

　瑠璃明王の孫。実名は高宮。先王慕本王の急死に伴い、7歳で即位する。119歳で死去したというが、治世があまりにも長い事から、記録の欠落も指摘される。

次大王　チャデワン

- 生没 71年～165年
- 在位 146年～165年

　先王太祖大王の弟。実名は高遂成。先王の譲位に伴い、76歳で即位する。史書『三国遺事』では、太祖大王と次大王は次代の新大王に殺害されたとしている。

新大王　シンデワン

- 生没 89年～179年
- 在位 165年～179年

　高麗の史書『三国史記』、中国の『三国志』では太祖大王の末弟、中国の『後漢書』では次大王の子とされる。実名は高伯固。先王次大王の暗殺に伴い、77歳で即位した。即位後に次大王の子に領地を与え、人心の掌握を図った。168年、172年に後漢に攻め込まれ、一時は降伏して後漢への併合を画策するも、功臣・明臨答夫の意見で持久戦に持ち込んだ。敵は補給に苦しみ、結果として勝利を収める。王は、明臨答夫に領地を与えて報いた。179年、91歳にして死去。

故国川王　コグッチョンワン

- 生没 ？～197年
- 在位 179年～197年

　先王新大王の次男。実名は高南武。体格に優れていた。兄抜奇が政権内や人民の間で評判が悪かったため、弟の南武が父の死去に伴い位を継いだ。これを不服とした抜奇は家臣、さらに3万の人民と共に後漢に亡命した。一方、王となった南武は、後漢との盛んな交戦に明け暮れることになる。194年には戦乱に疲れる民衆のため、夏までに民に食料を貸し付け、収穫後に返済させる制度を整えた。なお、次代の「山上王」は、故国川王と同一人物との見方もある。

東川王　トンチョンワン

- 生没 209年～248年
- 在位 227年～248年

　先王山上王（故国川王と同一人物か）の側室の子。実名は高憂位居。性格は慈悲深く、嫌がらせにも動じなかった。在位時は中国の三国時代に該当し、王は中国諸国との関係に留意を迫られる。233年には遼東の公孫氏に迫害された呉の使者をかくまい、呉と同盟を結ぶ。しかし236年には呉の使者を斬って魏と同盟を結び、公孫氏討伐にも力を貸している。しかし公孫氏の滅亡後は魏に攻められ、都が陥落させられた。248年、死去。王墓には殉死者が並んだという。

高句麗

中川王　チュンチョンワン

生没 224年〜270年
在位 248年〜270年

　先王東川王の長男。実名は高然弗(コヨンブル)。容姿に優れていたという。王は椽氏を王妃としていたが、後に貫那(クンナ)夫人を寵愛するようになった。王妃は貫那の排除をたくらみ「魏に貫那のような美女を献上すれば、侵略は収まるでしょう」と勧める。一方、貫那夫人は袋を手に「王妃様が、私を袋に入れて海に捨てようとしました」と、讒言をした。王は即座に偽りと見ぬき「お前は海に入りたいのか」と、貫那夫人をそのまま袋に詰め込んで黄海に捨てさせたという。

西川王　ソセンワン

生没 ？〜292年
在位 270年〜292年

　先王中川王の次男。実名は高薬盧(コヤクロ)。280年、現在の沿海州付近に住むツングース系の民族粛慎が侵攻してきた。討伐を命じられた王の弟達賈(タルカ)は奇策をもって敵の長を殺したため、以降、粛慎はじめ北方の諸民族は服従する。286年には別の弟逸友(イルウ)と素勃(ソバル)が反乱を企てたため、「国相に取り立てる」との触れ込みでおびき寄せ、力士に捕えさせた上で誅滅したという。父子相続に移行して間もない高句麗では、王の弟による反乱が繰り返されていた。

烽上王　ポンサンワン

生没 ？〜300年
在位 292年〜300年

　先王西川王の子。実名は高相夫(コサンブ)。在位中は中国北方の鮮卑族の侵入を幾度も受け、防衛に腐心している。一方で、先王の代に粛慎との戦で功績のあった叔父の人望を恐れて謀殺し、さらに自らの弟も叛心ありとして処刑し、その子(後の美川王)の殺害を企むなど、猜疑心の強い人物であった。飢饉の中でも民を動員して宮殿を造営し、遊興に耽ったため家臣は離反してクーデター計画を持ち上げる。これを知った王は逃れられないと悟り、自ら縊死したという。

美川王　ミチョンワン

生没 ？〜331年
在位 300年〜331年

　先王烽上王の弟の子。実名は高乙弗(コエウルブル)。父が先王に殺されたため、乙弗は王宮より逃れて、庶民として暮した。彼を王族と知らない雇い主から酷使されるなど、苦難を味わったという。しかし、烽上王の死後に家臣に探し出されて即位する。在位中は中国・西晋の混乱に乗じて遼東に兵を送り、313年と314年には朝鮮半島における漢人の植民地・楽浪郡と帯方郡を滅ぼす。やがて中国本土は五胡十六国の混乱期に突入し、王は機敏な外交を迫られることになる。

X 朝鮮半島

故国原王　コクグォンワン

- 生没　？〜371年
- 在位　331年〜371年

　先王美川王の子。実名は高斯由。在位中は鮮卑族への備えとして都の城壁を修築するものの、五胡十六国の前燕に幾度も攻め込まれることになる。342年には大挙して攻め込む前燕軍に宮殿を焼かれ民を連れ去られる中、王は単身逃亡を余儀なくされる。母周氏と王妃は人質に取られ、美川王の陵を暴かれた揚句、宝物と遺体を持ち去られるという屈辱を味わう。369年には2万の大軍で南方の百済に攻め込んで敗れ、371年には百済に攻め込まれ、流れ矢を受けて戦死した。

小獣林王　ソスリムワン

- 生没　？〜384年
- 在位　371年〜384年

　先王故国原王の子。実名は高丘夫。先王の代に低下した国力を回復させるため、中国北方を領有していた前秦に朝貢することで良好な国際関係の模索をした。372年には前秦の皇帝苻堅より派遣された仏僧・順道を受け入れ、375年には肖門寺を創立した。これが、朝鮮半島における仏教伝来とされている。さらに王は大学を創立し、儒教による教育を推し進めている。行政や教育では整えられた高句麗であったが、軍事的にめぼしい出来事は無かった。

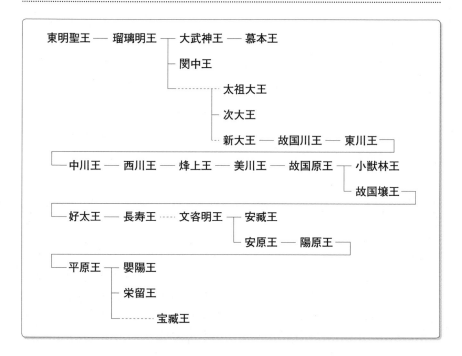

高句麗

故国壌王　コグクヤンワン

- 生没 ?～392年
- 在位 384年～392年

先王小獣林王の弟。実名は高伊連。先王に子がなかったため即位する。中国の後燕が支配する遼東に4万の大軍で攻め込み、一時は支配下に置くものの半年と持たず奪い返される。また、半島南部からは百済の攻撃を受け、390年には現在の平壌の地にまで攻め込まれる。その一方で新羅とは良好な関係を築き、新羅の王族金実聖（後の新羅王実聖尼師今）を人質として受け入れている。国内においては仏教隆盛の後押しをした。在位9年にして死去。

好太王　ホデワン

- 生没 374年～412年
- 在位 392年～412年

先王故国壌王の子。実名は高談徳。即位と同時に南方の百済を攻め、392年には現在の黄海北道にまで進出していた百済を攻め、395年には反撃に転じた百済を撃退して国境に多数の城を構築した。翌年には漢江を越えて南に侵攻し百済の58城を陥落させ、百済王に奴隷や織物を献上させ、隷属の制約を誓わせる。

一方、南東の新羅は倭国の侵攻を受けていたため、好太王は騎兵5万を派遣し、新羅の国都に迫っていた倭軍を撃退させた。しかし、その隙に倭の別働隊が新羅を攻めて陥落させたため、402年より新羅は倭国に臣従することとなる。さらに、中国大陸に対しては契丹に攻め込み、捕虜とされていた高句麗人1万人を連れ帰っている。好太王の武功により、高句麗の領土は北は中国黒竜江、東は日本海まで15キロの距離、西は中国遼寧省、南は南北の境を流れる臨津江に至った。在位中、大いに領土を広げたことから、広開土王とも尊称される。

現在の中国吉林省集安には、次代の長寿王が好太王の業績を称えて建立した石碑「好太王碑」が現存している。高さ6メートルの石碑には5世紀の半島・日本の関係が記され、貴重である。

長寿王　チャンスワン

- 生没 394年～491年
- 在位 413年～491年

先王好太王の長男。実名は高巨連。父王が37歳で死去した後、即位する。414年には父の業績を詳細に記した石碑を建立し、427年には都を緑鴨江北岸の国内城から現在の平壌の地に遷した。さらに新羅や百済、百済を援助する倭国と戦い、475年には百済の都漢城（現在のソウル）を陥落させた。当時・中国大陸は北方の北魏と南方の宋に分かれた南北朝時代だったが、いずれとも良好な関係を構築する。98歳という長寿を誇り、「長寿王」と諡号される。

文咨明王　ムンジャミャンワン

生没　？〜519年
在位　492年〜519年

　先王長寿王の孫。実名は高羅雲。父高助多が長寿王に先んじて没したため、王太孫に立てられたのち即位した。先王と同様、分裂時代の中国の各王朝と良好な関係を築き、北魏と南斉からそれぞれ位を授けられる。一方、百済と新羅が同盟して高句麗に対抗したため、両国に侵攻するも撃退されることを繰り返すなど、半島南部においては十分な戦果を挙げることができなかった。507年には北方の靺鞨族と同盟を組んで百済の漢城を攻めるも、敗退している。

安臧王　アンジャンワン

生没　498年〜531年
在位　519年〜531年

　先王文咨明王の長男。実名は高興安。父の死去に伴い、即位する。先々代よりの中華王朝との良好な関係は継続し、北朝の北魏、南朝の梁からそれぞれ「高句麗王」に冊封されている。百済に523年と529年の両度にわたり攻め込み、数千の首を挙げるなど半島内においても軍事的に成功している。在位13年にして531年5月に死去。

　なお、『日本書紀』の記述によれば、安臧王の子孫が日本に渡来し、渡来系氏族狛氏の祖になったという。

安原王　アヌォンワン

生没　501年〜545年
在位　531年〜545年

　先王安臧王の弟。実名は高宝延。先王に嫡子がなく、王太弟として位を継いだ。中国の南北朝にそれぞれ朝貢する。半島内では、540年に攻め込んできた百済を撃退した。朝鮮の史書『三国史記』には簡単な記述が残るのみだが、日本の『日本書紀』は凄惨な後継者争いを記す。香丘上王（安原王）は正妻に子がなく、第二夫人の子（後の陽原王）を太子に立てた。しかし、安原王が病に伏すと同時に第三夫人の子との騒乱が勃発し、二千人が死亡したという。

陽原王　ヤンウォンワン

生没　？〜559年
在位　545年〜559年

　先王安原王の長男。実名は高平成。史書『三国史記』では533年に立太子されたとされるが、現在では亡失した史書『百済本紀』の逸文（『日本書紀』に掲載）では545年に8歳で即位したとされ、矛盾が見られる。在位中、中国・南朝では侯景の乱により政情が乱れたため朝貢は中断され、北朝の東魏・北斉とのみ通交している。一方で、高句麗は騎馬民族の突厥や南方の新羅に侵入され、557年には旧都の国内城で反乱が起こるなど、国力の低下が顕著だった。

高句麗

平原王（ピョンウォンワン）
へいげんおう

生没 ？～590年
在位 559年～590年

　先王陽原王の長男。実名は高陽成。先代で途絶えていた南朝への朝貢を復活させると共に、北朝の北斉、北周二国それぞれとも通交を重ねた。結果、各国から「高句麗王」などの称号を賜る。やがて北斉が北周に滅ぼされ、581年に隋が北周を簒奪して北朝を統一すると、いち早く朝貢した。589年には南朝・陳が隋に滅ぼされ、中国は後漢以来300年ぶりに統一される。これを脅威と見た王は都を修築するが、これが隋の心象を汚し、後年の高句麗侵攻へと至る。

嬰陽王（ヨンヤンワン）
えいようおう

生没 ？～618年
在位 590年～618年

　先王平原王の長男。実名は高元。容貌に優れ、慈愛に満ちていた。即位後まもなく隋に朝貢して高句麗王に封ぜられるが、598年に靺鞨族を伴って隋に侵入したことが隋の初代皇帝・文帝の怒りを買い、30万の大軍による侵攻を受ける。天候の悪化によりほどなく隋軍は撤退したが、612年には煬帝が100万の兵をもって侵攻する。しかし、名将乙支文徳の奇策により隋軍は数千人を残して壊滅した。翌年、翌々年も侵攻を受けるが、隋国内の混乱も相まって撃退に成功している。

栄留王（ヨンニュワン）
えいりゅうおう

生没 ？～642年
在位 618年～642年

　先王嬰陽王の弟。実名は高建武。即位の年・618年に中国で唐王朝が興り、王は即座に朝貢する。以降、二国では仏僧が派遣されるなど良好に進展したが、建国まもない唐の国情が安定するにつれて関係は悪化する。王は戦乱を予感し、国境線に「千里長城」を修築する。しかし、王自身は唐との戦を望まない「穏健派」だった。これに不満を持つ武闘派の重臣淵蓋蘇文は642年、栄留王はじめ穏健派貴族180人を殺害し、自身の傀儡として宝蔵王を擁立した。

宝蔵王（ポジャンワン）
ほうぞうおう

生没 ？～682年
在位 642年～668年

　先王栄留王の甥。実名は高蔵。先王を弑逆した淵蓋蘇文により擁立されるが、傀儡同然であった。即位の年に高句麗は百済と軍事同盟を結んで、唐と組んだ新羅と対抗する。しかし660年に百済が滅亡し、高句麗も668年に都を陥落させられて滅んだ。王は唐の長安に連行されるも、677年に「遼東州都督・朝鮮王」として遼東に封じられた。しかし高句麗の遺臣を集めて高句麗復興を図ったため、現在の四川省に流される。682年ごろ、死去したらしい。遺骸は長安に葬られた。

X 朝鮮半島

百済
(くだら)

B.C.18年〜660年

　朝鮮半島南部には、紀元前より「韓」と呼ばれる勢力が存在していた。そのうち、現在の韓国西部を領有する「馬韓(マハン)」の土着勢力と高句麗よりの移民が連合して、BC18年に百済が成立したとされる。百済は良質の鉄器文明を武器に中国・漢の進出を食い止め、漢江(ハンガン)の流域を完全掌握する。4世紀半ばには半島の南岸に勢力を拡大し、北は現在の北朝鮮黄海道に迫った。国力が最盛期となる5世紀には時の中国・南朝、そして日本と盛んに交流し、古墳時代の日本に仏教など多方面で文化的影響を与えている。

　しかし半島に鼎立する新羅・高句麗、そして百済の抗争は絶えることがなく、三者の国力を損なわせる要因となる。7世紀前期、高句麗と同盟を試みるも拒絶された新羅は、中国・唐と組んで百済の侵略に乗り出す。そして660年、国都の泗沘(サビ)が陥落して百済は滅亡した。宮廷の女官らが亡国を嘆き、王宮の裏手を流れる白馬江に次々と身を躍らせたという悲話が、長く語り伝えられている。日本在住中の百済王族・豊璋は国の再興を図って大和朝廷に援軍を請い、白村江で唐・新羅連合軍に対峙するも大敗、ここに百済は完全に潰えた。

B.C.18年	伝承による百済建国の年
366年	百済、高句麗に対抗するため新羅と同盟を結ぶ
369年	倭国へ七支刀を献上する
371年	高句麗に侵攻し、高句麗王を戦死させる
372年	百済、中国・東晋に使いを送る
384年	百済に仏教伝来
433年	百済、新羅と同盟を結ぶ
472年	中国南朝に加え、北朝の北魏に朝貢する
475年	高句麗に侵攻され、都・漢城が陥落。熊津へ遷都する
477年	文周王、家臣に暗殺される
501年	東城王、家臣に暗殺される
538年	『日本書紀』によれば、百済の聖王が日本の欽明(きんめい)天皇に仏像と経典を送る
554年	百済の聖王、新羅との戦により戦死
626年	百済、高句麗と和睦
654年	大干ばつに見舞われるも、朝廷は手を打たず
660年	百済、滅亡
662年	日本の中大兄皇子、百済の王子豊璋を帰国させる
663年	日本・百済軍が白村江で唐・新羅軍と交戦するも、大敗

百済

近肖古王　クンチョゴワン

生没 ？～375年
在位 346年～375年

　日本や中国の史書に記録され、実在が確実な最初の百済王である。在位中は高句麗との戦争に明け暮れ、371年には太子とともに高句麗に侵攻し、高句麗の故国原王を戦死させている。さらに倭国には七支刀を送り、中国・東晋には朝貢することで、対高句麗の防衛ラインを構築した。なお、『三国史記』によれば近肖古王の代になって百済に文字が伝来し、『日本書紀』では、応神天皇の代に「百済の照古王」(近肖古王)によって漢字が伝えられたとする。

近仇首王　クングスワン

生没 ？～384年
在位 375年～384年

　先王近肖古王の子。実名は扶余須。『日本書紀』では貴須王の名で登場する。即位前には父王の高句麗攻略に従軍して軍功を収めた。即位後は父の外交政策を世襲し、東晋に朝貢しようとするも、使節の船団が悪風に阻まれて引き返さざるを得なかった。377年の冬には、3万の兵をもって高句麗を攻める。在位時の380年には疫病の流行と大地震、382年には大飢饉に見舞われたが、国庫を解放することで難民を慰撫している。在位十年にして死去した。

枕流王　チムニュワン

生没 ？～385年
在位 384年～385年

　先王近仇首王と阿爾夫人の間の子。実名は不明。『日本書紀』には枕流と記されている。先代の王らと同様に、東晋へ朝貢して対高句麗の策を練った。即位384年に東晋から胡人の僧摩羅難陀が遣わされる。王は摩羅難陀を歓迎して崇拝し、翌年には漢山の地を寺院の敷地として与えると同時に、百済人10人を得度させた。これが、百済における公式な仏教伝来である。高句麗への仏教伝来も同時期だった。在位2年にして死去し、弟が位を継いだ。

辰斯王　チンサワン

生没 ？～392年
在位 385年～392年

　先王枕流王の弟で、近仇首王の次男。これまでの外交政策を世襲し、東晋に朝貢して高句麗に対抗するものの、敗北を重ねた。392年に好太王に攻め込まれ、漢江以北の領土を失うことになる。なお、朝鮮の『三国史記』では辰斯王の死去に関して「狩猟の旅に出て、行宮で没した」とされているが、『日本書紀』では「百済王が応神天皇に礼を失したので、詰問の使者として紀角宿禰が派遣された。百済の群臣は、王を殺して謝罪の意思を示した」と記されている。

Ⅹ　朝鮮半島

阿莘王　アシンワン

生没 ？〜405年
在位 392年〜405年

　枕流王の子。辰斯王が不明瞭な形で没した後に即位する。豪勇で戦を好んだ。高句麗に占領された国土北部地域の奪還を目論むものの、大敗を重ねた。王は高句麗への服属を余儀なくされ、重臣や王弟は高句麗に連行される。その一方、太子を倭国に人質として送り、同盟を結んだ。それでも戦況は好転せず、物資の徴発を嫌がる民が新羅に逃れる事態ともなる。在位14年にして死去。この時、太子（後の腆支王）は倭国に送られたままだったので、後継者争いが勃発した。

腆支王　チョンジワン

生没 ？〜420年
在位 405年〜420年

　先王阿莘王の長男。実名は伝わらない。太子に立てられたのちは、人質として倭国に送られていた。阿莘王の死去に伴い、百済国内では阿莘王の次子訓解が政務を担当していたが、末子の碟礼が兄を殺害して位を奪う。一方、倭国で父王の死を知らされた腆支王は号泣して帰国を請い、100人もの倭国兵に伴われて百済へ戻る。百済の宮廷は碟礼を殺して腆支王を迎え入れたという。即位後は前代と同様に東晋に朝貢し、中央集権化を進めて高句麗に対抗した。

久尓辛王　クイシンワン

生没 ？〜427年
在位 420年〜427年

　先王腆支王の長男。実名は不明。朝鮮の『三国史記』では在位年を記すのみで、詳しい業績は伝えていない。中国の『宋書』では、百済王が425年以来、毎年朝貢してきた事を記しているが、腆支王からの代替わりを理解していない節が見受けられる。

　一方、『日本書紀』では、応神天皇の25年に即位した久尓辛王は若年ゆえ、家臣の木満致が国政を担当したとある。この木満致が、大和朝廷で権勢を振るった蘇我氏の先祖蘇我満智と見る向きもある。

毗有王　ピユワン

生没 ？〜455年
在位 427年〜455年

　先王久尓辛王の長男、または腆支王の庶子とされる。実名は不明。容姿と弁舌に優れていたという。即位後、中国南朝の宋に朝貢し、「百済王」の称号を授かる。さらに433年には新羅と同盟を結び、中国北朝の北魏と同盟した高句麗への対抗策を整えた。しかし在位中に、高句麗との特筆すべき戦果は存在せず、民は凶作に苦しんだ。455年に死去。『三国史記』には「王の死の直前に黒龍が現れた」と不吉を暗示させる記述があり、反乱により暗殺されたとの見方もある。

百済

蓋鹵王　ケーロワン

生没 ？〜475年
在位 455年〜475年

　先王毗有王の長男。実名は扶余慶司。中国・南朝に朝貢する伝統的な外交政策を世襲するのみならず、倭国には弟昆伎を人質として送り、同盟を結んでいる。しかし高句麗からスパイとして送られた僧道琳に勧められるまま奢侈を重ね、国力は疲弊した。帰国した道琳の報告を受けた長寿王は好機と見て、475年に3万の兵をもって百済に侵攻。都の漢城は陥落し、王は捕えられて処刑された。蓋鹵王の死をもって、百済の滅亡とする向きもある。

文周王　ムンジュワン

生没 ？〜477年
在位 475年〜477年

　先王蓋鹵王の子。実名は不明。優柔不断な性格だった。475年に百済が高句麗の侵攻を受けた際、父王の政務を補佐していた文周は援軍を請うため隣国・新羅に赴いていた。10月、文周が新羅兵1万を率いて戻ってみると、都・漢城はすでに陥落し、蓋鹵王は処刑されていた。文周は直ちに熊津(現在の忠清南道公州市)を新都として即位し、百済の再興を図った。しかし王権の失墜は否めず、重臣解仇の専横を抑えようと図るも、解仇の放った刺客に暗殺される結果となる。

三斤王　サムグンワン

生没 464年〜479年
在位 477年〜479年

　先王文周王の長男。実名は不明。父王の不慮の死に伴い、13歳で即位する。しかし幼少ゆえ、重臣で父王暗殺の黒幕でもある解仇がそのまま政務を握ることとなる。翌年、解仇は大豆城(現在の忠清北道清州市)で反乱を起こす。対する王は迅速に判断し、他の家臣を差し向けて数度の戦いののちにこれを滅ぼした。在位3年目の479年には春と夏に干ばつに見舞われ、11月に突如として王は没した。解仇の反乱を平定した、旧都時代からの別勢力による暗殺が疑われる。

東城王　トンソンワン

生没 ？〜501年
在位 479年〜501年

　蓋鹵王の弟昆伎の子。実名は扶余牟大。倭国に人質として送られた昆伎が伴った子で、五人兄弟の中で特に優秀だった。三斤王の急死に伴い、筑紫の軍士500人を伴って帰国し、王位に就いたという。即位後は中国の北朝に朝貢し、新羅と同盟して高句麗の侵攻を撃退した。蓋鹵王の死以来続いていた百済の混乱は、東城王の治世をもって安定することになる。しかし晩年は遊興に明け暮れる暗君へと変貌し、結果として家臣の放った刺客に暗殺される。

X＝朝鮮半島

武寧王　ムリョンワン

生没 462年〜523年
在位 502年〜523年

　先王東城王の次男。実名は扶余斯麻。一方『日本書紀』によれば、百済の加須利君（蓋鹵王）が弟を人質として倭国に送る際、同伴させた女性が道中の筑紫で出産した。「嶋君」と名付けられた子こそ、後の武寧王であるという。絵に描いたような長身の美男子で、性格は寛大、身分の上下を問わず慕われた。即位後は中国南朝の梁に朝貢し、皇帝の歓心を得たという。1971年に発掘された武寧王陵の木棺は、調査の結果で日本産コウヤマキ材と判明し、話題となった。

聖王　ソンワン

生没 ？〜554年
在位 523年〜554年

　先王武寧王の子。実名は扶余明穠。『日本書紀』では、538年、日本に仏教を伝えた百済王とされる。即位後は梁に朝貢し、新羅や倭国とも同盟して伝統的な対高句麗政策を復活させる。しかし529年、高句麗王の親征に敗北し、2000人もの死者を出した。538年には都を熊津から泗沘（現在の忠清南道扶余郡）に遷す。一方、同盟国の新羅とは関係が悪化し、554年に新羅との戦の中で孤立した王子（後の威徳王）を救おうとしたところ、伏兵に襲われて戦死した。

威徳王　ウィドクワン

生没 526年〜598年
在位 554年〜598年

　先王聖王の子。実名は扶余昌。554年、父王が群臣らの諫言も聞かずに親征し、結果として伏兵に襲われて戦死した。その折、昌も包囲されるものの、倭国の援軍に救われ逃げ延びる。即位後は中国北朝の北斉や北周、南朝の陳、581年には新興の隋にいち早く朝貢する。589年に隋が中国を統一した後は、隋の高句麗侵攻においての道案内を申し出る。この際は沙汰やみとなったが、話を聞きつけた高句麗の怒りを買い、侵攻を受けることとなった。

恵王　ヘワン

生没 ？〜599年
在位 598年〜599年

　先々王聖王の次男。実名は扶余季。『三国史記』には在位年のみ記録があり、『日本書紀』では威徳王の弟として使者を送ったと記すのみである。

法王　ポプワン

生没 ？〜600年
在位 599年〜600年

　先王恵王の子。実名は扶余宣。仏教を篤く信仰し、殺生禁止令を公布した。狩りに使う鷹を解放し、狩猟の道具を捨てさせたが、即位後まもなく死去。

百済

武王　ムワン

生没 580年〜641年
在位 600年〜641年

『三国史記』では先王法王の子、中国の『北史』では威徳王の孫と記される。実名は扶余璋(ブヨチャン)。堂々たる容姿の持ち主だったという。在位時には隋の高句麗侵攻が継続中であった。王は隋と高句麗二国に与する「二又外交」を行い、隋の滅亡後にはいち早く唐に朝貢し、高句麗とも和睦する。一方、627年には新羅に侵攻して勝利するものの、新羅王の懇願を受けた唐の太宗の調停で休戦に追い込まれる。641年、百済の旧領を回復する夢を果たせないまま、61年の生涯を閉じた。

義慈王　ウィジャワン

生没 599年〜660年
在位 641年〜660年

先王武王の嫡子。諡号は無く、実名の扶余義慈(ブヨウィジャ)から義慈王と呼ばれる。武王の軍事センスを受け継ぎ、642年には単独で新羅に親政して40城を陥落させた。さらに唐に朝貢し、新羅を対外的にも追い詰めようと図る。しかし新羅も独自に唐と接触を図り、648年には唐の軍事援助を受け始めた。一方で武勲に驕る義慈王は酒色に溺れ政治を顧みなくなる。660年、18万の唐・新羅軍が百済に侵攻し、都は陥落。王は妻子ほか多数の捕虜と共に唐に送られ、長安で没した。

X 朝鮮半島

```
近肖古王 ── 近仇首王 ┬ 枕流王 ── 阿莘王 ── 腆支王 ── 久尔辛王 ┐
                    └ 辰斯王                                    │
┌───────────────────────────────────────────────────────────────┘
├ 毗有王 ┬ 蓋鹵王 ── 文周王 ── 三斤王
         └ 昆伎 ── 東城王 ── 武寧王 ── 聖王 ── 威徳王 ┐
                                                     └ 恵王 ┐
┌──────────────────────────────────────────────────────────────┘
└ 法王 ── 武王 ── 義慈王
```

新羅

356年頃～935年

　史書『三国史記』では、現在の韓国慶尚北道の地に巨大な卵が現れて孵り、男子が生まれた。赫居世と名付けられた男子が長じて即位したBC57年を、新羅の建国年とする。実際のところは、3世紀ごろ朝鮮半島南東部に散在した小国群「辰韓」のうちで卓越した斯蘆国が周辺国を併呑しつつ成長したものらしい。中国や日本の史書から推測される新羅の建国は、356年である。建国当初は辰韓のみを領有する小国家で、北方の大国・高句麗や西隣の百済、さらには南方の倭国からの侵入に悩まされていた。

　7世紀以降は中国大陸を統一した唐と同盟を結ぶことで百済、高句麗を滅ぼし、さらには唐の侵略を退けて半島全体を統一する。時に676年、以降を統一新羅と呼ぶ。都の金城(現在の慶州)には、高さ70メートルに達する壮大な仏塔が聳えたという。しかし9世紀後半、北部で「後高句麗」、南西部に「後百済」が建国され、半島は「後三国時代」と呼ばれる分裂時代へと至る。その中で後高句麗を受け継いだ「高麗」が人心をつかんで成長していく。そして935年、時の敬順王が高麗に降伏し、新羅は滅亡した。

B.C.57年	朝鮮の史書『三国史記』における、新羅建国の年
356年	中国、日本の史書から推測される、新羅建国の年
431年	倭人の侵入を受ける
481年	高句麗の侵入を受けるも、撃退
503年	国号を「新羅」に統一
632年	朝鮮史上最初の女帝善徳女王が即位
645年	都の慶州の皇龍寺に、九重塔完成
663年	白村江の戦いで、倭・百済連合軍を破る
676年	唐の駐留軍を駆逐し、半島全体を統一
753年	唐の長安で、新羅使と日本の遣唐使・大伴古麻呂が席次を争う
780年	恵恭王、反乱に巻き込まれて死去
811年	新羅船が、日本の対馬を襲撃
822年	百済の旧領で、大規模な反乱がおきる
892年	農民出身の甄萱、後百済を建国
901年	新羅王室の庶子とされる弓裔、後高句麗を建国
918年	王建、弓裔を追放して高麗を建国
927年	景哀王、後百済の甄萱に殺害される
935年	敬順王、高麗の王建に降伏。新羅滅亡

新羅

智証麻立干　チジュンマリッカン

生没 437年～514年
在位 500年～514年

『三国史記』によれば、新羅第22代の王。17代王奈勿尼師今の曾孫とされる。実名は金智大路。体格に優れていたという。先代の王炤知麻立干に子が無かったため、64歳で即位した。即位当初、新羅では貴人を殉死者ともども葬っていたが、502年の春をもってこの風習を禁じた。さらに、斯羅、斯盧、新羅と混乱していた国号を「新羅」に統一し、尼師今、麻立干、次次雄など数種あった君主号も「国王」と改めた。在位14年にして死去。新羅史上初めての諡号を持つ君主である。

法興王　ポップンワン

生没 ？～540年
在位 514年～540年

先王智証麻立干の長男。実名は金原宗。元来、シャーマン信仰が盛んだった新羅だが、527年に公式に仏教を受け入れる。『三国史記』によれば、仏教を認めるか否かで悩む王に、家臣の異次頓が「臣の首を刎ねて、仏法の霊験を示してほしい」と進言する。王が苦悩の末に異次頓の首を刎ねさせたところ、「白い血」がほとばしった。これを大いなる奇跡として、仏教公認に踏み切ったという。536年には、最初の元号を「建元」と定める。540年に死去。

真興王　チヌンワン

生没 534年～576年
在位 540年～576年

先王法興王の弟の子。実名は金彡麦宗。在位中は対外進出に邁進した。

また、576年の正月、王は源花（才色兼備の女性）を求めて「美人コンテスト」を行う。最終選考に2人の女性南毛と俊貞が残ったが、俊貞は嫉妬から南毛を殺し、俊貞も処刑される。

それ以降、源花選びは沙汰やみとなり、代わりに美男子を集めて歌舞音曲や教養を競わせ、勝ち残った者を王に献上した。これこそが、新羅貴族における青年教育制度「花郎」の起源とされる。

真智王　チンジワン

生没 ？～579年
在位 576年～579年

先王真興王の次男。実名は金舎輪。真興王が576年秋に死去したのに伴い即位する。577年には百済の侵攻を撃退して数千人を捕虜とするが、翌年には百済に城を割譲している。『三国史記』は治世を淡々と記すのみだが、『三国遺事』によれば真智王は荒淫な性格であり、それ故に廃されたという。王の霊は、生前想いを寄せていた女性を身ごもらせた。その子供が581年生まれの王族金鼻荊である。幽霊を父に持つ鼻荊は、妖怪を自在に操ることができたとされる。

Ⅹ　朝鮮半島

真平王　チョンピョンワン

生没 ?〜632年
在位 579年〜632年

　先王真智王の甥、真興王の孫に当たる。実名は金白浄(キムベクチョン)。602年には百済を大敗させ、603年には侵入した高句麗を親征で撃退した。しかし608年には高句麗に城を奪われたため、中国統一間もない隋に高句麗侵略を勧める上奏文を提出している。隋による高句麗遠征は、その後、間もなくであった。624年には隋に代わって中国を統一した唐に朝貢している。真平王の50年近い在位年間は中国史の過渡期にあたり、対中国政策は強国を見ぬくセンスを求められた。

善徳女王　ソンドクニョワン

生没 ?〜647年
在位 632年〜647年

　先王真平王(しんぺいおう)の長女。実名は金徳曼(キムトクマン)。先王が男子無く没したため、聖骨(ソンゴル)(両親とも王族の者)として、さらに新羅伝統のシャーマン的要素を求められて即位した、朝鮮史上初の女帝である。女王は生来聡明であり、宮殿の蝦蟇(がま)の鳴き声から賊の潜伏場所を言い当てるなどのエピソードを持つ。643年、援軍を求めた唐から、女王を廃して唐王朝の男子を王に立てるよう迫られる。それを受けた親唐派の毗曇(ビダム)が反乱を起こし、女王は鎮圧の陣中に没することになる。

真徳女王　チンドクニョワン

生没 ?〜654年
在位 647年〜654年

　『三国史記』によれば、法興王(ほうこうおう)の兄弟の孫、『旧唐書』(くとうじょ)によれば先王善徳女王(ぜんとくじょおう)の妹とされる。実名は金勝曼(キムスンマン)。長身の美人で、腕を伸ばせば膝まで届いたという。善徳女王の急死に伴い即位した後、親唐派の田比曇の反乱を即座に鎮圧して30人を処刑する。その後は唐の勢力を背景に高句麗に対抗する政策を推し進め、650年よりは新羅の年号を廃し、唐と同一に改める。在位8年にして死去。唐の高宗は女王の死を嘆き、豪華な布地を香典として送ったという。

武烈王　ムヨルワン

生没 602年〜662年
在位 654年〜661年

　四代真智王(しんちおう)の孫。実名は金春秋(キムチュンジュ)。文武の才能と容姿に優れていたという。善徳女王、真徳女王の治世下では外交官として周辺各国に赴き、倭国でも「弁舌さわやか」として高い評価を得るが、伽耶(かや)国の王族金庾信(キムユシン)の妹文姫と通じて子を孕ませたことで王位継承者から遠ざけられた。しかし周囲から才能を惜しまれ、晩年になって即位する。以降は文姫の子法敏(ポブミン)(後の文武王)とともに唐に朝貢した。統一新羅の礎を築いた功績で、「太宗」の諡号を贈られることになる。

新羅

文武王　ムンムワン

生没　？〜681年
在位　661年〜681年

　先王武烈王の長男。実名は金法敏。母は伽耶国の王族を祖とする文明皇后。即位して間もなく唐と連合で対高句麗の戦を進め、668年に至って高句麗を滅亡させる。しかし旧高句麗領には唐の将兵が居座り、さらに新羅にも侵略の動きを見せたため、小競り合いが繰り返された。676年の錦江での戦いで唐は撤退するが、平壌以北の旧高句麗領は唐の手に落ちる。681年、死去。遺体は火葬され、遺灰は「護国の竜王になる」との遺言から東海岸の岩に封じられた。

神文王　シンムンワン

生没　？〜692年
在位　681年〜692年

　先王文武王の子。実名は金政明。即位当時、新羅国内には旧高句麗の遺臣による傀儡国家「報徳国」が存在した。王は新羅と高句麗の平和的融和を目指して王族を降嫁させ、報徳王に新羅王と同じ「金」の姓を名乗らせるなど、便宜を図った。しかし684年、報徳王の一派が反乱を起こし、神文王は彼らを滅ぼすことになる。以降、王は統一新羅の君主として、儒教を奨励し、全土を区分し、地方には太守や県令を置くなどして中央集権化を強めていく。

孝昭王　ヒョソワン

生没　687年〜702年
在位　692年〜702年

　先王神文王の長男。実名は金理洪。記録によれば5歳で即位したことになるが、摂政が立てられた様子はない。695年、都の金城における市場で、東市に加えて南市、西市を設立して三市とし、市場を管理する官職を設けている。ある時、孝昭王の祖父文武王が葬られた岩の沖に奇妙な岩が現れた。岩には竹が生え、それで作った笛の音色で敵兵は退散し、病人は治癒し、旱魃に雨が降ったという。孝昭王の代にこの笛は「万波息笛」と命名された、と『三国遺事』は語る。

聖徳王　ソンドクワン

生没　？〜737年
在位　702年〜737年

　先王孝昭王の同母弟。実名は金興光。元の名は隆基だったが、唐の玄宗皇帝の諱と同名ゆえ改名させられた。即位間もない705年に大飢饉が起こり、国庫を開いて民衆に施す。また、在位時には北方の渤海国の勢力が増したため、721年に防衛として国境に長城を築いた。渤海が日本と盛んに通交する一方、新羅も735年に日本へ使節を送るものの、日本側は新羅の非礼を咎めて追い返している。翌年、日本では新羅から伝染した天然痘が流行し、政局は混乱した。

X　朝鮮半島

孝成王　ヒョソンワン

生没 ？〜742年
在位 737年〜742年

　先王聖徳王の次男。実名は金承慶。王妃には初め朴永宗の娘を立てていたが、後に金順元の娘を迎えて恵明王后とした。しかし王は前妃をその後も寵愛し続けたため、嫉妬した恵明王后は前妃を殺害してしまう。前妃の父朴永宗は怒り740年に反乱を起こすものの、敗れて誅滅させられた。在位中は唐との良好な関係を維持し、742年に死去。遺体は遺言によって火葬されたのち、東海（日本海）に散骨された。王陵とされる古墳は確認されない。

景徳王　キョンドクワン

生没 ？〜765年
在位 742年〜765年

　先王孝成王の同母弟。実名は金憲英。先代と同じく唐とは良好な関係を構築すると同時に国内の「漢化政策」を推し進め、全土の地名を新羅の固有語から漢字二文字に改めさせた。さらに官職名を漢風に改めている。一方で日本との関係は悪化し、742年と753年に来訪した日本使節を「態度が悪い」として面会拒否している。景徳王は「鎮護国家」として仏教を深く信仰し、国内に多くの寺院を建立した。著名なものが、現代も慶州の地に残る仏国寺である。

恵恭王　ヘゴンワン

生没 758年〜780年
在位 765年〜780年

　先王景徳王の子。実名は金乾運。国家体制が貴族政治から律令政治に移行する中で貴族の反乱が頻発し、780年に王妃もろとも暗殺される。史書『三国遺事』によれば、「恵恭王は女性として生まれる運命だったものが、嫡男を求める父王が天帝に願い、男子として生まれる。しかし女性の仕草が抜けきらず、着飾って男子と戯れ政治が乱れた。天帝の意志を枉げたため、暗殺されることになったのだ」としている。恵恭王の死をもって、新羅王室は血統が交代する。

宣徳王　ソンドクワン

生没 ？〜785年
在位 780年〜785年

　新羅の第17代国王奈勿尼師今（在位356年〜402年）の子孫。母親は聖徳王の娘。実名は金良相。即位までは王族として官職を与えられていたが王位には遠かった。建国以来、新羅は厳重な身分制度「骨品制」が布かれ、官僚は上位身分で占められた。しかし唐から導入された律令制度との軋轢が深まり、貴族層と律令党派との紛争が頻発する。780年、良相は貴族の反乱に乗じて挙兵し、恵恭王夫妻を弑逆して王位を簒奪した。以降、新羅では滅亡まで王位簒奪が絶えなかった。

新羅

元聖王　ウォンソンワン

生没 ？〜798年
在位 785年〜798年

　先王宣徳王と同様に、第17代国王奈勿尼師今の子孫。実名は金敬信。金良相（後の宣徳王）と共に反乱の兵を挙げて、軍功を収める。宣徳王が子をもうけないまま死去した後、群臣は武烈王の子孫を次代の王に望んだ。しかし天候が悪化したため即位式を行えず、その隙に敬信が位に就いたところ、たちまち天候が回復した。衆人は「天が敬信を王に望んでいる」と理解したという。即位後は役人登用制度を改めるが、在位中は天変地異と反乱に悩まされた。

昭聖王　ソソンワン

生没 ？〜800年
在位 799年〜800年

　先王元聖王の孫。実名は金俊邕。父で太子の金仁謙が夭折したため宮中で養われ、即位前から使者として唐に赴くなどしている。祖父の死で即位した後は、国学で学ぶ学生への配慮として領地を与えた。これは先王らが腐心した、貴族制度と律令制度との融和を念頭に置いたものと考えられる。在位2年にして死去。唐の徳宗から「新羅王」に冊封されるところであったが、その前に王が死去したため、唐の使者はそのまま引き返したという。

哀荘王　エジャンワン

生没 788年〜809年
在位 800年〜809年

　先王昭聖王の子。実名は金清明。叔父の金彦昇（後の憲徳王）を摂政として、13歳で即位する。在位中の801年には耽羅国（現在の済州島）の朝貢を受け、803年には長らく関係が冷え切っていた日本との国交が再開した。『三国史記』によれば、在位時に日本の使節が三度訪れ、黄金を献上されたという。しかし在位10年目の809年、叔父で摂政の金彦昇が弟と共に挙兵し、哀荘王は暗殺される。栄華を極める彦昇が、摂政の立場に満足できなかったものらしい。

憲徳王　ホンドクワン

生没 ？〜826年
在位 809年〜826年

　先王哀荘王の叔父。昭聖王の異母弟。実名は金彦昇。790年に使節として唐に渡り、800年には甥で国王の哀荘王の摂政となった。翌年には貴族社会の統括者となって栄華を極め、809年には国王を弑逆して王位を簒奪する。即位後は唐から「新羅王」に封じられ、唐には戦に備え兵馬を援助している。一方で新羅では飢饉が頻発し、唐の浙江に数百人単位で難民が流入、九州の五島列島では島民が新羅流民に殺害されるなど、各国で「新羅の賊」が問題化していた。

Ⅹ　朝鮮半島

興徳王　フンドクワン

生没 ？～836年
在位 826年～836年

　先王憲徳王の同母弟。実名は金秀宗。即位後まもなく、妃の章和夫人が死去した。群臣は後妃を娶るよう進言したが、「つがいの鳥でさえ相方を失えば嘆き悲しむのに、妃を失ってすぐに再婚などという非情な振る舞いができようか」と、周囲に侍女さえ近づけなかった。
　827年、すぐに富貴になることを謳った「速富の術」なる新興宗教が興り、教祖を捕えて流罪に処したほか、身分制度を厳格にしている。836年、死去。遺言に従い、章和夫人の陵に合葬された。

僖康王　フィガンワン

生没 ？～838年
在位 836年～838年

　元聖王の曾孫。実名は金悌隆。先王興徳王の死後、後継者と目されたのは悌隆と伯父の金均貞だった。初めは均貞派が優勢だったが、悌隆派の大軍が乱入して均貞を殺害し、悌隆が即位することとなる。即位後は宮中を自身の派閥で固めて権力の安定化を図るが、即位3年目には自身を擁立していた金明（後の閔哀王）が挙兵し、王の側近の貴族を殺害する。後ろ盾を失った王は、このまま位に留まり続けることは不可能だと悲嘆し、宮中で縊死したという。

閔哀王　ミネワン

生没 ？～839年
在位 838年～839年

　元聖王の曾孫。実名は金明。先王僖康王の側近だったが、寵臣らを殺害して王を自殺に追い込み、位を奪う。一方、先王の代に後継者争いに敗れた金均貞の子金祐徴（後の神武王）は、清海鎮（現在の全羅南道莞島）の貿易商人張保皋を抱き込み、5000の兵をもって挙兵する。半島南西部は瞬く間に陥落し、王の側近も大半は敗走した。王は別邸に身を潜めたものの捕えられ、殺害される。在位期間わずか1年。遺体は神武王によって、礼に則り埋葬された。

神武王　シンムワン

生没 ？～839年
在位 839年

　元聖王の曾孫。実名は金祐徴。839年1月、先王閔哀王を殺害して王位を簒奪した後は、閔哀王を丁重に葬り、古式に則り即位式を挙行する。さらに王位継承者ではない自身の父祖らを「王」として追号し、自身の正当性を示した。一方で、自身の擁立に功のあった貿易商人張保皋の娘を太子の嫁としたうえ、広大な領地を与えるなど在地勢力との融和も図った。唐には数代ぶりに使節を派遣し、皇帝に喜ばれる。しかし病に倒れ、同年7月に死去した。

新羅

文聖王　ムンソンワン

生没 ?〜857年
在位 839年〜857年

先王神武王の子。実名は金慶膺。即位後まもなく、父王の即位に功のあった全羅地方の貿易商人張保皐を鎮海将軍に任じる。845年には張の娘を自身の側室として迎え入れようとするが、地方勢力の介入を嫌がる貴族に反対され沙汰止みとなる。これに憤る張保皐は翌年に挙兵し、王は躊躇しつつも刺客を放って張を殺害した。在位19年にして病に倒れたが、太子は先んじて没していた。そこで叔父の金誼靖に譲位する違勅を発し、その7日後に死去。

憲安王　ホナンワン

生没 ?〜861年
在位 857年〜861年

先王文聖王の叔父で、神武王の異母弟。実名は金誼靖。在位中は天候不順による飢饉に見舞われ、王は国庫を開いて民衆を救恤した。さらに治水工事をすすめるなどして、農政に留意している。860年、王は宴の席で、当時15歳の王族金膺廉に「善人とはいかなるものか」と問いかけた。「身分が高くとも末席に座る者、富貴でも粗末な身なりの者、権力者でも人を追い詰めない者」と答える膺廉に王は感心し、自身の王女を娶らせて後継者に定めたという。在位5年で死去。

景文王　キョンムンワン

生没 845年〜875年
在位 861年〜875年

僖康王の孫。実名は金膺廉。男子を儲けなかった先王憲安王に素質を認められ、王女を娶ることで王位を受け継いだ。在位中、国内では疫病の流行や水害、さらに飢饉と天変地異が頻発した。王は使者を派遣して救恤に努めたが、貴族の反乱も相まって国内は混乱した。なお、後に後高句麗を建国する破戒僧弓裔は、憲安王か景文王の庶子とされる。生まれが不吉とされた弓裔は王宮を追われ、さらに片目を失った。その恨みで新羅を追い詰めることになる。

憲康王　ホンガンワン

生没 ?〜886年
在位 875年〜886年

先王景文王の長男。実名は金晸。仏教や学問を奨励し、王自身も都の皇龍寺に赴いて仏僧の講義を受けた。史書『三国史記』は、憲康王の治世は豊作続きで安定し、海岸から都まで立ち並ぶ家々では民が朗らかに歌い踊ると記し、その繁栄を称賛する。しかし日本の『扶桑略記』では、884年に対馬が新羅の流民に襲れた事件を記す。捕虜になった新羅人は「数年来の飢饉による政情不安を打破すべく、王命で渡来した」と語ったという。在位19年で死去。

定康王　チョンガンワン

生没　？〜887年
在位　886年〜887年

　先王憲康王の異母弟。実名は金晃。憲康王が死去した折、嫡子（後の孝恭王）は幼かったため代わりに位を継いだ。即位後まもなく漢州（現在の韓国京畿道）で反乱が発生しため兵を送って平定するが、ほどなく王自身も病に倒れる。王には嫡子が無く、自身の妹（後の真聖女王）が聡明であるため王位につけるよう遺言した後に死去する。新羅は徐々に国力が衰え、唐も875年に勃発した黄巣の乱を機に世界帝国から小政権へと落ちぶれ、滅亡の道を歩みつつあった。

真聖女王　チンソンニョワン

生没　？〜897年
在位　887年〜897年

　先王定康王の妹。実名は金曼。新羅王室は高貴な血統を維持する名目で血族結婚を繰り返し、子孫に恵まれなかった。男子をもうけなかった先王の遺言で、聡明とされた彼女が即位する。素質を見込まれた女王だったが、幾人もの美男子を寵愛して高い位を授けたため、佞臣や売位売官がはびこり政治は大いに乱れた。892年には百済の旧領で農民出身の甄萱が挙兵し、新羅王の庶子とされる破戒僧弓裔も兵を挙げる。かくて半島は「後三国」の混乱期に突入する。

孝恭王　ヒョゴンワン

生没　886年〜912年
在位　897年〜912年

　憲康王の庶子。実名は金嶢。憲康王が没した際は年少ゆえ即位は見送られ、数代置いた上で位に就く。しかし先王である真聖女王の放埓な統治を経た国内は乱れ、各地で勃発した反乱軍は次第に勢力圏を拡大しつつあった。新王の孝恭王も十分な対策を取らず酒色に溺れるうちに、旧百済領では900年に甄萱が「後百済」を建国し、898年には弓裔が松岳（現在の北朝鮮開城）を都として「後高句麗」を興す。15年の在位中、新羅領は統一新羅以前の状態にまで蚕食された。

神徳王　シンドクワン

生没　？〜917年
在位　912年〜917年

　2世紀後半に在位した第8代新羅王阿達羅尼師今の子孫とされる。実名は朴景暉。先王孝恭王に嫡子が無く、推挙されて即位した。

景明王　キョンミョンワン

生没　？〜924年
在位　917年〜924年

　先王神徳王の太子。実名は朴昇英。在位時、新羅の本拠地であった慶尚北道の太守も次々と高麗に降伏し、国は瀕死の状態であった。

新羅

景哀王 キョンエワン

生没 ？〜927年
在位 924年〜927年

先王景明王の弟。実名は朴魏膺(パクウィウン)。927年、甄萱率いる後百済軍が都に乱入し、自殺を強要された。その後、王族の1人が傀儡として甄萱に擁立される。

敬順王 キョンスンワン

生没 ？〜978年
在位 927年〜935年

文聖王の子孫。実名は金傅(キムブ)。先王景哀王が後百済の甄萱に殺害された後、王として擁立される。935年、敬順王は高麗へ降伏。700年以上に渡る新羅は滅んだ。

X 朝鮮半島

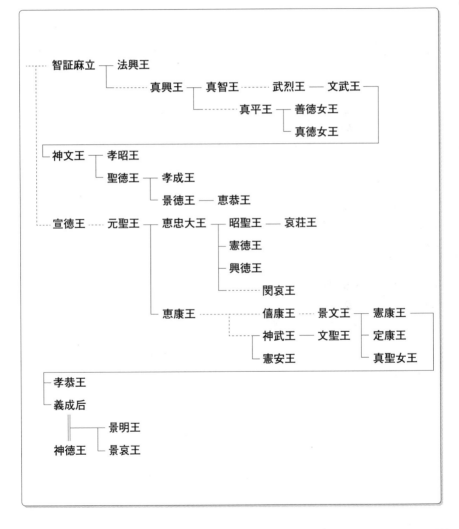

539

高麗
こうらい

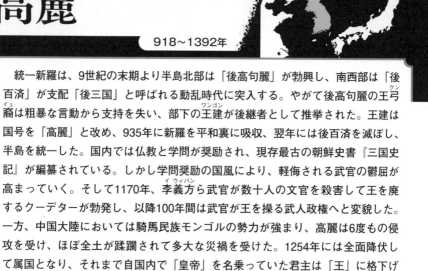

918〜1392年

　統一新羅は、9世紀の末期より半島北部は「後高句麗」が勃興し、南西部は「後百済」が支配「後三国」と呼ばれる動乱時代に突入する。やがて後高句麗の王弓裔は粗暴な言動から支持を失い、部下の王建(ワンゴン)が後継者として推挙された。王建は国号を「高麗」と改め、935年に新羅を平和裏に吸収、翌年には後百済を滅ぼし、半島を統一した。国内では仏教と学問が奨励され、現存最古の朝鮮史書『三国史記』が編纂されている。しかし学問奨励の国風により、軽侮される武官の鬱屈が高まっていく。そして1170年、李義方(イウィバン)ら武官が数十人の文官を殺害して王を廃するクーデターが勃発し、以降100年間は武官が王を操る武人政権へと変貌した。一方、中国大陸においては騎馬民族モンゴルの勢力が強まり、高麗は6度もの侵攻を受け、ほぼ全土が蹂躙されて多大な災禍を受けた。1254年には全面降伏して属国となり、それまで自国内で「皇帝」を名乗っていた君主は「王」に格下げされた上、代々の王はモンゴル女性を娶せられることとなる。1350年、モンゴルの衰退に応じて自立を果たした高麗だが、わずか30余年後の1388年、倭寇撃退で功を得た武人李成桂(イソンゲ)が王宮を攻略し、王朝は滅亡する。

901年	新羅王室の庶子とされる弓裔が、後高句麗を建国
918年	王建、弓裔を追放。国号を「高麗」、都を開京(ケソン)(現在の開城)に定める
936年	高麗、後百済を滅ぼして半島を統一
1011年	契丹の侵攻で、都・開京が炎上
1020年	高麗、契丹に降伏
1145年	朝鮮における現存最古の史書『三国史記』成立
1170年	武人勢力が、文官多数を殺害する(庚寅の乱)
1198年	奴婢の万積(マンジョク)が反乱を画策するも、密告により失敗
1231年	モンゴルによる、最初の高麗侵攻
1232年	モンゴルの侵攻を避け、江華島に朝廷を遷す
1254年	高麗、モンゴルに降伏
1270年	高麗、首都機能を江華島から開京に還す
1274年	モンゴル、第1回目の日本遠征(文永の役)
1281年	モンゴル、第2回目の日本遠征(弘安の役)
1368年	中国で元が滅び、明が興る
1388年	李成桂、遠征先から戻って王宮を攻め、国王を排除する
1389年	高麗、倭寇の本拠地と見なす対馬を攻略する
1392年	李成桂、恭譲王を廃して自ら国王に即位し、朝鮮を建国

高麗

太祖　テジョ

- 生没　877年～943年
- 在位　918年～943年

　高麗の初代国王。実名は王建。877年に松岳（現在の北朝鮮開城市）の貿易商の家庭に生まれる。新羅末期の混乱に乗じて後高句麗を興した弓裔に仕え、西海岸の海戦で功績を修める。しかし弓裔は勝利に驕って部下や妻妾を虐待し、支持を失っていく。家臣らは性質温厚な王建を新たな王として推奨し、弓裔を追放した。時に918年のことである。

　即位した王建は国号を高麗と改め、松岳を都「開京」と定めた。931年には自ら50騎の精鋭部隊を伴って新羅の都金城（現在の慶州）を訪問する。新羅王敬順王ほか都人は王建の堂々たる風采や高尚な人格に感嘆し、935年に至って自ら降伏を申し出る。王建は新羅、さらには渤海の遺臣を率先して朝廷に取り込み、平和裏に新羅を吸収した。一方、西方の後百済では初代王甄萱が子に王位を奪われた。好機と見た王建は甄萱を救出して厚遇すると共に、甄萱の子を殺害する。こうして936年、後三国は高麗の元に統一された。しかし後百済の醜い後継者争いに対峙した経験から、王建には百済人に対する不信感が萌していた。現代に続く韓国の社会問題「全羅道差別」は、これが発端とされる。

恵宗　ヘジョン

- 生没　912年～945年
- 在位　943年～945年

　先王太祖王建の子。実名は王武。生母である荘和王后は全羅地方の土豪の娘である。洗濯の最中に通りかかった王建から飲み水を求められた呉氏は、「慌てて飲んで、体に障らないように」と、椀の水に柳の葉を浮かべて差し出した。王建は心配りに感心し、妻の1人に迎えたという。王武は「生母の身分が低い」との理由で即位に反対の声も多く、即位後まもなく異母弟の王堯と王昭に王位を狙われることになる。在位2年後の唐突な死去は、暗殺と見る向きも多い。

定宗　チョンジョン

- 生没　923年～949年
- 在位　945年～949年

　先王恵宗の異母弟。実名は王堯。兄恵宗の側近である朴述熙を排斥し、恵宗の死後は外戚王規の反乱を鎮め、さらに西京（現在の平壌）の豪族だった王式廉の助けを借りて即位する。しかし都開京の貴族たちを掌握できず、西京への遷都を計画して民衆から徴発を繰り返したため、身分の上下を問わず離反されることになる。948年、落雷に驚いた王はそのまま病床に就く。翌年1月には寵臣王式廉が死去し、同年3月、王は弟に譲位を宣告した後に死去。

Ｘ＝朝鮮半島

光宗　クァンジョン

- 生没 925年～975年
- 在位 949年～975年

　先王定宗の同母弟。実名は王昭。性格は控えめながら果断な意志を持ち、容姿にも優れ太祖から愛されたという。即位後は高麗独自の元号を制定すると同時に、中国・五代の後周の使者を留め置いて学問の師とし、科挙制度を導入した。これは同時期に公布された奴婢解放令と共に、貴族勢力の抑制と中央集権化を進める目的である。以降、科挙は後の李氏朝鮮まで続けられる。これらの業績から名君と讃えられる光宗だが、一方で反対派を大量粛清している。

景宗　キョンジョン

- 生没 955年～981年
- 在位 975年～981年

　先王光宗の長男。実名は王胄。光宗が王族や貴族を大量粛清した折、王胄自身も父に疑われて関係は良好ではなかった。即位後は粛清された豪族の遺族らによる報復合戦が頻発し、王位継承者である太祖の庶子までも殺害される事態となった。景宗は父の治世に対する批判を一切認めなかったが、次第に政務から遠ざかって酒色に溺れるようになる。981年、病に倒れるが、長男（後の穆宗）が年少ゆえ妹の夫である王治を後継者と定め、同年に死去した。

成宗　ソンジョン

- 生没 960年～997年
- 在位 981年～997年

　先王景宗の従兄、太祖の孫。実名は王治。在位中の993年、契丹族が建国した遼から最初の侵攻を受ける。翌年に和議が成立し、高麗は領土を鴨緑江東岸にまで広げたものの、「遼への朝貢」「遼年号の使用」「宋との断交」を受け入れることになる。朝廷では景宗の未亡人献貞王后が太祖の子王郁と通じた。内密の関係は、屋敷の火災が原因で露見してしまう。成宗は王郁を流罪に処すと共に、献貞王后が宿した子王詢を引き取って養育したという。

穆宗　モクジョン

- 生没 980年～1009年
- 在位 997年～1009年

　先々王景宗の子。実名は王誦。生母献哀王后は政権を握り、さらに家臣の金致陽と通じて子をもうける。やがて両者は王室の簒奪を企み、王位継承者の王詢（献貞王后の不倫の子）の暗殺を計画した。これを察知した穆宗は家臣の康兆に王詢を守るよう命じるが、康兆は金致陽一派を全員斬首したのみならず、穆宗までも廃位、そして弑逆してしまう。「康兆の政変」と呼ばれるこの事件は北方の遼に高麗侵略の口実を与え、康兆は翌年来寇した遼軍に処刑される。

高麗

顕宗（けんそう） ヒョンジョン

- 生没 992年～1031年
- 在位 1009年～1031年

太祖の孫で、成宗の王妃献貞王后の子。実名は王詢。「不倫の子」として生まれ、不遇な幼少期を送る。後に穆宗の王位継承者と見なされるが、王位簒奪を企む金致陽と献哀王后に幾度も命を狙われる。1009年、廷臣康兆のクーデターで王位に収まるが、翌年に北方の遼が「高麗を正す」との名目で40万の軍を派遣する。都は陥落し、康兆は処刑された。遼の侵攻は以降も続くが、1018年には名将姜邯賛の指揮で大勝利を収める。紆余曲折の治世だった。

徳宗（とくそう） トクジョン

- 生没 1016年～1034年
- 在位 1031年～1034年

先王顕宗の子。実名は王欽。即位後まもなく軽犯罪者を釈放すると同時に、父王が腐心した遼への防衛対策を進める。遼が進めていた鴨緑江の浮橋工事を差し止めるとともに、西海岸の鴨緑江と東海岸の都連浦を結ぶ「千里の長城」の構築を進めている。一方で、亡命を求める遼や渤海の民は好意的に受け入れた。国内においては国子監（教育施設）を整備し、高麗の歴史書『七代実録』を完成させている。治世こそ短いが、内外に配慮した統治方針だった。

靖宗（せいそう） チョンジョン

- 生没 1018年～1046年
- 在位 1035年～1046年

先王徳宗の弟。実名は王亨。即位後まもなく貧民に衣類を施し、先代より続いていた千里の長城の構築を進め、1044年に至って完成させる。一方で光宗の代に公布された奴隷解放令を撤回し、奴婢（奴隷）の身分を固定化した。これは100年ほど後に発生する奴隷反乱未遂の遠因となる。さらに科挙制度を改め、不孝者、罪人の子孫、さらに下層民を受験資格者から締めだす。なお、新羅以来の習慣であった上流階級の近親婚は、この頃より廃れ始めた。

文宗（ぶんそう） ムンジョン

- 生没 1019年～1083年
- 在位 1046年～1083年

先王靖宗の異母弟。実名は王徽。仏教を篤く信仰し、自身の第4子である王煦を出家させた。義天と名を改めた王煦は学問に執心し、仏法、儒教から史学に至るまで広範な読書に励んだ。高麗の都では「海東孔子」と称せられる儒学者崔沖が9種類の講座を設けた私学を設け、科挙受験生を中心に学習熱が高まる。北方に拡大する女真族の侵攻を受けもしたが、宋や日本、さらにはアラビア方面とも親交を結び、都は各国商人が市をなした。文宗の治世は、高麗の黄金時代とされる。

X 朝鮮半島

順宗（スンジョン）

生没 1047年〜1083年
在位 1083年

先王文宗の長男。実名は王勲。1054年に8歳で王太子に据えられたが、元来病弱であった。1083年に父王の死去に伴い即位するが、父を喪った衝撃と心労に耐えられず、在位3か月で死去した。王の死去と時を同じくして、王弟で文宗の代に出家していた義天が仏法を求めて宋の杭州に渡る。義天は高僧・浄源や慈弁に師事して華厳宗や天台宗を学び、1086年に数千冊の経典や書籍を携えて帰国した。その後は後進の育成に励んだ義天は、朝鮮仏教の中興と讃えられる。

宣宗（ソンジョン）

生没 1049年〜1094年
在位 1083年〜1094年

先王順宗の弟。名は王運。父文宗の代からの学問奨励を継続する。在位3年目の1086年、宋で仏法を学んでいた弟義天が膨大な書籍を携えて帰国した。宣宗は自ら出迎えると共に、書籍を翻訳して都の興王寺に治めさせた。この経典類は、後に制作され、世界遺産となる「高麗大蔵経」の基本となる。1092年、宣王は病に倒れる。薬を処方されるも、「薬が効こうが何になろうか。人生はいずれ終わる。至るは清浄なる仏の世界だ」とつぶやいたという。その2年後に死去。

献宗（ホンジョン）

生没 1084年〜1097年
在位 1094年〜1095年

先王宣宗の長男。実名は王昱。11歳で即位し、生母の思粛太后が摂政となる。しかし叔父にあたる宣宗の王弟らは、若年で病弱な国王に不満を持ち、政治体制は盤石ではなかった。そんな折の1095年、外戚として数代にわたり王后を輩出してきた李氏が、簒奪の動きを見せる。宣宗の弟で王族内の有力者である王熙がこれを阻止した上、献宗より位を譲られ粛宗として即位した。一方、献宗は持病の糖尿病が悪化し、翌年に12歳で死去する。2年の在位だった。

粛宗（スクジョン）

生没 1054年〜1105年
在位 1095年〜1105年

先王献宗の叔父で、宣宗の弟。実名は王熙。即位後まもなく六親等以内の婚姻を禁止し、通貨として海東通宝を発行する。1103年、女真族の侵入を受け林幹らに追討させるも、剽悍な騎兵隊の前に敗退した。王は国防の重要性を痛感し、農民や商人、僧や奴婢までも動員して新たな軍事組織「別武班」を組織した。1105年、王は平壌から戻る旅路で客死するも、王が組織した軍隊は1107年には北行して女真族を撃退し、平定された国境地帯には高麗の農民らが入植できた。

高麗

睿宗　ヨジョン

- 生没　1079年～1122年
- 在位　1105年～1122年

先王粛宗の子。実名は王俁。即位まもなく、父王が組織した兵員30万人のうち17万人で女真族を攻略し、9基の砦を設置する。しかし都から遠い北方は防衛が困難であり、やむなく女真族に土地を戻してしまう。やがて女真族は指導者完顔阿骨打のもとで集結し、1115年には遼から独立した新国家・金が建国された。一方の高麗では上下を問わず平和に耽溺し、学問が奨励され、貧民には医薬が施される一方、武人は冷遇された。1122年、王は腫瘍を患い、間もなく死去した。

仁宗　インジョン

- 生没　1109年～1146年
- 在位　1123年～1146年

先王睿宗の長男。実名は王楷。王は外祖父として権勢を誇る李資謙を排除しようと企むが、察知した李資謙は共に王妃である自身の三女と四女に、王の殺害を命じる。しかし彼女たちは「夫で甥」の王を殺せず、殺害計画を漏らしてしまう。1126年に李資謙は全財産没収の上に全羅南道に流され、王を救った娘らも廃妃に処された。1135年には僧妙清が西京（平壌）への遷都を求めて反乱を起こすも、後に現存最古の史書『三国史記』を著す金富軾に平定されている。

毅宗　ウィジョン

- 生没　1127年～1173年
- 在位　1146年～1170年

先王仁宗の長男。実名は王晛。長男として太子に立てられたが、暗愚として廃嫡も取り沙汰される。即位後は文官や宦官と遊興に耽る暗君となり、高麗の「文官優遇政策」も相まって冷遇される武官らに不満が鬱積していった。1170年、宮中で行われた競技会の席で、若い文官が老年の大将軍を殴りつけた。これに怒る武官らは80人以上の文官を殺害し、毅宗を島流しに処す。3年後に本土に戻った毅宗だが、間もなく毒殺され、遺体は池に放り込まれたという。

明宗　ミョンジョン

- 生没　1131年～1202年
- 在位　1170年～1197年

先王毅宗の弟。実名は王晧。1170年に発生した武官によるクーデター「庚寅の乱」により先王が廃された後、国王として擁立される。1173年には文官勢力が毅宗を奉じて挙兵するが鎮圧され、毅宗も殺害された。政治改革の意図がない武官らが権力争いの末に共倒れしていく中、崔忠献が頭角を表す。1197年、崔は明宗を幽閉して位を奪い、弟の王晫に譲位させる。明宗は、その5年後に死去した。以降、高麗の「武臣政権」は崔氏が主導していくことになる。

X＝朝鮮半島

神宗　シンジョン

- 生没 1144年〜1204年
- 在位 1197年〜1204年

　先王明宗の弟。実名は王晫。明宗が崔忠献に廃されたのち王として擁立される。即位翌年の1198年には、崔忠献に仕える奴婢（奴隷）であった万積が主人の権勢に影響され、身分解放を意図した反乱を計画する。彼は仲間の奴隷と共に、それぞれが仕える主人の殺害を提案するが、事前に発覚して溺殺刑に処された。これを機に全国各地や済州島で農民や奴婢の反乱が頻発したが、崔忠献はそれらを徹底的に鎮圧して自らの武人政権を盤石化していく。

熙宗　ヒジョン

- 生没 1181年〜1237年
- 在位 1204年〜1211年

　先王神宗の長男。実名は王韺。1211年に崔忠献から政権を奪還しようと目論むが事前に発覚し、王位を剥奪された上に現在の仁川市沖の孤島に流された。1215年に許されて本土に戻り、娘の徳昌宮主を崔忠献の子と娶せる。しかし1227年には復位の企みありとして、崔氏政権より警戒されて江華島に流され、1237年に死去する。この時期、中国大陸では北方のモンゴルが勢力を増していた。かつて高麗が苦慮した女真族の金は、1234年に滅ぼされている。

康宗　カンジョン

- 生没 1152年〜1213年
- 在位 1211年〜1213年

　明宗の長男。実名は王祦。1174年に娶った第一夫人は1170年の武官クーデターで主導権を握った李義方の娘である。しかし1174年に李義方が暗殺され、彼女は廃妃されてしまう。1197年に崔忠献が明宗を廃位した折、王祦も父と同様に江華島に流刑に処せられる。1210年に本土に帰還し、先王熙宗の失脚により1211年に即位、廃妃された李氏の娘に思平王后と追号したものの、在位わずか2年で死去。武臣政権と、復権を願う王室に翻弄された人生だった。

高宗　コジョン

- 生没 1192年〜1259年
- 在位 1213年〜1259年

　先王康宗の長男。実名は王皞。1218年にモンゴル帝国との同盟を図るが、1225年にモンゴル使節が何者かに殺害される事件が発生。これがモンゴル帝国2代オゴタイの心証を害し、1231年に侵攻を受けて開京が陥落する。朝廷では1232年に首都機能を江華島に移転して防備を固めるものの、半島本土は1257年まで計6回に渡りモンゴルに蹂躙され、慶州の皇龍寺はじめ新羅以来の美術品が失われた。民の苦難に耐えかねた高宗はモンゴルに全面降伏し、王子を人質に送る。

元宗　ウォンジョン

生没 1219年～1274年
在位 1259年～1274年

　先王高宗の長男。実名は王倎。父の高宗がモンゴルに降伏した折に人質として送られ、父の死去に伴い帰国して即位する。在位中は親モンゴル政策を貫いたため重臣らの反感を買い、一時は廃位されかけるが、モンゴル勢力を巧みに使用して反対派を排除し、さらに100年に渡り朝廷を席巻していた武臣勢力をも退ける。のちに日本遠征を図る元のフビライに協力して重税を課したため、民衆からも離反される結果となった。1274年、文永の役の直前に死去。

忠烈王　チュンニョルワン

生没 1236年～1308年
在位 1274年～1298年、1298年～1308年

　先王元宗の長子。名は王昛。1259年、元の都である大都に人質として送られる。1272年に帰国したが、フビライの娘を娶り「胡服辮髪」で現れた世子に群臣らは嘆いたという。即位後は父と同様に親元政策を執行し、家臣や民衆にも「胡服辮髪」を奨励、さらに元の第一回日本侵攻（文永の役）の失敗を受け、再度の日本侵攻をフビライに進言した。結果、軍船や兵糧、兵員の負担により国土は疲弊することになる。のちに宮中の混乱で王位を奪われるが復位した。

忠宣王　チュンソンワン

生没 1275年～1325年
在位 1298年、1308年～1313年

　先王忠烈王の子。実名は王璋。フビライの皇女を母として生まれ、自身もイジリブカのモンゴル名を持つ。1298年に生母が死去した折、王璋は謀殺を疑って女官らを殺し、父から王位を奪う。そして意欲的に政治改革に乗り出すが、間もなく廃位された。父の死後に改めて即位するが、政治に興味を持たず5年で譲位する。以降は元の都・大都に留まって書画骨董に親しむ。一時は吐蕃（チベット）に追放されたが許され、そのまま元の都で文人としての生涯を終えた。

忠粛王　チュンスグワン

生没 1294年～1339年
在位 1313年～1330年、1332年～1339年

　先王忠宣王の次男。実名は王燾。嫡男だった兄王鑑が父王の誤解により処刑されたため太子に立てられる。即位後、従兄弟の王暠は王位簒奪を目論み、元の皇室に忠粛王の悪評を広めた。王は悩んだ末に王暠への譲位も考えるが、群臣に諌められて自身の子王禎に位を継がせる。しかし新王忠恵王は遊興に耽る暗君となり果て、元の命令で忠粛王が再度、位についた。翌年、忠粛王と王暠は和解するも、王の死後、王暠はまたも王位を狙うことになる。

忠恵王　チュンヘワン

- 生没　1309年～1344年
- 在位　1330年～1332年、1339年～1344年

先王忠粛王の子。実名は王禎。幼時より学問を好まず諫言を退けた。即位後、一度は暗愚として廃されるものの、父王の死去を機に復位する。性格は荒淫で、美人でさえあれば亡父の側室や大臣の夫人、職人の妻に至るまで関係を強要した。その結果として性病を患っている。悪評を聞きつけた元の皇室により現在の中国湖北省に流刑に処され、唐突に死去した。蜜柑による中毒死とも、毒殺ともいう。忠恵王の死を知った高麗の民は、上下を問わず歓喜したという。

忠穆王　チュンモクワン

- 生没　1337年～1348年
- 在位　1344年～1348年

先王忠恵王の子。実名は王昕。母は元の徳寧公主。幼少時、人質として元の朝廷に送られる。8歳の折に、暗君として有名な父王が死去した。その折、宦官に付き添われて元王朝最後の皇帝順帝に謁見する。順帝から「そなたは父に倣うのか、母に倣うのか？」と尋ねられ、即座に「母」と答えた。順帝は感心し、高麗の後継者として帰国させたという。幼少ゆえ生母の徳寧公主を摂政として貧民救済策などを公布し、先王の悪政を改めた。しかし、在位4年で死去した。

忠定王　チュンジョンワン

- 生没　1338年～1352年
- 在位　1348年～1351年

先王忠穆王の異母弟。実名は王眂。先王の早世により即位するも、徳寧公主が引き続き摂政として留まったため、生母禧妃尹氏との間で諍いが発生する。幼い王は寵臣と遊び戯れ、家臣の服を墨で汚すなど悪戯を繰り返していた。幼君をいだく朝廷を危惧した重臣らは、青年王族への譲位を願って元の皇室に訴えた。もとより元皇帝も高麗王室の現状に不満であり、忠恵王の弟王祺が新王に抜擢される。忠定王は江華島に流され、毒殺された。享年14。

恭愍王　コンミンワン

- 在位　1330年～1374年
- 在位　1351年～1374年

忠粛王の子で、忠恵王の同母弟。実名は王祺。高麗王室の状況を危惧する元の後押しで即位するものの、王自身は反元派だった。当時、大陸では元が衰え漢民族の明が勢力を増したため、いち早く明に朝貢する。以降は国内の親元派を粛清し、僧侶出身の辛旽を取り立てて政治改革に乗り出す。しかし辛旽を警戒視する旧守派の不満は高まり、王は讒言を信じて辛旽を処刑することになる。やがて王自身も政治意欲を失って酒色に溺れた末、親元派の宦官に暗殺された。

高麗

王禑 ワンウ

- 生没 1365年～1389年
- 在位 1374年～1388年

　先王恭愍王の子。母般若がかつて辛旽に仕える奴婢（奴隷）で、後世は王とみなされない。李成桂にクーデターを起こされ、子への譲位を余儀なくされる。

王昌 ワンチャン

- 生没 1381年～1389年
- 在位 1388年～1389年

　先王王禑の子。父王が李成桂に廃された後、傀儡として即位する。父王の復位を画策して、李成桂の暗殺を計画するも露見し、父親ともども毒殺された。

恭譲王 コンヤンワン

- 生没 1345年～1394年
- 在位 1389年～1392年

　神宗の子孫。実名は王瑤。先王が李成桂に廃された後に王として擁立され、儒学者の鄭夢周の補佐で政治改革に乗り出す。しかし李成桂は禅譲による新王朝設立の野望に本腰を入れ、反対する鄭夢周を殺害する。1392年に至って恭譲王は李成桂に正式に譲位し、ここに太祖王建以来、モンゴルに支配されつつも400年以上続いた高麗は滅亡した。王は子の王奭と共に現在の江原道に流刑に処せられ、後に李成桂が放った刺客により親子ともども殺害される。

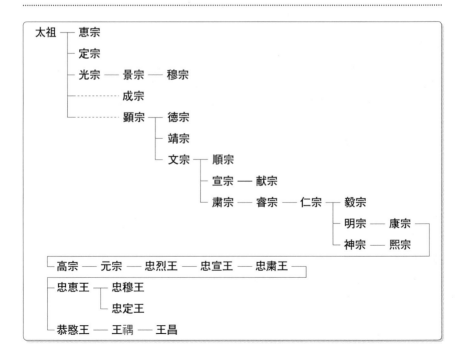

朝鮮

1392年～1910年

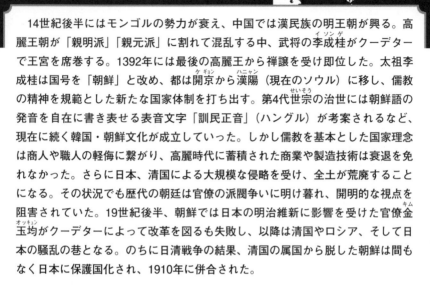

　14世紀後半にはモンゴルの勢力が衰え、中国では漢民族の明王朝が興る。高麗王朝が「親明派」「親元派」に割れて混乱する中、武将の李成桂(イソンゲ)がクーデターで王宮を席巻する。1392年には最後の高麗王から禅譲を受け即位した。太祖李成桂は国号を「朝鮮」と改め、都は開京(ケギョン)から漢陽(ハニャン)(現在のソウル)に移し、儒教の精神を規範とした新たな国家体制を打ち出す。第4代世宗の治世には朝鮮語の発音を自在に書き表せる表音文字「訓民正音(せいそう)」(ハングル)が考案されるなど、現在に続く韓国・朝鮮文化が成立していった。しかし儒教を基本とした国家理念は商人や職人の軽侮に繋がり、高麗時代に蓄積された商業や製造技術は衰退を免れなかった。さらに日本、清国による大規模な侵略を受け、全土が荒廃することになる。その状況でも歴代の朝廷は官僚の派閥争いに明け暮れ、開明的な視点を阻害されていた。19世紀後半、朝鮮では日本の明治維新に影響を受けた官僚金玉均(キムオッキュン)がクーデターによって改革を図るも失敗し、以降は清国やロシア、そして日本の騒乱の巷となる。のちに日清戦争の結果、清国の属国から脱した朝鮮は間もなく日本に保護国化され、1910年に併合された。

1388年	李成桂、クーデターで高麗朝廷を席巻
1392年	李成桂、恭譲王より禅譲を受け即位
1419年	世宗(せいそう)、倭寇の根拠地と見なした対馬を攻撃する(応永の外寇)
1446年	訓民正音(ハングル)が公布される
1504年	燕山君(えんざんくん)、生母の仇の関係者を大量粛清(甲子士禍)
1506年	燕山君、クーデターにより廃位(中宗反正)
1592年	壬辰倭乱(文禄の役)
1597年	丁酉倭乱(慶長の役)
1607年	日本の江戸幕府と国交回復
1623年	光海君、クーデターにより廃位(仁祖反正)
1636年	清国軍がソウルを占領する(丙子胡乱)
1762年	英宗、荘献世子を餓死に追い込む
1801年	カトリックへの大弾圧(辛酉教獄)
1866年	フランス軍、江華島に侵攻(丙寅洋擾)
1875年	日本、開国を求め江華島に砲撃(江華島事件)
1884年	改革派の金玉均、クーデターを計画するも失敗(甲申政変)
1894年	東学党の乱、日清戦争
1895年	下関条約締結。李氏朝鮮、大韓帝国となる

朝鮮

太祖 テジョ

生没 1335年～1408年
在位 1392年～1398年

　実名は李成桂。現在の北朝鮮咸鏡南道付近の出身。元来の朝鮮民族ではなく、女真族の末裔とも、元のダルガチ（行政官）との説も根強い。

　若き日に「崩れた家から三本の材木を持ち出して背負う」という奇妙な夢を見たため僧に意味を求めたところ「崩れる家は、王朝の滅亡。人が三本の横棒を背負えば『王』の字になる。あなたが新国家の王となる兆しです」と答えられ。天下取りの野望を抱いたという。14世紀に至り大陸ではモンゴルの勢力が衰え漢民族の王朝・明が興り、高麗王朝沿岸では倭寇の襲撃が活発化していた。李成桂は倭寇の首領を討つなどして、武官としての地位を高めていく。

　1388年初夏、高麗朝廷は明に占領された鴨緑江北岸の地域の奪還を意図して、李成桂に出兵を命じる。これは彼の権勢失墜を狙った王や文官らの策であった。それを悟った李成桂は鴨緑江の中州・威化島より兵を率いて無断で帰還した上、クーデターで宮中を席巻、1392年には最後の高麗王から禅譲する形で王位を奪い、「朝鮮」を建国した。しかし晩年は息子たちの跡目争いに悩み、山中に隠遁して念仏三昧の余生を送ったという。

定宗 チョンジョン

生没 1357年～1419年
在位 1398年～1400年

　先王太祖の次男。実名は李芳果。勇猛ながら思慮深く、建国の戦で武勲を収める。一方、太祖の長男芳雨は1393年に病死し、太祖に愛された八男芳碩が世子に立てられる。1398年、野心家の五男芳遠は芳碩や重臣らを殺害し、芳果を王位に据える。芳果に嫡子がいないことを見込み、芳遠自身が王位につくことを見越した「中継ぎ」としての王位である。2年後、芳果は芳遠に迫られて譲位。この経緯から、死後250年以上、正式な王と認められなかった。

太宗 テジョン

生没 1367年～1422年
在位 1400年～1418年

　先王定宗の弟。太祖の五男。実名は李芳遠。1400年、反逆の動きを見せた同母兄の李芳幹を流刑に処し、兄定宗より位を継ぐ。即位後は国政と王権を整備し、仏教勢力を抑え、儒教の振興を図るなど李朝の基を築き、明の永楽帝とも良好な関係を結んだ。その一方で外戚を粛清し、倭寇の根拠地と見なした対馬を攻略もしている。1422年の初夏に死去。その折、国土は干ばつに見舞われていたが、王の死去と同時に慈雨に潤された。庶民は「太宗雨」と喜んだという。

世宗　セジョン

- 生没　1397年～1450年
- 在位　1418年～1450年

　先王太宗の三男。実名は李祹。若き日より聡明な読書家で、長兄譲寧大君をさしおいて世子に立てられる。一説によれば、譲寧大君は李祹への譲位を願う父王の胸中を察し、弟に世子の座を譲らせるべく暗愚を装ったという。

　1418年に即位した後は学問所として集賢殿を設け、内外の学者を集めて研究活動をさせ、雨量計や天体観測技術、さらに活版印刷、火薬製造や、医学など、各学問や技術の発展に寄与した。また、朝鮮語の発音を自在に書き表せる独自の文字の創作を図った。これには群臣らが「漢字以外の文字は、蒙古や女真や日本のような野蛮人が使うもの」と反対するものの、治世末期の1446年に「訓民正音」として公布された。現在に続く文字・ハングルの起源である。対外的には倭寇を撃退する一方で、室町幕府と修好した。この折に来日した使節申叔舟が著した『海東諸国紀』は、室町期日本を知る資料として貴重である。

　朝鮮史上最高の名君とされるが、儒学を偏重し、仏教を弾圧している。高麗王朝以来繁栄していた仏閣の大半が破棄され、不便な山中への移転を余儀なくされた。以後、仏教は衰退の道をたどる。

文宗　ムンジョン

- 生没　1414年～1452年
- 在位　1450年～1452年

　先王世宗の長男。実名は李珦。幼少時から聡明で寛大、即位前から父王の政務を補佐する。しかし多忙が重なり妻妾を顧みなかった。このため徽嬪金氏は世子の愛を得るべく妖術を用い、純嬪奉氏は孤独感から女官と同性愛に走った。のちに両者とも廃妃されている。

　父王の死去に伴い即位した後は、前王朝である高麗の歴史を記した史書『高麗史』を編纂させ、国家の軍備を増強している。しかし長年の激務が原因で病に倒れ、在位2年、38歳で死去した。

端宗　タンジョン

- 生没　1441年～1457年
- 在位　1452年～1455年

　先王文宗の子。実名は李弘暐。生後数日で生母顕徳王后が産死し、病弱な父王も忠臣らに「幼王の輔弼」を遺言した後に死去する。12歳で即位した端宗に、文宗の弟で野心家の首陽大君はクーデターを企み、1453年に至り文宗周辺の重臣らを殺害して政権を掌握、そして1455年には王位を奪う。1457年、かつての忠臣らは端宗の復位クーデターを企むも露見し、関係者の大半が逮捕、処刑された。端宗は江原道に流刑の上で毒を飲まされ、17歳で死去する。

世祖　セジョ

- 生没　1417年〜1468年
- 在位　1455年〜1468年

　先王端宗の叔父。実名は李瑈。幼時より民間の風物に交わり、自由闊達に育つ。文武にも才能を示した彼は王位への野心を抱き、1453年に大臣らを残酷に処刑して政権を奪う。のちに先王の復位計画が持ち上がった際には、関係者数百人を粛清して地位を安定化させた。在位中は政治基本法典『経国大典』を編纂し、金属活字による出版を奨励する。しかし晩年には過去の罪を償うべく、仏教に帰依した。一説によれば、端宗の生母の霊に祟られ、長男を亡くしたためともいう。

睿宗　イェジョン

- 生没　1450年〜1469年
- 在位　1468年〜1469年

　先王世祖の次男。実名は李晄。兄の急死に伴い、世子に擁立される。1468年、19歳で即位する。在位中、世祖の寵臣だった将軍南怡が反乱を企てたとして密告される。彼は拷問の末に反乱計画を漏らしたため、関係者30人あまりが処刑された。実際には南怡は潔白であり、権力の温存を画策する旧臣らの誣告らしい。さらに、若くて有能な武将に対する睿宗自身の嫉妬も働いていたとされる。非業の死を遂げた南怡は、後に神として民間信仰の対象となった

成宗　ソンジョン

- 生没　1457年〜1495年
- 在位　1469年〜1494年

　先王睿宗の甥。世祖の長男の子。実名は李娎。幼少時より聡明で度量が広く、「太祖の再来」として期待される。先王の死去に伴い13歳で即位し、1476年より親政を開始、世祖が立ち上げた『経国大典』を完成させたほか、国土北部に居住する女真族を鴨緑江、豆満江以北に追いやり、国情を安定化させた。一方で第二夫人尹氏の嫉妬深さに悩み、尹氏を廃妃の上、毒薬を下賜している。これは尹氏の子燕山君の治世に発生した、大粛清事件の遠因ともなった。

燕山君　ヨンサングン

- 生没　1476年〜1506年
- 在位　1494年〜1506年

　先王成宗の子、生母は廃妃尹氏。実名は李㦕。幼少時より粗暴で学問を好まなかったが、王族男子で年長ゆえに即位する。当初は善政を敷いたものの、次第に佞臣を集めて酒色に溺れ始める。1504年、王は生母の死の経緯を知らされて驚愕し、関係者を大量粛清した（甲子士禍）。これら暴政を揶揄した落書が出回ったため、ハングルの使用を禁止させている。結果、1506年のクーデターで王位を奪われ流刑に処された。廃位されたため、諡号は存在しない。

X 朝鮮半島

中宗　チュンジョン

- 生没　1488年～1544年
- 在位　1506年～1544年

　先王燕山君の異母弟。実名は李懌。幼少時より温厚な性格を認められ、燕山君が廃された折に新国王として擁立される。しかし温厚な性格は意志や決断力を欠き、在位中は旧臣と急進勢力との勢力争いに翻弄されることになる。また、即位後間もない1510年には、現在の慶尚道に居住していた日本人らが、年々厳しくなる交易条件への不満から大規模な反乱を起こした。この「三浦の乱」以降、倭寇の活動はより顕著化することになる。1544年、在位38年で死去。

仁宗　インジョン

- 生没　1515年～1545年
- 在位　1544年～1545年

　先王中宗の子。実名は李峼。極端な孝心の持ち主で、継母の文定王后によって居室に火を放たれた際には「母上が私を嫌って殺そうとするなら、焼け死んでこそ孝行だ」として避難をためらった。直後に中宗に促され、ようやく避難したという。この事件以降も、改心しない文定王后に孝心を捧げ続けた。父王の死に伴い即位するも、飲食を絶って喪に服し、以後5か月も哭声を上げ続けた。これらの心労のためか、功績を残せないまま在位後9か月で死去する。

明宗　ミョンジョン

- 生没　1534年～1567年
- 在位　1545年～1567年

　先王仁宗の異母弟。生母は中宗の妃文定王后。実名は李峘。兄の死去に伴い即位するものの、実権は文定王后と、その弟尹元衡が握り続けていた。彼らは権勢に驕り、かつ、反対派を大規模に粛清している。在位中の1555年には、全羅南道沿岸が倭寇の大規模な襲撃を受ける「乙卯倭変」が発生するも、即座に撃退した。1565年に文定王后が死去し、尹元衡の一派は一切の権限を剥奪された揚句、流刑や薬殺刑に処せられている。母の死の2年後、明宗も死去した。

宣祖　ソンジョ

- 生没　1552年～1608年
- 在位　1567年～1608年

　先王明宗の甥。実名は李昖。在位中の1592年春、日本の豊臣秀吉による侵攻（文禄の役）を受ける。しかし朝廷に応戦の手立ては無く、王や家臣は都の漢陽を捨てて平壌、さらに明との国境近い義州まで避難した。この間、道沿いの民衆からは罵声を浴び、さらに王宮は暴徒に略奪、放火されることになった。以降も名将李舜臣を疑って投獄するなど、失策を重ねる。乱が終息した後の1607年、徳川氏の江戸幕府と国交を開く。過渡期の日本に翻弄された治世だった。

朝鮮

光海君　クァンヘグン

- 生没 1575年〜1641年
- 在位 1608年〜1623年

先王宣祖の次男。実名は李琿。壬辰倭乱の折は粗暴な兄臨海君に代わって日本軍や明軍と交渉に当たり、外交交渉を高く評価される。しかし「側室の子で次男」ゆえ、長らく世子には立てられなかった。父王の死去に伴い「年長者」として即位したのちは、宣祖が老年になってもうけた嫡子永昌大君、その生母、さらに対立派閥を粛清する。後にクーデターで王位を剥奪され、済州島で生涯を閉じた。享年66。外交手腕は評価されているが、廃位されたため廟号は存在しない。

仁祖　インジョ

- 生没 1595年〜1649年
- 在位 1623年〜1649年

先王光海君の甥。実名は李倧。光海君がクーデターで位を追われた折に即位する。当時、大陸では女真族が清を建国するも、朝廷では漢民族の明を支持していた。これに怒った清は1627年と1636年、朝鮮に侵攻する。清軍は都にせまり、仁祖は清皇帝ホンタイジの前で土下座し、屈辱的に降伏を受け入れざるを得なかった。この時、嫡子の昭顕世子は人質として清に送られるが、帰国後まもなく不審な死を遂げる。「清に染まった」として仁祖に嫌われ、毒殺されたともいう。

孝宗　ヒョジョン

- 生没 1619年〜1659年
- 在位 1649年〜1659年

先王仁祖の次男。実名は李淏。清に人質として8年間抑留された後、清嫌いの父王に信用され即位する。反清派の家臣を重用し、対清戦に備えて軍備を固めるも、かえってその兵力を清に見込まれ、当時北方で勢力を拡大していたロシアに2回に渡り出兵。1658年初夏の派兵では、アムール川に至って停泊するロシア船を焼き払い、囚われていた住民の救出に成功する。しかし、戦利品はすべて清の将軍に独占された。王は翌年に死去し、北伐は沙汰やみになる。

顕宗　ヒョンジョン

- 生没 1641年〜1674年
- 在位 1659年〜1674年

先王孝宗の長男。実名は李棩。父王の清抑留中に生まれ、父同様に反清思想を抱いていた。西海岸の軍備を整えると同時に、国内の灌漑設備を整備し、日本侵攻以来荒れた地域を復興させる。1667年、台湾船が済州島に漂着した。当時、台湾は明の遺臣鄭氏の政権下で、船員らは「明を再興するため、軍事援助を願いに日本を目指していた」と説明する。しかし朝鮮の朝廷では後難を恐れ、船員を清国に引き渡してしまう。船員95人は、後に全員処刑されたという。

粛宗　スクジョン

- 生没　1661年～1720年
- 在位　1674年～1720年

　先王顕宗の長男。実名は李焞。14歳で即位するも摂政を設けず、親政を開始。通貨を発行して商業を奨励し、日本には3度にわたって通信使を派遣した。一方、正妃仁顕王后に子が授からず、次第に中人（中堅階級）出身の禧嬪張氏を寵愛するようになる。やがて、それぞれの后を支持する派閥の対立がこじれ、治世下で李朝を通じて最も熾烈な派閥争いが生じた。結局、「仁顕王后を呪い殺した」との訴えを受けて禧嬪張氏を降格し、死薬を下すことになる。

景宗　キョンジョン

- 生没　1688年～1724年
- 在位　1720年～1724年

　先王粛宗の長男。実名は李昀。生母は禧嬪張氏。聡明だが生まれつき病弱で、しかも生母が父王の命で薬殺された経緯から宮中で冷遇され、鬱病を患う。父の死に伴い即位した後も生母への追号を許されず、自身も子に恵まれなかったため、後継ぎを巡って宮中は混乱することとなった。35歳にして急死。一説によれば「食べ合わせが悪い」とされる蟹醤（蟹の塩辛）と柿を差し出されてそのまま食べたといい、反対派閥から意図的に食中毒を仕込まれたものとされる。

英祖　ヨンジョ

- 生没　1694年～1776年
- 在位　1724年～1776年

　先王景宗の異母弟。実名は李昑。李王朝で最長の在位と長寿を誇った王である。生母の淑嬪崔氏は宮中の雑用係だったため、幼少時から異母兄・景宗と差別待遇を受ける。しかし後継者のいない景宗の「王世弟」に擁立され、即位する。治世は先代よりの派閥争いが熾烈を極めた影響で、次男荘献世子との対立が深刻化していく。1762年、反乱を疑う英祖は荘献世子を米櫃に閉じこめ、そのまま餓死させた。後に行いを悔い、「思悼世子」と追号している。

正祖　チョンジョ

- 生没　1752年～1800年
- 在位　1776年～1800年

　先王英祖の孫。荘献世子の子。実名は李祘。英祖の晩年から王世孫として政務を補佐し、祖父の死に伴い即位する。治世においては父の仇とも言える対立派閥を粛清することで父の無念を晴らす一方、諸悪の根源である派閥争いの原因を絶ち、さらに清国を通じて眼鏡や望遠鏡など西洋の科学技術を取り入れている。なお、同時期に朝鮮半島に伝来したカトリックに対しては柔軟な態度を示したものの、後に弾圧に転じた。49歳での死去は、暗殺説も根強い。

朝鮮

純祖　スンジョ

生没 1790年～1834年
在位 1800年～1834年

　先王正祖の次男。実名は李玜。10歳で即位するも、曾祖父英祖の妃である貞純王后（英祖より51年若い）が権力を独占し、貞純王后が退いた後は妃純元王后の実家の一族である金氏が頭をもたげ始めた。純元王后の子孝明世子は母の実家の勢力を牽制しようと図るものの20歳で没し、以降の60年間、王室は金氏が席巻する。時を同じくして朝鮮半島沿岸には欧米列強の船舶が出没し始め、朝鮮史は「世界」の流れに放り込まれることになる。

憲宗　ホンジョン

生没 1827年～1849年
在位 1834年～1849年

　先王純祖の孫で、孝明世子の子。実名は李烉。幼少時より才気煥発で聡明、王位を継ぐべき父は早世したため、祖父の死去に伴い即位する。在位中は天候不順で国内が動揺し、さらに王位簒奪を狙ったクーデターが2度も発生、フランスやイギリスの船舶が沿岸各地に出没するなど内憂外患の時代だった。しかし朝廷は何ら有効な対策を打ち出すことができなかった。才能を期待された憲宗だが、外戚勢力に取り込まれ現状を把握できないまま、23歳で死去した。

哲宗　チョルジョン

生没 1831年～1864年
在位 1849年～1863年

　正祖の弟恩彦君の孫で、荘献世子の曾孫にあたる。実名は李昇。かつて恩彦君がクーデター計画に連座して江華島に流され、以降の子孫は庶民と同様の生活を強いられていた。しかし先王憲宗が嫡子なく死去し、李昇は招かれて即位する。国内では飢饉にあえぐ民衆の間にカトリックや新興宗教「東学」が流布していた。哲宗は民衆を救うべく腐心したが、宮中を席巻する金氏一族により政務から遠ざけられ、次第に酒色に溺れていった。在位14年で、継嗣なく死去。

高宗　コジョン

生没 1852年～1919年
在位 1863年～1897年

　17世紀に在位した仁祖の子孫。実名は李熙。11歳で即位するも、政務は実父興宣大院君に握られ、成人して以降は正妃閔妃が席巻することになる。やがて朝鮮は改革派と旧主派、さらに清、ロシア、日本勢力が入り乱れる巷と化す。1894年の日清戦争で朝鮮は清の支配を脱し、1897年に高宗は「大韓帝国初代皇帝」として即位するが、1910年に日本併合による王朝の最期を見届けた後、1919年に没。その数日後、朝鮮全土で大規模な独立運動が湧き起こる。

明成皇后　ミョンソンファンフ

生没 1851年〜1895年
在位 ――

　実名は閔玆暎。15歳で高宗の妃となり、閔氏出身の王妃という意味で閔妃と呼ばれる。結婚は外戚の力を削ぐべく、高宗の父興宣大院君が目論んだものらしい。彼女は高宗を尻に敷き、国費を蕩尽してまじないや遊興に入れあげる。朝鮮が清・ロシア・日本の勢力に翻弄される中でも、興宣大院君とは正反対の政策を執り続けた。その末の1895年、宮中に乱入した日本軍守備隊に暗殺された。現代韓国では「悲劇のヒロイン」とされている。

純宗　スンジョン

生没 1874年〜1926年
在位 1907年〜1910年

　先帝高宗の長男。実名は李坧。母は明成皇后閔氏。1897年、大韓帝国の成立により皇太子と改称された。しかし翌年、高宗の誕生日の祝いの席でコーヒーに毒を盛られる。一命は取り留めたものの、生涯にわたり精神障害に苦しめられた。1907年、高宗の退位に伴い大韓帝国2代皇帝として即位するものの、1910年の日韓併合により「李王」とされ、1926年に没。弟の李垠が後を継いだ。現在、韓国では高宗の5男の孫に当たる李源が李氏の当主を務めている。

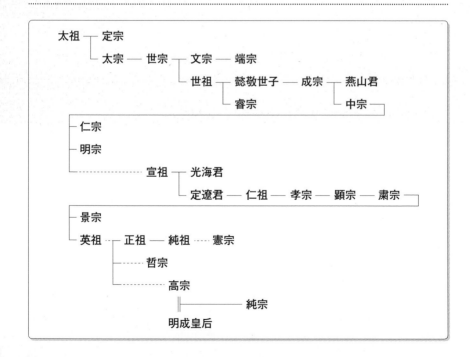

第 XI 章
琉球列島

琉球王国

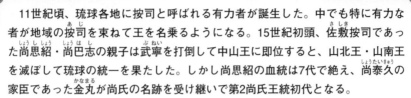

1406年〜1879年

　11世紀頃、琉球各地に按司と呼ばれる有力者が誕生した。中でも特に有力な者が地域の按司を束ねて王を名乗るようになる。15世紀初頭、佐敷按司であった尚思紹・尚巴志の親子は武寧を打倒して中山王に即位すると、山北王・山南王を滅ぼして琉球の統一を果たした。しかし尚思紹の血統は7代で絶え、尚泰久の家臣であった金丸が尚氏の名跡を受け継いで第2尚氏王統初代となる。

　第2尚氏の治世の下、琉球王国は中国大陸を始め周辺諸国の貿易の中継地点として栄え、独自の文化を発展させていく。しかし16世紀後半には日本の薩摩との関係が悪化し、1609年ついに侵攻を受けるに到った。結果薩摩の属国となった琉球王国であったが、一方で明・清に対しては従来通り独立国として冊封を受けるという二重外交を行いつつ、羽地朝秀、蔡温、儀間真常ら優れた宰相の手腕により王朝の独自性を保持していく。

　19世紀に入ると欧米列強による外圧と近代化の波が琉球にも及ぶ。琉球王国は日本の幕藩体制の中に組み込まれ、1879年の「琉球処分」で沖縄県が設置、最後の王である尚泰が首里城を離れて琉球王朝の歴史は幕を閉じた。

1402年	尚巴志、島添大里按司を滅ぼし勢力を拡大する
1406年	尚巴志、武寧を滅ぼし父思紹を中山王とする（第1尚氏王統の始まり）
1416年	尚巴志・思紹、山北王攀安知を滅ぼす
1429年	尚巴志、山南王他魯毎を滅ぼし三山統一を果たす
1453年	志魯・布里の乱
1458年	護佐丸・阿麻和利の乱
1470年	金丸即位。尚円と号す（第2尚氏王統の始まり）
1500年	オヤケアカハチの乱
1528年	首里城に待賢門（後の守礼門）建立
1531年	琉球古謡集『おもろさうし』巻一編集
1609年	薩摩による琉球侵攻
1650年	史書『中山世鑑』成立
1664年	「北谷・恵祖事件」起こる
1697年	史書『中山世譜』を編集
1786年	刑法典『琉球科律』の制定
1798年	首里に公学校所、平等学校所を創設
1872年	日本による琉球藩設置。尚泰は藩王として華族に列せられる
1879年	沖縄県の設置（琉球処分）。尚泰を首里城から追放、琉球王国が滅亡する

琉球王国

尚思紹王

- 生没 1534年〜1421年
- 在位 1406年〜1421年

　父は佐敷を支配する桟敷按司の鮫川大主、母は大城按司の娘と伝えられる。

　山南・中山・山北が鼎立していた当時の琉球で、息子の尚巴志に奉じられた思紹はまず中山の攻略にあたった。当時の中山王、察度王統2代の武寧は政治を顧みない愚王であったため、討伐軍は民の歓待を受けたという。中山の政庁をそれまでの浦添から首里に移して首里城の整備を進めながら1416年に北山を平定する一方、明からの冊封をとりつけ中山王として認められた。

尚巴志王

- 生没 1372年〜1439年
- 在位 1422年〜1439年

　先王尚思紹の子。身長は小柄で150センチほどしかなく、佐敷の小按司と呼ばれた。自らが所持する名刀を鉄塊に交換して農具を作らせ、民に与えて土地の開墾をさせて信望を得た。

　父の思紹を奉じて中山王に擁立、山北王の攀安知、山南王の他魯毎を滅ぼし琉球統一を果たす。渡来人の国相懐機を重用して首里城の整備を進める一方、早馬・間切制度を確立し首里へ通じる街道を整え、中山に権力を集中するための基礎を築いた。

尚忠王

- 生没 1391年〜1444年
- 在位 1440年〜1444年

　先王尚巴志の次男。母と妃は不明。尚巴志が国頭地方を統治するために設置した北山看守の初代で、今帰仁城に派遣されたことから今帰仁王子と称される。

　1439年に父・尚巴志が死去したのに伴って王位を継承した。1443年に朝貢して冊封を受け、明から中山王に封じられた。ジャワに使者を送り、胡椒や蘇木などの買いつけをさせた記録が残る。

　すでに中年にさしかかってからの即位ということもって在位期間は短かく、わずか5年の統治であった。

尚思達王

- 生没 1408年〜1449年
- 在位 1445年〜1449年

　先王尚忠王の子で、君日の神号を持つ。母親及び妃は不明。父尚忠の死去に伴って王位を継承する。明より派遣された冊封使への返礼として馬や金銀の器などを貢納しているが、琉球からの使者が現地で乱闘事件を起こし、明の皇帝栄宗に罰せられるという事件もあった。在位期間は短かく、父と同じ5年間にすぎない。はじめは天山陵に葬られたが、のちに読谷にある父祖の墓に祀られた。跡継ぎとなる子を設けず、第1尚氏直系の血はここで絶えることとなる。

尚金福王

- 生没 1398年～1453年
- 在位 1450年～1453年

　第2代尚巴志王の三男で、神号を君志と号す。世継ぎを持たずに薨じた尚思達王の甥にあたる。1451年に宰相の懐機に那覇港の整備を命じて首里に通じる長虹堤を築堤させる。工事は難航するかと思われたが、懐機が二夜三昼にわたって祈祷を行うと潮が引いたので国中総出で石を運び完成させたという。これにより冊封使の利便性が大幅に改善された。そのたもとには工事中に命を落とした祝女や按司の妻と密通して殺された男の亡骸が葬られていると伝わる。

尚泰久王

- 生没 1415年～1460年
- 在位 1454年～1460年

　先王尚金福の死後、子である志魯と王弟の布里との間に後継者争いが起こった。激戦の末に首里城は炎上、明皇帝から下賜された琉球国王の印も焼失してしまう。志魯と布里も戦死してしまい、越来にいた泰久が王位に就いた。
　1458年には女婿で勝連按司の阿摩和利が反乱、これを鎮圧している。日本から僧侶芥隠承琥を招いて仏教寺院を各地に建立させ、国家の平安を祈念した。首里城正殿の「万国津梁の鐘」はこのころ鋳造されたものである。

尚徳王

- 生没 1411年～1469年
- 在位 1461年～1469年

　先王尚泰久の三男。剛毅な気性の王として知られ、1466年には喜界島の反乱を制圧するために自ら2000余騎もの軍勢を率いて戦っている。その際に八幡神に「飛ぶ鳥を射落とせば勝利、失敗すれば敗北」という宣誓を行い、見事成功させて八幡宮を建立した。このことから神名を八幡之按司という。しかし当時の琉球は財政難にあえいでおり、出兵には反対する者も多かった。圧政を敷いて徳を失ったため家臣に叛かれ、海に身を投げて命を絶ったとも伝えられる。

```
尚思紹王 ── 尚巴志王 ┬ 尚忠王 ── 尚思達王
                    │
                    ├ 尚金福王 ── 志魯
                    │
                    ├ 布里
                    │
                    └ 尚泰久王 ── 尚徳王
```

琉球王国

尚円王

- 生没 1415年〜1476年
- 在位 1470年〜1476年

　第2尚氏の初代。童名は思徳金、神名は金丸按司添末続之王仁子。元は伊是名島に住む農民で、名を金丸といった。足に黄金色の痣があったと伝えられる。干魃で他の農民が水不足に喘ぐなか、彼の田にだけ水が絶えなかったことで水泥棒との誤解を招き、妻と弟を伴って国頭の宜名真に逃れた。ところがそこでも村人に容れられず出奔、越来の尚泰久に仕えることとなった。才能を認められた金丸は、尚泰久の推薦を得て尚思達王に仕官、王宮内で順調に昇進を重ねる。尚泰久が即位すると王の側近である御物城御鎖側という要職に就いた。

　ところが尚泰久が世を去ると、独裁指向の強い尚徳王に諫言を疎まれて隠遁を余儀なくされてしまう。尚徳の死後、彼の世嗣を即位させようという動きに対し一人の老人が「物呉ゆすど我御主、内間御鎖ど我御主」と金丸を王に推薦したので、群臣は尚徳の世嗣を廃して金丸を迎えに行った。一度は固辞した金丸も度重なる要請を拒みきれず、ついに玉座につく決意を固めた。その証として王の衣に着替えた場所が脱御衣瀬として今に伝わる。

尚宣威王

- 生没 1430年〜1477年
- 在位 1476年〜1477年

　先王尚円の弟。父は尚稷。幼くして両親を亡くしたため、兄尚円に育てられた。尚円と共に首里に赴き、尚円が玉座についてからは越来王子と称して越来を支配した。尚円が薨じたとき、尚円の子尚真が幼すぎたため群臣に乞われて王となる。しかし、神の御前で即位を宣言する「キミテヅリの百果報事」という儀式において彼を祝福するはずの神女たちは一斉に彼に背を向け、隣に座っていた尚真を讃えた。尚宣威はわずか半年で玉座を追われ、失意のうちに世を去った。

尚真王

- 生没 1465年〜1527年
- 在位 1477年〜1527年

　先々王尚円の子で、先王尚宣威の甥にあたる。母宇喜也嘉の後ろ盾を得て、叔父を退け13歳の若さで即位した。オヤケアカハチの乱を平定して八重山諸島を征服し、続いて、与那国島も手中に収める。首里城から豊見城まで石畳の舗装路を整備し、首里地方の按司を王都に集めて「首里親軍」を組織。はちまきや簪で区別する身分制度を定め、神女を束ねる聞得大君制度で祭祀の世界も掌握。50年に及ぶ長い治世の中で琉球王朝の基盤を強化し「嘉靖の栄華」と讃えられた。

尚清王(しょうせいおう)

生没 1497年〜1555年
在位 1527年〜1555年

先王尚真王(しょうしんおう)の五男。異母兄の尚威衡(しょういこう)が廃嫡となったことから世子となった。奄美大島の与湾大親(ゆわんぶや)が背いたため、戦船を仕立てて親征を行い奄美の支配体制を強化した。対外的には国防に力を入れ、首里城を拡張、屋良座森城の造営と石火矢(砲台)の設置、那覇港の防御を強化するなど、周辺諸国の動向や活発化する倭寇の襲撃に備えている。琉球の古謡集『おもろさうし』の編纂や、琉球最古の冊封記録『使琉球録』を著すなど、文化面でも功績を残した。

尚元王(しょうげんおう)

生没 1528年〜1572年
在位 1556年〜1572年

先王尚清王(しょうせいおう)の次男。神号は日始按司添加那志(てだはじめあじそえがなし)と号す。先代の尚清王が死去した際に後継者争いが生じたが、かねてより指名されていた彼が王位を継承した。尚清王による征討の後、奄美大島が再び叛いたので親征を行う。人格は温厚で徳があり、民を慈しむ王であったと讃えられる。一方で、島津氏からの使者への不手際や、無許可で取引を行う商船の取り締まり要請に応じなかったことなどから薩摩との関係が悪化、薩摩進攻の遠因を作ったとされる。

尚永王(しょうえいおう)

生没 1559年〜1588年
在位 1573年〜1588年

先王尚元王(しょうげんおう)の次男。童名を阿応理屋恵(あおりやえ)、神号は英祖仁耶添按司加那志(えぞにやそえあじがなし)と号す。尚清王時代に創建された首里城内の門に「守礼之邦(しゅれいのくに)」の額を掲げたことで知られている。瓦奉行所を設置して、中国からの渡来人を奉行に任命、本格的に琉球国内での焼成を始めた。

明に対しては歴代の王と同じように朝貢を行い安定した治世だったように見えるが、薩摩の島津義久(しまづよしひさ)からは先代の王の非礼を厳しく譴責されるなど対日関係は悪化、琉球は劣勢に追いこまれていく。

尚寧王(しょうねいおう)

生没 1564年〜1620年
在位 1589年〜1620年

童名を思徳金(うみとくがね)、神名を日賀末按司添加那志(てだがすえあじそえがなし)と号す。尚清王の兄弟の系統である。長年の懸案であった薩摩との関係は悪化の一途を辿り、ついに薩摩の侵攻を受けるに到った。琉球王朝が開かれて以来初の他国からの侵略であった。翌年には捕虜として上洛、帰国したのは2年後のことで、歴代琉球王にして初めて国外に出た王となる。第2尚氏王統直系でないため遺言して玉陵には入らず、浦添ようどれに埋葬された。このころ中国から蕃薯(ばんしょ)(サツマイモ)が入っている。

琉球王国

尚豊王
- 生没 1590年～1640年
- 在位 1621年～1640年

即位前に国質として薩摩に赴くが、ほどなく執政就任のため帰国し5年後に玉座についた。薩摩の支配下における初めての王であり、即位の際に血書の起請文を提出したことが以後の慣例となった。

大陸も戦で混乱していたためになかなか冊封を得られず、希望が叶ったのは即位より実に10年も経ってからである。明からの冊封を受けるのはこれが最後となった。薩摩藩に中山王の称号を剥奪され、琉球国司を名乗ることを余儀なくされる。

尚賢王
- 生没 1625年～1647年
- 在位 1641年～1647年

尚豊王の三男。薩摩生まれ、薩摩育ちの王であった。17歳で即位した後、何度か明の亡命政権に使者を派遣しているが、現地の動乱により果たせずに終わった。清からの冊封使は存命中に間にあわなかったため冊封は受けていない。琉球の島々に遠見番所を設置し、近隣を航行する船を監視、非常時には烽火を焚いて報告をするよう定めた。世嗣のないまま逝去。歴代琉球王で初めての神名を持たない王でもある。

尚質王
- 生没 1629年～1668年
- 在位 1648年～1668年

尚豊王の四男で、尚賢王の弟。童名は思徳金。

清からの冊封を受けた最初の琉球王であり、明から拝受した国王の印を返却し、清から新しい印を下賜された。

若くして薩摩に留学していた羽地朝秀を摂政に就任させ、琉球王朝初めての史書『中山世鑑』の編纂を命じる。朝秀の主導により琉球と薩摩の協調体制が成立。貿易面においても薩摩の干渉が強まり、琉球内部の不祥事にも介入するようになった。

尚貞王
- 生没 1645年～1709年
- 在位 1669年～1709年

先王尚質王の長男。母は美里按司加那志。父の代から引き続き羽地朝秀を摂政に据えて政務に当たらせたほか『中山世鑑』を編纂した蔡鐸や、琉球最高の教育者と讃えられた程順則などの優秀な人材に恵まれた。継妃を寵愛するあまり正妃を王宮から追放したばかりか、死後に玉陵に葬ることさえ一度は渋っている。一方で継妃には頭が上がらず、正妃の葬列で涙をこぼしたところ腹を立てた彼女にキセルで頭を叩かれたというエピソードが残る。

尚純

- 生没 1660年～1707年
- 在位 ——

　先王尚貞王の長男。童名は思徳金という。佐敷を支配して佐敷王子と称された。また中城を領したことから中城王子とも呼ばれる。本来は世継ぎと定められた世嗣であったが、父の尚貞が薨じる2年前の1707年に47歳で死去してしまったために王位にはついていない。
　次代の王には子の尚益が選ばれ、その際に尚純に対して王号が追諡された。墓所は歴代琉球王と同じく玉陵。宜野湾間切嘉数村から普天間村との間に宜野湾並松を植えさせた。

尚益王

- 生没 1678年～1712年
- 在位 1710年～1712年

　先々王尚貞王の孫で、先王尚純の子。佐敷王子。即位の前年首里城が焼失したため、米や銭の備蓄を行う「御用意蔵」を設置したり、宮古・八重山の税制を改めるなど財政再建に力を尽くした。
　生まれつきの兎唇であり、福州の医師に学んだ高嶺徳明から補唇術を受けた。徳明は手術にあたり琉球に自生する薬草などを調合した麻酔薬を用いたという。華岡清州に先立つこと100年以上前に成功したこの手術が日本医学史上初の全身麻酔手術と伝えられる。

尚敬王

- 生没 1700年～1751年
- 在位 1713年～1751年

　先王尚益王の長男。14歳で即位。在位39年。治山や治水・検地に力を入れる一方で、製紙や製陶の技術を導入し国内産業の振興に務めた。先祖の祭祀や葬礼にまつわる宗教的な改革も行い、第二の黄金時代といわれる安定した治世を実現させた名君と謳われる。蔡温らに史書『中山世譜』『球陽』『琉球国由来記』などの改訂・編纂を命じ、程順則に学校「明倫堂」を創建させる。玉城朝薫の組踊創設など豊かな文化が花開く時代であった。

尚穆王

- 生没 1739年～1794年
- 在位 1752年～1794年

　先王尚敬王の長男。在位は43年。刑法典『琉球科律』『褒奨条例』の作成・編纂を命じる。それまで外国産を用いていた唐紙・印金紙・緞子紙を国内で生産・流通させて自給体制を整えた。即位8年目、馬の足にけづめが生えるという怪異が記録されており、それが前兆であったかのように幾度も干魃や飢饉、疫病などの災いに見舞われている。ことに1771年の地震では、八重山諸島を最大85mを越える津波が襲い甚大な被害をもたらしたと伝えられる。

琉球王国

尚哲

生没 1759年～1788年
在位 ——

　先王尚穆王の子。母親は佐敷按司加那志。童名を思徳金という。妻は聞得大君加那志、王の一族である高嶺御殿の娘である。第15第琉球王の尚温、第17第国王の尚灝ら、四人の男子と二人の女子を設けた。世継ぎと定められ、中城王子を称していたが、父王尚穆よりも先に死去してしまったために歴代の中山王としては数えられていない。

　次男の尚温が琉球王として即位するとその父親として王号を贈られた。墓所は王族の墓所である玉陵。

尚温王

生没 1784年～1802年
在位 1795年～1802年

　先々王尚穆王の孫。父は尚哲。童名は思五郎金と号す。学問の普及に力を入れた王として知られ、首里城下には彼の筆になる「海邦養秀」の額を掲げた公学校所を、首里三平等には平等学校所をそれぞれ創設した。また官生（中国への留学生）制度の改革を行い、従来久米村出身者が独占していた官生の数を変更して半分を首里からの選抜とした。しかし久米村からの不満を招き、官生騒動を引き起こすこととなる。在世中、那覇港に怪魚が現れ人を襲うという事件が起きている。

尚成王

生没 1800年～1803年
在位 1803年～1803年

　先王尚温王の長男。母親はその妃で聞得大君を務めた向氏国頭親方朝慎の娘。童名は思徳金という。父王の逝去に伴って即位。齢わずか3歳の、あまりにも幼い王であった。第2尚氏の分家で読谷山間切を任されていた読谷山王子朝英が摂政として支えるが、尚成はほどなく世を去ってしまう。その在位は1年にも満たないため、彼自身の事績は存在しない。墓所は玉陵。

　次代の王には14代尚穆王の嫡孫尚灝が即位した。

尚灝王

生没 1787年～1834年
在位 1804年～1834年

　14代尚穆王の長男尚哲の子。童名は思次良という。『琉球科律』の増補『新集科律』の編纂事業や歌人として優れた歌を残すなど文化面で事績を残す一方で、医師に破格の高位である紫冠を授与する、城内で瓢箪を栽培するなど奇矯な行動も目立った。そのため精神の病として家臣達により隠居させられてしまい「坊主御主」と渾名された。

　この頃頻繁に来港していた英国やオランダからの外国人は琉球を「人々が武器を持たない理想郷」と評している。

尚育王

- 生没 1813年～1847年
- 在位 1835年～1847年

先王尚灝王の長男。精神を病んだ父を支えるべく、15歳にして摂政となる。財政は逼迫していたが、首里・那覇・泊に村学校を設立、冊封使林鴻年の薦めに従って焚字炉（文字が書かれた紙を敬い焚きあげるための炉）を設置するなど、文化面で功績を残す。

外交面では欧米列強の船舶が頻繁に来航して軍事力を背景に開国と貿易を迫ったため、対応に苦慮することたびたびであった。1846年には英国籍の宣教師ベッテルハイムが琉球に到着した。

尚泰王

- 生没 1843年～1901年
- 在位 1848年～1872年

先王尚育王の子。日本の開国と近代化に翻弄された琉球王朝最後の王である。1871年の廃藩置県により琉球は鹿児島県の管轄となった。尚泰はその翌年に華族に列せられ「琉球藩王」の称号を与えられる。一部の琉球人は宗主国である清に救援を求めたが、欧米列強に蚕食されつつある清にも琉球を救う余裕はなかった。1879年、ついに琉球藩は消滅、沖縄県となる。首里城からの退去を命じられた尚泰は東京に移住し、その生涯を閉じた。墓所は歴代の琉球王が眠る玉陵。

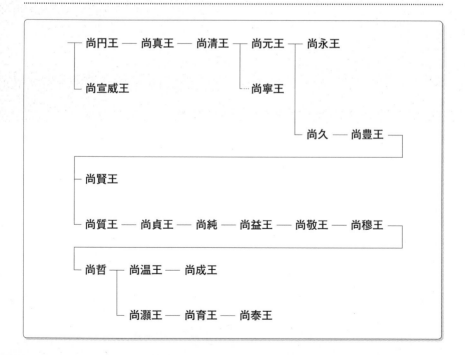

第XII章
東南アジア

李朝大越
1009年〜1225年

　ベトナム北部はB.C111年以来、歴代の中華王朝に支配されていた。しかし唐王朝が滅んだ後の10世紀より独立紛争が頻発する。938年、ベトナムの在地土豪だった呉権は中国南部を治めていた南漢王朝を破り、翌年には千年ぶりにベトナム人国家を興す。呉氏は一代で滅び、内紛や短命王朝が続いたのち、1009年に至って時の前黎朝の重臣李公蘊が周囲に推挙される形で帝位に上った。これがベトナム史上初の長命王朝李朝の開基である。

　李朝は昇龍（現在のハノイ）を都とし、現在のベトナム北部を領土とした。官僚組織や科挙を導入するなど、中華文明に習った国家体制を構築、さらに歴代の皇帝や貴族は仏教を篤く信仰し、都には数々の寺院が建立された。南方のチャンパや北方の宋王朝に攻撃を仕掛け、優位な形で講和に持ち込むなど、対外的にも華々しい活動をしている。

　しかし王朝の後期になると暗愚な君主が続出、その中で外戚の陳氏が対等することになる。13世紀初頭、陳守度は時の恵宗を退位させ、わずか7歳の皇女を即位させる。その上で自身の甥を婿として娶せ、李氏から皇位を簒奪する。こうして1225年、9代215年続いた李朝は滅んだ。

1009年	前黎朝の重臣李公蘊が周囲の推挙により即位
1010年	李太祖（李公蘊）、都を昇龍（現在のハノイ）に定める
1042年	ベトナム最初の明文法『刑書』が公布される
1054年	第3代皇帝・聖宗、国号を「大越」に定める
1055年	南方のチャンパー国が入貢する
1070年	昇龍に孔子廟が建立される
1075年	李朝大越国が、宦官の李常傑を総大将として北宋に侵攻する
1076年	李朝大越国、北宋と講和。同年、都に国子監（大学）が設立される
1087年	官僚制度を整備する
1104年	李朝大越国、チャンパ国を討つ
1149年	ジャワの使節が来訪する
1150年	カンボジアに攻め込まれる
1175年	この頃より、国力が衰退し始める
1182年	シャム（現在のタイ）が入貢
1210年	高宗、陳氏の力を借りて反乱を平定
1223年	外戚の陳守度が、宮廷の実権を握る
1225年	陳守度、女帝・昭皇に自身の甥を娶せ、皇位を簒奪。李朝滅ぶ

李朝大越

太祖 タイト

生没 974年～1028年
在位 1009年～1028年

実名は李公蘊(リコンウァン)。実父は不明である。先祖は中国福建からの移民だという。彼は幼少時より非凡ぶりで名高く、長じて時の王朝・前黎朝に武将として仕えた。しかし皇帝黎桓の崩御に伴って即位した2代皇帝は、数日後に弟の黎龍鋌(レロンディン)に殺害される。群臣がおののく中、李公蘊のみは帝の遺体を抱いて嘆いたため、その忠義ぶりを黎龍鋌に認められる。3代目として即位した黎龍鋌は酒色と残虐行為にふける暴君で、家臣は離反していた。1009年、黎龍鋌が24歳で崩じ、残された皇子や帝の弟の間で後継者争いが勃発した。李公蘊は500の兵を率い、「護衛」の名目で宮中に乱入、その席で李公蘊は群臣から即位を勧められる。一度は断るものの、最終的に帝の弟を討ち、李太祖として即位した。

翌年、太祖は都を山間部から現在のハノイに遷し、北方の宋に使節を送って支配体制を固める。同時に前黎朝に迫害されていた罪人を解放して、人心をつかんだ。1028年、崩御。李公蘊はベトナム史上最初の長命王朝の創始者として、ベトナムで尊崇されている。現在、ハノイ市には「李太祖(リタイト)」の巨大な銅像が建立されている。

太宗 タイトン

生没 1000年～1054年
在位 1028年～1054年

先帝太祖(たいそ)の長男。実名は李佛馬(リバトマ)。先帝の崩御に伴い、弟たちは皇太子佛馬の命を狙う。彼はこの企みを事前に察知し、弟たちを撃退して即位した。皇位を安定させたのちは刑法を制定し、用水路を整備し、女官らに絹織物の生産を奨励するなど、生産力の増大に尽力した。農神の祭りの折は自ら農具を手に取り、国民に模範を示したという。また、仏教を篤く信仰し、現在もハノイに残る一柱寺を建立した。晩年は、北方の山岳民族の活動に悩むことになる。

聖宗 タイトン

生没 1023年～1072年
在位 1054年～1072年

先帝太宗(たいそう)の三男。実名は李日尊(リニャットトン)。学問と音楽に造詣が深く、ベトナム史上における名君とされる。国号を「大越」と定め、都に教育施設を整えた。現在もハノイ市内に残る「文廟」の開基である。性格は慈悲深く、未決囚の境遇を憐み、彼らに食事や衣類を施したという。また、軍事的な才能にも優れていた。ベトナム史上で名将として名高い李常傑は、聖宗のもとで南方のチャンパを攻略するなど数々の戦果を挙げ、後の北宋との戦役に繋がる経験を積むことになる。

XII 東南アジア

仁宗　ニャントン

- 生没 1066年～1127年
- 在位 1072年～1127年

先帝聖宗の長男。実名は李乾徳。先帝の崩御に伴い、7歳で即位する。即位から間もなく、北方の宋王朝が大越国侵攻の動きを見せたため、宦官の李常傑を総大将として先制攻撃を仕掛けて北宋の領内に攻め込んだ上、優位な条件で講和している。戦の最中、李常傑が詠んだ詩句「南国山河」は、民族の気概を表すものとして、現在でもベトナムの義務教育で教えられている。54年に及ぶ仁宗の治世は、対外政策や農政、教育で成功を収め、李朝の黄金時代とされる。

神宗　タントン

- 生没 1116年～1138年
- 在位 1127年～1138年

先帝仁宗の弟崇賢侯の子。実名は李陽煥。10年余りの治世は隣国アンコール朝（カンボジア）の最盛期に当たり、大越国は三度に渡り侵攻を受ける。1132年、アンコール・ワットを建立したことで名高いスールヤヴァルマン2世による侵攻は撃退させたものの、水軍による南部からの侵攻は以降も止まなかった。1136年、大越国が地震に襲われて都が混乱する中で、アンコール朝の軍が乂安州などに侵入、時を同じくして神宗は病気がちとなり、わずか23歳で崩御する。

英宗　アイントン

- 生没 1136年～1175年
- 在位 1138年～1175年

先帝神宗の長男。実名は李天祚。父の死に伴い、わずか3歳で即位した。幼帝のため太后が摂政となったが、実権は太后と通じた重臣杜英武が握る。杜は善政を敷いたものの意に沿わぬ重臣を殺害するなど専横を重ねたため、後世の評価が分かれる人物である。しかし次の家臣蘇憲誠も善政を敷き、治世はおおむね安定に恵まれた。1168年、宋の使者と北方の女真族の使者が時を同じくして訪れる。大越国では、仲の悪い両者が顔を合わせないように、極力気を配ったという。

高宗　カオトン

- 生没 1173年～1210年
- 在位 1176年～1210年

先帝英宗の子、実名は李龍翰。長兄である皇太子が素行不良で廃位された後、3歳で即位する。その治世は飢饉や天災に悩まされた。しかし朝廷では十分な対策を取らず民衆に重税を課し続けたため、各地で反乱が勃発し、鎮圧軍すら反乱軍に同調する始末だった。1208年、反乱軍に追われた高宗は皇太子ともども都を捨てて避難し、在地の有力者陳李の力を借りて乱を平定する。陳氏の介入は、李朝滅亡の遠因であった。1210年、都に帰還し、まもなく38歳で崩御する。

李朝大越

恵宗　フエトン

生没 1194年～1226年
在位 1211年～1224年

　先帝高宗の子。実名は李旵。皇太子時代の1208年に乱を逃れ、沿岸地域に避難した折に陳李の娘を娶る。彼は元来病弱で、即位後も政務に興味を示さず、実権は陳李の子陳嗣慶が握っていた。陳嗣慶の死後は同じく陳氏の陳守度が宮中で一層の専横を深める。一方で恵宗は精神疾患にも見舞われ、1211年に皇位を次女に譲り、城内の真教禅寺に遁世、2年後に自害した。恵宗の葬儀に参内した李氏の男子皇族は、陳守度の手により大半が殺害されることになる。

昭皇　チエウホアン

生没 1218年～1278年
在位 1224年～1225年

　先帝恵宗の次女。実名は李仏金。父帝が陳守度に廃された後に7歳で即位した、ベトナム史上初にして唯一の女帝である。幼い女帝には陳守度の甥で、当時8歳の陳煚が「遊び相手」として当てがわれた。

　ある日、仏金がふざけてビンロウの実が入った布包みを陳煚に投げつけるのを見た陳守度は、それを「婚約の意志」だと言い立て、幼い両者を無理やり結婚させたうえ、「陳氏への禅譲」の詔を出させて皇位を簒奪した。こうして1225年、9代続いた李朝は滅亡する。その折、李朝の男性皇族は陳守度の手によって大半が殺害される。

　陳煚は陳朝の初代皇帝「陳太宗」、仏金は「昭聖皇后」とされるが、彼女は子供に恵まれなかったため、陳守度は当時19歳の仏金を廃し、太宗の兄陳柳の妻を妊娠中にもかかわらず奪って太宗と娶せた。憤った陳柳は反乱を起こすものの鎮圧され、恨みを飲みながら病没したという。陳守度は陳朝の実質的創始者ながら、これら数々の悪行ゆえに後世における評価はすこぶる悪い。

　15世紀の歴史書『大越史記全書』では、「犬や豚にも劣る行い」と酷評されている。昭皇は1278年、61歳で崩御した。

```
太祖 ─ 太宗 ─ 聖宗 ─ 仁宗
                      │
                      └── 神宗 ─ 英宗
                      │
                      └── 高宗 ─ 恵宗 ─ 昭皇
```

陳朝大越
1225年～1400年

陳朝を興した陳氏は中国の福建付近からの移民で、現在のベトナム・ナムディン省付近に定住してのちは海運、あるいは海賊を生業としていた。13世紀初期、李朝が衰えて内乱が頻発する中、時の当主陳李（チャンリ）は乱の平定を手助けすることで宮中における地位を獲得する。やがて一族の陳守度（チャントゥド）が権力を掌握し、1225年に李朝最後の女帝より皇位を簒奪して陳朝を興した。女帝の夫である初代皇帝・太宗は李朝の女性皇族を在地土豪と娶せて人心の安定化を図り、さらに法令を整備し、治水工事などで国の足固めをした。

一方、北方の中国大陸ではモンゴルが勃興し、やがて大越国は1257年、1285年、1287年の三度に渡り侵攻を受けるも、陳朝では焦土作戦、ゲリラ戦、潮の満ち引きを用いた奇策などを駆使し、モンゴル軍の撃退に成功している。しかし長引く戦に国力は疲弊し、14世紀には南方のチャンパの侵入に悩むようになる。14世紀末期、外戚として権力を振るう胡季犛（ホクィリ）は西暦1400年に至って時の小帝から帝位を簒奪。ここに陳朝は13代175年で滅んだ。しかし胡氏が興した胡朝も、明（みん）の侵攻で間もなく滅亡する。

1225年	陳煚、李朝の昭皇から禅譲を受けて即位。陳朝興る
1242年	行政区画と戸籍が整備される
1248年	紅河デルタの治水官が任命され、以降は農地開発が進む
1257年	モンゴルの第1回目の大越国侵攻
1274年	モンゴルの日本侵攻（文永の役）
1279年	南宋、モンゴルの攻撃を受けて滅亡
1282年	モンゴル、2回目の日本侵攻（弘安の役）
1284年	モンゴル、2回目の大越国侵攻
1287年	モンゴル、3回目の大越国侵攻
1344年	現在のハイズオン省で、大規模な反乱が発生
1370年	第8代皇帝・楊日礼、クーデターにより廃位
1371年	チャンパーの侵攻により、都が炎上する
1272年	ベトナム最初の正史『大越史記』が編纂される
1377年	睿宗皇帝、チャンパーに親征するものの、戦死
1388年	外戚の胡季犛、宮中の権力を掌握する
1400年	胡季犛、小帝から皇位を簒奪。陳朝滅亡
1406年	明の永楽帝、「陳朝復興」を名目に大越国に侵攻
1407年	胡季犛父子が明に捕えられ、胡朝滅ぶ

陳朝大越

太宗　タイトン

- 生没　1218年～1277年
- 在位　1225年～1258年

　陳朝大越国初代皇帝。実名は陳煚(チャンカイン)。李朝大越国末期、おじ陳守度の策略で女帝昭皇の遊び相手となり、昭皇の婿として皇位を簒奪することで陳朝を興す。しかし幼年だったため、政務は陳守度が担当していた。成人した後は税制や科挙制度を制定し、国の基礎を固める。1257年、モンゴルの第1回侵攻を受けて都を焼かれるが、補給路を失ったモンゴルは間もなく撤退した。太宗はモンゴルと講和した上で譲位するものの、以降も太上皇(たいじょうこう)として政権を掌握する。

聖宗　タイントン

- 生没　1240年～1290年
- 在位　1258年～1278年

　先帝太宗の長男。実名は陳晃。即位後しばらくは実権を父に握られていたが、父帝の崩御に伴い政権を掌握。しかし1278年に譲位し、以降は太上皇として君臨する。1285年、大越国は二度目のモンゴル侵攻を受け、聖宗はじめ皇族も一時期は都を捨てる。しかし皇族で大将軍の陳興道(チャンフンダオ)の指揮のもとで大越軍はゲリラ戦を展開し、南方の酷暑と森林に弱いモンゴル兵を陥れることで撃退に成功した。2年後、3度目のモンゴル侵攻では聖宗も親征し、モンゴルの水軍に勝利を収める。

仁宗　ニャントン

- 生没　1257年～1308年
- 在位　1278年～1293年

　先帝聖宗の長男。実名は陳昑(チャンカム)。二度目のモンゴル侵攻では聖宗とともに都を捨て、海上に逃れる。モンゴルの猛攻に耐えかね、一時は全面降伏も画策するが、将軍陳興道に強く励まされ、徹底抗戦を決意したという。1288年春、紅河支流の白藤江(バクダンザン)の水上戦において、大越軍は潮の満ち引きを利用した奇策で敵艦を次々と座礁させて火攻めを仕掛け、三度目のモンゴル侵攻を切り抜けた。戦後、捕虜は丁重に送り返したが、敵将ウマルのみは船に穴を開けて溺死させたという。

英宗　アィントン

- 生没　1276年～1320年
- 在位　1293年～1314年

　先帝仁宗の長男。実名は陳烇(チャントゥエン)。治世の初期は名将の陳興道が政務を補佐し、その後も賢臣に恵まれたため政治は安定した。1301年、父仁宗がチャンパ王から陳家皇女の降嫁を求められ、1306年に英宗の妹玄珍公主(げんちんこうしゅ)がチャンパ王に嫁いだ。ところが翌年に玄珍公主は未亡人となり、チャンパのヒンドゥー教式に「殉死」を迫られた。大越国では「弔問使節団」と称して家臣を派遣し、公主を連れ戻したため、安定していた大越とチャンパの関係は急速に悪化することになる。

XII　東南アジア

明宗　ミントン

- 生没　1300年～1353年
- 在位　1314年～1329年

　先帝英宗の子。実名は陳奣。在位中は、元王朝との関係は良好だったが、チャンパやラオスの侵入に悩まされた。退位後、30年近く太上皇として君臨する。

憲宗　ヒェントン

- 生没　1319年～1341年
- 在位　1329年～1341年

　先帝明宗の次男。実名は陳旺。庶子として生まれ11歳で即位するものの、父に政権を握られ、父帝に先んじて崩じた。憲宗の頃より陳朝は衰退に向かう。

裕宗　ゲトン

- 生没　1336年～1369年
- 在位　1341年～1369年

　先帝憲宗の異母弟。実名は陳暭。治世は賢臣に恵まれず、領土では天災や飢饉が続き、農民の反乱が頻発し、対外関係も悪化した。ベトナムの史書『大越史記全書』は裕宗を「至性聡睿、学問高明、武備文修、四夷賓服」と讃えるが、その実は音曲と酒色に入れあげる暗君だった。ある時、酔いつぶれた裕宗は池に転落し、病みついた末に崩じる。享年34。裕宗のもとで陳朝が衰える同時期、中国大陸ではモンゴルの元王朝が倒れ、漢民族の明王朝が興っていた。

昏徳公　ホンドゥックコン

- 生没　？～1370年
- 在位　1369年～1370年

　実名は楊日礼。俳優楊某の妊娠中の妻を、明宗の子陳元昱が貰い受け、その後に生まれた子である。裕宗の没後に陳朝では相続争いが起こり、結局、裕宗の母憲慈太后の後押しで日礼が即位した。しかし即位後の日礼は憲慈太后を含め皇族の大半を粛清した挙句、国姓を「陳」から実父の姓「楊」に変えることを宣言、ここに至ってクーデターが発生し、日礼は彼の子と共に捕らえられ、棒打ちの刑で打ち殺された。廃位されたため、諡号は存在しない。

芸宗　ズトン

- 生没　1321年～1395年
- 在位　1370年～1372年

　明宗の三男で、実名は陳暊。楊日礼は娘婿であり、のちに陳朝を簒奪することになる胡季犛は、生母の甥にあたる。1370年、暴虐と奢侈に耽る日礼を二度に渡るクーデターの末に廃して即位するも、間もなく譲位した。その後の三代に渡り太上皇として君臨することになる。芸宗は諡号の通り文才に優れ、幼少時より巧みな漢詩を詠んだという。後世の史書でも彼を「賢君」と讃える。しかし陳朝は隣国チャンパとの敗戦を重ね、1371年には王宮も焼かれるなど、衰退期にあった。

陳朝大越

睿宗　ズエトン

- 生没 1337年～1377年
- 在位 1372年～1377年

　先帝芸宗の弟。実名は陳曔。1376年に家臣の反対を押し切り、12万の大軍をもってチャンパに親征、翌年に敵の策略で大敗北し、皇帝自身も崩じた。

陳廃帝　チャンヘデ

- 生没 1361年～1389年
- 在位 1377年～1388年

　先帝睿宗の次男。実名は陳晛。胡季犛の専横に危機感を抱いて誅滅を図るも失敗、芸宗の了承を得た胡季犛により廃され、自害を強要される。享年28。

順宗　トアントン

- 生没 1378年～1399年
- 在位 1388年～1398年

　芸宗の末子。実名は陳顒。先帝が胡季犛に廃されたのち皇帝に据えられ、皇后には胡季犛の娘をあてがわれた。在位中はチャンパの侵入や内乱に悩み、さらに父芸宗が73歳で崩じた後は、宮中における胡季犛の専横が一層露骨となった。順宗は皇子への譲位、さらに出家を迫られ、退位後はそのまま流罪に処せられた。胡季犛は順宗の流刑地に部下を仕向けて餓死を強要するが、心ある者が食を差し入れるためになかなか死なない。そこで、無理やり絞殺したという。享年22。

小帝　ティエウデ

- 生没 1398年～？
- 在位 1399年～1400年

　先帝順宗の長男。名は陳㗑。父の順宗が胡季犛に強制的に退位させられた後、3歳で即位する。幼帝のもとで胡季犛は完全に政権を掌握し、従わぬ者の一族は男子であれば容赦なく殺害した。その数は370名に上り、幼児まで溺殺、生き埋めにしたという。1400年、小帝は胡季犛に禅譲し、陳朝滅亡。ここに胡朝が興る。胡季犛は間もなく息子に譲位し、太上皇として政治改革に乗り出す。なお、小帝は胡氏の血筋ゆえ命こそ助けられたものの、その後の不明である。

```
太宗 ─ 聖宗 ─ 仁宗 ─ 英宗 ─ 明宗 ┬ 憲宗
                                  ├ 裕宗
                                  ├ 陳昱 ─ 昏徳公
                                  ├ 芸宗 ─ 順宗 ─ 小帝
                                  └ 睿宗 ─ 陳廃帝
```

XII　東南アジア

黎朝大越
1428年～1793年

　陳朝を簒奪した胡季犛は都を紅河デルタ南部の清化(ホクイリ)(タインホア)に移し、国号を大虞(ダイグ)とした。さらに税制や科挙制度、軍制を改革し、陳朝の腐敗を是正しようとする。

　一方、陳朝の遺臣は中国の明王朝に「陳朝の復興」を訴えたため、明の永楽帝(えいらくてい)は20万にのぼる兵を派遣し、胡季犛とその子を捕えて処刑。1407年、胡朝はわずか7年で滅びた。明軍はそのまま大越国を植民地とし、大越の民情を無視した「漢化政策」が布かれる。民衆の不満が鬱積する最中の1416年、藍山(ラムソン)の土豪黎利(レロイ)が同志を募って蜂起し、以後10年に渡るゲリラ戦の末に明軍を放逐して黎朝を興した。時に1428年のことである。

　黎朝は1527年に莫登庸(マックダンズン)に簒奪され、一度は滅びる。しかし旧臣である阮(グエン)氏と鄭(チン)氏は莫朝を認めず挙兵し、1592年に至って都の昇龍(タンロン)(ハノイ)を奪還、莫朝は5代65年で滅んだ。以降、大越国は黎朝として復活するが、その実は鄭氏の主導による傀儡政権だった。1771年、中部で西山(タイソン)阮氏の三兄弟が蜂起し、鄭氏と阮氏を滅ぼす。黎氏の昭統帝は清に亡命して策をねるも叶わず、そのまま北京で崩御。時に1793年、黎朝は完全に滅亡した。

1407年	胡季犛父子が明に捕えられ、胡朝滅ぶ。大越は明に植民地化される
1416年	藍山の土豪黎利が蜂起する
1428年	黎利、大越から明を放逐。同年に即位して黎朝を興す
1442年	2代目皇帝・太宗が急死
1459年	黎宜民、クーデターにより即位
1479年	ラオス方面へ遠征
1516年	陳暠、反乱を起こす。宮中炎上
1527年	武将の莫登庸、皇位を簒奪。黎朝は一旦滅亡する
1532年	黎朝の遺臣、阮氏がラオス国境で黎氏の子孫を即位させる
1545年	この頃、黎氏皇帝の庇護者は阮氏から鄭氏に移る
1592年	鄭氏政権の鄭松が首都・昇龍を攻略し、莫朝滅亡
1593年	鄭松、昇龍に世宗を迎え、黎朝が再興する
1627年	北部の鄭氏と、南部の阮氏の抗争が激化
1735年	大飢饉に見舞われる
1739年	以降、反乱が頻発する
1771年	中部の平定省で西山党が蜂起する
1788年	黎朝の昭統帝（愍帝）、清国に援軍を要請
1789年	西山党、清軍を撃退
1793年	昭統帝、亡命先の北京で崩御。黎朝滅亡

黎朝大越

太祖 タイト

生没 1385年～1433年
在位 1428年～1433年

　実名は黎利(レロイ)。清化(タインホア)地方藍山(ラムソン)の土豪。胡朝滅亡後、中国の明は大越を植民地化し、圧政と同化政策を布いた。不満を抱く黎利は同志を募り反明の烽火を上げる。時に1416年のことである。ゲリラ戦は苦戦を重ね、一時は同志を自身の身代わりとして退却する有様だった。1423年には明と一旦は講和するが、明の永楽帝の崩御を機に攻めに転じ、1427年には15万の明軍に大勝利を収める。同年、明は講和を持ちかけ、陳朝の末裔を「安南国王」に封じることで大越の独立を認める。黎利は明に復讐を望まず、捕虜を丁重に送還したという。翌年に安南国王は謎の死を遂げ、国内を統一した黎利は黎朝を興す。

　太祖となった黎利は昇龍(タンロン)を都に定め、宰相で名文家としても有名な阮廌(グエンチャイ)と共に国情の安定に着手する。しかし、即位の一年後には早くも功臣らを次々と粛清している。また、太祖自身は独立国家として明との国交正常化を願っていたが、「陳朝の末裔」が不審な死を遂げた上で即位し国を興したため警戒され、在世中に「安南国王」に封じられる事はなかった。現在、黎利は「救国の英雄」として、ベトナムで崇拝されている。

太宗 タイトン

生没 1423年～1442年
在位 1433年～1442年

　先帝太祖(たいそ)の次男。実名は黎元龍(レグエンロン)。父の崩御に伴い、10歳で即位。太祖の忠臣であった阮廌(グエンチャイ)が教育係として政治を補佐する。しかし他の家臣らは、新帝が若年なのに驕って勝手な決済を重ねたため、嫌気がさした阮廌は職を辞して隠遁した。以降、太宗は次第に酒色にふける暗君となっていく。1442年、閲兵式に出席した太宗はその足で阮廌の果樹園を訪ねるが、その帰路に発病、崩御した。阮廌は「帝を毒殺した」との疑いをかけられ、一族300人ともども斬首された。

仁宗 ニャントン

生没 1441年～1459年
在位 1443年～1459年

　先帝太宗(たいそう)の三男。実名は黎邦基(レバンコ)。父帝の崩御に伴い、2歳で即位。幼年のため、母の宣慈太后(せんじたいごう)が摂政として国政を安定させた。1446年にチャンパの侵攻を受けるが応戦し、チャンパ国王を捕虜としている。しかし宣慈太后は讒言を信じて建国時代からの功臣黎可(レカ)を罷免、処刑するなど、次第に政局が混乱し始める。1453年より親政を開始して以降は、歴史書を編纂し、爵位や土地制度の改革に着手する。しかし、1459年、異母兄の黎宜民(レギザン)により母ともども暗殺される。

XII 東南アジア

前廃帝　ティエンヘデ

生没 1439年〜1460年
在位 1459年〜1460年

先々帝太宗の長男。実名は黎宜民。生後間もなく皇太子に立てられたが、母楊氏が素行不良のために廃后となり、宜民も廃嫡された。実際は、楊氏が開国の功臣とは無関係の家柄だったのが悪く働いたらしい。これに不満を抱く宜民は、1459年に弟の仁宗を宣慈太后ともども暗殺して即位する。その後は讒言を信じて家臣らを殺戮したため、まもなく大臣の阮熾・丁烈らに殺害される。在位期間は、わずか8か月。暴君ではあったが、政策の一部は次代に受け継がれた。

聖宗　タイントン

生没 1442年〜1497年
在位 1460年〜1497年

太宗の四男、先帝である前廃帝の弟。黎思誠。1460年、暴君として先帝が廃された折、大臣らに推挙されて即位した。

即位後には先帝が着手していた官僚組織の構築を完成させるとともに、科挙制度を整える。教育制度の整備に伴い史学が隆盛し、それまでの史書の集大成『大越史記全書』が編纂されたほか、ベトナム式漢文学が花開いた。帝自身も優れた文筆家で、文芸サロンの騒壇会を主宰し、漢文や字喃（ベトナム製漢字）を用いた詩を発表する。

聖宗の治世は対外的にも華々しく、1470年には南方のチャンパを撃退して都を陥落させ、国王を捕虜とした。チャンパ王は連行中、恐怖のあまり頓死したという。1479年にはラオスを攻め、ジャール平原を領土に加えて黎朝の最大判図を得る。聖宗は黎朝における名君とされる一方、女色に耽り34人もの子を成していた。晩年に病に倒れた折、正妃の長楽皇后は自身を顧みない聖宗を恨み、毒を塗った手で帝の腫物をなでた。そのため急激に病状が悪化し、没したという。享年56。

「光順中興」と称される聖宗の治世を境に、黎朝は衰退に向かう。

憲宗　ヒエントン

生没 1461年〜1504年
在位 1498年〜1504年

先帝聖宗の長男。実名は黎暉。名君である父帝の業績を世襲し、紅河デルタの治水や灌漑を整備し、養蚕を奨励したが、在位6年で没した。

粛宗　チュクトン

生没 1488年〜1505年
在位 1504年〜1505年

先帝憲宗の三男。実名は黎敬甫。素質を父帝に認められ、兄（後の威穆帝）をさしおいて皇太子に立てられる。しかし、即位から半年で崩御した。

黎朝大越

威穆帝　ウィムクデ

生没　1488年～1510年
在位　1505年～1510年

　先々帝憲宗の次男。実名は黎濬。弟の死後即位するが、自身を差し置いて弟を即位させた祖母の徽嘉淳太后、さらに廷臣らを恨んで誅滅した。在位時は寵臣との酒宴に溺れ、側室を酔いにまかせて殺すこと数度に及ぶという乱倫ぶり。時の明の使節は、威穆帝を「鬼王」と評している。1509年、従弟の簡修公黎瀠は民衆を扇動して挙兵し、翌年に都に乱入する。ここに至り威穆帝は、毒をあおって自ら果てた。享年21。怒りに燃える簡修公は、帝の遺体を大砲で粉砕したという。

襄翼帝　トゥオンドックデ

生没　1495年～1516年
在位　1510年～1516年

　聖宗の孫で、先帝威穆帝の従弟。実名は黎瀠。簡修公に封じられる。1510年、暴君である先帝を弑逆して即位する。当初は善政を敷いたものの、寺院や宮殿の修築、庭園の造営など土木工事に民衆を駆り立て、酒色に溺れるなど先帝同様の暴君となり果てた。1516年に陳暠が反乱を起こし、乗じた廷臣の鄭氏が3000の兵をもってクーデターを起こす。帝は刺殺され、皇后は火中に身を投じて自害した。混乱の中で民衆が宮中に乱入し、金銀や国書は残らず奪われたという。

中廃帝　チュンヘデ

生没　1509年～1516年
在位　1516年

　実名は黎光治。襄翼帝が暴虐を重ねていた折、陳朝の子孫を自称する陳暠が「東方に天子の気あり」の噂を信じて挙兵した。廷臣の鄭惟憭はその混乱に乗じ、宮中クーデターで帝を殺すことになる。混乱の中で陳暠は都の昇龍を制圧、かつての陳朝の復興を宣言するが、鄭惟憭は胡朝時代の都清化に退き、皇族の1人で幼年の黎光治を即位させた。しかし在位わずか3日にして弑逆され、後世「中廃帝」と称されることになる。鄭惟憭も、時を前後して殺害される。

昭宗　チェウトン

生没　1500年～1526年
在位　1516年～1522年

　聖宗の曾孫にあたる。実名は黎椅。1516年、襄翼帝弑逆を受けて避難した清化で、中廃帝の急死を受けて即位する。都の昇龍を奪還する戦いの中であまたの将軍らが共倒れになる中、権臣の莫登庸が朝廷を席巻した。歳若い昭宗に専横を抑える力は無く、耐えきれずに清化に逃亡する。登庸は追撃するとともに、帝の弟を擁立した挙句、昭宗側の大臣らを次々と粛清した。

　1526年、昭宗はついに捕えられて監禁され、ほどなく登庸らに殺害された。

恭皇帝　クンホアンデ

- 生没　1507年〜1527年
- 在位　1522年〜1527年

　先帝昭宗の弟。実名は黎椿。兄帝が莫登庸の専横に耐え切れず逃亡するに及び、後釜として皇位に据えられる。実権の無い皇帝のもとで登庸の権勢はいよいよ高まり、昭宗を捕え殺害するなどの非道を繰り返す。1527年6月、登庸は詔書を偽造し、帝から皇位を纂奪した。こうして、黎利の独立闘争から109年目にして黎朝は一旦は滅ぶことになる。恭皇帝は生母端穆皇太后とともに監禁され、「いずれ莫氏の一族もこのように果てるだろう」と嘆きつつ、ともに自害したという。

荘宗　チャントン

- 生没　？〜1549年
- 在位　1533年〜1549年

　先々帝昭宗の子。実名は黎維寧。黎朝が莫登庸に纂奪された後に南方へ逃亡してラオスへ潜伏し、黎朝の遺臣阮淦に擁立される形で即位する。しかし、実際の立場は阮氏政権の傀儡だった。皇帝を擁する阮淦は昇龍周辺を占拠した莫朝と交戦し、タインホアを中心とした現在のベトナム中部に一定の勢力を保持する。しかし1545年、阮淦が莫朝の手下に謀殺され、実権は阮淦の娘婿鄭検の手に移る。ここでも、黎氏皇帝の立場は単なる傀儡であり続けた。

中宗　チュントン

- 生没　1535年〜1556年
- 在位　1548年〜1556年

　先帝荘宗の長男。実名は黎維喧。1548年、父の死に伴って清化の地で即位する。中宗の在位時、莫氏政権においては有能な2代皇帝が善政を敷いていたが、先代の莫登庸に先じて没していた。中宗を擁する鄭氏政権の鄭検は混乱に乗じて北方へ幾度も侵攻し、順化・広南の地を手にする。

　しかし、中宗は1556年、22歳の若さで崩じ、ここに黎朝太祖黎利以来の血統は絶えた。そこで鄭検は、黎利の兄の子孫を探し出して即位させ、朝廷を復活させた。

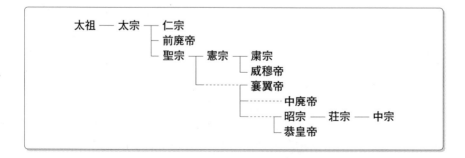

黎朝大越

英宗　アィントン

- 生没　1532年～1573年
- 在位　1556年～1572年

　黎朝初代皇帝である黎利の兄黎除の子孫。実名は黎維邦。中宗の死にあたり、鄭検に探し出されて即位する。鄭検は1570年に死去し、長男の鄭檜があとを継ぐが、檜は酒乱で無能だったため、実権は次男の鄭松に移る。1573年、鄭氏政権が北の莫朝に攻め込む中、英宗は混乱に乗じて鄭松の殺害を画策する。しかし事前に発覚し、鄭松に殺害されてしまう。享年40。なお、英宗の娘梅花公主はキリスト教徒であり、洗礼名を「マリア・フローラ」と称した。

世宗　テトン

- 生没　1567年～1599年
- 在位　1573年～1599年

　先帝英宗の子。実名は黎維潭。1573年、父英宗が避難先の乂安で鄭松に殺害され、その後に即位した。鄭松は莫朝との戦いを優位に進め、ついに1592年、旧都の昇龍を陥落させ、莫氏朝廷の第5代皇帝莫茂洽を捕え、3日間引き回しにした挙句に処刑、さらし首にする。ここに莫朝は60年にして滅んだ。翌1593年、世宗は東京と名を変えた昇龍に迎えられ、黎朝は正式に再興された。なお、莫氏は中国国境に近い高平地方の政権として、1677年まで命脈を保っている。

敬宗　キントン

- 生没　1588年～1619年
- 在位　1599年～1619年

　先帝世宗の子。実名は黎維新。父帝の死にともない、11歳で即位。在位中は鄭氏政権の鄭松が一切の権限を握り、皇后には鄭氏の女性を当てがわれていた。不満を抱く敬宗は1519年、鄭松の子鄭椿を抱き込み、鄭松を殺害して政権を奪還する策をめぐらす。刺客は鄭松の行列を銃撃したものの失敗して捕えられ、拷問の末に敬宗の名を漏らしてしまう。これを知った敬宗は縊死して果てた。生前の冷酷な所業ゆえ、鄭松は中国『三国志』の英雄曹操に例えられることが多い。

神宗　タントン

- 生没　1607年～1662年
- 在位　1619年～1643年、1649年～1662年

　先帝敬宗の長男。実名は黎維祺。1619年、父帝が鄭松暗殺の失敗に及んで自殺するに当たり、急遽、即位した。1643年、鄭松の後を継いで鄭氏政権の首領となった鄭梉に迫られ、位を長男に譲る。これが黎朝第19代の真宗である。1648年、鄭氏政権はオランダ人から買い入れた銃火器をもって南方の阮氏政権を攻めたものの、激しい反撃を受けて大敗、従軍していた真宗も戦死した。そこで、神宗が黎氏の皇帝として重祚することになる。1662年没。皇位は次男が継いだ。

真宗　チャントン

- 生没 1630年〜1649年
- 在位 1643年〜1649年

　先帝神宗の長男。実名は黎維祐。1643年に即位するものの、1649年に鄭氏政権と南部の阮氏政権の抗争に巻き込まれて戦死する。享年19。

嘉宗　ジアトン

- 生没 1661年〜1675年
- 在位 1671年〜1675年

　神宗の三男。実名は黎維檜。兄である先帝玄宗が男子を残さずに没したため、即位した。4年の治世は都の東京を中心とした紅河デルタを治める鄭氏政権と、大越国中南部に勢力を張る阮氏政権（黎朝の家臣阮淦を始祖とする一族）の抗争の時代だった。さらに、この頃よりヨーロッパ各国の商人が東方海上に現れ、上陸しては盛んに武器弾薬を売り込んだため、大越国南北の争いは一層熾烈化することとなる。嘉宗は美男子であったと伝えられるが、15歳で没した。

玄宗　フェントン

- 生没 1654年〜1671年
- 在位 1662年〜1671年

　神宗の次男。実名は黎維禑。領内でのキリスト教を禁じ、莫朝の残党を討った。さらに、この時期に中国大陸を席巻していた満州族の清朝に使いを送った。

熙宗　ハイトン

- 生没 1663年〜1716年
- 在位 1675年〜1705年

　神宗の四男で先帝嘉宗の弟。実名は黎維祫。兄帝嘉宗に嗣子なく擁立される。1705年、長子に譲位して太上皇となり、1716年に54歳で没した。

裕宗　ズトン

- 生没 1679年〜1731年
- 在位 1705年〜1729年

　先帝熙宗の長男。実名は黎維禟。太上1716年より親政を開始するが、鄭氏政権によって退位させられる。1958年、清化の果樹園で裕宗の陵が発見された。

後廃帝　ハウヘデ

- 生没 1709年〜1735年
- 在位 1729年〜1732年

　先帝裕宗の次男。実名は黎維祊。鄭氏政権の首領鄭棡により皇位に据えられる。鄭棡は間もなく子の鄭杠に首領の位を譲った。ところが1732年、鄭杠は「帝が父鄭棡の妻子と不義密通した」と言い立て、黎維祊を皇位から引き下ろしたあげく監禁する。鄭杠は黎維祊に「愚かな君主」を意味する「昏徳公」の称号を授けた揚句、1735年に至って殺害した。

　鄭杠はこのような非道な行いに加え、遊興に溺れ、重税で農民を苦しめたため、後世における評価は低い。

黎朝大越

純宗　トゥアントン

- 生没　1699年～1735年
- 在位　1732年～1735年

先々帝裕宗の長男。実名は黎維祥。先帝の後廃帝が鄭杠の策略で位を追われたために即位する。1735年、先帝が絞殺されたのと同じ年に、37歳で没した。

懿宗　イトン

- 生没　1719年～1759年
- 在位　1735年～1740年

裕宗の三男で先帝純宗の弟。実名は黎維祳。鄭氏政権の長、鄭杠に推挙されて即位する。1740年に子に譲位したのち、40歳にして没。

顕宗　ヒェントン

- 生没　1717年～1786年
- 在位　1740年～1786年

先々帝純宗の子。実名は黎維祧。鄭氏政権の首領鄭楹（鄭杠の子）は黎氏皇族を尊重する立場を取ったが、治世は飢饉と農民反乱が頻発した。1771年、阮氏政権の領地である南部の平定省で、西山党による反乱が勃発する。これを好機とみた鄭氏政権は南部に侵攻し、1775年には阮氏政権の都順化（フエ）を陥落させた。しかし西山党は矛先を変えて鄭氏政権にも攻め込み、1786年に東京を陥落させる。その翌日、顕宗は黎朝皇帝として最長寿の70歳で没した。

愍帝　マンデ

- 生没　1765年～1793年
- 在位　1786年～1789年

先帝顕宗の孫。実名は黎維祁。昭統帝の名でも知られる。父は時の鄭氏政権首領鄭森に才能を妬まれて謀殺され、子の維祁も13年に渡って投獄されていた。鄭氏の首領の代替わりによって解放され、17歳で皇太孫に立てられる。1786年、鄭氏政権が陥落した直後に西山党の阮恵の元で即位するものの、阮恵が一方的に皇帝を自称したために清に亡命する。清に援軍を要請して王朝復興を画策するも果たせず、1793年に亡命先の北京で没。ここに黎朝は完全に滅亡した。

```
英宗 ─ 世宗 ─ 敬宗 ─ 神宗 ┬ 真宗
                          ├ 玄宗
                          ├ 嘉宗
                          └ 熙宗 ─ 裕宗 ─┐
┌─────────────────────────────────────┘
├ 純宗 ─ 顕宗 ‥‥ 愍帝
├ 後廃帝
└ 懿宗
```

阮朝越南
1802年～1945年

　16世紀以降、現在のベトナム中南部に勢力を保持していた阮氏(グェン)は、1771年に発した西山党(タイソン)の乱により滅ぼされ、一族の大半は殺害される。一方、阮氏の唯一の生き残りである阮福暎(グェンフックアイン)は隣国のシャムに協力を仰ぎ、さらにはフランス人宣教師の援助で西山党との抗争を繰り返し、1802年に至って「西山朝」を滅ぼし、全土を統一。ここに「阮氏」による大越国統一王朝を興し、年号を嘉隆(ザーロン)と改め皇位に就いた。1804年には中国の清に朝貢し、国号を「南越」と提案するが、時の嘉慶帝から「越南(ヴィエトナム)」を提示される。これこそ、現在に続く国名のベトナムである。都は中部の順化(フエ)(トゥアンホア)に移され、東京(トンキン)とも呼ばれてきた歴代の都昇龍(タンロン)は河内(ハノイ)と改称される。阮朝は建国の際に西欧人に協力を仰いだため、西欧文化の流入も早かった。しかしキリスト教布教の是非から欧米諸国との関係が悪化し、1858年よりフランスと戦争状態になる。阮朝は徐々に領土を蚕食され、王朝の存在は有名無実となった。1940年、日本軍の仏印進駐で一時的にフランス勢力は駆逐されたが、1945年、日本の敗戦に伴い時の保大帝(ほだいてい)が退位。こうしてベトナムは1000年の王朝時代に幕を閉じ、近代共産国家へと移る。

1783年	阮福暎、フランス人勢力やシャム軍と共に西山党を攻めるも、大敗
1802年	阮福暎、西山党を滅ぼし、嘉隆帝として即位。阮朝が興る
1804年	嘉隆帝、中国・清朝に朝貢し「越南国王」に封ぜられる
1832年	アメリカ使節来航するも、拒絶
1834年	シャムとの戦に勝利し、ベトナム史上最大の領土を有する
1847年	フランスの砲撃を受ける
1858年	フランスとのコーチシナ戦争開戦
1862年	コーチシナ戦争終結。以降、メコンデルタが植民地化される
1883年	第一次フエ条約締結。阮朝はフランスの保護国となる
1884年	第二次フエ条約締結。阮朝はフランスの植民地となる
1885年	清国、清仏戦争に敗退。阮朝の宗主国の地位を失う
1888年	咸宜帝、フランス軍に逮捕されアルジェリアへ流刑に処される
1905年	日本の明治維新に影響を受け、日本留学が流行
1914年	第一次世界大戦に乗じた反仏革命が画策されるも、失敗
1925年	最後の皇帝保大帝が即位
1932年	保大帝、フランス留学から帰国し宮中改革を行うも失敗
1940年	日中戦争の影響により、日本軍がベトナムに進駐
1945年	3月、保大帝が独立を宣言するものの、8月の日本敗戦により退位

阮朝越南

嘉隆帝　ザーロンデ

生没　1762年～1820年
在位　1802年～1820年

　実名は阮福映。現在のベトナム中南部に勢力を張っていた阮氏の一員として生まれるが、西山党により一族の大半が殺害される。シャム（タイ）に亡命した福映はヨーロッパ人勢力に協力を仰ぎ、1802年に至って西山党を滅ぼし、ここに阮朝の初代皇帝として即位した。税制や科挙試験など国家制度を整えたものの、晩年は猜疑心に駆られて建国の功臣を粛清している。王朝の創始者であるが、西欧列強に侵略の口実を与えたとして、後世の評価が分かれる人物でもある。

明命帝　ミンマンデ

生没　1791年～1841年
在位　1820年～1841年

　先帝嘉隆帝の子。実名は阮福瞻。即位の後は、国号を越南から「大南」に改め、清とは別の「小中華思想」を貫く。大南国は国内を統制し、ムオン族など少数民族を圧迫し、ラオスやシャムに遠征した。さらに西欧諸国にも強健な態度で臨み、1836年にはキリスト教を大弾圧して西欧人宣教師を処刑し、数百の教会を破壊した。恐れて山野に逃げ込んだ信者は数万に及ぶという。一方で明命帝は乱倫であり、後宮の50人近い女性との間に142人もの子供をもうけている。

紹治帝　ティエウチデ

生没　1807年～1847年
在位　1841年～1847年

　先帝明命帝の長男。実名は阮福暶。治世の当初は父帝同様に西欧を拒絶する政策を敷き、宣教師を逮捕しては強制送還していた。1847年3月、フランス軍艦が国書を携えて中部のダナンに来航するものの、阮朝では受け取りを拒否する。これに憤ったフランス側による砲撃で、阮朝の軍艦数隻が撃沈され、1200人が死亡した。事件を受けた阮朝は西欧への態度を一層硬化させ、病の床で「すべての外国人を処刑せよ」と言い残しつつ39歳で没した。

嗣徳帝　トゥドックデ

生没　1829年～1883年
在位　1847年～1883年

　先帝紹治帝の子。実名は阮福時。聡明にして穏やかな君主であったが、36年に渡る治世はフランスによる阮朝植民地化の経過にそのまま重なる。1858年にはナポレオン3世が派遣したフランス・スペイン連合軍によりコーチシナ戦争が勃発、大敗を喫す。1862年の停戦協定で南部三省をフランスに割譲、1867年には南部全域をフランスに奪われる。さらに1873年以降には、清より太平天国の残党が流れ込むようになる。内憂外患の治世を嘆きつつ、53歳で没した。

育徳帝　ズクドゥクデ

- 生没　1852年～1883年
- 在位　1883年

　先帝嗣徳帝の甥。実名は阮福膺禛。実子のいない先帝の皇太子に立てられるが、親仏的な言動が目立ったため廃嫡を迫られたこともあった。しかし、嗣徳帝の死に伴い、継承候補者の中で最年長だった福膺禛が指名される。しかし「先帝の違勅を都合よく改ざんした」「先帝の喪に服していない」と群臣らから非難され、3日後に皇位を剥奪された揚句、監禁されて餓死した。享年31。元号が定められていないため、起居していた育徳堂の名を取り、育徳帝と呼ばれる。

協和帝　ヒェップホアデ

- 生没　1847年～1883年
- 在位　1883年

　紹治帝の子。実名は阮福洪佚。先帝が三日で廃位された後、36歳で即位。コーチシナ戦争敗戦の結果、越南国はフランスの保護国と化し、朝廷においては権臣の阮文祥・尊室説らが専横し、協和帝は傀儡でしかなかった。これに不満を抱く協和帝は阮文祥らを排除すべく、独自にフランスと接触を図る。しかし紹治帝の皇后を抱き込んだ阮文祥の策によって捕えられ、廃位される。協和帝は宮中の育徳堂に監禁され、毒酒を飲まされて没。在位は4か月間だった。

建福帝　キエンフックデ

- 生没　1869年～1884年
- 在位　1883年～1884年

　嗣徳帝の甥。実名は阮福昊。聡明さを期待され即位するものの、養母学妃と権臣阮文祥の不義密通を目撃し、非難したため、学妃に毒を盛られて殺される。

咸宜帝　ハムギデ

- 生没　1872年～1943年
- 在位　1884年～1885年

　紹治帝の孫。実名は阮福明。自ら反仏尊王運動を説いたため、仏領アルジェリアに流刑となる。後にフランス人と結婚して家庭を持ち、72歳で没。

同慶帝　ドンカインデ

- 生没　1864年～1889年
- 在位　1885年～1889年

　紹治帝の孫。実名は阮福昇。実子のいない嗣徳帝の元で育てられていた。1885年、先帝咸宜帝が反仏尊王運動を説いて都を脱出し、地方へ潜伏して対仏のゲリラ活動を始めた。空位となった玉座には「親仏派」と見なされていた福昇がフランス将軍の計らいで収まることになる。同慶帝は温和な性格で争いを好まず、反仏尊王運動には批判的だったという。1886年、清の援助を求める咸宜帝は山岳民族の密告で捕えられた。同慶帝は1889年、26歳で没する。

阮朝越南

成泰帝　タインタイデ

- 生没　1879年〜1954年
- 在位　1889年〜1907年

育徳帝(イクトクテイ)の子。実名は阮福昭(グエンフックチェウ)。反仏思想のために退位させられ、アフリカ沖・アラビア海の孤島に流罪に処される。1945年に帰国し、サイゴンで没。

維新帝　ズイタンデ

- 生没　1900年〜1945年
- 在位　1907年〜1916年

先帝成泰帝(セイタイテイ)の子。実名は阮福晃(グエンフックホアン)。父と共に流罪に処せられるも、1944年のパリ解放に伴いフランスに渡り、自由フランス軍に参加。翌年、飛行機事故で没。

啓定帝　カイディンデ

- 生没　1885年〜1925年
- 在位　1916年〜1925年

同慶帝(ドウケイテイ)の子。実名は阮福晙(グエンフックホアン)。病弱で皇位継承者と見なされなかったが、先帝、先々帝が流刑に処された後、フランスの計らいで即位。自身の立場の中で宮中改革を実行するものの、その結果は振るわず、多くの知識人がフランス当局に逮捕される。1922年に渡仏して西洋建築に感銘を受け、以降は宮中の建造物、さらに自身の陵墓を西洋式で建造させた。これらの業績により、「フランス保護のもと、贅沢を極めた皇帝」として評判は芳しくない。1925年、肺結核により没。

保大帝　バオダイデ

- 生没　1913年〜1997年
- 在位　1925年〜1945年

先帝啓定帝(ケイテイ)の子。実名は阮福永瑞(グエンフックヴィントゥイ)。フランス留学中に父帝が没し、急遽帰国して即位。在位中、日本軍によりフランス勢力が駆逐されたのを受け、1945年3月に「ベトナム帝国」の建国を宣言する。しかし同年8月に日本が降伏し、胡志明(ホー・チ・ミン)による8月革命も相まって退位を余儀なくされた。その後は「ベトナム国元首」「ベトナム共和国大統領」を歴任した後、フランスに亡命。1997年、パリの陸軍病院で没。享年83。フランスに葬られたベトナムのラストエンペラーである。

```
嘉隆帝 ── 明命帝 ── 紹治帝 ─┬─ 嗣徳帝
                              ├────── 育徳帝 ── 成泰帝 ── 維新帝
                              ├─ 建福帝
                              ├─ 咸宜帝
                              └─ 同慶帝 ── 啓定帝 ── 保大帝
```

XII 東南アジア

アンコール朝

802年～1463年

　9世紀頃から15世紀まで、現在のカンボジア地域に、クメール人によって築かれた王朝である。創設者はジャヤヴァルマン2世で、アンコール王朝に先立つチェンラ王朝を再興したという形になっており、チェンラ王朝と血縁関係があるといわれている。アンコール朝の特徴は、王位継承に関して血統よりも実力が重視されており、実子や兄弟が王位を継承しないケースも珍しくはない。

　アンコール王朝の絶頂期はスールヤヴァルマン2世の時代だったが（遺跡として有名なアンコールワット要塞はこの頃作られたものである）、しかし王の死後、後継者争いで王宮内が乱れると、他国からの侵略をうけて、一時滅亡寸前にまで追い詰められるが、ジャヤヴァルマン7世の登場によって、再び勢いを取り戻した。しばらく安定した治世が続いたが、やがて属国から独立したタイのスコータイ王朝や、元などが圧力をかけてくる様になる。外圧によって、じりじりと国力が衰退していったアンコール朝だが、スコータイ王朝を滅ぼしたアユタヤ王朝がさらに強力な侵略をはじめ、最後の王ポニャー・ヤットが、城塞都市アンコール＝トムを放棄し、アンコール王朝は滅んだ。

802年？	ジャヤヴァルマン2世がアンコール朝を設立。
879年	第3代インドラヴァルマン1世、ヒンドゥー教寺院プリヤ・コーを建設。アンコール朝最古の寺院
900年頃	第4代ヤショーヴァルマン1世、首都をアンコールに定める
928年	第7代ジャヤーヴァルマン4世、自身の本拠地であるコーケー地方にて即位を宣言。首都もコーケーに移転
950年頃	第9代ラージェンドラヴァルマン2世が、コーケーからアンコールへ都を戻し、第4代ヤショーヴァルマン1世の未完成だった事業を完成させる
900年代後半	第10代ウダヤーディチャヴァルマン1世が10歳で即位
1010年頃	第10代ウダヤーディチャヴァルマン1世死後、激しい王位継承争いがおこる
1050年頃	第13代スーリヤヴァルマン1世が王位に就くと国内は安定
1110年頃	再び後継者争いが巻き起こり、第18代スーリヤヴァルマン2世が現れるまでは、正確な記録が残らないほど王位争いが激しく行われる
1120年頃	第18代スーリヤヴァルマン2世によってアンコールワットが築かれる。この時期アンコール王朝の支配地域は最大になる
1150年頃	第18代スーリヤヴァルマン2世の拡張政策や寺院建設によって国力は低下し、スーリヤヴァルマン2世の死後、王宮内の権力闘争や反乱、外国からの侵略が度重なりアンコール朝は混乱期を迎える
1166年	第19代ヤショーヴァルマン2世、家臣に刺し殺され王位を奪われる
1177年	第20代トリブヴァナーディティアヴァルマン、ベトナムのチャンパの侵攻に遭い戦死する。アンコール王朝の首都も陥落してしまう
1181年	第19代ヤショーヴァルマン2世の家臣だったジャヤーヴァルマン7世が蜂起して、アンコール王朝の首都を奪還、第22代王に即位
1300年代	ジャヤーヴァルマン7世の没後、アンコール王朝は急激に衰退へと向かう
1398年	アユタヤ王朝をはじめとする周辺諸国の侵略により、アンコールの城壁の一部が陥落
1463年	度重なるアユタヤ王朝の攻撃により都のアンコールが陥落し、王朝が滅亡する

アンコール朝

ジャヤヴァルマン2世

生没 770年?〜850年?
在位 802年〜850年?

　アンコール朝の創設者。780年代の終わりにジャワ民族がクメール地方に侵略した際に捕虜になった王子が祖国に戻り、挙兵してジャワ族を撃退した。この王子がジャヤヴァルマン2王で、アンコール王朝の創始者になったのである。ジャヤヴァルマン2世の没年は不確定で、生きている内に子のジャヤーヴァルマン3世に王位を継承したのか、没してから即位したのかはわかっていない。

ジャヤーヴァルマン3世

生没 ?〜877年
在位 835年?〜877年

　先王ジャヤヴァルマン2世の子。史料によってはジャヤーヴァルマン3王を紹介していない場合もあるが、碑文などには名前が記載されており、実在はしたと思われる。偉大な先王ジャヤヴァルマン2世が獲得した領土を維持しきれなかったとも言われ、この時期アンコール朝は目立った領土拡大の記録はない。象狩りの際、象に襲われて死んだともいわれている。

インドラヴァルマン1世

生没 ?〜889年
在位 877年〜889年

　初代王ジャヤヴァルマン2世の家臣。王家と直接の血縁はない。しかしインドラヴァルマン1世が王に即位してからアンコール朝は再び領土拡大をはじめた。またインドラヴァルマン1王は、侵略以外に内政にも力を入れた。ヒンドゥー教寺院の建設や、大規模な灌漑事業も行い、大貯水池インドラタターカと建設した。寺院プリヤ・コーは現在でも遺跡として現存している。

ヤショーヴァルマン1世

生没 ?〜910年?
在位 889年〜910年

　先王インドラヴァルマン1世の子。ヤショーヴァルマン1世の王位継承には、身内で激しい継承権の戦いがあったといわれている。そのために王宮は破壊され、ヤショーヴァルマン1世は現在のアンコールの場所に都を移し、新都ヤショダラプラを建設した。また「僧房」と呼ばれる施設を国内に配置し、情報の収集や伝達を早め、中央集権体制を強めた。ヤショーヴァルマン1世は910年頃に病気によって死亡したが、死因はハンセン氏病だといわれている。

XII 東南アジア

ハルシャーヴァルマン1世

生没 ?～923年
在位 910年～923年

先王ヤショーヴァルマン1世の子らしい。ハルシャーヴァルマン1世に関しては名前と在位年しか載せていない史料がほとんどで、ハルシャーヴァルマン1世の業績に関しては、何もわかっていないようだ。没年は923年とあり、在位13年足らずという短い期間であるうえ、次王もハルシャーヴァルマン1世の弟が即位しているところをみると、病没による死亡かと思われる。

イシャーナヴァルマン2世

生没 ?～928年
在位 923年～928年

3代ヤショーヴァルマン1世の子で、先王ハルシャーヴァルマン1世の弟らしい。先王ハルシャーヴァルマン1世同様、イシャーナヴァルマン2世に関しても、名前と在位期間以外の業績はわかっていない。何も記録が残っていなかったからといって、平和な時代だったとは限らず、逆に王宮内の権力闘争が激し過ぎて、記録など残せなかった可能性も否定できない。事実、次王のジャヤーヴァルマン4世は、アンコールとは離れたコーケー地方で王位を宣言している。

ジャヤーヴァルマン4世

生没 ?～941年
在位 928年～941年

アンコール王朝内の実力者だと言われている。直接王家とは関係なく、「王権の強奪者」だという研究者が多かったが、近年の研究によれば、ジャヤーヴァルマン4世の妻は、4代ヤショーヴァルマン1世の妹だという説もあり、王家の血統とまったく無関係ではないらしい。
ヤショーヴァルマン1世が統治していたコーケー地方で王への即位を宣言したうえ、都をアンコールからコーケーへ移転させている。

ハルシャーヴァルマン2世

生没 ?～944年
在位 941年～944年

先王ジャヤーヴァルマン4世の子。先王の死によって王位を継いだ。ただハルシャーヴァルマン2世も記録に名前はあるが、王としての業績は何も残さぬまま、3年後に死亡している。このハルシャーヴァルマン2世の死が権力闘争による暗殺なのか、たまたま病気による死亡なのかは、よくわからないが、次王であるラージェンドラヴァルマン2世と血縁関係がないところを考えると、ただの病死ではないかもしれない。

アンコール朝

ラージェンドラヴァルマン2世

生没 ?～968年
在位 944年～968年

　第4代ヤショーヴァルマン1世の甥だと言われる。先王の没によって王に即位した。都を再びアンコールに戻すと同時に、ヤショーヴァルマン1世の未完成だった事業を完成させる。つまり、プレ・ループ寺院や東メボン寺院の建立である。また外征による領土拡大も行い、チャンパに遠征している。968年に死亡した事よって、ラージェンドラヴァルマン2世の息子ジャヤヴァルマン5世が次王に即位するが、息子はまだ10歳の時だった。

ジャヤーヴァルマン5世

生没 958年?～1001年
在位 968年～1001年

　先王ラージェンドラヴァルマン2世の子。先王が没したとき、ジャヤーヴァルマン5世はわずか10歳だったと言われている。幼くして王位を継いだジャヤーヴァルマン5世だったが、先王時代から王家を支えていたヤジュニャヴァラーハという人物が摂政として国を運営した。
　ジャヤーヴァルマン5世の統治時代に戦争の記録はなく、内政外政ともに平和な時代であったらしい。
　寺院建築に熱心だったが、タ・ケウ寺院建築中に没した。

ウダヤーディチャヴァルマン1世

生没 ?～1002年
在位 1001年～1002年

　先王ジャヤーヴァルマン5世の王妃の兄。即位後、わずか1年で没している。死因も不明で謎の多い王である。

ジャヤヴィラヴァルマン

生没 ?～1010年
在位 1002年～1010年

　系譜は不明。先王没後アンコールを占拠して王位を名乗った。次王スーリヤヴァルマン1世と王位を争い敗れて死亡。

スーリヤヴァルマン1世

生没 ?～1050年
在位 1011年～1050年

　系譜は不明。先王ジャヤヴィラヴァルマンと王位を争って戦い、1011年にジャヤヴィラヴァルマン王が占拠していたアンコールを奪還して、王位についた。即位後はアンコール城内の整備に取り組み、護国寺院のピミヤナカス、貯水・灌漑施設である西バライなどを建設すると共に高い城壁で城を守った。外征も行い領土を拡大させ、現在のタイ王国のロップリー地方にまでその支配を広げた。

ウダヤーディチャヴァルマン2世

- 生没 ?～1066年
- 在位 1050年～1066年

　先王スーリヤヴァルマン1世の子だと言われているが異説もあり、出自は確定していない。各地方で反乱が相次ぎ、その鎮圧に頭を悩ませたともいわれている。

ハルシャーヴァルマン3世

- 生没 ?～1080年?
- 在位 1066年～1080年

　先王ウダヤーディチャヴァルマン2世の兄弟（おそらく弟）。記録がほとんどなく、ジャヤーヴァルマン6世の即位により、都アンコールから逃亡したともいわれる。

ジャヤーヴァルマン6世

- 生没 ?～1107年
- 在位 1080年～1107年

　東北タイ地方のマヒーダラプラ王家の子孫。アンコールの碑文には治世の記録はなく、本拠地である東北タイ地方だけを統治していたかもしれない。

ダーラニンドラヴァルマン1世

- 生没 ?～1113年
- 在位 1107年～1113年

　先王ジャヤーヴァルマン6世の兄。弟王の死によって即位した。アンコールの碑文に記録はないので、本拠地で統治を行っていたと考えられている。

スーリヤヴァルマン2世

- 生没 ?～1145年/1150年
- 在位 1113年～1145年/1150?年

　先王ダーラニンドラヴァルマン1世の甥。スーリヤヴァルマン2世は、アンコールにおいて統治をしただけではなく、後世に残る護国寺アンコールワットを30年かけて建設した。スーリヤヴァルマン2世の統治時代は、内外での戦乱が多かったが、領土は最も拡張され、アンコール王朝の絶頂期ともいわれている。しかし寺院建設や重なる戦争によって、国力は逆に疲弊してしまい、王の死後、再び始まった後継者争いと外国から侵略によって混乱を極める。

ダーラニンドラヴァルマン2世

- 生没 不詳
- 在位 1150年?～1160年?

　先王スーリヤヴァルマン2世の従兄弟だといわれている。多くの寺院の建設にかかわり、深く仏教に帰依した人物として実在は確認されている。しかし王位に就いていたかどうかは不明で、ダーラニンドラヴァルマン2世が王として即位したという記録は、アンコールの碑文からはまだ発見されていない。ただ、確かに実在した人物のようなので、研究者の間では18代スーリヤヴァルマン2世と19代王ヤショーヴァルマン2世の間に入るのではないかと言う説が有力である。

アンコール朝

ヤショーヴァルマン2世

- 生没 ?～1166年
- 在位 1160年～1166年

系譜や出自、即位の経緯についてはよくわからない。信頼する家臣トリブヴァナーディティアヴァルマンに殺害され、王位を奪われた。

トリブヴァナーディティアヴァルマン

- 生没 ?～1177年
- 在位 1166年～1177年

先王ヤショーヴァルマン2世の家臣。先王を殺して王位を奪う。弱体化したアンコール朝にベトナム南部のチャンパ王国が攻め込み、王も戦いの中で戦死した。

ジャヤーヴァルマン7世

- 生没 1125年～1218年／1220年
- 在位 1181年～1218年／1220年

20代ダーラニンドラヴァルマン2世の子と言われている（ただしダーラニンドラヴァルマン2世が王位に就いていたかも不明）。ヒンドゥー教が主な宗教だったアンコール王朝において、ジャヤーヴァルマン7世は初の仏教徒だった。

先々王ヤショーヴァルマン2世に仕えていたが、遠征中にヤショーヴァルマン2世が暗殺された事を知るとそのまま潜伏した。やがてベトナムのチャンパ王国の侵攻によって都は陥落し、先王も戦死してしまう。ジャヤーヴァルマン7世はチャンパ王国に対する抵抗を始めて次々と勝利を収め、都を解放。同時に王位に就き、今度は撤退したチャンパ王国に攻め込み、支配下においてしまった。

内政的にはチャンパ王国によって荒らされた都の復興を目的にした寺院建設や、領土内の道路整備などを盛んに行った。そうした業績を評価する研究者もいれば、遠征による兵役や、寺院建設などの浪費で、せっかく復活した王国の国力をすぐに衰退させてしまったと批判的にみる研究者もいる。

インドラヴァルマン2世

- 生没 ?～1243年
- 在位 1218年?～1243年

系譜は不明。一説には先王ジャヤーヴァルマン7世の息子であるシュリーンドラクマーラと同一人物だと言われているが、確認されたわけではない。関連する史料は少なく、現在発見されている碑文の中でも、インドラヴァルマン2世に関しての記載は1点だけである。在位も先王ジャヤーヴァルマン7世の退位（＝没）の年数がはっきりしていないので、当然インドラヴァルマン2世の在位も不確定になっており、確かなのは没年くらいである。

ジャヤーヴァルマン8世

- 生没 ?～1295年
- 在位 1243年～1295年

　系譜は不明。ジャヤーヴァルマン8世と名乗っていても、21代ジャヤーヴァルマン7世とは、直接血縁関係にないといわれている。広大な領土を誇っていたアンコール王朝は、中央ではまだ平和だった。しかし、この頃から地方の小王国の離反が始まり、元など外国からの圧力も増してきていた。そうしたなか、熱心なヒンドゥー教徒だったジャヤーヴァルマン8世は、ジャヤーヴァルマン7世時代から築かれた仏像を数多く破壊するなど、廃仏運動に邁進した。

インドラヴァルマン3世

- 生没 不詳
- 在位 1295年～1308年

　先王ジャヤーヴァルマン8世の義理の子。先王ジャヤーヴァルマン8世を殺して王に即位したといわれている。先王は熱心なヒンドゥー教徒で大々的な廃仏引導を行ったが、インドラヴァルマン3世は仏教徒だった。インドラヴァルマン3世が先王を殺した動機はそのあたりかもしれない。インドラヴァルマン3世に関する業績も史料が少なく、あまり残っていない。

インドラジャヤーヴァルマン

- 生没 不詳
- 在位 1307年～1327年

　先王インドラヴァルマン3世の娘婿だと言われている。別名を「シュリードラジャヤヴァルマン」ともいう。インドラジャヤーヴァルマン王に関する史料も少なく、生年はおろか、没年もよくわからない。インドラジャヤーヴァルマンに関する情報は、アンコールの碑文が4つと、中国の歴史書に僅かな記載があるだけである。

ジャヤーヴァルマバラメーシュヴァラ

- 生没 不詳
- 在位 1327年～1353年

　系譜は不明。生年没年もよくわかっていない。また史料によっては「ジャヤヴァルマン9世」とも記載されている。アンコール朝の遺跡に残された碑文の中に記された最後の王になる。以降の王に「守護者」を意味する「ヴァルマン」の称号は付かなくなった。この頃には国王だけではなく国民の間にも広く仏教が浸透し始めていたらしい。

アンコール朝

ポニャー・ヤット

生没 1393年～1463年
在位 1431年～1463年

系譜は不明。アンコール朝最後の王。ポニャー・ヤット王が即位した頃には、外国からの度重なる侵略によって、アンコール朝はもはや崩壊寸前だった。そしてアユタヤ王朝によって、アンコール＝トムの要塞が陥落し、ポニャー・ヤット王をはじめとするクメール族たちはアンコールを捨てた。

その後クメール人の小国は細々と続いていくが、もはやアンコール朝ではなく「カンボジア」を名乗るようになり、アンコール王朝は滅亡した。

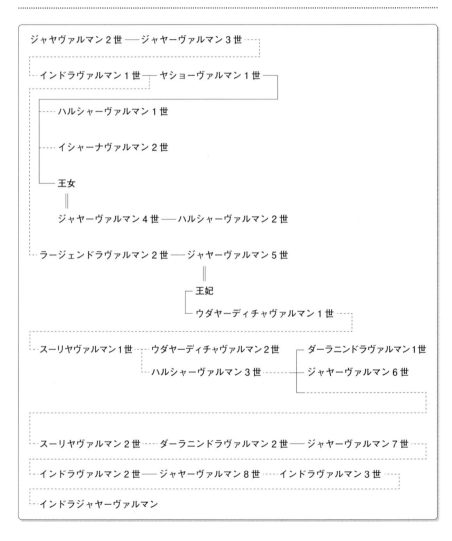

スコータイ朝
1238年～1406年

タイ族の興した最初の独立王朝。中国の史誌には「暹」と記されている。タイ族はもともと中国の四川地方や雲南地方に住んでいたが、モンゴルの南下によってインドシナ半島に移住したと言われている。その頃はクメール人のアンコール朝に従属していたが、アンコール朝が衰え始めると反乱を起こしてクメール人を追い出し、主要都市であったスコータイに王朝を作り独立した。スコータイ朝は勢力を拡大し、最盛期は現在のタイの面積とほぼ同じ地域を支配したと言われている。文化的には仏教国家としてセイロンやミャンマー、あるいはクメール様式の寺院を築いた。また第3代ラームカムヘーン王の時代には、クメール文字を元にしてタイ文字を作った。しかし第4代ルータイの頃から属国の離反が始まり、同時期に台頭してきたアユタヤ朝に圧迫され、その領土は現代のタイ北部にあるピッサヌローク地方を治めるだけの小国になった。さらに第9代マハータマラーチャー4世の死後、跡継ぎが途絶えたため、親戚筋のアユタヤ朝のラーメースワン王子が後を継ぐことになり、結果的にアユタヤ朝に吸収されて滅亡した。

7世紀頃	東南アジアに住んでいたタイ民族が「バーン」と呼ばれる小部落で暮らし始める
7世紀～12世紀頃	バーンがいくつか統合され「ムアン」という地方国家が形成される
12世紀頃	モンゴルの拡大によりタイ族は南下、クメール人のアンコール朝に属す
13世紀頃	アンコール朝のジャヤーヴァルマン7世が死に、東南アジアにおけるクメール人の支配が衰えはじめる
13世紀頃	ムアンの一領主だったポークン・パームアンとポークン・バーンクラーンハーオが共同でクメール人に反乱を起こす
1220年?	東南アジアにおけるアンコール王朝の主要都市であったスコータイにスコータイ朝を築く
14世紀始め	ラオスからマレー半島に及ぶ現在のタイと同程度の地域にまで勢力を拡大
14世紀始め	元へ朝貢し、交易が盛んになる
14世紀始め	スリランカより上座部仏教が伝来。寺院仏閣の建設が行われる
14世紀始め	クメール文字を改良してタイ文字を作り上げる
14世紀	南方にアユタヤ朝が興り、徐々に版図が失われる
1362年	新興王国に対抗するため、都をピッサヌロークに遷都
1378年?	アユタヤ朝の属国となり、国土を南北に分割される
1438年	スコータイ王家の直系が途絶し、姻戚にあたるアユタヤ王朝のボーロマトライローカナートが王位を継いだ事で、完全にアユタヤ王朝に吸収されて、スコータイ朝は滅亡する

スコータイ朝

シーインタラーティット

生没 不詳
在位 1220年～1238年?

スコータイ朝の初代王。タイ族王国の最初の王とされるが、もともとアンコール王朝の領主で、その頃はポークン・バーンクラーンハーオと名乗っていた。同じ領主だったポークン・パームアンと共同してクメール人を追い出して独立王朝を築いた。ポークン・バーンクラーンハーオは王となってシーインタラーティットを名乗り、ポークン・パームアンは摂政になったされているが、シーインタラーティットとポークン・パームアン同一人物だという説もある。

バーンムアン

生没 不詳
在位 1238年?～1279年

先王シー・インタラーティットの次男。バーンムアンについての詳しい記録はなく、生没年はおろか正式に王位を継承した時の年齢も不明である。バーンムアンに関して描かれているのは、タイ文字で書かれた「ラームカムヘーン大王碑文」に、当時まだ王子だった弟のラームカムヘーンがバーンムアン王を看病している姿だけである。

ラームカムヘーン

生没 1239年?～1299年?/1327年?
在位 1279年頃～1299年頃

先々王シー・インタラーティットの三男。スコータイ朝の版図を拡大させたことをはじめ、多くの偉業を残しており、現代でも「タイ三大王」の一人に数えられている。王子時代、象に跨り敵の王と一騎打ちをして勝利したことから、父のインタラーティット王から「ラーマ(インドの抒情詩に登場する戦士)のような強者」という意味をもつラームカムヘーンの名を与えられた。兄のバーンムアンが王に在位中は、副王の地位であったが、兄の没後王位につく。

ラームカムヘーンは領土を広げただけではなく内政にも手腕を発揮し、国民は自由に商売ができ、その財産は子が相続できるなど、国民生活の活力を活発にする善政を行っている。司法に関しても犯罪被害者が直接国王に直訴できるシステムを考案し、この制度はスコータイ朝滅亡後もアユタヤ朝などに引き継がれていった。また文化の発展にも寄与し、クメール文字を元に独自のタイ文字を作り上げたり、スリランカから伝わった上座部仏教の布教を許したりしている。

プーサイソンクラーム

生没 不詳
在位 ──（1300年～1323年代行）

　先王ラームカムヘーンの子。本来、ラームカムヘーン死後、王位につくのは同じくラームカムヘーンの子であるルータイであったが、ラームカムヘーンが死んだとき、ルータイは中国に出かけていた。そこでルータイが戻るまで、王朝の主権者として政務をとり行ったのがプーサイソンクラームだった。そのため、正式にスコータイ朝の王位についていない。

ルータイ

生没 不詳
在位 1298年/1323年～1341年

　先王ラームカムヘーンの子。先王が死んだ後、ミャンマーの王族がスコータイ朝への服従をやめたため、ルータイは派兵して屈服させようとしたが失敗する。これを機会にスコータイ朝の権力に陰りが見え始め、タイ南部のムアンナコーンシータンマラート地方の王や、ナコーンサワン、ターク、カンペーンペットなどラオス地域の王族が、王朝への服従をやめ独立した。

グワナムトゥム

生没 不詳
在位 1341年～1347年

　先々王ラームカムヘーンの子で、先王ルータイの末弟にあたる。後年に残るような業績は残されていないが、強いてあげれば次王となる甥のリタイをシー・サッチャナライ地方の王に任命したことである。この時代、ラームカムヘーン死後から続く周辺国の離反は止まらず、スコータイ朝の勢力は一地方の小国レベルにまで落ちていた。

リタイ

生没 ?～1368年/1374年
在位 1347年～1368年/1374年

　先々王ルータイの長男。弟と王位を争ったが勝利して即位する。ルータイの時代になって王朝の勢力は一時的に持ち直し、離反した属領地の一部を回復する。また新興国家として勢力を伸ばしつつあったアユタヤ朝、ラーンサーン王朝に対抗するために首都をピッサヌロークに移した。リタイは仏教に帰依しており、「マハータンマラーチャー（正法王）」を自称し、一時的に出家するなどして、仏教を広く普及させた。

スコータイ朝

サイルータイ

生没 不詳
在位 1368年〜1399年

先王リタイの子。先王に倣って「マハータンマラーチャー2世」を自称し、以降この称号はスコータイ王に引き継がれていく。1378年、アユタヤ王国のボーロマラーチャー1世がスコータイに侵攻して敗北。スコータイはカンペーンペットとピサヌロークに二分されてしまう。サイルータイはピサヌロークの王になったが、アユタヤ朝のアユタヤ朝の属国となってしまった。

マハータンマラーチャー3世

生没 不詳
在位 1399年?〜1419年

系譜は不明。実名も「サイルータイ」と記載されることがあるが、マハータンマラーチャー2世を自称していたサイルータイとは別人だと思われる。先王に続き、ピサヌローク地方の統治をしたが、1400年にアユタヤからナコーンサワン地方を奪還する。しかし2年後の1402年に、再びアユタヤ朝に服属することになった。仏教の普及にも熱心で王直属の僧団を組織した。

マハータンマラーチャー4世

生没 不詳
在位 1419年〜1438年

先王マハータンマラーチャー3世の長男。王子時代の名前はラヤー・バーンムアンで先王の死後、弟のプラヤー・ラームと王位を争った。アユタヤ朝の調停によりラヤー・バーンムアンが王位を継ぎ、マハータンマラーチャー4世を称するようになる。しかしマハータンマラーチャー4世には後継者が生まれず世を去った。王の死後はサイルータイ王の血を引くアユタヤ朝のラーメースワン王子が跡を継ぐことになり、スコータイ朝はアユタヤ朝に吸収される形で滅んだ。

```
シーインタラーティット ── バーンムアン
                └── ラームカムヘーン ── プーサイソンクラーム
                                └── ルータイ ── リタイ ── サイルータイ
                                └── グワナムトゥム
        ┄┄ マハータンマラーチャー3世 ── マハータンマラーチャー4世
```

アユタヤ朝

1351-1767年

　現在のタイの中部アユタヤ地方を中心にして栄えたタイ民族の王朝。初代王はラーマーティボーディー1世だが、その後隣国に征服されたり、家臣が王位を簒奪したりして、五つの王家があった。アユタヤ王朝の創設者であるラーマーティボーディー1世は、王朝創設前はウートーンといったが、その出自は諸説あって定かではない。建国後は米や象牙、あるいは香辛料などを輸出することによって勢力を拡大し、ラームカムヘーン王の没後衰退し始めたスコータイ王国を属国にしたり、アンコール王朝へと侵攻したりして、その版図を広げていった。アユタヤ王朝の絶頂期は東南アジア最大の国家となり、中国のみならずヨーロッパの国々とも交易をしていたが、16世紀になるとミャンマーで興ったトゥングー王朝からの侵攻を受け、一時属国になってしまった。ミャンマーの支配は15年間続いたが独立を回復し、逆にミャンマーへ侵攻した。18世紀にはいるとヨーロッパ諸国の侵略外交に危機感を持ったペートラーチャー王は鎖国政策をとる。そして再びミャンマーで興ったコンバウン王朝から侵略をうけた。この侵攻でアユタヤの都市は完全に破壊され、アユタヤ王朝は滅亡したのである。

14世紀頃	スコータイ王朝下で、現タイ中部ムアンスパンブリー地方の統治を任されていたウートーン王が、アユタヤ地方に新しく都を作る
1378年	第3代ボーロマラーチャーティラート1世が、スコータイ王朝を攻め、属国にする
1431年	第7代ボーロマラーチャーティラート2世がアンコール朝へ侵攻を開始する
1432年	アンコール朝を滅ぼす。アユタヤ王朝の人口はアンコール朝の領土に広がるほど多くはなく、後にアンコールワットの遺跡として再発見されるまで、クメールの遺跡は密林に埋もれる
1438年	スコータイ王朝を完全に併合する
1400年代末頃	ポルトガルとの交易が始まる
1488年	前期アユタヤ王朝時代終焉（ロップリー王家とスパンブリー王家）
1568年	ミャンマーのほぼ全域を統一したタウングー王朝が、侵入侵攻を開始する
1569年	アユタヤ王朝の都は陥落。第19代国王マヒンタラーティラートはミャンマーへ護送される途中に病死（暗殺説あり）。これによりアユタヤ王朝はミャンマーの属国になる
1574年	まだ王位に就く前のナレースワン（サンペット2世）が、アユタヤ王朝の独立を宣言する。討伐に乗り出したミャンマー軍を次々と破り、アユタヤ王朝の失地を回復
1600年代	交易によってアユタヤ王朝は繁栄するが、同時にオランダやフランスといったヨーロッパ諸国との摩擦をひきおこす。特にフランスの戦略的外交に警戒感を持ち、最終的に鎖国政策をとる
1629年	中期アユタヤ王朝時代（スパンブリー王家とスコータイ王家）
1700年代前半	王家の跡目争いが激しくなり、アユタヤ王朝の勢力は次第に衰えていく
1766年	ミャンマーのコンバウン王朝のシンビューシンがアユタヤへの侵攻を開始して都を包囲する
1767年	都を包囲していたミャンマー軍が突入し、アユタヤは陥落。都市は完全に破壊され、最後の王ボーロマラーチャー3世もミャンマー軍に捕らえられてしまったことで、アユタヤ王朝は滅亡（プラサートトーン王家とバーン・プルールワン王家）

アユタヤ朝

ラーマーティボーディー1世

生没 1314年?～1369年
在位 1351年～1369年

　アユタヤ王朝の初代王。王になる前はウートーンといい、スコータイ王朝の下でムアンスパンブリー地方の領主だったとされているが、統治していた地域に関しては異説もある。1349年、治めていた地域から都をアユタヤ地方に移し、翌年ラーマーティボーディーと名乗って独立を宣言した。中国・インド・ペルシャなどとの交易で力を蓄え、当時スコータイ王朝の領土だったマレー半島を占領するなど、アユタヤ王朝の基礎を築いた。

ラーメースワン

生没 1339年～1395年
在位 1369年～1370年、1388年～1395年

　先王ラーマーティボーディー1世の子。アンコール朝への遠征をしたが単独では失敗し、スパンブリー家の王であったパグワ（ボーロマラーチャーティラート1世）の加勢でようやく成功した。これによってラーメースワンの権力は失墜し、クーデターを起こしたパグワによって王位を追われ、再びロップリー王になる。しかしパグワの死後、すぐにクーデターを起こして4代国王トーンランを追放し、自ら王位に返り咲いた。

ボーロマラーチャーティラート1世

生没 ?～1388年
在位 1370年～1388年

　初代王ラーマーティボーディー1世の王妃の兄（弟説あり）。一般的にはパグワ王と呼ばれる。パグワ王は、先王ラーメースワンの出身であるロップリー家と、対立関係にあったスパンブリー家の出身になる。ラーメースワンが単独でのアンコール朝侵攻に失敗して、パグワ王が援軍を出したことで、ようやくアンコール朝攻略に成功した。この事がきっかけで王宮内でのパグワ王の信頼が高まり、それに乗じてクーデターを起こして第3代国王になった。

トーンチャン

生没 ?～1388年?
在位 1388年～1388年

　先王ボーロマラーチャーティラート1世の子。別名はトーンロン王ともトーンラン王ともいう。先王パグワ王の没によって王位を継いだが、その直後、第2代国王だったラーメースワンが、ロップリーからアユタヤに戻ってクーデターを起こした。トーンチャン国王の在位は、わずか7日間だった。その後は王位に戻ったラーメースワンに殺されたとも、出家したとも言われている。

XII 東南アジア

ラーマラーチャーティラート

- 生没 不詳
- 在位 1395年〜1409年

　先王ラーメースワンの子。父ラーメースワンの死によって、王位についた。特に功績がないだけでなく、1400年、スコータイ王朝のマハータンマラーチャ3世にナコーンサワン地方を奪還されてしまう。そして家臣だったチャオプラヤー・マハーセーナーボーディーにクーデターを起こされて、強制的に出家させられてしまい、ロッブリー家直系の血統はこのラーマラーチャーティラートで途切れることになる。

インタラーチャー1世

- 生没 ？〜1424年
- 在位 1409年〜1424年

　第3代ボーロマラーチャーティラート1世の子。第4代トーンチャンの弟で、ナコーンイン親王とも呼ばれる。クーデターを起こして先王を追い出したチャオプラヤー・マハーセーナーボーディーに推されて第6代王座についた。インタラーチャー1世はその功を称え、チャオプラヤー・マハーセーナーボーディーの身分を上げると共に、多額の財産を与えたという。北の新興国家の進出をけん制するため、すでに支配下にあったスコータイ王朝の家督争いを調停したりもした。

ボーロマラーチャーティラート2世

- 生没 ？〜1448年
- 在位 1424年〜1448年

　先王インタラーチャー1世の三男。別名サームプラヤー王と呼ばれている。先王が没した際、兄であるアイプラヤーとイープラヤーの3人で王位をかけて象に乗って戦ったが、二人の兄が相討ちになったため、ボーロマラーチャーティラート2世が王位に就いた。アンコール朝の要塞アンコール・トムを攻略し、アンコール朝の官吏を捕虜として連れ帰ったことで、以後アユタヤ朝はクメール文化の影響を受ける事になる。

ボーロマトライローカナート

- 生没 1431年〜1488年
- 在位 1448年〜1488年

　先王ボーロマラーチャーティラート2世の子。母親はスコータイ王朝の第8代サイルータイの王女で、アユタヤ王になる前、一時的に後継者の途絶えたスコータイ王にもなっている（ただし、正式にスコータイ王朝の王として数えられていない）。先王が没したことによって正式にアユタヤ王になる。在位40年はアユタヤ朝の王では最長となり、これ以降のタイ王朝の基本体制となる封建制に似たサックディナー制度を完成させた。

アユタヤ朝

インタララーチャー2世

生没 ?〜1491年
在位 1488年〜1491年

　先王ボーロマトライローカナートの子。父王の時代には親王として国政を支え、防衛上の理由から都をアユタヤからピサヌロークに遷都した際、ボーロマラーチャー3世の称号とともにアユタヤの国主に任ぜられた。父王存命中は、アユタヤにおいて北部からの侵略を阻む役割を果たしていたが、父王が没すると正式に王位を継ぎ、インタララーチャー2世と名乗って、都もアユタヤに戻した。

ラーマーティボーディー2世

生没 1472年〜1529年
在位 1491年〜1529年

　第9代ボーロマトライローカナートの子で、先王インタララーチャー2世の弟。兄王が天然痘に罹り、即位後3年で没してしまったため、王位につく。在位中、ヨーロッパ諸国のアジア進出が始まり、ポルトガル人が当時タイ領土であったマラッカを占領してしまうが、ラーマーティボーディー2世はポルトガル人の主権を認める。以後、ポルトガル人が頻繁にタイへ現れるようになった。

ボーロマラーチャーティラート4世

生没 ?〜1533年
在位 1529年〜1533年

　先王ラーマーティボーディー2世の子。実名ボーロマラーチャーマハープッタンクーン。父であるラーマーティボーディー2世の死によって、その跡を継いだが、わずか4年後に天然痘に罹って死亡した。天然痘で死亡する王はアユタヤ王朝で二人目となるが、以降しばらくは王位を争って、暗殺やクーデターが次々と起こり、王位は目まぐるしく変わっていく。

ラッサダーティラートクマーン

生没 1528年〜1534年
在位 1533年〜1534年

　先王ボーロマラーチャーティラート4世の子。父王が即位後わずか4年で死亡してしまったため、ラッサダーティラートクマーンが王位を継ぐ。このとき、王はまだ6歳だった（4歳説もある）。幼いラッサダーティラートクマーンには、強力な後ろ盾がいたわけでもなく、たちまちクーデターが起こり、即位後たった5か月で殺害されたとされている。

XII 東南アジア

チャイヤラーチャーティラート

[生没] ?～1547年
[在位] 1534年～1547年

　第11代王ラーマーティボーディー2世の子。ピサヌローク地方の国主を務めていたが、幼い先王ラッサダーティラートクマーンを実力で廃し王位についた。ポルトガル人の鉄砲傭兵部隊を雇い、ミャンマーに寝返ったチェンマイやランバーンなどを討伐したと言われている。チャイヤラーチャーティラートの最期は、小姓と不義密通をしていた王妃スダーチャンによって毒殺されたとされている。

ヨートファー

[生没] 1536年～1548年
[在位] 1547年～1548年

　先王チャイヤラーチャーティラートの子。11歳で即位し、先王の王妃スダーチャンが摂政となる。スダーチャンを排除しようとしたが、逆に処刑されてしまった。

シーシン

[生没] 不詳
[在位] 1548年～1548年

　先々王チャイヤラーチャーティラートの子。兄ヨートファーが処刑され、わずか7歳で即位したが、2、3週間で王座を追われた。

ウォーラウォンサーティラート

[生没] ?～1548年
[在位] 1548年～1548年

　第14代チャイラーチャーの王妃スダーチャンの情夫。出自はクメール人だと言われ、本名はブンシー（パン・ブットラシーテープなど別名あり）。チャイラーチャーの時代から王妃スダーチャンと不倫関係になり、スダーチャンの親戚と偽って要職につく。さらにスダーチャンを操りチャイラーチャー王を毒殺したり、ヨートファーを処刑したりした末、自らが王位につく。しかし宮廷の高官たちは正体に気づき、即位から42日後、暗殺された。

チャクラパット

[生没] 1512年～1569年
[在位] 1548年～1569年

　14代王チャイヤラーチャーティラートの子。第15代ヨートファーや第16代シーシンとは異母兄弟にあたる。出家して僧籍あったが、先王ウォーラウォンサーティラートの暗殺後、招かれて王位につく。王朝の混乱につけ込んでミャンマーのタウングー朝などが攻め込んできたが、辛くもそれらの侵攻を退けている。しかし即位15年目に、再びミャンマーから大規模な侵略があり、多数の人質をとられた上に、ミャンマーの属国になってしまう。

アユタヤ朝

マヒンタラーティラート

生没 ?〜1569年
在位 1569年〜1569年

　先王チャクラパットの第2子。父王の病没後、王位につく。すでにアユタヤ王朝はミャンマーの属国になっていたが、マヒンタラーティラートが即位した年に、再びミャンマーによる大規模な侵攻を受けてしまう。この侵攻によって都アユタヤは陥落し、マヒンタラーティラートは捕らえられ、ミャンマーに護送中に病死した（暗殺説もある）。これまで続いていた王家の血統も途絶え、前期アユタヤ王朝の終わりとされている。

サンペット1世

生没 不詳
在位 1569年〜1590年

　先々王チャクラパットの娘と結婚したが、サンペット1世自身はスコータイ王朝の末裔だといわれている。第17代ウォーラウォンサーティラートを暗殺し、チャクラパットを王位につけた功績が認められ、チャクラパットの王女を妻とする。ミャンマーによって前期アユタヤ王朝が滅んだ時、サンペット1世は宮廷内の支持が高かったため、ミャンマーの傀儡政権としてアユタヤの国主に任じられた。

サンペット2世

生没 1555年〜1605年
在位 1590年〜1605年

　先王サンペット1世の子。タイの三大王の一人で、ナレースワン大王と呼ばれる。第18代チャクラパットの時代、ミャンマーの侵攻を受け、人質としてミャンマーに連行された。前期アユタヤ王朝が完全に滅ばされると、サンペット2世の父サンペット1世が傀儡としてアユタヤ国主なるが、サンペット1世は国主に任命された時に、娘をミャンマー王へ嫁がせ、その代わりとしてサンペット2世を帰国させることに成功する。サンペット2世は再びタイの独立を勝取るため、密かにタイ兵士に独特な武術を鍛錬させたが、これがタイの国技となるムエタイの原型だといわれている。

　1574年、準備は整ったと決意し、サンペット2世はアユタヤ朝の独立を宣言した。自らが率いたアユタヤ軍は、討伐に現れたミャンマー軍を次々と返り討ちにして、サンペット2世が正式にアユタヤ王へ即位する前に、失った領土の大半を奪還。王位を引継ぎ、アユタヤ王となった後も、度々侵略してくるミャンマーと積極的に戦い、すべての戦いに勝利したといわれている。1604年ミャンマーのシャム族を保護する為、自ら兵を率いて北上したが、陣中で病没した。

サンペット3世

- 生没 1556年～1610年
- 在位 1605年～1610年

　第20代サンペット1世の子で、ナレースワン大王ことサンペット2世の弟。エーカートッサロット王とも呼ばれる。即位前はサンペット2世を補佐してミャンマーと戦っていたが、先王の病死によって王に即位してからは、ミャンマーとの戦いを避けて税制を整備し、寺院を建造するなど内政に力を入れた。またオランダに接触してタイ史上初めて西洋へ使節団を送ったり、イギリスとの交易を開始したりするなど、外交面の功績も多い。

サンペット4世

- 生没 ?～1611年
- 在位 1610年～1611年

　先王サンペット3世の子。シーサオワパークとも呼ばれる。彼にはスタットという兄がいたが毒を飲んで自殺したので、先王サンペット3世が没した後は、サンペット4世が王に即位した。しかし即位の1年2か月後、先王サンペット3世の子で出家していたシーシン（後のボーロマラーチャー1世）が突如還俗して王宮を襲い、サンペット4世は捕らえられて処刑された。

ボーロマラーチャー1世

- 生没 1590年～1628年
- 在位 1611年～1628年

　第22代サンペット3世の子。先王を処刑して即位した。実名をボーロマトライローカナートソンタムといい、ソンタム王とも呼ばれる。ミャンマーとの戦争が度々おこったが、雇っていたオランダ人傭兵部隊が、ミャンマー側についたオランダ人傭兵との同士討ちを嫌ったため使い物にならなかった。この頃、日本では戦国時代が終わりをつげ、戦にあぶれた者たちがアユタヤに渡ってきて日本人町を形成した。日本人傭兵はよく働き、王の信頼を得ていた。

ボーロマラーチャー2世

- 生没 不詳
- 在位 1628年～1629年

　先王ボーロマラーチャー1世の子。即位に貢献した廷臣シーウォーラウォン（後のサンペット5世）の逆心を知って兵を差し向けようとし、逆に殺されてしまった。

アーティッタヤウォン

- 生没 ?～1637年?
- 在位 1629年～1629年

　先王ボーロマラーチャー2世の弟。幼かったため、即位後37日にして廃位された。1637年、100名ほどで王座の奪還を試みて失敗し、処刑された。

アユタヤ朝

サンペット5世

生没 ?〜1656年
在位 1629年〜1656年

第24代ボーロマラーチャー1世の従兄弟。実名はプラーサートトーン。ボーロマラーチャー1世の母の兄の子とされているが、第22代サンペット3世の隠し子という説もある。幼い頃からボーロマラーチャー1世に仕え、先々王ボーロマラーチャー2世や、先王アーティッタヤウォンを王座につけたが、王宮内での王の評判は悪く、王宮内の廷臣から請われる形で王に即位した。内政的には、大臣の権力分散を図ったり、大蔵省を設置して改革をおこなったりしている。

サンペット6世

生没 ?〜1656年
在位 1656年〜1656年

先王サンペット5世の子。実名はチャオファー・チャイ。王位に就いたわずか2日後、異母兄弟のラーマーティボーディー3世(後の第30代王)に殺された。

サンペット7世

生没 ?〜1656年
在位 1656年〜1656年

先々王サンペット5世の弟。実名はシースタンマラーチャー。先王サンペット6世をラーマーティボーディー3世とともに殺して即位、仲違いして殺された。

ラーマーティボーディー3世

生没 1628年〜1688年
在位 1658年〜1688年

第25代サンペット5世の子。実名はナーラーイ・マハーエーカートッサロット・ラートで、一般的にはナーラーイ王と呼ばれる。異母兄弟だった28代王サンペット6世が王位につくことを嫌い、叔父のサンペット7世とともにサンペット6世を殺し、叔父を王位につけた。しかし1年もしない間に先王とは仲違いし、今度は叔父であるサンペット7世を殺して、自分が王位についた。

モン族の保護をきっかけに長年の宿敵ミャンマーと激しく戦い、一時はミャンマー本国にまで攻め込んだ。兵糧が尽きて撤退。外交ではイギリスやフランスとの交易を行い、また自らもアジア諸国との貿易を進めた。親フランスであり、何度もフランスに使節団を送っている反面、オランダは信用していなかった。

文化面でも古代文学の基礎が作られた時代であり、王自身は天文学に興味を持ち、日食や月食の観測を行った。「アユタヤ王朝の黄金期」といわれるこの時代を治めたラーマーティボーディー3世は、タイの三大王には入っていないが、「大王(マハーラート)」の称号で呼ばれる。

ペートラーチャー

生没 ?～1703年
在位 1688年～1703年

　スパンブリー地方のバーン・プルールワン村出身。母親が先王ラーマーティボーディー3世の乳母だったことから王に仕え、象隊長にまで出世した。先王が晩年、病に伏した時、王宮内に深く入り込んでいたフランスをはじめとする外国人勢力を排除し、自らが王位につく。しかしペートラーチャーはアユタヤ王家の血を引いていないことから、王宮内の反発も多く、在任中は反逆勢力の討伐に明け暮れた。

サンペット8世

生没 ?～1709年?
在位 1703年～1709年

　先王ペートラーチャーの子。実名はスリエーンタラーティボーディー。先王の子とされているが、母（先王の妃）は、先々王ラーマーティボーディー3世がチェンマイ遠征の際に略奪してきたチェンマイ王の姫で、一時的にラーマーティボーディー3世自身が妻にしていた。そして先王ペートラーチャー王の王妃になったことから、ペートラーチャーの子ではなく、本当の父親はラーマーティボーディー3世だという説もある。気性の荒い王で、スア王（虎王）とも呼ばれた。

サンペット9世

生没 ?～1733年?
在位 1709年～1733年

　先王サンペット8世の子。実名はプーミンタラーチャー。先王と同様に釣りが好きで、いつでも釣りができる池端宮に好んで住んだので、「池端王（ターイサ王）」と呼ばれていた。アユタヤ朝では、長く鎖国政策をとっていたが、イギリス東インド会社との交易を開始。中国との交易も盛んになり、米の輸出が盛んに行われた。また独立を保っていたクメール朝をベトナムの黎朝と組み、保護という名目で実質的な支配下に組み込んでいる。

ボーロマラーチャーティラート3世

生没 ?～1578?年
在位 1733年～1758年

　先々王サンペット8世の子。実名はボーロマコート。先王サンペット9世の弟で、先王が病に伏したとき、次の王を息子のアパイに譲ろうとした。しかしボーロマラーチャーティラート3世はそれを不服とし、アパン王子と戦い、勝利して王に即位した。スリランカへの仏教布教をするなど、後期アユタヤ王朝の安定期とされるが、1746年頃には反乱が起きたり、宮廷内の権力争いが激しくなったりするなど、衰退の気配も見えている。

アユタヤ朝

ボーロマラーチャーティラート4世
- 生没 不詳
- 在位 1758年～1758年

先王ボーロマラーチャーティラート3世の子。実名ウトゥンポーン。即位後は何の政策も行わず、即位2か月たらずで出家。理由については、はっきりしない。

ボーロマラーチャー3世
- 生没 ?～1767年
- 在位 1758年～1767年

先々王ボーロマラーチャーティラート3世の子。実名はスリヤートアマリン。ミャンマーのコンバウン朝に敗れ、捕虜に。断食して抵抗したが、10日目で力尽きたという。

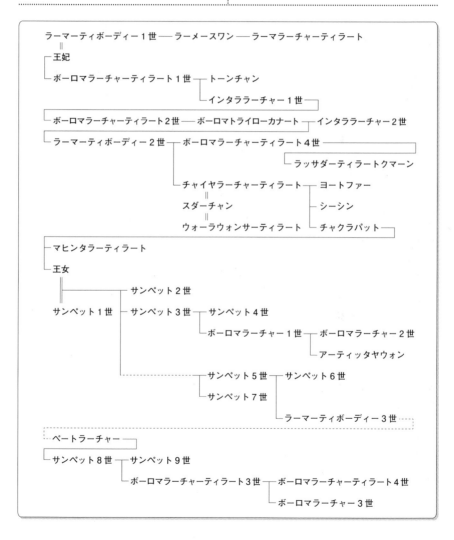

チャクリー朝

1782年〜

　現代も続くタイ王国の王朝。アユタヤ朝がミャンマーに滅ぼされた後、ミャンマーはアユタヤ地方を十分に掌握できなかった。そこにアユタヤ朝に仕えていたタークシンが現れ、アユタヤ朝の旧領を次々と回復し、トンブリー王朝を築き上げる。トンブリー朝は、失ったアユタヤ朝の領土を取り返すための戦争を長く続けたため、優れた将軍が権力を持つ構造になっていた。ソムデットチャオプラヤー・マハーカサットスック（後のラーマ1世）もその一人である。

　トンブリー王朝の王になったタークシンは中国人でありアユタヤ朝の血を引いていない事を悩み、晩年は精神を病み異常な行動が目立つようになったため、トンブリー王朝はタークシン一人で終わり、廷臣の支持をうけてラーマ1世が国王となり、チャクリー王朝が始まった。ちょうどその頃、東南アジアの国々はイギリスとフランスの植民地になってしまい、東南アジアの戦国時代は終わりを告げていた。ラーマ4世が外交上手だったという事もあるが、タイだけは植民地化を免れ、現在も上手く近代政治を取り入れ、王国として存続している。

1782年	ラーマ1世、トンブリー朝のタークシン王を乱心を理由に処刑、都をバンコクに移してチャクリー王朝を開く
1809年	ラーマ1世没。ラーマ2世が即位
1810年頃？	タークシン王の子カサットラーヌチット王子が反乱を起こす。タップ王子（後のラーマ3世）が鎮圧。
1824年	ラーマ2世没。ラーマ3世が即位
1833年	出家中だったラーマ4世（当時はモンクット王子）が、スコータイ王朝の第3代国王ラームカムヘーンが作ったと言われる「ラームカムヘーン大王碑文」を発見
1851年	ラーマ3世没。ラーマ4世が即位
1855年	イギリス東インド会社と友好通商条約（ボウリング条約）を締結。この時初めて「ムアン・タイ（タイ王国）」と国名を名乗る
1868年	ラーマ4世没。ラーマ6世が即位
1885年	トンブリー王朝時代から続いていた清への朝貢を止め、清の冊封体制から離脱
1886年以降	ラーマ5世が中央集権と近代化を進めるチャクリー改革を開始
1917年	ラーマ6世が第一次世界大戦参戦を決意。ドイツに対して宣戦布告する
1925年	ラーマ6世没。ラーマ7世が即位
1932年	人民党による立憲革命発生。ラーマ7世は憲法を発布し、タイは絶対君主制から立憲君主制になる
1935年	ラーマ7世、イギリス亡命中に自らの意思で退位。ラーマ8世が即位
1939年	国名を正式にタイ国に定める
1946年	ラーマ8世、王宮内にある自身の寝室で怪死。ラーマ9世が即位
2006年	ラーマ9世、王位在位60年で世界記録達成（現在も更新中）

チャクリー朝

ラーマ1世

生没　1737年～1809年
在位　1782年～1809年

初代チャクリー王朝の王。実名プッタヨートファーチュラーローク。アユタヤ王家の血を引く（第31代王ペートラーチャーの末裔）とされる。チャオプラヤー・チャックリーなど様々な呼び名があるが、「ラーマ1世」の呼称は、後のラーマ6世によって制定された。

ラーマ1世は、アユタヤ朝の時代から王宮に仕えていた。ミャンマーの攻撃によって王朝が滅ぼされると、タークシンの下で挙兵し、旧アユタヤ領土の奪還に貢献した。タークシンの興したトンブリー王朝で将軍として信頼を得ていたが、タークシンが乱心した際、王を処刑して自らが王に即位したのだが、タイの歴史では民衆に推されて王に即位したとされている。

即位後は名前を「プラバートソムデットプラ・プッタヨートファーチュラーローク（「世界最上の天上の御仏」という意味）」とし、都を現在のバンコクに移した。即位後も度々侵略してきたミャンマーを打ち払い、国内を安定させている。またラーマ1世自身がアユタヤ王家の末裔であることを示すため、ミャンマー占領時代に散逸した文化物の復興や収集も行った。

ラーマ2世

生没　1767年～1824年
在位　1809年～1824年

先王ラーマ1世の子。実名プッタルートラーナパーライ。父王の死によって王位につく。即位後も度々ミャンマーが攻めてきたが、父王に従って従軍した経験もあり、戦いは得意だったともいわれる。その後、ミャンマーがイギリスの植民地になり、外敵からの攻撃される心配はなくなったため、内政に務めたとされている。ラーマ2世は詩を書いたり、文化人を保護したりと文化的な功績は残したが、実質的な政治は王宮の貴族たちに委ねていたらしい。

ラーマ3世

生没　1788年～1851年
在位　1824年～1851年

先王ラーマ2世の子。実名チェーサダーボーディン。父王が37歳で病没すると、王位継承に関して争いが起こった。すでに父王が存命時代から政務を代行していたタップ王子（ラーマ3世）と、王位継承権が上位だったモンクット王子（後のラーマ4世）である。結局王宮内の投票によってタップ王子がラーマ3世として即位した。ラーマ3世は信心深い王として知られ、貧困層の住民に施しをしたという。一方、軍事面ではカンボジア方面に進行して領土を拡大している。

ラーマ4世

- 生没 1804年〜1868年
- 在位 1851年〜1868年

先々王ラーマ2世の子。実名モンクット。タイでは年が若い子どもの方に王位継承権があり、ラーマ2世が没したとき、モンクット王子が王になるべきだという声が宮廷の中にあった。しかし当時モンクット王子は出家中で、学業に専念するため、王位を兄に譲ったと伝わる。やがて先王ラーマ3世が没すると王位についた。即位後は、西洋との関係を重視し、トンブリー王朝以来続いていた清への朝貢を止めると同時に、イギリスとの通商条約を結んで米を輸出し始めている。

ラーマ5世

- 生没 1853年〜1910年
- 在位 1868年〜1910年

先王ラーマ4世の子。実名チュラーロンコーン（幼名）。先王ラーマ4世の死によって王位を継ぐ。しかし継承儀式は王宮貴族のブンナーク家の管理で行われた。即位後はすぐさま欧米に視察へ出かけ、自国の立ち遅れに気づいたラーマ5世は、「チャクリー改革」と呼ばれる大改革を行った。チャクリー改革とは中世の王国体制から近代国家への改変である。

まず中央政権の確立を目指し、当時まだ地方に残っていた支配下の王家をすべて廃止し、全土を「州」・「県」・「町」・「村」といった行政単位で治めることにした。行政をスムーズに行うために鉄道や道路を整備すると共に電話事業なども行った。また軍事面では、陸軍を中心に近代化を行っている。これは中央政権に反対する地方の武装蜂起に対する備えであり、事実反乱が起こった際に、その制圧に効果を示した。そして民衆にもっとも支持されたのは、奴隷の解放だった。奴隷の人身売買は、王宮貴族の資金源でもあったため、ブンナーク家をはじめとした有力貴族の権力を弱めた上に、この業績によって今でもラーマ5世を慕う国民は多くタイ三大王の一人として数えられ、その中で最も人気が高い。

ラーマ6世

- 生没 1881年〜1925年
- 在位 1910年〜1925年

先王ラーマ5世の子。実名モンクットクラオ。タイ王朝史上、初めて海外留学を行った。先王の死によって王に即位してからはチャクリー改革をさらに推し進めた。義務教育を導入し、発電所を建設するなど、多くの業績を残したが、財政に関しては無頓着で、その放漫な政治はラーマ7世に王位が引継がれる頃には破綻寸前にまでなっていた。一方では文化人としても名を残し、数多くの著作を書き上げている。

チャクリー朝

ラーマ7世

生没 1893年〜1941年
在位 1925年〜1935年

先々王ラーマ5世の子。実名プラチャーティポック。先王ラーマ6世には成人の子どもがいなかったため、先王が没すると急遽王位につくことになったのである。先王の残した莫大な負債で財政が落ち込んだ結果、ラーマ7世は王宮予算を大幅に削ったが、それが民主化を目指す人民党を生み出すことになる。人民党は革命を起こし、ラーマ7世に憲法を発布させた。新政府は王政を廃止しこそしなかったが、ラーマ7世はイギリスへと亡命、抗議のために退位した。

ラーマ8世

生没 1925年〜1946年
在位 1935年〜1946年

第5代ラーマ5世の孫で、先王ラーマ7世の甥。実名アーナンタマヒドン。ドイツのハイデルベルクで生まれ、3歳のときに初めてタイの土を踏んだが、翌年再びスイスへ留学する。ラーマ7世が自らの意思で退位したため、タイ国会で王位を継ぐことに決まるが、即位後すぐにスイスへ戻っている。ラーマ8世がタイに帰国したのは、第二次世界大戦が終結した1945年のことである。しかし、翌1946年には寝室で怪死を遂げた。拳銃で頭を撃たれていたが、真相は謎である。

ラーマ9世

生没 1927年〜
在位 1964年〜

先王ラーマ8世の弟。実名はプミポンアドゥンラヤデートで、「プミポン国王」と呼ばれることが多い。先王である兄が怪死を遂げたため、急遽、王位についた。立憲王国になったタイだが、軍事政権が続く中、直接政治には介入せず、調停役として采配を振るう。やがてタイでも民主選挙が行われるようになったが、その背景にはラーマ9世の尽力があったとされる。王の在位期間は69年を越えており、これは現在在位中の世界の国王の中で最長である。

```
┌ ラーマ1世 ─ ラーマ2世 ┬ ラーマ3世
│                        └ ラーマ4世 ─ ラーマ5世 ┐
├ ラーマ6世                                       │
├ ラーマ7世                                       │
│     ┌ ラーマ8世                                 │
│     └ ラーマ9世                                 │
```

XII 東南アジア

パガン朝

1044年～1312年

　ミャンマーで、最初の統一王朝とされるのがパガン朝である。ミャンマーには昔からピュー族やモン族といった人々が住み着いており、小規模ながら王国を築いていたが、チベット方面から南下し、イラワジ平野に定住したビルマ族が周囲の民族を平定してパガン朝を築いたとされる。

　伝説によればパガン朝は55代続いたとされているが、遺跡や碑文から実在が確認されているのは、第44代アノーヤターからで、現時点では、そこから王朝が始まったという説が有力である。アノーヤターが広げた領土をさらに広げ、パガン朝に最盛期をもたらしたのは第3代チャンシッターである。チャンシッターは、灌漑を推し進めたり、モン族との融和政策をとったりした。また仏教の普及も力を入れており、数多くの寺院を建設している。この政治路線は引継がれ、あまりにも多くの寺院を建設したことから、パガン朝は別名「建寺王朝」とも呼ばれている。13世紀になるとモンゴルの拡大がミャンマー周辺に及ぶようになり、1287年にモンゴル軍の大軍によって壊滅的な打撃を受け、事実上、パガン朝は滅びた。

849年頃	南下してミャンマーに定住したビルマ族が、都を築き始める
1044年	アノーヤター、ミャンマー初の統一国家パガン朝を開いて初代の王となる
1057年	モン族のタトン王国を征服し、多くの仏教経典や僧侶たちを本国に連行し、上座部仏教を広めようと画策。それと同時期、密教のアリー派を解散させる
1078年	初代アノーヤターが不慮の死を遂げ、子のソウルーが第2代王に即位
1084年	第2代ソウルー、モン族の反乱鎮圧中に戦死。チャンシッターが第3代王に即位
1087年	第2代ソウルーの子と結婚したチャンシッターの娘が、第4代アラウンシードゥーを出産。チャンシッター、喜んで誕生間もないアラウンシードゥーを後継者に指名する
1090年頃	寺院建設を盛んに行う。現存するアーナンダ寺院もこの頃の建立
1113年	第3代チャンシッターが没し、第4代アラウンシードゥーが即位
1114年	各地で反乱が起き、王宮を襲撃する反徒もあらわる
1167年	第5代ナラトゥー、先王アラウンシードゥーを殺して王に即位
1170年	第5代ナラトゥーが没。外国人による暗殺説や戦死説など、王の死因は諸説あり。第6代には子のナラティンカーがつく
1173年	ナラパティシードゥー、兄の第6代ナラティンカーを殺して即位。国内を安定させミャンマー文化を広める
1211年	ナンダウンミャーが第8代王に即位。しかし、王が政治に関心を示さず、政務は兄弟や家臣が合議制で行う。以後、これが王朝の政治スタイルに
1200年代後半	元のフビライ・ハーンが服属を要求。拒否したことから元の攻撃が始まる
1287年	第11代ナラティーハパテが元に降伏。都は陥落し、パガン朝は事実上、この時滅びたとも
1312年	パガン朝最後の王、第13代ソウニッが宮廷内の有力者だったシャン族3兄弟の一人ティハトゥに王位を譲り、パガン王家の系譜は途絶える

パガン朝

アノーヤター

生没 1015年～1078年
在位 1044年～1078年

パガン朝最初の王とされている。55代続いたというパガン朝の伝説によれば、ソウラハン（40代王）を暗殺して王位に就いたチャウンビュー（41代王）の子とされているが、ソウラハンもチャウンビューも実在を示す証拠は発見されていない。

アノーヤターは軍人として領土を拡大し、周辺のモン族やシャン族を支配するだけでなく、インドや雲南（中国）にまで遠征した。そのことによってパガン朝の名は東南アジアに知れわたる。

当時、パガン朝の領内では、アリー派と呼ばれる僧たちが密教の修法を用い、国王以上の威光を持っていた。これを嫌ったアノーヤターは、アリー派を解散させ、かわりにモン族のタトン王国で普及していた上座部仏教を導入しようと画策、タトン王国を征服すると同時に上座部仏教の僧たちを連行し、上座部仏教を普及させた。

アノーヤターの最期は森の中で不慮の死を遂げたとされているが、ミャンマー史の中で初の統一王朝を作り上げた英雄と言われ、今でも人気が高い。

ソウルー

生没 1048年～1084年
在位 1078年～1084年

先王アノーヤターの子。先王の死によって王に即位したが、記録に残っている業績はシュウェソウルというパゴダ（仏塔）をモンユワとミンブと言われる地域に建立した事以外は少ない。モン族の王女であったキン・ウという女性を巡って、先王アノーヤターの有力な配下だったチャンシッター（後の3代王）と確執があったと伝わっている。最期は、モン族の起こした反乱の際に命を落としたとされる。

```
アノーヤター ─┬─ ソウルー …… アラウンシードゥー ── ナラトゥー ─┬─ ナラティンカー
              │                                                    │
              └─ チャンシッター                                    └─ ナラパティシードゥー ─┐
                                                                                              │
┌─ ナンダウンミャー ── チャゾワー ── オウサナー ── ナラティーハパテ ── チョウスワー ──┘
│
└─ ソウニッ
```

チャンシッター

生没 1041年～1113年
在位 1084年～1113年

初代王アノーヤターの子とされているが、アノーヤターの家臣だったという説もある。近年の研究ではチャンシッターが、パガン王家の血統ではない可能性が高いという説が有力になってきている。王家への貢物として差し出されたモン族の王女キン・ウと恋仲になったため左遷されたが、先王ソウルーがモン族の反乱の鎮圧中に死んだため、廷臣たちによって王に推薦されて即位した。

チャンシッターの在位中は、灌漑事業に力を入れ、拓かれた水路によって交易も盛んになった。またパガン朝の特徴でもある寺院建設も行い、アベーヤダナー寺院やアーナンダ寺院など有名な建築物が作られている。またビルマ族とモン族の融和政策にも取り組んだためこの時代に書かれた碑文は、ほとんどモン族の文字が使われている。ただし他の王は一切モン族の文字で碑文を残していないため、チャンシッターがモン族の血を引いている証拠だと指摘する研究者もいる。チャンシッターには男子がおらず、娘のシュウェ・エインティと先王ソウルーの子ソウユンを結婚させた。やがて二人の間に次王となるアラウンシードゥーが誕生した。

アラウンシードゥー

生没 1087年～1167年?
在位 1112年～1167年

第2代ソウルーの孫。母は先王チャンシッターの娘。この関係からチャンシッターは王家の血を引いていないといわれる。アラウンシードゥーの誕生をチャンシッターは大変喜び、産まれてまもなく後継者として指名された。即位後は、各地で反乱が起きてその平定に苦労したが、その一方でアラウンシードゥーも寺院建設には熱心で、シュエグージー寺院とタッビンニュ寺院は現存する。晩年、病に伏した時に、子のナラトゥー（次代王）に殺されたという。

ナラトゥー

生没 ?～1170年
在位 1167年～1170年

先王アラウンシードゥーの子。父王が危篤状態になると宮中を制圧し、意識を取り戻したことを知ると、自らの手で絞め殺したという。また、兄のミンチンソウも毒殺し、パティカヤ国の王女も殺害している。パティカヤ国王は娘を殺されたことをうけ、バラモンに扮した8人の刺客を送り込みナラトゥーを暗殺する。そのため、「異国人によって殺された王」という別名もある。即位後3年あまりで暗殺された。

パガン朝

ナラティンカー
- 生没 1138年〜1173年
- 在位 1170年〜1173年

先王ナラトゥーの子。即位後、弟ナラパティシードゥーに反乱の鎮圧を命じた。このとき、弟の妃を奪ったため、弟によって暗殺された。

ナラパティシードゥー
- 生没 1139年〜1210年
- 在位 1173年〜1210年

先々王ナラトゥーの子で先王ナラティンカーの弟。兄を殺して王位についたが、戦争で混乱していた国に安定をもたらし、ミャンマー文化を根付かせた。

ナンダウンミャー
- 生没 1175年〜1235年
- 在位 1211年〜1235年

先王ナラパティシードゥーの子。生母の身分は低かったが、父王が病に罹ったときに献身的な介護をしたことから信頼を得て王位を継承した。

チャゾワー
- 生没 1193年〜1249年
- 在位 1235年〜1249年

先王ナンダウンミャーの子。先王の死によって王位につく。父王同様政治は兄弟や家臣に任せ、チャゾワー自身は各地に寺院を建立した。

オウサナー
- 生没 1219年〜1256年
- 在位 1249年〜1256年

先王チャゾワーの子（甥説もある）。象狩りが趣味で酒と冗談が好きな王だった。象狩りの際に象に踏み殺されたとも暗殺されたともいわれている。

ナラティーハパテ
- 生没 ?〜1287年
- 在位 1254年〜1287年

先王オウサナーの庶子。元による攻撃で、1283年、都を占領されてしまう。1287年、ついに降伏して帰国を許されたが、その帰路、子に殺されてしまった。

チョウスワー
- 生没 1260年〜1299年
- 在位 1287年〜1299年

先王ナラティーハパテの子。父と兄を殺した異母兄弟ティハトゥと戦い、先王の子として唯一生き残ったことから王位を継ぐ。元から国王として認められた。

ソウニッ
- 生没 1276年〜1325年
- 在位 1299年〜1312年

先王チョウスワーの子。最後の王だが、宮廷有力者の傀儡だった。パガン朝は地方の小国になっており、ソウニッの没後、ほどなくして血統も途絶えた。

タウングー朝

1486年～1752年

　ミャンマーでの最初の王朝であるバガン朝が滅びると、シャン族やモン族が王朝を作ったものの、しばらくは統一王朝は現れなかった。シャン族やモン族の支配を嫌ったビルマ族は、バガン朝時代には小さかったタウングー地方へと移り住んだ。ビルマ族が増えたことで国家が形成され、タウングー朝最初の王とされるティンカバーが、この地に王宮を建設したといわれる。ただし、実際にタウングー朝の初代王とされるのは、ティンカバーから数えて4代目のミンチーニョである。

　タウングー朝は着実に領土を拡大し、タイのアユタヤ朝を脅かす存在へと成長していく。しかし度重なる出兵は国の消耗を招き、さらにバインナウン死後は王国内でも権力闘争が起き、タウングー朝は衰退してしまう。その後、ニャウンヤンが再び王朝をまとめ上げたため、これ以降を「復興タウングー朝」あるいは「ニャウンヤン王朝」と呼んで区別する研究者もいる。王朝はその後100年続いたが、イギリスやオランダ勢力といった諸外国の圧力に対して次第に衰退していき、離反したモン族の攻撃により滅亡した。

1300年頃	バガン王朝滅亡後ビルマ族が移り住んでいたタウングー地方に王宮が建設される
1347年	ティンカバー、タウングー朝の初代王に即位。この時点のタウングー朝は、アヴァ朝に属する地方の一小国
1510年	アヴァ朝の勢いが衰えると、ミンチーニョが独立を宣言し、タウングー朝を開く
1530年	タビンシュウェティ、王位につく
1541年	ポルトガル人の鉄砲傭兵部隊を雇い、鉄砲の圧倒的な火力で中央ミャンマー全土を掌握
1549年	2年前からアユタヤ朝へ侵攻したが、失敗して撤退。原因はアユタヤ朝もポルトガル傭兵を雇っており、双方同士討ちを嫌った傭兵が役に立たなかったため
1550年	タビンシュウェティ、シッタウンの国主に殺され没。乳兄弟だったバインナウンが即位
1553年	占領したアワに遷都
1570年	1年の兵糧攻めによってアユタヤ陥落。アユタヤ朝をタウングー朝の属国として統治下におく
1574年	アユタヤ朝のサンペット2世が独立を宣言
1581年	バインナウン、病没。第1子のナンダ・バインが即位
1594年	バインナウンの死後、各地で属国の離反や反乱が続く中、復興したアユタヤ朝が侵入
1599年	ナンダ・バイン、タウングー朝を解体。同時に弟のニャウンヤンが、次王の即位を宣言
1610年頃	アナウッペルン、先王ニャウンヤンの遺志を継ぎ、領土を大きく回復
1630年頃	タールン、侵攻による領土拡大政策から、内政改革や経済復興に力を入れる
1673年	先王ピイエの突然の死により、王族や貴族の話し合いによって次王ミンレーチョウディンが選ばれる。この頃にはすでに王は飾り物で、権力は貴族や官僚の手にあった。
1714年	各地に反乱が広がり、モン族がタウングー朝を攻撃。首都は陥落して王朝は滅亡

タウングー朝

ミンチーニョ

- 生没 1549年〜1531年
- 在位 1485年〜1531年

　タウングー朝の初代王。タウングー朝そのものはアヴァ朝の属国としてあったので、初代王のティンカバーから数えるとミンチーニョは4代目にあたる。領土拡大に熱心で、稲作に適したチャウセー地方まで拡大するためにアヴァの王女と結婚した。アヴァ朝が次第に衰え、内乱が起きるようになると、ミンチーニョは国内の軍備を整え、独立を宣言した。

タビンシュウェティ

- 生没 1516年〜1550年
- 在位 1530年〜1550年

　先王ミンチーニョの子。父王ミンチーニョの手に入れた新領土は肥沃で、豊かになったタウングー朝は、タビンシュウェティの時代にますます版図を広げた。さらに当時ポルトガル人の傭兵部隊は、新兵器である鉄砲を持っていたため、モン族の国々を短期間で平定してしまった。勢いに乗ったタビンシュウェティは、相続争いで不安定になっていたアユタヤ朝にも攻め込んだ。しかしアユタヤ朝もポルトガル人の傭兵部隊を雇っていたので、鉄砲の効果を発揮させることができず、アユタヤ攻略には失敗している。

　タビンシュウェティ王はその晩年、ポルトガル人の持ち込んだ酒の味を覚え、アルコール依存症になっていたと言われる。またモン族から王妃を迎えたことで、モン族を優遇するような人事を行い始めたため、各地で反乱が起き、タビンシュウェティは地方の国主に殺されてしまった。次王のバインナウンが再びタウングー朝をまとめるのだが、大きく領土を拡大したビンシュウェティの人気は今でも高く、土着信仰であるナッ信仰では、37柱のナッ神の一柱として崇められている。

```
ミンチーニョ ─┬─ タビンシュウェティ
              └─ バインナウン ─┬─ ナンダ・バイン
                                └─ ニャウンヤン ─┬─ アナウッペルン ── ミンレディッパ
                                                  └─ タールン ─┬─ ピンダレ
                                                                └─ ピイエ
┌─ ナラワラ
└┈┈┈┈ ミンレーチョウディン ── サネ ── タニンガヌエ ── マハーダムマヤーザディパティ
```

XII 東南アジア

バインナウン

生没 1516年〜1581年
在位 1550年〜1581年

　先王タビンシュウェティの乳兄弟。もともとはサトウヤシから砂糖を精製する職人の子だとされている。ただ母親が王宮に先王タビンシュウェティの乳母として上がったため、バインナウンは幼い頃から王宮に入り、タビンシュウェティとは乳兄弟として育ち、成人すると王宮にのぼった。

　さらにバインナウンは王女と恋仲になり、先々王ミンチーニョから罰せられそうになるが許された。その後、先王タビンシュウェティが王に即位したときには、恋仲になった王女との結婚も許されてバインナウン（王の兄）という名前を手に入れた。先王タビンシュウェティが没すると、支配下にあった属国が離反を始めたが、バインナウンは即位してからわずか1年足らずで再び国をまとめあげただけでなく、ポルトガル人の鉄砲傭兵部隊を駆使して領土をさらに拡大する。先王タビンシュウェティが侵攻に失敗したアユタヤ朝も服属させたが、バインナウンによる領土拡大はここまでだった。その後、アユタヤ朝は再び独立し、他国への遠征も失敗しはじめたころ、バインナウンは病没した。

ナンダ・バイン

生没 1581年〜1600年
在位 1535年〜1599年

　先王バインナウンの長男。父王の病没によって、これまで服従していた属国が次々と離反しはじめる。そうしたなかで退位したが、その翌年に暗殺されている。

ニャウンヤン

生没 1555年〜1605年
在位 1599年〜1605年

　先王ナンダ・バインの弟。混乱したタウングー朝をまとめ上げ、再び再興させる基礎を作った。先王が退位した時、自ら王を名乗り即位した。

アナウッペルン

生没 1578年〜1628年
在位 1605年〜1628年

　先王ニャウンヤンの子。王朝の再興に取り組むなか、子が自身の妾と関係を持ってしまう。そして、密通が発覚するのを恐れた子によって殺された。

ミンレディッパ

生没 1608年〜1629年
在位 1628年〜1629年

　先王アナウッペルンの子。先王の妾に手を出したことが発覚するのを恐れ、先王を暗殺して王位についた。しかし父王殺しはすぐに露見し、王座を追われた。

タウングー朝

タールン
- 生没 1584年～1648年
- 在位 1629年～1648年

第5代ニャウンヤンの子。先王ミンレディッパの叔父。甥王を退位させて即位し、ほぼ1世紀にわたる戦争で荒廃した国土の復興と内政の整備に力を注いだ。

ピンダレ
- 生没 1608年～1661年
- 在位 1648年～1661年

先王タールンの子。王朝の衰退は彼から始まったともいわれる。即位後、清の侵略が原因で飢饉をもたらしたのが原因でクーデターが発生し、弟に殺された。

ピイエ
- 生没 1619年～1672年
- 在位 1661年～1672年

第8代タールンの子で、先王ピンダレの弟。クーデターによって王位につく。亡命してきた南明最後の皇帝永明王を清に引き渡し、平穏な治世を現出させた。

ナラワラ
- 生没 1650年～1673年
- 在位 1672年～1673年

先王ピイエの子。ピイエの死によって王位につく。しかし即位後わずか10か月程度で死亡してしまった。死因は病死かと思われるが不明。

ミンレーチョウディン
- 生没 1651年～1698年
- 在位 1673年～1698年

先々王ピイエの孫。ただし、先王ナラワラの子ではなく。ナラワラの兄弟の子である。即位に反対した貴族らを、追放するなど強硬手段を取っている。

サネ
- 生没 1673年～1714年
- 在位 1698年～1714年

先王ミンレーチョウディンの子。先王ミンレーチョウディンの死にによって王位を継承。父王同様、無力だったらしく、王朝の勢いは確実に衰退していった。

タニンガヌエ
- 生没 1689年～1733年
- 在位 1714年～1733年

先王サネの子。タニンガヌエが即位したころから、各地で反乱が起きるようになる。しかし、国王にはもはや権力はなく、反乱を鎮めることはできなかった。

マハーダムマヤーザディパティ
- 生没 1714年～1754年
- 在位 1733年～1754年

先王タニンガヌエの子。反乱は拡大し、モン族がペグー王朝を興し攻撃を仕掛けた。都は陥落し、マハーダムマヤーザディパティはペグー近郊で死亡した。

コンバウン朝
1752年～1886年

　ミャンマー最後の王朝。タウングー王朝がモン族の攻撃によって崩壊すると、ビルマ族の上ミャンマー地方に散っていった。しかし、モン族の追撃は衰えず、上ミャンマー地方にも侵攻してくる。そんな時、ビルマ族を一つにまとめ、モン族を撃退したのが、モーソーボという集落の首長アウンゼーヤだった。アウンゼーヤはその名をアラウンパヤーと改め、コンバウン朝を設立した。コンバウン朝は、モン族の本拠地のベクーを攻め滅ぼし、さらにはシャン族の支配する地域をも平定し、第3代シンビューシンの頃には、東南アジアにおいて400年以上の栄華を保ってきたアユタヤ朝をも滅ぼしている。

　そんなコンバウン朝も宮廷内の権力争いによって、徐々に衰退し始めた上、外国からの圧力が次第に強まってきた。特に領土拡大の方向としてインドを目指したことで、イギリスとの利害がぶつかり、イギリスと戦争になってしまったのである。王朝は、3度にわたってイギリスの侵略にあい、その都度領土を失ったが、第3次英緬戦争では、全土をイギリス領インドに組み込まれ、最後の王ティーボーがインドのボンベイに幽閉されたまま死亡して王朝は滅亡した。

1752年	タウングー王朝の滅亡によって追い詰められたビルマ族では、首長アウンゼーヤが、攻めてきたモン族を撃退。アウンゼーヤはアラウンパヤーと改名し、コンバウン朝を開く
1757年	モン族に占領されていた領土を奪還。シャン族もその多くは帰順したことで、国内の統一に成功
1760年	アユタヤ朝の属国化を狙って、アユタヤを包囲するが失敗。この作戦中にアラウンパヤー、陣没
1763年	先王アラウンパヤーの後を継いで即位したナウンドウジー、わずか3年で病没。初代王アラウンパヤーの次男シンビューシンが第3代王に即位
1766年	シンビューシンがアユタヤ朝を攻撃、滅亡させる
1769年	1765年以降、王国内に侵攻してきていた清軍を退ける
1776年	シンビューシンが病没したことにより、子のシングーが次王に即位。初代王の子どもたちがまだ生きていたことによって、王位継承に関して論争がおこる
1782年	シングー、クーデターによって廃位となり、処刑される。クーデターの実行者であるマウン・マウンが次王として即位
1782年	マウン・マウン、ボードーパヤーに殺害される。王位はボードーパヤーが継ぐ
1790年	清の冊封を受ける
1817年	インド東北部にあるアッサム王国を支配下におく。このため、すでに東南アジアに支配の手を伸ばしていたイギリスの利権に抵触する
1819年	ボードーパヤーが没し、孫のパジードーが王位につく
1824年	第一次英緬戦争勃発。都を落とされるも2年後ヤンダボ条約を結ぶことによって都は返還される。その代わり、インド国境沿いの領土を失う
1837年	クーデターによってパジードー退位、代わってターヤーワディーが次王に即位
1846年	ターヤーワディーが没し、子のパガンが王位につく
1852年	第二次英緬戦争勃発。翌年に主戦論派のパガンは和平派によって退位させられ、弟のミンドンが王位につく
1879年	ミンドン病没。ティーボーが王位を継ぐ
1885年	第三次英緬戦争勃発。ティーボーは捕らえられ、退位を強制され、コウンバン王朝は滅亡

コンバウン朝

アラウンパヤー

生没 1714年～1760年
在位 1752年～1760年

コンバウン朝の創設者。もともとはアウンゼーヤといい、モーソーボ（現・シュエボー地方）にある集落の首長だった。アユタヤ朝を滅ぼして勢いに乗ったモン族のペグー王国が、上ミャンマー地方へも侵攻を開始したため、アウンゼーヤは近隣の46集落のビルマ族をまとめて対抗してこれを撃退した。この時アウンゼーヤは名をアラウンパヤー（菩薩の意）と改名し、コンバウン朝を開いている。

アラウンパヤーはタウングー王朝の都だったアワを奪還すると、さらにモン族の拠点ダゴンへと攻め込み、ペグー王国を滅ぼす。この勢いに周辺部族も王朝へ帰順し、タウングー王朝は設立後10年程度でミャンマー国内をほぼ統一した。アラウンパヤーの野望は、大国アユタヤ朝に向けられ、難攻不落のアユタヤ城壁を攻撃・包囲する。篭城戦は長く続けられたが、雨季に入った頃包囲していたコンバウン軍の中で熱病が蔓延し、アラウンパヤーも熱病に冒されて死亡したという。しかし、アユタヤ朝の記録には、アラウンパヤーはアユタヤ軍の放った大砲の砲弾に当たって死んだと記されている。

ナウンドウジー

生没 1734年～1763年
在位 1760年～1763年

先王アラウンパヤーの長男。アラウンパヤーがアユタヤ遠征中に陣没したため、王位につく。短期間で国内の統一を成し遂げたのは、初代アラウンパヤーのカリスマ性に拠るところが大きい。ナウンドウジーが次王として即位しても、従わない廷臣もおり、また、支配が十分ではない地域などにおいて、何度も反乱が勃発した。とはいえナウンドウジー王自身は決して無能な王ではなく、反乱を鎮めることには成功している。即位後、わずか3年で病死した。

シンビューシン

生没 1736年～1776年
在位 1763年～1776年

初代アラウンパヤーの次男。先王ナウンドウジーの弟。王位継承は年功序列という初代アラウンパヤーの遺言に従い、ナウンドウジーが病気によって没した際、初代アラウンパヤーの弟であるシンビューシンが第3代王として即位した。初代王の悲願であったアユタヤ朝攻略に成功し、都を完全に壊滅させたのも、この王である。また、このころ、清がコンバウン朝へ侵攻してきたが、シンビューシンはこれを撃退している。先王と同じく若くして病死した。

シングー

生没 1756年～1782年
在位 1776年～1782年

　先王シンビューシンの子。父王の死後に即位するが、初代アラウンパヤーが年功序列での王位継承を遺言していたため混乱。退位させられうえ、殺された。

マウン・マウン

生没 1763年～1782年
在位 1782年～1782年

　第2代ナウンドウジー王の子。先王で従兄弟のシングーを退位させて処刑し、自ら王位につく。しかし、首謀者とみなされるボードーパヤーに殺された。

ボードーパヤー

生没 1745年～1819年
在位 1782年～1819年

　初代アラウンパヤーの四男。先王マウン・マウンを殺して王位についた。アラウンパヤーの実子では最後の王で、以降はこのボードーパヤーの血統が王家を継いでいく。ボードーパヤー時代のコンバウン朝はその領土がもっとも広く、後年では王朝の絶頂期ともいわれる。しかし実際は外圧に耐え切れず、ついに清の冊封国になってしまったのはこの頃（1790年）であるし、領土拡張路線にもどったせいで、イギリスと戦争になる原因も作った。

パジードー

生没 1784年～1846年
在位 1819年～1837年

　先王ボードーパヤーの孫。父はボードーパヤーの宰相として仕えていたが、ボードーパヤーより先に死亡（1808年）。祖父王の死後、孫のパジードーが王位についた。ボードーパヤーの領土拡張は、当時東南アジアの植民地化を進めるイギリスの利害と衝突し、第一次英緬戦争を引き起こす。近代化されたイギリス軍相手にかなうはずはなく、都を落とされてしまったが、占領したインド沿いの領土を放棄するなどの条約を結ぶことで都は返還された。

ターヤーワディー

生没 1787年～1846年
在位 1837年～1846年

　第6代ボードーパヤーの孫で、先王パジードーの弟。先王パジードーに対してクーデターを起こして退位させると、自らが王位についた。ただし、パジードーを殺してはいない。コンバウン朝の感覚では、条約は王が単独で結ぶもので、代が変わった時点で無効になる。そのため、ターヤーワディーは先王がイギリスと結んだ条約を認めず、イギリスを激怒させている。失った領土やイギリスに支払った莫大な賠償金で王国が傾く中、1846年に没した。

コンバウン朝

パガン

- 生没 1811年～1880年
- 在位 1846年～1853年

　先王ターヤーワディーの子。先王が没したため、王位につく。前回の英緬戦争で国力が低下したため、再びイギリスはミャンマーを侵略しようとした。1951年、王国内でイギリス人船長が部下を殺害する事件があり、王朝の官吏が船長を罰した。この件をきっかけに「第二次英緬戦争」が勃発してしまう。パガンは、あくまでイギリスと戦うという徹底抗戦を主張し続けたため、和平派のクーデターに遭い、1953年、王位を退位させられる。

ミンドン

- 生没 1808年～1878年
- 在位 1853年～1878年

　先々王ターヤーワディーの子で、先王パガンの弟。第二次英緬戦争の中、あくまでイギリスと戦う主戦論を展開するパガンを危険視した和平派によって、クーデターが勃発。パガンは退位を余儀なくされ、弟のミンドンが王位を継いだ。この第二次英緬戦争でも、コンバウン朝は敗北し、マレー半島を中心とする海に面した領土をすべて失い、内陸国になってしまう。そんな中でも西洋諸国に対抗するために国の近代化を進めたが、志半ばで病死した。

ティーボー

- 生没 1859年～1916年
- 在位 1878年～1885年

　先王ミンドンの子。ミンドンの死によって王位を継ぐ。コウンバン王朝最後の王である。交渉によって失われた領土の返還を画策していたが、その努力は叶わず、1885年、ミャンマー地方の完全支配を企むイギリスは再び侵攻を開始。捕らえられたティーボーはイギリス軍から退位を要求され、それに従ったことで、コンバウン朝は滅亡した。その後、ティーボーはインドに幽閉され、その生涯を終えている。

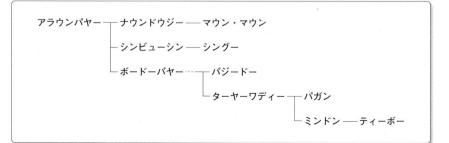

シンガサリ王国

1222年～1292年

　東部ジャワのシンガサリを中心に栄えた王国である。建国者のケン・アンロクは農民の出身であったが、胆力と策略にたけており、トゥマプル（後のシンガサリ）の領主の妻と通じて領主を殺すと、その地位についた。さらに2年後、当時のクディリ王国の王を殺害し、シンガサリ王国を創建するのだが、5年後に妻の前夫の息子アヌサパティに暗殺されてしまう。そして、そのアヌサパティが異父弟と対立したため、王族内での抗争がつづき、第2代アヌサパティ・第3代トージャヤまでが暗殺で命を落とすことになる。5代目となるクルタナガラのときにシンガサリ王国は絶頂期を迎え、ジャワ島外への勢力拡張政策を採り、バリ、スマトラ、さらにはマレー半島の一部にまで拡大した。中国を征した元との外交にも自信を持っており、フビライ皇帝からの服属要求を拒否している。一方でクルタナガラはヒンドゥー教と仏教を混合した密教に傾倒しており、仏教・ヒンドゥー教芸術をシンガサリ寺院に反映させている。その後、クディリ王国の末裔を称する武将が反乱を起こしたために、クルタナガラは死亡し、シンガサリ王国は幕を閉じた。

1220年	ケン・アンロク、トゥマプルの領主となる
1222年	ケン・アンロク、クディリ王国を滅ぼし、シンガサリ王国を開く
1227年	アヌサパティ、ケン・アンロクを暗殺して自ら王位につく
1248年	トージャヤ、アヌサパティを殺して王位を奪う
1248年	トージャヤが死亡し、ヴィシュヌワルダナが跡を継ぐ
1254年	ヴィシュヌワルダナ、息子のクルタナガラを副王の地位につける
1268年	ヴィシュヌワルダナが死去し、クルタナガラが王位につく
1269年	クルタナガラ、「サルワダルマ刻文」を発布する
1275年	クルタナガラ、スマトラのムラユ王国に対して軍事的な遠征を行う
1284年	バリに遠征して征服する
1284年	クルタナガラ、バリに遠征軍を送り、女王を捕虜として連れ帰る
1286年	クルタナガラ、スマトラに不空羂索観音像を送る
1289年	フビライ皇帝からの使者を追い返し、服属要求を拒否する
1292年	クディリ王国の遺臣によってクルタナガラが殺され、シンガサリ朝は滅ぶ
1293年	フビライ皇帝の遠征軍とラーディン・ヴィジャヤが組み、クディリ王国の遺臣を倒す

シンガサリ王国

ケン・アンロク

生没 ?～1227年
在位 1222年～1227年

　シンガサリ朝の創始者である。ジャワ東部のトゥマプル地方の農民出身で、若いころは非行を重ねたという。しかし、策略に富んでおり、トゥマプルの領主の家臣となると、その妻ケン・デデスと通じて領主を暗殺し、自ら領主となっている。
　トゥマプルのあったクディリ王国は衰退の一途をたどっており、ケン・アンロックは戦争に乗じて国王を敗死させて王国を滅ぼすと、シンガサリ朝を開いた。しかし、その後、義理の息子に暗殺されてしまう。

アヌサパティ

生没 ?～1248年
在位 1227年～1248年

　トゥマプルの前領主の忘れ形見であり、ケン・アンロクは父の仇にあたる。ケン・アンロクが前領主を殺した短剣を刺客に持たせ、暗殺させた。

トージャヤ

生没 ?～1248年
在位 1248年～1248年

　先々王ケン・アンロクの子。父王の仇のアヌサパティを殺して王位についたが、住民の争いに巻き込まれたのが原因で死亡。治世はわずか数か月だった。

ヴィシュヌワルダナ

生没 ?～1268年
在位 1248年～1268年

　先々王アヌサパティの子である。先王トージャヤに殺された父の恨みを晴らすために、王子時代には市民の争いに乗じてトージャヤを攻めており、この争いが元となってトージャヤは死亡している。その後、ヴィシュヌワルダナは自ら王となり従兄弟とともに治世を行い始めた。ブランタス川の河川交通の整備につとめ、川上の中流域とマドゥラ海を結ぶ重要な拠点であるチャング・ロルに城塞を築いた。王の死後、遺骸はジャジャグの寺院に葬られた。

クルタナガラ

生没 ?～1292年
在位 1268年～1292年

　先王ヴィシュヌワルダナの子。父王が生涯をまっとうして亡くなると、跡を継いで王となった。統治機構はクディリ王国の制度を踏襲しており、対外政策もジャワ王朝の伝統を踏襲して海上交易を有利にするべく海外へ軍隊を派遣している。勢力はスマトラやバリなどジャワ全土に及んでいた。しかしクディリ王家の子孫の反乱によって絶命する。クルタナガラについては、偉大な王であるという評価と、治世に稚拙な暴君であったという評価が相対している。

マジャパイト王国
1293年〜1527年

　ジャワ最後のヒンドゥー文化の黄金期を築いた王国である。マジャパイト以前に栄えたシンガサリ王国の王クルタナガラは、クディリ王国の将軍によって滅ぼされた。クルタナガラの娘婿ラーデン・ヴィジャヤはいったん降伏するが、中国の元軍がジャワに遠征してきた際に、元軍の力を利用してクディリ王国の武将を討ち、すかさず元軍を追い払った。こうしてラーデン・ヴィジャヤはジャワの最高実力者となって建国にいたる。

　新王国が安定にいたるまでには反乱などで多くの血が流れたが、第4代ラージャサナガラの時代には王国としての黄金期が到来した。ジャワの法典が整備され、ジャワ文学が形成された。宮廷詩人の詩には、王国がスマトラやマレー半島、ボルネオなど各地に影響力を持っていたことが書かれている。しかしこの王国はラージャサナガラの死後、しだいに衰退していく。王位継承をめぐる紛争が絶え間なく生じていたことにくわえ、マラッカ王国の台頭によってジャワ北岸の諸港がマジャパイトから離れていったためだ。またイスラム教がジャワ北岸の海港都市を中心に広まったこともあり、混乱のなかに王国は滅亡した。

1289年	シンガサリ王国のクルタナガラ、元の使者を侮辱して追い返す
1292年	クルタナガラの死によってシンガサリ朝が滅亡
1292年	クルタナガラの娘婿ラーデン・ヴィジャヤ、不毛の地に転封される
1293年	元軍襲来
1293年	ラーデン・ヴィジャヤ、元軍と結んでジャヤカトワンを倒す
1293年	ラーデン・ヴィジャヤ、元軍を駆逐し、マジャパイト王国を開く
1309年	第2代ジャヤナガラの統治が始まる
1319年	反乱軍が首都を占拠するが、親衛隊長ガジャ・マダの決断で危機脱出
1328年	ジャヤナガラ、暗殺される
1328年	ジャヤナガラの異母妹トリブヴァーナ、王位につく
1330年	ガジャ・マダ、総理大臣の職につく
1350年	第4代ラージャサナガラ、王位につき、王国は黄金期を迎える
1364年	ガジャ・マダが死す。以後、王国の勢力は衰えていく
1365年	宮廷詩人によって古代ジャワ文学の傑作が生み出される
1404年	「西王」ヴィクラマヴァルダナと、「東王」ウィーラブーミとの間で内戦が起こる
1406年	鄭和艦隊の分遣隊が紛争に巻き込まれ、170人が「西王」軍に殺される
1447年	第7代クリタヴィジャヤが王位を継ぎ、安定した内政が行われる
1478年	クディリ王国のラナヴィジャヤに侵略され、マジャパイトの覇権は失われる

マジャパイト王国

ラーデン・ヴィジャヤ

生没 不詳
在位 1293年〜1309年

　マジャパイト王国創始者であり、シンガサリ王国の最後の王クルタナガラの娘婿である。
　クルタナガラがクディリ王国の遺臣によって暗殺された際、ヴィジャヤは降伏し、ブランタス河流域の荒れ地に転封される。そこにはマジャという、実が苦い（パイト）木がたくさん茂っていた。その後、ヴィジャヤは元の大軍がジャワに到着した際に、巧みな交渉によって提携し、クディリ王国の遺臣をとらえて討ちとった。
　さらにヴィジャヤは元軍をも撤退させている。こうして、ヴィジャヤは王国を創建して即位した。王国の名はマジャの木にちなんでマジャパイトと命名している。
　大国を治めるためにマジャパイトでは独自の政府軍を持ち、王は行政官として多くの官吏を抱えていた。
　元との関係も修復して、たびたび朝貢を行っている。クルタナガラの4人の王女を妻にすることによってシンガサリ王国の正当な後継者であることを示し、第一王妃との間には王子ジャヤナガラをもうけた。
　しかし、国民の反乱は9回にのぼっており、ヴィジャヤの治世は国内の平定に費やされている。

ジャヤナガラ

生没 ?〜1328年
在位 1309年〜1328年

　先王ラーデン・ヴィジャヤの一人息子。国内情勢は不安定で、ジャヤナガラの治世は内乱が起きるたびに鎮圧に追われている。
　1320年には王都を捨てなければならないほどの危機に陥ったが、親衛隊長ガジャ・マダの活躍によって事態は収拾された。
　外交面では、数度にわたって元に朝貢し、関係を良好に保った。しかし、跡継ぎを残す前に暗殺されている。

トリブヴァーナ

生没 不詳
在位 1328年〜1350年

　先々王ラーデン・ウィジャヤの娘で、母はシンガサリ王国最後の王クルタナガラの末娘ラージャパトニ。先王ジャヤナガラが死去するとラージャパトニが跡を継いだが、彼女はすでに出家していたため、娘のトリブヴァーナを摂政にして政治を行った。
　親衛隊から宰相の地位にのぼっていたガジャ・マダとともに領土拡大政策を積極的に進め、マパジャイト王国を海外にまで知られる大国に育て、最盛期に導いていった。

ラージャサナガラ

生没 1334年～1389年
在位 1350年～1389年

　先王トリブヴァーナの子で、母王の死後に即位した。母王の時代から宰相の地位にあったガジャ・マダの輔佐により、内政を整えていき、また強力な海軍のもとに海陸大王国を築いた。ジャワ島東部・中部に加え、インドネシア全域とマレー半島も支配下におき、東南アジア島嶼部に君臨する黄金時代を迎えている。

　1357年にはジャワ島西部のスンダ王国の王女との政略結婚を企図している。スンダの王女一行はマジャパイト王国までやってきたが、道中で王女が正妃になるか側室になるか、つまりこの婚姻が同盟関係の証か服従の印かで対立した。その結果、ラージャサナガラは王女側の一行を殺害し、領地拡大のための政略結婚は、失敗に終わっている。しかしラージャサナガラは果敢に支配領域を拡大させ、マジャパイト王国はヒンドゥー・ジャワ文明の頂点に立つ伝統的な王朝となった。

　性質としては農業で得られた富の支配に基盤を置く農業国家としての側面が強かったが、ジャワ北岸諸港の中継貿易を支配する商業的な側面も持っていた。

　ラージャサナガラは側室との間の子ウィーラブーミを寵愛していたため、後に起こる内戦の原因を作ることとなった。

ウィクラマワルダナ

生没 不詳
在位 1389年～1429年

　先王ラージャサナガラの娘婿。先王の死後、マジャパイト王国の第5代国王になる。しかし、先王に寵愛されていたウィーラブーミが「東王」として君臨したため、「西王」ウィクラマワルダナとの間で内戦が起こる。内戦には、艦隊を率いて来ていた明の鄭和をも巻き込んだ。最終的にはウィクラマワルダナが勝利したが国力を大きく衰えさせてしまう。明に使者を送り国交を回復した後、1420年ごろに南スマトラのパレンバンに勢力を再建している。

スヒター

生没 ?～1447年
在位 1429年～1447年

　先王ウィクラマワルダナの娘で、女王として即位する。パレンバンの中国人交易勢力を吸収して頻繁に朝貢することで、明から重視されるようになった。

クルタウィジャヤ

生没 不詳
在位 1447年～1451年

　先々王ウィクラマワルダナの息子であり、先王スヒターの異母兄弟にあたる。息子の妃にムスリムの公主を迎えたことで、内政でもイスラムへの改宗を容認した。

マジャパイト王国

ラージャサワルダナ

生没 ?～1453年
在位 1451年～1453年

先王クルタウィジャヤの跡を継いで王位につき、都をカリフパンに定めている。ラージャサワルダナの没後は王族が対立し、3年間空位となる。

キリーシャワルダナ

生没 ?～1466年
在位 1456年～1466年

先々王クルタウィジャヤの子。王位継承争いを制して、王位についた。しかし、その頃には、マジャパイト王家の統治力は王都でも地方でも弱まっていた。

シンハウィクラマワルダナ

生没 不詳
在位 1466年～1466年

クルタウィジャヤの子で、ベトナムのチャンパから公主を妃に迎えた。妃自身や妃の親族がイスラム教徒であったことから、王国のイスラム化が進む。

クルタブミ

生没 不詳
在位 1468年～1478年

ラージャサワルダナの子。トゥマペルを統治しており、1468年、王位継承の権利を主張して、先王シンハウィクラマワルダナから王位を奪った。

グリンドラワルダ

生没 不詳
在位 1474年～?

先々王シンハウィクラマワルダナの子。1478年のクルタブミとの戦争に勝ち、兄弟戦争でバラバラになっていたマジャパイトを再統一した。

しかし南海貿易の中心はすでにマラッカに移っており、ジャワ島北岸地域の諸港は発展をとげ数多くのイスラム小国群が領土を激しく侵食していたため、マジャパイト王国にこの勢いを止めることはできなかった。王国は取り残され、混乱のうちに滅亡していった。

```
ラーデン・ヴィジャヤ ┬ ジャヤナガラ
                    └ トリブヴァーナ ── ラージャサナガラ
  ┌ 王女
  └ ウィクラマワルダナ ┬ スヒター
                      └ クルタウィジャヤ
    ┌ ラージャサワルダナ ── クルタブミ
    ├ キリーシャワルダナ
    └ シンハウィクラマワルダナ ── グリンドラワルダ
```

マラッカ王国

1400年頃〜1511年

　マレー半島のマラッカを中心にして栄えたイスラム王国である。スマトラ島南部に位置するパレンバンの王族であったパラメーシュヴァラは、マジャパイト王国によって故郷を追われたため、マレー半島に移住して海上民とともにマラッカ王国を建てた。当初、マラッカはタイのアユタヤ朝に服従する小国にすぎなかったが、マラッカ海峡の中央部にあり、往来の船が寄港する中継港市としての要件を備えていた。国王はアユタヤ朝の圧力に対抗するため、明からの協力を仰ぐべく建国当初から朝貢関係を結んだ。一方で、西アジアやインドのムスリム商人との関係を強化するべくイスラム教を受容している。これによってマラッカ王国は1408年にアユタヤ朝から独立し、マレー半島やスマトラで支配を拡大。世界有数の中継港市として繁栄していった。最盛期には明やインド、ペルシア、アラブ、琉球など世界各国の商人が集うコスモポリタンとして賑わっている。しかし、16世紀に入るとマラッカは東南アジアへの進出をねらうポルトガルに目をつけられ征服されてしまう。王族たちは国外へ逃れ、半島の南にジョホール王国を創始した。

1400年頃	マラッカ王国建国
1402年	マレー半島の西海岸にマラッカ港を設立する
1403年	明の第3代皇帝永楽帝からの使節を迎える
1405年	パラメーシュヴァラ、明からマラッカ国王として認められる
1407年	タイのアユタヤから侵攻をうけ、明に救援を求める
1408年	マラッカ王国の独立を当時の明が承認する
1411年	パメスワラ、明の皇帝を自ら表敬訪問したという
1414年	国王がイスラム教を受け入れる
1421年	アユタヤ朝がマラッカ王国に侵攻
1420年代	ジャワが一時パレンバンを支配する
1424年	初代国王の子息がイスラム名に改名し、二代目国王に就任した
1450年頃	スルタン・ムザッファール・シャー、イスラムに改宗する
1455年	スルタン・ムザッファール・シャー、一時途絶えていた明への朝貢を再開
1509年	ヨーロッパからの最初の交易船がマラッカに寄港
1511年	ポルトガル王国に征服され、マラッカ王国が滅亡する
1528年頃	スルタン・マームド、ジョホール王国を創始する

マラッカ王国

パラメーシュヴァラ

生没 不詳
在位 1400年～1414年

　マラッカ王国の創始者。もとはスマトラ島南部に位置するパレンバンの王族であったが、マジャパイト王国の戦火から逃れ、シンガポール、マラッカ南方、マラッカ川上流を転々とした後、配下とマレー半島に移住。そして、マラッカ海峡の海上民の協力を得てマラッカ川の上流に居を構えた。
　パラメーシュヴァラはマジャパイトに対抗するために、タイのアユタヤ朝に服属していたが、中国の明にも5回ほど朝貢している。

ムガト・イスカンダル・シャー

生没 不詳
在位 1414年～1419年頃/1423年/1424年

　先王パラメーシュヴァラの子。父王の死を知らせるために明を訪問したことで、皇帝から正式にマラッカ王国の第2代国王として認められた。その後、朝貢を繰り返し密な関係を築きあげている。また、マラッカ河の河口の丘に王宮を建て、街をマラッカ市と名付けた。イスカンダル・シャーは王国の影響力を高めるために、パサイの王女と結婚し、パサイに寄港するイスラム商人をマラッカに引き寄せるなどして王国を発展させていった。

モハメド・シャー

生没 不詳
在位 1424年～1444年

　先王ムガト・イスカンダル・シャーの子。明への朝貢の船にモハメド・シャー自身も同乗し、長期にわたって明に滞在したという説がある。

スリ・パラメスワラ・デワ・シャー

生没 不詳
在位 1444年～1446年

　先王モハメド・シャーの跡を継いでいるが、その地位を簒奪したという説がある。タイのアユタヤ朝に対抗するため、明に援護を依頼している。

ムザッファル・シャー

生没 不詳
在位 1445年～1459年

　王位継承紛争に勝利して即位した第5代国王ムザッファル・シャーは、マラッカ国王として最初にスルタン号を称した人物であり、ムザッファル・シャーの治世の頃から、中国や琉球、マレーの史料の記述内容が一致してくる。アユタヤ朝の2度にわたる攻撃を退けながら領土を拡大して、マラッカ海峡の交易を支配できる体制をつくり上げていった。また、西アジアやインドのムスリム商人を引き付けることで海上商業国家としての最盛期を築いている。

XII 東南アジア

スルタン・マンスール

生没 不詳
在位 1459年～1477年

　先王ムザッファル・シャーの後継者。王国の初期から、要職は王族が占めて国王を補佐していたがスルタン・マンスールが王位についた際には先王ムザッファル・シャーが遺言で指名した後継者を暗殺。そして、王族を政治の中枢から排除し、統治者としての絶対的な地位を確立したのである。
　他国とは婚姻関係を結ぶなどして、王国の繁栄と安定を維持し、国際貿易の中心地に育てていった。

スルタン・アラウッディン・リアヤト・シャー

生没 不詳
在位 1477年～1488年

　先王スルタン・マンスールの後継者。当時のマラッカ王国では、イスラム法と海洋法のふたつの法律を採択していた。イスラム法では権力が乱用された場合の記述や、召使や奴隷の人権を認める記述があるのだがスルタン・アラウッディン・リアヤト・シャーは適正な交易が行われているかを確認するために、町人姿となって街を練り歩いたという。
　彼の治世の頃から、マラッカ王国の勢力圏にあった港市国が徐々に独立していった。

スルタン・マームド

生没 不詳
在位 1488年～1511年

　先王スルタン・アラウッディン・リアヤト・シャーの子。幼くしてスルタンに擁立されているが、有能な後見人に支えられて交易港としてのマラッカは最盛期を迎える。1509年には来航したポルトガル人に対し、貿易の許可を与えている。しかし、東南アジアでの交易を有利にしたいポルトガル人は攻撃的な態度を取り、やがてマラッカ王国を占領してしまう。スルタン・マームドは逃れ、マレー半島南部にジョホール王国を創建した。

パラメーシュヴァラ ── ムガト・イスカンダル・シャー ── モハメド・シャー

　スリ・パラメスワラ・デワ・シャー ── ムザッファル・シャー

　スルタン・マンスール ── スルタン・アラウッディン・リアヤト・シャー ── スルタン・マームド

第XIII章 ラテンアメリカ

アステカ帝国

12世紀〜1525年

　アステカ帝国は12世紀半ばから16世紀にかけて南アメリカを支配した一大都市である。アステカ族の王がメキシコ盆地に南下していた最中、女呪術者が率いる軍団と対立し一時弱体化したが、他王族の傭兵となり国力を強めた。テスココ湖上の島に首都を定め、自然要塞都市として防衛に強い国となる。初期にはクルワカン王族、アスカポツァルコ王族と婚姻関係を結び、近隣諸国に負けない勢力を着実に付けた。後にはこれらの強国を撃破し、各国と交易を進める。都の近郊には「太陽のピラミッド」や「月のピラミッド」を始めとした多くの壮麗な神殿や建造物がたてられる。1519年、スペイン人がラテンアメリカに下り立ち、伝染病を伝え帝国民の9割が病死。また、アステカ帝国には白い肌の神々が来訪する神話があったため、侵略に対し抵抗できず、略奪の限りを尽くされてしまう。神殿の祭礼に集っていた非武装の民間人と神官への虐殺も起こり、神像や神殿を含めた多くの建造物が破壊され、金や銀を含めた財宝も持ち去られる。生きのこった一割の帝国民の士気は高く略奪者を押し返すが、再度天然痘が流行する。1525年、スペイン軍により最後の皇帝が拷問され、処刑された。

12世紀	アステカ族の王、北部アストランよりメキシコ盆地に向けて南下
1345年	テスココ湖の小島に、首都を定める
1350年頃	強国と婚姻関係を結び、帝国の基盤を固める
1428年	強国アスカポツァルコに勝利を治め、大アステカ帝国が確立。宗教体系や官僚制度を形作る
1470年頃	「太陽の石」作られる
1473年	商業都市トラテロルコを併合し経済面での強化を行う
1487年	首都テノチティトランに大神殿が完成し、大祭礼を成す
1490年頃	北アメリカまでを征服し、領土を拡大する
1504年	強国テスココを征服し、君主には皇帝の親族を据える
1509年	近隣の火山が爆発するなど帝国内に不安が広がる
1519年11月8日	スペイン軍がアステカ帝国に入国するも神話があったため、抵抗できず
1519年11月某日	スペイン軍により、神殿の神像が破解される
1519年11月14日	スペイン軍により皇帝が幽閉され、貴族が捕縛される
1520年5月	神殿の祭礼に集まっていた非武装の最高位神官がスペイン軍に虐殺される
1520年某月	スペイン軍の持ち込んだ伝染病が流行し、皇帝や戦士が病死する
1525年	最後の皇帝がスペイン軍に捕縛され、拷問を受けた末に処刑される

アステカ帝国

アカマピチトリ

生没 ?～1395年
在位 1375年～1395年

　父はアステカ族、母は強国クルワカン王族。さらにもう一つの強国テスココ王族の血も引く。1375年頃、アステカ族の前首長チノチが逝去。帝国内部の力をつけるために周辺諸国から高貴な血筋を持ったアカマピチトリが王として迎えられる。アステカ族の長老は「王よ、あなたは休みに来たのではありません。責務を負うために来たのです」と伝えたと云う。正妻には母と同じ強国クルワカン王族の娘を迎え、縁故の薄いアステカ帝国において堅実に民と苦楽を共にした。

ウィツィリウィトル

生没 ?～1417年
在位 1395年～1417年

　先帝アカマピチトリの子。母はアステカ族の娘。強国アスカポツァルコの娘を正妻とし、他にも少なくとも3人の妃を娶り、周辺諸国との融和をさらに進めた。周辺諸国とは半同盟的な体制を維持し、彼等の支配下には下らないものの、敵対はしない方針を進めている。征服戦争も行っているが、後代ほど大規模ではなく、内政面においては織物産業を推進し経済面を充実させた。以後、アステカ帝国は綿産業の分野で目覚ましい発展を遂げることとなる。

チマルポポカ

生没 ?～1427年
在位 1417年～1427年

　先帝ウィツィリウィトルの子。母の出身国アスカポツァルコの血筋を頼って即位する。チマルポポカ帝はアスカポツァルコの君主の孫として、当初は双方の国から慈しまれたという。しかし1427年頃、強国アスカポツァルコの大王が死去。アスカポツァルコはアステカ帝国に完全服従を求め、戦争が勃発したためチマルポポカ帝は幽閉されてしまう。屈辱に耐えかねたチマルポポカは、獄中で死去する。10年間の治世の多くを、アスカポツァルコ国に左右された。

イツコアトル

生没 ?～1440年
在位 1427年～1440年

　先帝チマルポポカの叔父。強国アスカポツァルコがアステカ帝国に完全服従を求めて来た際、アステカの誇りにかけて開戦を唱えた。イツコアトルは一世一代の賭けに出る。敵対関係にあった周辺諸国と同盟を結び、2年間の死闘の末、強国アスカポツァルコを撃破する。その後は善政を敷き、都の道路及び水路を整備し、商業都市の発展を進め、アステカ帝国の勢威を拡大させた。さらには、独立したい国や地域があれば認め、内政面でも優れた素質を見せている。

XIII ラテンアメリカ

モクテスマ1世

生没 ?～1469年
在位 1440年～1469年

　先帝イツコアトルの甥。名は「空を射る者」の意。アステカ帝国では皇帝が軍事を、副王が内政を司った。

　有名な副王は名をトラエカレルという。ウィツィリウィトル帝の子であり、チマルポポカ帝やモクテスマ1世の異母兄弟にあたる。副王トラエカレルは、モクテスマ1世らと共に数々の戦いに出陣し英雄と称せられたが皇帝に推薦されても拒否し、100年に渡って帝国を陰から支えた。モクテスマ1世の武勇と、副王トラエカレルの知力の両輪によって、この時代に盤石な体制が形作られる。民衆の間では、モクテスマ1世は太陽に、副王トラエカレルは明けの明星に例えられた。

　モクテスマ1世は、都市に二重の水道管を通し、湖の上にある首都にも淡水が常に供給されるよう整備した。他民族との交易も行い、諸国の文化を取り入れた。文化的爛熟を迎えたのもこの時代である。さらには副王の推薦により太陽神信仰が確立し、生贄の儀式も推進される。以後、大義が与えられ戦士の戦闘意欲が増し、戦争が進めやすくなったことが後の軍略都市アステカを形作ってゆくこととなる。

アシャカトル

生没 ?～1481年
在位 1469年～1481年

　先帝モクテマス1世の孫。商業都市トラテロルコを併合し経済面での充実を図る。詩作を行い「太陽の石」を作る。戦争で大敗を喫し、ティソクに譲位する。

ティソク

生没 ?～1486年
在位 1481年～1486年

　先帝アシャカトルの兄弟。反乱を抑え建設事業を推進したが、戦争に消極であったため、次帝アウィツォトルと副王トラエカレルに毒殺される。

アウィツォトル

生没 ?～1502年
在位 1486年～1502年

　先帝ティソクの兄弟。商人を重用し、敵国の情報を手に入れて進軍する情報戦に特化した。北アメリカに至るまでを掌中に治め、帝国の領土を治世前の二倍に広げる。「水に棲む怪物」の異名を取る。反乱を起こした軍事都市には再度攻め込み、成人は殺害、子どもたちは分散移住させている。他地域への見せしめと重要拠点の解体の一挙両得を図る、軍事・内政戦略共に優れた王であった。治水工事や、官僚制度の充実、首都の大神殿の建造も推し進めている。

アステカ帝国

モクテスマ2世

生没 1466年～1520年
在位 1502年～1520年

アシャカトル帝の子。アステカの神話には「一の葦の年」に白い肌の神が還って来るという神話がある。その「一の葦の年」に当たる1519年、エルナン・コルテス率いるスペイン軍が襲来した。火山の噴火や隕石が神殿に落下するなどの天変地異が重なっていたこともあり、帝国民は抵抗できなかった。官僚制度を充実させ、知性の強い王として知られていたモクテスマ2世は、コルテスに皇帝と同格の称号を授けようと計らう。神殿へも案内したが、スペイン軍はアステカ神像を破壊した。さらには王宮の大部屋三つ分の金銀を略奪した。ほどなく、モクテスマ2世は幽閉され、民衆への虐殺が始まった。同時にスペイン人の持ち込んだ天然痘により戦士や民衆の多くは倒れ、経済・文化・建築技術・人間に至るまで多くがスペイン軍に略取された。

翌年の大祭礼の日、神官・非武装一般市民をスペイン軍が突如として襲来。血と花冠に神殿が濡れた。モクテスマ2世は民衆の怒りを治めるために幽閉先から戻され説得に向かわせられるが、翌日急逝した。スペイン軍がアステカ帝国に下り立ってからわずか半年のことである。

クィトラワク

生没 ?～1520年
在位 1520年～1520年

先帝モクテスマ2世の弟。スペイン人襲来から半年後、兄帝が急逝し即位。即位からわずか80日後、天然痘にかかり、多くの帝国民とともに病死する。

クアウテモック

生没 1495年～1525年
在位 1520年～1525年

アウィツォトル帝の子。捕縛された際にも誇りを失わず、短刀を指さし「名誉を携えて殺せ」と命ずるも、激しく拷問され処刑される。享年29歳であった。

```
アカマピチトリ ─┬─ ウィツィリウィトル ── チマルポポカ
              └─ イツコアトル
      ┌┈┈┈┈┈┈┈┈┈┈┈┈┈┈┤
      └─ モクテスマ1世 ─┬─ アシャカトル ─┬─ モクテスマ2世
                      │               └─ クィトラワク
                      ├─ ティソク
                      └─ アウィツォトル ── クアウテモック
```

XIII ラテンアメリカ

インカ帝国
1438年～1533年

　インカ帝国は芸術・軍備・教育の点において傑出した文化を誇った世界都市である。前進のクスコ王国は13世紀に成立。1438年、クスコ王国の王子パチャクテクが近隣諸王との戦いに勝利し、王国内部を再編、周辺諸国を統一しインカ帝国を成立。1480年頃に皇帝主導の大航海を行い、イースター島やガラパゴス諸島に技術と文化を伝える。建築技術は世界屈指であり、世界遺産「マチュ・ピチュ」を始めとした壮麗な宮殿を数多く建設する（略奪により、現在は大半が消失）。国の標語は「嘘をつくな、盗むな、怠けるな」。南アメリカの西半分を掌中に収め、超巨大国家として繁栄を誇る。

　1527年、スペインからもたらされた天然痘により皇帝・皇太子をふくむ人口の80％が死亡。混乱に乗じてスペイン軍がインカ帝国の非武装民間人を虐殺する。皇帝はスペイン人に金銀を与えるが、スペイン軍に改心はなかった。この後、インカ帝国皇帝になった者には暗殺か処刑か天然痘の再流行による病死しか許されなかった。1536年、スペイン軍に対する反乱がおこり、新インカ帝国が成立。戦いを優位に進めていたが、匿ったスペイン人によって皇帝が暗殺される。1572年、新インカ帝国最後の皇帝が処刑され、大帝国は終焉を迎えた。

13世紀	クスコ王国成立
1438年	クスコ王国王子パチャクテク、周辺諸国を制圧しインカ帝国を成立
1440年頃	インカ帝国皇帝パチャクテクにより「マチュピチュ」が建造される
1480年頃	大航海を行う。イースター島、ガラパゴス諸島にたどり着き、建造技術を伝える
1520年頃	領土を最大図版まで広げ、現エクアドルも掌中に収める
1527年	スペイン軍より天然痘が流入され、帝国人口の80％と皇帝及び皇太子が病死する
1530年頃	兄帝に幽閉された弟皇子の元に一人の少女が現れ、脱走させる。弟皇子、兄帝との戦いに勝利する
1533年	スペイン人宣教師により7000人の非武装民間人が虐殺される。金銀を渡すが略奪が続き、インカ帝国の富の8割が略奪され、建造物が破壊される
1538年	反乱が起こり、新インカ帝国が立つ
1539年	新インカ帝国皇帝妃、殺害される
1541年	新インカ帝国皇帝、匿ったスペイン人に暗殺される
1570年	スペイン国王フェリペ2世に向けて、帝国国民の受けた苦しみが訴えられたが、一蹴される
1572年	新インカ帝国最後の皇帝、スペイン軍によって処刑される

インカ帝国

パチャクテク

生没 ?〜1471年
在位 1438年〜1471年

　クスコ国王ウィラコチャの子。名は「造り変えるもの」の意。1430年頃、長年の宿敵チャンカ族がクスコ王国に襲来。この時、父王と兄は国を放棄した。王子パチャクテクはわずかに残った兵を結集させ防衛に専念し、宿敵を打ち負かす。周辺諸国も統治し、クスコ王国をインカ帝国として再編。インカ帝国皇帝として即位する。壮麗な大都市や神殿を多く建造し、世界遺産「マチュピチュ」が造られたのもパチャクテクの時代とされる。1471年、惜しまれつつ病死する。

トゥパック・インカ・ユパンキ

生没 ?〜1493年
在位 1471年〜1493年

　先帝パチャクテクの子。父帝とともにインカ帝国の勢力を拡大した。父帝の在位中はインカ軍最高司令官の任に当たり数多くの功績を残す。アンデス山脈に沿って北の現エクアドルまで達した功績により「アンデス山脈のナポレオン」の異名を取る。キトの町に壮麗な都市を再建。1480年頃に10か月間に及ぶ大航海を決行。ガラパゴス諸島やイースター島に達し、文化芸術や巨石建造技術を伝える。1493年、インカ帝国最大の敵、チムー王国を征服し国の安定を願いつつ病死する。

ワイナ・カパック

生没 ?〜1527年
在位 1493年〜1527年

　先帝トゥパック・インカ・ユパンキの子。母はカリーニャ一族の女性。名は「素晴らしい若者」の意。征伐地域を広げ、南は現在のチリ・アルゼンチン、北はエクアドル・コロンビアまでが領土となった。前帝が再建したキトの町を巨大な要塞都市として確立し、ここで側室を得る。新しい壮麗な宮殿も建立し、都とする。建築・軍備面において卓抜した治世だった。1527年、スペイン人がインカ帝国を訪れ、天然痘が流行する。これにより、インカ人の80％とともに病死する。

ニナン・クヨチ

生没 ?〜1527年
在位 1527年?

　先帝ワイナ・カパックの子。母はワイナ・カパック帝の正妃。父帝とともにインカ帝国の領土を広げ、全国に神殿を建造した。また、「嘘をつくな、盗むな、怠けるな」という帝国の標語通り、貴族の子弟にも労働を課す。1527年にスペイン人が伝えた天然痘により、父帝や国民の80％とともに病死する。この病死が内戦の契機となる。インカ帝国の最盛期に生まれ、インカ帝国の没落に起因する天然痘によって逝去した。即位は数日だったとも云われる。

XIII ラテンアメリカ

ワスカル

生没 1503年～1532年
在位 1527年～1532年

　先々帝ワイナ・カパックの子で、先帝ニナン・クヨチの同母弟。先帝と同じく正妃の子。名は「喜びの太陽」の意。父帝と兄帝が急逝したことを聞き、都で軍備を整える。帝国の大半をおさえ、弟アタワルパのいる町へ進軍、弟を捉え幽閉する。内戦は終わると安堵したが、一人の少女が現れ弟を脱走させる。士気の上がった弟の軍隊は止められず、敗戦。帝位をおり静かな生活を始めたが、スペイン人によって暗殺された。勢力争いに翻弄された29年間だった。

アタワルパ

生没 1502年～1533年
在位 1532年～1533年

　先帝ワスカルの異母兄弟。母はキト出身の側室。名は「幸福な鶏」の意。兄との内戦において捕えられ幽閉されるも、一人の少女が現れ脱出。将軍たちと合流し軍を再編、兄の軍を破り帝位につく。スペインのフランシスコ・ピサロからキリスト教に改宗するよう要求されるが、拒否。目の前で7000人の非武装民間人が虐殺された。財宝を差し出したが、スペイン人は改心せず虐殺は継続。その間に帝位を退いていた兄が暗殺され、暗殺を指示した濡れ衣を着せられて処刑される。

トゥパック・ワルパ

生没 ?～1533年
在位 1533年～1533年

　先帝アタワルパの異母兄弟。兄のワスカル帝・アタワルパ帝の二人がスペイン軍に殺され、インカ帝国内部では怒りが募っていた。その怒りをおさめるために擁立された傀儡皇帝である。皇位継承式はスペイン軍主導で大々的に行われ、インカ帝国を征服するつもりはないと宣伝したが、不信だけが残った。トゥパック・ワルパの在位中、スペイン軍はインカ帝国の8割の富を収奪、横領。その事実を知ることなく、皇帝位継承式からすぐ、天然痘により急逝する。

マンコ・ユパンキ

生没 1516年～1544年
在位 1533年～1544年

　先帝トゥパック・ワルパの異母兄弟。下級貴族の子との説もある。先帝トゥパック・ワルパの死後、スペイン人征服者に17歳の時に擁立される。20歳になった年、自分が傀儡皇帝だと気づき、宗教儀式に見せかけて国を脱出。兵を募ると、度重なる虐殺に耐えた10万人のインカ帝国戦士が集まった。剣を鍛え進軍したが、再度天然痘が流行。戦士の殆どが病死。皇帝妃が殺されたのち、遠隔地に新インカ帝国を立てる。内部分裂を起こしたスペイン人を匿うが、彼らに暗殺される。

インカ帝国

サイリ・トゥパック

- 生没 ?～1561年
- 在位 1545年～1560年

先帝マンコ・ユパンキの子。虐殺の続いた帝国において、人民を生き残らせるために主権を放棄する。晩年は、静かな谷合いの村で帝国民と生活を共にした。

ティトゥ・クシ

- 生没 ?～1571年
- 在位 1560年～1571年

先帝サイリ・トゥパックの弟。兄帝の逝去後、即位。スペインのフェリペ2世に帝国民の苦しい生活を訴えるも一蹴される。天然痘の再流行により病死する。

トゥパック・アマル

- 生没 ?～1572年
- 在位 1571年～1572年

先帝ティトゥ・クシの弟。名前は「高貴な龍」「輝ける龍」の意。即位から1年後、スペイン軍の来襲により新インカ帝国が滅亡。捕えられて激しい拷問を受けた。処刑台に上った時も傷痕は生々しく、民衆は慟哭した。征服者が諫めても止まらず、再度の虐殺が起こるかに思われたその時、「最後の皇帝」が自帝国民を制した。毅然とした声で誇りと希望について語り始め、民衆は目に耀きを取り戻したと言う。気概は後の世に受け継がれ、子孫にはペルーの独立指導者がいる。

クリストバル・パウリュ・インカ

- 生没 ?～1549年
- 在位 1537年～1549年

ワイナ・カパック帝の子。兄帝がスペイン軍に反逆した際に参戦せず、傀儡皇帝となる。新インカ帝国とスペインの講和を成立させたが、帰路に突然死する。

カルロス・パウリュ・インカ

- 生没 ?～1582年
- 在位 1549年～1582年

スペイン側皇帝クリストバル・パウリュ・インカの子。新インカ帝国の皇帝トゥパック・アマルが殺害されると、傀儡としての存在価値を失い退位させられる。

XIII ラテンアメリカ

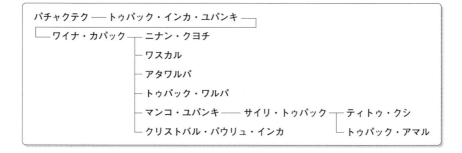

国別索引

あ

- アイユーブ朝 …………………… 102
- アケメネス朝ペルシア …………… 50
- アステカ帝国 …………………… 638
- アッシリア王国 ………………… 26
- アッバース朝 …………………… 84
- アユタヤ朝 ……………………… 602
- アラゴン王国 …………………… 262
- アルケサス朝パルティア ………… 56
- アンコール朝 …………………… 590
- イスラエル王国 ………………… 38
- インカ帝国 ……………………… 642
- イングランド王国 ……………… 338
- ウマイヤ朝 ……………………… 80
- エジプト王国 …………………… 12
- オーストリア=ハンガリー帝国 …… 258
- オスマン帝国 …………………… 114

か

- カスティーリャ王国 …………… 270
- 漢（かん） ……………………… 446
- 魏（ぎ） ………………………… 454
- 金（きん） ……………………… 488
- クシャナ朝 ……………………… 428
- 百済（くだら） ………………… 524
- グプタ朝 ………………………… 432
- グレートブリテン連合王国 …… 352
- クロアチア王国 ………………… 402
- 元（げん） ……………………… 492
- 阮朝越南（げんちょうえつなん） …… 586
- 呉（ご） ………………………… 456
- 高句麗（こうくり） …………… 516
- 高麗（こうらい） ……………… 540
- コンバウン朝 …………………… 624

さ

- サーサーン朝ペルシア ………… 68
- サファビー朝 …………………… 110
- 蜀（しょく） …………………… 458
- 新羅（しらぎ） ………………… 530
- 秦（しん） ……………………… 444
- 晋（しん） ……………………… 460
- 清（しん） ……………………… 510
- シンガサリ王国 ………………… 628
- 神聖ローマ帝国 ………………… 238
- 隋（ずい） ……………………… 464
- スウェーデン王国 ……………… 302
- スコタイ朝 ……………………… 598
- スコットランド王国 …………… 326
- スパルタ王国 …………………… 126
- スペイン王国 …………………… 276
- セルジューク朝 ………………… 98
- セルビア王国 …………………… 406
- セレウコス朝シリア …………… 144
- 宋（そう） ……………………… 482

た

- タウングー朝 …………………… 620

チャクリー朝……………………612
朝鮮(ちょうせん)………………550
陳朝大越(ちんちょうだいえつ)……574
ティムール朝……………………106
デンマーク王国…………………310
ドイツ帝国………………………254
唐(とう)…………………………466

な

ノルウェー王国…………………292

は

パガン朝…………………………616
バビロニア王国…………………8
ハンガリー王国…………………384
ビザンツ帝国……………………184
ヒッタイト王国…………………22
ファーティマ朝…………………94
プトレマイオス朝エジプト……152
フランク王国……………………210
フランス王国……………………224
フランス帝国……………………236
ブルガリア帝国…………………358
プロイセン王国…………………254

ポーランド王国…………………370
ボスニア王国……………………410
渤海(ぼっかい)…………………474
ボヘミア王国……………………396
ポルトガル王国…………………280

ま

マウリア朝………………………424
マケドニア王国…………………134
マジャパヒト王国………………630
マラッカ王国……………………634
明(みん)…………………………504
ムガール帝国……………………436

や

ユダ王国…………………………44

ら

李朝大越(りちょうだいえつ)……570
琉球王国(りゅうきゅうおうこく)……560
遼(りょう)………………………478
黎朝大越(れいちょうだいえつ)……578
ローマ帝国………………………160
ロシア帝国………………………414

647

主要参考文献

◆全章
『増補版 世界帝王系図集』下津清太郎　近藤出版社　1987年
『新訂 世界歴代王朝王名総覧』ジョン.E.モービー　東洋書林　1998年
『世界人名大辞典』岩波書店辞典編集部　岩波書店　2013年
『ラルース図説世界史人物百科 1 古代－中世』フランソワ・トレモリエール　原書房　2004年
『ラルース図説世界史人物百科 2 ルネサンス－啓蒙時代』フランソワ・トレモリエール　原書房　2004年
『ラルース図説世界史人物百科 3 フランス革命－世界大戦前夜』フランソワ・トレモリエール　原書房　2005年
『ラルース図説世界史人物百科 4 世界大戦－現代』フランソワ・トレモリエール　原書房　2005年
『ケンブリッジ世界人名辞典』デイヴィド・クリスタル　岩波書店　1997年
『新版 世界史事典』山崎宏　評論社　1991年
『新訂増補 世界民族問題事典』松原正毅　平凡社　2002年
『新編 東洋史辞典』京大東洋史辞典編纂会　東京創元社　1980年
『新編 西洋史辞典』京大西洋史辞典編纂会　東京創元社　1983年
『西洋人名辞典』岩波書店編集部　岩波書店　1981年店
『世界史辞典』西川正雄　角川書店　2001年
『改訂増補 世界戦争事典』ジョージ.C.コーン　河出書房新社　2006年

◆第Ⅰ章　中東
『世界の歴史 01 人類の起原と古代オリエント』　中央公論社　1998年
『世界の歴史 04 オリエント世界の発展』　中央公論社　1997年
『世界の歴史 08 イスラーム世界の興隆』　中央公論社　1997年
『世界の歴史 15 成熟のイスラム社会』　中央公論社　1998年
『世界の歴史 20 近代イスラームの挑戦』中央公論社　1996年
『新版 世界各国史 8 西アジア史Ⅰ アラブ』　山川出版社　2002年
『新版 世界各国史 9 西アジア史Ⅱ イラン・トルコ』　山川出版社　2002年
『オリエント史講座　1　オリエント世界の誕生』前嶋信次編　学生社　1984
『オリエント史講座　2　古代文明の発展』前嶋信次編　学生社　1985
『オリエント史講座　3　渦巻く諸宗教』前嶋信次編　学生社　1982
『オリエント史講座　4　カリフの世界』前嶋信次編　学生社　1982
『オリエント史講座　5　スルタンの時代』前嶋信編　学生社　1986
『オリエント史講座　6　アラブとイスラエル』前嶋信次編　学生社　1986
『物語中東の歴史　オリエント五〇〇〇年の光芒』牟田口義郎　中央公論新社　2001年
『物語イスラエルの歴史　アブラハムから中東戦争まで』高橋正男　中央公論新社　2008年
『物語イランの歴史　誇り高きペルシアの系譜』宮田律　中央公論新社　2002年
『古代オリエント事典』日本オリエント学会　岩波書店　2004年
『古代エジプト ファラオ歴代誌』ピーター・クレイトン　創元社　1999年
『古代エジプト女王・王妃歴代誌』ジョイス・ティルディスレイ　創元社　2008年
『古代エジプトの歴史　新王国時代からプトレマイオス朝時代まで』山花京子　慶應義塾大学出版会　2010年

『古代エジプトを知る事典』吉村作治　東京堂出版　2005年
『古代エジプトなるほど事典』吉村作治監修　実業之日本社　2001年
『エジプト歴代王朝史』エイダン・ドドソン　東洋書林　2012年
『古代エジプトうんちく図鑑』芝崎みゆき　バジリコ　2004年
『ファラオのエジプト』吉成薫　廣済堂出版　1998年
『大英博物館』イアン・ショー、ポール・ニコルソン　原書房　1997年
『図説王家の谷百科』ニコラス・リーヴス、リチャード・H・ウィルソン　原書房　1998年
『旧約聖書の王歴代誌』ジョン・ロジャーソン　創元社　2000年
『ペルシア帝国』ピエール・ブリアン　創元社　1996
『イスラーム世界の二千年　文明の十字路中東全史』バーナード・ルイス　草思社　2001年
『イスラームの国家と王権』佐藤次高　岩波書店　2004年
『イスラーム世界歴史地図』デヴィッド・ニコル　明石書店　2014年
『イスラーム歴史文化地図』マリーズ・ルースヴェン　悠書館　2008年
『イスラムの時代　マホメットから世界帝国へ』前嶋信次　講談社　2002年
『イスラムの世界戦略　コーランと剣－一四〇〇年の拡大の歴史』宮田律　毎日新聞社　2012年
『オスマン帝国衰亡史』アラン・パーマー　中央公論社　1998年
『オスマン帝国　イスラム世界の「柔かい専制」』鈴木董　講談社　1992年
『新イスラム事典』日本イスラム協会　平凡社　2002年
『イスラーム教を知る事典』渥美堅持　東京堂出版　1999年
『中東人名辞典』中東調査会　1979年

◆第Ⅱ章　ギリシア・ローマ
『世界の歴史 05 ギリシャとローマ』　中央公論社　1997年
『世界の歴史 11 ビザンツとスラヴ』　中央公論社　1998年
『新版 世界各国史 17 ギリシア史』　山川出版社　2005年
『新版 世界各国史 15 イタリア史』　山川出版社　2008年
『ギリシアを知る事典』周藤芳幸・村田奈々子　東京堂出版　2000年
『古代ローマを知る事典』長谷川岳男　東京堂出版　2004年
『地中海事典』地中海学会　三省堂　1996年
『物語古代ギリシア・ローマ人物地名事典』安達正　彩流社　2008年
『古代ギリシアの歴史　ポリスの興隆と衰退』伊藤貞夫　講談社　2004年
『図説 古代ギリシアの戦い』ヴィクター・デイヴィス・ハンセン　東洋書林　2003年
『古代ギリシア史における帝国と都市　ペルシア・アテナイ・スパルタ』中井義明　ミネルヴァ書房　2005年
『ローマ帝国愚帝列伝』新保良明　講談社　2000年
『ローマ皇帝歴代誌』クリス・スカー　創元社　1998年
『ローマ帝国と皇帝たち』ニック・マッカーティ　原書房　2007年
『ローマ皇帝伝 上』スエトニウス　岩波書店　1986年
『ローマ皇帝伝 下』スエトニウス　岩波書店　1986年
『ビザンツ　驚くべき中世帝国』ジュディス・ヘリン　白水社　2010年
『ビザンツ幻影の世界帝国』根津由喜夫　講談社　1999年
『ビザンツ帝国史』尚樹啓太郎　東海大学出版会　1999年

◆第Ⅲ章　西ヨーロッパ

『世界の歴史 10　西ヨーロッパ世界の形成』　中央公論社　1997年
『世界の歴史 17　ヨーロッパ近世の開花』　中央公論社　1997年
『世界の歴史 21　アメリカとフランスの革命』　中央公論社　1998年
『世界の歴史 22　近代ヨーロッパの情熱と苦悩』　中央公論社　1999年
『新版 世界各国史 12 フランス史』　山川出版社　2001年
『新版 世界各国史 13 ドイツ史』　山川出版社　2001年
『世界の歴史　9　ヨーロッパ中世』鯖田豊之　河出書房新社　1989年
『カペー朝　フランス王朝史1』佐藤賢一　講談社　2009年
『ヴァロア朝　フランス王朝史2』佐藤賢一　講談社　2014年
『神聖ローマ帝国』菊池良生　講談社　2003年
『神聖ローマ帝国　1495-1806』ピーターH.ウィルソン　岩波書店　2005年
『ハプスブルク家　ヨーロッパの一王朝の歴史』アーダム・ヴァントルツカ　谷沢書房　1981年
『ハプスブルク家』江村洋　講談社　1990年
『ハプスブルク一千年』中丸明　新潮社　1998年
『ハプスブルク君主国1765-1918　マリア＝テレジアから第一次世界大戦まで』ロビン・オーキー　ＮＴＴ出版　2010年
『ＥＵ情報事典』村上直久　大修館書店　2009年
Hansert, Andreas: Konige und Kaiser in Deutschland und Osterreich (800-1918), Petersberg: Michael Imhof Verlag, 2006
Deutsche Biographie　http://www.deutsche-biographie.de/

◆第Ⅳ章　イベリア半島

『世界の歴史 16 ルネサンスと地中海』　中央公論社　1996年
『新版 世界各国史 16 スペイン・ポルトガル史』　山川出版社　2000年
『スペイン・ポルトガルを知る事典』池上岑夫　平凡社　2001年
『カタルーニャを知る事典』田澤耕　平凡社　2013年
『スペイン三千年の歴史』アントニオ・ドミンゲス・オルティス　昭和堂　2006年
『物語スペインの歴史　海洋帝国の黄金時代』岩根圀和　中央公論新社　2002年
『物語スペインの歴史 人物篇 エル・シドからガウディまで』岩根圀和　中央公論新社　2004年
『ポルトガルの歴史』デビッド・バーミンガム　創土社　2002年
『ポルトガル史　増補新版』金七紀男　彩流社　2010年

◆第Ⅴ章　スカンディナビア半島

『新版 世界各国史 21 北欧史』　山川出版社　1998年
『デンマーク国民をつくった歴史教科書』ニコリーネ・マリーイ・ヘルムス　彩流社　2013年
『ノルウェーの歴史』エイヴィン・ステーネシェン、イーヴァル・リーベク　早稲田大学出版部　2005年
『物語スウェーデン史』武田龍夫　新評論　2003年

◆第Ⅵ章　ブリテン諸島

『新版 世界各国史 11 イギリス史』　山川出版社　1998年
『世界歴史大系　イギリス史Ⅰ』　山川出版社　1991年
『スコットランド王国史話』森護　大修館書店　1988年

『図説 スコットランドの歴史』リチャード・キレーン　彩流社　2002年
『スコットランド歴史紀行』小牧英之　松柏社　2004年
『イングランド王国前史 アングロサクソン七王国物語』桜井俊彰　吉川弘文館　2010年
『イギリス王室1000年史　辺境の王国から大英帝国への飛翔』石井美樹子　新人物往来社　2011年
『幽霊のいる英国史』石原孝哉　集英社　2003年

◆第Ⅶ章　東ヨーロッパ
『新版 世界各国史 22 ロシア史』　山川出版社　2002年
『新版 世界各国史 19 ドナウ・ヨーロッパ史』　山川出版社　1999年
『新版 世界各国史 20 ポーランド・ウクライナ・バルト史』　山川出版社　1998年
『新版 世界各国史 18 バルカン史』　山川出版社　1998年
『新版 ロシアを知る事典』川端香男里　平凡社　2004年
『新版 東欧を知る事典』柴宜弘　平凡社　2015年
『中央ユーラシアを知る事典』小松久男　平凡社　2005年
『ロシア皇帝歴代誌』デヴィッド・ウォーンズ　創元社　2001年
『ブルガリアの歴史』R.J.クランプトン　創土社　2004年
『クロアチアを知るための60章』柴宜弘、石田信一　明石書店　2013年
『ボスニア・ヘルツェゴビナ史』ロバート.J.ドーニャ、ジョン.V.A.ファイン　恒文社　1995年

◆第Ⅷ章　インド
『世界の歴史 03 古代インドの文明と社会』　中央公論社　1997年
『世界の歴史 14 ムガル帝国から英領インドへ』　中央公論社　1998年
『新版 世界各国史 7 南アジア史』　山川出版社　2004年
『世界の歴史 14 イスラーム・環インド洋世界』　岩波書店　2000年
『世界の歴史 4 悠久のインド』　講談社　1985年
『新版 南アジアを知る事典』　平凡社　2008年
『インドを知る事典』　東京堂出版　2007年
『アショーカ王とその時代 インド古代史の展開とアショーカ王』山崎元一　春秋社　1982年
『ムガル皇帝歴代誌』フランシス・ロビンソン　創元社　2009年
『インドのムガル帝国軍』デヴィット・ニコル　新紀元社　2001年

◆第Ⅸ章　中国
『中国皇帝歴代誌』アン・パールダン　創元社　2000年
『中国歴代皇帝人物事典』岡崎由美　河出書房新社　1999年
『新版 世界各国史 3 中国史』　山川出版社　1998年
『世界の歴史 02 中華文明の誕生』　中央公論社　1998年
『世界の歴史 06 隋唐帝国と古代朝鮮』　中央公論社　1997年
『世界の歴史 07 宋と中央ユーラシア』　中央公論社　1997年
『世界の歴史 09 大モンゴルの時代』　中央公論社　1997年
『世界の歴史 12 明清と李朝の時代』　中央公論社　1998年
『世界の歴史 19 中華帝国の危機』　中央公論社　1997年
『世界の歴史 25 アジアと欧米世界』　中央公論社　1998年
『中国の歴史 03 ファーストエンペラーの遺産』　講談社　2004年
『中国の歴史 04 三国志の世界』　講談社　2005年

『中国の歴史 05 中華の崩壊と拡大』　講談社　2005年
『中国の歴史 06 絢爛たる世界帝国』　講談社　2005年
『中国の歴史 07 中国思想と宗教の奔流』　講談社　2005年
『中国の歴史 08 疾駆する草原の征服者』　講談社　2005年
『中国の歴史 09　海と帝国』　講談社　2005年
『中国の歴史 10 ラストエンペラーと近代中国』　講談社　2005年
『秦漢帝国』西嶋定生　講談社　1997年
『魏晋南北朝』川勝義雄　講談社　2003年
『隋唐帝国』布目潮渢、栗原益男　講談社　1997年
『五代と宋の興亡』周藤吉之　講談社　2004年
『モンゴルと大明帝国』愛宕松男、寺田隆信　講談社　1998年
『大清帝国』石橋崇雄　講談社　2011年
『新版 世界各国史 4 中央ユーラシア史』　山川出版社　2000年
『モンゴル帝国の興亡』杉山正明　講談社新書　1996年
『モンゴル帝国の興亡』岡田英弘　筑摩書房　2001年
『渤海国の謎』上野雄　講談社　1992年
『契丹「遼」と10～12世紀の東部ユーラシア』荒川慎太郎・澤本光弘　勉誠出版　2013年
『中央ユーラシアを知る事典』小松久男　平凡社　2005年

◆第Ⅹ章　朝鮮半島

『新版 世界各国史 2 朝鮮史』　山川出版社　2000年
『世界の歴史 06 隋唐帝国と古代朝鮮』　中央公論社　1997年
『世界の歴史 12　明清と李朝の時代』　中央公論社　1998年
『韓国の歴史 国定韓国高等学校歴史教科書』申奎燮　大槻健・君島和彦訳　明石書店　2000年
『物語朝鮮の歴史』崔南善　山田昌治訳　三一書房　1988年
『物語韓国の歴史』金両基　中公新書　1989年
『人物コリア史Ⅰ』尹姫珍　図建吾訳、彩流社　2011年
『朝鮮人物事典』木村誠　大和書房　1995年
『新版 朝鮮を知る事典』伊藤亜人　平凡社　2014年
『韓国歴史地図』韓国教員大学歴史教育科　平凡社　2006年

◆第ⅩⅠ章　琉球王国

『琉球・尚氏のすべて』新人物往来社　2000年
『琉球王国』高良倉吉　岩波書店　1993年
『球陽』三一書房　1971年
『蔡鐸本　中山世譜　現代語訳』榕樹書林　1998年
『東汀随筆』喜舎場朝賢　至言社　1980年

◆第ⅩⅡ章　東南アジア

『世界の歴史 13　東南アジアの伝統と発展』　中央公論社　1998年
『新版 世界各国史 5 東南アジア史Ⅰ 大陸部』　山川出版社　1999年
『新版 世界各国史 6東南アジア史Ⅱ 島嶼部』　山川出版社　1999年
『新版 東南アジアを知る事典』桃木至朗　平凡社　2008年
『アンコール・王たちの物語　碑文・発掘成果から読み解く』石澤良昭　日本放送出版協会　2005年

『カンボジア王の年代記』坂本恭章　明石書店　2006年
『ベトナム民族小史』松本信広　岩波新書　1969年
『物語ヴェトナムの歴史 一億人国家のダイナミズム』小倉貞男　中央公論社　1997年
『ベトナム人名人物事典』西川寛生　暁印書館　2000年
『ヴェトナム　歴史の旅』小倉貞男　朝日選書　2002年
『ベトナムの歴史 ベトナム中学校歴史教科書』ファン・ゴク・リエン監修　明石書店　2008年
『タイの歴史』ロン・サヤマナン　近藤出版社　1973年
『物語タイの歴史　微笑みの国の真実』柿崎一郎　中央公論新社　2007年
『歴史物語ミャンマー 上』山口洋一　カナリア書房　2011年
『歴史物語ミャンマー 下』山口洋一　カナリア書房　2011年

◆第XIII章　ラテンアメリカ
『世界の歴史 18 ラテンアメリカ文明の興亡』　中央公論社　1997年
『新版 世界各国史 27 ラテン・アメリカ史 1 メキシコ・中央アメリカ・カリブ海』　山川出版社　1999年
『新版 世界各国史 26 ラテンアメリカ史 2 南アメリカ』　山川出版社　2000年
『新版 ラテンアメリカを知る事典』大貫良夫　平凡社　2013年
『アステカとインカ　黄金帝国の滅亡』増田義郎　小学館　2002年

執筆者紹介（五十音順）

板垣 有（いたがき ゆう）

青山学院大学卒業。スポーツや英語などについての本・雑誌で、執筆協力多数。音楽の連載も持っています。
担当：ウマイヤ朝、アッバース朝、ファーティマ朝、セルジューク朝、アイユーブ朝、ティムール朝、サファビー朝、オスマン帝国

いちたか 風郎（いちたか ふうろう）

1991年、広島県生まれ。愛媛大学法文学部人文学科卒業。得意な分野は中国古代の騎馬民族統治史や三国志の前半期。三国志をきっかけに中国史に興味を持ち、現在は漢代や南北朝時代、隋唐に関心を持っている。
担当：秦、漢、魏、呉、蜀、晋、隋、唐

伊南地 一歩（いなち いちほ）

愛知県名古屋市出身、静岡県在住の文筆家。～ココロを聴いて言葉に紡ぐ～通称【紡ぎ屋さん】の一員です。ときどき、故人様のご遺族に電話でお話をうかがってお人柄や人生を言葉にするお仕事をしています。毎日にちょっと刺激と潤いをお届けする大人の女性向けウェブマガジン「美肌茶房マガジン(bihadasabo.net/sp)」にて連載中。
ホームページ：http://tinker-tinker-tinker.jimdo.com/
担当：エジプト王国、スパルタ王国、マケドニア王国、セレウコス朝シリア、プトレマイオス朝エジプト、ローマ帝国、ビザンツ帝国、ムガール帝国

井上渉子（いのうえわたるこ）

神奈川県生まれ。日本史、特に平安～戦国時代を中心に歴史系ライターとして小説、コラムを手がける。著書に『乙女の平家物語』（新人物往来社）、共著に『センゴク バトル歳時記』（講談社）、TVドラマ「戦国★男士」監修など。遠藤明子名義でも歴史コラムを執筆。
担当国：琉球王国

V(-¥-)V　ごとう　さとき

神保町に潜む、ナゾの駄文屋。ジャンルは、オカルトから刑事訴訟法まで、多岐にわたる……というか無節操。著作『逮捕されたらこうなります！』（自由国民社）、『痴漢に間違われたらこうなります！』（自由国民社）。寄稿『超常現象ナゾ解きファイル』（大泉書店）・『Webライター入門』（技術評論社）。Webでの記名記事は『TOCANA (http://tocana.jp/)』。
担当国：アンコール朝、スコタイ朝、アユタヤ朝、チャクリー朝、パガン朝、タウングー朝、コンバウン朝

武田 佳織（たけだ かおり）

岡山県生まれ。ライター兼イラストレーター。CGデザイナーとしての参加作品に、TVアニメ『ガンダムSデスティニー』。主な共著に『このアニメ映画はおもしろい！』（青弓社）、『アニメCGの現場』（ボーンデジタル）がある。主な文章に『ウルトラマン大図鑑』『仮面ライダー大図鑑』『ヒーロー戦隊大図鑑』『ウルトラマンみ～つけた！』（ともにポプラ社）など。
担当：マウリア朝、クシャナ朝、グプタ朝、シンガサリ王国、マジャパイト王国、マラッカ王国

橘 龍介（たちばな りゅうすけ）

1986年9月17日生まれ。東京都三鷹市出身。webライター兼ブックライター。主な著書に『真田丸の夢』『吉田松陰と幕末志士たち』『世界一わかりやすい孫子の兵法』『魔法少女と学ぶ！ピケティ入門』『魔法少女と学ぶ！アドラー心理学入門』『魔法少女と学ぶ！孫子の兵法』などがある。
担当：イスラエル王国、ユダ王国、アケメネス朝ペルシア、アルサケス朝パルティア、サーサーン朝ペルシア

角田 陽一（つのだ よういち）

1974年、北海道生まれ。国学院大学卒業。平成16年よりフリーライター。得意な分野は歴史、美術、食文化、アウトドアからオカルトまで多岐に渡る。故郷・北海道の名物や歴史に詳しい。主な共著に『週末キャンプ＆アウトドア』『竹村公太郎の「地形から読み解く日本史」』『江戸の大名屋敷』などがある。趣味は味噌と梅干し作り、銭湯めぐり、薪による炊飯など。
担当：スコットランド王国、イングランド王国、グレートブリテン連合王国、渤海、遼、金、高句麗、百済、新羅、高麗、朝鮮、李朝大越、陳朝大越、黎朝大越、阮朝越南

徳原 ゆり（とくはら ゆり）

1987年生まれ。日本大学芸術学部卒業。シナリオライター・漫画原作者として活動する傍ら、短歌賞創設プロデュースや選考委員との連絡調整委員を行う。校正・編集は純文学・ライトノベル・SF・時代小説など、ジャンルを問わず行っている。創作物の時代考証及び、小説内の茶道・華道・空手道の作法指導も行い、迅速な対応が高評価を得ている。別名義での著作では、解説ゲストとしてTVにも出演。得意ジャンルは歴史と児童虐待。また、祖父母がヒロシマ被爆をし、従妹が東京電力原子力発電所事故に巻き込まれている。
担当国：アステカ帝国、インカ帝国

西端 真矢（にしはた まや）

1970年生まれ。東京都出身。1993年上智大学文学部哲学科卒業。編集プロダクション勤務後、97～98年中国・北京電影学院留学。帰国後、広告代理店2社でCMプロデューサーを務める。2007年退社後、フリーランスライターとして活動。主な執筆分野は、1）紀行エッセイ、2）日本染織文化に関する取材・インタビュー、3）和文化に関する取材・インタビュー。『婦人画報』『DUNE』『skyward』『美しいキモノ』『いろはにキモノ』誌などで執筆する。2016年5月、雄山閣より、明治から平成まで四代にわたる出版人一家を主題としたノンフィクションを出版予定。
ホームページ：www.maya-few.com
担当国：宋、元、明、清

三川 恵子（みかわ けいこ）

1972年生まれ。大学院卒業後、医療職を経て、ライター業。得意な分野は、自然科学、漢方、健康食品、美容整形、心理、精神世界、宗教、歴史。医療と精神世界を融合させた分野について、執筆中。
担当：アラゴン王国、カスティーリャ王国、スペイン王国、ポルトガル王国

三城 俊一（みき しゅんいち）

1988年奈良県生まれ。東京大学卒業。教材・学習参考書の制作、ゲーム小説の執筆の他、歴史・雑学・教養分野の書籍執筆に携わる。執筆協力した書籍に『世界史が教えてくれる！ あなたの知らない日本史』（辰巳出版）、『世界の辺境案内』（洋泉社）、『系図でたどる 日本の名家・名門』（宝島社）などがある。
ホームページ：http://shunnichi-miki1988.jimdo.com/
担当：ノルウェー王国、スウェーデン王国、デンマーク王国、ブルガリア帝国、ポーランド王国、ハンガリー王国、ボヘミア王国、クロアチア王国、セルビア王国、ボスニア王国、ロシア帝国

宮城 保之（みやぎ やすゆき）

1972年、福岡県生まれ。立教大学、東京都立大学大学院でドイツ文学を学んだ後、オーストリア政府給費奨学生としてウィーン大学で哲学を専攻、ウィーン市民大学（VHS）にて日本語教師も務める。論文に「〈否定的なもの〉と文化神学の必要性　ベンヤミンとティリッヒの照応についての一考察」（日本独文学会編『ドイツ文学』142号）等。All About「ドイツ語」ガイド。
ホームページ：http://yasumyg.nobody.jp/
担当：フランク王国、フランス王国、フランス帝国、神聖ローマ帝国、プロイセン帝国・ドイツ帝国、オーストリア・ハンガリー帝国

和田 光生（わだ みつお）

1975年生まれ。大阪市出身。歴史（日本史、世界史、三国志、女性史など）や神秘学に精通し、Webでは主にWiccaの名前で活動している。歴史や神秘学を中心とした探入図書というサイトを主催し、占術師としても活動の幅を広げている。
ホームページ：http://tannyutosho.com/
担当：バビロニア王国、ヒッタイト王国、アッシリア王国

世界帝王事典

2015年11月25日 初版発行

編　　　者	小和田泰経（おわだ　やすつね）
発　行　者	宮田一登志
発　行　所	株式会社新紀元社 〒101-0054 東京都千代田区神田錦町1-7 錦町一丁目ビル2F TEL：03-3219-0921　　FAX：03-3219-0922 http://www.shinkigensha.co.jp/ 郵便振替　00110-4-27618
装　　　丁	久留一郎デザイン室
デザイン・DTP	株式会社明昌堂
印　刷・製　本	中央精版印刷株式会社

ISBN978-4-7753-1377-0
定価はカバーに表示してあります。
Printed in Japan